龙厦铁路工程总结

（上册）

龙厦铁路工程建设指挥部　编

西南交通大学出版社

·成　都·

图书在版编目（CIP）数据

龙厦铁路工程总结：全 2 册 / 龙厦铁路工程建设指
挥部编. 一成都：西南交通大学出版社，2018.10
ISBN 978-7-5643-6406-9

Ⅰ. ①龙… Ⅱ. ①龙… Ⅲ. ①铁路工程 – 总结 – 中国
Ⅳ. ①U21

中国版本图书馆 CIP 数据核字（2018）第 205916 号

龙厦铁路工程总结
（上、下册）

龙厦铁路工程建设指挥部　编

责任编辑	张　波
封面设计	SA 工作室

出版发行	西南交通大学出版社
	（四川省成都市二环路北一段 111 号
	西南交通大学创新大厦 21 楼）
邮政编码	610031
发行部电话	028-87600564　028-87600533
官网	http://www.xnjdcbs.com
印刷	四川煤田地质制图印刷厂

成品尺寸	210 mm×285 mm
总印张	38.75
总字数	1159 千
版次	2018 年 10 月第 1 版
印次	2018 年 10 月第 1 次
套价（上、下册）	200.00 元
书号	ISBN 978-7-5643-6406-9

课件咨询电话：028-87600533
图书如有印装质量问题　本社负责退换

龙厦铁路工程建设指挥部撰稿人

综合管理室：范伯全　　范大勇

计划财务室：苏林枝　　谢　彤

工程管理室：谢学斌　　陈利杰　　杨成彪　　左成城　　王　全

安全质量室：江正大　　陈志华

征迁办公室：陈　群　　邱建成

龙厦铁路设计、施工单位撰稿人

中铁第四勘察设计院集团有限公司：

罗俊文　　胡振华　　黄栋　　包德勇　　时凤永

李阳春　　刘新佳　　林炳龙　　王雪　　周铁军

中铁隧道集团有限公司：

刘龙卫　　时思鹏　　高战飞　　陈潇

中铁十二局集团有限公司：

孙良倩　　胥宝华　　章新安　　赵耀　　蒋再权　　帅超

中铁二局股份有限公司：

郎鹏飞　　陈远富　　卞井贵　　杨晓旭　　李超

高勇　　朱小刚　　王强

中铁电气化局集团有限公司：

王斌　　陈忠强　　丁跃新　　皮刚　　邢玉楠　　唐福朝

张立茂　　郭磊　　武磊磊　　赵令波　　杨彦峰

目 录

第一篇 综 述

第二篇 建设管理

第三篇　勘察设计

第一篇　综　述

第一章　综　述

第一节　建设目的和意义

一、建设目的

龙岩至厦门铁路自龙岩地区既有龙岩站东端引出折向东北，跨既有漳龙线后，折向东南跨龙马支线，沿 G319 至马坑后设马坑站，然后以象山隧道穿博平岭山脉至和溪镇以北沿芎溪东北侧走行至斗米；线路折向南，相继跨漳龙高速公路、G319 和龙山溪后，线路向东南，跨 G319 和龙山溪，至龙山镇设龙山站，线路继续沿 G319，经上苑，跨过九龙江后在距南靖 10 km 处设南靖站；线路出站向东南，跨九龙江，至圆山风景区西侧的草坂设草坂站；随后线路向东南引入厦深铁路漳州南站，线路长度 111.336 km。

修建龙厦铁路，可与赣龙铁路构成进出福建省西部的便捷通道，较好地解决进出闽西南地区路网能力不足的问题，使龙岩至厦门的铁路运距缩短 61 km，旅行时间由 4 h 缩短至 1 h，对充分发挥赣龙铁路运输能力、服务城际旅客运输、拓展运输市场及沿线地区全面建设小康社会具有重要作用。

二、修建意义

（1）龙厦铁路是赣龙线的延伸，均为西南至东南通道的组成部分，直接沟通龙漳厦地区，与高标准的沿海铁路连接。本线通过赣龙线与京九线相连，并西延赣韶线与京广线相通，韶关以西可连接贺州、柳州形成浙赣、湘黔线以南的又一东西向通道，在厦漳地区与沿海铁路相连，可沟通福建沿海地区与中西部广大地区，增加福建沿海地区的运输灵活性，是一条客货并重的铁路干线和重要的国防战备线。

（2）福建省通过新建龙厦—福厦—厦深线，形成沿海进出省铁路通道；新建龙厦铁路，完善西部进出省铁路通道；新建向福线，形成新的通往内地的铁路通道。至此，福建进出省通道将由目前的 4 条增加为 7 条，形成进出省放射状和省内环状并且能力协调的铁路网格局。

（3）赣龙铁路已于 2005 年 4 月 1 日正式分流鹰厦线的货运量，10 月 11 日分流客车，龙厦铁路与赣龙铁路相连可大大缓解鹰厦线运能紧张状况。因此，直接沟通龙漳厦地区的龙厦铁路对优化该地区路网结构、增加路网运输的灵活性、充分发挥赣龙线作用、缓解鹰厦线运能紧张状况具有重要意义。

（4）龙厦铁路与高标准沿海铁路连接，可加快龙岩市资源开发和弥补漳厦地区原材料、能源和劳动力的不足，达到优势互补、共同发展的良好效果，对促进沿海地区经济发展、拓展厦门港的经济腹地具有重要意义和作用。

第二节　建设项目总体目标

全面落实铁路大发展的战略部署，遵循铁路总公司"快速、有序、优质、高效"的建设方针，努力打造龙厦铁路精品工程，努力实现"一流的工程质量，一流的装备水平，一流的运营管理"的建设目标。

一、设计运量

初期（2020 年）客车 20 对，其中城际列车 8 对，货运上行 950 万 t、下行 1 540 万 t；远期（2030 年）客车 30 对，其中城际列车 12 对，货运上行 1 380 万 t、下行 2 180 万 t。

二、项目总体安排

龙厦铁路工程总工期计划为 48 个月，2006 年年底开工，2010 年年底全线建成。

施工准备于 2006 年年底开始，按 3 个月考虑（从 2006 年 12 月底至 2007 年 3 月底）；路基施工按 21.5 个月考虑（从 2007 年 3 月底至 2009 年 1 月 15 日）；桥梁下部和连续梁以及涵洞施工按 24 个月考虑（从 2007 年 3 月底至 2009 年 3 月底）；隧道工程按 36 个月考虑（从 2007 年 3 月底至 2010 年 3 月底）；铺架从龙岩往漳州方向铺设，利用龙岩站、龙岩东站铺轨基地和制存梁基地，采用换铺法，铺轨机铺设、架桥机架梁，铺架工期安排 11 个月（从 2009 年 8 月至 2010 年 6 月）；站后"四电"工程安排 12 个月（从 2009 年 7 月底至 2010 年 7 月底），竣工验收（含系统调试）5 个月（2010 年 8 月上旬至 2010 年 12 月中旬）。

三、质量和安全目标

质量目标：单位工程一次验收合格率 100%，工程质量零缺陷；无质量大事故及以上等级事故；正线初验开通速度达到 160 km/h，竣工达到设计目标值 200 km/h，全线一次开通成功；竣工文件真实可靠，规范齐全。

安全目标："两杜绝、四消灭、一创建"。

两杜绝：杜绝四级及以上重大安全事故，杜绝行车险性及以上事故；

四消灭：消灭重大职工死亡事故，消灭重大机械设备事故，消灭重大火灾事故，消灭重大爆炸事故；

一创建：创建安全文明标准工地。

四、施工总工期

龙厦铁路全线工程总工期计划为 48 个月，2006 年年底开工，2010 年年底全线建成。

节点目标：

（1）第一个节点目标：2006 年 12 月 25 日，龙厦铁路举行开工动员大会，重点控制性工程象山隧道、黄坑二号隧道开工；

（2）第二个节点目标：2007 年 7 月 30 日，龙厦铁路全线开工；

（3）第三个节点目标：2008 年 12 月，除控制和重点工程外，其余线下工程基本建成；

（4）第四个节点目标：2009 年 8 月，铺架工程开始，由龙岩向漳州方向铺轨架梁；

（5）第五个节点目标：2010 年 7 月，完成全线铺轨架梁、"四电"工程；

（6）第六个节点目标：2010 年 12 月，完成初验工作，为投产运营做好各项准备工作。

第三节　建设程序与决策

一、项目立项

2005 年 10 月 30 日，国家发改委《关于新建福建龙岩至厦门铁路项目建议书的批复》（发改交运

〔2005〕2819号）批准项目立项。

二、可研批复

按照节点目标相继完成了地质灾害、压覆矿、文物、防洪、地震、通航论证的审批及土地预审、环评、水保批复工作。2006年9月17日国家发改委批复《关于新建龙岩至厦门铁路可行性研究报告的批复》（发改交运〔2006〕2569号），2006年11月11日国家环境保护总局批复《关于新建铁路龙岩至厦门线环境影响报告书的批复》（环审〔2006〕504号），2006年9月18日水利部批复《关于新建龙岩至厦门线工程水土保持方案的复函》（水保函〔2006〕429号）。

三、初步设计

2006年10月9日，原铁道部批复《关于龙岩至厦门铁路象山和黄坑二号隧道站前工程初步设计的批复》（铁鉴函〔2006〕980号），2007年12月27日原铁道部批复《关于新建龙岩至厦门铁路初步设计的批复》（铁鉴函〔2006〕1051号）。

四、招投标

重点标2个，于2006年12月开标；站前土建工程施工标2个，于2007年6月开标；全线制梁和铺轨、架梁标1个，于2008年5月开标；"四电"工程标1个，于2008年7月开标；工程监理标3个，JL-1标于2006年12月开标，其余于2007年6月开标。施工、监理等单位通过公开招标确定，施工单位有：中铁隧道集团有限公司（ZD-Ⅰ标）、中铁十二局集团有限公司（ZD-Ⅱ标、LX-Ⅳ标）、中铁二局股份有限公司（LX-Ⅲ标、LX-Ⅴ标）、中铁电气化局集团有限公司（LX-Ⅵ标）；监理单位有：南昌华路建设咨询监理有限公司（JL-Ⅰ标）、西安铁一院工程咨询监理有限责任公司（JL-Ⅱ标）、中铁二院（成都）咨询监理有限责任公司（JL-Ⅲ标）。

五、项目开工

2006年12月4日原铁道部批复《关于开工建设龙厦铁路重点工程的批复》（铁计函〔2006〕1088号），龙厦铁路工程于2006年12月25日重点工程开工建设，2007年10月20日国土资源部批复《关于龙岩至厦门铁路工程建设用地的批复》（国土资函〔2007〕835号）。

第二章　工程概况

第一节　主要自然特征和地质概况

一、自然特征

龙厦铁路全线地处福建省西南部中低山区、丘陵区及东南部沿海堆积平原区。总的地势西北高、东南低，山脉多呈北北东—南南西走向延伸，线路大多大角度穿过山脉。

龙岩至金山段主要为中低山区，地势起伏较大，山峰高程多在 500～1 250 m。龙山至南靖段主要为丘陵区及河流阶地，丘陵区高程 30～400 m，高差多在 10～300 m；河流阶地多分布在河谷两侧。南靖至漳州为堆积平原区，平坦开阔，高程一般在 10 m 以下。

沿线主要经过九龙江水系。九龙江水系及其支流不同程度发育有一、二级阶地，小型冲积平原、洪积扇，少数见三级阶地。

公路是区内主要交通运输线，以漳龙高速公路和 319 国道为主，DK15～DK60 段龙厦铁路与漳龙高速公路走向基本一致，在 DK60～DK85 沿 319 国道前行。

二、地质概况

线路地处大陆临东南沿海新华夏系构造带与南岭东西向构造带这两个巨型构造体系的复合部位以及龙岩山字形构造和船场山字形构造区域，测区为华南准地台之华南褶皱系。该褶皱系以漳平—梅林断裂（即政和—大埔深大断裂带）为界，分为东、西两大构造单元，西侧为闽西南拗陷带；东侧为闽东燕山拗陷带。沿线构造以断裂为主，褶皱次之。

中低山和丘陵区主要出露燕山期早期和晚期侵入花岗岩系岩层、侏罗系火山—沉积岩系，少量出露志留—奥陶系、泥盆系上统、石炭系、二叠系、三叠系等各类砂岩、砾岩、页岩、千枚岩和灰岩等沉积岩地层。地基工程地质条件一般，桥梁工程可采用明挖基础或桩基；隧道围岩分级一般Ⅱ～Ⅴ级，隧道工程应注意选择进、出口位置，避开不良地质和断层破碎带的影响；路基大部分位于花岗岩全风化地段或软岩地段，路基边坡需加强支挡防护。

沿线第四系地层分布范围较广，厚度变化大，成因类型复杂，低山丘陵主要分布坡残积黏土、粉质黏土，厚度 2～20 m 不等。河流高阶地、丘间谷地大部分都存在冲洪积的 0～8 m 松软土或淤泥质黏性土，下为粉质黏土、砂卵砾石层。堆积平原区第四系覆盖层厚度一般 10～20 m，最大厚度不超过 30 m，为冲积、冲洪积成因，岩性以淤泥、淤泥质黏性土、黏土、粉质黏土、粉细砂、中粗砂、卵砾石为主，局部有泥炭层。淤泥、淤泥质黏性土软塑至流塑状，具有高压缩性和欠固结性、低承载力等特点，部分砂类土具振动液化特性，因此路基、桥涵及其他建筑物应采取有效的抗震措施，确保建筑物安全。第四系土层工程地质条件较差，软土、松软土地段路基地基需加固处理，桥涵工程宜选用桩基础。

本区地表水系发育，区内主要河流为九龙江。第四系地下水为孔隙潜水，含水层岩性为砂砾石层、卵砾石、含砾中粗砂及含黏性土等，局部微具承压性质，水量较充沛，动态较稳定。此外，沿线其他各系地层含水性和透水性均很差，主要为基岩裂隙水。

三、地震基本烈度

根据《中国地震动参数区划图》(GB 18306—2001)划分:龙岩至斗米段(DK0+000~DK46+200)地震动峰值加速度为 0.05g(地震基本烈度为 6 度),斗米至草坂段(DK46+200~DK94+000)地震动峰值加速度为 0.10g(地震基本烈度为 7 度),草坂至厦门段(DK94+000 之后)地震动峰值加速度为 0.15g(地震基本烈度为 7 度以上)。

四、气象特征

本线地处南亚热带季雨气候,气候温和,多年平均气温在 21 ℃左右,漳州市最高温度达 41.2 ℃,龙岩市最低气温为-5.6 ℃。多年平均雨量 1 400~1 800 mm,分别以中部西溪与北溪分水岭为最大,向东南沿海南沿递减,最高区达 2 000 mm,北溪上游约为 1 200~1 800 mm,西溪中、上游有约为 1 200~1 800 mm,沿海约为 1 200~1 300 mm。

第二节 主要技术标准

龙厦铁路为龙岩(含)至漳州南(不含)段,线路长度 111.336 km,包括龙岩地区相关工程,漳州南至厦门利用厦深铁路。龙岩地区相关工程包括龙岩、铁山洋、龙岩东三站改扩建和龙岩站至铁山洋站的电气化改造工程以及铁山洋—龙岩东支线;正线工程包括龙岩站(含)—漳州南站(不含)(DK0+000~DK111+336.11),全长 111.336 km(正线),沿线设龙岩、马坑(越行站)、龙山、南靖、草坂和漳州南等 6 个车站。主要技术标准如下:

铁路等级:I 级;

正线数目:双线;

速度目标值:200 km/h;

正线线间距:4.4 m;

最小曲线半径:3 500 m,困难地段 2 800 m;

限制坡度:双机 13‰;

到发线有效长度:880 m;

牵引种类:电力;

机车类型:客机 SS9;

货机 SSJ3;

牵引质量:4 000 t;

闭塞类型:自动闭塞。

第三节 主要工程特点和工程数量

一、工程特点

龙厦铁路工程量较大、工程艰巨、地形复杂、桥隧工点多、路基支挡工程量大,全线重点工程主要分布于龙岩至南靖段。

二、工程数量

1. 路基

（1）路基长度。

龙厦铁路龙岩至漳州南正线长 111.336 km，引入漳州南右线绕行 5.41 km；正线路基长 40.12 km，引入漳州南右线绕行地段路基长 3.12 km，合计路基长 43.72 km，占全线比例为 36.12%（按下行线统计）。其中软土路基长度 19.3 km，占路基长度的 44.7%。

（2）路基工点类型。

路基工点类型如表 2.1 所示。

表 2.1 龙厦铁路路基工点类型

序号	工点类型	工点数（处）	长度/km	主要措施
1	软土路基	18	7.66	正线采用挖除换填、砂垫层+土工格栅、碎石桩、水泥土搅拌桩、CFG桩、旋喷桩或预应力管桩等措施加固处理，联络线、站线等主要采用强夯、插塑板、砂垫层+土工格栅及复合地基法等措施处理
2	松软土路基	42	11.64	
3	素填土路基	3	0.41	主要采用挖除换填、强夯及复合地基、注浆等措施处理
4	高路堤	8	0.4	采用A、B组填料，边坡加筋
5	深路堑	98	7.39	采用挡土墙、锚固桩、预应力锚索等
6	地下水路堑	1	0.45	边坡设U形槽、旋喷桩加固、地基注浆加固
7	采空区及岩溶路基	7	0.71	地基注浆加固

（3）路基工程分布情况。

软土路堤广泛分布于河流阶地和漳厦平原区；松软土路堤分布于丘间谷地；素填土路基主要位于龙岩地区；深路堑分布沿线低山丘陵区。

（4）路基土石方。

全线土石方数量总量为 1 092.61 万 m³，其中区间土石方为 719.50 万 m³（含路基扩堑取土 57.82 万 m³），站场及龙岩地区相关工程土石方为 373.11 万 m³。

2. 桥涵

龙厦铁路共有特大、大中桥43座，其中特大桥17座；大中桥18座；框架中桥8座；小桥涵282座；公跨铁公路桥12座；渡槽3座。大、中桥总长为26.324 km，桥梁占全线（按下行线统计）总长比率为：正线20.82%，联络线21.51%。桥涵工程数量如表2.2所示。

表 2.2 龙厦铁路桥涵工程数量

里程范围	线路长度	特大桥	大桥	中桥	框架中桥	公路桥	渡槽	小桥涵
	km	座-延长米	座-延长米	座-延长米	座-顶平方	座-顶平方	座-延长米	座-横延米
DK0+000～DK111+063	111.063	15-20 049.44	11-2 671.39	5-400.07	5-1 441.91	11-5 259.65	3-253.71	263-7 806.67
龙岩地区（单线桥）		1-990.51	2-386.19		3-1 179.2	1-540.55		19-175.08
漳州南右线（单线桥）		1-1 821.39						
桥梁占线路总长	正线20.82%；铁山洋联络线21.51%							

3. 隧道

龙厦铁路自龙岩站（含）至漳州南（不含），线路长度共计 111.336 km。共有新建隧道 22 座，总长为 46.936 km（象山隧道按左线计），占设计线路总长度的 42.157%。其中 0.5 km 以下隧道 10 座，总长 2.898 km；0.5～3 km 隧道 7 座，总长 8.453 km；3～10 km 隧道 4 座，总长 19.687 km；10 km 以上隧道 1 座，总长 15.898 km。全线最长的隧道为象山隧道，采用单线双洞方案，左线洞身长度 15 898 m，右线洞身长度 15 917 m。沿线隧道统计如表 2.3 所示。

表 2.3　龙厦铁路隧道

按长度划分		正线	
		座数	长度/m
隧道数量	$L \leqslant 500$ m	10	2 898
	500 m $< L \leqslant 1\,000$ m	3	1 956
	1 000 m $< L \leqslant 3\,000$ m	4	6 497
	3 000 m $< L \leqslant 10\,000$ m	4	19 687
	$L > 10\,000$ m	1	15 898
总计		22	46 936
隧线比		42.157%	

4. 站场

龙厦铁路自既有漳龙线上的龙岩站接轨，至厦深线的漳州南站后与厦深线共线引入厦门枢纽。沿线经过龙岩市、南靖县、漳州市。全线共设车站 5 个，均为横列式布置图型。其中，龙岩地区接轨站为既有龙岩站，新建越行站 1 个，为马坑站，新建中间站 3 个，龙山站、南靖站为客运站，草坂站为货运站。龙厦铁路引入龙岩地区相关工程改扩建车站 2 个，其中铁山洋站为既有区段站，龙岩东站为龙岩地区主要货运站；取消漳龙线上既有会让站 1 个，即龙岩北站。车站性质、类型及股道数量如表 2.4 所示。

表 2.4　车站性质、类型及股道数量

顺序	车站名称	车站性质	车站中心里程	站间距离/km	站房位置	到发线数量（不含正线）
接轨站	龙岩站	既有客站	DK0+000 = 漳龙 K66+002.96		右侧	3 条
1	马坑站	越行站	DK18+300	18.3	左侧	2 条
2	龙山站	中间站	DK64+625	46.325	右侧	2 条
3	南靖站	中间站	DK80+100	15.508	右侧	2 条
4	草坂站	中间站	DK93+700	13.516	左侧	3 条
接轨站	漳州南站	中间站	DK112+753.06= 厦深 DK40+960	19.053	左侧	由厦深线统一设计

5. 汇总工程数量

龙厦铁路主要工程数量汇总如表 2.5 所示。

表 2.5 主要工程数量汇总

工程名称			单位	数量
拆迁建筑物			m²	500 585.9
土地征用			hm²	357.5
路基	区间土石方		施工 m³/断面 m³	7 069 597/8 298 266
	其中	土方	断面 m³	4 363 817
		石方	断面 m³	1 296 909
	站场土石方		施工 m³/断面 m³	1 996 072/3 036 361
	其中	土方	断面 m³	2 407 910
		渗水土壤	断面 m³	0
		石方	断面 m³	284 798
桥涵	特大桥		延长米/座	20 633.32/16
	大桥		延长米/座	3 185.65/13
	中桥		延长米/座	322.65/4
	小桥		延长米/座	261.69/17
	涵洞		横延米/座	7 931.11/274
隧道及明洞	隧道		延长米/座	46 936/22
轨道	正线		铺轨千米	222.672
	站线		铺轨千米	31.794
	道床		万 m³	53.7
通信	通信线路		km	522.17
信号	联锁装置		联锁道岔	171
电力	供电线路		km	357.243
电力牵引供电	接触导线		条千米	303.887
	牵引变电所		处	3
房屋	生产及办公房屋		m²	20 394
	生活房屋		m²	1 000

第三章 建设概况

一、前期工作

自上世纪 60 年代以来，铁道第四勘察设计院对龙厦铁路进行了从规划到预可研的多次不同深度的前期工作；对龙岩地区、厦门（漳州）枢纽总图进行了多次系统规划。主要规划研究工作简况如下：

（1）1998 年 5 月，根据原铁道部安排，铁道第四勘察设计院编制完成了《厦门柳州铁路厦门至龙岩段规划研究报告》，对厦门至龙岩段线路进行了规划研究。

（2）2002 年 5 月，根据原铁道部安排，铁道第四勘察设计院编制完成了《西南至东南沿海通道规划研究报告》，对龙岩至厦门段线路进行深化研究。

（3）2002 年受厦门、漳州市委托，分别编制完成了两地区《铁路总图规划》。

（4）2004 年 10 月，受龙岩和漳州市委托，铁道第四勘察设计院编制完成了《新建铁路龙厦铁路预可行性研究》。

（5）2004 年 10 月，受龙岩市委托，铁道第四勘察设计院编制完成了《龙岩地区总图规划》。

（6）2005 年 4 月铁道第四勘察设计院编制完成了《龙岩至厦门铁路预可行性研究》（方案竞选），并获优胜单位，同年 10 月编制完成了预可行性研究。

（7）2005 年 9 月—11 月，中铁四院完成本项目的初测工作。2006 年 1 月，中铁四院编制完成了本项目可行性研究文件（送审稿）。2 月，原铁道部工程设计鉴定中心对本项目的可行性研究（送审稿）进行了审查，3 月完成了可研补充材料报部，审查意见原则同意本线的技术标准及线路的大致走向。2006 年 5 月，中铁四院完成了新建龙岩至厦门铁路可行性研究报告。

（8）2006 年 4 月至 7 月中铁四院完成了新建龙岩至厦门铁路定测工作。2006 年 9 月完成初步设计。

（9）2007 年 6 月完成施工图设计。2006 年 12 月在龙岩成立设计指挥部及施工配合组，配合工程建设，及时解决施工过程中的设计问题。

二、招投标

龙岩铁路有限责任公司严格遵守国家法律、法规和原铁道部相关规章制度，制定了《招标投标管理办法》，规范勘察、设计、施工、监理（含咨询）、甲供甲控物资设备等各项招标工作。招标评标在原铁道部招标办和监察局的指导、监督下，按照公开、公平、公正的原则进行。

（1）龙厦铁路的设计单位是由原铁道部按照设计竞标选定中铁四院。

（2）施工图审核由中铁二院工程集团有限公司龙厦铁路咨询项目部承担。

（3）工程监理由南昌华路建设咨询监理有限公司（监理 ZD-Ⅰ标、ZD-Ⅱ标）、西安铁一院工程咨询监理有限责任公司（监理 LX-Ⅲ标、LX-Ⅴ标、LX-Ⅵ标（DK0+000～DK50+000））、中铁二院（成都）咨询监理有限责任公司（监理 LX-Ⅳ标、LX-Ⅵ标（DK50+000～DK111+336））等 3 家监理公司担任。

（4）线下工程施工单位是：ZD-Ⅰ标（DK19+560～DK36+160）中铁隧道集团有限公司，ZD-Ⅱ标（DK68+300～DK74+500）中铁十二局集团有限公司，LX-Ⅲ标（DK0+000～DK19+560、DK36+160～DK50+000 及龙岩地区相关工程）中铁二局股份有限公司，LX-Ⅳ标（DK50+000～DK68+300、DK74+500～DK111+336）中铁十二局集团有限公司；

全线制梁和铺轨、架梁（LX-Ⅴ标（DK0+000～DK111+336））由中铁二局股份有限公司施工，无砟轨道在 ZD-Ⅰ标（DK19+560～DK36+160），由中铁隧道集团有限公司施工；

"四电"工程（DK0+000～DK111+336）由中铁电气化局集团有限公司施工。

（5）建设单位管理的甲供物资设备、甲控物资设备等招标工作分别在一级市场（铁道工程交易中心）或二级市场（南昌铁路局工程交易所）进行，均严格按照交易规则规范采购。

三、主体工程开竣工时间

龙厦铁路于 2006 年 12 月 25 日开工，2012 年 4 月底主体工程基本完成。

2006 年 12 月 25 日，龙厦铁路重点控制性工程象山隧道、黄坑二号隧道开工；

2007 年 7 月 30 日，龙厦铁路全线开工；

2011 年 5 月 13 日，象山隧道右洞岩溶突水段贯通，线下工程完工；

2011 年 11 月 2 日，铺轨至漳州站，实现了全线铺通；

2012 年 4 月，完成站后工程，全线主体工程基本完成。

四、联调联试

联调联试及动态检测工作于 2012 年 5 月 3 日开始，6 月 18 日结束。

五、竣工验收

1. 静态验收

2012 年 1 月 5 日，南昌铁路局以《关于申请新建龙岩至厦门铁路工程竣工验收的函》（南铁建设函〔2012〕6 号）向原铁道部建设司递交了验收申请报告。2012 年 2 月 24 日，南昌铁路局成立了新建龙岩至厦门铁路静态验收领导小组及工作组，下设基础工程、通信信号、电力电气化、客货运车辆信息系统、房建给排水 5 个专业小组，并于 2012 年 2 月 10 日至 4 月 28 日分专业组织现场验收及静态综合调试验收，4 月 29 日召开了静态验收工作总结会，明确了静态验收结论，形成了静态验收报告，通过了静态验收。

2. 动态验收

受东南沿海铁路福建有限责任公司和龙厦指挥部委托，铁科院编制了《龙漳线暨杭深线厦漳段联调联试及动态检测大纲（初稿）》《龙漳线暨杭深线厦漳段运行试验大纲（初稿）》。3 月 2 日，南昌铁路局会同铁科院、东南沿海铁路福建有限责任公司、龙厦指挥部在南昌组织召开大纲初步审查会。铁科院修改完善大纲，形成了《龙漳线暨杭深线厦漳段联调联试及动态检测大纲（送审稿）》和《龙漳线暨杭深线厦漳段运行试验大纲（送审稿）》并报送原铁道部。

3 月 30 日，南昌铁路局发文成立了新建龙岩至厦门铁路动态验收工作组。4 月 21 日，南昌铁路局以《关于印发〈龙漳线暨杭深线厦漳段联调联试及动态检测试验实施方案〉的通知》（南铁师发〔2012〕249 号）公布了实施方案。联调联试及动态检测试验工作于 5 月 3 日开始，6 月 18 日结束。6 月 19 日，南昌铁路局召开了动态验收工作总结会，明确了动态验收结论，形成了动态验收报告，通过了动态验收。

3. 初步验收

根据《关于 2012 年部分计划竣工项目委托铁路局初步验收的通知》（建工函〔2012〕52 号）和《关于新建龙岩至厦门铁路及新建厦门至深圳铁路厦漳段工程初步验收的复函》（建工函〔2012〕69 号），新建龙岩至厦门铁路工程初步验收工作委托南昌铁路局组织实施。

2012 年 6 月，南昌铁路局成立了龙岩至厦门铁路工程初步验收委员会，初步验收委员会于 6 月

19 日组织召开了初步验收会议，对静态验收、动态验收结果进行了检查确认，形成了初步验收报告。

六、验收结论

初验委员会认为：新建龙岩至厦门铁路工程线路走向和总体布局合理，工程建设严格执行了国家和原铁道部有关政策、规程、规范和强制性标准，已按批准的设计标准基本建成；工程设计合理，建设、施工组织管理有序可控，工程安全质量监督到位；静态、动态验收合格，工程质量和系统功能满足有关标准要求，静态、动态验收遗留问题整改完毕；环境保护、水土保持和消防设施等已按批复意见同步建成；环境保护设施、水土保持设施、土地复垦工作经相关主管部门检查合格；劳动、卫生、安全、消防等设施经相关部门检查合格；地质灾害整治措施及建筑抗震设防已按设计文件落实到位；申请领取《国有土地使用证》的准备工作基本完；竣工文件按规定编制完成，施工过程中的管理文件和招标投标文件等整理完毕，达到档案验收标准。

经初验收委员会评定：新建龙岩至厦门铁路工程质量达到 200 km/h 客货共线铁路相关验收标准，质量合格，具备开行 200 km/h 动车组以及 110 km/h 货物列车条件，同意通过初步验收。

第四章　综合评价

一、项目总体评价

针对工程工期紧、任务重、困难多、安全压力大等特点，龙厦指挥部以推行铁路标准化建设管理为抓手，全面落实"六位一体"的建设管理要求，科学合理编制施工组织设计，细化措施、统筹安排、落实责任、主动协调，及时解决建设中的重难点问题，较好地完成了建设任务。主要抓好了以下五方面的工作。

（1）健全完善了安全质量管理体系，层层落实安全质量管理责任。龙厦指挥部成立了以指挥长为责任人的质量安全生产委员会，健全完善了安全质量管理体系，层层落实安全质量管理责任。全面落实建设项目风险管理，严格执行安全质量 8 条红线管理要求，加强过程控制，严把原材料和设备质量进场关。深入开展铁路建设标准化管理工作，全力推行标准化管理。

（2）运用成熟工艺，依靠科技进步，确保工期有序可控。编制完善了指导性施工组织设计，运用成熟工艺，依靠科技进步，提高施工作业效率；采取成立工期管理领导小组、成立专家顾问组、加强现场考核管理、开展劳动竞赛和加强隧道风险管理等措施，确保工期有序可控。

（3）加强建设资金管理，确保投资可控。加强建设资金管理，建立建设资金预算制度，通过三方监控、专项检查等手段，确保建设资金安全；不断优化设计方案，严格审核变更设计，确保了变更设计的合理性和科学性；积极筹措建设资金，满足了工程建设的需要。

（4）增强各参建单位环水保意识，确保各项环水保措施得到落实。工程建设过程中，龙厦指挥部高度重视环水保工作，环水保工作有方案、有投资、有实施、有监管；建设期间，委托了中国水电顾问集团华东勘测设计研究院进行龙厦水土流失防治措施的实施情况和防治效益综合调查和评价；委托了福建八闽水保生态工程咨询有限公司进行水土保持观测；委托了中国铁道科学研究院节能环保劳卫研究所进行生态环境、声环境、振动环境、水污染防治、大气污染防治、固体废物专项观测。

（5）加强预介入管理，确保过程可控。各设备接管、运营单位成立了预介入工作组，对重点、隐蔽工程进行旁站检查或抽检，对发现质量问题及时制止并向龙厦指挥部反馈信息。

二、取得的经验、体会及建设性意见

1. 开展了龙厦铁路象山隧道复杂地质条件下关键施工技术研究

该研究成果的实施和运用很好地解决了象山特长隧道复杂地质条件下的施工技术难题，为这一Ⅰ级高风险隧道的安全、顺利建成提供了重要技术保障，研究成果在理论上有创新和突破，在技术上具有创新性、开拓性和实用性。取得如下主要成果：

（1）在隧址区区域地质条件、地表环境、施工特点等工程背景深入分析的基础上，提出了象山特长隧道的主要施工风险、风险形成机制、风险重点控制地段及风险控制对策，为象山隧道Ⅰ级高风险隧道的评定及风险控制奠定了基础。

（2）较准确地确定了象山隧道 1 号～2 号斜井间岩溶发育区的纵向边界、岩溶发育特点、岩溶发育区的地质构造、隧顶地层特点及隧道涌水与河流的补给关系。研究结论在施工过程中得到了很好验证，研究成果为象山隧道 1 号～2 号斜井间岩溶发育段施工方案、地表处理方案的制定提供了依据。

通过地表沉降资料、钻探资料等的综合分析确定岩溶发育规律的研究方法为类似地段岩溶发育规律的研究提供了可行的新途径。

（3）针对岩溶隧道超前帷幕注浆施工的特点，提出了"通过注浆钻孔钻进、注浆过程中各孔资料的统计分析对岩溶纵、横向发育特点、分布规律进行超前预报"的方法及实施要点、资料分析处理方法。该方法在现场得到了成功运用，效果良好，大大提高了岩溶预报精度，较好地解决了目前岩溶超前预报精度无法满足施工要求的不足。

（4）在象山隧道岩溶发育段研究并运用了半断面开孔全断面注浆的方法，并对注浆孔布置、注浆工艺等进行优化，取得了很好的注浆堵水、加固围岩的效果。在保证注浆效果的前提下大大缩减了注浆作业时间、减少了注浆量，与传统的全断面帷幕注浆方法相比每循环作业时间减少 63%，每延米注浆量减少 47%。

（5）开发了与前进式分段注浆工艺相匹配的硫铝酸盐水泥浆液。该浆液在超前预注浆施工中具有早期强度高、凝胶时间可控、浆液扩散控域、操作方便、经济、环保等优点。

（6）在岩溶段注浆施工中提出并使用了在注浆孔中下入玻璃纤维锚杆、塑竹组合锚杆提高工作面稳定性的技术，为软弱围岩开挖提供了安全保障。

（7）研究了适宜于陡长施工斜井的混凝土溜槽运送技术并在现场得到了成功运用，在保证混凝土质量的前提下，大大提高了运输效率，降低了运输成本；对斜井坡度、断面、井底车场布置、提升设备配置等进行了系统优化，使斜井的运输效率得以提高。

（8）针对象山隧道出口浅埋段花岗岩残积土具有吸水软化、随水流失且含大孤石的工程实际，通过研究得出了不同大小、位置孤石对初期支护影响的基本规律，提出了控制孤石对初期支护不利影响的辅助施工措施；揭示了含孤石富水花岗岩残积土浅埋段前期施工中初期支护严重变形（拱顶最大下沉 44 cm、水平收敛最大 53 cm）、地表大量下沉（最大达 60 cm）的形成机制；在上述研究的基础上提出了适宜于含孤石富水花岗岩残积土浅埋隧道的施工方法、施工原则、关键工序及工序控制要点。研究成果较好地解决了象山隧道出口含孤石富水花岗岩残积土段初期支护严重变形、地表大量下沉、塌方频发、施工缓慢的技术难题，保证了施工安全。

（9）针对象山隧道 2 号～3 号斜井间地质构造复杂、围岩破碎区段初期支护频繁破坏的工程实际，通过研究得出了不同构造形迹下围岩压力分布、初期支护变形的特点及基本规律，提出了易于现场技术人员掌握的构造残余应力简易识别方法；得出了构造残余应力影响下初期支护的内力分布特点、初期支护变形、破坏关键部位及提高初期稳定性的辅助加固措施；在上述研究成果的基础上提出了适宜于构造残余应力影响下的破碎围岩隧道施工技术。研究成果较好地解决了象山隧道地质构造复杂、围岩破碎段的主要施工技术难题，保证了施工安全并加快了施工进度。

（10）揭示了锚注联合支护提高松散、破碎围岩支护效果的机理及该支护方法的适宜条件，对该支护方法的施工要点、质量检验方法进行了总结。

2. 开展了城市建筑密集地区浅埋暗挖隧道施工技术研究

课题采用理论分析、数值分析计算和现场测试等多种手段，提出了石桥头隧道施工过程中应根据地表建筑物的密集程度、埋深情况及围岩类别情况通过计算进行分区控制的方法，并通过隧道内的施工技术措施达到保证隧道施工安全和居民生命财产安全的目的，为类似工程在施工时提供了很好的借鉴。尤其是石桥头隧道的控制分区研究方法在城市建筑密集浅埋暗挖隧道这样的城市地下工程施工中创造了一个新纪录。课题通过全面的前期调查研究、精心施工和创新，成功解决了在密集建筑群下浅埋暗挖法隧道施工的关键控制技术，保证了石桥头隧道的施工安全。成果和经验如下：

（1）围岩级别对地表最大沉降及沉降倾斜有十分明显的影响。就石桥头隧道地表变形重点控制地段而言，Ⅴ级围岩条件下的地表最大沉降及最大沉降倾斜分别为Ⅲ级围岩条件下的 1.7 倍和 3 倍，对地表变形重点控制地段实施围岩加固可显著地减小施工诱发的地表变形。

（2）地表沉降槽的宽度随着隧道的埋深加大而变宽，最大沉降量随着隧道的埋深变大而减小。

就石桥头隧道 V 级围岩地段而言，当埋深超过 24 m 时，沉降槽变得平缓，地表最大沉降也大幅下降。石桥头隧道施工过程中宜将隧道埋深小于 24 m 的 V 级围岩地段作为地表变形的重点控制地段。

（3）在地表建筑物调查、地表变形计算结果综合分析的基础上对石桥头隧道地表变形控制进行了分级。计算及分析结果表明，石桥头隧道 DK2+467 ~ DK2+538、DK3+160 ~ DK3+240 及 DK3+375 ~ DK3+427 段为本隧道施工中地表变形的重点控制地段。

（4）就石桥头隧道地表变形重点控制地段而言，如果仅考虑施工方法对地表变形的影响，则三台阶+临时仰拱开挖引起的地表最大沉降是 CRD 工法的 1.2 倍，正台阶环形开挖引起的地表最大沉降是 CRD 工法的 1.35 倍，在建筑密集、房屋结构性差的区段宜优先采用 CRD 工法，其次是三台阶+临时仰拱工法。

（5）就石桥头隧道地表变形重点控制地段而言，若采用 CRD 工法和三台阶+临时仰拱工法，隧道施工诱发的地表变形区域为隧道轴线两侧各 25 m，地表最大水平位移、倾斜出现在离隧道轴线 12.5 m 附近，该区域地表建（构）筑物受隧道施工的不利影响最大，对该处的地表建筑物及地下管线要做好防护工作。

（6）石桥头隧道地表变形重点控制地段如采用三台阶+临时仰拱法开挖，为减少地表变形，开挖进尺宜不超过 2 m，台阶长度宜选用 12 m。这一工法施工条件下，任一断面的地表急剧变形阶段为掌子面距该断面前、后小于 6 m 这一时段。地表建筑密集、房屋结构差的地段应将这一时段作为地表变形重点监测、控制的地段。

3. 开展了群枕式长轨铺轨机组铺设有砟无缝线路施工技术研究

该研究成果提出的 CYP500 群枕法铺轨机拥有完全自主知识产权与铺轨工法创新。实际作业效率与单枕连续铺设工法相当。中铁二局联合国内铁路施工设备专业制造商，通过调研、考察和开展技术交流，成功地完成了群枕式长轨铺轨机组的科研攻关、工艺试验以及工法的总结和完善，填补了群枕式铺轨机组研发的空白，解决了长轨铺轨机组购置费用和施工效率之间的主要矛盾，并应用于龙厦铁路的有砟无缝线路铺设施工中，取得了良好的经济效益和社会效果。成果和经验如下：

（1）技术先进性。如采用传统的换铺法，据测算"换铺法"的综合施工效率最高也仅能达到每天 1 km/d 左右。"单枕法"效率每天可达到 2 km/d，但是首次投入较大，相对现有轨道投标单价效益回收时间太长。因此，如何提高作业效率、减少设备成本为现有有砟施工的一项重大技术难题。CYP500 群枕法铺轨机效率可达到 1.5 ~ 2 km/d，设备单价是"单枕法"的 1/3 ~ 1/2，正好解决了这一项重大技术难题。

（2）安全可靠性。作业可靠性高，由于取消了轨枕传送链，不会出现单枕连续铺设工法因传送轨枕所生的"卡枕"现象；也因为采用了群枕直铺，避免了单枕布设过程中因接枕、布枕动作产生在翻枕现象。设备可靠性高，各作业机构运动相对简单，避免了单枕连续铺设工法布枕、匀枕过程中的巨大冲击；也减少的部分机构，如三级轨枕传送链、布枕机构、匀枕机构；设备控制系统先进：取消了不太稳定的工控机控制系统，采用更为成熟稳定的 PLC 作为机构控制核心。转向架悬挂采用了非线性的橡胶弹簧悬挂取代线性的钢弹簧悬挂，轨枕搬运车通过时主机、辅机上下浮沉量很少，从而取消了转向架的油缸顶升装置，进一步减少了故障源。

（3）使用便利性。操作简单，机组设计更接近施工单位人员的操作习惯，操作界面更加人性化。作业程序简化，与单枕连续铺轨工法作业程序相似。运输方便，针对目前工程机械过轨日益困难现实情况，采用公路/铁路货运转场运输模式，现场组装简单快捷，相对于整机运输，运输费也大幅下降。

第二篇　建设管理

第五章　建设管理模式

　　龙厦铁路采用合资铁路公司管理模式。龙岩铁路有限责任公司由原铁道部、福建省铁路投资有限责任公司作为原铁道部、福建省人民政府共同出资设立，依法登记注册，具有企业法人资格。

　　龙岩铁路有限责任公司自主经营，独立核算，自负盈亏，享有法人财产权，依法享有民事权利，承担民事责任。

　　龙岩铁路有限责任公司作为龙厦铁路项目的法人对项目的资金筹措、建设实施、生产经营、债务偿还和资产保值增值实行全过程负责。

第六章 建设管理机构

第一节 建设管理机构的设置

根据南昌铁路局《关于公布工程建设项目管理机构编制的通知》（南铁劳卫发〔2006〕177 号）文件项目管理机构人员设置要求，下设综合室、计划财务室、工程管理室、安全质量室四个部门。工程物资设备管理职能纳入工程管理室。对外设置征迁办，机构设在工程管理室；配备管理技术人员 19 人。龙厦铁路建设指挥部编制如表 6.1 所示。

表 6.1 龙厦铁路建设指挥部人员编制

岗位名称		定员/人
领导	指挥长	1
	副指挥长	3
	小计	4
综合室	主任	1
	干事	1
	小计	2
工程室	主任	1
	副主任	1
	工程师	6
	小计	8
计财室	主任	1
	会计	2
	小计	3
安质室	主任	1
	工程师	1
	小计	2
定员合计		19

第二节 部门职能

一、龙厦建设指挥部工作职责

根据批准的施工设计文件、工程概预算，全面完成龙厦铁路工程项目建设任务。其主要职责：

（1）在路局领导下，根据批准的施工设计文件、工程概预算，制定项目的实施计划，确立总的、阶段性的工期、安全、质量、投资、环保水保和技术创新目标。

（2）建立健全工程质量安全保证体系，制定《安全生产管理办法》《工程质量管理办法》等各项工作管理制度，各部门、各岗位职责和考核办法。

（3）按照原铁道部、路局要求，推行项目标准化管理，制定项目管理制度标准、人员配备标准、现场管理标准和过程管理标准，并组织实施。

（4）贯彻"安全第一、预防为主"的方针，建立安全工作检查制和例会制度，落实《安全生产管理办法》中的各项措施。每月召开一次安全工作例会，总结、分析当月安全生产形势，布置次月安全重点工作。

（5）贯彻"百年大计、质量第一"的方针，建立工程质量日常检查、定期检查和"零点检查"制度，开展"质量月"活动，落实《工程质量管理办法》中的各项措施。每周召开一次工程例会，总结分析一周工程施工安全质量及建设资金运作情况，布置下周管理工作重点。每季度组织一次建设项目经济活动分析。

（6）贯彻执行原铁道部《施工企业安全质量信誉评价办法》《监理企业安全质量信用评价办法》等文件精神和路局的相关要求，制定实施细则，加强对现场施工、监理单位的管理和考核工作。

（7）加强龙厦指挥部自身建设，做好人员配备、培训教育、党风建设和计划管理、招标工作、征地拆迁、技术管理、安全管理、质量管理、财务管理、物资管理、文明施工、验工计价、竣工验收、工程决算、固资转产和突发事件应急处理等项工作。

（8）建立信息沟通制度，加强宣传报道，做好与参建各方及地方政府的信息沟通和联系工作，调动一切力量，全面完成项目建设任务。

（9）完成上级交办的其他工作。

二、综合室工作职责

（1）负责日常行政管理、党群工作，做好信息的上传下达，统筹协调各部门工作，催办和督查重要事项的执行情况。

（2）做好信息调研，及时掌握龙厦指挥部各类工作动态，畅通信息渠道，负责龙厦指挥部建设项目信息管理系统建设和日常管理维护工作。

（3）组织或参与龙厦指挥部文电的起草工作，负责公文、文档的收发、登记、呈批、传阅、催办、缮印和龙厦指挥部发文的审核工作。负责文件的分类、立卷、归档工作。

（4）负责机要、保密和印鉴管理工作。

（5）负责会务组织工作。组织或指导其他部门做好会议筹备、会议记录以及相关文件整理等工作。

（6）负责宣传报道工作，收集整理工程建设的有关影像资料和相关信息。负责编写大事记，做好龙厦指挥部史志管理工作。

（7）负责对外接待工作。

（8）负责办公用品、设备的购置、发放、日常维护工作。

（9）负责职工生活后勤保障和车辆管理工作。

（10）负责信访和综合治理工作。

（11）完成上级交办的其他工作。

三、计划财务室工作职责

（1）负责建设项目建设资金管理工作。根据完成工作量、验工计价、合同和预计完成情况向路局提报年度资金预算和资金拨付申请，办理资金拨付手续。

（2）负责招标工作，组织编制招标文件，完成标段划分、标底编制与审查、招标评标工作。

（3）负责计划统计管理工作。组织编制建设项目年度建议计划，下达年、季度、月计划，检查、考核计划执行情况，提出年度调整计划建议；负责建设项目统计信息工作，建立统计台账，编制统计分析，报送工程统计报表。

（4）负责合同归口管理工作。负责各类合同的审核、签订、登记、立卷归档及合同备案工作。参与有关合同的洽谈，负责组织检查、督促合同履行。组织对参建的施工、监理单位投标承诺兑现及合同履行情况进行评议。

（5）参与项目建设中甲供、甲控物资设备的招标采购工作。

（6）负责概预算管理及验工计价工作，负责建设过程中验工计价的计价、清算工作，审核设计变更费用，组织概算调整清理，归口掌握项目投资控制情况。及时督促设计单位完成鉴修概算，并汇总上报路局。

（7）负责财务管理工作。建立健全各项财务管理、资金管理、费用审批制度，防范资金风险；办理建设资金的筹集、支付、清算、结算工作；规范会计核算，真实准确反映各项经济事项；监督、检查承包单位资金使用情况；负责编制财务报表，分析财务状况，考核财务计划执行情况及资金使用效果。

（8）负责定期检查、分析建设资金使用情况，定期组织建设项目经济活动分析，建立投资台账，定期进行财产物资清查。负责内部财务监察及审计工作，配合上级进行审计、财务检查。

（9）负责提报建设管理费使用计划，实施监控；办理费用报销、工资发放和计提各项福利费用等工作，负责职工社保、医保、住房公积金的交缴工作，依法缴税。

（10）负责组织竣工决算、组固及固定资产移交工作。

（11）完成上级交办的其他工作。

四、工程管理室工作职责

（1）负责工程勘察设计管理工作。及时组织施工图设计审核和施工图投资检算工作，参与初步设计初审。

（2）负责监督检查勘察设计进度和设计单位执行鉴定意见情况，督促设计单位做好优化设计工作。对勘察设计和技术咨询进行日常管理和考核，组织施工图设计考核工作，制定有关技术管理办法、技术管理程序和相关考核制度。

（3）负责组织建设项目环保、水保、地质灾害评估、压矿评估、防洪影响评估等资料的汇总、报批工作；负责组织施工期间的环境保护和水土保持措施的落实工作。

（4）负责工作量核实及有关协议签订（包括：三电迁改、沿线立交、地下管线、通航等协议）。

（5）负责工程咨询管理工作。参与工程咨询、施工监理和施工总承包招评标工作。参加勘察设计合同、工程咨询合同、施工合同的签订工作，监督勘察设计合同和工程咨询合同（技术咨询）的执行情况，对设计费、工程咨询费的支付进行签认。

（6）负责组织编制指导性施工组织设计，审批施工单位申报的实施性施工组织设计。组织重大施工方案审查、工程质量检查和科研项目审查。根据技术标准和规范，组织制定或审查施工细则、相关施工工艺、工序。

（7）负责办理建设项目开工审批手续，协助办理工程质量安全监督手续。

（8）组织施工前的技术交底工作，负责重大技术方案、重大技术问题、主要设备及系统选型的研究审查工作。

（9）负责建设项目的组织实施和现场管理工作，落实施工计划，负责工程进度和质量控制，及时协调处理工程建设中的有关问题。

（10）负责变更设计管理。负责提报Ⅰ类变更设计建议，并参与和配合Ⅰ类变更设计初审、报批工作，负责办理Ⅱ类变更设计。

（11）负责技术文件、技术资料管理，做好设计文件、图纸和技术资料的分发登记、保管和移交归档工作。

（12）负责工程调度工作，及时收集工程信息，编制工程快报，定期对建设情况分析总结。

（13）负责建设项目物资设备管理工作，建立物资设备采购供应管理体系和质量控制管理体系，降低采购供应成本，确保物资设备质量。

（14）负责编制物资设备管理的有关制度和办法，指导、检查有关参建单位的物资设备管理工作。

（15）负责物资设备招标采购及合同执行，对主要材料和设备款的支付进行签认。监控物资设备质量，协调资源分配和采购各方关系。

（16）负责甲供、甲控物资设备管理工作。及时上报物资采购计划，按时完成物资采购相关工作；组织物资设备的供货、调剂。

（17）负责建设项目施工单位自购物资设备的管理工作。监督、检查自购物资设备程序是否规范，质量是否达标。

（18）深入施工现场，调查了解物资使用方向、供求进度、供应质量、存在问题和现场物资管理等情况，加强和改进物资管理供应工作。

（19）组织召开现场例会，掌握施工进度情况，定期对施工进度和质量安全情况进行分析总结，对存在的质量安全、进度方面的问题提出整改措施并组织落实。

（20）建立突发事件应急处理机制，组织突发事件处理工作。

（21）负责组织工程验工。

（22）组织编制联合调试计划，组织联合调试。

（23）组织编制工程竣工文件和工程总结，负责组织建设项目竣工验收交接具体工作。

（24）完成上级交办的其他工作。

五、安全质量室工作职责

（1）负责监督、检查各参建单位落实国家、原铁道部、路局安全生产及质量管理的有关规定，制定有关管理制度，建立健全质量和安全管理体系。

（2）负责办理工程质量安全监督手续，配合工程质量安全监督机构的质量安全监督检查。

（3）定期组织工程安全质量检查，及时通报和处理工程质量和安全工作中存在的问题。

（4）制定工程质量创优规划并监督实施，负责样板示范工程管理工作。

（5）负责项目工程监理招标和管理工作，检查落实建设进度、质量、安全和文明施工的各项措施，组织建设项目检查和评比工作。

（6）负责完成施工及监理企业质量信誉评价日常检查工作并上报路局。

（7）负责组织或参与工程质量和安全事故的处理工作。

（8）负责新技术、新工艺、新材料、新设备的推广和应用。

（9）负责营业线施工安全管理和运输协调工作。

（10）完成上级交办的其他工作。

六、征迁办工作职责

（1）负责全线征地拆迁和建设协调工作，办理建设项目用地预审、报批相关手续，检查、指导各施工单位征地拆迁和地亩竣工资料的组卷交验工作，负责征地拆迁计价的审核工作。

（2）负责征地补偿、拆迁、取弃土场地、地下管线工作量核实及有关协议签订。

（3）负责与当地政府及群众协调工作。

（4）完成上级交办的其他工作。

第七章　标准化管理体系

第一节　管理制度

管理制度建设是规范管理的重要保证，龙厦铁路工程建设指挥部（简称龙厦指挥部）认真贯彻执行国家和原铁道部有关铁路建设管理的各项法规，认真执行省部会谈纪要精神，结合龙厦铁路的建设实际，全面落实建设单位管理责任，以建设管理的法规体系为依据，结合龙厦指挥部实际建立健全内部建设管理规章制度，并在实践中不断完善，形成了科学的管理制度体系。

一、健全制度体系

龙厦指挥部成立伊始，就结合龙厦铁路建设实际，以管理科学理论、系统工程理论为指导，积极吸收国内外先进的建设管理方法，制定了综合管理制度、工程管理制度、建设工程质量安全管理制度、计划财务管理制度、物资设备管理制度、土地管理和征地拆迁制度和部门工作标准等各类制度体系，包括《工程建设安全质量管理办法》《建设管理考核办法》《安全管理及文明施工达标标准》《建设期物资设备招投标实施办法》《合同会签制度》等多项建设管理规章制度，形成了独具特色的建设管理运作体系，并分类汇编成册。

龙厦指挥部还积极做好管理制度标准化的推广工作，将标准化管理体系文件汇编下发给设计、施工、监理等参建单位，各参建单位也结合工程实际制定和形成了标准化管理体系，从而有效地促进了参建单位的标准化管理工作，在建设过程中促使标准化管理落到实处。

龙厦指挥部还制定了《龙厦铁路工作制度》《指挥部指挥长工作制度》等多项制度，初步建立并不断完善治理结构，并建立了各项议事制度，如每周交班会议、月度工作例会、指挥长办公会、参建单位联席会、安全质量通报会、现场会及其他专业会议等，及时检查、督促、布置、协调各项主要工作。同时，注重制度的动态修订，在实践中不断加以优化，进一步规范了建设管理。

在建设过程中，按照原铁道部关于推进建设单位标准化管理工作的指导意见（铁建设〔2008〕45号）等有关文件要求，结合龙厦铁路的建设进展情况，龙厦指挥部先后下发了《关于深入开展规范化管理推进标准化管理活动通知》（龙厦指〔2008〕60号）、《关于推进龙厦铁路建设标准化管理工作的通知》（龙厦指挥部〔2009〕212号）、《关于印发〈龙厦铁路工程建设标准化管理文件汇编（暂行）〉（龙厦指挥部〔2009〕286号）的通知》等多个安全质量标准化管理制度：明确了安全质量标准化管理目标；明确了指挥部各级领导、各室、各岗位安全质量标准和职责；明确了文明工地建设标准、工地试验室管理标准、监理管理工作标准、现场监控检查管理标准等制度；明确了安全质量管理流程，标准体系不断完善，各参建单位也建立完善了相应的标准化管理制度和实施细则。

二、健全责任体系

龙厦指挥部按照"分层分类管理、分层分权负责"思路，界定指挥部各室的管理职能和权责，突出横向到边和纵向到底的职责网络和总体协调作用，以避免交叉重复和结合部盲点；制定各室和各岗位的工作职责、工作标准及工作流程，确立"分工明确、密切协作、一人多专、优势互补、各负其责、相互督促"的岗位责任制，形成"权责明晰、约束到位、纪律严明、监督有力"的逐级负责制，把月度、季度、半年度和年度工作推进计划表中的工作任务分解到具体部门和人员，并及时进行检查、落实，实行重点工作督办销号制度，确保各室工作的计划性、协调性和效率。

三、健全激励约束机制

龙厦指挥部实行责任目标考核制，加强对员工职业规范的检查与考核，实行职工年度绩效考评和干部述职报告制度，指挥部通过与设计、施工、监理、咨询单位签订的合同和补充协议，制定参建单位信用评价和激励约束考核办法，激励参建单位。

第二节　人员配备

一、建设单位人员配备情况

为适应铁路发展的要求，建设一流的铁路，龙厦指挥部根据铁路建设有关文件、规定，配备建设管理人员。

随着龙厦铁路建设的逐步展开，南昌铁路局在人力方面给予有力支持，并从路局和相关站段抽调技术、经济管理人员参与龙厦铁路建设管理。龙厦指挥部也从参建的施工、监理单位抽调技术、经济管理人员参与管理。指挥部按照"精干高效、专业齐全、分工明确、管理科学"的原则，把好进入建指人员的条件关口，并通过强化培训、考试取证等办法，提升建设管理人员的整体素质，全部人员配备均满足铁路建设管理机构人员配备的资格要求。

二、参建单位人员配备情况

参建单位人员配备情况直接决定了龙厦铁路建设水平，因此龙厦指挥部严格要求各参建单位按照投标承诺和工程建设需要组建项目管理机构，配齐管理、技术人员，具体要求为：

勘察设计单位要按规定及时组建建设项目勘察设计团队，组建现场设计配合机构，选派主持或参与该项目施工图设计的主要技术人员常驻现场配合施工。

施工单位要根据工程类型、规模、特点和施工难易程度等，按照精干高效原则和扁平化管理要求设置项目部、配备管理人员，按照架子队模式组建作业队，加强对技术人员、作业人员的岗前培训，并按照考核办法对员工进行考核。

监理单位要按照监理管理标准化实施方案和监理合同约定设置现场监理机构，配备具有良好的职业道德和专业技术水平、具备一定的组织协调能力、能独立解决现场问题的专业监理工程师及其他监理人员，并根据监理规划和工程进展情况适时调整。

第三节　现场管理

一、抓好施工准备工作，迅速有序地开展施工

一是抓好地方协调，为开工创造良好环境。龙厦指挥部与地方建立良好协调机制，落实地方建设资金到位，督促征地拆迁、三电和管线迁改等工作，积极收集重要地材信息，做好用电、用水、道路使用和大临设施、临时用地等施工准备工作，为迅速打开施工局面创造了良好环境。

二是抓好合同履约，各项资源及时配备到位。按照投标承诺，龙厦指挥部首先检查施工单位进场各项准备工作。从人、机、料、方法、环境等方面着手，狠抓现场一线作业及控制层的工程管理。要求施工单位兑现投标承诺，配足技术力量、机械设备及物资，并进行自查自纠，同时对架子队组建情况进行检查，对架子队的管理人员工作经历和资质进行审查，对不符合要求的架子队要求施工单位进行整改、规范。对无法满足要求的施工单位进行通报批评、停工整顿等。同时也对参建监理、

设计、第三方检测单位的人员、设备履约情况进行对标检查，对于达不到要求的，责令相关单位进行调整或及时办理变更手续，确保人员资质、数量满足合同及工程需要。

三是抓好交接桩和复测，从源头确保工序受控。施工队伍刚一上场，龙厦指挥部就组织设计、监理、施工单位进行设计交桩和复测工作，要求做到逐点认真核对，对于丢失损坏的坐标点、水准点，要求施工单位配合设计补齐，从而保证了测设精度。

四是抓好施组审查，强化施工总体布局。龙厦指挥部根据龙厦铁路的实际特征和设计文件，组织编制了指导性施组，对梁场、拌和站、砟场、取弃土场等大临设施布局做了总体安排，明确了重点控制工程施工组织。在此基础上，各施工单位编制了实施性施组，由监理进行审查把关，落实技术措施、组织措施、安全措施、经济措施等，确保施组符合规范并便于操作。在施工前，对重大施工方案，如重点桥梁、重点隧道、无砟轨道、软土路基等施工方案，龙厦指挥部都组织了专家评审，结合专家提出的意见，督促施工单位对施工方案做进一步的优化，将各项因素考虑周全，保证工程顺利开展。

二、抓好设计现场配合管理，为施工做好服务

一是及时做好地质情况核对确认，确保施工工艺准确性。中铁四院成立龙厦铁路建设指挥部，随工程进展需要派驻设计专册人员，配合做好隧道、桩基等施工现场地质情况核对确认，确保及时采取合理的施工工艺和技术措施，同时加强现场设计问题解答工作，及时收集问题反馈给院里，取得设计院技术支持。

二是抓图纸管理，满足工程进度需要。根据工程进展需要，龙厦指挥部建立缺图问题库，每周交班会，加强与中铁四院联络并督促供图，并采取定期召开设计座谈会、书面联系函、约谈设计院领导、主动到设计院交换意见等方式，按照轻重缓急督促设计院供应施工图纸。

三是抓好设计交底，理清设计意图。项目开工前，龙厦指挥部组织设计单位向参建施工、监理单位进行首次交底，随着工程进展，针对重点工程、特殊工程、高风险工程及四电等进行详细的专项交底，工程变更批准后进行变更设计交底，讲解设计说明和主要采取的施工方案、施工注意事项等内容。在交底前，龙厦指挥部提前挂网通知施工、监理单位针对施工图纸进行学习，并整理出需设计单位解答的问题。在交底时，设计单位必须提供书面交底材料，并针对各方提出的问题进行答疑，帮助施工、监理单位理解设计意图。交底完毕后，龙厦指挥部及时形成设计交底会议纪要并予以下发。涉及既有线改造或施工时，龙厦指挥部也邀请南昌局工务、电务、机务、公安等相关专业运营站段参与，加强既有线施工安全管理。

三、抓好施工现场管理，实现工序标准化

1. 开展样板段活动，推进工地建设标准化

龙厦指挥部积极总结其他建设项目的先进经验，结合本工程进展特点，制定了《文明工地建设标准》《内业资料管理标准》《工地实验室建设标准》等，并细化为现场管理、施工场地、设备材料堆放、现场住宿、防火防爆、治安综合治理、施工标牌、环境保护等方面的考核指标，通过检查评比，适时推出一批样板工点，组织全线参建单位召开现场观摩会，促进了标准化工地的建设。

2. 加强作业指导书管理，推进施工工艺标准化

龙厦指挥部吸收先进的现场管理经验和施工工艺，组织编发了《软土路基处理及 CFG 桩施工指导意见》《桥梁桩基钻孔灌注桩作业指导书》《无砟轨道工程各工序作业指导书》《隧道工程作业指导书检查手册》《隧道工程防排水作业及质量控制》《施工安全用电技术要求》，对规范工程管理、开展标准化作业发挥了指导作用。各施工单位也根据有关规范、验标等认真编制施工作业指导书，并严格按指导书规范施工，促进了施工工艺的标准化。

3. 坚持"定人定点定岗"做法，推进施工现场管理标准化

龙厦指挥部建立了现场管理定人、定点、定岗的检查制度，对指挥部各职能部门的检查内容进行分工，明确专人落实。

加强施工现场检查，重点检查四个方面，即：一查体系建设，促进施工单位安全质量自控体系的不断完善和有效运转；二查劳务分包，理顺管理关系，杜绝以包代管，做到政令畅通；三查标准施工，督促施工人员按作业指导书、设计图纸和施工规范要求作业，确保每一道工序质量受控；四查监理工作，检查监理人员业务水平，实行监理考核制度，确保监理队伍的整体素质、有一个良好的监理队伍。

检查工作时做到"三个到位"。一是责任到位。推行龙厦指挥部负责人、部门负责人及总监理工程师徒步检查制度，结合工程进展和检查中发现的问题，在每周交班会上有目的、有针对性地提出整改、预防措施和管理对策，安排好下一阶段的检查工作，实现超前预控。二是管理到位。通过开展突击夜查、徒步检查、专项检查等活动，对发现的问题发出白色、黄色、红色整改通知书并形成文件通报，要求严查彻整，限期反馈。针对出现安全质量问题较多的工点，组织召开现场分析，整治措施，有效防止类似问题在其他工点再次发生。三是落实到位。对发出的整改指令，盯住现场监理抓落实，对不放心的工点多次复查，确保整改措施得到真正落实，形成管理闭环。

四、抓好监理现场把控，延伸建设单位的管理力度

1. 抓好现场监理人员配备

龙厦指挥部认真审核总监理工程师、副总监理工程师和专业监理工程师的执业资格。随着工点的全面铺开和工程进展，督促监理单位进一步调整、优化人员配备，科学合理配备现场专业监理人员，确保满足工程施工需要。一是配强重点、难点工程监理人员，做到专业与工程类别对口，能力与工作岗位相称，从素质上配强，从数量上配足。二是配强施工单位内控管理较弱的工点的监理人员，并根据其内控强弱的变化及时做相应的调配。三是配强旁站监理人员，确保工程的关键部位和关键工序的质量安全可控。

2. 加强监理考核

龙厦指挥部安质室对照《监理规划》和《监理实施细则》及指挥部规定的有关监理工作内容，进行每季度考核，结合平时检查、抽查，徒步检查等情况得出考核结果，对违纪、违规、失职的监理人员按规定给予警告直至清退出场。此外，季度考核结果也是每季度支付监理费用的依据，从而有效激励监理人员、充分发挥监理的优势为工程建设提供优质服务。

第四节　过程控制

一、在安全过程控制上坚持高标准

在建设过程中，各参建单位严格执行与安全相关的法律法规及规章制度，设置相应的安全生产管理机构，配置专职安全人员，落实安全责任制和相关的安全责任人，确保安全保证体系正常运行。对危险性较大的工程，编写专项施工方案并经专家组论证审核，编写相应的安全事故应急处理预案，从应急机制入手，把好安全预防关，健全各种突发事件应急机制，并与各参建单位形成上下对接的应急管理体系，规范应急处置方法，组织应急管理培训和快速反应演练，完善防洪防台、防地质灾害、防酷暑等安全应急预案，在台风暴雨袭击时，及时启动预案，防范到位，确保人身、设备和财产安全。

施工单位加强火工品和隧道施工安全管理，按原铁道部文件要求做好铁路隧道风险评估、超前

地质预报、围岩变形量测、初支及衬砌紧跟、软弱围岩及突泥突水地段防护措施等工作。

通过对全线建设工程安全生产隐患日常排查治理，彻底消除现场存在的各类突出安全隐患和问题，进一步落实安全生产责任追究制度，推进安全生产责任制的有效落实，建立健全安全生产规章制度体系和安全隐患排查治理及重大危险源长效管理机制，确保建设工程安全质量目标的实现，做到未发生一起生产安全事故和工程质量事故，未发生一起因建设引起的铁路交通事故。

各参建单位做好各个阶段有针对性的安全隐患排查工作、安全专项治理工作和安全"大检查、大反思"活动，制定专门的安全排查措施和方案，巩固日常安全隐患排查成果，确保不留任何安全隐患。

二、在质量过程控制上坚持高标准

1. 质量保证体系，把好质量控制措施关

把目标和责任分解落实到设计、施工、监理单位，构建质量安全管理实施有规范、操作有程序、过程有控制、结果有考核的管理制度。按照目标管理、分级管理、持续改进和闭环管理的方式，落实施工单位自控、监理单位监控、建设单位抽查督促、质量安全监督站监督的质量安全控制体系，落实每个参建单位、部门、人员在整个质保体系中的地位和作用，形成相互监督、相互制约、相互促进的质保机制。

2. 过程控制，把好质量检查检验关

坚持采用工程监理，并实行工程质量第三方检测。认真开展信用评价、"三项治理""大检查、大整治、大反思"活动，加大对质量通病问题和安全隐患的整治力度，保证重要的施组方案、结构部位、工序及质量通病有人抓、有人盯、有人管，强化对路基及桥涵过渡段、隧道光爆及防排水等重点工序质量的过程控制，对检查发现的质量问题责令有关单位限期整改并上网公示，实施动态管理和闭环管理，促进参建单位提高企业自控体系的运作水平。

3. 人员管理，把好质量责任关

龙厦指挥部要求各参建单位严格按照投标承诺配备人员，并进行备案管理。对其中有人员变更的，需报龙厦指挥部审核同意，龙厦指挥部建立了所有参建单位质量安全责任人档案，在办公网络上公布，严格实行问责制度，强化参建人员质量安全岗位责任意识。

4. 物资管理，把好原材料质量关

龙厦指挥部完善物资采购供应、招投标等管理办法，选择合格供应商，坚持"统一部署、统一招标、统一管理；突出协调，规模采购；突出指导，规范运作；突出监督，严把关口的管理模式，形成了"以指导、协调、监督为主线，以引导规范操作为重点，以确保工程材料质量为关键，以进场把关为主要环节"的物资管理工作思路，并通过加强对物资供应体系核查、增加对薄弱环节和关键材料的抽检频率等措施，严把进场物资材料质量关。施工、监理单位根据龙厦指挥部要求加强了原材料管理，完善了原材料管理制度，配足、配全检测、试验人员，并按照《工地试验室建设标准》，建立了工地试验室，规范试验程序，实现专业化管理，保证抽样的规范性和试验结果的准确性。加强所有原材料及设备（含甲供）的进场检查验收工作，内容包括规格、型号、数量、品种、检测报告、合格证书、外观质量、质量保证承诺等质保证明，杜绝未经检验或检验不合格的原材料使用到工程建设中。

三、在工期控制上坚持高标准

1. 制定节点工期目标

龙厦指挥部根据总体建设工期安排，按照站前土建工程、轨道工程、站后房建和四电工程等制定了大节点工期目标，并按年度细化分解建设任务。在龙厦指挥部本部和监理、施工单位项目部均

设置了专职工程调度人员，建立工程调度制度，并结合工程进展不断完善进度计划管理体系，推行高效的管理制度，抓好工程建设各环节的紧密衔接。

2. 快速推进征迁工作

龙厦指挥部及时制定征迁工作制度、标准和流程，与沿线地方政府建立工作沟通协调机制，明确路地双方责任，依法开展征迁工作，积极推进建设项目用地预审、先行控制性工程用地、建设项目用地报批等工作。

3. 加强对重难点工程的监控

对全线重难点的单位工程，进行重点监控和动态分析，对可能影响总体工期的工点及时发出警示，实行每日上网发布、每周汇总分析、每月全线通报制度，督促参建各方不断优化施工组织和强化现场管理，保持快速推进的良好势头。

4. 加大设计管理力度

定期召开设计工作协调会，及时解决出现的具体设计问题，建立设计问题库，及时进行督办落实，对久拖不决的重大设计问题直接向设计单位反馈并跟踪落实，从而提高设计单位配合效率，促进现场设计问题的协调处理和及时供图，从源头上为加快工程推进提供了设计保证。

四、在投资效益管理上坚持高标准

一是以预算控制为重点，强化概算的约束力，实施降低项目投资成本策略，在筹资成本、概算控制等方面努力降低建设成本。

二是严格验工计价，通过硬化合同、固化程序、强化审核来规范验工计价工作，做到验工根据现场，计价根据合同和验工，实现技术与经济相渗透，管理控制与财务内控相结合，工作量审查与价格审核相衔接。

三是完善合同管理，合同管理上做到分工履责到位、管理制度健全、控制程序完善、履约结果考核，保证合同文件的合法性和规范性。

四是优化施工组织，努力减少不必要的工程量，坚决避免废弃工程，严格控制建设用地，合理控制征迁造价，严把特殊用地确认关，优化施工组织。

五、在环水保控制上坚持高标准

树立可持续发展观，在环境问题、水土保持上坚持最大限度保护、最低程度地影响，确保龙厦铁路绿色环保，龙厦指挥部注意处理好施工建设与资源、环境的关系，把环保、水保纳入监督控制范围，从制度体系建设、施工方案审批、环保措施落实、内业资料整理、环境清理恢复等环节进行监督把关。认真落实工程措施和环保投资，要求设计单位做工程设计变更时要及时做好环水保专项补充设计，要求各施工单位不断创新施工工艺、工法，做好弃（土）渣场的防护工作，加强植被保护，及早启动排水、绿化工程，减少对环境的污染，减少噪声影响，龙厦指挥部委托专业咨询公司开展水土保持动态监测，积极配合有关职能部门开展环保、水保专项检查，及时下达检查情况通报和整改要求。

六、在技术创新上坚持高标准

本着严谨求实的科学精神，认真贯彻落实 200 km/h 客货共线铁路技术的新规范、新标准，扎实做好各项技术评审工作，确保相关技术标准得到有效执行。同时，注重抓好对先进技术的引进和消化吸收、难点问题的科研攻关。例如：在长大隧道、浅埋隧道、大跨度桥梁等复杂工程中积极推广应用新技术成果；重点解决隧道突泥突水和地表下沉、浅埋隧道施工等技术难题；组织专家对岩溶富水隧道施工、浅埋隧道施工、聚氨酯固化道床施工等进行技术攻关；进一步优化各专业施工组织设计。

第八章　设计管理

第一节　贯彻设计新规范

　　龙厦铁路的建设在利用我国已有研究和经验、总结设计和咨询成果的基础上，借鉴、吸收国外高速铁路的先进技术和成熟经验，结合工程和技术发展的具体情况，高标准、高起点进行设计和咨询。龙厦铁路在设计阶段严格贯彻设计新规范，为确保建设世界一流铁路奠定了良好的基础。

　　龙厦铁路设计，线路平、纵面设计标准采用《新建时速200公里客货共线铁路设计暂行规定》《铁路线路设计规范》。限制坡度采用13‰，由于为客货共线运行，需考虑曲线和隧道阻力引起的坡度折减，标准按《铁路线路设计规范》（GB 50090—2006）执行；相邻坡段的最大坡度代数差为10‰，困难时可采用12‰；当相邻坡段的坡度代数差大于或等于1‰时，以圆曲线型竖曲线连接。

　　改移道路设计执行《公路工程技术标准》（JTGB01—2003）和《公路路线设计规范》（JTJ 011—94）及有关规定。联络线及站线等基床以下部位路堤采用A、B、C组填料，当选用D组填料时应采取加固或改良措施。压实标准按现行《铁路路基设计规范》（TB 10001）进行。

　　龙厦铁路跨越城市道路及公路时，按《城市道路设计规范》（CJJ 37—90）、《公路工程技术标准》（JTGB 01—2003）规定及有关单位协商意见确定，其中跨越高速公路时其桥下净空不应小于5.5 m。跨越航道时，按国家《内河通航标准》（GB 50139—2004）规定及有关单位协商意见确定。象山属特长隧道，根据《铁路隧道设计规范》（TB 10003—2005）需设置机械通风进行换气。通风方式采用射流风机进行全纵向通风。

一、地质勘察执行的标准与规范

　　（1）《铁路工程地质勘察规范》（TB 10012—2001、J124—2001）；

　　（2）《铁路工程不良地质勘察规程》（TB 10027—2001、J125—2001）；

　　（3）《铁路工程特殊岩土勘察规程》（TB 10038—2001、J126—2001）；

　　（4）《铁路工程水文地质勘察规程》（TB 10049—2004、J339—2004）；

　　（5）《铁路工程地质原位测试规程》（TB 10041—2003、J261—2003）；

　　（6）《铁路工程物理勘探规程》（TB 10013—2004、J340—2004）；

　　（7）《铁路工程岩土分类标准》（TB 10077—2001、J123—2001）；

　　（8）《铁路工程地质钻探规程》（TB 10014—98）；

　　（9）《岩土工程勘察规范》（GB 50021—2001）；

　　（10）《铁路工程抗震设计规范》（GB 50111—2006）；

　　（11）《京沪高速铁路工程地质勘察暂行规定》（2003）；

　　（12）《铁路混凝土结构耐久性设计暂行规定》（铁建设〔2005〕157号）；

　　（13）《新建时速200公里客货共线铁路设计暂行规定》（铁建设函〔2005〕285号）；

　　（14）《铁路工程地质手册》（2002）。

二、线路工程执行的标准与规范

　　按照《新建时速200公里客货共线铁路设计暂行规定》（铁建设〔2005〕285号）和《铁路线路

设计规范》（GB 50090—2006）的有关技术要求，对全线平、纵断面进行设计并优化。

左右线平面布置：曲线地段以左线（下行线）为基准，右线设计为左线的同心圆，线间距车站范围内为 5.0 m，区间 4.4 m，曲线地段线间距加宽按《铁路线路设计规范》（GB 50090—2006）规定办理，线间距的变更利用曲线完成。

龙岩地区正线全长 7.100 km，该段平面设计采用《铁路线路设计规范》（GB 50090—2006）120 km/h标准设计，漳州南右线绕行地段（YDK106+300～YDK111+713.072）按 160 km/h 设计。

改移道路设计执行《公路工程技术标准》（JTGB01—2003）和《公路路线设计规范》（JTJ011—94）及有关规定。公（道）路改移设计标准不低于原标准，立交净空按有关规定执行。若提高标准，投资划分按国务院令第 430 号《铁路运输安全保护条例》有关规定办理。

三、轨道工程执行的标准与规范

（1）《铁路线路设计规范》（GB 50090—2006）；

（2）《铁路轨道设计规范》（TB 10082—2005）；

（3）《新建时速 200 公里客货共线铁路设计暂行规定》（铁建设函〔2005〕285 号）；

（4）《新建铁路桥上无缝线路设计暂行规定》（铁建函〔2003〕205 号）；

（5）《无缝线路铺设养护维修方法》（TB 2098—89）；

（6）《铁路轨道施工及验收规范》（TB 10302—96）。

四、路基工程执行的标准与规范

正线路基设计执行《新建时速 200 公里客货共线铁路设计暂行规定》（铁建设函[2005]285 号）的规定。联络线及站线等路基按《铁路路基设计规范》（TB 10001）Ⅰ级铁路标准办理，基床表层采用 A 组填料，底层采用 A、B 组填料填筑。

碎石粒径、级配及材料性能应符合原铁道部现行《新建时速 200 公里客货共线铁路设计暂行规定》的规定；用于基床底层或以下部位路堤填筑的硬质岩块均应满足《新建时速 200 公里客货共线铁路设计暂行规定》规定的粒径要求，否则应进行级配改良。微风化硬质岩可制成级配碎石，作基床表层填料。速度 160 km/h 及以下的路堤基床及以下部位填料按《铁路路基设计规范》及填料分组表的要求选用填料。

陡坡路基：凡修筑在地面横坡等于或陡于 1：2.5 的陡坡上的路堤为陡坡路堤，检算中稳定系数一般不小于 1.25。路堤经检算不稳定时，采用挡土墙（C15 片石混凝土）、桩板墙等支挡建筑物处理。计算时应采用陡坡下滑力与土压力的较大值进行设计。陡坡路堤靠山侧应设排水设备，并采取防渗加固措施。

按《铁路路基支挡结构设计规范》（TB 10025—2006）第 1.0.13 条要求设置护轮轨。

软土路堤：稳定性检算——路堤最小稳定安全系数：不考虑列车荷载时，为 1.25；考虑列车荷载时，为 1.15。采用复合地基法处理时应按《建筑地基处理技术规范》（JGJ 79—2002）进行单桩承载力及复合地基承载力估算。采用预应力管桩处理时应按《铁路桥涵地基和基础设计规范》（TB 10002.5—2005）进行桩基承载力估算。

五、桥涵工程执行的标准与规范

龙厦铁路建筑限界按《新建时速 200 公里客货共线铁路设计暂行规定》办理，本线不考虑开行双层集装箱要求；本线跨越普通铁路时，桥下净空按"建限-1"办理，跨越的拟开行双层集装箱列车的厦深线路限界高度为 7.96 m；跨越城市道路及公路时，按《城市道路设计规范》（CJJ37—90）、《公路工程技术标准》（JTGB 01—2003）规定及有关单位协商意见确定，其中跨越高速公路时其桥下净空不应小于 5.5 m；跨越航道时，按国家《内河通航标准》（GB 50139—2004）规定及有关单位协商意见确定。

铁路桥梁限界按《新建时速 200 公里客货共线铁路设计暂行规定》办理；所有跨线桥均在满足相应限界的基础上预留 0.1～0.2 m 的富余量。

根据《堤防工程设计规范》（GB 50286—98）的规定，桥梁要求尽量一跨跨越河堤，确有困难时，桥墩也不应设在堤身迎水坡，并满足堤身设计抗滑和渗流稳定要求。

龙厦铁路先后跨越高速公路、一级公路、国道、省道等众多高等级公路及漳龙铁路、厦深铁路、龙马支线铁路。受线形条件的限制，部分公路与龙厦铁路斜交，按《公路工程技术标准》（JTGB 01—2003）规定，其桥下净高不小于 5.0 m；三级及以下等级公路，其桥下净高一般不小于 4.5 m。当其桥下净空不足 5 m 时，按原铁道部《关于印发〈'铁跨公'立交桥涵限高防护架管理办法〉的通知》（铁运〔2005〕193 号文）要求，设置限高防护架及相应的限高限行标志。

沿线大部分地区地表、地下水具有腐蚀性，为化学侵蚀环境。受腐蚀影响的桥墩基础及墩身范围采用高性能耐久混凝土，并按照《铁路混凝土结构耐久性设计暂行规定》（铁建设〔2005〕157 号）的要求，通过提高混凝土标号改善混凝土密实度和增加钢筋保护层厚度等措施来进行设计，以保证结构的耐久性使用要求。

桥梁支座拟采用耐久性盆式支座和 LQZ 系列球形支座，支座分固定支座、纵向活动支座、横向活动支座和多向活动支座四种形式。桥梁固定支座的设置按《桥规》（TB 10002.1—2005）第 3.3.12 条有关规定执行。

六、隧道工程执行的标准与规范

龙厦铁路速度 200 km/h 的单、双线隧道建筑限界按照《新建时速 200 公里客货共线铁路设计暂行规定》（铁建设函〔2005〕285 号）的"电力牵引铁路 KH-200 桥隧建筑限界"。隧道的防排水设计采用"防、排、截、堵结合，因地制宜，综合治理"的原则，衬砌结构的防水等级应满足《地下工程防水技术规范》（GB 50108）的一级标准。地震动峰值加速度等于大于 0.1g 的隧道洞口及浅埋段按抗震设防设计，设计参数参照有关规范执行。洞口及洞身浅埋段按《铁路建设贯彻国防要求技术规程》（铁计〔2005〕23 号）进行加强。

地震基本烈度根据《中国地震动参数区划图》（GB 18306—2001）划分：龙岩至斗米段（DK0+000～DK45+700）地震动峰值加速度为 0.05g（地震基本烈度为六度），斗米至草坂段（DK45+700～DK90+600）地震动峰值加速度为 0.10g（地震基本烈度为七度），特征周期 0.35 s，草坂至厦门段（DK90+600 之后）地震动峰值加速度为 0.15g（地震基本烈度为七度以上）特征周期 0.35 s。

明洞防排水设计执行原铁道部现行《铁路隧道防排水技术规范》（TB 10119）中的有关规定，衬砌采用防水混凝土，衬砌外表面涂防水涂料防水，再外贴防水板防水。

地震设防根据《中国地震动峰加速度区划图 1/400 万》和《中国地震动反应谱特征周期区划图 1/400 万》（GB 18306—2001）及有关资料，本线隧道所在地区地震动峰值加速度为（0.05～0.15）g（相当于地震烈度 6～7 度）。隧道洞口、明洞、浅埋和偏压地段应为抗震设防地段，其衬砌结构应予加强，当隧道位于地震动峰值加速度为（0.1～0.15）g（基本烈度为 7 度）时的 Ⅵ、Ⅴ 级围岩的双线隧道，应考虑抗震设防，并验算，其设防的长度可根据地形、地质条件确定。其中单线隧道的设防长度不宜小于 25 m，双线隧道的设防长度不宜小于 35 m。

岩石的放射性：通过对隧道区域的测量，隧道轴线上未见放射性异常，γ 辐射剂量率在 221～247 nGY/h 间，线路附近基岩出露部位 γ 辐射剂量率在 351～410 nGY/h 间，对过往旅客影响较小，但对施工工人有明显影响，同时有放射性异常。对放射行偏高与异常段的现场施工管理工作，要按照《放射性防护和环境保护规程》做好相关的防护工作。

七、站场工程执行的标准与规范

陡坡路基：凡修筑在地面横坡等于或陡于 1：2.5 的陡坡上的路堤为陡坡路堤，检算中稳定系数一般不小于 1.25。路堤经检算不稳定时，采用挡土墙（C15 片石混凝土）、桩板墙等支挡建筑物处理。计算时应采用陡坡下滑力与土压力的较大值进行设计。陡坡路堤靠山侧应设排水设备，并采取防渗加固措施。

按《铁路路基支挡结构设计规范》第 1.0.13 条要求设置护轮轨。

站区绿化设计按原铁道部铁建设函〔2004〕551 号文《铁路绿色通道设计暂行规定》办理。

八、电气化工程执行的标准与规范

空气绝缘间隙按《铁路技术管理规程》及《铁路电力牵引供电设计规范》设计。迁改技术要求：根据现行《架空送电线路设计技术规程》（SDJ3—87）、《架空配电线路设计规程》（SDJ206—87）、《110～500 kV 架空送电线路设计技术规程》（DL/T5092—1999）、《66 kV 及以下架空送电线路设计技术规程》（GB 50061—97）、《铁路电力设计规范》（TB 10008—99）中有关要求，结合本段工程技术条件，对电力线路迁改工程拟定主要技术要求。

牵引能耗及电能损失计算：牵引能耗和电能损失分别以近、远期客、货运量及实际牵引质量作为计算条件，计算方法依据《牵引供电系统电能损失的计算条件和方法》（TB/T 1653—1996）执行。

九、给排水工程执行的标准与规范

消防用水按《建筑设计防火规范》（GBJ16）、《铁路工程设计防火规范》（TB 10063—99）、原铁道部公安局铁公函〔2004〕345 号文、《铁路旅客车站消防给水标准补充规定》（铁建设函〔2006〕517 号）和《新建时速 200 公里客货共线铁路设计暂行规定》的规定计算。

消防设计按《铁路工程设计防火规范》执行；5 km 以上隧道两端增设消防水池，消防水池及水源（包括隧道守护供水）可根据隧道施工供水设施情况永临结合、予以利用。

十、通信信息工程执行的标准与规范

根据铁科技〔2006〕68 号《关于发布〈200～250 km/h 客运专线站后系统技术框架方案〉的通知》的要求，龙厦铁路通信系统需要补充设置第二条干线光缆通信线路、数据网、综合视频监控等通信系统。

第二节　预可研与可研设计

一、积极推进建设前期工作，协同设计单位完成方案论证

按照原铁道部有关文件精神，龙厦筹建组积极介入建设管理前期工作，协同设计单位听取地方及有关部门意见，配合设计单位调查影响线路方案的外界环境，研究绕避重要建筑（或文物）、风景名胜区、自然保护区、基本农田保护区、军事设施、不良地质地段等，参与协调、解决影响线位的重点问题，分析对路外工程设施影响并提出处理措施，组织设计单位尽快完成道路立交、征地拆迁、三电迁改、管线等地上、地下构筑物改移等方案论证并签订协议。

在线路方案论证上，充分听取地方政府意见，认真贯彻环境保护、城市规划要求，服从社会经济发展需要，全面进行技术经济比较，确保线路方案合理性。

二、贯彻地质勘察监理制度，加强地质勘察管理工作

为了确保龙厦铁路工程地质勘察质量，规范工程地质勘察监理工作，在定测阶段和补充定测阶

段实行工程地质勘察监理，由龙岩铁路有限责任公司通过招标选定中铁二院为工程地质勘察监理单位，并签订《工程地质勘察监理合同》。

工程地质勘察监理实行报告制度、例会制度、考评及奖惩制度、资料管理制度等。

1. 报告制度

工程地质勘察监理单位定期向公司书面报告工程地质勘察监理工作情况。工程地质勘察监理工作结束后，监理单位提交了工程地质勘察监理报告，对勘察单位提供的原始资料、勘察报告及图件的完整性、可靠性等提出评价意见。

2. 例会制度

建立和完善工程地质勘察监理例会制度，工程地质勘察监理单位及时与筹建组、勘察单位互通信息，交流工程勘察和监理情况。

3. 奖惩制度

龙厦铁路工程建设指挥部对工程地质勘察监理工作进行考核。对成效显著的监理项目，可根据合同适当予以奖励；因工程地质勘察监理工作失职，未按合同约定履行监理义务的，按照有关规定扣减勘察监理费。

4. 资料管理制度

工程地质勘察监理单位建立资料管理制度，落实专职（或兼职）负责人员，负责监理资料的建立和归档管理。

通过加强地质勘察管理工作，及时组织钻探布置和钻探数量审查，抽查钻探取芯资料是否真实、钻探密度和深度是否满足规范要求，抽查钻探分包单位的资质和工作质量，及时组织勘察资料验收，达到了稳定线路方案、合理确定建设规模和投资的目标。

第三节 初步设计阶段

初步设计初审工作是建设管理的重要环节，龙岩铁路有限责任公司充分运用"小业主、大咨询"管理模式的优势，发挥咨询单位的作用，有力地加强了设计咨询工作。

一、设计咨询制度

咨询单位在咨询合同约定的范围内，开展工程咨询的各项工作，包括设计阶段的技术咨询工作。比如：审查执行初步设计批复意见和工程建设强制性标准情况；审查标准设计图；审查设计文件编制内容、深度和质量是否满足客运专线建设的要求。负责对设计文件、图纸进行审查、提出审查报告并签认。

二、初步设计初审

1. 指导原则

初步设计文件初审工作，贯彻"以人为本、服务运输、强本简末、系统优化、着眼发展"的建设理念，体现"提高质量、节省投资、保护环境"的总体要求。

2. 组织程序

（1）初步设计初审工作由南昌铁路局和龙岩铁路有限责任公司负责组织，咨询单位、勘察设计单位参加；

（2）初步设计初审工作由南昌铁路局技术负责人全面负责，各专业处室分别负责各自职责范围内的相关专业的审查；

（3）勘察设计单位应按要求提交完整的初步设计文件及初审所需的必要图纸和资料，认真对待初审工作和初审意见，并书面答复对初审意见的落实情况。

（4）咨询单位负责对初步设计进行初审并提交书面意见，对初审意见的质量和有效性负责。

3. 初审内容

设计方案点线能力是否匹配、运输组织是否先进合理、设备选型配置是否合理、既有设备是否得到合理利用、新建工程与既有设备是否协调、接口是否合理有效、运输安全措施是否得当、接轨站设计方案是否合理，车站布置和规模、进出站线布置和疏解方案、综合管线布置、站内排水、安全设备设置及站房设置是否符合城市规划，线位方案是否稳定，线位是否绕避了重要建筑（或文物），绕避或通过不良地质地段的方案和措施是否得当，各类勘探工作是否基本完成，大型拆迁工程和大临工程是否单独设计，过渡工程是否合理，指导性施工组织设计是否合理，工程概算计算是否有错误或遗漏等。

第四节　项目实施阶段

一、加强设计的现场配合，发挥设计的龙头作用

龙厦铁路建设的技术内涵首先体现在设计工作中，一个成功的建设项目一定有优秀的设计作为前提，设计工作是项目建设的龙头。施工阶段是全面把设计意图转变为现实的过程，也是检验和深化施工图设计的过程，因此实施过程中必须充分认识和理解设计文件，紧紧依靠和充分发挥设计人员作用，坚持按图施工的原则。

在实施阶段首先抓好设计单位对现场的配合保障工作，立即成立现场配合施工的设计机构，根据工程需要配备相应专业技术人员，面对现场开展技术服务与设计保障工作，及时解决施工中出现有关设计方面的问题，保持与中铁四院本部高效的工作联系，为工程施工顺利提供必需的技术保障。

在日常工作中，以建设方牵头，切实加强参建各方沟通联系，推行联合办公机制，定期召开设计调度会。在公司组织的各种工地检查和施工企业信用评价中，设计单位都作为不可缺少的一方全程参与，提出了许多宝贵的意见并得到采纳。对施工出现的难点和问题，首先请设计方提出意见和建议，有时根据需要组织专家共同研究确定解决方案。

几年的施工实践表明，以上做法充分发挥了设计单位的作用，使得工作的主动性和可靠性大大增加；参建各方协调沟通机制的建立，贴近了现场，提高了办事效率。设计单位在提供技术服务、现场把关配合上，发挥了重要核心作用，有力地保证工程施工正常推进。

二、严格施工图审核程序，确保施工图质量

公司委托中铁二院工程集团有限公司对龙厦铁路施工图进行审核，严把施工图质量关，确保施工图质量满足龙厦铁路技术标准要求。

1. 施工图审核方式

施工图由设计单位提交图审单位，图审单位收到需咨询图纸及资料，组织专业技术力量，在图审委托合同规定的工作日内，对施工图纸提出书面咨询审核意见（含意见的电子文档），反馈建设及设计单位。设计单位认真研究图审意见，对设计缺陷部分进行必要的补勘和修改，并将落实情况反馈建设及图审单位。设计单位将修改、补充后的施工图纸发送建设，经建设组织图审单位确认加盖

审核章并登记后，按图纸发放规定及程序发送至建设项目有关参建单位实施。

2．施工图审核的重点内容

（1）检查施工图执行初步设计批复意见的情况；

（2）检查图纸执行工程建设强制性标准的情况；

（3）审核施工图设计文件编制内容、深度和质量是否达到《铁路基本建设项目预可行性研究、可行性研究和设计文件编制办法》规定和有关规范、规程的要求；

（4）审核工程措施、工点技术措施、施工过渡措施、安全措施是否到位；

（5）审核防火、节能、环保、水保措施是否符合要求；

（6）审核工程数量、设备和材料数量、用地数量和检查拆迁数量，并与初步设计数量进行对比，检查投资检算编制和工程投资控制效果；

（7）审核标准设计图选用的适当性；

（8）检查设计文件的总体性及各专业设计间的衔接情况。

三、强化施工图现场核对环节，完善施工图设计

为加强龙厦铁路建设管理，最大限度地纠正和避免因施工图与现场实际不一致及工点设置不合理而造成的损失乃至造成工程隐患，在龙厦指挥部组织领导下，由工程室牵头，工程咨询单位、监理、设计、施工单位参加，进行施工图核对现场，完善施工图设计，确保工点设置合理，强化使用功能，合理使用投资。

2007 年 5 月 4 日下午，龙厦指挥部召集中铁第四勘察设计院集团有限公司（以下简称铁四院）、中铁二院工程集团有限公司龙厦铁路咨询项目部（以下简称中铁二院龙厦咨询项目部），在铁四院线路处会议室召开龙厦铁路站前工程施工图审核意见交换会，会议就铁二院龙厦咨询项目部提交的《龙厦铁路站前工程施工图审核意见》进行交流、讨论，明确了对"审核意见"的处置方式和原则，并对咨询提出的大的个性问题进行专题讨论，统一了具体的处理意见。

在现场核对基础上，为确保所有工程按照设计意图组织施工，确保各项工程工程质量和施工安全，各项工程开工前龙厦指挥部均组织进行技术交底。技术交底是建设管理的一个重要环节，是以设计单位为先导的各参建单位对建设实施共同认识深化的过程，为施工的顺利和安全质量提供有力的保证。

除工程开工前按标段分专业组织的交底核对外，对重难点工点、复杂技术应用工点以及出现一类变更设计工点，同样组织专题技术交底。设计单位对交底内容一律提供文字依据，对现场核对及技术交底有关内容一律签发会议纪要。没有完善现场核对及技术交底工点，不得批复开工。

2007 年 7 月 18 日，龙厦指挥部召集中铁第四勘察设计院集团有限公司龙厦指挥部、铁一院龙厦铁路 JL-Ⅱ标监理部、铁二院龙厦铁路 JL-Ⅲ标监理部、中铁二局龙厦铁路 LX-Ⅲ标指挥部、中铁十二局龙厦铁路 LX-Ⅳ标指挥部在龙厦指挥部会议室召开了龙厦铁路站前工程施工图技术交底会，会上中铁第四勘察设计院集团有限公司对设计情况和需要注意的事项做了详细介绍，并对各参建单位提出的问题做了认真解答。

四、依规办理变更设计，强化过程控制

变更设计是施工阶段不可避免的工作，控制不当、认识不清容易出现偏差，直接影响工程进展和投资。公司坚持"先批准、后变更，先设计、后施工"的原则，建立责任制，变更原因真实、责任明晰，在规模标准上分清类别，在性质上分清投资出处，既不能因施工包干内该变不变，反之，不能因可增加投资而变更过滥。

五、以施工图考核为抓手，强化供图管理

供图工作是制约工程建设进度的一个重要因素。面对全国铁路建设高峰时期设计单位任务饱满的情形，为加强供图管理，提高设计服务水平，龙厦指挥部每半年对施工图进行一次考核，并将考核结果上报原铁道部相关部门，通过对设计院施工图考核，提高了施工图设计质量，保证了施工对图纸的需要。

在建设过程中，龙厦指挥部根据各施工单位提出的需设计单位解决的问题，建立了问题库，简化了环节，提高了效率。对于需要设计院本部解决的事项，龙厦指挥部以书面联系函形式加强与设计院联络，督促设计单位按照轻重缓急做好图纸供应等工作。同时，龙厦指挥部领导与设计院高层不定期进行互访沟通，协商解决、共同推进建设过程重要事宜。对重大设计方案，组织设计院，积极主动与原铁道部鉴定中心等有关部门沟通，以求尽快明确答复并批复，起到明显的效果。

第九章　质量与安全

第一节　质量体系的建立与运行

为规范、系统地加强龙厦铁路工程建设的质量管理工作，实现原铁道部党组提出的"一流的工程质量、一流的装备水平、一流的运营管理"建设目标，根据国家、原铁道部等有关基本建设的法律、法规、规章及标准规定，结合具体情况，龙厦指挥部建立了建设工程质量管理体系。

一、科学制定质量方针、质量目标

龙厦铁路的质量方针为：百年大计，质量第一，精益求精，争创国优。

质量目标为：

（1）单位工程一次验收合格率100%，工程质量零缺陷；

（2）无质量大事故及以上等级事故；

（3）正线初验开通速度达到160 km/h，竣工达到设计目标值200 km/h，全线一次开通成功；

（4）竣工文件真实可靠，规范整齐。

二、设立质量管理机构，加强组织领导

为加强质量管理工作的组织领导，龙厦指挥部成立了建设工程质量管理领导小组，组成成员如下：组长为指挥部指挥长，副组长为指挥部副指挥长、总工程师，组员为指挥部各室主任，设计单位项目总体，监理单位项目总监，施工单位项目经理。领导小组下设办公室，办公室设在龙厦指挥部安全质量办公室，主持日常质量管理工作。

三、健全质量管理制度、落实质量责任制

为了实现龙厦铁路工程建设的质量总体目标，龙厦指挥部认真贯彻执行国家、原铁道部、省有关质量管理的规章、标准及其他规范性文件，并建立了质量管理制度。

质量管理制度包括：工程质量监督制度、地质勘察监理制度、初步设计咨询和初审制度、施工图审核制度、技术交底制度、施工图现场核对制度、施工组织设计编制与审核制度、工程地质核实制度、工程质量试验检测制度、施工测量复核制度、工程质量检查制度、培训持证上岗制度、变更设计审批制度、施工质量验收制度、工程质量事故报告和调查处理制度、质量责任追究制度、基础技术资料管理制度。为进一步明确质量责任，让质量责任管理有具体的实施依据，符合工程现场的管理要求，龙厦指挥部组织制定了一系列规范性文件等。

龙厦指挥部把目标和责任分解落实到设计、施工、监理单位，按照目标管理、分级管理、持续改进和闭环管理的方式，落实质量控制体系和每个参建单位、部门、人员在整个质保体系中的地位和作用。从合同入手，把好质量责任关，督促各参建单位落实好逐级负责制、岗位责任制，加强对监理队伍的管理，定期召开监理工作例会，组织对全线监理人员进行业务考试，对监理工作的检查内容和方法进行了细化和统一，加强了监理对现场的把控力度。

四、以过程控制为主，把好质量检查检验关

坚持以监理监控为主导，并实行工程质量第三方检测等方式进行质量控制。同时认真开展质量信用评价活动，强化对重点工序质量的过程控制，保证重要的施组方案、结构部位、工序及质量专人把控。同时龙厦指挥部组织设计、施工、监理单位对各标段的总体施工方案和重点项目施工方案进行审查，对其质量安全的可靠性进行科学的分析、评估，对可能存在的质量安全隐患进行分析、论证，并采取积极措施，确保质量安全可控。

为确保质量，实施第三方检测。为公正、合理地评价铁路建设工程质量，根据原铁道部有关要求，龙厦铁路实行工程质量第三方检测。具体检测项目如下。

1. 路基工程

（1）软土地基处理质量。主要采用取芯、平板载荷试验等方法检测搅拌桩、旋喷桩、CFG桩等的桩身质量和复合地基承载力。

（2）路堤和过渡段填筑质量。主要采用各种土工试验方法检测路堤填筑和横向结构物、堤堑、隧路等过渡段填筑压实度，包括压实系数、地基系数、孔隙率、相对密度等。

（3）挡护工程砌筑质量。主要采用地质雷达等检测挡墙墙体厚度、背后回填密实度等，采用超声波或低应变检测锚固桩质量。

2. 桥梁工程

主要对基桩混凝土的均质性和完整性进行检测，根据不同的基桩类型，采用低应变或超声波透射法检测基桩的完整性。

3. 隧道工程

主要采用地质雷达法对隧道衬砌及隧底混凝土的厚度、背后回填密实度和脱空程度、钢筋钢架布设等进行检测，采用回弹法检测二次衬砌强度。

4. 站房工程

（1）主要对基桩混凝土的均质性和完整性进行检测，根据不同的基桩类型，采用低应变或超声波透射法检测基桩的完整性。

（2）主要对桩基承载力进行检测，采用静载法对桩基的竖向抗压、竖向抗拔进行检测。

在检测单位工作过程中，龙厦指挥部加强对第三方检测单位工作进行管理。加强第三方检测单位的进场核查工作，重点对进场人员、仪器设备、检测大纲的检查。第三方检测单位在检测工作开始前，设立了检测项目部，建立了比较完善的各项工作制度和管理制度，及时投入相应的人员、仪器、设备、设施等，满足现场检测工作实际需要。在检测工作过程中，检测人员遵纪守法、廉洁自律、诚实公正、实事求是，在检测工作开展时，能及时通知施工单位和监理单位到场旁站。其中，监理单位相关人员在检测工作现场做了旁站记录，并在检测记录上签署见证人名字，保证了检测过程的客观公正性；检测单位及时出具检测报告，按时上报工程质量检测月报，并将检测结果、对质量问题的分析判断结果及时反馈给龙厦指挥部安质室、施工单位和监理单位。对检测中发现的质量问题和隐患，第三方检测单位能及时将情况报告龙厦指挥部安质室，龙厦指挥部及时组织各参建单位召开专项研讨会，对质量隐患和问题进行深入分析、责成有关单位严格按规定制定整改措施，彻底组织整改，坚决不留下任何工程质量隐患。龙厦指挥部不定期召集各参建单位召开检测工作会议，对检测过程中存在的问题进行集中分析、研究、解决，彻底解决了检测过程中发现的各种隐患，杜绝了工程质量事故。

五、从物资管理入手，把好原材料质量关

龙厦指挥部不断完善物资管理、供应、招投标等管理办法，加强对物资供应薄弱环节和关键材料的检查频率。严格按招标文件对材料、设备供应单位进行资质审查，选择有质量保证能力的材料、

设备供应单位。由施工单位采购的材料、设备，采购前必须向监理单位报送产品有关资料，经监理单位考察确认，对工程中采用的新材料、新设备，均要求提供技术鉴定资料，经建设、咨询、设计、监理审查批准后方可使用，同时龙厦指挥部为做好原材料进场工作，做了以下工作：

要求各参建施工、监理单位加大原材料自控力度，加强对原材料进场的检测和检验工作，严格按相关文件、规范要求对进场材料进行自检、外检，所有进场材料必须具有出厂合格证、质量检验报告，经检验合格后方可使用，不合格材料的必须立即清退出场，严禁不检验就使用或先使用后检验或使用不合格的材料。一是要求施工单位加强原材料存储管理和进场数量的控制，对已进场的原材料，待检、已检要分仓存储；对使用时间较长、产品性能把握不准等的原材料加强过程检测工作，加大检测频次，缩短检测周期。二是要求监理单位严格履行监控职责，切实按相关文件、规范要求，做好材料进场的平行及见证检验工作，从源头抓好质量控制，杜绝不合产品进入施工现场。三是要求参建单位进一步加强和完善原材料管理制度，从原材料进场开始建立完整的管理台账，明确数量、品名、规格、时间、质量情况等；完善原材料进场检验试验和见证、平行检验制度，明确责任人员；完善原材料不合格品管理办法，落实相关人员责任；健全分类台账并建立原材料不合格品管理台账，对检测不合格的原材料，监理单位要进行全程跟踪，并督促施工单位及时清退，杜绝未经检验或检验不合格的原材料使用到工程建设中。

第二节　质量事故的处理与闭合

一、质量事故的处理

（1）发生质量事故，施工单位应立即停止施工并采取有效的安全措施，并按规定及时上报给龙厦指挥部。

（2）龙厦指挥部组织设计、施工、监理等单位在进行调查、分析、诊断、测试或验算的基础上，对处理方案予以审查、修正，按规定报批同意后，方可下达指令恢复该项工程施工。

（3）工程质量事故的责任划分和处理，按原铁道部现行规定办理。

（4）凡对质量事故隐瞒不报、拖延处理或处理不当及未经监理工程师同意擅自处理的，对事故部分及受影响部分视为不合格，不予验工计价。

二、质量事故的闭合

按照龙厦指挥部的要求，质量事故的发现、追踪、整改、闭合的过程，监理要全方位跟踪、旁站，整改完成后由监理单位验收，验收合格后监理签字、盖章，再报龙厦指挥部验收，验收合格后将相关资料报送龙厦指挥部存档。

第三节　安全体系的调查与处理

为规范、系统地加强龙厦铁路工程建设的安全管理工作，在工程建设过程中，龙厦指挥部就根据国家、原铁道部等有关基本建设的法律、法规、规章及标准规定，结合具体情况，进行了建设工程安全管理体系建设。

一、科学制定安全管理方针、安全目标

龙厦铁路的安全管理方针为：安全第一，预防为主，严格管理，争创模范。

安全目标为："两杜绝、四消灭、一创建"，即杜绝四级及以上重大安全事故，杜绝行车险性及以上事故，消灭重大职工死亡事故，消灭重大机械设备事故，消灭重大火灾事故，消灭重大爆炸事故，创建安全文明标准工地。

二、设立安全生产管理机构，强化组织领导

为加强安全生产管理工作的组织领导，龙厦指挥部成立了建设安全生产管理领导小组。组成成员机构如下：组长为指挥部指挥长，副组长为指挥部副指挥长、总工程师，组员为龙厦指挥部各室主任，设计单位项目总体，监理单位项目总监，施工单位项目经理。领导小组下设办公室，办公室设在安全质量室，主持日常安全生产管理工作。

三、健全安全生产管理制度，落实安全责任制

为了实现龙厦铁路工程建设的安全总体目标，龙厦指挥部认真贯彻执行国家、原铁道部、省有关安全生产的法律、法规、规章和标准及其其他规范性文件，并建立了安全生产管理制度。

为进一步落实安全生产责任制，龙厦指挥部建立了一系列安全管理责任规范性文件，让质量安全管理责任有具体的实施依据，符合工程现场的管理要求。

建立安全监控人员检查制度，落实重大安全危险工点包保责任，督促各方履行责任，严查处理现场作业过程安全质量问题。

四、加大安全监督检查力度

严格规范现场管理，加大安全监督检查力度，开展安全质量管理专项整治、安全隐患排查治理活动，对检查发现的问题责令限期整改并上网公示，实施动态和闭环管理。龙厦指挥部安质室负责处理日常质量安全监督管理工作，收集整理各施工单位的质量安全报表、资料，对工程质量安全实施全面监督管理，动态掌握工程质量安全实际情况。

五、加强对自然灾害的预防，加大对高危作业的管理

龙厦指挥部健全了各种突发事件应急机制，并与参建单位形成了上下对接的应急管理体系，完善了防洪防台、防地质灾害、防火、防酷暑等安全应急预案。当发生事故时，及时启动预案，防范到位，确保人身、设备和财产安全。

1. 防洪工作

龙厦指挥部成立防洪工作领导小组，组长由指挥长担任、副组长由副指挥长担任，组员由建指各室负责人、监理单位项目总监及各参建单位项目经理组成。防洪工作领导小组办公室设在建指安质室，负责组织和布置防洪相关工作，同时各参建单位根据龙厦指挥部要求成立了防洪抢险组织领导机构，明确分工，落实责任。

（1）突出重点，开展自查，整改隐患。汛期来临时，龙厦指挥部防洪工作领导小组深入现场开展检查指导工作，并要求各参建单位对目前正在施工的不良地质地段、排水设施、现场临时设施及施工影响地方防洪地段等可能诱发灾害的处所，组织全面检查，突出以下重点：

①隧道洞口：隧道洞口地段覆盖层较薄，长时间暴雨对地表土（岩）体的冲刷、渗透等，极易造成洞顶仰坡坍塌，一定要提前做好洞顶仰坡的天沟排水及地表封闭措施。当出现连续性的暴雨，应 24 h 不间断地观察隧道洞口周边山体的变形情况，防止滑坡、泥石流等灾害的发生。

②排水系统：施工范围及外部排水系统（包括弃渣场）应保持畅通，并充分考虑满足暴雨所形成的最大流量，未达到要求的，要提前组织疏通。

③桥梁基础施工现场：对桥梁基础施工现场进行检查，下雨时要密切关注河道上游降雨情况，

采取预防措施，避免因暴雨、洪水淹没基坑、冲毁机械设备及人员材料；汛期高峰时不得占用河道进行施工，施工弃渣等不得影响排洪，并应及时清理、疏通或支挡加固，防止泥石流等灾害的发生。

④ 河流上桥梁作业：每次台风、暴雨来临前，相关施工、监理单位都要提前组织河流上桥梁作业检查，重点检查栈桥、各种设备及脚手架等牢固情况，不牢固的必须采取加固措施。

⑤ 路堑边坡：在雨中和雨后，都要组织对路堑边坡的检查，严密监控因暴雨造成路堑边坡坍塌及路堤边坡滑移情况，并采取相应安全措施。

⑥ 临时性建筑物：在汛期前应对各种临时性建筑物（生产生活房屋、塔吊、水泥及粉煤灰罐、钢筋加工棚、水泥库、空压机房、配电房、炸药库等）逐一检查，并采取加固措施，防止被台风、暴雨破坏

各种标志标牌：在台风到来之前应对工地上设置悬挂的各种标志标牌进行检查，做好加固和保护，避免形成安全隐患和造成损失.

⑧ 电力设施：电力临时工程和施工临时用电工程要加固整修各类电杆、立柱，拉线基础等，清除危树，防止倒树、倒杆危及供电安全，消除安全隐患，要加强对供电设备防雷设施的检查和监控。

（2）进一步完善防范应急预案和抢险物资准备工作。龙厦指挥部要求各参建施工、监理单位对防洪预案进一步细化和完善，预案中要明确施工负责范围内的防范对象和重点部位，成立应急抢险小组，制定抢险包干责任制度，制定紧急转移撤离方案以及防洪防灾避险抢救措施，加强对施工险情的预防和控制，储备一定数量的防洪救灾物资。

（3）监理单位加强对施工现场的监督。建指要求各监理单位对工程质量、防洪安全措施、事故防范措施及预案等认真检查，发现问题立即责令整改，并跟踪整改情况。对高风险隧道、桥梁施工，要加强监理人员力量，增加有经验的监理人员数量进行现场把关。

2．防火工作

龙厦指挥部为加强施工单位的火工品使用管理，提高对火工品安全管理工作极端重要性的认识和管理水平，杜绝火工品爆炸事故的发生，进一步加强火工品安全管理工作，保证施工正常进行，做出如下要求：

（1）各施工单位要进一步规范和加强火工品的验收、保管、领用、退库各环节的安全管理工作，施工单位主要领导要主动上手，亲自过问本单位火工品管理工作情况，制定火工品专项管理办法，做到账物相符，确保火工品的安全使用。

（2）严格执行有关火工品安全管理的强制性规定和措施，对火工品的发放、运输、使用、临时存放、退库进行全过程监控，如实、认真填写监炮记录和瞎炮处理记录，落实各级负责人的岗位责任，配齐配强现场专职安全管理人员，杜绝管理中的漏洞。

（3）火工品要严格按计划数量发放，必须指定专人领取和使用火工品，爆破结束要严格核查实际消耗量，将剩余火工品及时退库，剩余火工品确需现场临时存放的，必须炸药和雷管分开放置在保险柜内，杜绝发生火工品遗失、被盗或带回驻地、私藏、截留等意外情况发生。

（4）各施工单位要加强对现场人员的安全教育培训工作，提高相关人员业务素质和专业能力，确保爆破安全人员的百分之百持证上岗率。

（5）各施工单位要加强对火工品库的防火、防盗管理，配备足够的防火用品、用具和管理人员。

（6）各监理单位把火工品管理工作纳入日常工作重点，高度重视火工品管理工作，加强对施工现场的督促、把关，及时发现火工品管理的薄弱环节，各监理单位要提出具体措施，指导、帮助施工单位共同落实各项管理工作。

（7）龙厦指挥部安质室组织火工品专项整治检查，进一步加大查处力度，对发现的问题严肃处理，坚决堵塞火工品管理的漏洞，确保施工安全。

第四节 安全事故的调查与处理

一、安全事故的调查

如发生事故，龙厦指挥部安质室及有关部门将到现场进行实地调查分析，并召集相关单位责任人就地召开事故调查现场分析会，根据各方提供的证据，经过讨论分析，查清原因，落实责任，形成会议纪要。

二、安全事故的处理

为了在突发安全事故时，能够做到反应迅速，及时、规范地做好施工的处理工作，龙厦指挥部制定了安全事故应急处理预案和事故报告及处理制度。

一是建设项目发生《生产安全事故报告和调查处理条例》（中华人民共和国国务院令第493号）规定的生产安全事故，龙厦指挥部将按照国家有关规定向当地安全生产监督管理部门报告，同时按原铁道部有关规定向原铁道部安全监察司、建设管理司、工程管理中心、工程质量安全监督总站和铁路监督机构报告，并在规定时间内提交书面报告。

二是施工现场发生《生产安全事故报告和调查处理条例》（中华人民共和国国务院令第493号）的生产安全事故，在发生安全生产事故后，事故现场有关人员应当立即报告本单位负责人。单位负责人接到事故报告后，应当迅速采取有效措施，组织抢救，防止事故扩大，减少人员伤亡和财产损失，并按照《生产安全事故报告和调查处理条例》（国务院令第493号）立即上报龙厦指挥部和当地安全生产监督管理部门，进行安全事故调查处理，并在规定时间内提交书面报告，不得隐瞒不报、谎报或者拖延不报，不得故意破坏事故现场、毁灭有关证据。

三是建设项目发生安全事故后，施工单位和建设单位应严格保护事故现场，采取有效措施抢救人员和财产，防止事故扩大，需要移动现场物件时，应做出标志并做好书面记录，现场重要痕迹应当拍照或录像，妥善保管好有关物证。

四是对出现安全生产事故而隐瞒不报的或存在重大安全隐患被媒体曝光的，龙厦指挥部将追究施工、监理等相关单位的责任，并严肃处理。

五是铁路营业线行车事故处理按原铁道部令〔2007〕第30号《铁路交通事故调查处理规则》办理。

六是发生事故要按"四不放过"的原则，认真分析原因，确定责任，吸取教训，制定整改措施，对事故有关责任人按规定进行处理，并将处理结果书面上报。事故责任依次划分为全部责任、主要责任、重要责任、次要责任和无责任。龙厦指挥部将对责任单位和个人按照原铁道部两个《规则》规定进行处罚。

第十章　施工组织

第一节　施工组织设计

一、指导性施工组织设计概况

1. 编制依据

（1）《铁路工程施工组织设计指南》（铁建设〔2009〕226号）；

（2）国家发改委《关于新建龙岩至厦门铁路可行性研究报告的批复》（发改交运〔2006〕2569号）；

（3）《新建时速200公里客货共线铁路工程施工质量验收暂行标准》《客运专线无砟轨道铁路工程施工质量验收暂行标准》；

（4）原铁道部、福建省《关于新建龙岩至厦门铁路初步设计的批复》（铁鉴函〔2006〕1051号）、原铁道部《关于龙岩至厦门铁路象山和黄坑二号隧道站前工程初步设计的批复》（铁鉴函〔2006〕980号）；

（5）龙厦铁路勘察设计合同及施工图设计文件；

（6）已完工和在建的类似铁路建设研究及试验成果；

（7）当前铁路建设的技术水平、管理水平和施工装备水平；

（8）《2010年第1次施组审查普速铁路有关问题处理意见》（建工〔2010〕185号）；

（9）施工组织现场调查资料。

2. 编制范围

龙岩（含）至漳州南（不含），线路长度111.336 km，包括龙岩地区相关工程，漳州南至厦门利用厦深铁路。

（1）正线工程：龙岩站（含）—漳州南站（不含）（DK0+000～DK111+336.11），全长111.336 km（正线）；沿线设龙岩、马坑（越行站）、龙山、南靖、草坂和漳州南等6个车站。

（2）龙岩地区相关工程：龙岩、铁山洋、龙岩东三站改扩建和龙岩站至铁山洋站的电气化改造工程以及铁山洋—龙岩东支线。

二、总体部署与计划安排

（一）总体部署

1. 指导思想

在确保安全和质量的前提下，提供可靠的技术保障，稳步推进象山隧道施工进程，见缝插针地组织好站后工程的施工任务，衔接好站前工程和站后工程接口关系，认真执行"高标准、讲科学、不懈怠"的要求。

2. 质量和安全目标

质量目标：单位工程一次验收合格率100%，工程质量零缺陷；无质量大事故及以上等级事故；正线初验开通速度达到200 km/h，全线一次开通成功；竣工文件真实可靠，规范齐全。

安全目标："两杜绝、四消灭、一创建"。

两杜绝：杜绝工程安全重大事故，杜绝铁路交通安全一般 A 类及以上事故。

四消灭：消灭重大职工死亡事故，消灭重大机械设备事故，消灭重大火灾事故，消灭重大爆炸事故。

一创建：创建安全文明标准工地。

3. 计划施工总工期

（1）全线工程总工期计划为 59 个月，2006 年年底开工，2011 年 11 月底可全线建成。

第一个节点目标：2006 年 12 月 25 日，龙厦铁路举行开工动员大会，重点控制性工程象山隧道、黄坑二号隧道开工；

第二个节点目标：2007 年 7 月 30 日，龙厦铁路全线开工；

第三个节点目标：2008 年 12 月，除控制和重点工程外，其余线下工程基本建成；

第四个节点目标：2009 年 11 月，铺架工程开始，由龙岩向漳州方向铺轨架梁；

第五个节点目标：2011 年 4 月，象山隧道左洞达到铺架条件；

第六个节点目标：2011 年 8 月，完成全线铺轨架梁；

第七个节点目标：2011 年 8 月，完成站后工程；

第八个节点目标：2011 年 11 月，完成初验工作，为投产运营做好各项准备工作。

（2）各专业工程施工工期。

施工准备：3 个月，2006 年 12 月—2007 年 3 月；

路基土石方工程：28 个月，2007 年 3 月—2009 年 7 月；

桥梁下部工程：30 个月，2007 年 3 月—2009 年 9 月；

隧道工程：46 个月，2007 年 3 月—2011 年 1 月；

梁部工程：15 个月，2009 年 11 月—2011 年 2 月；

无砟道床：8 个月，2010 年 12 月—2011 年 7 月

铺轨工程（含整道、无缝线路锁定及精调）：9 个月，2009 年 11 月—2011 年 8 月；

房建工程：31 个月，2008 年 11 月—2011 年 6 月；

四电工程：28 个月，2009 年 4 月—2011 年 8 月；

静态验收：8 个月，2011 年 1 月 1 日—2011 年 8 月 31 日；

动态验收（联调联试与运行试验）：1.5 个月，2011 年 8 月 31 日—2011 年 10 月 15 日；

初验及安全评估：1.5 个月，2011 年 10 月 15 日—2011 年 11 月 30 日。

（二）施工组织安排重点

（1）依靠科技创新，组织技术攻关：对建设中应用的新标准、新技术、新工艺、新材料和新设备，要慎重对待。如路基沉降控制、精测网布设、无砟轨道工艺、高速道岔铺设及精调、四电系统集成设计和调试、施工等，这是在技术方面应予高度重视的地方。

（2）安全方面重点：一是盯住的隧道施工安全，要引入风险管理办法，把好超前预报和监控量测环节，另外加强对爆破器材管理和作业管理，具体工点有石桥头隧道超浅埋过居民区、城市公路的交通安全、象山隧道极软弱围岩的坍塌、涌水突泥、岩溶地段隧道开挖风险。二是加强桥梁方面的高空作业管理、移动模架过孔安全、梁施工设备的维护及操作安全，关键工点为龙岩特大桥、下东山特大桥、和溪特大桥和肖厝特大桥。此外，还有台风暴雨灾害的防范、联调联试阶段的行车安全与人身安全、正式设备送电后的用电安全等。

（3）质量方面重点：由于客货共线铁路对路基沉降的严格要求，软土路基的地基处理、沉降观测和沉降评估工作尤为关键；新技术、新工艺也是控制的重点，如有着高精度要求的无砟轨道施工工艺、无缝线路接头焊接工艺及轨温锁定、高速道岔运输及铺设、适应高速要求接触网架设调整、"四电"各系统调试与集成等。对此，各分项工程施工之前，要格外强调工艺试验、检测验证和加强施

组方案、作业指导书的编制审查工作。

（4）工期控制重点：以铺轨工程为主线，关键线路为，线下的重点控制工程→铺轨→四电中接触网和信号→联调联试。控制节点有线下工程的石桥头隧道、象山隧道、石观音隧道、黄坑2号隧道、上东山隧道、和溪隧道、龙岩特大桥、下东山特大桥、和溪特大桥、肖厝特大桥、无砟轨道；铺轨阶段的线上料采购、运输及线路有序占用协调；要提前交付"四电"的各种设备用房和布线管沟，及时保证设备通电，以供调试。进入全面施工阶段，要加强各专业间协调工作，以站区范围为重点，科学合理安排各专业工序节点，控制整体计划，强调细部安排，保证关键线路。

（5）环保重点：主要是大量弃渣点防护和地表绿化覆盖，建一条绿色铁路，还福建一片青山绿水。做好防范台风暴雨工作，完善防洪排水体系，对涌水量大的隧道要堵排结合、限量排放。

三、主要工程的施工方法

（一）路基工程

正线路基基床结构及填料要求，如表10.1所示。

表10.1　正线路基基床结构及填料要求

速度目标值	基床厚度	基床表层类型	填料要求
200 km/h	基床表层厚0.6 m	硬质岩石路堑	C25混凝土整平
		强风化硬质岩、软质岩、土质路基	采用级配碎石或级配砂砾石
	基床底层厚1.9 m	路堤	采用A、B组填料或改良土
160 km/h 及以下	基床表层厚0.6 m	硬质岩石路堑	不换填
		强风化硬质岩、软质岩、土质路基	采用A组填料（砂类土除外）或级配碎石、级配砂砾石
	基床底层厚1.9 m	路堤	采用A、B组填料、改良土

1. 基床以下及基床底层填筑

（1）施工方法。

土石方工程本着移挖作填、充分利用的原则进行合理调配。本线因地形条件复杂、桥隧相连，在移挖作填上受到一定的限制。对于土石方数量集中地段，采用机械施工；对于土石方数量较小地段，采用人力施工为主，小型机械为辅的作业方式。挖掘机挖装汽车运输至工地为主。

本线路基以填方为主，大量土石方施工需采用机械施工，对少量移挖作填、土质满足要求、运距短地段可采用人力施工。

正线路基基床以下路堤选用A、B、C组填料或改良土填筑。

联络线及站线等基床以下路堤采用A、B、C组填料。基床以下部位路堤填料规格及压实标准应符合相关规范要求。

基床底层采用A、B组填料或改良土。

对达不到要求的填料必须改良后才能用于填筑路堤。

路基基床以下及基床底层填筑必须严格执行铁路路基工程验收及质量评定所规定的施工操作程序，改良土必须通过现场试验确定最佳配合比、最佳含水率，根据现场的施工机械确定最佳摊铺厚度及碾压次数。

改良土拌和的方法有场拌法和路拌法两种。施工时，应优先采用填料场拌改良工艺。根据设计，路拌法施工能满足质量要求，且填筑工程量较少时，可采用路拌法施工，但必须采取严格的质量保证措施。

雨天严禁非渗水土填筑；雨后在路堤继续填筑施工前，应将表面晾干，并进行清理、整平、碾压，并抽查顶层填料的密实度。

气温接近 0 ℃ 及以下时，不得进行改良土施工。

（2）施工顺序。

① 根据需要对线路的地质情况进行钻探，以验证地质资料；

② 进行基底处理；

③ 通过现场的填筑压实试验，确定合理的施工工艺参数和施工方法。

2．基床表层填筑

（1）施工方法。

基床表层采用级配碎石，全部利用机械施工，碎石由石场运至沿线的级配碎石拌和站，通过现场试验最佳级配拌和后，运至工地分层摊铺、分层碾压。

（2）施工顺序。

基床底层填筑完成，经过预压（如果设计要求），即可施工基床表层。

3．进度指标、工期

（1）施工准备：3 月。

（2）路基基底处理：4 个月（含混凝土检测）。

（3）基床以下及基床底层填筑：7 天/层，0.3 m 厚/层；平均填高 9 m，共 30 层，工期按 5 个月。

（4）路基预压：6 个月（需经过 1 个雨季）。

（5）基床表层：2 个月（含检测）。

（6）路基工程工期：17 个月（不含施工准备、预压）。

（二）桥涵工程

全线桥梁工程的施工工期能否保证是整个工程总工期的关键，而特殊结构部分的施工又是单位桥梁工程的重点，合理安排其施工工序是保证桥梁工程工期的关键。

1．施工方法及顺序

根据地形情况及河流的水文情况安排临时工程施工；

根据地质情况选择适合该桥位的钻机，利用钻机进行钻孔桩的施工；

根据河流的水量、地下水的水位、地质情况决定采用填土筑岛、围堰、或井点降水的方法进行承台施工；

墩身施工完成后，进行连续梁施工：拼装支架进行 0 号块施工→安装挂篮悬臂浇筑梁段，进行悬浇梁施工→同时进行边跨施工→安装合龙吊架或利用挂篮进行中跨合龙→体系转换。

2．进度指标、工期

（1）施工准备：3 个月。

（2）基础、墩台：非深水墩 6 个月，深水墩 9 个月。

（3）连续梁：0 号块施工 35 天，挂篮安装调试 15 天，节段悬浇 9 天，中跨合龙 15 天，根据连续梁型分别计算工期。

（4）简支 T 梁：按边铺边架方式、日架梁 3.5 单线孔计算工期。

（5）桥面系：1 个月。

（6）桥梁下部、连续梁工程施工工期：24 个月（不含施工准备）。

3．采取的措施

（1）对控制全线总工期的桥梁工程，尤其是水上施工的连续梁结构部分，在开工后应将其作为整座桥梁工程的重点部分优先考虑，力争在一年中可连续施工的季节将其完成，以确保该重点部分工程两端的简支梁的架设工作得以顺利进行。

（2）施工单元：根据"工期定额"及铺轨架梁工期的限制，桥梁下部控制工程须采取分段施工措施，即：0.6～1.0 km/段。

（3）上部工程选取的施工工法：连续梁采用挂篮悬臂浇筑施工；结合梁采用吊拼配合拖拉法施工；简支箱梁采用集中预制，平板车运输，架桥机架设。

（4）工期衔接：桥梁下部工程达到100%设计强度后，根据施工经验一般需要1个月，才能开始架梁。

（三）隧道工程

1. 施工方法、顺序

（1）本线暗挖隧道均按喷锚构筑法原理组织施工，隧道施工方法根据工程地质和水文地质条件，隧道埋深、隧道长度、工法转换的难易、机械设备的配置、工期要求及环境制约等因素综合研究确定。

对于地质条件变化较大的隧道，选用的施工方法有较大的适用性，当需要变更施工方法时，以工序转换简单和较少影响施工进度为原则，一般不宜选用多种施工方法。

根据本线实际情况，主要针对超大断面软弱围岩地段进行工法设计，设计工法主要有双侧壁导坑法、六步CD法、短台阶留核心土法、三台阶临时仰拱法、三台阶法、台阶法及全断面法等。不同围岩条件推荐采用和可选用的施工方法如表10.2所示。

表 10.2　双线隧道各级围岩施工方法选择

围岩条件	施工方法						
	双侧壁导坑法	六步CD法	短台阶留核心土法	三台阶临时仰拱法	三台阶法	台阶法	全断面法
V级围岩偏压	可选用	推荐采用					
V级围岩浅埋	可选用	推荐采用	可选用	可选用			
V级围岩深埋		可选用	推荐采用	可选用			
IV级围岩偏压		可采用	推荐采用	可选用			
IV级围岩浅埋			推荐采用	可选用	可选用		
IV级围岩深埋			可选用	推荐采用	推荐采用		
III级围岩浅埋、偏压				可选用	推荐采用	可选用	
III级围岩深埋						推荐采用	
II级围岩（地下水发育）						推荐采用	可选用
II级围岩						可选用	推荐采用

（2）桥隧相连隧道：主要采用CRD法施工。

（3）大跨车站隧道：IV、V级围岩段施工方法应通过双侧壁导坑法、CD法、CRD法等比选确定，III级围岩地段可采用台阶法施工，II级围岩地段可采用全断面法施工。

（4）单线隧道：IV、V级围岩地段可采用台阶法施工，必要时上下台阶可采用临时仰拱封闭；II、III级围岩可采用全断面开挖施工。

（5）明挖隧道：采用明挖法施工。

（6）隧道开挖采用光面爆破，严格控制超欠挖，初期支护喷射混凝土采用湿喷工艺。一般隧道采用钢筋格栅锚杆喷混凝土，初期支护与模筑混凝土二次衬砌的复合式衬砌。施工洞口设沉淀池，施工污水应先排入沉淀池，经沉淀处理后才排放。未被利用的弃渣应弃在规定的弃渣场内，并做挡渣墙。

2．进度指标、工期

（1）施工准备：1~3 个月；一般隧道洞口施工准备按 1 个月计，进场条件较差的洞口施工准备按 3 个月计。

（2）综合施工进度：安排隧道施工进度时，斜井与横洞施工正洞区分主攻与次攻方向；衬砌按滞后开挖与初期支护 1 个月考虑。隧道及辅助坑道综合施工进度如表 10.3 及表 10.4 所示。

表 10.3　双线隧道综合施工进度指标　　　　　　　　　（m/月）

项目		指标	围岩级别			
			Ⅱ级	Ⅲ级	Ⅳ级	Ⅴ级
双线隧道	隧道进出口、横洞单向施工正洞	开挖及初护	180	140	80	50
		衬砌	180	140	80	50
	双车道斜井、平导单向施工正洞	开挖及初护	145	120	60	40
		衬砌	145	120	60	40
	单车道斜井、横洞双向施工正洞	开挖及初护	130	110	60	30
		衬砌	130	110	60	30
	加宽道斜井、横洞双向施工正洞	主攻方向 开挖及初护	130	110	60	30
		主攻方向 衬砌	130	110	60	30
		次攻方向 开挖及初护	90	85	50	30
		次攻方向 衬砌	90	85	50	30
	预注浆		—	—	30	20
	单线隧道		180	140	80	50

表 10.4　辅助坑道综合施工进度指标　　　　　　　　　（m/月）

项目	指标	围岩级别			
		Ⅱ级·	Ⅲ级	Ⅳ级	Ⅴ级
斜井	开挖及支护	230	230	150	90
	衬砌	230	230	150	90
平导及横洞	开挖及支护	250	230	150	90
	衬砌	250	230	150	90

通过辅助坑道施工的正洞施工进度（Ⅴ级围岩除外），根据辅助坑道提升方式、设备选型、断面等综合计算辅助坑道出渣能力，对于通过辅助坑道施工正洞，设多个工作面时，根据围岩条件不同，采用不同的施工进度。围岩条件差时，施工进度受隧道施工进度控制，围岩条件好时，施工进度受辅助坑道出渣能力控制，根据工作面施工进度要求分配最大允许施工进度。

一般情况下，当利用斜井开辟一个工作面时，无轨运输斜井的正洞施工进度指标值按 90%折减；当开辟两个工作面时，斜井的正洞施工进度指标值再折减 80%。通过平导施工正洞，施工进度不折减。

反坡施工的隧道正洞，地下水较发育时，施工进度按单线（双线）隧道指标的 90%计。

（3）隧道后续工程，在开挖贯通后 2 个月内完成。

（4）隧道工程控制工期：32 个月（不含施工准备）。

3. 采取的措施

（1）对于长度小于 1 000 m 的隧道，一般按单口单方向安排施工；对于长大隧道，辅助坑道施工与隧道进、出口同时开工。

（2）弃渣一部分被利用作为路基填料，安排施工时注意与利用弃渣段路基施工顺序协调，弃渣利用的隧道应尽早安排施工。

（3）施工单元：作为控制工程的长大隧道，单口施工正洞长度 2 ~ 3 km。

（4）工期衔接：隧道工程应在铺架前 1 个月内完工。本工程速度目标值为 200 km/h，隧道工程应有不少于 3 个月的沉降观测期，方能开展下道工序工作。

（四）轨道工程

1. 施工方法、顺序

无缝线路铺轨，因气温不具备焊接和应力放散的施工条件时，铺轨时需要采用无孔夹板连接钢轨的临时锁定措施；待温度达到设计锁定轨温时，再分区间逐段进行钢轨焊接和应力放散。

有砟轨道施工采用换铺法，其施工顺序为：施工准备→摊铺底层道砟→铺设 25 m 轨排→换铺500 m 轨条，回收 25 m 轨→机械分层上砟整道→工地焊接长轨→应力放散及无缝线路锁定→轨道整理。

道砟施工：道床下部 15 cm 厚道砟采用摊铺机摊铺，道床上部道砟分层补砟。

双块式无砟轨道的施工工序为：施工准备→冲洗凿毛，即水稳基础→放入钢筋和轨枕块→通过螺旋调整器进行水平及垂直调整→通过螺杆调整器对超高进行垂直或水平调整→现浇混凝土、振捣→道床表面抹平→铺设 500 m 轨条→工地焊接长轨→应力放散及无缝线路锁定→轨道整理。

2. 进度指标、工期

有砟施工综合进度按 2.0 km/d（铺轨）。

双块式无砟轨道构件铺设综合进度按 100 ~ 200 m/d（单线），长轨条铺设综合进度按 4.0 km/d（铺轨）

铺轨后续工程在轨道铺通后 2 个月完成（不占关键线路工期）。

铺轨架梁工程控制工期：18 个月。

3. 采取的措施

（1）160 km/h 及以下地段：土质路基地段铺设双层道床，道床底砟厚 20 cm、面砟厚 30 cm；硬质岩石路堑、桥梁和隧道地段铺设单层道床，厚度为 35 cm；面砟采用一级碎石道砟。

200 km/h 地段：采用单层道床，路基、桥梁和隧道地段道床厚度均为 35 cm，采用一级碎石道砟。

（2）象山隧道铺设双块式无砟轨道，轨枕采用 SK-2 型有挡肩双块式轨枕，扣件采用 WJ-8A 型弹性分开式扣件。为节省建场投资，并综合考虑合理的经济运距。

（3）施工单元：单向铺架施工区段长度以 120 km 左右为宜。

（4）工期衔接：铺架工程完成后，即可开展站后工程作业。

（五）房屋工程

1. 施工方法、顺序

一般生产办公房屋和生活房屋采用砌体结构或钢筋混凝土框架结构。厂房和车间采用钢筋混凝土排架结构或钢结构。车站主体采用钢筋混凝土框架结构，对于其中的大跨度或大悬臂构件则考虑其他特殊结构类型，屋面可采用钢筋混凝土和网架结构。

一般房屋基础采用无筋扩展基础和柱下条形基础，软土和高填方、大型站房及特殊结构（比如大悬臂雨棚）的地基可采用桩基或进行建筑地基处理。在软土及高填方地基上的房屋可考虑采用钢结构形式以减轻上部结构重量。

房屋内墙均采用乳胶漆内墙面，外墙考虑节能，墙面采用中、高级外墙涂料，局部采用装饰板材、花岗岩、千思板、铝板等高档材料；同一地区建筑外墙装修的风格、标准和色彩应协调、统一。地面，一般房屋采用水泥或混凝土楼地面，大型综合办公房屋和有工艺要求的房屋分别采用地砖、水磨石、抗酸、抗碱楼地面或抗静电活动地板的楼地面。屋面采用轻钢及柔性防水屋面，防水等级为Ⅱ、Ⅲ级，并设架空隔热层。门窗采用木门、塑钢或铝合金窗，并根据生产作业或生活需要设置纱窗。填充墙采用轻质砌块。

先生产后生活，先地下后地上，先结构后装修，先土建后安装的顺序，以主体结构施工为先导，实施平面分段、主体分层同步流水施工。对于重点工程平行开展施工作业。

其中控制性工程旅客站房施工顺序如下：

施工准备→基础施工（相关专业配合）→主体施工→内外装修、建筑设备安装（水暖电）→通信、信号、供电设备安装→通信、信号、供电设备调试→全线联调、试运行。

2. 进度指标、工期

（1）施工准备：1个月。

（2）基础施工：3个月。

（3）主体施工：3个月。

（4）内、外装修、建筑设备安装（水暖电）：3个月。

（5）通信、信号、供电设备安装：2个月。

（6）配套附属设施：3个月。

3. 采取的措施

（1）根据房屋工程专业接口多，工序穿插配合多，不可预见因素多的特点，注重施工与设计的结合、站前与站后的衔接、各专业工程间的配合；在运用成熟工法的同时结合工程实际，开展技术创新，积极采用新技术、新材料、新工艺、新装备。

（2）房建工程受车站站场土石方施工的影响，且设备安装、四电工程受房建工程施工进度的影响，对此，工期安排应本着紧凑，各专业施工衔接顺畅，平行、穿插有序的原则进行安排。

（六）信号工程

信号系统主要由行车指挥系统、列车运行控制系统、联锁系统及设备集中监测等系统构成，龙厦铁路正线设调度集中（CTC）系统，纳入南昌局调度所既有CTC中心；列控系统采用CTCS2级列控系统，预留CTCS3级发展条件；本工程新建及改建车站均采用计算机联锁设备，联锁道岔171组。

1. 施工方法

常规部分的施工方法，按已有成熟的施工工法、施工工艺进行组织施工，采用新技术、新工艺、新设备部分的施工，按照施工质量验收标准和新设备提供商提供的安装规范定相应的施工方法和施工工艺，满足信号工程的施工需要。

电缆线路：信号电缆敷设于路基一侧预留的电缆槽内，站场信号电缆敷设于管道或槽道内，信号电缆过轨采用预埋好的钢管进行防护。信号电缆的敷设可采用人工和机械牵引两种方式，在尚未铺轨的施工区段可采用机械牵引方法敷设。

2. 施工顺序

电缆线路信号点复测→信号电缆敷设→区间信号点设备安装配线、车站信号电缆敷设→室内信号设备安装→室外信号设备安装→室内模拟试验→室内外联锁试验→车载信号设备安装→综合调试。

3. 施工进度

信号工程应根据工程要求及时配套建设，设备采购应提前进行，以保证设备及时安装调试，避免延误工期。信号工程土建部分随铺轨进度提前安排施工，信号工程分站、分区间实施，在保证总工期的前提下，采取多点平行作业，在接触网完工之前 1 个月全部完工。设备安装计划在 12 个月内完成综合调试工作。

（七）通信工程

通信系统采用 2.5 Gb/s 同步光传输系统，全线开设 SDH 622 Mb/s 光纤接入网系统作为区段通信系统，行车指挥系统结合无线通信系统 GSM-R 方案，采用 FAS 型专用调度系统，结合本线货运量的实际情况设置铁路运输管理信息系统。通信线路长 522.17 km。

1. 主要施工方法

常规部分的施工方法，按已有成熟的施工工法、施工工艺进行组织施工，，采用新技术、新工艺、新设备部分的施工，按施工质量验收标准和新设备提供商提供的安装规范定相应的施工方法和施工工艺，满足龙厦铁路通信工程的施工需要。

综合接地，应与站前工程配套或衔接施工。

光电缆线路：区间长途通信光缆敷设于路基两侧预留的电缆槽内，站场光电缆敷设于管道或槽道内，光电缆过轨采用预埋好的钢管进行防护。光缆的敷设可采用人工和机械牵引两种方式，在尚未铺轨的施工区段可采用机械牵引方法的敷设。

通信设备安装：通信站、车站通信机械室机柜机架采用防静电地板下设底座进行固定安装。设备供应商有特殊安装要求的设备按供应商提供的安装指南并在供应商督导的指导下进行安装。

系统调试：系统设备的本机调试区段调试由各施工单位进行调试，区段内调试完成后进行整个系统的综合调试，调试由统一的调试试验单位进行，各施工单位密切配合。

2. 施工顺序

长途干线传输系统施工开通→数据通信系统施工开通→其他各通信系统安装调试→全线综合系统调试。

（1）长途通信传输系统：光电缆线路复测→光缆敷设→光缆接续→光中继段测试→传输设备安装→设备调试→光数字段测试→传输系统调试。

（2）区段通信系统：站场（地区）光电缆敷设接续引入→区段专用通信设备安装→设备调试→功能试验→区段通信系统调试。

（3）无线通信系统：天线铁塔基础浇筑→铁塔组装→地面无线设备安装（含弱强区设备）→机车无线设备安装→无线设备调试→无线系统调试→场强测试。

（4）用户接入系统：用户接入系统光电缆敷设→接入设备安装调试→接入设备功能试验。

（5）网管系统：网管设备安装布线→网管设备调试→网管系统试验。

（6）综合调试：各通信端口测试→各子系统软件测试→各子系统联网测试→各子系统功能测试→综合测试。

3. 施工工期

通信工程土建部分随铺轨进度提前安排施工，设备安装计划在 12 个月内完成综合调试工作。

（八）电力工程

高压架空线路 145.952 km，高压电缆 153.181 km，低压电缆 58.11 km，电力贯通线按永临结合方式实施。

1. 施工方法

针对电力工程的各主要工序，要有配套的工艺、工法，施工组织上，要采取与工艺、工法相配套的标准化、程序化的施工方法。

2. 施工顺序

以电力变、配电所施工为电力工程区段内的关键工程，其他各单项工程平行施工，最后通过贯通线路组成电力配电系统。

3. 施工进度

以保证工程试验用电为目标工期，全部工程在 18 个月内完成。自闭电力应满足通信、信号工程对电力供应的要求。

4. 施工工期

一个基本施工单元，工期安排一年，房建开工后 9 个月即可进行设备的安装与调试。其他电力工程（通信、信号工点，站场供电工程）随站后工程进度平行开展，满足站后工程施工调试的需要。

5. 施工措施

（1）征地拆迁工作按时完成，保证土建施工正常开展。

（2）设计文件及时供应，设备招投标工作顺利开展，保证设备的按时供应。

（3）施工单位准备充分，施工保证措施完备，有正常运行的质量管理体系，有配套工艺、工法的支持。

（九）电气化工程

供电制式采用单相工频 25 kV 交流制，牵引网采用单边供电，末端设分区所上下行并联运行，越区供电。接触网采用带回流线的直接供电方式，接触网悬挂类型采用全补偿简单链型悬挂。接触导线 303.887 条·km，供电线 51.31 条·km，回流线 235.139 条·km，保护线 160.095 条·km，全线设牵引变电所 3 处。

1. 施工方法

立杆：采用机械化立杆，无辅助独立整杆器进行支柱整正，严禁借用钢轨进行支柱整正。接触网支柱及拉线基础，应与站前工程配套或衔接施工。

支柱装配：要求支柱装配施工，精确测量、编程计算、工厂化预配、准确安装。

导线架设：接触悬挂架设要求必须采用具有额定张力架线装置的车辆施工，同时施工中使用专用的临时吊弦，保证电车线释放过程中平顺及张力稳定。

综合接地：与站前工程施工统筹安排。

2. 施工顺序

接触网下部工程→支柱装配→导线架设→网上设备安装及静态检测。

3. 施工进度、工期

下部工程：接触网支柱基础结合站前工程施工（路基基床表层、桥梁桥面系、隧道衬砌后），确保下部工程在铺轨前全部完成。

支柱装配：在钢轨锁定之后开始，以一个区间作为一个施工作业面，综合考虑测量、计算、预配、安装、测量等工序，一个作业面工程进度 45 d。

导线架设：在支装结束后，架线、附件安装、测量、吊弦安装、关节调整等工序综合时间安排，一个作业面工程进度 90 d。

网上设备安装及静态检测：在一个工作面全部结束后，总工期 15 d。

电气化挂网施工工期：14 个月。

4. 采取的措施

站后工程主要以设备安装为主，施工工期相对较短，在全部站后工程中，接触网工程与站前工程关系最密切，也受站前工程影响最大。如何在接触网工程中有效保证工程的质量、进度、工期，应采取两项措施：

（1）提高机械化施工项目的数量、水平、深度，减少人为因素的影响，从技术上提供保证。具体实施时，接触网下部工程采用机械化施工，导线架设采用额定张力放线，精确测量采用无接触测量，数据计算微机化等。

（2）采用国际标准，接触网工程设计采用统一的大地坐标系统，最大限度地减少接触网工程对轨道标准的依赖，使施工组织更加合理，使工程评定的标准更加科学。

5. 施工单元

区间接触网挂网，台车在轨道上行驶。以1个锚段关节为单元。

6. 工期衔接

轨道开铺1.5个月后，开始挂网；轨道铺通后2个月，接触网施工结束。

第二节　指导性施工组织设计的特点与重大调整

一、指导性施工组织设计的特点

（1）根据总工期控制紧张的关键，加强组织，科学制定进度控制的关键路线，加快施工准备工作，早进场、早交地、早开工，及早形成规模和大干场面。在具体安排上：先行组织独立管线迁改和永临电力工程标段，为线下工程提供开工条件。

（2）根据建设标准高的特点立足技术创新，组织优良资源投入，择优选择队伍，明确提出参建单位应配置的技术力量和设备类型数量，为高标准建设铁路奠定可靠的基础保证。根据桥隧比例大、新结构和新技术多的特点，针对性提出了施工方案和技术措施，既有利于进度控制，也保证了安全质量的根本。

（3）本线工程艰巨，结构复杂、技术标准高、系统集成化，体现在：桥梁工程量大、新技术含量多、施工难度高，长大隧道众多，风险大、工期紧，轨道工程标准高、控制难度大，房建工程过程繁杂、关联点多，影响面大。"四电"系统集成化，技术复杂、标准新、接口多，施工组织设计明确指出了这些关键点并提出解决措施和注意事项，对工程施工顺利起到有力的指导作用。

（4）建设绿色铁路、严格环境保护是新时期铁路建设体现科学发展观的重要指导思想，施工组织设计详细提出了措施和方案，结合标准化管理和文明工地建设，使这个重点工作在龙厦铁路整个建设过程取得理想的效果。

总体有以下的特点：

（1）路基分布广泛、沉降控制复杂。

全线陡坡路堤、浸水路基（包括水塘、内涝路基等）、软土及软弱地基路堤（包括软土、松软土及低路堤）、不良地质路基（包括崩坍落石、顺层等）较多。

由于对沉降控制的严格要求，必须在填筑期及观测期进行精细的沉降变形观测并逐点评估。

（2）桥梁工程量大、新技术含量多、施工难度高。

龙厦铁路共有特大、大中桥43座，其中特大桥17座；大中桥18座；框架中桥8座；小桥涵282座；公跨铁公路桥12座；渡槽3座。大、中桥总长为26.324 km，桥梁占全线（按下行线统计）总长比率为：正线20.82%，联络线：21.51%。具有工程量大、新技术含量多、施工难度高的特点。

（3）长大隧道众多，风险大、工期紧。

龙厦铁路共有新建隧道22座，总长为46.936 km（象山隧道按左线计），占设计线路总长度的

42.157%。其中 0.5 km 以下隧道 10 座，总长 2.898 km；0.5~3 km 隧道 7 座，总长 8.453 km；3~10 km 隧道 4 座，总长 19.687 km；10 km 以上隧道 1 座，总长 15.898 km。全线最长的隧道为象山隧道，采用单线双洞方案，左线洞身长度 15 898 m，右线洞身长度 15 917 m。

隧道按新奥法原理组织施工，施工中应坚持超前预报、监控量测，实行风险管理，目的就是把好隧道安全施工关。弃渣数量巨大，一部分用于路堤填料，其余部分尽量就近利用，多余部分弃于线路两侧的自然沟谷。同时隧道工程也是本线控制工期关键所在，石桥头隧道、象山隧道、石观音隧道、黄坑 2 号隧道、上东山隧道、和溪隧道是全线施工的重点控制工程。

（4）轨道工程标准高、控制难度大。

正线轨道采用重型轨道标准，一次铺设跨区间无缝线路，按 200 km/h 速度标准控制，正线除象山隧道内铺设无砟轨道外，其余均采用有砟轨道。铺设无砟轨道基础、精确调整定位、接头焊接、铺长轨条、应力放散和锁定等工序均采用新技术，施工专业性强，标准化程度高，铺轨工程是控制工期的工程。

（5）"四电"属工程后工序，工期紧。

"四电"工程的大规模实施，必须在站前工程和站房工程基本完成之后，接触网的架设和精调、信号室外联锁设备安装必须铺轨轨道工程初调完成，牵引变、电力、信号、通信设备安装必须房建完成，室外联锁设备安装必须道岔调整到位。同时，"四电"工程必须进行各子系统的内部测试、调试，还有要进行各子系统的联调。在工期不断提前的情况下，"四电"系统集成施工工期相当紧张。

二、指导性施工组织设计的重大调整

根据原铁道部《关于新建龙岩至厦门铁路初步设计的批复》（铁鉴函〔2006〕1051 号），全线原批复工程总工期计划为 48 个月，2006 年年底开工，2010 年年底全线建成。

因象山隧道涌水地质灾害，根据《2010 年第一次施组审查普速铁路有关处理意见》（建工[2010年]185 号）文，工期推迟 11 个月至 2011 年 11 月，最终于 2011 年 11 月 2 日实现了全线轨道铺通，2012 年 4 月，完成站后工程，全线主体工程基本完成。

第三节 工期控制与节点工期

一、全线工程实际开、竣工时间

本项目于 2006 年 12 月 25 日开工。2012 年 4 月底主体工程基本完成。

2006 年 12 月 25 日，龙厦铁路重点控制性工程象山隧道、黄坑二号隧道开工；

2007 年 7 月 30 日，龙厦铁路全线开工；

2011 年 5 月 13 日，象山隧道右洞岩溶突水段贯通，线下工程完工；

2011 年 11 月 2 日，铺轨至漳州站，实现了全线铺通；

2012 年 4 月，完成站后工程，全线主体工程基本完成。

二、工期控制措施

组建强有力的指挥系统，编制切实可行、科学严密的施工组织设计及进度计划，确保工程实施有序可控。

1. 加强计划管理，实行均衡生产

根据工程量和总工期的要求，结合施工组织设计要求，认真研究编制年度、季度施工计划，做到以月保季，以季保年，以年度计划保总工期。

2．依靠科学进步，提高劳动生产率

制定科学的施工方案，推广应用先进经验、先进技术、先进施工方法和合理的工艺，采用新工艺、新设备、新材料、新技术，提高劳动生产率，缩短工程工期。

3．加强现场指挥和组织协调

指挥部定期召开工程进度分析会。根据存在问题，加强在现场协调力度，及时反映、解决问题，及时调整劳力、设备和器材，保证施工顺利进行。充分发挥建设单位、施工单位征拆人员的主观能动性，主动出击，搞好地方关系，为现场施工创造条件。

搞好与运营单位的协调配合工作，在繁忙的既有线上施工，要在保安全、保质量的前提下，步步实施，环环相扣，并合理地安排好站前站后工程的配合及穿插工作，以及土建与四电工程的交叉施工，确保工程按时完成。

4．合理运筹资金，加强调控能力

运筹资金，专款专用，加强资金的调控，确保工程运转，保证重点和关键工程正常施工，满足工期的要求。

5．加强队伍配备和物资保障工作

抓好劳力调配合，物资、设备的供应工作，防止出现工程停工待料的情况。

按照工程进度计划，合理配置劳力，参加施工的员工，在工程开工前进行客专知识培训，专业工种应持证上岗。

及时做好施工所需材料的采购工作，按计划供应材料。加强物质材料采购、运输、存放各环节的质量控制，杜绝不合格材料进入现场。

配备性能先进、状态良好、适用本工程建设的机械设备，在施工过程中，加强维修保养，提高机械设备、车辆的完好率和使用率，充分发挥机械设备的效能。

6．强化安全质量监控

抓牢安全质量是确保工期的根本，没有事故，人心稳定施工顺利才有前提。

严格按照设计要求、技术规范精心组织施工，推行全面质量管理，开展 QC 小组攻关活动，全面实行"自检、互检、专检"制度及"自纠、自检、自控"的工序质量"三自"制度，杜绝质量事故，避免工程返工。

三、节点工期安排及实际执行情况

在确保安全和质量的前提下，科学组织工程施工，衔接好站前工程和站后工程接口关系，确保2012 年 6 月 30 日开通目标。

实际 2011 年 11 月 2 日，铺轨至漳州站，实现了全线铺通；2012 年 4 月，完成站后工程，全线主体工程基本完成。并于 2012 年 2 月 10 日至 4 月 28 日分专业组织现场验收及静态综合调试验收，4 月 29 日召开了静态验收工作总结会，明确了静态验收结论，形成了静态验收报告，通过了静态验收。

第十一章 投资控制

龙厦铁路工程建设指挥部在建立完善的投资管理制度基础上，主要从科学融资降低财务费用、严格合同管理和施工图设计审查把好验工计价关、严格控制变更设计、合理确定材料价格、择优选用施工队伍等方面开展建设全过程的投资控制工作，以实现投资控制目标。

第一节 项目资金筹措

一、项目资金结构

根据国家发展和改革委员会《关于新建福建龙岩至厦门铁路项目建议书的批复》（发改交运〔2005〕2819号），同意建设龙岩至厦门铁路。工程投资预估算为60亿元，其中静态投资57亿元。由原铁道部与福建省合资建设，项目资本金21亿元，利用中国工商银行贷款39亿元。

根据原原铁道部、福建省人民政府《关于新建龙岩至厦门铁路初步设计的批复》（铁鉴函〔2006〕1051号），工程初步设计概算总额648 124万元（含象山和黄坑二号隧道，含征地拆迁费用暂按2.5亿元），其中：静态投资618 788万元，建设期贷款利息28 000万元，铺底流动资金1 336万元。

根据原铁道部、福建省人民政府《关于新建龙岩至厦门铁路清理总概算的批复》（铁总办函〔2013〕1221号），经清理，新建龙岩至厦门铁路总概算按971 963万元控制（含地方政府承担的征地拆迁和站房规模调整投资148 376万元），其中静态投资92 580万元、建设期贷款利息45 347万元、铺底流动资金1 336万元。

二、龙厦铁路工程建设指挥部融资策略

龙岩铁路有限责任公司为投资主体，成立龙厦铁路工程建设指挥部。龙厦指挥部作为项目法人负责资金筹措、建设实施，龙岩铁路有限责任公司作为生产经营、债务偿还及资产的保值增值。龙厦指挥部主要融资策略是优先使用权益性资金，对债务性资金的筹集，龙厦指挥部采用"以短代长、利率下浮、灵活还贷"的融资方案，本项目建设期利息支出总额45 086万元，比原铁道部初设批复概算，减少261万元，有效降低了融资成本。

龙厦指挥部的筹融资工作在中国铁路总公司和南昌铁路局的领导和支持下，在筹融资工作小组的不懈努力下取得了较好的成果，保障了本项目的顺利建设。本项目累计筹集建设资金953 642.35万元，其中：权益性资金467 545.93万元（铁路项目资本金230 000万元、中央预算资金50 000万元、福建省项目资本金50 000万元、福建省项目资本金——征地拆迁费实际到位135 919.93万元、站房地方出资1 626万元）；债务性资金486 096.42万元。

第二节 技术标准与规模的确定

在建设过程中，龙厦指挥部严格按原铁道部批复的技术标准和规模进行建设，未经原铁道部批

准不提高技术标准和扩大建设规模，在建设过程中加强变更设计管理，严格控制投资。对地方政府或企业要求扩大站房规模或公路立交规模的，一律要签订委托建设协议，承诺投资并取得报批同意。

对于建设期间原铁道部颁布新规范新标准要执行的，一律布置设计单位迅速编制变更设计文件，及时审核上报，批复后执行，并保证了建设项目技术体系的完整性和先进性。

第三节　合同管理

一、建立健全合同管理制度，规范管理

在原铁道部及南昌铁路局相关合同管理办法的基础上，结合龙厦指挥部建设期的实际情况，制定了龙厦指挥部合同管理办法，细化了合同管理流程，建立了合同会签制度，对已签订合同履行情况进行动态管理。

在现行铁路建设工程施工合同范本的基础上，补充了一些必要的专用条款，如：加强依法用工管理，增加了保证施工人员最低工资及民工工资支付条款；为维持施工企业项目部领导层稳定，确保施工质量，增加了任意更换项目经理等主要负责人的处罚条款等，为项目建设的规范管理提供了法律依据。

二、层层审核把关，降低风险

龙厦指挥部由龙岩铁路有限责任公司聘请了专职的法律顾问，对龙厦指挥部的法律事务提出建议并把关，其中最重要的就是对合同协议的审核把关，在合同会签单上增加了法律顾问审核栏，每份合同都经过合同承办部门审核、相关部门会签、法律顾问、分管领导审核，最后由指挥长批准，通过层层把关，最大限度规避了风险，减少合同纠纷的发生。

三、做好合同履约过程监控

在建设过程中，根据投标承诺及合同条款约定，把重要岗位人员履约情况检查作为合同管理的一项重要工作，严格更换人员的资质审核，确保满足管理需要；加强关键设备到场情况检查，并根据工程进展需求督促施工单位及时补充；杜绝违规分包、转包行为，规范劳务用工管理，推行"架子队"模式。

四、合理规避合同纠纷，提高风险管理能力

龙厦指挥部强化风险管理，提高风险管理意识，制定防范风险措施，通过科学、合理的运作，增加内部抵抗风险能力，有效合理化解合同执行过程中的各种风险；认真解读、细化合同条款，针对合同执行过程中存在的问题，解决好合同争端和合同变更等问题。通过全过程的细致工作和严格监督，有效降低合同法律风险，截至 2015 年 12 月份，项目建设过程中共签订各类合同 551 份，合同金额总计 956 891 万元。

第四节　验工计价管理

龙厦指挥部严格执行《铁路建设工程验工计价管理办法》（铁建设〔2006〕211 号）、《铁路建设项目验工计价办法》（铁总建设〔2014〕298 号）、《关于印发<南昌铁路局铁路建设项目验工计价办法

>的通知》（南铁建设〔2015〕175号），遵循合法、诚信的原则，以合同、批准的施工组织设计、年度投资计划（含调整计划）、经审核合格的施工图及批准的变更设计、合同约定的工程或工作质量合格的证明文件为依据，按照规定的程序，先验工后计价，杜绝虚假验工计价的现象。

验工计价管理由龙厦指挥部实行统一领导、归口管理，龙厦指挥部计划财务部门负责牵头组织实施，龙厦指挥部工程室、安质室、征迁办等部门共同参与，分级分类审核。龙厦指挥部验工计价严格采用工程量清单计价，发挥工程监理和项目部作用，强化现场检查和监管，尽可能减少因变更设计而增加投资的现象。建设项目完成的所有投资，包括建安工程费、勘察设计、咨询、第三方检测费等，均进行验工计价。

龙厦指挥部对Ⅰ类变更设计计价严格遵循：变更设计除重大复杂的外，在批复后进行计价；重大复杂的Ⅰ类变更设计按照《关于调整重大复杂Ⅰ类变更设计审查程序的通知》（铁建设函〔2009〕633号），在第一阶段审查确定变更设计方案和概算编制要求后，在匡算增加投资部分的70%内按本办法的其他规定办理验工计价，余下费用在第二阶段完成变更设计审批工作后计价；新增项目实行龙厦指挥部对方案和费用批复后进行计价原则，既解决施工单位资金紧张的问题，又有效控制投资。

实施阶段的材料价差调整按照原铁道部相关规定办理，龙厦指挥部相关部门每半年对项目实施阶段的材料价差进行清理并上报批准，龙厦指挥部根据批复的内容和费用，与施工单位办理材料价差的计价。

第五节　财务管理

建设期间，围绕龙厦指挥部总体工作思路和目标，财务管理突出资金管理和投资控制两个关键，严格执行国家有关财经法律法规，稳步推进财务管理工作，较好地完成了各项任务，基本实现了既定目标：历年投资完成考核指标，建设资金筹措和管理得到保障，外部审计没有发现重大问题。

一、强化财务管理职责

树立财务工作的大局意识和服务意识，财务管理结合工程管理实施，资金流紧贴实物流控制。突出预算执行、资金监管、费用控制、资产管理、财经制度执行、检查考核等财务管理职能，根据分层、分类、分权原则，明确龙厦指挥部各部门相关财务管理职责，完善筹资、投资、预算、支出等重大事项决策程序和形式，逐步实现从财务内控向管理控制的转变。同时加强财务制度和队伍建设，例如修订完善建设管理费管理制度，细化预算标准，统筹各类费用，从而实现建设期建设管理费控制在总公司批复概算内。

二、保证资金供给，降低资金成本

以资金流监控为中心，强化资金的筹集、存储、拨付和使用的会计控制和监督。一方面通过编制资金筹集方案、预算和用款计划，完善资金需求预算机制，建立资金应急预案，保障资金的应急需求；另一方面将资金预算作为重大事项纳入董事会决策范围和程序，并将董事会资金预算决议作为龙厦指挥部资金筹集和办理借款手续的依据。几年来，龙厦指挥部与原铁道部、福建省和金融机构保持密切沟通，科学筹措各类资金（资本金、银行贷款、原铁道部统借统还资金等），基本满足了工程建设的需要。例如通过省、市协调机制，推进地方出资的及时到位；结合宏观金融形势，灵活调整融资方案，"以短代长、利率下浮、灵活还款"；确保优先使用原铁道部统借统还资金和银行固定利率长期贷款等。从而在保障资金供给的同时，资金效益也取得明显的效果，龙厦铁路建设期贷款利息支出45 086万元，比原铁道部初设批复概算减少261万元。

三、加强资金运用监控，提高资金的安全性

在资金管理上，采取的措施主要有：一是严格账户管理，所有账户均按规定开设，实行同行封闭运行；二是加强银企合作，与银行、施工单位三方之间签订三方监管协议，对拨付给施工单位的建设资金进行严格监管，如合同备案、规定工程款用途、实行网络查询、银行协助管理、施工方同步提供配套资金等管理措施；三是实行大额资金控制，对工程款拨付无论金额大小，均进行联签；四是严格执行计价审核和价款结算规定（请款、预付、结算和拨付），根据完成工作量、验工计价和合同，分月度预付、季度结算拨付资金；五是建立财务、资金、费用审批管理制度，对施工承包单位资金使用情况进行检查、分析；六是发挥合同在约定经济往来中各方权利义务的核心作用；七是加强招投标、概（预）算审核、甲控物资、变更设计调整和验工计价等环节的财务会计控制，真正起到审核把关的作用；八是发挥龙厦指挥部与银行之间资金流实时查询信息系统作用，密切关注施工企业资金流向，保证了建设资金在最后环节的安全及正确使用。

四、加强会计核算和税收管理工作

坚持谁经办、谁负责的原则，推行主管会计负责制，预防和控制财务工作风险。按照全面预算管理思路，建立起建设资金、建管费预算体系。在遵守财经纪律方面，协调处理好外部的各种监督检查，对发现的问题及时整改落实，中介机构对龙厦指挥部历年财务报告均出具了无保留意见，路局财务检查对龙厦指挥部在投资控制、确保资金安全等方面给予了充分的肯定，龙厦指挥部"小金库"自查也实现了零报告。在涉税方面，加强与各级税务部门的沟通，通过代征建安税收取得手续费补充了建管费的不足。

五、建立农民工工资保证金账户，保证农民工工资的及时支付

根据原铁道部的统一要求，同各施工单位签订了《资金监管协议书》，确保了保证金的正常管理，并发挥积极的作用。

六、引入中介机构，加强投资审核

在龙厦投资清理过程中，充分发挥中介机构作用，先后组织征地拆迁、价差、三电迁改等项目费用审核工作。在地方征地拆迁补偿费用审核过程中，龙厦指挥部成立了以主要领导挂帅、双方出资者代表参加的审核工作领导小组，落实路地双方责任，依靠当地政府支持，做好基础资料特别是审核依据汇编工作，按审核和计价分步实施原则，制定"搁置分歧，分步实施，先行试审，全面推开，坚持原则，灵活处置"的措施，顺利推动审核工作的进行，掌握了地方征地拆迁补偿费用情况，取得路地双方均比较认可的结果，从而为计价入股奠定基础。

七、及时启动龙厦铁路审价和竣工财务决算编制工作

根据铁路大中型建设项目国家验收和铁路基建项目竣工财务决算编制的有关要求，龙厦指挥部布置开展龙厦铁路工程审价和项目竣工财务决算工作。从总体思路、分阶段工作安排（审价、决算和资产交付）、具体要求等方面，落实各方责任，按时完成竣工财务决算资料编制和资产交付工作。通过委托中介机构审价，真实地反映龙厦铁路投资状况和建设成果，确定各参建单位真实、合法的工程结算额和龙厦指挥部资产价值，按时、准确编报项目竣工财务决算资料，为国家验收、国家审计、财政评审和项目投入产出分析奠定基础。

第六节　变更设计管理

一、变更设计管理规定

依据《铁路建设项目变更设计管理办法》（铁建设〔2005〕146号），公司制定了《龙岩铁路有限责任公司建设工程变更设计管理实施细则》，并于2007年公布《关于修订印发〈龙岩铁路有限责任公司建设工程变更设计管理实施细则〉的通知》，明确了变更设计管理工作的程序和相关部门及人员的职责。

二、变更设计管理措施

1. 遵守"先批准，后变更；先设计，后施工"的原则

公司对变更设计的项目，做到了充分论证、坚持集体决策、一次变更到位。严格控制变更设计，对于需要变更的工程，通过组织设计、监理、施工单位现场调查，召开会议进行分析研究并形成四方会议纪要，对于重要或重大的设计变更，必要时组织专家论证，确定变更设计原因、责任单位、技术方案、概算组成及费用处理后，由设计单位进行设计变更，并按规定审批或上报。Ⅰ类变更设计严格按相关要求及程序进行，严格执行变更设计条件，防止"打包"和"拆分"的现象，认真组织初审并提出初审意见，然后按规定上报原铁道部审查，待原铁道部审批后执行；Ⅱ类变更设计文件均由公司相关部门组织审查和审批，相关费用按合同约定处置，未经批准自行变更和施工的不予计量。

2. 严格变更设计程序

由提议单位上报，交监理单位审查，由总监理工程师签署意见后，分发建设、设计、施工单位，由建设单位组织现场调查研究，形成会商纪要。

3. 变更设计工程量核定

在审批签发《变更设计通知单》时，必须核定工程数量，批准后的工程数量作为编制变更设计工程预算的依据。

4. 优化方案比选，达到投资控制目的

一是严格审核工程变更，计算各项变更对总投资的影响，从使用功能、经济、美观等角度确定是否需要进行工程变更，减少不必要的工程费用支出，避免投资失控；二是对主要施工技术方案做好论证的基础上，广泛应用新材料、新工艺、新办法等，想方设法在技术上实施项目投资的有效控制；三是正确处理工期与投资关系，做好工期提前产生的效益和投资增加的成本比较。

第十二章　征地拆迁

第一节　管理方式

龙厦铁路项目由原铁道部与福建省共同筹资建设，项目资本金按总投资的 50%（32.0 亿元）考虑，福建省沿线地方政府负责征地拆迁工作及其费用，征地拆迁补偿费经双方认可后可作为福建省资本金入股的精神，根据 2004 年 12 月 17 日《铁道部、福建省人民政府关于加快福建铁路建设有关问题的会议纪要》及原铁道部、福建省《关于加快推进福建铁路建设有关问题的会议纪要》（铁计函〔2006〕995 号）等有关文件精神，分别与龙岩市铁路建设办公室和漳州市铁路建设指挥部签订了征地拆迁工作实施协议。明确了征地拆迁工作的主体单位是沿线地方政府，负责建设用地有关手续的办理和征地拆迁实施工作。

第二节　用地报批

国土资源部于 2007 年 10 月 20 日以《关于龙岩至厦门铁路工程建设用地的批复》（国土资函〔2007〕835 号）文批准建设用地 478.563 4 hm^2，其中拆迁安置用地 70.563 4 hm^2 由当地人民政府根据规划和设计合理安排使用，其余建设用地划拨给龙岩铁路有限责任公司，作为龙岩至厦门铁路工程用地。

第三节　征地拆迁实施

一、土地征收情况

新征建设用地总数量为 345.7 hm^2，其中：龙岩市新罗区 74.3 hm^2；漳州市 271.4 hm^2，其中南靖县 206.3 hm^2；芗城区 4.0 hm^2；龙海市 61.1 hm^2。

本项目涉及既有铁路用地均为龙岩铁路有限责任公司用地，涉及回收既有铁路用地数量 3.7 hm^2。

二、拆迁建筑物、构筑物和道路、管线迁改、大临用地等情况

（1）全线拆迁总面积 47.89 万 m^2（不含附属建筑），其中：龙岩市新罗区 25.41 万 m^2，漳州市 22.48 万 m^2。全线涉及厂矿企业、特殊建构筑物 92 家（处）。

（2）全线拆迁较大型构筑物主要有 3 处，为龙岩市罗龙路红陂渠、铁山灌溉明渠、王庄红旗倒虹渠等；迁移坟墓 2 234 座；水（机）井 81 口；精养池等构筑物 118 处。

（3）全线迁改管线数量都在龙岩市，主要有 4 处，分别为龙门溪大桥龙岩台方向改移城市排污管道；龙腾路改移城市供水、排污和电力管线；凤凰北路改移城市燃气、供水管道和铁山灌溉暗渠。

（4）全线大临用地面积共 98.9 hm^2，其中取弃土（渣）场 87.0 hm^2，施工便道 6.2 hm^2，拌和站、钢筋场和堆料场等临时用地 5.7 hm^2。

三、补偿情况

根据《铁道部、福建省人民政府关于加快福建铁路建设有关问题的会议纪要》精神，原铁道部负责组织建设并承担相关费用，福建省负责征地拆迁并承担相关费用，征地拆迁补偿费用经双方认可后可作为福建省资本金入股。

龙厦铁路征地拆迁费用委托江苏省华盛兴伟房地产评估造价咨询有限公司进行审核，将征地拆迁、取弃土场、象山隧道岩溶突水地质灾害处理以及石桥头地表房屋处理等费用纳入审核范围，出具了相关审价报告并上报原铁道部审批。2013 年 12 月 31 日铁路总公司批复征地拆迁总费用 196 603 万元（铁路承担 49 853 万元，地方承担 146 750 万元）。其中：主线征地拆迁等相关费用 145 531 万元；象山隧道岩溶突水地质灾害处理费用 44 788 万元；石桥头隧道地表房屋处理费用 6 284 万元。

第四节　土地证领取

2014 年 8 月 28 日，龙厦铁路已领取土地使用权证 13 册，领证面积 312.6 hm^2，其中龙岩段 5 册，领证面积 62.2 hm^2，漳州段 8 册，领证面积 250.4 hm^2。

第十三章　环境保护

随着环境保护在全球范围已越来越受到关注，铁路相对节约土地、能源以及污染较小的优势愈发明显。把龙厦铁路建成一条环保、绿色生态的高标准铁路，是我国铁路现代化进程的重要标志之一。因此，根据环境影响评价的要求，采用了减少铁路用地、复垦及绿化措施；对振动及噪声影响较大的区段采取声屏障和尽可能避免电磁污染等措施；在施工过程中进行水污染治理和水土保持等措施来减少消除环境破坏。

为有效保护铁路沿线宝贵的耕地资源，龙厦铁路在规划设计过程中尽量采用了以桥、隧代路的方式，有效减少了龙厦铁路对沿线地带的切割，达到了节约耕地的目的。根据原铁道部对龙厦铁路环境影响报告书和水土保持方案报告书的审查意见、国家环境保护总局和水利部的批复意见及《建设项目竣工环境保护验收技术规范》等相关法律、法规的要求，公司始终高度重视，严格按国家和地方政府有关规定及设计要求做好施工过程的环境保护及水土保持工作，坚持同时设计、同时施工、同时投入使用的原则，防止水土流失和空气污染、控制施工噪声，采取各种工程防护措施以减少因施工对沿线生态环境的破坏。

第一节　复垦与绿化

一、土地复垦

根据国土资源部、发改委、财政部、原铁道部、交通部、水利部、环保总局联合下发的《关于加强生产建设项目土地复垦管理工作的通知》（国土资发〔2006〕225 号）和国土资源部《关于组织土地复垦方案编报和审查有关问题的通知》（国土资发〔2007〕81 号）以及原铁道部《关于优化梁场布局和节约使用土地的通知》（铁建设函〔2006〕328 号）、《关于加强建设项目临时用地复垦工作的通知》（建工〔2007〕74 号）、《福建省临时用地管理办法（试行）》（闽国土资文〔2002〕68 号）文件规定，为了做好龙厦铁路建设项目临时用地复垦工作，在取（弃）土场、制梁场、拌和站、施工便道等临时用地方面，从选址、租用、施工等环节把好节约用地关、减少使用农用地，督促施工单位做好临时用地补偿、临时防护和完工后的土地复垦、绿化水土保持和环境保护工作。

（1）本着统筹考虑、节约用地的原则，临时用地中的取（弃）土场、制梁场、拌和站用地与区间土石方、隧道弃渣、车站远期预留工程和站后用地相结合；施工便道、临时工棚与当地规划、乡村道路和租用民房等相结合。

（2）取（弃）土场选址尽量远离水资源保护区及风景名胜区，少占农田及耕地，不选在靠近新建及既有桥梁上游；弃渣场不选在滑坡、堆积体等不良地质地段。尽量选用山地和荒地，取（弃）土场用地在使用前与地方村镇进行协商，并签署了相关书面协议，依据有关规定预缴土地复垦费用押金。弃渣场均设置永久性挡渣墙，且挡渣墙基础设在稳定的基础上，保证弃渣场的整体稳定。

（3）少量取（弃）土场、制梁场、拌和站等临时用地结合当地的规划和实际情况施工便道、临时工棚用地，与排水系统无关的取土坑、弃土堆进行压实平整修复或绿化，归还地方使用。对占用农用地又难以复垦的取（弃）场用地按永久性征地的价格进行了一次性补偿，对占用耕地的由地方国土部门按照同等土地性质和数量易地实现占补平衡。

（4）施工便道和租用乡村道路的临时用地进行修复原有道路的设施，做好排水和绿化工作。

二、绿化防护

铁路绿色通道工程建设是铁路自身需要与环境保护的有机结合，要实现绿化、美化的功能。

（1）绿色通道设计以"生态美化、和谐发展"为理念，结合沿线地貌类型特点，灵活搭配植物形成自然群落景观，不仅让旅客在乘车时能欣赏到自然景观、人文景观、园林景观相互协调、相互映衬的南国风光，也使铁路沿线居民的生活环境得到改善。

（2）绿色通道采用"内灌外乔"的形式。靠近线路地带栽种草、灌植物，远离线路地带栽种灌木、乔木，形成立体复层的绿化带。

（3）与自然景观相协调，充分考虑铁路沿线现有的植物群落状况和周边的地形地貌，采取生态化、自然式的配置方式，做到因地制宜。

（4）根据本区域的气候和地理特点，选择"常绿、粗生、低维护、抗污染"的乡土树种，以期起到迅速见效、持久稳固、低养护成本的效果。

（5）绿化范围：在铁路既有用地界范围内实施绿色通道工程，不再另外新增用地。

第二节　噪声、振动、电磁等

一、噪声影响

噪声是高速铁路最为突出的环境影响因素之一，噪声防护工程的好坏直接影响到山区铁路的成功开通运营。

速度 200 km/h 以上铁路的噪声源包括车辆下部轮轨噪声、空气动力噪声、集电系统噪声以及桥梁构筑物噪声等。有关研究表明，高速铁路所辐射的噪声有别于普通铁路，在列车速度高于 200 km/h 以后，空气动力噪声和集电系统噪声增大，占总噪声能量的 50%～65% 左右，车辆下部轮轨噪声和桥梁构筑物噪声占 35%～50%。随着列车速度的提高，集电系统噪声和车辆上部空气动力噪声所占比例增大，车辆下部轮轨噪声和构筑物噪声所占的比例相应减小。其中空气动力噪声主要由列车头部、受电弓、车门、车窗、车辆间隙部位、缆线部位、通风窗结构等形成。

根据《新建铁路龙岩至厦门线环境影响报告书》，评价结论如下：

（1）沿线 14 处学校、医院等特殊敏感点中，甜甜幼儿园等 3 处预测近远期均能达标；地质小学等 4 处预测近期达标，远期略有超标，昼间超标 0～1.3 dB，夜间超标 0～0.9 dB；陆军第 175 分院（含龙津工业技校）等 7 处预测近远期均超标，昼间超标 0～7.3 dB，夜间超标 1.0～14.1 dB。

（2）因本线车流密度相对较小，线路等级较高，预测年度内，铁路边界昼间声级为 52.4～69.9 dB，夜间为 47.8～66.8 dB，均能满足《铁路边界噪声限值及其测量方法》（GB 12525—90）。

（3）沿线 64 处居民住宅中，工程拆迁后，有 46 处居民区距铁路最近距离不到 30 m，其中河墘、美山、上溪 3 处敏感点第一排预测值超过 70 dB。预测年度内，位于车站附近的浸水垦等 5 处居民住宅和位于深路堑外的境仔尾等 2 处居民住宅，以及龙岩东站货场厂界外居民区，近远期均能达标。其余居民住宅均有不同程度超标，超标量昼间为 0～3.8 dB，夜间为 0～9.0 dB。

（4）针对超标的学校、集中居住区，设计已根据环评反馈意见进行了防护。

二、噪声治理

根据福建省环保局下达的评价标准，全线共有 2 个医院、5 所学校和 57 处居民住宅超过相应标准要求，合计医护人员 120 人，师生 3 109 人，居民住户 4 093 户受本线铁路噪声影响，其中铁路边界内 490 户，过渡区内 844 户，2 类功能区 2 759 户。

全线采用的噪声污染治理措施主要有：

（1）设置 3 m 高声屏障 15 处，共 6 350 m，主要设置在城市建成区和居民住宅集中的低路堤、低桥梁地段；设置 2.5 m 高声屏障 30 处，共 11 400 m，主要设置在居民住宅集中的高路堤、高桥梁地段，合计声屏障 47 550 m²。

（2）设置隔声通风窗 11 360 m²，主要用于沿线分散敏感点和采取声屏障措施后仍不能满足环境要求的敏感点的防护。

噪声污染防治费用共计 5 436.6 万元，其中，治理边界内敏感点声环境 530 万元，治理过渡区敏感点声环境 4 254.7 万元，治理学校、医院和 2 类区内居民住宅 649.5 万元。

三、振动治理

除在象山隧道内采用无砟轨道外，全部采用有砟轨道。高速动车组在轮轨结构的客货共线轨道行驶是造成振动的原因。龙厦铁路借鉴了国内外经验，采用了先进的轨道弹性支承系统与提高轨道刚性相结合的减振型轨道结构，即采用了 60 kg/m 的重型钢轨、正线轨道一次铺设跨区间无缝线路、弹性扣件等轨道减振措施。

龙岩至厦门铁路位于福建省西南部中低山区、丘陵区，除穿越龙岩市、金山镇、龙山镇的区段敏感点分布密集外，其余区段均为农村地带，敏感点主要为集中的村落以及零散分布的居民住宅。

新建铁路两侧，环境振动源主要来自道路交通和社会生活振动，振动环境现状质量较好，与既有线并行的区段主要均位于龙岩市内，由于临近龙岩车站，列车行驶速度较低，距离铁路 30 m 外区域也均能满足 B10070-88《城市区域环境振动标准》之"铁路干线两侧"标准。

对在列车振动作用下可产生液化的饱和粉细砂采取振动压实、挤密砂桩、碎石桩、强夯、换填等措施。振动污染防治措施：

（一）降低铁路振动源强

根据铁路振动产生机理，铁路车辆、轨道条件、路基等因素直接关系到铁路振动源强大小，在这些方面采取改进措施，可根本上减轻铁路振动对周围环境的影响。

1. 车辆振动控制

国内外有关研究资料表明，在车辆上采取减振措施可降低沿线的环境振动，效果非常明显。车辆减振主要有两条途径，一是在构造方面采取减振措施，主要方法有：转向架上的减振措施，减轻一、二系悬挂系统质量，采用盘式制动等措施。二是降低车辆的轴重，研究结果表明：13 t 轴重的动车组在距离线路 30 m 处引起的环境振动水平可低于 21 t 轴重的动车组 3 ~ 4 dB，因此建议在选择列车车型时，优选动车组轴重较轻、结构优良的轻型化车辆。

2. 轨道结构振动控制

轨道结构主要包括钢轨、扣件、道床以及路基条件等方面的因素。轨道结构方面的振动控制措施在城市轨道交通中运用较普遍，经验较为成熟，而在铁路上较少使用。随着铁路不断提速以及高速线的建设，铁路振动问题变得日益突出，因此轨道结构减振是铁路振动控制的方向之一。

采用轨道弹性支承系统，如弹性轨枕、道砟垫、道床垫、弹性扣件等各种已经使用和正在开发、研究的弹性支承系统。提高轨道刚性，如采用重型钢轨、梁式复合防振轨道等。

本工程对轨道减振方面的措施采取了以下措施：

钢轨：本次新建线路均采用 60 kg/m 的重型钢轨，正线轨道一次铺设跨区间无缝线路。

扣件：与Ⅲ型混凝土枕配套的弹条Ⅲ型扣件；桥枕采用弹条Ⅱ型扣件。

道床：本次设计正线区间主要采用有砟道床，此类道床减振效果优于混凝土整体道床。

（二）运营管理措施

运营期线路和车辆的轮轨条件直接关系到铁路振动的大小。线路光滑、车轮圆整等良好的轮轨条件可比一般线路条件降低振动 5～10 dB。因此线路运营后应及时修磨轨面和轨道变形的维护，保证钢轨表面的平整光滑，以保证其良好的运行状态，减少附加振动。

（三）超标点振动治理原则

新建龙厦铁路在工程竣工运营后，距离铁路 30 m 以远区域能够达到《城市区域环境振动标准》（GB 10070—88）之"铁路干线两侧"标准。超标 80 dB 的区域主要位于距离铁路外轨中心线 30 m 以内区域。由于本工程为新建铁路，沿线两侧环境振动在工程后增量较大，从以人为本的原则出发，对 30 m 以内区域的敏感点均参照 80 dB 限制采取防护措施。

城镇地区的振动防治措施以功能置换、结合线路拆迁进行，农村内振动防治以搬迁为主。由于 200 km/h 速度的振动源国内实测数据很少，引起振动预测的不确定因素较多，评价建议，工程防治措施在试运行阶段实测超标时实施。

四、电磁污染及防护措施

龙厦铁路电气化工程完成后，电力机车运行时的弓网离线会产生宽频带电磁辐射，使沿线电磁环境质量下降，对沿线居民采用无线接收方式收看电视产生不利影响。新建牵引变电所会在其附近产生大于环境背景值的工频电磁场。因此，电磁污染成为本工程污染要素之一。

（1）采用有线电视网收看电视节目可消除或减轻列车通过时电磁辐射影响，同时可完全解决车体反射和遮挡影响问题。本工程对沿线电视收看敏感点内仍采用天线收看的受影响（工程后信噪比大于或接近 35 dB 的频道数比工程前减少）的用户预留一次性有线电视入网补偿经费，一户预留 500 元，对线路两侧评价范围 50 m 以内 1 145 户受影响住户给予补偿。

（2）尽管牵引变电所围墙以外工频电、磁场未超过标准，但为了以进一步降低工频电磁场，消除人们的心理顾虑，确定牵引变电所施工位置时，保证变电所围墙距敏感建筑（医院、学校、居民住宅等）大于 30 m。

五、风景名胜区的保护

龙岩洞摩崖石刻与拟建铁路相距 160 m，高差 29 m，无论是施工期还是运营期的铁路振动，均不会对龙岩洞构成影响。

福建虎伯寮国家级自然保护区位于漳州市南靖县境内，2000 年 11 月 30 日，国家级自然保护区评审委员会评审通过了福建虎伯寮自然保护区晋升为国家级自然保护区的申请，并上报国务院批准。2001 年 6 月 16 日，经国务院批准，虎伯寮自然保护区晋升为国家级自然保护区。该保护区由虎伯寮保护区、乐土保护区、紫荆山保护小区及鹅仙洞保护小区四部分组成。其中乐土保护小区与拟建铁路相距 93 m，工程修建过程中如果不注意保护，可能造成环境影响；虎伯寮保护区、紫荆山保护小区与线路相隔两座大山、一座南靖县城和一条高速公路，鹅仙洞保护小区与拟建铁路相距 4.2 km，并有漳龙高速公路阻隔，上述三块保护区与拟建龙厦铁路无影响。

工程沿线地处亚热带海洋气候，孕育了独特的自然景观，由于线路长，铁路附属工程数量大，在局部地段对沿线景观有一定影响。景观环境质量为Ⅱ级，龙厦铁路与沿线景观较协调，铁路建设对沿线景观环境影响程度为轻度不良影响。

通过加强铁路线路两侧的绿化美化、采用美观的桥型、与环境和谐的站房设计等措施，龙厦铁路已融合到自然环境之中，不少地段还成为一道新的亮丽风景线。

第三节　水土保护

一、水土保持工作原则

根据《中华人民共和国水土保持法》《中华人民共和国水土保持法实施条例》，按照水利部《关于新建铁路龙岩至厦门线工程水土保持方案的复函》（水保函〔2006〕429号）和有关技术标准、规范要求，龙厦铁路在施工建设中，依据"因地制宜、因害设防，重点治理与一般防治兼顾"的原则，做到工程措施、植被恢复及复垦利用相结合，预防与保护相结合，治理与开发相结合，近期防治与远期利用相结合，形成水土保持综合防治体系。在施工期内分年度、有计划地进行水土保护，确保水保措施的实施与主体工程相配套，防止了新的水土流失和次生影响。

二、水土保持防治措施

（1）取土场选址遵循集中取土的原则，最大限度地减少取土场数量，弃土、弃渣场选在植被稀疏的荒地、荒滩、荒沟，并采取先挡后弃的原则，取弃土完成后，及时进行平整顺坡，并采取相应的恢复措施。

（2）严格控制施工便道数量、设置标准，便道两侧设置临时排水沟，避免造成水土流失，并采取相应的恢复措施。

（3）线路两侧征地范围内按照设计文件要求进行绿色通道建设，路基边坡施工按照设计文件要求进行植物防护措施，站场范围内的绿化工程按照设计文件要求进行施工。

（4）路基工程施工开挖后及时进行支护工程施工，以防止边坡坍塌、水土流失。隧道洞口开挖时根据洞口地质情况，采取有效的防护措施，尽量减少洞口开挖时对周围地表植被的破坏，提高洞口边坡的稳定性，减少水土流失。隧道施工产生的弃渣，采取植物措施和工程措施，并结合排水措施进行防护。

三、水土保持工作取得的效果

通过原铁道部及沿线各级水保监督管理部门的监督检查以及全线参建人员的努力，龙厦铁路水土保持工作已取得了良好的效果。路基边坡防护工程已完成，植被成长良好，有效地防止了边坡的水土流失；通过采取各种有效措施，所有桥梁施工点都恢复到原先的自然状态；沿线弃土（渣）场均遵循了先挡后弃的原则，及时施做了排水设施，有效防止了因弃土（渣）造成的水土流失；弃土场浆砌片石围护支挡、场地平整、绿化工作已完成；制梁场、拌和站等临时用地的复垦问题，已按当地政府有关要求得到妥善处置。

第四节　环境影响评估

一、项目可行性研究阶段环境影响评价情况

龙厦铁路位于福建省，贯穿龙岩、漳州两市，线路全长111.336 km。

厦漳地区工业发达，但缺乏能源、原材料和劳动力。龙岩市是福建的能源和原材料基地，也需要大量劳动力，而湘、赣和内陆地区劳动力资源充足。本线的建设，可加快龙岩市的资源开发和发挥内陆地区劳动力充足优势；厦门湾、泉州（含湄洲）湾自古以来就是我国优良海港和对外出海口

岸，由于受鹰厦铁路运输条件制约，其港口辐射范围只有闽东南一角。龙厦铁路的建设将为该地区港口发展提供较好的后方运输通路，其经济腹地可延伸到湘、赣和内陆大片地区，拓展港口经济腹地。

龙厦铁路是赣龙铁路的延伸段和西南至东南通道的组成部分。通过赣龙线与京九线相连，并西延经赣韶线与京广线相通，韶关以西可连接贺州、柳州形成浙赣、湘黔线以南的又一条东西向通道，在厦漳地区与沿海铁路相连，可沟通福建沿海地区与中西部广大地区，增加福建沿海地区的运输灵活性。

但该工程同时又对所经区域的生态、水、大气、声环境将产生一定程度的不利影响，由于设计采取了积极有效的防治措施，在环境影响报告书中又结合沿线城市规划和总量控制规划提出了有针对性的防治措施和建议，只要这些环保措施与主体工程实现"三同时"，同时加强监控管理，工程对环境的不利影响就可控制在较低水平。

因此，评价认为：从社会、经济、环境三个效益相统一的原则结合考虑，本工程是可行的。

二、项目环境保护设施验收情况

龙岩铁路有限公司在工程实施过程中委托铁科院节能环保研究所和中国水电顾问集团华东勘测设计研究院分别对龙厦铁路的环境保护和水土保持设施进行验收评估。

原铁道部初验委员会认为："环境保护、水土保持工程按环评报告书和水保方案及批复意见同步建成。"

第十四章　工程监理

第一节　监理管理机构与监理机构设置

为进一步系统、规范地加强工程建设的质量安全管理工作，实现原铁道部党组提出的"一流的工程质量、一流的装备水平、一流的运营管理"的建设目标，根据国家、各部委颁布的有关基本建设的法律、法规、规章及标准规定，结合本工程具体情况，建立了龙厦铁路建设工程质量安全管理体系，并制定了相应的规定，对监理单位进行管理。

一、组织机构

1. 指挥部监理管理组织机构

指挥部监理管理组织机构如图 14.1 所示。

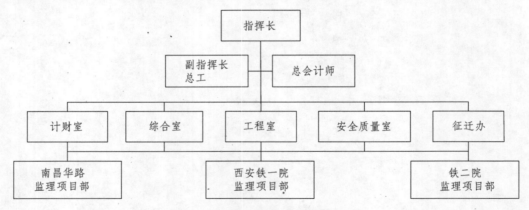

图 14.1　指挥部监理管理组织机构

2. 监理组织机构

龙厦铁路工程监理工作由南昌华路建设监理咨询有限公司、西安铁一院工程监理咨询有限责任公司、中铁二院（成都）咨询监理有限责任公司 3 家监理单位，根据委托监理合同进行现场监理，分别为：南昌华路监理项目部负责重点施工 ZD-Ⅰ、ZD-Ⅱ标（DK19+560～DK36+160、DK68+300～DK74+500）的监理工作；西安铁一院监理项目部负责 LX-Ⅲ标（DK0+000～DK19+560、DK36+160～DK50+000 及龙岩地区相关工程）的监理工作及 LX-Ⅴ标全线铺架监理工作，同时负责 LX-Ⅵ标（DK0+000～DK50+000 及龙岩地区相关工程）四电工程监理工作；铁二院监理项目部负责 LX-Ⅳ标（DK50+000～DK68+300、DK74+500～DK111+336）的监理工作，同时负责 LX-Ⅵ标（DK50+000～DK111+336）四电工程监理工作。

按照规范和委托监理合同要求各监理项目部设总监理工程师 1 人，全面负责监理项目管理、协调工作，同时负责项目监理的技术和质量工作及监理人员分工和岗位职责工作；副总监 2 人，协助总监理工程师的日常管理工作及对施工现场进行巡视检查工作；根据工程需要配备足够的各专业监理人员，对施工现场进行监控；建立了监理项目部中心试验室，配备足够的检测仪器设备，以满足对标段的原材料和工程实体进行平行检验的需要。

二、监理机构主要职责

（1）按监理合同规定的工作范围、内容和约定的组织形式，确定监理机构人员的分工和岗位职责。派出总监理工程师、副总监理工程师、招标文件规定的专业监理工程师及其他人员。

（2）编制监理规划和监理实施细则。对危险性较大的分部、分项工程单独编制安全生产监理实施细则。

（3）负责与建设单位的日常联系，及时转达建设单位的各项指令，根据合同和有关工程建设监理程序要求，协调处理好内外关系，保证监理计划目标的圆满实现。

（4）在总监理工程师的指导下，负责工程进度、工程投资的控制、工程施工的过程质量控制，并对施工关键过程进行旁站监控、现场检测和试验室试验工作。所有监理人员必须履行现场监督检查职责，按规定对关键工序进行旁站，负责隐蔽工程检查、检验批及分项、分部工程质量签证。负责全体监理人员的培训工作。

（5）督促检查施工单位技术、质量、安全管理体系的建立和运转。检查施工单位履约情况（包括人员、机械设备、仪器、检测试验设备等），有权对不符合要求的施工技术、管理人员提出更换意见，对施工安全生产情况进行巡视，对危险性较大工程作业进行定期检查。

（6）督促检查工程开工准备情况，参加由建设单位主持的第一次工地监理例会，定期召开工地监理例会，不定期召开专题会议，审查施工组织设计文件、施工方案并签署意见，按权限签署工程开工报告。

（7）组建监理试验室，建立健全监理试验工作质量保证体系，确保其有效运行，按速度 200 km/h 客货共线铁路验收标准及相关规定对工程质量进行检测、试验，对使用的材料、设备、构配件、半成品、成品质量进行检测，督促检查施工单位试验室工作。

（8）组织或参与工程质量检查、评价与验收，检查施工进度与施工质量，提交监理工程质量评估报告和监理工作总结报告。

（9）参与处理变更设计事宜，协助建设单位处理与施工单位的合同争议，对索赔、工程延期等提出处理意见。

（10）按权限审查并签发单位工程停工令、复工令，签认工程付款凭证和工程结算书，参与工程安全质量事故的处理。

（11）审核施工单位的施工进度计划，审核监理合同段内施工单位的月、季、年度和末次验工计价，组织编写和签发监理月、季、年报及监理工作总结。

（12）协助组织完成竣工资料的编制，参加静态验收、动态验收、初步验收、安全评估和竣工验收。

（13）负责缺陷责任期内工程的所有监理工作。

第二节　监理制度

根据国家、原铁道部有关法律、法规、规范、标准等规定，针对龙厦铁路建设要求高、新技术多、施工条件差等特点，借鉴监理单位的一些先进的经验、管理方法、先进的管理理念，对监理规范的内容进一步细化形成了一套比较完善的监理工作制度。

一、工地例会

第一次工地例会由建设单位主持，承包单位、监理单位（总监理工程师）、设计单位参加。第一次工地例会由监理单位负责会议记录，形成纪要由与会各方会签。施工期间的工地例会由总监理工程师或授权的专业监理工程师主持召开，监理人员和施工单位的项目经理及主要人员参加（必要时邀请建设单位、设计单位参加会议），工地例会按第一次工地例会商定的时间定期举行，并形成会议纪要。如果建设单位、施工单位或现场监理机构任一方认为有必要或出现亟待解决的重大问题可召开专题会议研究处理。

二、施工组织设计（施工方案）审定

在项目开工前，各施工单位编制的各专业施工组织设计，经技术负责人审核签认后报标各标段监理项目，由总监组织专业监理工程师审定，经总监审核签认后报龙厦指挥部。

三、技术交桩

监理项目部根据实际情况，经建设单位授权由总监主持、施工单位及相关部门参加、设计单位交底，主要明确以下内容：施工图主要内容及其注意事项；主要桩位交底，必要时进行复测和定位、定桩；明确有关配套、防护、环保水保要求；以及对设计文件的解释答疑并对涉及施工安全的重点部位和环节，提出防范安全事故的指导意见。对技术交底内容需要变动和补充设计的，约定提供日期，明确办理人及相关决定，一并写入技术交底会议纪要。

四、工程变更管理

对提交的工程变更提议单，由总监理工程师组织专业监理工程师进行审查通过后，由建设单位转交设计单位编制设计变更文件，并根据工程实际情况及时签发变更单，并监督施工单位实施。在施工中，采取灵活的形式及时与建设单位沟通，现场调查处理变更，特别是在隧道监理工作中，要求现场监理发现问题及时汇报，必要时变更。

五、项目监理交底

在第一次工地例会结束后，由总监主持、施工单位经理及有关职能部门人员、施工单位主要负责人、项目监理人员参加的项目监理交底，主要明确以下内容：监理规划的监理工作内容及对各类监理人员的授权情况；监理工作基本程序、方法和手段；提出有关施工监理报表的报审要求；施工单位有关问题回答。项目监理交底为顺利开展监理工作提供便利。

六、测量成果及测量放线查验制度

采用 GPS 设备对全线测量控制点进行贯通控制测量成果复测。监理工程师对施工单位报送的测量资料和放线控制成果及保护措施按照《铁路工程建设监理规范》（TB 10402—2007）中工程测量的有关规定进行检查，符合要求时应予签认。对承包单位测量成果进行复测、审查的内容包括：施工单位专职测量人员的岗位证书及测量设备检查证书；桥隧控制测量成果及隧道贯通测量成果，线路施工复测成果；对桥梁墩台、隧道中线、高程及各种构筑物的测量放样；复核控制桩的校核成果、控制桩的保护措施；对施工单位报送的《施工测量放样报验单》进行审核和确认。根据龙厦铁路采用精密测量的实际情况，安排测量技术过硬的监理人员专门负责测量工作，并参加培训，在无砟轨道施工中，采用轨检小车和精密全站仪，进行平检测量。

七、试验检测工作

各标段监理单位建立中心试验室，中心试验室按照验标要求，负责本标段平行检测和必要的抽检任务及部分试验工作，实现原材料和施工过程控制。对施工单位试验室从五个方面进行考核；资质等级、法定计量部门对试验设备出具的计量检定证明、试验室的管理制度、试验人员的资格证书、本工程的试验项目及其要求，对于达不到要求的下发通知单或发通报要求整改。监理中心试验室根据原材料进场情况，由现场试验监理人员分种类、分批次取样送检。专业监理工程师对施工单位报送的工程材料、构配件和设备的报审表及其质量证明资料进行审核，对工程材料按监理合同约定或按承包单位抽样试验 20% 的比例进行见证试验或按 10% 的比例进行平行试验，未经监理人员验收或验收不合格的，监理人员不得签认，并签发监理工程师通知单，限期将不合格的工程材料、构配件和设备撤出现场。原材料质量的优劣直接关系到工程质量的好坏，具体措施为，从源头抓起，采取施工单位 100%自检、现场监理见证 10%、监理中心试验室平检 10% 并结合不定期抽检的检测工作方法；设置多道质量监控防线，有效控制现场施工原材质量。

八、隐蔽工程检查签认

在工程隐蔽前，施工单位根据铁路工程质量检查验收评定标准进行自检、自查，合格后填写《隐蔽工程报验单申请表》，并按规定报专业监理工程师进行隐蔽检查。对合同约定的重点部位、特殊设计或与原设计变动较大的隐蔽工程，会同建设、施工和设计单位共同检查。对隐蔽工程检查不合格或检查所填写的内容与实际不符，监理不予签证，并将意见记入工程日志簿，经整改确认合格后方可进行签认。隐蔽工程检查合格后，如长期停工，复工时应按上述程序重新组织检查签证。

九、工程质量安全检查

监理人员对施工过程进行巡视和检查时发现工程质量安全问题，立即口头通知施工单位整改，并做好记录，必要时签发《监理工程师通知单》限期纠正；比较严重的质量安全问题，应签发《质量安全问题通知单》或由总监理工程师签发《工程暂停令》，并抄报建设单位。待施工单位改正后，再报监理复验，合格后发《工程复工令》。

十、工程质量安全事故处理

当发生工程质量（安全）事故时，责令施工单位立即采取措施保护施工现场，同时向建设单位及相关单位报告；责令施工单位尽快进行事故分析，及时报送《工程质量（安全）事故报告单》；参与质量（安全）事故调查，研究事故处理方案；对工程质量（安全）事故的处理过程进行检查，对工程处理结果进行验收；向建设单位及时提交由总监理工程师签署意见的质量（安全）事故报告，并将质量（安全）事故处理记录整理归档。施工中如构成质量事故，需要返工处理或加固补强的事故工程，督促施工单位在规定的时间内将质量事故性质、类别及事故工程情况报告建设、设计、监理单位。监理工程师发现施工中存在重大质量安全隐患，可能造成质量安全事故或已经造成质量安全事故时，立即报告总监理工程师，总监理工程师及时下达《工程暂停令》，要求施工单位整改，经监理人员复查符合规定后，由总监下《工程复工令》；总监理工程师下《工程暂停令》和《工程复工令》前向建设单位报告。监理单位根据经设计单位出具的处理方案或变更设计对质量安全事故的处理过程和处理结果进行跟踪检查和验收。关键部位实行旁站监理。

十一、工程施工旁站监理

编制监理规划时，制定旁站监理方案，明确旁站监理范围、内容、程序和旁站监理人员职责。在施工过程中对关键部位、关键工序、隐蔽过程、下道工序施工后难以检查的重点部位，安排监理员进行旁站监理。

十二、监理日志、日记

监理日志、日记是监理单位项目、现场监理工作的体现，同时也记录了人员、机械、材料进场情况及现场安全、质量、施工进展等情况。

现场监理按照按统一的格式和用语要求要求逐日填写监理日志，做到记录事件真实、数据准确、条理清晰、语句简练。监理项目部每月检查一次，同时不定期检查，监理人员离开岗位时将监理日记交给所在监理机构登记后归档。

十三、监理工作报告

根据有关要求，监理单位建立监理工作报告制度：工程监理月报、工地例会报告，发生大、重大工程质量安全事故、工伤事故或其他危急情况，监理人应及时通报委托人；建设单位要求提交的监理业务范围内的其他报告，工程竣工后，向建设提交监理工作的总结报告及工程质量评估报告。

十四、对项目监理单位的考核和奖惩

按招标文件的规定，结合龙厦指挥部现行对项目监理单位考评暂行条例进行定期检查、考核，及时总结、交流"新技术、新工艺、新材料、新设备"监理的经验体会，表彰、奖励业绩突出的监理人员，不断提高项目监理单位的管理水平和监理人员工作能力。监理人员有违规行为的，项目监理单位要认真对其进行批评教育，予以纠正，并根据对工作的影响程度给予警告，通报批评，扣减工资奖金。情节严重的上报龙厦指挥部，撤换或开除，构成犯罪的，报请司法机关处理。

十五、监理资料管理制度

指定专人具体负责项目监理单位资料的管理工作。资料按原铁道部现行资料编制、管理办法或本公司监理资料管理规定的要求进行分类管理，并建立图、表台账，监理资料的组卷、规格、装订应执行原铁道部档案管理的统一规定。

十六、监理廉政责任制度

为从源头上预防和解决腐败，防止发生各种谋取不正当利益的违法违纪行为，确保工程质量和龙厦铁路信誉，根据国家有关工程建设的法律、法规和廉政建设责任制规定，项目部监理单位与监理人员签订廉政责任书，责任书有效期为监理合同签订之日起至该工程项目竣工验收合格时止。严格执行本工程监理合同文件，自觉按合同办事，抓好本工程建设工期、投资效益和工程质量的动态控制，维护建设单位的利益。监理业务活动坚持公开、公正、诚信、透明的原则（除法律法规另有规定者外），不为谋取不正当利益而损害国家和对方的利益，不违反工程建设监理规章制度。不以任何理由向建设单位和施工单位及其工作人员索要、接受或赠送礼金、有价证券、贵重物品及回扣、好处费、感谢费等。不以任何理由为建设单位和施工单位报销应由对方或个人支付的费用。不接受或暗示为建设单位或个人装修住房、婚丧嫁娶、配偶子女的工作安排以及出国、旅游等提供方便。不以任何理由为建设单位、相关单位或个人组织有可能影响公正执行公务的宴请、监审、娱乐等活动。发现对方在业务活动中有违规、违纪、违法行为的及时提醒对方，对不听劝阻或情节严重的向其主管部门或纪检监察、司法等有关机关举报。监理人员违反廉政责任书行为的，按照其监理公司管理条例，依据有关法律法规和规定给予党纪、政纪处分或组织处理，涉嫌犯罪的移交司法部门处理并追究刑事责任，给建设单位造成经济损失的予以赔偿。

第三节　现场监理工作的实施

一、"五控、三管、一监督、一协调"的监理措施

根据委托监理合同、铁路建设工程监理规范、原铁道部有关加强监理工作的文件等规定，监理单位在监理委托合同履行方面主要对工程实施"五控、三管、一监督、一协调"的措施，即：质量、安全、进度、投资、环保及水保控制，合同、信息与内业管理，文明施工监督，组织协调。

（一）质量控制

监理单位、各专业监理工程师从影响工程质量的各个因素入手，运用主动控制与被动控制相结合的方法，对各项工程的施工质量采取事前、事中与事后控制，确保工程质量达到承包合同、设计文件及相关验收标准的要求。

1. 对施工单位及施工人员资质的控制

施工单位进场后，首先从施工单位的企业资质以及营业范围入手开始进行审查，同时重点审查其管理人员及特殊工种作业人员的上岗资质，对其上岗执业资格予以确认，对分包单位的施工资质及其管理人员的上岗执业资格予以确认。

2. 对原材料、构配件的质量控制

工程监理过程中，严格按照监理规范进行进场原材料、构配件的报验检查，要求施工单位进场材料必须附产品出厂合格证，并及时报现场监理工程师进行进场材料的外观检验和质量证明文件审查，对按要求需做二次复试的原材料及时进行见证取样，并送法定检测单位检测。对于外观检验和检测结果不合格的材料，要求施工单位立即清出现场，不得使用。同时在监理过程中对使用的材料采取跟踪监督，杜绝施工单位在使用材料时存在"以次充好，偷梁换柱"的现象发生。

3. 施工技术措施的控制

在控制施工单位的施工方法和技术措施方面，采取预控措施。着重审查施工单位提交的施工组织设计或施工方案是否具有针对性和可操作性，并根据设计文件、规范、验标以及现场实际情况提出相应的审查意见，对其内容中存在的编制错误或与设计文件、规范及验标相违背的地方给予指正，要求其在修改后重新报审。同时及时组织对软土路基处理、精密控制测量、无砟轨道施工等新技术、新工艺中的技术创新的转化和转换，参加建设单位组织技术创新评审和总结。

4. 对施工机械设备及场地环境的控制

核对施工单位是否将投标文件中承诺的拟采用设备进场使用。进入现场的施工机械设备，除了对其书面保证资料进行核查外，而且在现场对其运转时的工作能力进行检查，以保证机械设备满足现场的施工要求。监理过程中，对其采用的机械设备的实用性给予监控。

在环境控制方面，针对各项工程特点及其周边情况的特点，充分考虑生产环境、劳动环境、周边环境对施工的影响，充分考虑施工中可能发生的情况，提前书面通知施工单位充分做好施工前准备工作，避免工作准备不充分或保证措施、防护措施不利而影响正常施工进度或施工质量。

5. 对施工现场的质量控制

一是采用现场会、书面通报、工程暂停令、返工处理、抓典型等五项举措。二是根据工程进展情况有针对性地定期组织开展桥、隧、路基、原材料及环水保等专项检查，及时发现和纠正施工中存在的一些问题。三是通过对控制网贯通复测、隧道二衬无损检测、无砟轨道平行测量等检测手段来加强质量控制，确保工程质量。四是针对一些施工单位自控体系存在的问题，组织各监理站对施

工单位的主要管理人员在岗情况进行检查跟踪，对长期挂名而实际很少到位的少数工点负责人发出书面通知要求到位。五是与建设单位联合深入开展质量安全专项整治、安全大检查、施工安全隐患排查等系列活动。六是定期对全线的高风险源工点（营业线或邻近营业线施工点、浅埋隧道、未贯通隧道、地质复杂隧道、跨高速公路桥梁、高墩桥等）进行排序并加强动态管理，以点带面抓好安全控制。七是，针对少数技术工艺复杂、施工难度大进度一段时期滞后的情况，会同参建各方分析原因，制定改进措施促进工程进度。八是根据站前工程进展情况，多次进行站前四电接口工程施工质量的专项检查和抽查，对存在的质量问题进行原因分析，明确执行标准和工艺工法，并以通报形式，要求站前施工单位进行整改，现场监理进行监控。

6. 对关键工程的质量监控

软基处理的质量监控：为有效控制好软土路基施工质量，监理项目部制定了《路基监理实施细则》，同时针对正线主要采用 CFG 桩与软基加固地基的情况，编制了多项质量监控要点、监理监控作业指导书等，进一步明确了工艺性试桩程序、沉降观测要求。在施工过程中加强对原材料的进场检验、工艺控制、施工质量检查。

无砟轨道的质量监控：龙厦铁路在长度大于等于 6 000 m 的隧道中铺设双块式无砟轨道。无砟轨道标准新、精度高，是高速铁路轨道工程技术的最新体现，为保证无砟轨道的工程质量，监理项目部针对此情况从以下几个方面进行并加强了质量监控：一是及时增派无砟轨道专业监理人员，对施工及监理人员进行培训。二是积极参加建设单位组织的对施工单位隧道无砟轨道施工组织设计和作业指导书的评审，在施工中对照施工组织及作业指导书进行检查。

三是成立无砟轨道监理领导小组，派出专门的无砟轨道工点监理人员，加强过程控制，规定隧道首次无砟轨道道床板施工前，在施工单位自检、监理检查签认后才可开盘浇灌混凝土，有效规范了无砟轨道施工程序。五是在施工过程中加强巡视检查，对发现的问题及时通过下发通知单、召开现场观摩会、分析会等解决存在的问题。六是在无砟轨道钢轨铺设及精调过程中，监理要进行检查或旁站。

（二）安全控制

监理单位要深入贯彻落实"安全第一、预防为主、综合治理"方针，依据国家和原铁道部规定的安全监理责任，建立了施工监理安全保证体系和安全生产监理工作制度，编制了安全监理实施细则，规范了安全监理的工作程序。组织监理人员加强学习国家、各部委颁布的法律、法规、管理条例、生产许可证条例，《铁路建设工程安全生产管理办法》与建设部下发的《关于落实建设工程安全生产监理责任的若干意见》，通过教育培训使监理人员的安全监理素质得到进一步提高。

开展形式多样的安全检查，及时发现安全隐患，杜绝安全事故发生。认真开展工程质量安全管理专项整治活动，开展了以落实安全责任制为主要内容的检查，如隧道施工、高边坡防护施工安全检查，既有线、临近既有施工及防台风、防洪、施工用电、火工品管理、压力容器等安全专项检查。同时按照国家要求，结合施工现场实际情况，积极认真地开展"安全月"活动，对不断提升安全监理管理绩效起到了很好的作用。通过查问题、促整改、抓落实等闭环管理手段，有效地促进各项安全目标的实现。对重大安全隐患，坚决下达停工令进行整改。

（三）进度控制

监理单位依据合同和建设单位要求，细化进度计划监督管理，加强施工进度的信息收集、统计分析和预测报告工作，使进度控制工作始终处于良好状态。根据施工组织设计要求，结合现场实际情况，对施工单位编制的施工进度计划进行提前审查。在工程进展的不同阶段会同施工单位定期对剩余工程进行分析研究，对可能影响各节点工期的工点和项目加强跟踪督促，督促施工单位在确保质量和安全的前提下加强施工组织、优化施工方案，确保节点工期要求。监理单位根据施工单位施工进展情况，实行 24 h 报检制度，施工单位自检合格向监理报验后，现场监理工程师及时进行检查验收，为快速进入下道工序节约了时间。

（四）投资控制

监理单位按照建设单位要求配备了专门验工计价负责人及专业人员，同时组织相关专业监理工程师学习并掌握铁路验工计价的规定，熟悉设计文件的工程内容及工程量构成，熟悉合同的工程量清单及数量，掌握二者之间的对应关系，熟悉工程量清单内和清单外工程数量的计价原则。专业监理工程师在计量与支付审核时严格按合同约定，做到客观、准确、及时，计量与支付的项目和数量不漏、不超、不重，认真做好工程计量与支付的审核签证工作，严格对合同变更、设计变更等审核控制，在合同工程总量控制的前提下，加强分析预测，提高审核工作准确性与可靠性。

（五）环水保控制

严格审查施工单位的施工组织设计中环水保运行体系，保护目标，防尘、除尘、降低噪声及污染的技术措施，发生环水保事故的应急机制，环水保责任制度，事故报告制度，如不达标总监理工程师不得批准开工，要求施工单位进行补充。施工过程中对防尘、除尘、降低噪声及污染中可能出现的情况进行分析，制定有针对性的临理监督措施，并进行监督，对施工单位不符合国家规定的指导和纠正，要求施工单位进行整改但整改不到位的按照规定进行处理。参加环保部门组织的验收，进行环境保护资料的归类、编目、建档及总结。根据工程进展在施工过程中将环水保纳入日常监理工作中，如审查施工单位现场环水保相关制度的建立，人员设置，环水保措施及应急预案是否满足相关规定；检查施工单位落实设计文件中的环境保护、水土保持措施；对施工场所进行巡检，掌握取土场、弃渣、汽车运输、机械噪声、固体废物等环保、水保措施的落实情况。对施工单位违反设计文件中环保、水保要求的，专业监理工程师发出整改通知书，督促施工单位进行整改，并对整改的结果复查。

（六）合同管理

监理工程师合同管理主要是对建设单位与设计单位、施工单位、材料设备供应商签订的合同管理，着重从合同条件的拟定、协商、签署、执行情况的检查和分析等环节进行管理工作，通过合同体现进度、投资、质量、安全控制管理任务要求，维护好订立合同双方的正当权益。监理单位设置兼职合同管理监理工程师。合同管理监理工程师组织专业监理工程师严格按合同条件对合同执行进行监督管理，对施工单位资质、投标文件、工程合同进行审阅，提出针对性工作建议，将审阅意见分别制成"施工单位资质审核表""施工单位投标文件审核表"和"工程合同评价表"报总监理工程师审批后报建设单位。合同管理监理工程师组织专业监理工程师按照目标控制要求，根据有关政策、法律、法规、技术标准和合同条款处理合同问题，通过监控实现进度、投资、质量、安全、环境保护、技术创新"六位一体"目标要求。在建设过程中监理联合体对于设计变更、洽商、工程暂停及复工、工期延长、费用索赔、合同争议、违约处理等施工管理，做到以事实为依据，以合同为准绳。按照监理程序处理好各项合同管理事务。现场监理过程中，根据施工现场相关合同的约定对工程工期、质量进行监督、管理。监督材料、设备采购合同的订立与履行，掌握合同的内容，进行合同跟踪管理，检查合同执行情况，及时准确反映合同信息，认真检查施工合同的履行情况，实现科学管理。

（七）信息管理

为及时准确有效的反映工程实际进展情况，监理单位指定专职人员负责信息和调度工作，并尽量做到人员固定，人员如有变动及时通知建设单位。通过互联网和电信以及即时通等方式保证信息畅通，正常工作日手机 24 h 开机，及时反映工程进展情况，为龙厦铁路的生产、指挥、协调、管理信息畅通提供保障。在信息管理方面，准确、全面及时地收集、分析、反馈信息，并做好分类归档，同时对施工单位上报的调度报表、施工动态报表等资料认真进行核对，及时向建设单位进行反馈。

（八）内业管理

监理单位进驻施工现场后，对建设项目管理资料的管理提出了严格要求。专人负责监理资料的收集、整理、归档及管理，及时购买与监理工程专业有关的最新版本的验收标准和规范并进行宣贯，由监理人员下达给施工单位的开工、停工、返工令、通知及通报等，都以书面形式由监理项目部签发，避免口头通知，真正把工程问题落实到书面上，使现场监理人员能够有理有据地开展监理和审查工作。内业资料管理根据实际情况需要，编制了实用性很强的质量、安全、进度、控制、环水保控制、合同管理、试验工作等监理资料表格。内业资料实现了表格化，并实行文件随时收发、随时登记的制度，实现文件收发的可追溯性。监理进驻现场后，所有的工程技术资料全部及时输入计算机，上报的材料和文件全部由计算机输出，使资料的管理趋于科学化和规范化。

（九）文明施工监督

按照标准化管理要求，在现场监理日常工作中主要采取如下措施加强对施工单位文明施工管理组织的监控；一是督促施工单位建立完善文明施工管理制度，健全文明施工管理资料；二是通过监理例会提高施工单位对文明施工的认识，使施工单位充分认识到文明施工是安全生产的保证，促进施工单位文明施工管理；三是认真审核施工单位的环保、文明施工的具体实施计划、方案；四是对施工现场各生产活动进行检查，加强对现场文明施工管理实施的监控。

（十）组织协调

龙厦铁路技术复杂、工程艰巨、工期紧，站前、站后施工单位各专业交叉作业，因此与施工及设计单位之间的相互沟通、协调和配合十分重要。对四电、铺轨和站前施工单位的施工配合问题，监理单位深入现场协调，通过召开会议、下发文件、现场协调按照施工组织设计要求，合理进行各专业的工序组织，保证了工程总体顺利进展，形成良好的合作氛围。以监理为主的协调小组，对各方配合进行统一协调，确保了房建、接触网、四电设备安装等工程如期完成。

二、加强监理队伍建设，确保工程建设顺利进行

按照"通过加强队伍建设来保证工程建设，通过提高工作质量来保证工程质量"的理念，监理单位加强了监理队伍建设。实行监理工作问责制度，现场监理工程师发现问题下发监理工程师通知单后，施工单位未进行整改，应及时上报监理项目部；如果监理督促后仍未整改的，应及时上报建设单位；如在监理单位、建设单位、质量监督站或其他上级单位检查中发现的问题而现场监理工程师未发现或隐瞒不报的，将追究有关人员的责任，并视情况给予批评、警告、通报、清退等处罚。

三、加强沟通、密切合作，充分发挥监理作用，不断提高监理成效

监理单位结合项目特点和工程进展，积极探索，创新思路，按照"加强沟通、形成合力、适时引导、有序推进"的原则，积极促进监理的各项工作稳步开展。

第四节　质量验收制度

质量控制目标：通过监控，实现质量控制的总目标，确保全部开工工程达到国家、原铁道部现行的工程质量验收标准。

　　监理单位组织各专业监理工程师运用主动控制与被动控制相结合的方法，对各项工程的施工质量采取事前、事中与事后控制，确保工程质量达到承包合同、设计文件及相关验收标准的要求。具体的单位工程质量验收按检验批、分项工程、分部工程、单位工程方面进行验收。单位工程达到交验条件时，由总监理工程师组织专业监理工程师依据有关部门法规、强制性标准、设计文件及施工合同，对施工单位报送的竣工资料进行审查，并对实物工程质量进行预验收。对预验收存在的问题，及时要求施工单位整改，整改完毕由总监理工程师签署工程竣工报验单。总监理工程师对竣工预验收工程提出书面工程质量评估报告，并报监理公司技术负责人审核签字。在单位工程验收合格后，监理单位按《铁路建设项目竣工验收交接办法》参加有关单位组织的静态验收、动态验收、初步验收、安全评估和竣工验收。

一、检验批质量验收

　　（1）主控项目和一般项目的质量经抽样检验合格。

　　（2）具有完整的施工操作依据、质量检查记录。

　　验收记录由施工项目专业质检员填写，监理工程师组织施工单位项目专业质量检查员进行验收。

二、分项工程质量验收

　　（1）分项工程所含的检验批均应符合合格质量的规定。

　　（2）分项工程所含的检验批的质量验收记录应完整。

　　分项工程质量由监理工程师组织施工单位项目专业技术负责人等进行验收。

三、分部工程质量验收

　　（1）分部工程所含分项工程的质量均应验收合格。

　　（2）质量控制资料应完整。

　　（3）地基与基础、主体结构和设备安装等分部工程有关安全及功能的检验和抽样检测结果应符合有关规定。

　　（4）观感质量验收应符合要求。

　　分部工程质量由监理单位组织施工单位项目经理和有关勘察设计单位项目负责人进行验收。

四、单位工程质量验收

　　（1）单位工程所含分部工程的质量均应验收合格。

　　（2）质量控制资料应完整。

　　（3）单位工程所含分部工程有关安全和功能的检测资料应完整。

　　（4）主要功能项目的抽查结果应符合相关专业质量验收规范的规范的规定。

　　单位工程验收，由建设单位负责人组织施工、设计、监理等单位负责人进行验收。验收记录由施工单位填写，验收结论由监理单位填写。综合验收结论由参加验收各方共同商定，建设单位填写，应对工程质量是否符合设计和规范要求及总体质量水平做出评价。单位工程有分包单位（含设备分包）施工时，分包单位对所承包的工程项目应按本标准规定的程序检查评定，总包单位应派人参加。分包工程完成后，应将工程有关资料交总包单位。

五、静态验收

　　静态验收由南昌铁路局组织接管单位、监理单位、设计单位、施工单位等参建单位对建设项目进行检查，确认工程是否按设计完成且质量合格，系统设备是否安装并调试完毕。监理单位积极对静态验收检查存在问题，按竣工验收工作组及专家组意见督促施工单位按期整改。

六、动态验收

动态验收是在静态验收合格并经原铁道部确认后，由原铁道部在工程管理中心和运输局组织下进行综合调试，并委托专业机构进行动态检测，对工程质量和系统集成安全运行状态进行全面检查和验收。监理单位积极对动态验收检查存在问题，按竣工验收工作组及专家组意见督促施工单位按期整改。

七、初步验收

初步验收是在动态验收合格后，由原铁道部对静态验收、动态验收结果进行检查和确认。监理单位积极对初步验收检查存在问题，按原铁道部初步验收意见做好相关整改工作。

八、安全评估

初步验收通过后，原铁道部安全监察司委托南昌铁路安全监督管理办公室组织实施安全评估工作。原铁道部安全监察司成立安全评估确认检查组，对安全评估进行确认检查。监理单位积极按照龙厦指挥部意见做好安全评估和安全评估确认检查工作中存在问题的配合整改工作。

九、竣工验收

竣工验收是指在龙厦铁路初步验收后，由国家主管部门或委托原铁道部组织对龙厦铁路进行整体验收和综合评价。监理单位积极按照建设单位的总体安排配合做好竣工验收前的相关准备工作，主要是竣工决算和竣工文件的编制等工作。

第十五章　工程咨询

第一节　咨询方式

根据原铁道部的总体安排，龙厦铁路建设管理并未按照"小业主、大咨询"模式配备专业咨询队伍。根据工程建设的需要，结合具体情况，做了探索了一些有益的方式：

第一，委托开展设计审核咨询。龙厦指挥部与中铁二院工程集团有限责任公司签订了龙厦铁路工程咨询合同，根据设计阶段划分，本项目咨询分两阶段进行，第一阶段为项目的总体性审查；第二阶段为施工图审核。

第二，组建参建单位技术专家库开展咨询工作。龙厦指挥部充分发挥建设单位协调组织的主导作用，利用参建单位人才资源，从各参建单位项目部总工程师和各专业技术骨干中组建一支兼职的咨询队伍，建立专家库，组织召开各种研讨会开展技术攻关，既弥补了龙厦指挥部技术人才相对缺乏的不足，又充分发挥参建单位的智力资源优势和施工经验，同时也为他们搭建了良好的技术交流平台。

第三，邀请路内外知名专家，对重大技术难题开展咨询。

第二节　主要咨询成果

龙厦指挥部针对龙厦铁路象山隧道、石桥头隧道、龙岩特大桥等一级风险工程，开展了相应的技术咨询工作。主要取得以下研究成果。

1. 专家咨询确保安全

龙厦指挥部把组织专家咨询作为一项常态活动，针对施工难度大的象山隧道、石桥头隧道、龙岩特大桥等战略性控制工程，邀请各铁路设计院、施工单位、省地质勘察设计院、冶金设计院的相关专家学者，开展了 9 次咨询活动和 6 次方案评审活动。特别是象山隧道 4 号斜井发生涌水淹井事件后，进口地段发生自然灾害性溜坍事件，出口发生围岩大变形，1 号～2 号斜井穿越岩溶区域，左右线超前水平探孔过程突发涌水，造成淹井、隧道上方地表塌陷、房屋破坏。3 号斜井围岩变化频繁，地下水发育，给斜井抽排水造成巨大压力，5 号斜井右线大里程方向发生突泥事件，左线小里程超前探孔发生涌水。接连发生的风险事件导致施工一度受阻，复杂的地质结构，艰难的施工条件，危险的作业环境，引起了原铁道部、路局和施工单位领导高度重视，原铁道部杨建兴副总工程师、鉴定中心桥隧处主管隧道副处长赵勇在视察象山隧道时认为其性质类似宜万铁路野山关隧道，在一连串的风险事件面前能保证施工安全相当不易，并运用主管宜万铁路建设期间所积累的高风险隧道建设管理丰富经验，现场指导施工难题攻坚，路局分管领导每月到施工现场检查，督促施工单位强化安全意识。邀请设计大师史玉新、隧道专家西南交通大学关宝树教授、中国铁路建筑总公司总工程师林振球等 11 位知名专家召开了"象山隧道、石桥头隧道风险评估"专家审查会，确定按高风险隧道进行管理，制定科学的施工方案、完善的应急预案、翔实的监控措施，从而确保施工安全起到了决定性作用。

2. 施工难题逐项突破

象山隧道多次发生涌水风险事件，严重阻碍了施工进展，导致地表下沉、房屋开裂，指挥部立即启动紧急抢险应急预案，迅速控制事态的发展，组织设计单位对地质复杂区段进行地质补勘，复查地表情况，加强超前地质预报管理，全面摸清掌子面前方和地表的地质构造情况，合理地提出采用全断面帷幕注浆方式穿越涌水突泥区，加强地表沉降和建筑物的观测，开展地表建筑物的普查、登记、造册，对危房进行鉴定，对变形较大的区域采用地表注浆加固措施，涌水突泥区域逐个安全穿过，取得显著成效。石桥头隧道详细调查地表建筑物情况，加密地质钻探点，建立地表沉降、房屋水平位移、房屋倾斜和爆破震动波速监控网，根据监控量测和地质补勘情况，采用动态设计方式，合理制定超前加固措施、初期支护参数和适合的开挖方法，包括铣挖法、破挖法等非爆破开挖方式，洞内洞外安全得到有效控制。龙岩特大桥采用加长钢护筒方式，防止塌孔的发生，抛填片石、黏土和水泥填充溶洞，有效突破了岩溶地层掉钻现象。

3. 科技攻关形成成果

在参建单位和协作单位广大科技工作者的努力下，针对龙厦铁路建设复杂的地质环境，困难的施工条件，开展了科技攻关，对确保施工安全和工程进展发挥了重要作用，其中复杂地质条件下快速地质超前预测预报技术、长大斜井快速建井技术、复杂溶岩区段注浆堵水技术、全风化小间距软岩施工技术、安全风险评估与对策、石桥头隧道城市建筑密集浅埋地区暗挖隧道快速施工方法研究、大体积混凝土施工技术、岩溶地区钻孔桩施工技术、铁路耐久性混凝土施工技术控制、软基地段路基施工控制技术等进行了科技攻关。

第十六章　物资管理

第一节　物资采购

一、龙厦铁路物资管理的特点

根据龙厦铁路所处的地理环境、工程特点和物资资源情况，在物资管理、采购上具有如下特点：

（1）龙厦铁路线路等级高，桥隧比例大，主要物资需求量较大，材料费用占总投资额的比重也大，全线共需钢材 17.67 万 t，木材 2.2 万 m³，水泥 202.5 万 t，给物资的质量控制提出了更高的要求。

（2）龙厦铁路的工期紧，点多线长，施工受台风雨季的影响多，在时间上对物资供应的要求更高。

（3）龙厦铁路所需的三大材尽量采用火车运输，充分利用既有赣龙铁路及鹰厦线进行材料运输，全线共设置 2 处材料厂。远运材料先采用火车材料厂，然后汽车倒运至工地。

（4）龙厦铁路全线共铺轨 230.551 km（铺轨），其中正线铺轨 217.974 km（铺轨）（其中无砟轨道 31.776 km（铺轨）），站线铺轨 12.577 km（铺轨），铺新岔 55 组，铺设道砟约 59 万 m³。

（5）龙厦铁路主要物资均为直发料，大部分为省外输入，运输距离长，主要靠公路、水路运输，如何确保不间断地供应，是需要努力克服的难题。

（6）龙厦铁路属中低山及丘陵区出露基岩主要为志留——奥陶系、泥盆系上统、石炭系、二叠系、三叠系、燕山期入侵岩等地层，隧道有 22 座，隧道长度 46.936 km，最长象山隧道为双洞单线，左洞长 15 898 m，右洞长 15 917 m，火工品的需求量大，炸药约 6.7 万 t，雷管约 3 600 万枚，采购、运输、储存、管理、使用对物资安全管理也提出了更严格的要求。

二、健全物资采购制度，加强物资采购指导

龙厦指挥部紧紧依靠原铁道部招标领导小组办公室、原铁道部工管中心的领导，通过召开长期从事铁路物资管理的原铁道部工管中心物资部、配送的大型物资公司及施工单位参加的研讨会，共同探讨研究了龙厦铁路物资设备招标采购及管理模式。龙厦铁路物资供应管理工作实行了"统一领导、主要物资统一集中招标采购、分级管理"，即：全线的物资工作由龙厦指挥部物资管理领导小组统一领导，全线工程所需的主要物资设备（甲供、甲控）由龙厦指挥部工程室统一协调组织招标采购，全线物资设备的计划申请、采购供应、储存保管、使用消耗按照职责权限分工、分级管理。通过龙厦铁路物资设备招标采购及管理模式的实施，确保了物资设备管理工作紧张、有序、高效地运行。

龙厦指挥部根据《中华人民共和国招标投标法》（中华人民共和国主席令第 21 号）和《工程建设项目货物招投标办法》（国家发改委等七部委第 27 号令）的规定，结合客货共线铁路建设的要求和龙厦铁路工程特点，按照龙厦铁路物资设备招标采购及管理模式，制定并下发了《龙厦铁路物资设备管理办法（暂行）》，健全了物资计划管理、招标采购、供应管理、现场管理、质量控制、信息管理等制度，明确了工程物资招标、采购、供应、使用等各环节物资的流转及责任，明确了设计、监理、咨询、施工单位、物资代理单位和指挥部各部门的职责，明确了各项业务管理的要求，严格了招投标程序，规范了招投标行为，确保了物资设备管理工作依法合规、公平、公开、公正、有序进行，使指挥部物资管理各项工作形成制度化、规范化。

同时，龙厦指挥部依据国家、原铁道部的法律法规，参照其他类别的招投标文件资料，编制了

物资设备招标文件（参考本）以及各类开评标用表格，提供给各施工单位参照执行，为施工单位顺利招标采购奠定了基础。

三、统筹协调，规模采购

龙厦铁路物资设备招标采购分为指挥部供应物资设备（部管和建管甲供物资设备）、指挥部控制物资设备（甲控物资设备）和施工单位自购物资设备三类。

甲供物资设备是指在工程招标文件和合同中约定，由原铁道部或建设单位招标采购供应的专用物资设备。甲控物资设备是指在工程招标文件和合同中约定，在建设单位监督下工程施工单位采购的物资设备，主要是指对工程质量、安全和造价有直接影响的大宗通用物资设备。自购物资设备是指在工程招标文件和合同中约定，由工程施工单位自行采购的物资设备。

1. 甲供物资招标采购

在甲供物资招标采购中，龙厦指挥部根据《工程建设项目货物招标投标办法》（第 27 号令）、《铁路建设项目物资设备管理办法》（铁建设〔2006〕83 号）、《铁路建设工程招标投标实施办法》（第 8 号令）、《铁路建设项目甲供物资设备采购供应暂行办法》（铁建设〔2006〕217 号）、《铁路建设项目甲供物资设备目录》（铁建设函〔2007〕199 号）、《关于印发〈铁路建设项目甲供甲控物资设备目录〉的通知》（铁建设〔2008〕179 号）、《关于铁路建设项目甲供甲控物资设备招标有关工作的指导意见》（铁建设函〔2007〕495 号）和南昌铁路局有关规定的要求，坚持"依法合规、公平公正、接受监督、阳光操作"和"质量优先、合理低价、注重信誉、确保履约"的原则，认真履行建设单位的职责，做好甲供物资设备的招标采购工作。

（1）对部管甲供物资，龙厦指挥部根据工程施组要求和工程进展情况，及时编制物资设备招标采购计划，协助原铁道部统一招标，参与招标文件初审，参加开标、评标、签订合同等工作，尤其是高速道岔和高速扣件。

（2）对建管甲供物资，及时编制招标计划，按照法定程序组织进行招标采购。

2. 甲控物资招标

龙厦铁路甲控物资设备管理，坚持"以指导、协调、监督为主线，以引导规范操作为重点，以确保工程原材料质量为关键，以物资进场把关为主要环节"的工作思路，对工程的主要物资和影响主体工程质量的甲控物资，采取集中统一招标采购。龙厦指挥部协调各标段施工单位对需要招标的物资品类、数量进行合理划分包件，由其中一个施工单位作为牵头人组织进行集中招标，根据招标确定的供应商各自组织签订供销合同。

在甲控物资招标之前，龙厦指挥部积极协调南昌路局招标办，对路局物资评标专家库进行加强；积极协调南昌工程交易中心，理顺招投标程序；积极协调南昌纪委，明确招投标过程监督程式；积极协调施工单位开展前期调研，制定投标人的资格条件。如无砟轨道用双块式轨枕，龙厦指挥部牵头带领相关施工单位到全国具备生产条件的厂家进行调研，明确生产工艺、生产能力、价格水平、供应能力等，为招标采购的成功创造了条件，保障了工程的需要。

根据原铁道部《铁路建设项目物资设备管理办法》（铁建设〔2006〕83 号）和《施工合同》的有关规定，2007 年 3 月组织中铁隧道集团有限公司，对重点控制工程 ZD-Ⅰ、ZD-Ⅱ标钢材、水泥、防水剂、防水板等四种甲控物资在原铁道部一级市场进行招标；2007 年 7 月份 LX-Ⅲ标段、LX-Ⅳ标段全线开工以来，龙厦指挥部即着手部管甲供物资设备的采购供应准备工作，于 2007 年 7 月分别向原铁道部招标领导小组办公室、原铁道部工管中心上报《关于申报新建龙岩至厦门铁路 2007 年度原铁道部管理的甲供物资招标安排的请示》，申请对龙厦铁路 2007 年 4 季度建设急需的钢材、水泥进行招标，2007 年 10 月完成招标，确保了工程建设顺利开展；2007 年 11 月，龙厦指挥部向原铁道部招标领导小组办公室上报《关于龙厦铁路站前工程（不含预应力 T 梁及轨道工程）甲供物资招标计划的请示》，申请对龙厦铁路建设需求的钢材、水泥、预应力钢绞线、桥梁支座、隧道防水板、综合接地电缆、隔离栅栏进行招标。2007年11月16日，接原铁道部《关于龙厦铁路站前工程甲供物资招标计划的批复》（铁建设函〔2007〕1200号）后，于2007年12月21日在铁道工程交易中心开标。剩余的甲供物资也适时完成了招标。

2007年8月开始，龙厦指挥部在南昌铁路局工程交易中心组织了两次建管甲供物资挂网招标，招标内容为中埋式橡胶止水带、耐腐蚀剂、速凝剂、锚具、桥面防水层。

2008年7月着手准备站后四电工程甲供物资采购准备工作，于2008年9月19日分别向原铁道部建设工程招投标管理办公室上报《关于龙厦铁路四电工程甲供物资招标计划的请示》（龙铁司综〔2008〕122号），申请对龙厦铁路部管甲供、建管甲供物资设备进行招标，2008年9月28日批复了龙厦铁路站后四电工程甲供物资招标《关于同意龙厦铁路站后四电工程甲供物资招标计划的函》（建工〔2008〕164号），2008年11月完成了第一批次建管甲供信号各系统设备、安全型继电器、轨道电路器材、电转机及安装设备等主要设备器材招标采购（招标编号：南铁龙厦招 2008-110），2008年12月完成了部管甲供光电缆、承力索、钢芯铝绞线、接触网支柱、接触网导线等主要物资设备的招标采购（招标编号：JW2008-032），2009年1月完成了第二批次建管甲供高压隔离开关及负荷开关、配电所综合自动化设备、化学锚栓、数字调度设备、传输、接入、数据网、开关电源设备、列控中心、ZPW-2000自动闭塞设备、配电所直流操作电源、调压器及变压器、VV型牵引变压器等主要物资设备招标采购（招标编号：南铁龙厦招2008-152），2009年6月完成了建管甲供第三批次GSM-R系统漏缆、GSM-R系统设备、接触网零部件、硬横梁及吊柱、绝缘子等主要物资设备招标采购（招标编号：南铁龙厦招2009-95），2010年8月完成了建管甲供物资设备可倾式柱灯及升降式投光灯塔、EPS、双电源开关箱、客服系统等主要物资设备的招标采购（招标编号：南铁龙厦招2010-72、南铁龙厦招2010-101、南铁龙厦招2010-142），确保了四电工程建设顺利开展；2010年6月19日向原铁道部建设工程招投标管理办公室上报《关于龙厦铁路站后车辆、机械等工程甲供物资招标计划的请示》（龙铁司综〔2010〕66号）申请对龙厦铁路站后车辆、机械等进行招标，根据原铁道部《关于同意龙厦铁路站后工程车辆、机械等甲供物资招标计划的函》（建工〔2011〕8号），2011年12月完成起重机招标采购（招标编号：SHWZ2011-83），2012年4月完成空调招标采购（南铁物招2012-09）；根据南昌铁路局《关于调整龙厦铁路运营工机具配置及招标采购工作会议纪要》，2012年4月完成了运营工机具招标采购（招标编号：LX1201）。

龙厦铁路站前工程建设甲控物资，本着公开、公平、公正的原则，按照物资设备招投标规定程序和要求，甲控物资招标工作由中铁十二局集团有限公司委托中铁二局股份有限公司组织实施，龙厦铁路工程建设指挥部负责制定合格供应商资格条件，并负责供应商资格审查。对龙厦铁路建设用工字钢、热轧无缝钢管、钢板、中空注浆锚杆、粉煤灰、土工格栅、波纹管等甲控物资，通过铁路工程交易中心进行了公开招投标。通过集中招标采购，取得了以下成效：

（1）同一种物资各包件同时开标，可以使投标人对同一种物资一次报价，同一种物资各包件的价格具有可比性，避免了多次招标的价格风险。

（2）集中招标确保了多类物资各包件同时进行，减少了招标次数，大大减少了招标成本。

（3）评标专家采取在南昌工程建设交易中心物资专家库中随机抽取，确保了评标专家的广泛性、权威性和合理性。

（4）各总承包施工单位是甲控物资招标主体，评标委员会主任由各承包施工单位派人担任，确保招标主体责任的落实。

（5）各投标人是在同一个交易平台进行公开竞标，认真遵循了公平、公开、公正的原则。

（6）基本实现了中标厂商必须"质量优、信誉好、保供能力强、价格合理"的目的，突显规模效应。

（7）招标活动始终在监察部门的监督下进行，没有发生不良的反映和发现违规操作的行为。

（8）公开招标的总体价格水平，考虑价格风险，是比较合理的。

第二节　物资供应

一、积极协调甲控物资供应

物资设备供应是确保工程顺利展开的关键和前提。在龙厦铁路物资供应上，采取了"重视合同履行、合理安排进货、积极组织协调、严格履约评价"的手段，在工期进一步压缩的情况下，顺利地完成了各类物资的供应。

（1）在甲供物资供应方面，龙厦指挥部采取召开供应商协调会、向供应商发催货函、与供应商主要领导对话、建立日供应分析制度、信用评价考核等方式，跟踪、督促、协调供应商及时、足量地供应。

（2）在甲控物资供应方面，龙厦指挥部及时召开物资供应协调会，理顺指挥部与各施工单位在物资管理上的关系，理顺施工单位联合体内部各施工单位的沟通渠道，理顺集中招标与自行采购的界定。对甲控物资供应出现问题时，指挥部和施工单位一道，与供应商积极进行协调。

龙厦铁路钢材、水泥属部管甲供物资，在2006年下半年，市场钢材、水泥大幅度涨价，供应商纷纷提出调价，供应量急剧下降，满足不了现场的需要，龙厦指挥部依靠原铁道部招标领导小组办公室、原铁道部工管中心物资部的有力领导，经过认真调研和协调，采取了一些必要的应急措施，逐步缓解了供需矛盾。从总体实施情况看，尽管受原材料价格上涨、资源紧张的影响，但供应商的整体供应水平都比较好。

二、定期考核，认真执行供应商信用评价制度

供应商信用评价是对供应商履行合同进行考核的重要手段，是保证物资供应的措施。龙厦指挥部认真执行原铁道部关于供应商信用评价的制度，对龙厦铁路各供应商供应的物资设备质量、供货时间，每季度及时进行考核，并将评价结果上报原铁道部，有力地促进了供应商认真履行合同，确保了合同内物资及时、保质、保量地供应。

第三节　质量控制

工程材料的质量关系到工程质量能否达到设计标准的重要环节，是工程质量控制的关键。龙厦指挥部对龙厦铁路工程材料的质量实行了"施工单位自检、监理单位抽检、项目部现场监督、指挥部集中管理"的全过程质量控制方法，施工单位是物资质量控制的责任主体，直接对材料的进场、使用质量负全部责任，按照施工施工合同的约定和验标的要求，把好原材料的进场验收和检验关；监理单位是材料检验、审核主体，对进料、保管和使用进行全过程监督，将施工报验的材料按《工程监理细则》进行见证、复验、抽检；龙厦指挥部对现场的材料管理进行监督，在检查工作的同时，检查进场材料检验的执行情况；各部门按照职责分工，对全线的物资质量实行动态监督检查。

一、把住物资采购的源头

在招标文件编制阶段，对投标人的资格要求首先考虑的是投标物资必须经过原铁道部、省级以上检验机构检验合格的产品或者是经原铁道部审查许可使用的产品；其次是对投标人供应招标物资的用户评价和业绩的要求；其三是对投标人的生产能力、财务状况、资金实力提出具体要求。对招

标物资的技术要求必须满足国家、原铁道部和设计的要求，技术规格书经过设计院认可、龙厦指挥部技术部门审核。在评标阶段，着重对投标人的资格条件的审查和投标物资是否满足招标文件的技术要求的审查。

从招标结果看，选择的供应商都是各省内流通领域的前三名，生产厂家都是国家或者区域性的行业龙头或者骨干企业，所提供的产品都是名牌或者国家免检产品。如钢材选用的是三钢、宝钢等钢厂的产品，水泥选用的是红狮、春驰等产品。高速道岔选用的是中铁宝桥股份有限公司的产品。

二、把住物资进场的关口

龙厦铁路进场物资的把关主要是从以下几方面入手：一是检查厂家随货提供的出厂产品合格的技术文件，如桥梁支座必须经过原铁道部派驻的监造人确认，综合接地电缆、接触网零件必须经过原铁道部质检机构厂内抽检合格；二是施工单位按照验标的要求对进场物资进行验收和检验；三是监理按照监理细则的要求进行现场见证和平行检验；四是龙厦指挥部组织不定期的抽检和核查，同时根据原铁道部对抽检产品质量情况的通报，随时进行专项检查，如当某客运专线发现粉煤灰出现质量问题时，指挥部会同监理对全线的粉煤灰进行全面核查，全部重新取样送外进行复检；五是接受原铁道部或相关质检部门的抽检，原铁道部质检部门对龙厦铁路的高速扣件、砂石料、桥面防水层材料、防水板等材料进行了抽检，进场材料均合格；六是建立进场物资质量分析制度，对物资设备进场检验出现质量问题时，在第一时间内对该批次物资设备进行封存，并通知供应单位立即将不合格批次产品进行清退，同时龙厦指挥部召集有关施工单位、供应单位和监理单位，召开分析会议，按照"四不放过"的原则，从产品原材料、生产、质量控制等环节进行剖析，查找产品质量的根本原因责成供应商制定确保产品质量的具体措施。

三、把住储存使用环节

物资设备的储存保管是确保进场合格产品持续保持性能稳定的关键。龙厦铁路各施工单位均按照施工合同的承诺建立了相应的料库、料场，按照现场管理标准化的要求进行设施配置，根据产品的特性进行避光、防雨、防晒、防潮、防湿的储存，并严格产品保质期的要求，防止物资在储存环节发生质量变化。

组成工程实体的物资设备须经技术、试验部门检测鉴定合格，监理工程师确认后方能投入使用，确保物资设备的质量及技术条件符合设计要求。施工单位须完整保管好物资设备的图纸、产品说明书、化验单、质量证明书、验收检测记录、工艺要求文件、产品合格证等技术文件资料等，作为竣工资料一并归档，做到物资设备质量可追溯性。

第四节　物资管理体会

总结龙厦铁路的物资管理工作，有以下七点体会：

（1）物资管理工作必须注重化解供应和运输矛盾以及材料品种不配套而造成的停工待料现象的发生，提前预想，超前预警，才能圆满地的完成物资保障任务。

（2）物资管理工作要注重协调供求关系，充分发挥各种资源优势，讲究工作艺术，增强协调效果，才能使供需双方满意。

（3）物资管理工作要注重规模采购的优势，提高供应合同的履约质量，减少工作环节，降低物资采购成本，才能实现投资控制的目标。

（4）物资管理工作要注重监督和管理，从设计、咨询、监理、施工单位、指挥部各职能部门到供应商、代理商，从材料招标、进场检验到物资管理各环节，都要坚持质量第一，有效控制原材料质量，才能为创优质工程奠定基础。

（5）物资管理工作要注重信息传递，指挥部与原铁道部之间、指挥部各部门之间、指挥部与施工单位之间、指挥部与供应商之间、指挥部与代理商之间、施工单位与供应商之间，要及时准确地互相传递物资管理信息，才能及时掌握物资流转动态。

（6）物资管理工作要注重物资供应过程控制，要超前制定有效的应急措施，才能抑制外部市场的冲击与影响，达到平峰填谷、有序调节的目的，满足工程施工在不同时期对物资的需求。

（7）物资管理工作要注重物资供应管理的规范化，要规范整个工程项目的物资业务流程，克服运作中不必要的矛盾，才能最大限度地达到高效、通畅的目标，最终实现确保工期、保证质量的目的。

第十七章　队伍管理

第一节　专业队伍要求

根据龙厦铁路工程建设需要，龙厦铁路开展了各种专业技术队伍的招标工作和队伍的管理工作。在编制招标文件时，龙厦指挥部对各参建单位的专业技术队伍条件做出了明确要求，并严格按招标文件进行招标，同时加强过程管理，确保各中标单位的专业技术队伍各项能力满足龙厦铁路建设需要。

一、对投标人资格审查

资格审查主要审查潜在投标人或者投标人是否符合下列条件：一是具有独立订立合同的权利；二是具有与招标项目相适应的资质证书、生产许可证或特许证等；三是具有有效履行合同的能力，包括专业、技术资格和能力，资金、设备和其他物质设施状况，管理能力，经验、信誉和相应的从业人员；四是没有处于被责令停业，投标资格被取消，财产被接管、冻结，破产状态；五是在最近三年内没有骗取中标和严重违约；六是近一年无重大质量、安全事故以及施工造成的铁路行车重大、大事故；七是法律、行政法规规定的其他资格条件。

龙厦指挥部根据《中华人民共和国招投标法》、《工程建设项目施工招标投标办法》（七部委第30号令）、《评标委员会和评标办法暂行规定》（七部委第12号令）等规定，编写招标文件并制定招标评标办法。龙厦指挥部在评标前从原铁道部专家库中随机抽取专家同龙厦指挥部招标人员共同组成评标委员会，根据制定的招标评标办法，对各投标人进行资格审查。经资格审查不合格的投标人的投标作为废标处理。

二、对专业队伍基本要求及管理

（一）设计单位的基本要求及管理

1. 对设计单位的基本要求

龙厦指挥部根据铁路工程建设需要，在招标文件拟定和合同签订时，对设计单位做了以下基本要求：

一是要求设计单位搞好站前与站后工程的衔接以及专业间勘察设计配合，确保全线设计原则及采用标准的统一。设计单位应投入足够的设计力量，加强总体协调，搞好专业间设计配合，控制施工图与初步设计的量差，按供图计划交付勘察设计文件，对勘察设计文件中的遗漏或错误负责修改或补充，保证施工图质量。

二是要求设计单位做好现场调查，核实征地拆迁、"三电"迁改等数量，确保数量准确。同发包人一道与县级（含）以上人民政府及有关产权单位办理建设区内用地、拆迁及利用水、电、道路等许可协议；负责建设工程中涉及河道、地方道路、涵渠等与地方部门沟通，并签订协议；补充完善由于发包人责任和原因引起的修改设计、返工、停工、窝工或优化设计增减工程的相关协议；积极协调、配合电力部门进行工程外电源系统的设计。

三是要求设计单位按照原铁道部相关文件要求，编制初步设计、施工图设计文件；及时进行技术交底，说明设计意图，解释设计文件，并对涉及施工安全的重点部位和环节，提出防范安全事故的指导意见。

四是要求设计单位推广、采用经原铁道部批准的先进、成熟、经济、可靠的新技术、新材料、新设备。

五是要求设计单位按照相关的文件要求，及时编制变更设计文件（含变更设计施工图、增减工程数量对照表及变更设计概算），定期提交变更设计统计资料，I类变更设计由设计单位预先报龙厦指挥部进行初审，设计单位应在设计中提出指导性的施工过渡计划方案。

六是要求设计单位不得以任何方式指定工程材料、设备的生产厂或供应商，不得承担本工程施工，不得将本合同内的设计工作向第三方转包或发包。

七是要求设计单位应积极参加发包人组织的施工图现场核对优化工作；负责及时进行技术交底；派现场设计组驻现场全过程配合施工；对复杂技术问题组织专家现场研究解决；提交勘察设计技术总结；参加重点隐蔽工程检查、工程竣工验收，参加工程回访。

2. 对设计单位的管理

为了做好对设计单位管理工作，激励勘察设计单位集中力量做好铁路勘察设计工作，及时提供高质量的勘察设计文件，满足工程建设需要，龙厦指挥部对设计单位的勘察设计工作进行考核，按项目进程，对施工图提供、施工图质量（包括施工图审核质量和实施过程质量）进行考核。

（二）施工单位的基本要求及管理

龙厦指挥部根据龙厦铁路工程建设需要，在招标文件拟定时，对施工单位资质等级进行明确要求，在施工单位投标及合同签订时，通过合同通用条件和专用条件，对施工单位项目经理、其他工作人员及施工单位的一般义务与责任等提出了以下明确要求。

1. 对施工单位的基本要求

（1）投标单位资质必须具有国家各部、委颁发的具备铁路路基、桥梁、隧道工程等"施工总承包"资质的单个投标人或组成的联合体等。总承包单位必须是在中华人民共和国境内合法注册的独立法人，具有认证机构认证的质量管理体系证书；安全质量状况稳定，有良好的企业社会信誉的企业。

（2）对工程项目经理的基本要求。项目经理是施工单位的领导班子成员，高级工程师，必须具有一定的铁路施工工作经验，及从事类似工作的经验。

（3）对施工单位人员的基本要求。施工单位应为实施和完成本合同工程安排技术合格和数量足够的施工人员：

① 按投标文件附件中所列的各类专业技术和管理人员。未经监理的批准，这些人员不得无故不到位或被替换；若确实无法到位或须替换，需经监理报发包人批准后，用不低于其资格和经历的人员替换。

② 其他满足本合同工程需要的技术熟练、经验丰富的各类专业技术和管理人员。

③ 适应本工程需要的各类熟练的技术工人。

④ 施工单位的人员应具有与其所从事的工作相应的资格，并提供相关人员持有上岗资格的证明。

⑤ 基层作业人员必须具有铁路施工经验，并经过承包人对其进行相关的专业培训。

（4）对施工单位的一般义务与责任的要求。

根据龙厦指挥部和施工单位签订的施工总承包合同，龙厦指挥部对施工单位的一般义务与责任提出了具体要求，要求施工单位按合同文件规定的时间和内容履行一般义务和完成下列工作：一是遵守与龙厦铁路工程有关的法律，施工单位因违反上述法律造成后果的，由施工单位自行承担法律责任。二是按照合同和建指的指示，实施和完成工程，并修补工程中的任何缺陷。三是提供合同规定的生产设备和施工单位文件，以及此项施工、完工和修补缺陷所需的所有临时性或永久性的承包人人员、货物、消耗品及其他物品和服务。四是按合同约定的内容和时间要求，编制实施性施工组织设计、施工措施计划，报送监理审定后组织实施，并对所有现场作业、施工方法和全部工程的完备性、可靠性和安全性负全部责任。五是当监理提出要求时，施工单位应提交工程施工安排和方法的细节，事先未通知监理时，对这些安排和方法不得做重要改变。六是施工单位应编制并随时更新一套完整的、有关施工情况的竣工记录，如实记载竣工工程的准确位置、尺寸和实施工作的详细说明。竣工记录应在竣工试验开始前，提交给龙厦指挥部。七是负责绘制并向龙厦指挥部提供工程的竣工图，表明整个工程的施工完毕的实际情况。八是当施工单位在查阅、核对合同文件或在本合同工程实施过程中，发现有关的工程勘察、设计、技术规范、图纸或其他资料中的任何差错、遗漏或缺陷后，应及时书面通知龙厦指挥部和监理。九是施工单位不得将龙厦指挥部支付的预付款转移或用于本合同工程之外的其他工程。施工单位应随时接受龙厦指挥部或监理对工程资金使用情况的检查，对于检查中发现问题及时纠正。

2. 对施工单位的管理

（1）严格进行施工单位信用评价。

为建立和完善铁路建设市场诚信机制，激励施工企业加强铁路工程施工管理，提高质量，确保安全，提高水平，加强施工单位管理力度，落实施工单位投标及合同履约情况，依据《建设工程质量管理条例》《铁路建设管理办法》《关于印发〈铁路建设工程施工企业质量信誉评价办法〉的通知》《铁路建设工程施工企业信用评价暂行办法》《关于印发铁路建设工程施工企业信用评价暂行办法的通知》等有关规定，龙厦指挥部制定了施工企业信用评价实施细则，关于印发《龙厦铁路施工企业信用评价实施细则》的通知，根据实施细则对施工企业进行信用评价检查。

根据龙厦铁路施工企业信用评价办法和细则，对施工单位建设项目工程质量、现场行为等对施工企业信用状况进行综合评价；施工企业信用评价每半年为一个评价期，每个评价期组织 2 次日常检查，上半年日常检查计划安排在每年 2 月、5 月，下半年日常检查计划安排在 8 月、11 月。日常检查由领导小组派员组成检查组。日常检查计划提前上报南昌铁路局建管处和南昌监督站，接受上级指导和监督。龙厦指挥部对检查中发现的问题和原铁道部、南昌铁路局、铁路工程质量安全监督机构等书面反映经过确认的问题，及时将符合《日常检查评分表》和不良行为认定条件的问题登记汇总。对不良行为记录要按规定进行公示，公示时间为 3 天，并书面通知有关单位。被公示具有不良行为记录的单位或个人可以提出申诉，龙厦指挥部对申诉内容进行研究、核实和认定。期间，接受南昌铁路局建管处和南昌监督站的过程指导、监督。

（2）加强施工单位管理、专业技术人员的管理。

为落实施工单位参建人员合同履约情况，做好合同履约人员变更工作，龙厦指挥部严格根据合同约定，要求施工单位对各类专业技术和管理人员报龙厦指挥部备案审批，如施工单位要对备案的专业技术和管理人员进行变更，应先提交适合的变更人选的详细资料，变更人选的资格不低于被变更人，并经监理的批准后，报龙厦指挥部审批，未经龙厦指挥部审批，任何人员不得更换。

（3）强化施工单位架子队的管理。

按照原铁道部《关于推进建设单位标准化管理工作的指导意见》和《关于积极倡导架子队管理模式的指导意见》，龙厦指挥部对施工单位劳务用工进行规范管理。龙厦指挥部要求参建施工单位根据原铁道部关于积极倡导架子队管理模式的有关要求，加强架子队管理工作组织领导，建立健全架子队管理制度和办法。积极开展架子队组织建设、队伍建设和管理建设工作，制定架子队管理制度和办法、健全架子队管理体系，落实架子队管理责任制，规范管理、明确职权，切实加强对架子队的管理，全面提高架子队的建设和管理水平。

（三）监理单位的基本要求及管理

龙厦指挥部根据新建龙厦铁路工程建设需要，对工程建设施工监理进行招标。在招标文件拟定时，对监理单位资质等级进行明确要求，在监理单位投标及合同签订时，通过合同条款，对监理单位人员及义务提出了以下要求。

1. 对监理单位的基本要求

（1）对投标监理单位资质要求。

具有中华人民共和国建设部颁发的铁路工程监理甲级资质，具有国家各部、委颁发的可从事铁路工程施工监理的工程监理甲级资质。具有认证机构认证的质量管理体系证书、无任何违法和重大违约行为及良好的财务状况。

（2）对监理单位人员要求。

① 总监理工程师，持有原铁道部颁发的铁路总监理工程师资格证书或铁路总监理工程师岗位培训考试合格证等铁路相关从业资格证书，具有铁路建设管理或施工工作经历，熟悉高速铁路系统管理。职责范围：全面负责各项监理的管理、协调工作，同时负责各项专业的监理工作、监理人员培训等。对本项目监理工作的技术和质量负总责。

② 副总监理工程师，持有原铁道部颁发的铁路总监理工程师资格证书或铁路总监理工程师岗位培训考试合格证，有较强的管理和协调能力的人员担任。职责范围：配合项目经理及总监从事监理管理工作，分工负责各专业相对应的监理管理工作。

③ 专业监理工程师，具有铁路相关从业资格证书，具有多年铁路施工工作经历、丰富的现场施工管理和技术管理经验的从业人员。职责范围：负责路基、桥梁、隧道、站房、四电和轨道等专业的监理工作。对上述专业的技术和质量负责。

④ 监理员，具有铁路监理或类似工程监理经历，并有相关专业技术。

（3）对监理单位合同义务的要求。

① 要求监理单位按合同约定的工程监理范围、内容和有关的标准、要求、完成工程监理工作。在合同履行过程中，始终维护龙厦指挥部的合法权益，监理单位的行为必须对作为建设单位负责，接受经龙厦指挥部授权的建设单位代表发出的指令，履行合同约定的保密义务和保密承诺。

② 制定工程监理计划及为完成本计划而建议采用的措施，报经建设单位审核批准后作为考核工程监理的依据，按照对本项目工程监理范围、期限，以及工程进度的调整对工程监理做相应调整，且不降低工程监理整体质量。

③ 接受龙厦指挥部的管理和监督，按龙厦指挥部要求更换不称职人员。

④ 监理单位应确保在服务期限内持续保持其在签订本合同时已取得的提供工程监理所必需的各项许可、资质和批准，并确保相关资质的等级不低于本合同签订时的资质等级。并运用先进的技术，使用安全有效、适合本项目监理工作的设施、设备和方法为龙厦指挥部提供工程监理服务。在合同约定的工程监理期内，对其所有人员、设施、设备的安全负全部责任。

2. 对监理单位的管理

对监理单位的管理为完善铁路建设市场诚信机制，激励监理企业加强管理，认真履行监理职责，提高监理工作质量和水平，加强对监理单位的管理力度，落实监理单位投标及合同履约情况，依据《建设工程质量管理条例》《建设工程安全生产管理条例》《铁路建设工程监理管理暂行规定》《关于印发〈铁路建设工程监理信用评价暂行办法〉的通知》等有关规定，龙厦指挥部对工程监理项目进行信用评价工作，并根据信用评价结果，结合日常检查情况，对监理单位进行激励约束，同时制定各项制度、办法、措施，完善对监理单位的管理。

第二节　岗位培训

为提高龙厦指挥部及参建单位人员整体素质，推动培训工作走向科学化、制度化、规范化，龙厦指挥部明确了培训的管理机构与职能、内容、形式与方法、周期与时间、计划的编制与实施、检查与考核。

一、培训周期与时间的确定

根据龙厦指挥部的工作需要及施工现场的进度、相关岗位职能、时间等按照部有关规定可以定期、不定期组织集中或分段进行岗位培训。

二、培训计划的编制与实施

龙厦指挥部依据原铁道部、路局有关规定和龙厦指挥部工程建设工作总体部署，结合指挥部员工队伍建设实际，负责编制龙厦铁路建设年度培训计划并组织实施编制培训教学计划，完成好培训工作任务。指挥部各部门、各参建单位按照龙厦指挥部规定时间，编制本部门、各参建单位培训计划，并报龙厦指挥部。

第三节 劳务使用

一、劳务分包模式

劳务分包可以采取劳务队和架子队 2 种方式。劳务队模式是将工程非主要工序分包给具有法人资格、对应资质、信誉良好的劳务公司或其他有相应资格的承包公司，由各单位签订相应的合同；架子队模式是将劳务工直接补充至各工班，由项目经理部直接管理，各单位与劳务工本人签订相应的劳务用工协议。所有劳务分包应采取"劳务承包、工序分离、设备租赁、包工不包料"的形式。

禁止与无资质或不具备相应资质的单位签订劳务分包合同；禁止与无资质或不具备相应资质的单位签订劳务分包合同。

二、劳务分包管理

1. 严格规范各施工单位架子队及用工行为

龙厦指挥部转发了原铁道部《关于积极倡导架子队管理模式的指导意见》（铁建设〔2008〕51号），并对各施工单位提出规范劳务用工管理的要求。

各施工单位根据原铁道部的《关于积极倡导架子队管理模式的指导意见》，结合指挥部对劳务用工管理专项整改活动的有关要求，再次开展自查自纠，对不合格劳务作业人员或包工队坚决予以清退。

施工、监理单位根据文件要求开展自查自纠活动，活动主要检查两方面内容：

（1）检查施工单位架子队组建情况。

① 检查架子队专职队长、技术负责人，配置技术、质量、安全、试验、材料、领工员、工班长等主要组成的九大人员是否机构健全，各岗位是否明确职责，落实责任。

② 检查架子队主要组成人员是否为施工企业的正式职工，并具有相应的作业技能，且经过岗位培训合格和持证上岗；领工员、工班长是否具备相应的组织、管理能力和丰富的施工实践经验，其人员数量是否满足施工现场生产管理需要。

③ 检查施工现场所有劳务作业人员是否纳入架子队集中管理，由架子队按施组统筹安排劳务作业任务；班组作业人员应在领工员和工班长的带领下进行作业，确保每个工序和作业面有领工员、技术员、安全员跟班作业。

④ 检查架子队是否建立并实行技术交底制度，技术负责人应就作业工序和环节向领工员、工班

长进行书面技术交底并将资料归类存档备查；领工员、工班长应在实施作业前对班组作业人员进行工作和安全交底。

⑤架子队主要组成人员在施工过程中是否保持稳定和完整，应根据施组安排及工程进度，适时调整作业班组用工数量。

（2）检查施工单位对架子队用工行为。

①检查施工企业接受劳务企业劳务人员时，是否与劳务企业签订劳务协议，并应检查验证劳务企业与劳务人员签订的劳动合同，否则不得进入施工现场从事劳务作业活动。

②检查施工单位是否建立劳务作业人员培训和持证上岗制度，对其进行岗前专业培训，培训情况应当记录在教育培训档案中。从事技术工种的应持有相关职业资格证书，从事特殊工种的，还应持有特种作业证书。

③检查施工单位是否按有关规定准备了符合安全、卫生标准的生活环境、设施，居住、作业条件，机械设备和安全防护用具，不得歧视劳务作业人员。

④检查施工企业是否建立劳务作业人员工资支付保障制度，在开户银行设立劳务作业人员工资基金专户。

⑤检查施工企业是否根据实际情况，设置劳务管理机构，配备与劳务用工规模相适应的管理人员，是否配备专职劳务管理人员。

⑥检查施工单位是否建立健全劳务管理制度，对劳务作业人员登记造册，记录身份证号、职业资格证书号、劳动合同编号以及业绩和信用等。并报建指、监理单位备案。

2. 规范劳务用工管理

从劳务公司的调查、会审、批准、合同签订、履约、结算等过程建立相应制度，规范管理，形成逐级负责、相互制约、层层落实的管理机制。坚持把规范劳务用工作为首要任务来抓，一是正确引导，划清违法分包与合法用工的界限，引导施工企业依法合规地使用劳务工，通过增加安全员、质量员、技术员等相关技术管理人员，来提高劳务队素质，促进"架子队"模式管理和劳务工工作的加强；二是加强核查，施工单位使用劳务工必须先培训合格再行录用，并按规范要求建立花名册备案。龙厦指挥部和监理单位对一线作业人员进行经常性的抽查和考核，发现不合格坚决清出现场。

3. 建立劳务用工管理台账

每份劳务合同应有三证（营业执照、资质证书、安全生产许可证）及授权书，架子队模式的合同应建立三员台账，对三员的管理应符合龙厦指挥部的相关规定。

4. 加强对劳务人员的技术培训

劳务人员必须有三年以上铁路工程施工经验并经铁路施工技术培训的熟练劳务人员，对已进场人员应进一步加强铁路施工知识的培训，确保所有施工人员的能力能够满足铁路建设施工要求。

第十八章　文明施工

第一节　精神文明建设

龙厦指挥部为全面贯彻落实党的精神文明建设，认真学习实践科学发展，贯彻落实"以人为本，服务运输，强本简末，系统优化，着眼发展"的铁路建设新理念，坚持抓班子、带队伍、促发展，坚持加强党的先进性建设和反腐倡廉建设，积极发展企业文化，推动精神文明建设，为更好地推进铁路建设提供坚强的组织保证。在加强党建工作、服务建设大局、把握正确舆论导向、展示铁路建设新形象和精神文明建设等方面做了大量卓有成效的工作，为实现铁路建设发展增添强大精神动力。

一、不断强化党建工作和领导班子建设

龙厦指挥部十分重视党的组织建设和领导班子建设，根据原铁道部和路局相关文件的精神，成立了中国共产党龙厦指挥部党支部，组织开展多种形式党建活动和思想政治工作，为铁路建设工作提供了组织和思想政治保障。

1. 健全制度，促进班子建设

按照实际、实用、实效的原则，进一步加强了制度建设。建立和细化了龙厦指挥部多项制度和党支部议事规则，明确各自的权利、责任和行为规范，真正体现出资者代表作为权力机构、董事会作为经营决策机构、监事会作为监督机构、指挥部领导班子作为经营管理机构的职能。指挥部领导班子按照各自的管理层面履行职责，做到不相互越权、不相互干预、权责明确、层次分明、有效制衡、协调运作。通过完善制度，进一步强化了党内民主，规范了权力运作。坚持民主集中制度，按照集体领导和个人分工相结合的原则抓好各项工作。

2. 加强政治理论学习，促进党的先进性建设

深入开展学习实践科学发展观活动。龙厦指挥部按照原铁道部党组的部署要求和南昌铁路局党委的推进意见，积极开展了"保安全、保质量、保进度，促创新、促发展、促和谐"主题实践活动。在活动中，坚持把解放思想贯彻始终，突出实践特色，坚持边查边改，坚持群众路线等，实现了预期的目标。龙厦指挥部多次召开领导班子专题民主生活会和全体党员专题民主生活会，并就如何发挥好党员的模范作用提出了要求。积极开展"创建学习型党支部""创建学习型公司"活动，促进了干部员工的学习积极性和技术创新工作。同时加强了组织领导和考核评比，每年评比表彰先进集体、先进工作者。

二、展示龙厦铁路建设的新风貌

1. 大力宣传企业形象

龙厦指挥部和各参建单位认真落实部署，在全线深入开展以"八荣八耻"为主要内容的社会主义荣辱观宣传教育活动，使文明建设保持良好的发展态势。以安全文明标准工地为载体，强化现场管理，从工程形象、管理形象、队伍形象、设备形象、环境形象等方面入手，进行一系列标准化的设计。各参建单位成立了精神文明建设领导小组，驻地、重点工地及沿途重点路段竖立大幅企业形

象宣传牌，从外在形象到内在精神上都给以充分的展示。

2. 积极塑造先进典型

以互联网站、自办小报为主要载体，以"青年突击队竞赛活动"和"龙厦铁路建设建功立业竞赛活动"为主要推动，塑造了一批全线铁路建设先进典型，营造出争当先进、赶超先进的可喜局面。大力宣传龙厦铁路建设的重大事件和重要意义。

三、加强廉政建设，努力打造平安工程

1. 完善制度，建立干部廉政体系

坚持以贯彻落实《建立健全教育、制度、监督并重的惩治和预防腐败体系实施纲要》为主线，建立和完善"三重一大"问题决策、领导干部重大事项报告制度、述职述廉、民主生活会、谈话提醒和诫勉谈话、重大事项报告、干部考核和评议、厂务公开、干部廉政档案等项制度，龙厦指挥部和各参建单位都成立活动领导小组，制定操作性较强的廉政措施和办法，努力从制度上卡死和堵塞可能出现的漏洞。龙厦指挥部举行工程授标大会都同时与中标单位签订廉政协议书，并与全体员工签订党风廉政建设责任状。各参建单位根据工作实际建立相应的台账，规范基础资料。

2. 加强教育，使活动深入人心

龙厦指挥部每年都举行党风廉政教育大会，进行党风廉政建设专题讲座，积极宣传党风廉政建设的各项规定，加强对关键岗位人员的教育，发现苗头性问题，及时提醒，搞好预防；各参建单位也分别采取专刊、板报、图片展、会议、网络教育、现场"警示牌"等形式进行经常性的宣传教育。

3. 加强监督，确保活动的持续开展

龙厦指挥部和各参建单位都建立了预防工作机构，确立从业行为规范，加强经济活动的监督，对工程建设中的变更设计、验工计价、安全质量监督、资金使用和物资设备采购、劳务用工等重要环节进行重点监督，并组织专项检查。

4. 加强干部队伍建设

龙厦指挥部和各参建单位都加强从源头上防治腐败的力度，加强对干部的监督，不断完善内部监督机制，积极做好事前监督、事中监督和事后监督。龙厦指挥部每年都要组织全体成员逐级签订党风廉政建设责任状，并兑现奖惩。

第二节　现场文明施工

一、工程现场文明施工管理

在施工的过程中，创造好的施工环境，就是以人为本的观念。在施工前创造良好的环境，施工过程中保持良好的环境，这是对自己也是对别人生命的关爱。工程施工过程中忽视了文明施工，是施工管理存在的薄弱环节，是对文明施工的投入不够、规范不全、没有标准或标准不高。文明施工是技术的创新，强调文明施工，意味着施工过程中要不断采用新技术、新工艺、新方法，革新施工手段，完善技术设备，文明施工是企业发展的内在要求。指挥部针对各参建单位有序地开展现场文明施工，做如下要求。

1. 人员培训

（1）参建单位的所有管理人员和施工人员（包括劳务人员）必须经过进场安全教育培训，并经考核合格后方可上岗。

（2）特种作业人员必须经专门的安全培训，取得特种作业操作资格证书后方可上岗作业。

（3）劳务人员进场后，项目部须将新进场人员备案；组织进场培训，培训考核合格，领取安全防护用品后方可上岗，否则不允许上岗作业。

（4）作业班组班前应进行"班前安全"教育活动。

2. 人员佩戴

（1）各单位的所有参建人员实行统一着装上岗。可按照管理岗位和施工现场工种的特点，分别穿着不同款式和不同颜色的工作服装。

（2）安全帽分为不同的颜色统一佩戴。管理人员为红色，特种作业人员为蓝色，现场作业人员宜为黄色。

（3）管理、试验、测量人员，上岗工作和进入施工现场应佩戴胸卡胸章。胸卡胸章内容包括：单位名称、姓名、职务（岗位）、编号，胸卡贴有照片。

（4）施工作业人员应穿戴与岗位工种相对应的安全防护用品。

3. 场地布置和封闭管理

（1）施工现场的场地划分为生产区、办公区、生活区，并做到布局合理，整洁美观。

（2）生产、办公、生活区，应在醒目位置设置场地布置示意图。示意图应标明图名，并按照功能标明房屋、道路、材料、停车、绿化等位置。

（3）办公区、生活区和生产场（站、室），应保持经常洁净，地面平整无积水，无垃圾废物；厕所保持清洁无异味；在房屋的适当处所设置垃圾箱，分类存放并及时清理；设置污水沉淀池，生产生活污水集中沉淀后排放。

（4）办公区、生活区和生产场（站、室），应做好排水系统，保证排水通畅不积水。

（5）办公区、生活区和生产场（站、室），每栋房屋设置干粉灭火器，挂（放）于通道旁，并贴挂"消防责任牌"和"消防安全、人人有责""注意防火"警示牌。

（6）办公、生活、生产场（站、室）区采取不低于 2 m 的围墙或通透式围栏封闭，场地出入口设置牢固美观、开启方便的大门，并在大门一侧设置单位（场地）铭牌，在大门处设置门卫值班室。

（7）邻近居住地、公路旁、办公区、厂区、学校等人员活动较多的工点，采取砖砌围墙或隔离板的措施实行封闭管理，并在明显处所设置安全警示标志。

4. 办公及生活区管理

（1）办公区管理应符合下列要求：如采用拼装式活动房屋的，搭建不宜超过两层，屋顶排水通畅；地面设散水，排水坡不小于3%；在会议室醒目位置，可悬挂管理组织机构图、安全目标及保证措施、质量目标及保证措施、环保目标及保证措施；会议室整体布设要协调统一、美观大方；在进入大门的道路两旁，设置宣传栏（牌），在办公区的醒目位置悬挂标语条幅。

（2）生活区管理应符合下列要求：员工宿舍床铺、储物柜等物品应摆放整齐，照明良好，室内整洁，无私拉乱接现象；生活区食堂建设要满足员工就餐的需要，电气、消毒、炊具、灶具、清洗、防鼠、防蝇、防尘、仓储等设备设施齐全完备；灶前灶后、仓储间、生熟间分开，仓储间的食品要分类按区存放，并挂食品标志牌；应有卫生许可证，炊事员按照规定定期体检并持健康证上岗；严格执行食品卫生"五四制"，保持通风良好，卫生整洁；设置独立的男、女淋浴室，淋浴室地面贴地砖，墙面贴墙砖，顶面刷白，并保持清洁；生活区内张挂包括公共生活区、住宿生活区、饮食生活区等区域在内的卫生责区公示牌和卫生管理制度，开展定期不定期的检查，经常保持卫生清洁。

5. 安全标志、标牌的设置和管理

（1）铁路项目施工现场安全文明标志设置要求和标准，执行原铁道部《铁路建设项目现场安全文明标志》的规定。

（2）主要标牌图表。在本项目重点工程施工现场的醒目位置，应设置反映本工程概况和建设形象的牌图，现场至少应设置如下牌图：反映龙厦铁路建设形象、理念、目标的工程概况牌、工程公示牌、安全质量环保目标公示牌、施工平面布置图等。牌图设立要牢固可靠、整齐美观、大方醒目。

（3）工程施工标志。各分部应在本单位范围内的醒目位置设置项目名称、本分部工程概况、施工负责人、技术负责人、安全质量负责人、安全质量环保保证措施等内容的公告牌和施工平面布置图、桥梁平面布置图、路基平面布置图、形象进度示意图。在每个项目部工程分界点设置工程分界牌，以大里程为向由工程分界点为起点的项目部在主便道旁设置。

（4）现场管理制度、施工流程和安全操作规程牌。施工现场根据本工程特点设置相关管理制度、施工流程图标志，特种作业和各种机电设备操作应制定安全操作规程，现场设置安全操作规程牌，其内容主要包括操作要领、安全事项、工前检查、工后保养、日常维护等。

（5）安全标志。在施工现场，对可能引发不安全状态的部位，按照不安全因素的特点，设置禁止标志、警告标志、指令标志、提示标志和明示标志。安全标志必须符合国家相关规定。

（6）根据工程特点和不同的施工阶段，现场安全标志要及时准确的增补、删减和变动，实施动态管理。安全标志要设专人维护，经常保持清洁、完整，严禁任何人随意拆除、挪动或损坏。

（7）安全生产部应明确安全标志要求并加强检查，综合办公室应及时安排制作，使用部门应按要求安装并做好日常维护。

6. 施工宣传

（1）宣传栏（牌）。在生产、办公、生活区的醒目位置，设立宣传栏、宣传牌、图片展等，应美观大方、形式新颖、内容丰富、统一标准。宣传内容要动态反映本工程建设形象的基本概况、建设理念、建设要求、建设目标、领导视察图片等，内容由各分部、协作队自定。

（2）宣传标语。施工现场的生产、办公、生活区应有反映安全生产、文明施工、环境保护、科学管理和展示龙厦铁路建设形象的宣传标语。

（3）文化活动。在生活区设置员工文化活动场地，结合施工实际，开展丰富多彩的文化娱乐活动。

7. 安全防护

（1）高处作业临边防护。临边作业、提运架梁机械等有可能造成坠落的处所，均应设置防护栏；防护栏应上、下两道横杆及栏杆柱组成，上杆高度为 1.0～1.2 m，下杆高度为 0.5～0.6 m，横杆长度大于 2 m 时，必须加设栏杆立柱；钢筋横杆上杆直径不应小于 16 mm，下杆直径不应小于 14 mm，栏杆立柱直径不应小于 18 mm，采用电焊或镀锌铁丝绑扎固定；钢管横杆及栏杆立柱均采用 ϕ48 mm×（2.75～3.5）mm 的管材，以扣件或电焊固定；以其他钢材（角钢、槽钢等）作防护栏杆杆件时，应选用强度相当的规格，以电焊固定；栏杆立柱的固定及其与横杆的连接，其整体构造应使防护栏杆的上杆任何处，能经受任何方向的 1 000 N 外力；防护栏杆必须自上而下用密目安全立网封闭，栏杆根部应设置高度不低于 18 cm 的挡脚板，挡脚板要固定牢固。

（2）高、悬空和攀登作业人员防护。作业人员必须按规定戴好安全帽，高、悬空和攀登作业必须系好安全带（安全绳），安全带（安全绳）应挂在牢固可靠处并高挂低用，在使用场所设置相应的安全标志。

（3）重叠、交叉作业防护。上下立体重叠、交叉作业和通道上方以及可能坠物的处所，应设置足以能够防止伤害的隔离棚挡，棚挡要坚固可靠、覆盖有效。

（4）临时工点防护。施工时间较短的临时工点，应根据现场安全实际的需要，在外围设置防护栏，并采用密目安全网防护，木桩或钢管桩为立柱，高度不低于 1.5 m，立柱间距按 4～6 m 设置，埋设应牢固可靠，并设置明显的安全警示标志，明示标志根据现场实际情况设置。

（5）固定作业区防护。采用铁丝网或网栅防护，间隔支柱采用 ϕ50 mm 钢管，立柱高不低于 1.5 m，立柱间隔 5～8 m 设置，埋设牢固，并设置明显的安全警示标志"注意安全"，明示标志根据现场实际情况设置。

（6）电力设施防护。配电房（室）、变压器等固定电力设备均设安全防护屏障或网栅围栏，高度不低于 2.5 m，并设置明显的安全警告标志等，明示标志根据现场实际情况设置）。

（7）基坑防护：基坑防护设置双横杆钢管（采用红白油漆喷涂间距为 20 cm）防护栏，栏杆柱打入地面深度不少于 70 cm，防护栏埋设距基坑边缘不能小于 50 cm，立柱间距不大于 2 m；当基坑周边采用板桩时，钢管可打在板桩外侧；土质松软时，泥浆池边缘应用蛇皮袋装砂土进行加强。防护栏杆用绿色密目式防护网围闭，防护栏挂设安全警示标志。基坑作业人员上下设置牢固通畅的通道，宽度不小于 80 cm。

（8）孔口防护。钻孔桩口、钢管桩口、预顶留口、坑槽口、操作平台空口等可能造成伤害的孔口均设防护。其要求为：2.5～50 cm 的洞口，用坚实的盖板覆盖并固定；尺寸在 50 cm 以上的洞口必须设置钢筋防护网，网格间距不得大于 20 cm，并在醒目位置设置安全标志。

（9）隧道安全防护。隧道围岩等级不良地段可能造成伤害的隧道均设逃生通道防护、设专职安全防护人员防护。

8. 消防安全管理

（1）施工现场、生活区、办公区、料场、库房、焊接等处所，必须按照消防规定设置消防设施，配备消防器材，并设置提示标志，并定期检查更新。

（2）氧气瓶与乙炔瓶（罐）严禁同室存放，放置地点不得靠近热源和电气设备，距明火的距离不得小于 10 m，应有完备的防止暴晒措施，严禁敲击和碰撞。两瓶工作间距不得小于 5 m，同时明火作业距离不得小于 10 m。各种气瓶有标准色标或明显标志，装有防震圈和安全防护帽，乙炔瓶装有防回火装置。空瓶与实瓶两者应分开放置，并有明显标志。气瓶放置应整齐，佩戴好瓶帽。立放时，要妥善固定；横放时，头部朝向一方，垛高不宜超过 5 层，并在附近设置灭火器材。

（3）施工现场的氧气瓶、乙炔瓶，完工后应在专用钢筋笼内放置；钢筋笼上面应加盖遮阳板以防暴晒，并设置相应的安全标志。

（4）施工现场动火作业必须严格执行班组长（负责人）检查监护措施，动用明火的作业人员必须经过专业培训，持证上岗。

（5）变、配电房的建筑，不准使用易燃材料并设置警示标志，门向外开。

9. 物资存放与搬运

（1）施工现场的各种材料应分区存放、并设置分区标志牌。各类物资应按品种、规格堆码整齐、稳妥，不得乱堆乱放和超高堆放，砂石成堆，场地整洁，无杂草杂物。

（2）金属、木材及构配件等底部应按规定加设垫块，并应符合要求。易于滑滚的材料堆放必须捆绑牢固，高度不得超过 2 m；用人工堆放袋装材料时，其高度不得超过 1.5 m；堆放钢板及钢杆件时，其高度不得超过 1 m，每层应用垫木隔开；堆放钢筋时，应采用不低于 20 cm 高的支垫，并采用篷布遮盖；模板、脚手架等周转材料，选择在装卸、取用、整理方便和靠近拟建工程地方放置。

（3）危险物品应按有关规定进行存放。氧气瓶、乙炔瓶应分开（间距不小于 10 m），采用非易燃建筑材料搭棚存放，并悬挂分区标志；润滑油料应专门设库房存放，燃油存放库房（罐）周围应采用围墙或通透式围栏进行隔离，所有油料均应设专人进行管理，其库房醒目位置均应悬挂安全警示标志。

（4）物资搬运、装卸作业应符合规定。搬运、装卸作业场地应平坦宽敞，跳板应坚固牢靠，并有防滑措施；在装卸、搬运管材、钢筋、型钢等细长构件时，动作协调一致，并有专人指挥；搬运装卸易燃、易爆等危险物品时，必须符合国家现行有关管理规定的要求；在运输超长物资时应采取专门措施进行支托和捆绑；氧气瓶、乙炔瓶等危险物品在吊装时，应用钢筋笼或其他有效措施固定后吊装，防止脱落发生事故。吊装时氧气瓶应平放，乙炔瓶应立放；车辆运输严禁客货混装。

10. 便道便桥

（1）便道要满足施工车辆的行车速度、密度、载重量等要求，并考虑与相邻标段便道的衔接，满足车辆运行要求；便道应做到顺直美观，排水畅通，路面无淤泥、无积水。

（2）施工便道便桥应设置必要的标志。进入施工现场的路边，设置"进入施工现场，请减速慢行"警示牌；邻近或跨越道路的施工处在道路前端设置"前方施工，减速慢行"警示标志，在施工现场（站）区、办公区、生活区等拐弯处，设置拐弯指向标志，并设置防撞墩、防撞柱等防护措施；在便桥桥头前进方向右侧宜设置便桥标志牌。

11. 管线敷设

（1）电缆线路：应根据环境条件，采取埋地或架空敷设，杜绝随意敷设；电缆线路与热力管道的平行间距不得小于 2 m，交叉间距不得小于 1 m；电缆严禁敷设在有酸、碱等化学腐蚀的地段，确因地形条件限制不能避开时，必须按规定做好严密的防护措施。

（2）照明线路：严禁敷设在钢铁构件和易燃易爆、化学腐蚀的物件上。

（3）供水管路布置合理，接头严密不漏水，满足施工要求。

12. 机电设备

（1）施工现场的混凝土运输车、混凝土泵车、汽车吊、自卸汽车等运输车辆，每天（次）作业完毕，将其清洁后停放在固定的停车位内。

（2）空压机、发电机、混凝土输送泵、挖掘机、推土机、装载机、起重机械、钻机、提梁机、架桥机等大型施工机械，应性能良好，保持整洁，按章操作，工后有序停放在地质坚固、不受坍塌危害及洪水威胁的安全可靠场地。

（3）电焊机、对焊机、钢筋切断机、钢筋弯曲机、圆盘锯、刨木机、手砂轮、风炮、钻床、车床等小型机电设备，应随时保持性能良好，安全防护装置齐全有效，接地接零可靠，操作规范，摆放整齐，电力线路布置规范，多余电缆圈挂，工后场地整洁。

（4）大型和小型施工机电设备均应设置机械设备标志牌。大型机械设备应有管理制度、运转维修记录。所有机电设备应有管理台账。

（5）特种设备应按规定经当地安监部门检验合格后方可使用，检验手续完整；机电部门应建立健全管理制度和管理档案，加强日常监督管理，安全生产部门应加强监督，确保设备安全运行。

（6）起重设备封钩应完备良好，在吊装物品时，应严格执行"十不吊"制度；遇有 6 级及以上大风时应停止起吊作业，遇有 4 级及以上大风时应停止拆除作业。

13. 施工用电

（1）施工现场用电采用三相五线制系统和三级配电二级保护方式，工作接地电阻值不得大于 4 Ω；供电线路始端、末端必须做重复接地；当线路较长时，线路中间应增设重复接地，其电阻值不应大于 10 Ω。

（2）进入施工现场的电气设备、固定吊装设备、钢梁梁体等可能因雷电或外壳带电造成人身伤害的设备、设施，均装设接地线。

（3）用电设备实行一机一闸一漏一箱制；不得用一个开关直接控制 2 台以上的用电设备；漏电保护器符合国家标准《漏电电流动作保护器》（GB 6829—1995）的规定，并与用电设备相匹配。

（4）自备电源应满足要求：自备发电机组应采用三相四线制中性点直接接地系统，接地电阻值不得大于 4 Ω。发电机组应与外电线路电源连锁，严禁并列运行。发电机组应设置短路保护和过负荷保护装置。多台发电机组并列运行时，必须在机组同期后方可向负荷供电。

（5）架空线路应满足要求：架空线应采用绝缘导线，并架设在标准的专用电杆（水泥杆、木杆）上，严禁架设在树木或脚手架上。架空线路之间及与各种设施之间最小垂直距离，应满足规定要求，当不能满足时，应采取增设屏障、遮拦或保护网等保护措施，并悬挂警示标志。

（6）配电箱及开关箱应满足施工用电要求：固定式配电箱及开关箱的底面与地面垂直距离不得小于1.3 m。配电箱及开关箱应装设在干燥、通风及常温场所，严禁设在有可燃易爆气体、烟气、蒸汽及其他介质的环境中，并采取防晒、防尘、防雨、加锁措施。配电箱及开关箱内应分设工作接零和保护接零端子汇流排。

（7）施工照明的安全电压应符合下列规定：在金属容器内作业或特别潮湿的环境中作业，应使用12 V安全电压；在桥梁基础的井下作业、狭小空间和沟、槽、池内作业，以及各种机床和其他易引发电击的危险场所，应使用36 V安全电压。

（8）施工现场用电，要严格遵守用电设计规定，不得擅自拉线和装设插座、插板。生活用电要严格遵守用电规定，不得私拉乱扯，不得随意装设插座、插板，不得使用电炉和较大功率的电器设备。

（9）配电房、变压器、发电机、配电箱、开关箱、电焊机、对焊机、塔吊、龙门吊等用电设施设备均应挂设触电警示标志。

（10）拌和楼、施工脚手架、油库、料库、配电房（所）等可能引发雷击的设备、设施、建筑物，按照规定必须装设防雷设施，并定期检测接地电阻，防止雷击事故。安装避雷装置时，要检测接地电阻，当接地电阻不能满足规范要求时，应调整电阻值或更换避雷设备。

14. 环境保护

（1）水污染防治的要求：不得将有毒有害物质和固体垃圾堆放在河流、沟渠等水体附近，更不得向水体排放，在醒目位置设置安全警示标志。砂石料冲洗、混凝土养护、拌和站及运输设备冲洗等，产生的施工污水应经沉淀池处理后排放。桩基钻孔施工产生的泥浆应在指定场所弃置，防止随意弃置对水体、地表植被、农作物等产生污染。

（2）固体废弃物处理的要求：施工中产生的废弃机具、配件、包装物及各类固态浸油废物等，应集中收集，运至垃圾场进行处理或回收利用。钻孔桩施工产生的弃渣外运弃至规定的地点。

（3）大气污染防治的要求：施工场地、道路应定时洒水，防止施工扬尘对大气、地表植被、农作物产生不利影响。运输易产生扬尘的建筑材料或土石方时，运输车辆应装料适中，并覆盖严密。禁止焚烧油毡、橡胶、塑料等有毒、有害气体的物质。

（4）噪声污染防治的要求：临近居民区、学校和医院等噪声敏感地带的施工，要采取措施严格控制机械作业噪声；噪声大的施工作业应尽量安排在白天，确需夜间施工的，要做好对周边居民的公告、宣传和沟通工作。采取低噪声设备、优化施工工艺、加强机电设备保养、设备严禁超负荷运转等措施尽量降低噪声产生的强度。混凝土拌和站、预制场等高噪声作业场地设置应尽量避开居民集中区。施工车辆通过城区、村庄时应减速慢行和减少鸣笛。

二、专项管理

1. 混凝土拌和站

（1）根据整体规划绘制详细的现场布置图，应合理布设，满足施工需要，根据场地条件合理设置废水沉淀池和洗车区，并布设排水系统。站内必须采用混凝土进行硬化，道路采用C20混凝土且厚度不小于20 cm，站界用砖砌围墙封闭，出入口及大门设置参照相关标准执行。站内各区应设置分区标志牌。

（2）在站内醒目位置设置公示栏、宣传栏、标语条幅，其内容、标准分别参照相关要求执行。

（3）挂设混凝土（砂浆）配合比标志牌、岗位安全操作规程牌及司机岗位职责牌；在拌和站架子楼下的醒目位置，设置"施工重地，注意安全"警示牌。

（4）水泥、粉煤灰等材料采用筒仓储存；碎石按分级配并分为合格仓和待检仓存放，砂子存放分为合格仓和待检仓，用隔墙隔开，隔墙高度不低于2 m，保证各种材料不得混仓，仓顶必须设有顶棚。各种材料应设置材料标志牌。

（5）作业人员按规定佩戴防护品，严格按照操作规程作业。

（6）每次混凝土拌和作业完成后，及时清洗机具，清理现场，做到场地整洁。

2. 预制构件厂

（1）根据整体规划绘制详细的现场布置图合理布设，满足工程需要和工期要求。根据设计硬化预制场地和制作预制构件台座；场地四周用砖砌围墙或通透式围栏封闭，设置出入口及大门，该标准参照相关条款执行；场内合理划分混凝土拌和站、制梁区、存梁区、构件加工区域。

（2）预制构件厂应有坚实的存梁台座和地面排水系统，梁片存放时应支垫牢固，不得倾斜，并设置防止梁体倾覆的措施。张拉台座两端设置防护装置，并悬挂安全警示标志"张拉危险，请勿靠近"。

（3）在场内醒目位置设置公示栏、宣传栏、标语条幅，其内容、标准分别参照相关规定执行。在预制构件厂的醒目位置设置的主要牌图参照相关标准和内容执行。

（4）预制构件厂的混凝土拌和站、制梁区、存梁区、构件加工区等各生产区域，在醒目的位置布设区域标志牌；构件加工区设置参照相关条款标准执行。

（5）龙门吊设置应与高压线保持安全距离，在龙门吊下方的相应位置，挂设"当心吊物""禁止停留""注意安全"等警示牌。在醒目位置挂设司机岗位职责牌、岗位安全操作规程牌。岗位职责和岗位安全操作规程牌。

（6）预制构件厂的各种机械设备应安全良好，运行正常，操作人员持证上岗，并严格按照操作规程操作。

（7）场区内材料、机械摆放整齐，建筑垃圾及时清运，保持场地整洁。

3. 钢筋加工场

（1）加工场实行封闭管理，加工棚设置干粉灭火器、灭火砂、铁锹、铁桶等防火用品。在场内醒目位置设置公示栏、宣传栏、标语条幅，各类标志牌的设置参照相关标准执行。

（2）场内材料按储存区、加工区、成品区布设，场地应硬化，各区域在醒目的位置设置区域标志；各类钢材、成品、半成品分类堆放整齐，满足防雨防潮条件，并用标志牌标记清楚 "材料标识牌""成品、半成品材料标识牌"。

（3）场内加工棚采用轻钢结构搭设，可根据需要设围墙或围栏防护，各种加工设备均挂设"安全操作规程牌"，电动设备挂设"当心触电"警示牌"当心触电"；加工车间的进口处挂设"施工重地，闲人免进"警示牌。

（4）电焊机、对焊机、钢筋切断机、手持电动工具等钢筋加工机械，必须经项目部机电、安全生产部门检查验收合格后方可使用，并且做好验收合格记录，以备检查。

4. 试验室（站）

（1）在试验室墙上的醒目位置，张挂岗位安全操作规程、试验人员职责、试验流程图等；试验人员佩戴胸卡作业，持证上岗，规范操作，记录清晰。

（2）仪器设备挂设标志牌，标明名称、规格、型号、状态。试验室配备干粉灭火器、灭火砂、铁锹、铁桶等防火用品；室内环境经常保持整洁卫生，满足试验要求。

（3）在试验中使用或接触有毒有害物品时，应严格按照规程操作，防止人员受到伤害。试验用有毒有害液体，执行双人保管制度。

（4）试验废弃原材料回收或存放符合环保要求。

第三节　文明施工要求

一、路基工程施工

（1）路基施工应进行现场调查，应了解施工范围地质及地下埋设的各种管线、电缆、光缆等情况并与相关部门联系，制定合理安全技术和环境保护措施。

（2）路基施工应根据工程特点对施工工艺、方案进行优化，对滑坡、崩塌、高陡边坡等高风险路基作业应编制专项安全施工方案。编制详细土石方调配表，宜移挖作填，集中取土，减少弃土。

（3）员工住宿和生产加工区、辅助生产区和仓库应避开地质灾害区，确保人员和财产安全。施工过程中必须落实国家关于"不准施工"和"必须撤人"所规定；如恶劣气候条件、出现重大隐情、重大安全隐患未整改落实前、不符合基本的施工安全条件等。

（4）施工中应随时掌握当地的气象信息并与主管部门建立联系，互通信息，建立防洪、防汛、防台风和地质灾害的管理制度和应急机制，加强人员管理、落实恶劣天气的施工应急管理，并配备相应的物资。

（5）路基施工的各个阶段应有明显的分区作业指示标牌。施工场地狭小、行人和机械作业繁忙地段应设临时交通指挥员。路基施工过程中应定期对施工路段和主要便道进行洒水，确保现场道路不扬尘。

（6）CFG 桩施工时，清理输送管、输送泵和其他机械设备的废水、废油等有害物质，不得直接排放到河流、池塘或其他水域中，也不得倾卸在饮用水源附近的土地上，防止污染水源和土壤。

（7）水泥搅拌桩、高压旋喷桩施工时，水泥浆液应回收处理，不得直接排放。机械发生故障，先切断电源，关闭泥浆泵，放出管内水泥浆，确认无电无压力后，才能处理发生的故障。

（8）路基开挖作业应自上而下开挖，严禁掏底开挖。开挖应与装运作业相互错开进行，严禁双层作业。松动的土、石块应及时清除，弃土下方和滚石危及范围内的道路，应设警示标志，作业时下方严禁通行。

（9）爆破作业规定：爆破作业使用的爆破器材应符合规定、采购、储存、使用符合要求，爆破作业人员必须经过国家公安机关的培训和考核；现场应设安全警戒防护，有专人统一指挥。在清方过程中发现有瞎炮、残药、雷管时，必须及时由爆破人员处理。

（10）采用粉状材料对路基填料进行现场拌和施工时，应避免在大风天气作业，施工人员应佩戴防尘口罩等劳动保护用品，并采取相关环境保护措施。

（11）路基过渡段施工规定：在填筑压实过程中，应保证桥台、横向结构物稳定、无损伤；应按设计做好防排水处理，防止降水或其他水流对地基的浸泡或台后基坑积水；施工中应做到随填、随摊、随压、随整修；过渡段路堤两侧防护砌体的施工应在地基和路堤变形稳定后进行，宜与相邻路堤的防护砌体施工相互协调。

（12）特殊路基施工规定：宜避开雨季作业，加强现场排水，保证地基和已填筑的路基不被水浸泡；在危岩落石地段进行路基施工，应有预防岩石坍落的安全措施；岩溶及其他坑洞地区路基施工，应检查坑洞内情况，对不稳定的岩溶坑洞应加强临时支护，坑洞中有害气体应通风排除；岩溶地段进行注浆作业应加强地面观测（水平位移、冒浆点的位置、地面沉陷等），注意环境保护，及时清理浆液污染物；在地下水发育地段施工时应做好防排水处理；工地生产、生活房屋宜集中设置在有防风条件的地方。

（13）取弃土场要求：取土场的设置，应根据各地段取土性质、数量并结合路基排水、地形、土质、施工方法、节约用地、环保等，统一规划；取土时应注意环境保护，取土后的裸露面应按设计采取土地整治或防护措施；取土场的位置、深度、边坡应满足设计要求，并结合当地土地利用、环保规划进行布置，不得随意取土及在水下取土；对于已经停止取土的取土场应按照设计要求进行复垦处理或绿化；弃土堆（场）的位置与高度应保证路堑边坡、山体和自身的稳定，并不得影响附近建筑物、农田、水利、河道、交通和环境等。不能满足时，应加设挡护或采取其他措施。

（14）路基机械施工规定：挖掘机、装载机、吊车等机械作业范围内如有高压线、管线等，应尽可能避免机械化作业或派专人指挥监控作业；使用提升架运送石料时，应有专人指挥和操作，严禁超负荷运行。严禁使用提升架载人；运输车辆不得超速、超载、超限，不得人货混载，驾驶室不得超定员搭乘；自卸式汽车翻斗内严禁载人。

（15）临近居民区施工作业，强夯施工产生的噪声不应大于现行《建筑施工场界噪声界限》的规定，强夯场地与建筑物间应按设计要求采取隔振或防振措施。当强夯施工所产生的振动对邻近建筑物或设备会产生有害影响时，应进行监测。

（16）路基相关工程施工规定：落实加强各工序间的衔接，各类沟槽基坑开挖后宜尽快封闭，严禁雨水浸泡；路基上的电缆槽、接触网支柱基础、声屏障基础、预埋管线、综合接地等宜与路基同步施工，不得因其施工而损坏、危及路基的稳固与安全；相关工程及附属设施施工时，应防止路基污染，做好成品保护。

二、桥梁工程施工

（1）桥梁施工现场应统一规划、合理布局，并绘制桥梁分段（孔）平面布置图。施工现场的临时设施布置应考虑洪水的影响，重要临时工程在河道内布置时应处于施工水位以上。

（2）桥梁施工组织设计应结合工程实际，对在施工中可能造成的环境破坏和不利因素提出具体预防措施。危险性较大的分部分项工程应编制专项施工方案（组织专家进行评审和论证），施工时应安排专业人员负责监督和管理。

（3）员工住宿和生产加工区、辅助生产区和仓库应避开地质灾害区，确保人员和财产安全。施工过程中必须落实国家关于"不准施工"和"必须撤人"的规定，如恶劣天气条件、出现重大隐情、重大安全隐患未整改落实前、不符合基本的施工安全条件等。

（4）施工中应随时掌握当地的气象信息并与主管部门建立联系，互通信息，建立防洪、防汛、防台风和地质灾害的管理制度和应急机制，加强人员管理、落实恶劣天气的施工应急管理，并配备相应的物资。

（5）施工现场应设置符合要求的安全警示标志和相关标牌，做好临边和孔洞的防护，并经常进行检查，发现缺失及时修复。

（6）基坑施工的基本要求：基坑宜在少雨季节施工。基坑顶面应在开挖前做好防、排水设施。基坑有动载时，坑口边缘与动载间的安全距离应根据基坑深度、坡度、地质和水文条件及动载大小等情况确定；土石松动地层或在粉、细砂层中开挖基坑时，应先做好安全防护。土质松软层基坑开挖必须进行支护；基坑开挖时，应观测坡面稳定情况。当发现坑沿顶面出现裂缝、坑壁松塌或遇涌水、涌砂时，应立即停止施工，加固处理后，方可继续施工；基坑位于现场通道或居民区附近时，应沿边缘设立两道护栏，夜间加设红色标志灯。

（7）桩基施工要求：桩基作业区域应平整，采取安全防护措施并设立警示标志，非工作人员未经批准不得入内；各类桩基地面孔口四周必须搭设防护围栏，围栏采用钢筋牢固焊制。停止作业时，孔口应用盖板盖严并设置围栏和警告标志牌；预制桩施工桩机作业时，严禁吊装、吊锤、回转、行走动作同时进行；桩机移动时，必须将桩锤落至最低位置；施打过程中，操作人员必须距桩锤安全距离外监视。

（8）挖孔桩施工规定：孔口不得堆集土渣、机具及杂物，附近不得有重车通过；作业人员必须规范佩戴安全防护用品。孔内应设半圆形防护板，并随挖掘深度逐层下移；挖孔时应经常检查孔内有害气体浓度，应加强通风；井孔内必须搭设应急时使用的安全绳和软爬梯，并随桩孔深放长至作业面。不得用人工拉绳子运送作业人员和脚踩护壁凸缘上下桩孔；相邻两孔中，一孔进行混凝土灌注或孔内爆破时，另一孔的井下作业人员应停止作业并撤出孔外。孔内作业超过 2 m 时孔口必须有人监护，孔内出现异常（涌水、流砂、温度升高和不明气体）情况时、应立即报告现场负责人，分析原因并采取相应的措施，措施未落实前应采取停止施工和撤离人员，不准盲目蛮干。

（9）钻孔桩施工要求：钻机安装时，机架应垫平，保持稳定，不得产生位移或沉陷，钻架顶端应用缆风绳对称张拉，地锚应牢固；护筒埋设高度宜高出地面或地下水位。旋钻钻机进钻时，高压胶管下不得站人。钢筋笼不得直接在泥土地上进行加工。制浆池、储浆池和沉淀池周围应设立防护设施和安全警示标志，制浆材料的堆放地应有防水、防雨和防风措施，弃渣泥浆应及时外运，废弃后应回填处理。

（10）桥梁高空施工的基本要求：在通航或禁航河道施工时，在河道两侧及施工处设置警示标志信号；高空、水上等作业人员应佩戴必要的安全防护用品，并按规定做好安全防护；禁止在江河、湖泊、水库最高水位线以下的滩地和岸坡上堆放、存储污染物；吊船停靠锚碇时，应有预防漂流物碰撞的防护措施。

（11）模板不应与脚手架连接（模板与脚手架整体设计时除外）。模板拆除时，应划分作业区，悬挂警示标志，并按规定的拆模程序进行。

（12）墩台身混凝土浇注施工前应搭好脚手架及作业平台，作业平台应满足承载力要求并搭设牢固，平台上应设栏杆及梯步。墩台高度超过 2 m 时，应张挂安全网。

（13）预应力混凝土连续梁悬臂灌筑时应符合下列规定：施工前应根据挂篮的形式制定相应的安全措施；在墩上进行零号块施工的工作平台边缘处，应安装防护设施；墩身两侧与平台之间搭设的人行道板，应连接牢固；挂篮前、后锚筋，张拉平台的保险绳应坚韧可靠；挂篮的行走滑道，应平整顺直。限位器应设置牢固；挂篮牵移时，必须匀速、左右同步、方向顺直、牵力平衡。主梁前端及时加垫，后端设锚加压。

（14）满堂支架法施工应符合下列要求：满堂支架基础和结构应按设计安装，安装后的膺架不得沉陷、变形，连接应牢固，保证安全可靠；支架顶部应安装平台、栏杆、梯子等防护设施；采用木膺架或枕木垛上拼装钢梁时，应有防火设备。

（15）提、运、架梁应符合下列规定：架梁机械的性能、型号应与现场环境、施工条件相适应，应具备足够的安全可靠性能，并按国家有关规定通过型式试验后方可使用，使用中应定期进行检查确认，严禁超范围使用和带病作业；预制箱梁架设期间，运梁通道上应停止其他施工作业，禁止其他车辆上道。运梁通道上设置运梁车运行标线、标志、警示标牌；桥上进行铺架作业时，桥下严禁车辆、船及行人通过，有相应的标志，并派专人值班巡视；提、运、架梁机械应制定安全操作规程，并按操作规程正确操作，严禁任意扩大使用范围。当机械运转中发现不正常情况时，必须停机检查，故障排除后方可继续作业。

（16）跨既有公路、铁路的立交桥梁，跨在建铁路的改建和还建公路桥梁，施工期间应设置防护棚架和防护网。跨公路、跨在建铁路的桥梁的施工中，应设置桥下限高架和防撞设备。改建和还建公路桥开通前，铁路路基、桥梁和隧道在建中，不得通过非施工车辆。

（17）桥台排水及防护工程施工应符合下列规定：砌体施工吊运砌筑材料时，作业人员应避让，待停稳松钩卸载后方可砌筑；锥体和台后路基填筑时，应防止石头翻滚砸伤人员。

（18）施工现场的临时用电、施工机械、特种设备、特种作业人员必须符合国家或行业标准要求。

三、隧道工程施工

（1）施工现场布置应靠近隧道洞口，便道、料场、拌和站等位置应综合考虑，洞内水电管路应分开布置，满足现场需要。

（2）隧道施工应进行危险源辨识和安全风险评估，制定针对性的专项施工方案，并编制应急救援预案。施工前应组织人员对预案进行演练。

（3）员工住宿和生产加工区、辅助生产区和仓库应避开地质灾害区，确保人员和财产安全。施工过程中必须落实国家关于"不准施工"和"必须撤人"的规定，如恶劣天气条件、出现重大隐情、重大安全隐患未整改落实前、不符合基本的施工安全条件等。

（4）施工现场应设置符合要求的安全警示标志和相关标牌，做好临边和孔洞的防护，并经常进行检查，发现缺失及时修复。

（5）隧道施工应符合如下要求：

① 施工标示牌。在洞口处设立施工标示牌，标示内容：隧道工程简介，地质纵断、横断面图，主要工序进度图，围岩级别描述，超前和初期支护参数、衬砌类型和参数，超前地质预报的方法、参数，瓦斯等有害气体检测值等基本信息。

② 洞口警示牌：在洞口隧道衬砌墙上设置各类安全警示标志、标牌。

③ 洞口公示牌：在洞口记录现场施工人员的动态。

④ 进出隧道登记：在洞口设置值班室，值班室设置进洞人员登记册、施工检查记录簿，实行进出洞人员登记制度、检查制度，把好洞口检查关。

⑤ 救生管道：在Ⅳ、Ⅴ级围岩的开挖与衬砌工作面之间的施工墙脚安设一根救生钢管，钢管直径不小于 160 mm，自工作面后 20 m 接至前端衬砌台车并顺延不小于 10 m。救生管应平顺安设，救生管中设置牵引绳一根。

（6）软弱围岩及不良地质隧道施工安全步距及相关要求，必须符合《关于进一步明确软弱围岩及不良地质铁路隧道设计施工有关技术规定的通知》（铁建设〔2010〕120 号）要求。

（7）隧道施工过程应按有关规定和设计要求进行超前地质预报，并以预报成果指导施工。施工进洞前应完成现场污水处理设施的建设，并做到"三同时"，确保洞内外污水排放达标，不污染环境。

（8）隧道内外的台架、工作平台应搭设牢固，留足施工净空。平台上满铺底板，周边应设置栏杆。跳板、梯子应安装牢固并防滑，人、料不得超过承载能力，作业时应设明显的限界及缓行、警示、承载等标志并宜派专人防护。

（9）隧道内基本要求。隧道内道路应平整、坚实，并经常清扫，做到不扬尘；隧道内应架设有线或无线通信设备，保持通信畅通；隧道各洞、井口施工区，洞内机电室、料库、皮带运输机等处应设置必要的消防器材，并设明显标志，定期进行检查、补充和更换。洞内不得存放汽油、煤油、炸药、雷管等易燃易爆物品；隧道内监控量测布点应规范，标志清晰。里程、高程等常用工程数据宜用红色油漆标注；隧道内作业现场应备充足的应急救援物资。

（10）洞口施工规定：隧道口应设置值班室，设立人员进洞登记制度，并有专人负责；地质条件不良的洞口，应采取稳定边坡和仰坡的措施；洞口的排水系统应在施工期的雨季之前完成；隧道的排水应与路基排水系统合理连接，不得冲刷路基坡面、桥涵锥体、农田房舍；隧道起拱线以上的端墙施工时应设安全网，防止人员、工具和材料坠落。

（11）爆破施工规定：洞内爆破施工严格执行现行《爆破安全规程》（GB 6722—2003）的规定。爆破时所有人员应撤离现场至安全距离；钻眼前应画出开挖断面轮廓，并根据钻爆设计图标出炮眼位置；点炮时爆破工应随身携带手电筒，严禁使用明火照明；爆破地点邻近建筑物或公路时，应采取微振动控制爆破，并做好必要的监测和防护。

（12）喷锚支护规定：作业人员应佩戴必要的安全防护用品；清除开挖面上的松动岩体、开裂的喷混凝土时，人员不得处于被清除物的正下方；钢架及钢筋网的安装，作业人员之间的应协调动作，在本排钢筋或本片钢筋网未安装完毕，并与相邻的钢架和锚杆连续稳妥之前，不得取消临时支撑；对锚喷支护体系的监控量测中发现支护体系变形、开裂等险情时，应采取补救措施。当险情危急时，应将人员撤出危险区。

（13）辅助坑道施工要求：斜井、竖井及隧道其他辅助坑道入口的选择应考虑防洪要求；斜井、竖井及隧道施工主要设备（主通风机、竖井提升人员的绞车等），应设置两路电源供电；井口、井下及卷扬机机房间应有联络信号，提升、下放与停留应有明确的色灯或音响等信号规定。

（14）有轨运输规定：洞外应根据需要设调车、编组、卸渣、进料、设备维修等线路。设单道时，应按规定设置会车道；有轨运输线路应设专人按标准要求进行维修和养护，使其处于良好状态，线路两侧的废渣和杂物应随时清除；非值班司机不得驾驶机动车。司机不得擅离工作岗位。当离开时，应切断电源，拧紧车闸，开亮车灯；运人车搭乘人员所携带的工具和物件不得露出车外。列车运行中和尚未停稳前人员不得上下。机车和车辆之间严禁搭人。

（15）通风、供水、照明规定：提供洞内各项作业所需的最小风量，保证施工过程中洞内有足够的新鲜空气；隧道施工应采取综合防尘防毒措施，定期检查粉尘及有害气体浓度，并应保证隧道作业环境空气中含有的有害气体、瓦斯、粉尘等的浓度不超标；现场各类通风管路应敷设平顺，接头严密，无扭曲、褶皱、漏风，并有专人负责检查、养护，破损时及时修复；供水水池位置不宜设在隧道的顶部，供水管路铺设宜避开交通繁忙地区和地质不良地段，管路铺设不宜采用高架的形式；洞内照明应保证亮度充足、均匀、不闪烁，应根据开挖断面的大小，施工工作面的位置合理分布。

（16）瓦斯隧道施工的规定：必须遵循"先测后掘、随时检测"的原则，按瓦斯隧道的类型和设计要求配置通风、供电及机械设备等。瓦斯隧道施工前应对所有作业人员进行瓦斯知识和防瓦斯危害的安全教育；隧道内非瓦斯工区和低瓦斯工区的电气设备与作业机械可使用非防爆型，其行走机械严禁驶入高瓦斯工区和瓦斯突出工区。高瓦斯工区和瓦斯突出工区的电气设备与作业机械必须使用防爆型；瓦斯工区爆破必须使用煤矿许用炸药和煤矿许用瞬发电雷管，并必须采用电力起爆；瓦斯隧道应备有抢救设备，并指定专人保管，经常保持其良好状态，抢救设备不得挪作它用。

（17）现场机械设备的规定：汽油汽车不准进洞；各类进洞车辆应处于完好状态，制动有效，严禁人料混装。车辆行驶中严禁超车，在洞口、平交洞口及施工狭窄地段应设置缓行标志，必要时应设专人指挥交通。车辆在装卸渣时应制动停稳，在洞内倒车与转向时，应开灯鸣号或有专人指挥。洞外卸渣场地应保持一段的上坡段，并在堆渣边缘内一定距离处设置挡木。隧道内施工设备应靠边停放，远离爆破点；停放点处岩石完整性好、无渗水；初期支护或二次衬砌下方停放设备处应灯光明亮。停放点前后应架设红色警示灯，显示限界。

第四节　文明施工作业禁令

一、高处作业"十不准"

（1）安全帽未系紧和安全带未挂牢不准作业；

（2）身体状况不适应不准从事高处作业；

（3）防护栏、安全网防护不到位不准作业；

（4）上下通道（梯子）不牢固不准上下攀登；

（5）脚手板绑扎不牢固不准作业；

（6）悬挂式脚手架悬挂点不牢固不准作业；

（7）模板支撑和绑扎好的钢筋不准攀登；

（8）工具材料不准相互和上下抛掷；

（9）六级强风和恶劣大气不准作业；

（10）其他安全措施不完备不准作业。

二、电气操作"十不准"

（1）未持特种操作证和未经岗前安全培训不准作业；

（2）未按规定穿戴绝缘靴和绝缘手套不准作业；

（3）没有可靠的安全防护不准带电作业；

（4）不符合 TN-S 标准不准供电；

（5）不使用电工专用工具不准作业；

（6）雷雨天气不准测定接地电阻；

（7）电路修理不准单人操作；

（8）不符合"三级配电""两级保护"不准供电；

（9）未实行"一机一闸"制不准供电；

（10）其他安全措施不完备不准作业。

三、电（气）焊作业"十不准"

（1）未持特种操作证和未经岗前安全培训不准作业；

（2）不按规定佩戴劳动保护用品不准作业；

（3）焊钳与把线连接不牢、绝缘不良不准施焊；

（4）未装回火装置、仪表损坏和两瓶距离不够不准施焊；

（5）雷雨天气不准露天施焊；

（6）搭接线连接不牢固不准施焊；

（7）周围有易燃易爆品未覆盖或未有效隔离不准施焊；

（8）更换场地不切断电源不准移动电焊机；

（9）燃烧的焊枪不准离手；

（10）其他安全措施不完备不准作业。

四、脚手架作业"十不准"

（1）未持特种操作证和未经岗前安全培训不准作业；

（2）不按规定佩戴劳动保护用品不准作业；

（3）未进行安全技术交底或交底不清不准作业；

（4）工具材料不准相互和上下抛掷；

（5）六级以上强风和恶劣天气不准作业；

（6）作业中不准跳越架子；

（7）搭拆过程中不符合方案要求不准继续作业；

（8）与电线路距离不够或未设防护措施不准作业；

（9）搭拆时地面未设置围栏或警戒标志不准作业；

（10）其他安全措施不完备不准作业。

五、起重作业"十不准"

（1）无特种操作证不准操作；

（2）身体不适不准操作；

（3）操作时不准闲聊和打瞌睡；

（4）无关人员不准随便进入驾驶室；

（5）吊钩不准过人头；

（6）作业时不准上车下车；

（7）吊物时不准长时间悬空；

（8）安全装置不准当开关使用；

（9）三个动作不准同时开动；

（10）工作时间不准调整机器。

六、张拉作业"十不准"

（1）未经岗前安全培训不准作业；

（2）未进行安全技术交底或交底不清不准作业；

（3）张拉千斤顶未检定或检定周期超限不准作业；

（4）未确定联络信号或信号不良不准作业；

（5）锚具使用前未检验合格不准作业；

（6）高压油管未经耐压试验合格不准使用；

（7）油泵、千斤顶、锚具发现异常现象不准作业；

（8）千斤顶支架未与构件对准和不稳固不准作业；

（9）张拉时不准人员从千斤顶正面通过或停留；

（10）其他安全措施不完备不准作业。

七、钢筋作业"十不准"

（1）未经岗前安全培训不准作业；

（2）不按规定佩戴劳动保护用品不准作业；

（3）未进行安全技术交底或交底不清不准作业；

（4）工具和机械设备不合格不准作业；

（5）夜间照明不足不准作业；

（6）靠近架空线路未采取有效隔离措施不准作业；

（7）雷雨天气不准进行露天作业；

（8）操作平台不稳定不准作业；

（9）不准在绑扎好的钢筋或模板支撑上行走和攀登；

（10）其他安全措施不完备不准作业。

八、混凝土作业"十不准"

（1）未经岗前安全培训不准作业；

（2）不按规定佩戴劳动保护用品不准作业；

（3）作业场所的环境和安全状况不符合规定不准作业；

（4）工具设备不合格不准作业；

（5）夜间照明不足和未使用安全电压工作灯不准作业；

（6）使用振动泵时电源线有破皮漏电现象不准作业；

（7）人工推送混凝土未在坡道上设置防滑装置不准作业；

（8）混凝土吊斗未停稳不准下料；

（9）拌和机运转时不准将工具伸入筒内作业；

（10）其他安全措施不完备不准作业。

九、运输车辆司机"十不准"

（1）证照不全或证照与车辆不符不准开车；

（2）饮酒后或身体疲劳不准开车；

（3）车辆有故障不准开车；

（4）不准开超载、超员、超速车；

（5）客货混载不准开车；

（6）道路状况不明不准开车；

（7）货物装载不稳或捆扎不牢不准开车；

（8）自卸汽车未检视上方和周围环境不准卸车；

（9）机动翻斗车与槽坑安全距离不够时不准卸车；

（10）不准违反交通规则。

十、进入施工现场"八不准"

（1）未戴安全帽不准进入施工现场；

（2）未穿救生衣不准进入水上施工现场；

（3）饮酒后不准进入施工现场；

（4）穿高跟鞋、拖鞋不准进入施工现场；

（5）赤脚赤膊不准进入施工现场；

（6）带小孩不准进入施工现场；

（7）闲杂人员不准进入施工现场；

（8）外界公务人员未经批准不准进入施工现场。

第十九章　建设协调

一、全面落实部省会商纪要精神、建立高效沟通协调机制

为加快包括龙厦铁路在内的福建铁路建设，2006年2月20日、4月24日，原铁道部、福建省接连召开了福建铁路建设协调会，并明确项目推进的节点目标，要求"部省密切配合加快厦深、龙厦、向莆三条铁路的前期工作进度，确保实现年内开工建设的目标。"龙厦铁路项目从2005年12月31日批复立项到2006年12月25日工程正式开工仅用一年时间，创造了前期工作进展最快的纪录。原铁道部领导认为龙厦铁路"立项起步较晚、推进进展迅速，短短半年，建设前期的各类评估工作基本完成，为下一步开工建设创造了良好条件，成为全路建设前期推进工作的典范"。龙厦铁路前期工作的顺利开展，凝聚了部、省领导的正确决策，中央各部委的大力支持以及漳州、龙岩市的积极推进，也包含了龙厦指挥部人员百折不挠的敬业精神：一是部、省协商的新机制成为项目前期工作顺利进展的有效平台。原铁道部为支持海峡西岸经济区建设，与福建省政府按照"构筑快速通道、完善区域路网、改造既有线路、配套港口支线"的总体思路，共同签署了加快铁路建设会谈纪要，开辟了部、省合作加快铁路事业发展、带动地方经济振兴的新纪元。龙厦铁路前期工作每一次阶段性的重大进展，都是部、省领导正确决策，紧密协商的结果。二是争取地方政府的大力支持是项目前期工作顺利进展的基本前提。福建省委、省政府做出建设海峡西岸经济区的战略部署，为福建铁路建设提供了广阔的发展空间，福建省及时成立了省铁路办公室和铁路投资开发总公司，作为铁路建设的协作部门和地方出资代表，牵头项目的配合工作；沿线的漳州、龙岩两市政府也分别成立铁路筹建办公室，并指定龙岩市铁办作为牵头主办部门，协调涉及龙厦铁路前期工作的发改委、省重点办、建设、规划、国土、环保、水利、林业、文物、地震等部门和金融机构，促进了相关的审批、报批手续的尽早完成，有效地推进了龙厦铁路的前期工作。三是路局成立强有力的前期工作推进组是项目前期工作顺利进展的关键所在。路局建立新开工项目局领导负责制，主要领导亲自抓，主管副局长具体负责。同时，制定项目前期推进工作表，确定各项工作时间节点，倒排工期，积极与地方政府沟通协调，促进了各项工作的快速展开。

在龙厦铁路的建设过程，原铁道部和福建省领导都十分关心龙厦铁路建设，双方多次举行会商及专题会议，商定和部署了一系列大政方针问题，开创了福建铁路建设新的历史阶段。为保证建设顺利进行，福建省和铁路部门建立了协调机制，不定期研究解决项目推进中的问题，使建设中的重大问题的解决和措施都落到实处。福建省形成了以省重点办和省铁办为主的省级铁路项目推进机制与推进团队，做到了组织有力，机制有效，团队精干，协调有序。福建省龙岩、漳州两市和县、区、乡都成立铁路建设协调专门机构，各设区市以及部分县区也建立了适合本地特点的铁路建设推进机制与机构，特别是负责铁路征地拆迁工作的机构与机制，抽调大量人员参与铁路建设和征地拆迁工作，从人员与经费上予以保障。南昌铁路局也在人力、物力方面全力支持龙厦铁路建设，形成了合力推进工程建设的工作态势。

二、明确协调层次和任务，全面落实协调工作

龙厦铁路建设协调工作以南昌铁路局和龙厦铁路工程建设指挥部的建设总体目标为大局，成立龙厦指挥部为主导的协调网络，以全面落实原铁道部、福建省、南昌铁路局的精神为总的工作原则，

认真执行龙厦指挥部与沿线各市签订的《征地拆迁实施协议》（以下简称实施协议），建设协调工作实行分层协调、各负其责、相互配合的管理机制，由龙厦指挥部相关部门、设计单位、监理单位、各施工单位，分层次做好协调工作。

龙厦指挥部负责协调解决全局性、政策性的问题；征迁部门负责对征地拆迁工作进行组织、协调和管理；各施工单位主要协调解决各自标段内具体和局部性的问题。并与地方紧密联系，通力合作，加强自身的管理力度，就地解决问题，遇到重大问题逐级上报，统筹协调解决。

龙厦指挥部和各参建单位统一步调、顾全大局，共同开展对内、对外的协调工作，创造了和谐的铁路建设内、外部环境。

（1）参建施工单位认真按照省部会谈纪要和实施协议，加强与各自标段有关县（市、区）人民政府及授权的主管部门的工作联系，做好路外用地、临时用地和当地政府优惠政策的落实工作。依据合同约定或龙厦指挥部的委托，负责协调解决施工现场遇到的具体问题。遇有省部会谈纪要、实施协议及施工合同约定以外的特殊情况或问题，要逐级上报，由龙厦指挥部统筹协调解决，重大问题报请南昌铁路局和原铁道部决定。

（2）龙厦指挥部明确专人负责宣传工作，加强与报社、电视台等新闻媒体的沟通联系，借助新闻媒体的力量，大力宣传和展示龙厦铁路的建设成果和精神风貌及对拉动当地经济发展的作用，对群众致富的重要作用，形成有利于路地关系发展的氛围。

（3）深入分析可能的突发事件，建立完善相应的应急预案，在突发事件发生后，迅速启动应急预案，反应迅速、及时上报、处理得当，努力减少事件带来的负面影响。

（4）加强与地方政府的沟通和汇报，取得地方政府的支持，必要时，路、地双方进行现场办公，并建立问题督办制度。

（5）积极与南昌铁路局联系，在既有线衔接和龙岩站站改等施工问题方面认真听取铁路局的意见，努力实现建设兼顾运营的目标。

三、全力做好征迁工作协调，确保工程建设顺利

征地拆迁协调工作本是一项政策性强、牵涉面广、程序复杂的工作，稍有不慎，就会失信于民，不仅不利于征地工作的顺利进行，反而影响工程建设的顺利进行，造成阻工，甚至形成社会问题。根据部省会商精神和国家发改委对龙厦铁路的批复，龙厦铁路由原铁道部和福建省合资建设，福建省沿线地方政府负责征地拆迁工作及其费用，征地拆迁补偿费用经双方认可后作为福建省资本金入股。龙厦铁路征迁工作由地方政府负责，征迁补偿按照批准的征迁标准执行。在征迁过程中，龙厦指挥部和参建单位主动协助地方政府做好土地利用规划调整、基本农田补划方案等相关报件的评审和论证工作，利用省市领导检查工地、省重点工程推进会等机会，积极解决征迁难点问题。严格执行国家政策法规又以人为本，重视并保护群众利益，使大多数地段征迁工作得以顺利推进，保障了建设用地进度要求。对于征迁中出现的临时用地、三角地、特殊构筑物、关联建筑等特殊情况，采取部省沟通建立认定原则，铁路与地方联合现场踏勘认定，使大多数特殊问题得到顺利解决。在征地拆迁补偿过程中，龙厦指挥部和各参建单位在坚持依法征迁前提下，加强协调，做好宣传说服工作；同时，坚持阳光作业，做到让群众"三明白"，即：补偿政策明白、补偿数量明白、补偿金额明白。为每个标段派驻了业务能力强的地亩员到现场指导工作，即时解决施工过程中碰到的问题。施工单位项目指挥部也成立了征地拆迁协调部，各工区设有专职征地拆迁协调人员。征地拆迁协调工作由指挥长亲自抓，分管副指挥长或者书记具体抓，征地拆迁协调部具体落实各项工作，形成一个齐抓共管的良好氛围。

四、加强与地方铁指的联系，积极寻求地方铁指的支持

对于给予群众的补偿，一般来说，只要满足他们的要求，问题越容易得到解决。但对于龙厦指

挥部和参建单位来说，只能做到合情、合理的补偿，很多时候，很多问题，与群众难以达成一致意见。这就需要一个协调部门进行协调，地方铁路建设指挥部就担当这个角色，通过他们的协调，一般的问题都能得到解决。因而地方铁指协调相当重要，加强与地方铁指的沟通、交流是征迁协调工作顺利进行的保障。

当然，有一些问题甚至是政策层面上问题，现场一时也是难以解决，这时由龙厦指挥部收集汇总请求省政府就有关问题组织协调。在建设过程，指挥部领导与省重点办、省铁办经常到现场办公、召开路地协调会，解决征迁和施工过程中碰到的重点、难点问题，确保了施工的顺利进行。

五、加强与相关单位协作，共同构筑沟通合作机制

一是建立与参建单位的沟通合作机制。龙厦指挥部主要领导与各施工单位工程局和设计院、监理单位主要领导建立了联系制度，定期或不定期进行互访，寻求共同建设好龙厦铁路，实现双赢的途径。进行项目招标前，邀请专家进行现场踏勘咨询，做好施组大纲编制准备工作，为中标单位能迅速进场施工打下基础。与参建单位建立平等的合同关系，严格依法依约办事，凝聚各方力量，从而形成了龙厦指挥部积极协调服务，施工单位集中精力抓质量、保安全、争进度、创一流的良性互动局面，实现了各方的合作共赢。二是建立与地方相关厅局委办沟通合作机制。指挥部领导主动与地方政府各厅局、处室沟通协调，寻求工程建设合作和支持。积极与省环保水保监督部门联合组织龙厦铁路环保水保专项执法检查，还委托省有关部门开展铁路建设水土保持监测，规范了建设环保水保工作。三是与省电网公司、省高速公路指挥部等建立沟通协调机制，并卓有成效地开展了工作，所以整个建设过程中没有因道路使用、工程用电、电源建设等对工程产生较大影响。龙厦铁路在站房规模及方案选定、站场规划、通信公网搭建、环保景观等方面也进展顺利，并取得令人满意结果。四是建立紧急情况应急处置机制。龙厦铁路象山隧道地质条件复杂，安全风险高，施工极其困难，建设过程龙厦指挥部及时向部省专题报告情况，引起部省领导高度重视。特别是在2009年12月23日，象山隧道1号斜井发生岩溶突水地质灾害后，原铁道部、福建省和龙岩市的领导多次亲临现场，组织地质灾害抢险、协调地质灾害整治工作和地表居民搬迁、建构筑物拆迁补偿等事宜，在福建省和龙岩市的大力支持和参建各方共同努力下，象山隧道克服了重重困难，于2011年5月13日实现了贯通，为龙厦铁路2012年6月开通奠定了基础。五是健全防洪防台风预案，形成一套日臻完善的科学防灾体系。根据福建多台风和暴雨的情况，与气象部门签订了气象服务协议，增强了预防和抵抗自然风险能力。开工以来，虽然遭遇了十几次台风袭击，龙厦指挥部和参建单位迅速启动应急预案，及时防范，使损失降到了最低程度，保证了工程建设的安全推进。

第二十章　工程验收

第一节　验收方式

按照原铁道部《铁路客运专线竣工验收暂行办法》（铁建设〔2007〕183 号）和《客运专线铁路工程静态验收指导意见》（铁建设〔2009〕183 号）的要求，龙厦铁路竣工验收采用建设单位自验、铁路局验收、专家检查、政府验收的方式，具体分为静态验收、动态验收、初步验收、安全评估、试运营和国家验收等 6 个阶段，目前完成了前面 5 个阶段工作。

一、静态验收

静态验收由南昌铁路局组织，成立了龙厦铁路静态验收领导小组及静态验收工作组。静态验收领导小组组长由路局分管领导亲自担任，成员由路局办公、总师、安监室，运输、客运、货运、机务、车辆、工务、电务、劳卫、建管、土房、供电、信息处，调度所，南昌监督站，南昌铁路公安局，龙厦指挥部等单位和部门负责人组成；静态验收工作组以建管处处长为组长，路局办公室，运输、客运、货运、机务、车辆、工务、电务、建管、土房、信息、供电处，调度所，南昌监督站，南昌铁路公安局，龙厦指挥部，厦门公安处，福州电务、机务、房建生活段，厦门供电、工务段，龙岩车务、工务段，永安车辆段，南昌通信段有关负责人为组员的静态验收工作组。根据建设项目特点，静态验收工作组下设基础工程组、通信信号组、电力电气化组、客货运车辆信息系统验收组、房建给排水组共 5 个专业验收小组。

验收过程：收到施工单位的专业工程验收申请、经确认达到专业验收条件后，静态验收工作组各专业验收小组根据静态验收实施方案组织建设、设计、施工、监理和设备管理单位相关人员对专业工程进行验收，对验收过程中发现的问题进行梳理，建立问题库并制定整改措施，明确责任单位、责任人和完成时限，做好专业工程验收记录表。验收过程中发现的问题，及时督促施工单位进行整改并对整改结果进行了复查。

二、动态验收

南昌铁路局成立新建龙岩至厦门铁路工程动态验收工作组，负责新建龙岩至厦门铁路工程动态验收工作；成立联调联试及检测试验协调办公室，负责联调联试及动态检测工作。

动态验收工作组组长由路局常务副局长担任，组员由路局总师室、安监室，建管、运输、客运、货运、机务、车辆、供电、工务、电务、土房、信息处，调度所，南昌监督站，东南公司，龙厦铁路工程建设指挥部主要负责人，南昌铁路公安局分管领导。铁科院作为受委托的专业检测机构参加动态验收工作。动态验收工作组下设联调联试及检测试验协调办公室组成；联调联试及检测试验协调办公室主要任务是按批复的试验大纲和实施方案，具体组织实施本次综合试验工作。负责研究制定试验总体方案；制定试验列车运行计划，督促落实每日试验工作计划；掌握试验期间运输安全情况，组织对重点部位、主要设备监测检查维护；监督检查试验安全和保卫保密；组织召开每日试验总结会议，掌握沟通并通报每日试验工作各种信息，及时处理与试验有关的各种问题；协助并参与有关方面做好试验数据采集、编制试验报告；提供后勤组织和保障服务。成员由路局相关处室分管副处长（副主任）、公安局分管处长，龙厦指挥部工程、综合室主任组成。下设技术测试、行车组织协调、工务线路、牵引供电、通信信号、动车车辆、机务、客服信息系统、安全保卫、后勤保障工作组。

新建龙岩至厦门铁路工程联调联试及动态检测分六阶段进行：分别为试验准备，轨道、接触网状态及信号设备检测，货物列车试验，动车组逐提速试验，列控场景试验及全线拉通试验。

三、初步验收由南昌铁路局组织初步验收委员会负责进行

第二节　静态验收

一、静态验收过程

2012 年 1 月 5 日，南昌铁路局以《关于申请新建龙岩至厦门铁路工程竣工验收的函》（南铁建设函〔2012〕6 号）向原铁道部建设司递交了验收申请报告。2012 年 2 月 24 日，南昌铁路局成立了新建龙岩至厦门铁路静态验收领导小组及工作组，下设基础工程、通信信号、电力电气化、客货运车辆信息系统、房建给排水 5 个专业小组，并于 2012 年 2 月 10 日至 4 月 28 日分专业组织现场验收及静态综合调试验收，4 月 29 日召开了静态验收工作总结会，明确了静态验收结论，形成了静态验收报告，通过了静态验收。

二、静态验收结论

新建龙岩至厦门铁路工程严格执行铁路相关的政策、规程、规范和强制性标准，主体工程及其配套工程（包括外部配套工程及设备安装）已按设计文件建成，工程质量得到有效控制，主体结构稳固，设备静态综合调试正常，工程质量合格，具备动态验收条件。

（1）全线基础工程满足设计文件要求和相关验收标准。

（2）通信信号工程满足设计文件和相关验收标准，设备安装良好，静态综合调试正常。

（3）电力电气化工程满足设计文件和相关验收标准，设备安装良好，静态综合调试正常。

（4）客货运车辆信息系统工程符合设计文件要求及相关验收标准，设备安装良好，静态综合调试正常。

（5）房建给排水工程符合设计文件要求及相关验收标准。

（6）环境保护设施、水土保持设施已经与主体主体同步建成。

（7）劳动、安全、卫生及消防设施已经与主体主体同步建成。

（8）除领取《国有土地使用证》外的其他征地工作已基本完成。

（9）竣工文件编制已按规定的内容和标准基本完成。

第三节　动态验收

一、动态验收过程

受龙厦指挥部委托，铁科院编制了《龙漳线暨杭深线厦漳段联调联试及动态检测大纲（初稿）》《龙漳线暨杭深线厦漳段运行试验大纲（初稿）》。2012 年 3 月 2 日，南昌铁路局会同铁科院、东南沿海铁路福建有限责任公司、龙厦指挥部在南昌组织召开大纲初步审查会。铁科院修改完善大纲，形

成了《龙漳线暨杭深线厦漳段联调联试及动态检测大纲（送审稿）》和《龙漳线暨杭深线厦漳段运行试验大纲（送审稿）》并报送原铁道部。

2012年3月30日，南昌铁路局发文成立了新建龙岩至厦门铁路动态验收工作组。4月21日，南昌铁路局以《关于印发<龙漳线暨杭深线厦漳段联调联试及动态检测试验实施方案>的通知》（南铁师发〔2012〕249号）公布了实施方案。联调联试及动态检测试验工作于5月3日开始，6月18日结束。6月19日，南昌铁路局召开了动态验收工作总结会，明确了动态验收结论，形成了动态验收报告，通过了动态验收。

二、动态验收结论

依据铁科院提供的《动态检测报告》，一致认为检测内容齐全，符合《动态检测实施大纲》要求。检测过程中采取的相关标准准确，检测所采用的机具、设备、车辆及手段能满足检测要求，检测结果真实有效。

新建龙岩至厦门铁路工程满足开行200 km/h动车组以及110 km/h货物列车安全稳定性要求，同意通过动态验收。

第四节　初步验收

一、验收经过

根据《关于2012年部分计划竣工项目委托铁路局初步验收的通知》（建工函〔2012〕52号）和《关于新建龙岩至厦门铁路及新建厦门至深圳铁路厦漳段工程初步验收的复函》（建工函〔2012〕69号），新建龙岩至厦门铁路工程初步验收工作委托南昌铁路局组织实施。

2012年6月，南昌铁路局成立了龙岩至厦门铁路工程初步验收委员会，初步验收委员会于6月19日组织召开了初步验收会议，对静态验收、动态验收结果进行了检查确认，形成了初步验收报告。

二、初步验收结论

初验委员会认为：新建龙岩至厦门铁路工程线路走向和总体布局合理，工程建设严格执行了国家和原铁道部有关政策、规程、规范和强制性标准，已按批准的设计标准基本建成；工程设计合理，建设、施工组织管理有序可控，工程安全质量监督到位；静态、动态验收合格，工程质量和系统功能满足有关标准要求，静态、动态验收遗留问题整改完毕；环境保护、水土保持和消防设施等已按批复意见同步建成；环境保护设施、水土保持设施、土地复垦工作经相关主管部门检查合格；劳动、卫生、安全、消防等设施经相关部门检查合格；地质灾害整治措施及建筑抗震设防已按设计文件落实到位；申请领取《国有土地使用证》的准备工作基本完；竣工文件按规定编制完成，施工过程中的管理文件和招标投标文件等整理完毕，达到档案验收标准。

经初验委员会评定：新建龙岩至厦门铁路工程质量达到200 km/h客货共线铁路相关验收标准，质量合格，具备开行200 km/h动车组以及110 km/h货物列车条件，同意通过初步验收。

第五节　安全评估

原铁道部安全监察司委托南昌铁路安全监督管理办公室组织实施安全评估工作。南昌铁路安全监督管理办公室成立安全评估组，于2012年6月20日至24日，对龙厦铁路进行了安全评估，评估结论为：新建龙岩至厦门铁路（龙漳段）具备开行 200 km/h 动车组以及 110 km/h 货物列车条件。由于货运设备设施还在建设之中，目前龙岩至厦门铁路不具备办理货运业务的条件。

原铁道部安全监察司成立安全评估确认检查组，于 2012 年 6 月 24 日至 26 日，对龙岩至厦门铁路安全评估情况进行了确认，对开通运营准备工作进行了检查。铁道部安全确认、检查组通过查看有关安全评估资料和现场检查确认：南昌铁路安全监督管理办公室组织的龙岩至厦门铁路安全评估工作程序符合铁道部有关规定，安全评估报告内容全面完整，同意安全评估结论。

针对安全评估检查和安全评估确认检查发现的问题，龙厦指挥部和相关运输设备管理单位立即组织整改落实，在正式开通前完成了影响安全问题的整改，确保龙厦铁路按时开通运营。

第二十一章　竣工决算

　　为反映龙厦铁路基本建设最终成果，确定新增资产价值，为投入产出分析测算和成本支出情况分析提供重要基础，按照原铁道部《铁路基本建设项目竣工财务决算和资产交付办法》（财铁〔2008〕250号），组织设计、施工、监理单位编制竣工财务决算，并委托中介机构进行决算审核，其中地方征地拆迁费用另行委托中介机构进行专项审核。

第三篇　勘察设计

第二十二章 地质勘察

一、工程地质勘察概况

龙岩至厦门铁路于 2005 年 9 月至 2005 年 11 月进行了初测外业工作,2006 年 4 月 25 日开始定测工作,于 2006 年 7 月 5 日完成外业工作,勘探工作于 2006 年 5 月 20 日开工,于 8 月 15 日结束。2006 年 12 月进行补充定测工作,对改线地段和岩溶桥地段进行补充勘察钻探工作,在施工阶段,对房屋、鱼塘、经济作物等条件的制约的部分钻孔进行补充钻探。

二、主要采用的勘察标准、勘察技术原则和要求

在充分研究、利用龙厦铁路可行性研究地质资料和区域地质、水文地质资料,主要执行以下相关规范规程,开展勘察工作。

(1)《铁路工程地质勘察规范》(TB 10012—2001、J124—2001);

(2)《铁路工程不良地质勘察规程》(TB 10027—2001、J125—2001);

(3)《铁路工程特殊岩土勘察规程》(TB 10038—2001、J126—2001);

(4)《铁路工程水文地质勘察规程》(TB 10049—2004、J339—2004);

(5)《铁路工程地质原位测试规程》(TB 10041—2003、J261—2003);

(6)《铁路工程物理勘探规程》(TB 10013—2004、J340—2004);

(7)《铁路工程岩土分类标准》(TB 10077—2001、J123—2001);

(8)《铁路工程地质钻探规程》(TB 10014—98);

(9)《岩土工程勘察规范》(GB 50021—2001);

(10)《铁路工程抗震设计规范》(GB J111—87);

(11)《京沪高速铁路工程地质勘察暂行规定》(铁建设〔2003〕13 号);

(12)《新建时速 200~250 公里客运专线铁路设计暂行规定》(铁建设〔2005〕140 号);

(13)铁建设[2004]148 号文"关于发布《铁路工程岩土分类标准》和《铁路工程地质勘察规范》两项标准局部修订条文的通知"等。

三、主要勘察技术手段、综合地质勘察方法

地质勘察工作采用地质调绘、物探、钻探、挖探、原位测试、室内试验等综合手段进行;典型工点工程地质勘察情况如下。

(一)龙岩特大桥(DK4+038.21~DK5+823.31)

龙岩特大桥位于龙岩市城区内,桥长 1 784.1 m,桥梁跨越龙梅铁路、龙津河和城区内多条道路,交通便利。龙津河水面宽约 58 m,水深 2~3 m,水位变化较大。场地主要为河流阶地和剥蚀低丘地貌,低丘自然坡度 15°~20°,河流阶地较平坦。于 2006 年 6 月 23 日组织工程技术人员和 XY-1 工程钻机 8 台及其他勘察设备进入施工现场,于 2006 年 7 月 31 日完成定测外业勘察工作,完成的勘探工作量如表 22.1 所示。

由于龙岩特大桥在龙岩市内,同时为岩溶桥,施工阶段进行大量的补勘工作。施工阶段共计完

成 205 孔/11 422.06 m。

表 22.1　定测完成勘探工作量统计

野外工作			室内土工试验		
工作项目	单位	工作量	工作项目	位	工作量
地质钻探	/m	23/1175.04	一般物理性试验	个	32
取原状土	个	32	直剪试验	个	12
取扰动土	个	25	无侧限抗压强度	个	/
取水样	组	7	压缩试验	个	29
取岩样	个	6	颗粒分析试验	个	25
标准贯入试验	次	70	水质分析报告	个	7
动力触探试验	次	654	岩石试验报告	个	6

（二）象山隧道

象山隧道进口隧址位于龙岩市内，出口隧址位于南靖县，它起于龙岩市曹溪镇莒州村，经过适中镇新祠村、象山村、南止于南靖县和溪镇乐土村，其设计范围为 DK19+690～DK35+578，全长 15 888 m，为龙厦铁路最长隧道，最大埋深 780 m。象山隧道属深埋长大隧道，是龙厦铁路的重点工程。

工程地质测绘于 2006 年 5 月 20 日进场，2006 年 7 月 1 日结束野外工作。地质调绘在利用初测大面积调绘资料的基础上，对重要地质点、地质界线采用沿走向进行追索、核实，并进一步搜集煤矿开采的资料。福州现代勘察院承担了象山隧道的物探和机动钻探工作，物探工作在 2006 年 6 月 4 日进场，2006 年 7 月 10 日结束野外工作，采用了地震折射探测法和高密度电法进行部分地段的物探工作；机动钻探工作于 2006 年 6 月 25 日进场，2006 年 8 月 7 日结束野外工作，采用设备为 XY-100 型钻机钻探。象山隧道初测和定测时完成的工程地质勘察实物工作量如表 22.2 所示；象山隧道在定测阶段布置了三个深孔，其孔位、孔深及探测目的如表 22.3 所示；在施工阶段，象山隧道又进行了补充勘察工作，如表 22.4 所示。

表 22.2　象山隧道初测和定测时完成的工程地质勘察实物工作量

地质调绘路线	测绘面积	绘地质测点	查煤矿采点	水样	物探		动探
					震法	电法	
m	m²	个	个	组	m	m	m/孔
5 888	27	80	1	6	10 950	4 140	291.7/8

表 22.3　象山隧道定测阶段三个深孔探测设计及工作量

序号	隧道名称	全长/m	钻孔位置	设计孔深/m	施钻目的	实际孔深	完成日期
1	象山隧道	15888	DK24+000 左 15 m	200	断层破碎带、下部灰岩地层的岩溶情况、水文试验等	200	2007.4.15
2			DK26+900 左 15 m	600	断层破碎带、软岩变形、煤系地层、水文试验等	519.16	2008.4.18
3			DK32+500 左 15 m	420	断层破碎带、水文地质试验、地应力测试及花岗岩放射性测试等	420.4	2007.11.18
	合计			1 220		1139.56	

表 22.4 象山隧道补充勘察工作量

序号	项目名称		单位	工作量
1	1/10 000 水文地质调查		m²	13.5
2	1/2 000 地质测绘		m	2
3	物探	高密度电法	km	12
4		电测深	m	2.05
5		浅层反射法	m	9.4
6	钻孔		/m	11/628.3
7	深孔		/m	5/810.45
8	水质分析		组	20

第二十三章 线路设计

第一节 线路走向与重大方案比选

一、线路走向

龙厦铁路位于福建省西南部，西起龙岩市，途经南靖县、漳州市，东至厦门市，贯穿闽西老区龙岩市与闽南经济发达地区漳州市、厦门市。其中新建线路龙岩至漳州，正线全长 111.336 km，漳州至厦门利用厦深铁路。

二、重大方案比选

1. 龙岩地区线路方案

根据龙岩地区既有铁路现状和龙岩市城市规划布局，龙岩地区线路方案应充分利用既有铁路设施，缩短线路长度和尽可能减少对龙岩市城市的影响，根据可研审查意见（初稿）的精神，补充共研究了 6 个方案，由南至北分别为南线方案、沿龙岩大道高架方案、沿龙岩大道下穿方案、穿莲花山方案、跨龙岩东站南端方案（贯通方案）和跨龙岩东站北端方案。南线方案从红炭山站引出后，绕城市南侧行走，于东肖设龙岩南站；沿龙岩大道两方案均从龙岩站东端引出后沿龙岩大道行走，高架方案沿龙岩大道中央隔离带高架，而下穿方案则出站后下穿龙岩大道；穿莲花山方案从龙岩站引出后直穿市内莲花山而过；贯通方案和跨龙岩东站北端方案均从龙岩站东端引出后，绕城市北面环行；贯通方案穿过城市部分城区后跨越龙岩东站南端咽喉区；跨龙岩东站北端方案比贯通方案更偏向城市北面。

经综合比选，南线方案在东肖设龙岩南站办理赣龙厦方向直通客运作业，与龙岩站一起形成"一市两站"的格局，增加了铁路的运营成本和地方配套客运设施的建设费用，且对由赣龙线进入铁山洋作业后开往厦门方向的货物列车存在较长的折角运输距离，增加运营成本。沿龙岩大道两方案的货车联络线对城市的拆迁和道路影响较大，尤其下穿方案对城市道路、河流、地下管线干扰较大，处理费用高；同时客货列车均需贯穿城市中心地段，噪声污染大，对城市景观也有较大影响，地方政府强烈反对。穿莲花山方案线路最短，但直穿城市核心城区达 2.3 km，对城市干扰及拆迁量均巨大，予以放弃；跨龙岩东站北端方案线路最长；而贯通方案比跨龙岩东站北端方案线路长度短 1.9 km，相对中穿城市的系列方案而言，对城市的影响也相对较小，可实施性较强。因此初步设计采用贯通方案。

2. 厦门（漳州）接轨方案

厦门（漳州）接轨方案共两个：漳州南站接轨方案（贯通方案）和沿高速公路比较方案。

漳州南站接轨方案（贯通方案）：线路从金山跨过龙山溪和 319 国道至龙山镇设龙山站；线路继续向东南行走，经雁塔设南靖站；线路跨过山旧线和九龙江至大房村设草坂站，然后经九湖镇引入厦深线上的漳州南站。

沿高速公路比较方案：线路自金山镇设金山站后向东南，于新圩街跨九龙江和 319 国道，折向东北，经永丰溪跨漳龙高速公路后，沿高速公路北侧走行，于埔里设天宝会越站，经山北，与漳州支线交叉后，在林内设漳州北站，跨九龙江和厦漳高速公路后引入新角美站。

漳州南站接轨方案与漳州市的城市发展规划结合较好，拆迁工程少；该方案因与厦深线共站作业，客运作业较为集中，并且新建线路较比较方案短 5.24 km，工程投资省 2.37 亿元；沿高速公路方案设漳州北站，漳州地区客运作业变成鹰厦、龙厦、厦深三条线分开办理，较为分散；本次设计按此方案进行。

第二节　重大设计原则的确定

一、铁路等级：国家 I 级

龙厦铁路是国家路网干线西南至东南通道的重要组成部分，是赣龙线的延伸。根据预测，其远期年客货运量 39 Mt（客车 24 对、货运 15 mt），大于 20 Mt，其铁路等级为国家 I 级。

二、正线数目：双线

根据运量预测，龙厦铁路近期年客货运量 26.5 Mt（客车 16 对、货运 10.5 Mt），远期年客货运量 39 Mt（客车 24 对、货运 15 Mt）。从满足输送能力的角度考虑，龙厦铁路远期单线能力不能满足要求，需按复线设计，而近期单线能力可以满足需求。但如果龙厦铁路近期按单线设计，需开设会让站 4 个（远期需封闭），同时 13.475 km 长隧道区间需复线。并且龙厦铁路速度目标值为 200 km/h，近期单线不利于实现旅客列车快速运行的需求。所以考虑到龙厦铁路为福建省厦门、漳州地区连接内地的重要通道，也是西南至东南铁路通道的重要组成部分，推荐龙厦铁路一次形成复线。

三、旅客列车设计行车速度

龙厦铁路选择最优速度目标值为 200 km/h，是我国在将来一段时间内一般干线采用的主要速度目标值等级，与我国铁路技术发展趋势是适应的。同时根据相关路网的现状及规划分析，大部分相关铁路速度目标值均在 160 km/h，或者是既有线部分提速至 160～200 km/h 的等级，龙厦铁路一次形成 200 km/h 的速度目标值是与其相适应的。使内地城市与厦漳地区的客流通过铁路运输将具有较强的便利、舒适、经济性，与航空等其他运输方式比较也具有较强的竞争力。

第二十四章　大型临时设施设计

一、可研及初步设计批复大型临时设施的设置地点和规模

1. 临时材料厂

根据外来材料供应计划，本工程在铁三洋站和漳州东站各设临时材料厂一处。

2. 铺（焊）轨基地

铺轨基地的设置考虑到利用既有线路和新建的各项设备和当地的水源、电源，以及运输道路等，减少临时工程，少占农田。本次设计机械化铺轨基地利用厦深铁路设置在鹰厦线东孚站的铺（焊）轨基地，基地布置时要根据地形和生产方式，使调车作业顺向，材料堆置合理，取送方便，并使各种起重吊运机械移动距离短。基地的建设应在全线开工时就着手，特别是基地与既有铁路联络线的建设，使在铺轨开始前一年具备储备轨料的能力，满足工期所要求的铺轨进度。

3. 预制梁场

全线 32 m、24 m 简支"T"梁共 1 328 单线孔，采用预制架设的方法施工。设置"T"梁集中预制场 2 处：东孚"T"梁预制场、龙山"T"梁预制场；预制梁场场地"统一规划，优化布置"。

"T"梁预制场布置：主要分制梁区、存梁区、钢筋绑扎区、混凝土搅拌区、砂石堆料区、机修区、生活区等部分，分不同台位规模占地 4.7 ~ 10.3 hm²。全线混凝土简支"T"梁统计及"T"梁预制场设置、规模一览表如表 24.1 所示。

表 24.1　全线混凝土简支"T"梁统计及"T"梁预制场设置、规模一览

序号	制梁场名称	上线里程	供应范围	供梁数量（单线孔）			设置规模
				32 m 梁	24 m 梁	小计	
1	龙山梁场	DK65++000	DK0+000 ~ DK65+000	746	108	854	6+2 台位，35 存梁台位
2	东孚梁场	DK111+063	DK65+000 ~ DK111+063	456	18	474	4+1 台位，30 存梁台位

4. 级配碎石拌和站

根据鉴定审查意见要合理确定级配碎石位置，尽量减少其倒运距离。共设置碎石拌和站 5 处，拌和站租地约 1.3 ~ 2.0 hm²。

5. 临时道砟及碎石料存砟场

根据沿线道砟使用量，共设置临时存砟场 2 处。

二、大型临时设置的变更

龙厦铁路可研及设计中，龙厦铁路按铺架方案推荐采用漳州南往龙岩单向铺架方案，设置东孚（与厦深线合建）和龙山制存梁场，《关于新建龙岩至厦门铁路初步设计的批复》（铁鉴函〔2006〕1051号）："（二）原则同意设计推荐的漳州南往龙岩单向铺架方案。为避免重复投资，铺焊轨基地宜与厦

深线共线，投资共同分担。考虑龙厦铁路先期开工，厦深线东孚至漳州南段建设不同步，建设单位应根据龙厦铁路、厦深线建设进度情况进一步协商东孚铺架基地建设，并组织研究自龙岩（铁山洋）铺架的备用方案报原铁道部。"

在全线铺架标招标前，建设单位对厦深线建设情况进行调查，鉴于龙厦铁路先于厦深线开工建设，同时厦深线因受征地拆迁和九龙江特大桥施工工期的影响，从东孚经厦深线至漳州南站运梁铺架无法满足龙厦铁路铺架工程的要求，龙岩铁路有限责任公司于 2007 年 12 月以龙铁司综〔2007〕156 号向原铁道部上报了《关于龙厦铁路铺架施工组织设计方案变更的函》，原铁道部于 2008 年 3 月以铁鉴函〔2008〕258 号《关于龙厦铁路铺架方案变更设计的批复》，同意"原东孚铺轨基地变更为龙岩铺轨基地，龙岩往漳州南单向铺架方案"。

龙厦铁路全线制架 T 梁共 1328 单线孔（32 m 梁 1202 单线孔，24 m 梁 126 单线孔），其中：龙岩梁场生产桥梁 1058 单线孔（需经过既有线运输），龙山梁场生产桥梁 270 单线孔。龙厦铁路计划铺架工程从龙岩往漳州南方向铺架，桥梁架设采用火车轨道运输，铁路架桥机架设，在龙岩东站和龙山站分别设置一处制存梁场，在龙岩站设置铺轨基地，初设审查意见批复两处制梁场按 1000 万元包干。龙岩东制梁场 2009 年已按 1058 孔规模建成投产。

2009 年 12 月 23 日，因象山隧道出现岩溶突水，工程进度受到影响，为确保龙厦铁路能够尽早开通，同时，通过对公路式运梁架梁方式的调研，认为铺架采用公路式运架方式，在技术上成熟可行，安全上可靠有保障，有其他线的借鉴经验，龙厦铁路在象山隧道至漳州南区段采用公路式运架方式铺架，可以减小象山隧道对龙厦铁路开通工期的影响，加快龙厦铁路的开通进度。经四方会议研究提出：① 龙山制梁场规模进行扩建，由原生产 270 孔桥梁（桥梁中心里程范围为：DK37+535.38 ~ DK55+411.31）的规模扩建为生产 442 孔桥梁（桥梁中心里程范围为：DK37+535.38 ~ DK60+843.26）的规模；② 在草坂增设一个制存梁场，生产规模为 578 孔桥梁（桥梁中心里程范围为：DK65+994.94 ~ DK107+613.83）。在龙山和草坂生产的 1020 孔桥梁采用公路运梁车运输、公铁两用架桥机架设。

第二十五章　路基设计

第一节　路基工程概况与特点

一、路基工程概况

龙厦铁路龙岩至漳州正线长 111.336 km，其中正线路基长 40.12 km，路基占全线比例为 36.04%，其中软土路基长度 18.2 km，占路基长度的 45.4%；右线绕行地段线路 5.41 km，桥长 1.87 km，隧道长 0.42 km，路基长 3.12 km；龙岩枢纽线路长度 7.015 km，路基长 3.06 km，路基长度合计 46.30 km。全线路基长度如表 25.1 所示。

表 25.1　龙厦铁路龙岩至漳州路基长度

设计范围	线路长度/km	路基长/km	比例/%	备　注
龙岩枢纽	7.015	3.06	43.62	联络线、既有车站改造等
龙岩～漳州南	116.51	43.24	37.11	含右线绕行地段 5.41 km 及货场

二、路基工点类型

龙厦铁路路基工点类型包括软土路基、松软土路基、基床处理路基、素填土路基、一般防护路基、高路堤、深路堑、地下水路堑、采空区及岩溶路基等；软土路堤广泛分布于河流阶地和漳厦平原区；松软土路堤分布于丘间谷地；素填土路基主要位于龙岩地区；深路堑分布沿线低山丘陵区。具体如表 25.2 所示。

表 25.2　龙厦铁路龙岩至漳州路基工点类型

序号	工点类型	工点数/处	长度/km	主要措施
1	软土路基	15	7.1	正线采用挖除换填、砂垫层+土工格栅、碎石桩、水泥土搅拌桩、CFG桩、旋喷桩等措施加固处理，联络线、站线等主要采用插塑板、砂垫层+土工格栅及复合地基法等措施处理
2	松软土路基	39	11.25	
3	基床处理路基	13	2.7	
4	素填土路基	3	0.41	主要采用挖除换填及复合地基、注浆等措施处理
5	一般防护路基	62	9.8	边坡绿色防护及圬工防护
6	高路堤	8	0.4	采用 A、B 组填料、边坡加筋
7	深路堑	64	7.39	采用挡土墙、锚固桩、预应力锚索
8	地下水路堑	1	0.45	边坡设 U 形槽、旋喷桩加固、地基注浆加固
9	采空区及岩溶路基	8	1.2	地基注浆加固

第二节　设计原则与采用的主要技术标准

龙厦铁路按一次建成双线铁路设计，铁路等级为 I 级，设计速度目标值为：200 km/h。龙岩地区联络线按 80～120 km/h 标准，厦门地区联络线按 120～160 km/h。站内各联络线、站线按现行规范中相应标准进行。

第三节 地基处理设计

龙厦铁路路堤基底以下压缩层范围内（一般不小于 25 m）的地基土应符合表 25.3 的要求要求，否则应做工后沉降计算。当不满足要求时按松软土地基采取相应处理措施。

表 25.3 路基地基条件

地层	基岩、碎石类土	砂类土	黏性土
地基条件	无条件	$P_s \geqslant 5.0$ MPa 或 $N \geqslant 10$，且无地震液化可能	$P_s > 1.2$ MPa 或 $[\sigma] \geqslant 0.15$ MPa

当地基不需深层处理时，视场地地基条件对地基表层进行处理。

（1）对岗地及丘坡区路堤根据地表植被情况，挖除表层 0.3～0.5 m 厚表土，就地翻挖改良处理后回填整平碾压至压实系数 $K \geqslant 0.90$。

（2）对水田、雨季滞水或地下水位高（地下水位距地表 ≤0.5 m）的低洼谷地路堤地段，应清除表层种植土（一般 0.5 m 左右），换填 A、B 组渗水性填料（如碎石土），并设宽度不小于 1 m 的抬高式干砌片石护脚。挖除的种植土可用于边坡培土植草。需深层处理地段，回填碎石或中粗砂，并结合深层处理的水平垫层设计一并考虑。

（3）对水塘地段路堤应采取排水疏干或围堰抽水后，清除塘底淤泥再填筑路堤，塘埂高程以下填筑 A、B 组渗水性填料（如碎石土）。

（4）当地基表层分布浅层（小于 1.5 m）人工填土、松软土等不良土层时，应挖除换填 A、B 组填料。片石料来源丰富时，可采用铺筑片石重型振动机械碾压处理。

（5）地面横坡缓于 1:10 时，路堤可直接填筑在天然地面上。但路堤高度小于基床厚度的地段，应清除地表草皮。地面横坡为 1:10～1:5 时，应清除草皮。路堤基底处于倾斜地段（包括路堑与路堤衔接处、路基横断面、桥路过渡段纵向及横向坡度大于 1:5 等），当地面横坡为 1:5～1:2.5 时，路堤基底应挖台阶，当基岩面上的覆盖层较薄时，宜先清除覆盖层再挖台阶。当覆盖层较厚且稳定时，可予保留，即在原地面挖台阶后填筑路堤。台阶高度不大于 0.6 m，台阶宽度不得小于 2.0 m，台阶底应有 2%～4% 向内倾斜的坡度；当地面横坡等于或陡于 1:2.5 的地段时应按陡坡路堤进行处理。原地面应尽量整平，以保证路基纵横断面的沉降均匀。

（6）所有路堤基底均需进行振动碾压或冲击压实，并及时进行相关检测，满足相关要求后方可填筑。

（7）软土及松软土路基宜采用碎石桩、水泥土搅拌桩（浆喷桩）或 CFG 桩加固，桩顶铺设高强度土工格栅。

第四节 路基基床设计

一、速度 200 km/h 正线路基基床设计

龙厦铁路 200 km/h 正线路基标准横断面如图 25.1～25.5 所示。

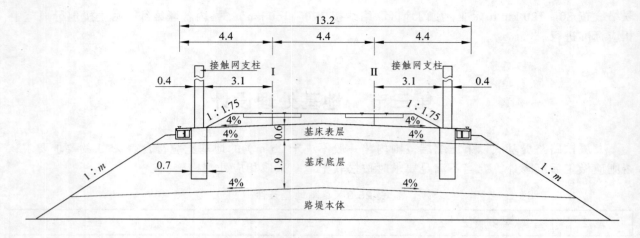

图 25.1　200 km/h 双线路堤标准横断面示意（单位：m）

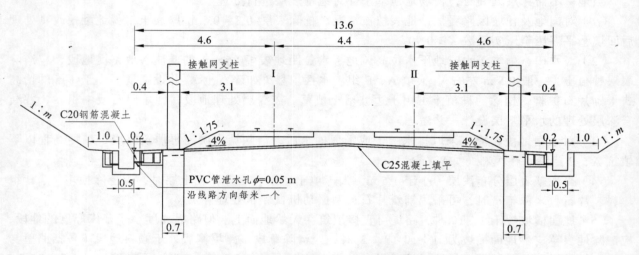

图 25.2　200 km/h 双线路堑（硬质岩石）标准横断面示意（单位：m）

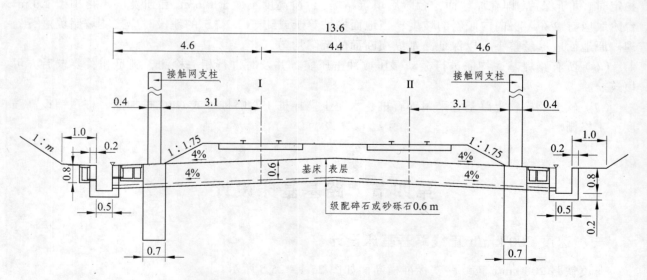

图 25.3　200 km/h 双线路堑（强风化硬质岩）标准横断面示意（单位：m）

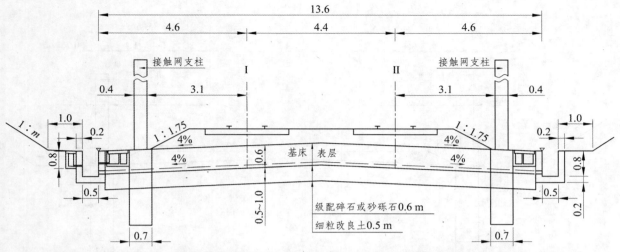

图 25.4　200 km/h 双线路堑（极软岩、全风化岩及土质）标准横断面示意（单位：m）

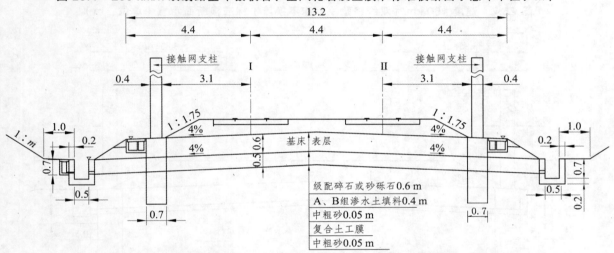

图 25.5　200 km/h 双线路堑（地下水发育、软质岩石）标准横断面示意（单位：m）

二、速度 160 km/h 正线路基基床设计

龙厦铁路 160 km/h 正线路基标准横断面如图 25.6 ~ 25.11 所示。

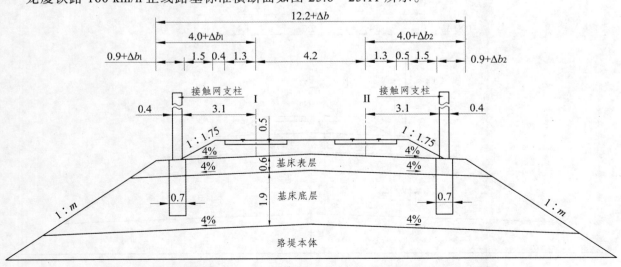

图 25.6　速度 160 km/h 双线路堤标准横断面示意（单位：m）

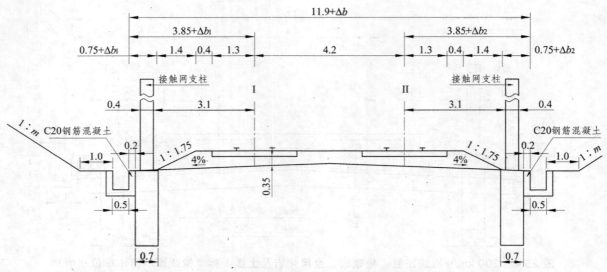

图 25.7　速度 160 km/h 双线路堑（基床不换填）标准横断面示意（单位：m）

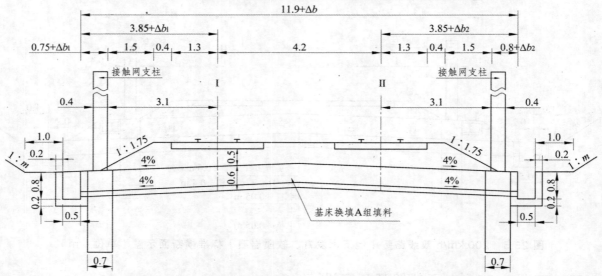

图 25.8　速度 160 km/h 双线路堑（基床换填）标准横断面示意（单位：m）

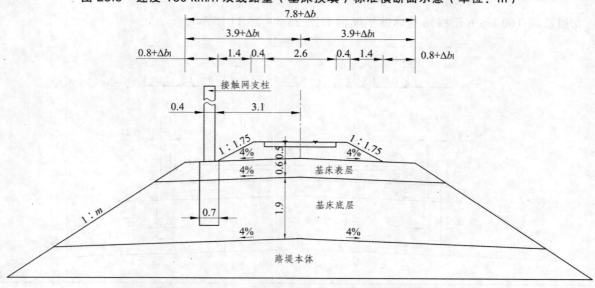

图 25.9　速度 160 km/h 单线路堤标准横断面示意（单位：m）

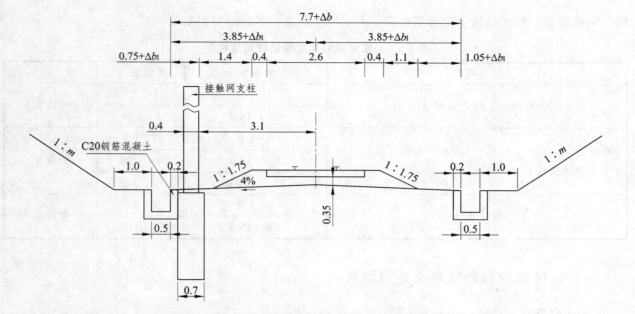

图 25.10 速度 160 km/h 单线路堑（基床不换填）标准横断面示意（单位：m）

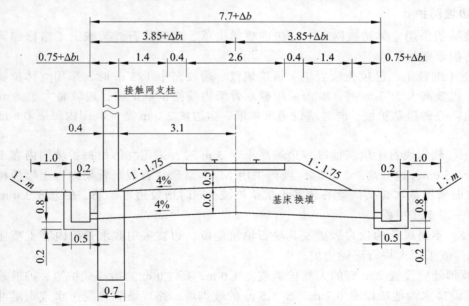

图 25.11 速度 160 km/h 单线路堑（基床换填）标准横断面示意（单位：m）

第五节 一般路基设计

路堤边坡高度超过 15 m 时宜设桥通过，当采用路基方案时应按高路堤进行特殊设计；地基条件良好时，一般路基其边坡坡度及边坡高度按表 25.4 设计。

第六节 特殊路基设计

龙厦铁路特殊路基设计类型主要有：边坡防护路基、基床处理路基、高路堤、深路堑、浸水路堤、陡坡路基、软（松软）土地基路堤、人工填土路基、不良地质路基等。

表 25.4　路堤边坡坡度及边坡高度控制

填料种类	边坡高度/m	边坡坡度	边坡形式
C 组细粒土、粉砂、软块石土	0～8.0	1：1.5	折线型
	8.0～15.0	1：1.75	
碎石土、卵石土、粗粒土（细砂、粉砂、黏砂除外）及不易风化软块石土、改良土	0～8.0	1：1.5	折线型
	8.0～15.0	1：1.75	
	15.0～20.0	1：2.0	
硬块石土	0～8.0	1：1.3	直线型
	8.0～15.0	1：1.5	

一、边坡防护路基及基床处理路基

（一）路堤

1. 路堤边坡防护

路堤边坡一般采用立体植被网、空心砖内喷播植草、浆砌片石骨架或土工格栅加筋防护等。一般路基边坡防护原则如下：

①改良土（细粒土、已风化软岩块）填筑地段，边坡高小于 3 m 时，采用立体植被护坡网内喷播植草防护；边坡高大于 3 m 时，坡面采用截水骨架内喷播植草护坡；边坡高大于 5 m 时，坡面采用截水骨架内空心砖植草护坡，同时增设边坡加筋，在边坡 3.0 m 宽度范围内每隔 0.6 m 铺一层土工格栅。

②粗粒土、软岩块石土填筑地段，边坡高小于 3 m 时，采用立体植被护坡网内客土喷播植草，客土厚不小于 15 cm；边坡高≥3 m 时，坡面采用 M7.5 浆砌片石截水骨架内客土喷播植草；坡高大于 5 m 时，坡面采用截水骨架内空心砖客土植草护坡，同时增设边坡加筋，在边坡 3.0 m 宽度范围内每隔 0.6 m 铺一层土工格栅。

③硬质岩、不易风化的软岩岩碴及其块石填筑地段，边坡采用截水骨架内客土喷播植草防护，客土厚 15 cm，或采用大块石码砌边坡。

④路堤坡脚外应设置 2 m 宽的天然护道或宽 1.0 m，高 1.0 m 的抬高式护道，护道外侧优先设置排水沟，不需设排水沟地段设宽 0.7 m、高 1.5 m 的坡脚墙。路堤坡脚易受洪水或山洪冲刷地段，按防冲刷脚墙设计。

边坡喷播植草内植种低矮灌木，间距 2 m；全线边坡防护路基共有 62 处，长度 9 766 m。

2. 路堤基床处理

（1）基床表层。

基床表层采用级配碎石或级配砂砾石填筑（160 km/h 及以下可采用 A 组填料换填），其压实标准应符合规范要求。

（2）基床底层。

路堤基床底层填筑 A、B 组填料或改良土要求，其压实标准应符合规范要求。基床范围内不得夹有 $P_s<1.5$ MPa 或 $\sigma_0<180$ kPa 的土层，否则应采取相应措施进行改良或加固处理。对需深层处理的地段，结合深层处理一并考虑基床加固措施。一般地，当处理深度小于 1 m 时，采用挖除换填 A、B 组填料；当处理深度大于 1 m，小于 3.0 m 时，采用搅拌桩、CFG 桩复合地基或桩-网结构加固，加固深度至基床以下 2.0 m 或至硬层（$[\sigma]>0.18$ MPa），桩顶面铺一层双向土工格栅。

C组细粒土、软块石土填筑的路堤及软岩路堑、地下水路堑应在基床底层表面铺设复合土工膜，防止表水下渗，软化路基。

对高度小于基床厚度的路堤，基床土不能满足要求时按下列原则设计：

① 当路堤高度小于基床表层厚度时。

Ⅰ当地基为黏性土时，基床表层以下换填A、B组渗水性填料，地基为全风化层、强风化软质岩时，基床表层以下换填A、B组填料。换填厚度不小于1.0 m。

Ⅱ天然地基为砂类土、卵砾石（碎石）类土时，地基表层以下采用翻挖回填，厚度不小于0.5 m，或采用冲击压实、振动碾压、强夯或砂桩等措施进行加固。

Ⅲ当地基为强风化硬质岩及花岗岩全风化层，如天然密实度不满足规范要求时，主要采用冲击压实或振动碾压进行加固。当结构松散、性质较差时，应采用挖除或复合地基进行处理，采用换填时，基床底层换填厚度不小于1.0 m。对硬质岩，采用C25混凝土填平后，直接填筑。

Ⅳ基底如有种植土或人工填土，应全部清除换填。

Ⅴ基床底层挖除换填或地下水位较高地段，基床底层顶面设复合土工膜，两侧设排水沟，排除基床表层积水和地下水。

换填或翻挖回填部分应执行相应部位的压实标准。

② 当路堤高度大于基床表层厚度，小于基床厚度时。

Ⅰ当地基为黏性土时，清除地表不小于0.5 m，换填渗水土，于渗水土顶部设复合土工膜，两侧坡脚外设排水沟，排除基床表层积水和地下水。地基为全风化层、强风化软质岩时，基床表层以下换填A、B组填料，换填厚度不小于0.5 m，并保证基床换填厚度不小于1.0 m，基床底层顶面设单层复合土工膜。

Ⅱ天然地基为砂类土、卵砾石（碎石）类土时，地基表层以下采用冲击压实、振动碾压、强夯或砂桩等措施进行加固。

Ⅲ当地基为强风化硬质岩及花岗岩全风化层，如天然密实度不满足规范要求时，主要采用冲击压实或振动碾压进行加固。当结构松散、性质较差时，应采用挖除或复合地基进行处理，采用换填时，换填厚度不小于0.5 m，并保证基床换填厚度不小于1.0 m，基床底层顶面设单层复合土工膜。对硬质岩，采用C25混凝土填平后，直接填筑。

Ⅳ基底如有种植土或人工填土，应全部清除换填。

换填或翻挖回填部分应执行相应部位的压实标准。

（3）半填半挖路基轨道下横跨挖方与填方两部分时，自线路中心向挖方部分不小于2.0 m宽和不小于1.0 m深范围内，应挖除换填与路堤相同填料，并应设置4%向外排水坡。半填半挖路基设计应同时考虑两侧堑堤过渡，以保证路基横、纵向刚度的均匀性和过渡效果，当为硬质岩路堑时，半堤半堑的路堤部分应全部填筑级配碎石。

（二）路堑

1. 路堑边坡防护

（1）土质边坡及软岩全风化路堑边坡，小于4 m时，采用立体植被护坡网内喷播植草防护，大于4 m时，采用截水骨架（拱间净距3.0~4.0 m）内喷播植草防护。

（2）花岗岩全风化层路堑边坡，当边坡高小于4 m时，采用立体植被网内客土喷播植草防护，大于4 m时采用截水骨架（拱间净距3.0~4.0 m）内空心砖客土植草防护，且每隔10~15.0 m设一条边坡支撑渗沟。当地区雨量丰富、地表水易下渗时，应沿边坡设置适当的仰斜排水孔。

（3）强风化软岩路堑边坡小于6 m时，采用立体植被护坡网内喷播植草防护；大于6 m时，采用截水骨架内喷播植草、挂网喷混植生或格窗式浆砌片石护坡。弱风化软岩、强风化破碎硬质岩路堑边坡，采用挂网喷混植生、截水骨架内客土植草或浆砌片石内截水培土植草窗护坡；较完整的弱风化硬质岩边坡，采用预裂、光面爆破技术开挖，对局部裂隙则采用浆砌片石嵌补。其中下第三系（E）泥岩、泥质砂岩；白垩系（K）泥质粉砂岩、泥岩；侏罗系（J）泥岩；奥陶系泥质砂岩以及各时代的页岩、炭质页岩等极软岩全～强风化边坡，当地下水发育或雨量丰富、地表水易下渗时，应每隔 10～15.0 m 设一条边坡支撑渗沟，并沿边坡设置适当的仰斜排水孔。

（4）软硬岩互层边坡，当具有页岩、泥岩地层时，采用 M7.5 浆砌片石防护。

边坡喷播植草内增植紫穗槐等灌木，间距 2.0 m。

软质岩、强风化的硬质岩及土质路堑一般每隔 10 m 左右或在土石分界处设置一平台及截水沟，边坡坡面（含边坡平台、侧沟平台）均应进行防护或加固。

2. 路堑基床处理

（1）对弱风化～未风化硬质岩路堑，将底部作成向横向两侧 4% 排水坡，对凹凸不平处以 C25 混凝土填平。其他类型路堑基床表层换填级配碎石（160 km/h 及以下可采用 A 组填料换填）。

（2）基床底层。

路堑基床土不能满足要求时按下列原则设计：

① 土质路堑及全风化路堑，其基床底层土质不符合 A、B 组填料要求时，应采用 A、B 组填料或改良土换填，厚度不小于 0.5 m，并分层碾压至相应的压实标准。

② 基床范围内不得夹有 P_s 值小于 1.5 MPa 或 $[\sigma]\leqslant 0.18$ MPa 的土层，否则应采用挖除或复合地基进行处理。当处理深度小于 1 m 时，挖除换填 A、B 组填料；当处理深度大于 1 m，小于 3.0 m 时，采用搅拌桩、CFG 桩复合地基或桩-网结构加固，加固深度至基床以下 2.0 m 或至硬层（$[\sigma]>$ 0.18 MPa），桩顶面铺一层双向土工格栅。

③ 当地基为强风化硬质岩及花岗岩全风化层，密实度不满足规范要求时，主要采用冲击压实或振动碾压进行加固。当结构松散、性质较差时，应采用挖除换填或复合地基进行处理。

④ 当地基为软质岩时，基床底层换填 A、B 组渗水土填料，换填底部设复合土工膜，换填厚度不小于 0.5 m，当为膨胀土或全风化～弱风化极软岩时，换填 A、B 组渗水土填料或改良土，换填厚不小于 1.0 m。

⑤ 通过谷地或低洼地段的浅挖路堑地段，其基床底层土不满足基床填料要求时，应换填 A、B 组填料或改良土，同时在路基两侧侧沟沟底设置纵向盲沟降低地下水位，并于基床底层顶面设置复合土工膜封闭。如基底存在压缩性较大的地基土，沉降计算不满足要求时应按软土、松软土路基采取加固措施。

全线基床处理路基共有 13 处，长度为 2 720 m。主要分布在高阶地及一级阶地范围。

二、高路堤

对少数"V"形谷地、陡坡地段以及部分站内等设桥困难地段，当路堤边坡高度超过 15 m，如地基条件良好、填料来源丰富、填料性质较好时，路基按高路堤设计，并控制在 20 m 以内。

当路堤边坡高度不超过 15 m 时，基床以下路堤采用 A、B、C 组填料填筑，压实标准应采用基床底层标准。

当边坡高度超过 15 m 时，基床以下应采用级配较好的硬质岩渣进行填筑（A 组填料），同时采用冲击碾压技术或重型碾压机械加强碾压。边坡坡率：0～8 m 为 1：1.5，8～15 m 为 1：1.75，15 m 以下为 1：2，并于 8 m 处设 2 m 宽边坡平台，边坡坡面主要采用干砌片石护坡。

三、深路堑

堑坡一般采用重力式挡墙、土钉墙、（预应力）锚固桩、锚杆挡墙、预应力锚索、复合式锚索墙等收坡，工程地质条件较差且地下水发育的工点，可采用分级、分层稳定及坡脚预加固措施。

（1）土质及各类全风化地层边坡较高时，可在坡脚设置矮挡墙，墙高不宜超过 6 m，墙顶边坡采用截水拱形骨架或空心砖内喷播植草防护。

（2）软质岩类强～弱风化及强风化硬质岩边坡一般采用 M7.5 浆砌片石护墙、护坡防护，或采用喷混植生防护（城市、车站附近有景观要求时），坡脚采用挡土墙支护收坡。单级挡墙一般不超过 6～8 m，超过 6 m 时墙背开挖边坡应采取临时锚喷措施。单级护墙高度不超过 12 m；否则，路堑边坡采用台阶式边坡形式，在级与级之间设边坡平台及截水沟。

对挖方较大，工程地质条件较差的路堑工点，如不利结构面组合的工点、岩石风化严重且地下水发育的工点，应根据具体工点情况进行特殊设计，可采用浆砌片石抗滑挡墙、抗滑桩、桩板墙、预应力锚索、U 形槽等分级、分层稳定及坡脚预加固措施。采用桩加固时，桩悬臂段长度一般控制在 6～8 m。

（3）对硬质岩石路堑，当边坡高不大于 20 m，且岩体节理裂隙不发育时，应采用光面爆破技术开挖，以减少坡面防护工程。当边坡较高或有不利结构面组合的工点，采用预应力锚索加挂网喷浆加固防护。有条件时考虑绿化美化设计。

（4）挡墙应采用 C15 片石混凝土或混凝土结构，对墙高超过 12 m 及轻型支挡结构应适当提高安全系数，挡土墙背反滤层采用土工合成材料或无砂混凝土块。

（5）在城市附近，对石质路堑和支挡结构有条件时考虑绿化设计和景观美化设计。设计方法参照《铁路路基边坡绿色防护技术暂行规定》（建技〔2003〕7 号）办理。

四、浸水路堤（水塘路堤、水库路堤、滨海路堤、沿河路堤等）

（1）浸水地段路堤边坡坡率放缓一级，防护措施按规范有关要求执行，一般采用浆砌片石或干砌片石护坡，设墁石基础或脚墙基础，受主流冲刷时可浸水挡墙防护。防护标高为设计洪水位+波浪侵袭高+壅水高+0.5 m（安全高）。

（2）水塘路堤部分地段采用振动碾压片石，一般水塘应进行围堰抽水清淤，换填渗水性好的 A、B 组填料，当清淤对环境影响较大时，可采用片石挤淤处理。位于软土或松软土地段时，采用排水疏干后回填土，按软土或松软土地基路堤进行加固。

（3）浸水路堤采用水稳性好的 A、B 组填料填筑。

五、陡坡路基

凡修筑在地面横坡等于或陡于 1∶2.5 的陡坡上的路堤为陡坡路堤，检算中稳定系数一般不小于1.25。路堤经检算不稳定时，采用挡土墙（C15 片石混凝土）、桩板墙等支挡建筑物处理。计算时应采用陡坡下滑力与土压力的较大值进行设计。陡坡路堤靠山侧应设排水设备，并采取防渗加固措施。按《铁路路基支挡结构设计规范》（TB 10025—2006）第 1.0.13 条要求设置护轮轨。

六、软土路堤

1. 稳定性检算

路堤最小稳定安全系数：不考虑列车荷载时，为 1.25；考虑列车荷载时，为 1.15。采用复合地基法处理时应按《建筑地基处理技术规范》（JGJ79—2002）进行单桩承载力及复合地基承载力估算。采用预应力管桩处理时应按《铁路桥涵地基和基础设计规范》（TB 10002.5—2005）进行桩基承载力估算。

2. 沉降控制标准

路基工后沉降、沉降速率不得大于表 25.5 中所列控制值。

表 25.5　路基工后沉降、沉降速率控制

速度目标值/（km/h）	一般地段工后沉降/mm	桥路过渡段工后沉降/mm	沉降速率/（mm/a）
200	150	80	40
160	200	100	50
货场、工区、场坪及联络线等	300	100	50

3. 地基处理原则

正线及正线车场软土地基一般采用复合地基法加固。车站内货场、综合工区及联络线可采用插塑板排水固结法，大面积货场及场坪可结合真空预压处理；当填筑较高、软土物理力学指标差的地段，也可采用复合地基处理。

正线及正线车场软土路堤地基处理措施可根据软土地基的工程地质性质、厚度及路堤高度等因素确定。主要方法有：浅层处理；CFG 桩、布袋注浆、水泥搅拌桩、高压旋喷桩等复合地基法；预应力管桩桩网结构。视需要设土工格栅垫层加筋，土工格栅最多铺设二层。

（1）当软土层厚度小于 3 m 时，可采用碾压片石（≤2 m）、挖除换填（≤2 m）、砂垫层+土工格栅处理。

（2）软土层厚度 3~12 m 时，可采用碎石桩、水泥土搅拌桩（浆喷桩、粉喷桩）或 CFG 桩等复合地基处理。

（3）软土厚度大于 12 m 时宜设桥通过，确需采用路基时，应采用 CFG 桩或高压旋喷桩处理，桩长一般应穿透软土层，并嵌入硬底一定深度。

（4）排水固结法竖向排水体系采用塑料排水板，排水板深度应控制在 15 m 以内，间距为 1.1~1.3 m。当路基稳定不满足要求时，可考虑设经编土工格栅、反压护道等加强稳定的措施。土工格栅最多铺设二层，采用反压护道时护道宽度不宜超过 5 m。

CFG 桩桩径 0.5 m，桩间距根据稳定检算确定，桩间距为 1.8~2.0 m；水泥土搅拌桩桩径 0.5 m，桩间距根据稳定检算确定，桩间距 1.4~1.6 m。

4. 施工工期

当地基处理采用排水固结法时，路基施工期一般按 10 个月考虑。有效固结时间按施工期加放置预压期计算。软土地段填筑施工完成后，应至少有 6 个月的沉降观测和调整期，根据沉降观测资料经系统分析评估，沉降稳定且工后沉降满足要求后方可铺设轨道结构。

5. 施工期沉降观测及沉降分析

（1）地表水平位移桩（边桩）观测：在路基两侧坡脚外 2 m、10 m 各设观测桩一排，纵向间距 20~40 m。要求路堤中心沉降每昼夜不得大于 10 mm，边桩水平位移每昼夜不得大于 5 mm。

（2）地基沉降观测：在路堤中心设沉降板观测，纵向间距根据软土工程地质条件确定，一般不大于 100 m。根据填土—时间—沉降量关系曲线，通过反演分析，进行动态设计，并推求工后沉降量，作为竣工验交依据。

6. 复合地基施工检验标准

（1）CFG 桩。

CFG 桩一般要求：桩径采用 0.5 m；桩长原则上必须穿透软土至硬底，对于第四系地层一般应嵌入粉砂层或黏性土（P_s>1.2 MPa 或[σ]>0.15 MPa）深度不小于 1.0 m，对于下伏基岩地段应嵌入全风化层不小于 0.5 m；桩间距应根据稳定检算确定，一般采用（3~5）d（d 为桩径）。桩身 28 d 龄期试件体抗压强度不小于 10.0 MPa。

质量检测：抽取总桩数的 10%进行低应变动力试验，检测桩身完整性；按 2‰进行单桩静载试验，且单项工程不应少于 3 根。

（2）水泥搅拌桩。

桩长原则上应穿透软土层，至强度相对较高的土层。桩间距：应根据稳定检算确定，一般不应大于 3 倍桩径，水泥土最小水泥掺入量不得小于 10%。固化剂为 425 号普通硅酸盐水泥，水泥土无侧限抗压强度不小于 1.2 MPa。

质量检测：应进行复合地基载荷试验和单桩载荷试验，检验数量为桩总数的 0.5%，单桩无损检测为 1%，且单项工程不应少于 3 根。

（3）高压旋喷桩。

高压旋喷桩加固软土路堤地基一般采用双管法，桩直径 0.8 m 左右，桩间距：应根据稳定检算确定，一般不应大于 3 倍桩径，桩端一般进入硬层。喷射浆液材料应根据工程需要和地质条件选用，一般为 425 号硅酸盐水泥浆，水灰比 0.8：1～1.2：1。旋喷桩设计可参考相关资料进行，水泥土无侧限抗压强度不小于 1.8 MPa。

质量检测：应进行复合地基载荷试验和单桩载荷试验，检验数量为桩总数的 1%，且单项工程不应少于 3 根。

七、松软土路基

松软土系指其 $0.8 \text{ MPa} < P_s \leqslant 1.2 \text{ MPa}$ 或 $[\sigma_0] \leqslant 0.15 \text{ MPa}$ 的土层。对修建在松软土地基上的路堤应按软土地基进行沉降和稳定检算，不能满足要求时应加固处理，采用碎石桩、水泥土搅拌桩（浆喷桩）或 CFG 桩加固，桩顶铺设高强度土工格栅。

八、素填土路基

龙岩地区素填土地段较多，多为平整场地时移挖作填，填料以细粒土、砂土及块石等组成，具一定的密实性，但均质性差，强度低，填土层底部地基表面一般未处理。

DK5+200～+500 段填土厚度达 16 m，已设桥通过。填土厚度小于 10 m 的地段，主要采取如下措施处理：

① 填土厚度小于 3 m 时，挖除换填；

② 填土厚超过 3 m 时，采用 CFG 桩加固。

九、不良地质路基

龙厦铁路不良地质路基主要有岩溶路基、地下水发育路堑、液化土路基、采空区路基等路基，主要不良地质路基设计原则如下。

1. 岩溶路基

岩溶路基主要分布在龙岩市附近，溶蚀现象较为发育。溶洞在安全距离以下时，考虑到地下水波动易对上覆土层掏蚀，产生土洞，原则上封闭土石界面，形成隔水帷幕，注浆厚不小于 8 m，进入基岩顶面以下不小于 5 m。当上覆土层层厚大于 15 m 时，应结合工点地质情况、地下水活动情况以及当地既有工程病害整治的经验确定，当地下水与表水连通性好，地下水位波动大，存在可能引起地表变形隐患地段，应对地基进行加固处理。

路堤地段加固范围一般至坡脚外 5.0 m，加固间距为 5 m，正三角形布置。

岩溶地基处理完成后，采用物探、注水试验结合钻探抽芯检验加固效果，物探测线布置为三条、每条长度为加固范围长度+50 m，注水试验孔为总孔数的 1%。

2. 液化土路基

地震动峰值加速度大于或等于 0.1g 的地区，当挡土墙位于液化土或软土地基时须进行抗震强度和稳定性验算。

路基为半挖半填和路堤修筑在地面横坡大于 1：5 的稳定斜坡上时，原地面应挖台阶，台阶宽度不应小于 2.5 m，并应做好排水工作，必要时设支挡结构物等防滑措施。

地震区存在可液化地基土时，应进行抗震稳定性验算，稳定系数不应小于 1.1，否则应采取碎石桩、CFG、换填或设置反压护道等措施。一般采取措施如下：

① 当液化土层深度小于 3 m 时，采用换土法。挖除液化土层，换填非液化土，加以夯实，压实标准同路堤。

② 当液化土层深度大于 3 m 时，根据地层情况碎石桩加固。

液化土路基当满足下列条件之一时，不采取防液化措施：

① 上覆非液化土层厚度大于 5 m 或地下水埋深大于 5 m（0.1～0.15g）的地段。

② 软土地基已采取加固措施的地段。

3. 地下水发育路堑

地下水发育地段，在象山隧道出口地段以路堑形式通过，此段线路百年水位较高，线路路肩标高低于百年水位 2～5 m，地层为赋水的卵石层和漂石层，采用 U 形槽、旋喷桩或注浆隔水和加大侧沟排水等措施，确保环境和水资源不受到破坏。

其他地下水发育地段，视工点的工程地质情况及环境因素，采用注浆隔水、U 形槽及抗浮、边坡支护和加大侧沟排水或路堤式路堑结构等处理等措施，确保环境和水资源不受到破坏。

混凝土结构设计应根据结构的设计使用年限、环境类别及其作用等级进行耐久性设计。

4. 采空区路基

龙岩市王庄段线路位于王庄煤矿采空区及小煤窑采空区，小煤窑井口已被掩埋。线路主要以桥梁和隧道的形式通过。当基底坑道埋藏较浅有空洞时，采用明挖回填片石或 M7.5 浆砌片石支撑处理；当基底坑道埋藏浅，但不易开挖时，采用注浆处理，对空洞可采用灌砂、灌水泥砂浆充填；对埋藏较深、影响路基稳定的采空区，采用注浆处理，对空洞可采用灌砂、灌水泥砂浆充填。

地基处理完成后，主要采用物探、注水试验等方法检测加固效果。

第七节　路堑设计

路堑边坡高度应根据不同岩性、风化程度确定，岩性完整、风化不深时路堑边坡高度一般不大于 25～30 m，软质岩、全风化硬质岩、土质边坡高度一般不大于 20～25 m，当边坡高度大于 25 m 时宜改善平纵面设计或采用明洞或隧道方案。

路堑设计岩土基本参数如表 25.6。

路堑应根据边坡高度、边坡岩土工程性质、地下水条件等设置侧沟平台，平台宽度宜为 1.0～2.0 m；在土石分界处、透水和不透水层交界面处，应设置边坡平台，平台宽度宜为 1.5～3.0 m，平台采用 M7.5 浆砌片石或 C15 混凝土加固。当侧沟平台或边坡平台为土质时，在平台处一定的间距设置培土坑种植绿色灌木。

第八节　填料设计

一、基床填料要求

正线路基基床结构及填料要求如表 25.7 所示。

表 25.6 路堑设计岩土基本参数

项目 \ 岩性	第四系土层	凝灰质砂岩、泥质胶结的砾岩、砂砾岩、砂岩、粉砂岩及凝灰岩等			熔结凝灰岩、石英砂岩、粗粒岩浆岩等			花岗岩、闪长岩、凝灰熔岩、石英岩		
节理发育程度			很发育	较发育		很发育	较发育		很发育	较发育
风化程度		全风化	强风化	弱风化	全风化	强风化	弱风化	全风化	强风化	弱风化
土石工程等级	II ~ III	III	IV	IV	III	IV	V	III	IV ~ V	VI
边坡坡率 m	1.5 ~ 1.25	1.5 ~ 1.25	1.25	1.0	1.25 ~ 1.5	1.25 ~ 1.0	0.75	1.25	0.75	0.5
综合内摩擦角	35° ~ 40°	35° ~ 40°	40° ~ 45°	50°	35° ~ 40°	45° ~ 50°	55°	40°	55°	65° ~ 75°
基本承载力/kPa	按规范	250	300 ~ 400	400 ~ 600	250 ~ 300	400 ~ 600	800 ~ 1000	250 ~ 300	500 ~ 600	1 000 ~ 1 500
基底摩擦系数	0.25 ~ 0.3	0.3	0.4	0.4 ~ 0.5	0.3 ~ 0.4	0.5	0.5 ~ 0.6	0.3 ~ 0.4	0.5	0.5 ~ 0.7
路基类别	土质路基						硬质岩石路基	土质路基		硬质岩石路基

注：岩石坚硬程度的定性划分按"铁路工程岩土分类标准"TB 10077—2001 表 3.1.2 办理。

表 25.7 正线路基基床结构及填料要求

速度目标值	基床厚度	基床表层类型	填料要求
200 km/h	基床表层厚 0.6 m	硬质岩石路堑	
		土质路基	采用级配碎石或级配砂砾石
	基床底层厚 1.9 m	路堤	采用 A、B 组填料或改良土
160 km/h 及以下	基床表层厚 0.6 m	硬质岩石路堑	不换填
		土质路基	采用 A 组填料（砂类土除外）或级配碎石、级配砂砾石
	基床底层厚 1.9 m	路堤	采用 A、B 组填料、改良土或加固

二、基床以下填料要求

正线路基基床以下部位路堤应采用 A、B、C 组或改良土填筑；当选用 C 组填料中的细粒土、粉砂和易风化软块石土时应采取隔水或加强边坡防护措施。填料压实标准应满足表 25.8 要求。

表 25.8 基床以下填料压实标准

填料	压实标准	细粒土	粗粒土	碎石土
A、B、C 组填料或改良土	地基系数 K_{30}/（MPa/m）	≥90	≥110	≥130
	压实系数 K	≥0.90	—	—
	孔隙率 n/%	—	<31%	<31%

联络线及站线等基床以下部位路堤采用 A、B、C 组填料，当选用 D 组填料时应采取加固或改良措施，压实标准按《铁路路基设计规范》（TB 10001）执行。

第九节　过渡段设计

路基与桥台、路基与横向结构物连接处、路堤与路堑以及土质、软岩、强风化硬质岩路堑与隧道等分界处应设置过渡段。

一、路堤与桥梁过渡段

过渡段长度：$L=A+2(H-0.6)$。A 取 3～5 m。

过渡段路堤基床表层应满足 200 km/h 规范要求，并在与桥台连接的 20 m 范围内基床表层的级配碎石内掺入 5% 的水泥。表层以下过渡段正梯形范围内采用级配碎石掺入 3%～5% 水泥分层填筑，级配碎石的级配范围应满足规范要求，压实标准应满足地基系数 $K_{30} \geqslant 150$ MPa/m、孔隙率 $n<28\%$，压实标准符合基床底层填料的标准；在路基与桥台结合部位设带排水槽的渗水墙，渗水墙采用无砂混凝土块砌筑，长 30 cm、宽 15 cm、厚 10 cm。在渗水墙底部设直径 $\phi=100$ mm（TS-100）透水软管将渗流水排出路基以外；边渡段桥台基坑应以混凝土回填或以级配碎石分层填筑并用小型平板振动机压实，过渡段地基系数 $K_{30} \geqslant 60$ MPa/m。

二、路堤与横向结构物（立交框构、箱涵、圆涵等）过渡段

横向建筑物顶部及其两侧各 20 m 范围内基床表层的级配碎石应掺入 3%～5% 的水泥；过渡段填筑级配碎石，要求同路桥过渡段。当横向结构物顶部距轨顶距离小于 1.5 m 时，其顶面应填筑级配碎石，过渡段设置形式同路基过渡段。过渡段的基坑应回填混凝土或分层回填碎石，并用小型平板振动机压实。基坑回填至原地面平整后应用振动碾压机碾压至密实。

三、路堤与路堑连接处过渡段

当路堤与路堑连接处为坚硬岩石路堑时，在路堑一侧顺原地面纵向开挖台阶，在路堤一侧设置过渡段，过渡段填筑要求同路桥过渡段。当路堤与路堑连接处为软质岩石或土质路堑时，应顺原地面纵向挖成 1:2 的坡面，坡面上开挖台阶，其开挖部分填筑要求应同路堤。开挖的台阶高度在 0.6m 左右。

四、土质、软质岩及强风化硬质岩路堑与隧道连接地段

该连接地段应设置长度不小于 20 m 的过渡段，并采用渐变厚度的 C20 混凝土或掺入适量水泥的级配碎石填筑。处于软土地段的桥路及路堤与横向结构物过渡段地基采用复合地基方法处理。过渡段长度不宜小于 30 m。

第十节　路基防排水设计

排水设施应布置合理，与桥涵、隧道、车站等排水设备衔接配合，有足够的过水能力。设计路基排水设施时，应与水土保持及农田水利的综合利用相结合。

（1）对路基有危害的地面水，应设置侧沟、天沟、排水沟及边坡平台截水沟，将水拦截引排至路基范围以外，防止水流冲刷路基。

（2）地面横坡明显地段，排水沟、天沟可在上方一侧设置。若地面横坡不明显，宜在路基两侧设置。

（3）路堑顶部无弃土堆时，天沟内边缘至堑顶距离不宜小于 5 m。当沟内进行加固防渗时，不应小于 2 m。

（4）路基排水设施的纵坡，不应小于 2‰；地面平坦地带或反坡排水地段，仅在困难情况下，方可减少至 1‰。

（5）侧沟、天沟、排水沟或截水沟应按 1/50 频率设计，沟顶应高出设计水位 0.2 m。流量不控制的一般地段，软质岩、强风化或构造破碎的硬质岩路堑及土质路堑侧沟可采用底宽 0.5 m、深 0.9 m 的矩形或梯形截面，并以 C15 片石混凝土加固，厚 0.4 m，顶面加设钢筋混凝土盖板；边坡平台截水沟尺寸可采用底宽 0.40 m、深 0.60 m 的矩形断面，天沟及排水沟均采用深 0.6 m，底宽 0.4 m 的梯形截面，并以 C15 混凝土预制块加固，厚 0.3 m。

（6）不易风化的硬质岩石路堑采用矩形侧沟，底宽 0.4 m，深不小于 0.4 m，沟底和靠山侧用 M10 水泥砂浆抹面，厚 0.05 m，局部用 C15 混凝土镶补；堑顶天沟可不加固，采用 M10 水泥砂浆抹面，厚 0.05 m，局部用 C15 混凝土镶补。

（7）堑顶坡面较陡的天沟，采用矩形，底宽 0.60 m，深 0.60 m，采用 M7.5 水泥砂浆砌片石加固。当沟壁为土层及全风化岩层，靠山侧沟壁厚应根据深度按表 25.9 确定。

表 25.9　水沟尺寸

沟深/m	0.4～0.7	0.8～1.0	1.1～1.2	1.3	1.4～1.5
沟壁厚/m	0.3	0.4	0.5	0.6	0.7
侧沟底厚/m	0.3	0.4	0.4	0.5	0.5

（8）路堑侧沟的水流，不得经隧道排出。隧道洞口的反坡排水可结合隧路刚性过渡段的设置，起止水沟断面可为 0.4 m 深。当排水困难且隧道长度小于 300 m，洞外路堑的水流较小，含泥量少时，经研究比较后确定是否可经隧道排出。

（9）在深长路堑和反坡排水困难的地段，当侧沟深超过 1.50 m、宽超过 0.80 m，以及谷地路堑地段，宜增设涵洞，或专用排水沟，将侧沟水尽快引排至路基外。

（10）对路基有危害之地下水，应根据其性质和特征设置明沟、排水槽、渗水暗沟、渗水隧洞、渗井、渗管或排水斜孔等排水设施。特别顺层路堑、岩堆、滑坡路基应加强引排水措施。

第十一节　路基防护工程设计

路堤边坡高度超过 15 m 时，基床以下应采用级配较好的硬质岩渣进行填筑（A 组填料），同时采用冲击碾压技术或重型碾压机械加强碾压。边坡坡率：0～8 m 为 1∶1.5，8～15 m 为 1∶1.75，15 m 以下为 1∶2，并于 8 m 处设 2 m 宽边坡平台，边坡坡面主要采用干砌片石护坡。

路堑坡一般采用重力式挡墙、土钉墙、（预应力）锚固桩、锚杆挡墙、预应力锚索、复合式锚索墙等收坡，工程地质条件较差且地下水发育的工点，可采用分级、分层稳定及坡脚预加固措施。

第十二节　路基沉降控制设计

路基工后沉降、沉降速率不得大于表 25.10 中所列控制值。

表 25.10　路基工后沉降、沉降速率控制

速度目标值/（km/h）	一般地段工后沉降/mm	桥路过渡段工后沉降/mm	沉降速率/（mm/a）
200	150	80	40
160	200	100	50
货场、工区、场坪及联络线等	300	100	50

第十三节　设计优化与变更

　　龙厦铁路路基工程在设计和施工过程中根据实际情况进行优化设计，在保证安全、稳定的前提下，减少对土地的利用，减少工程投资。

第二十六章 桥涵设计

第一节 桥涵工程概况与特点

一、沿线水系

龙厦铁路龙岩至漳州段位于福建省西南部，先后穿越龙岩、南靖、漳州地区。沿线低山丘陵区、山间谷地区、滨海平原区相间分布，主要河流有九龙江北溪、九龙江西溪等。

九龙江流域位于福建省西南部，发源于戴云山山脉和博平山脉，是福建省第二大河流，流域在福建省北面及东北方向与闽江支流沙溪流域相接，西邻汀江流域，南与漳浦、云霄、诏安等县诸小溪相邻，东与晋江西溪流域接界，东南滨海. 流域面积 14 741 km²，河长 285 km，平均坡降 2.0%。流域内主要河流有北溪和西溪。

九龙江北溪是九龙江的主要干流，发源于龙岩的西北之博平岭山脉，由龙岩向东北至西园后折向东南，流经龙岩、漳平、华安、龙海等县市，至龙海境内福河与西溪汇合，北溪流域面积 9 640 km²，河长 272 km，九龙江北溪在漳平市城区以上分为燕石溪、万安溪、永福溪、宁洋河、新桥溪等四大支流，漳平以下有西南溪、永福系、温水溪、龙津溪等溪汇入。

西溪主流发源龙岩适中，向南流经奎洋折向东南后流经船场、南靖、漳州汇北溪而出海。西溪流域面积 3 940 km²，河长 172 km，西溪靖城以上分为花溪、船场溪、芗江及永丰溪，靖城以下经郑店、漳州至龙海市福河与北溪相汇。

西溪和北溪汇合后分南、中西、北港，中间隔以龙海市紫泥镇的许茂、乌礁两洲，流至浮宫又纳入南溪，最后流经厦门港入海。

流域地势自西北向东南倾斜，境内主要山脉为北部戴云山脉与西部博平山脉伸展相衔接。上游分水岭海拔高程自 1 000 ~ 1 600 m，博平山脉最高峰在西北部与河江交界的岩顶山，海拔高度达 1 813 m，北溪自潭口以上多高山峻岭，少平地，河道坡降甚陡，滩多流急，河床为岩石或卵石，潭口以下河谷开阔，沿河为丘陵或平原地带，丘陵高度一般为 35 ~ 100 m，平原高度在 35 m 以下，下游为漳州平原，是福建省最大的冲积-海积平原。

二、地形特征

龙厦铁路沿线位于福建省西南部，先后穿越龙岩、南靖、漳州、厦门地区，沿线低山丘陵区、山间谷地区、滨海平原区相间分布，总的地势西北高、东南低。

中低山丘陵区海拔一般在 35 ~ 1 000 m 之间，少数山峰在 1 000 m 以上，山坡自然坡度约 15° ~ 40°，植被发育。平原区海拔一般在 0.5 ~ 35 m 之间，地势平坦，相对高差 1 ~ 3 m。区内小流域河流较多，大多汇入九龙江西溪。

三、桥梁分布及其特点

1. 桥梁概况

龙厦铁路设计为 200 km/h 客货共线铁路，为我国第一批建设的 200 km/h 客货共线铁路。龙岩站（含）至漳州南站（不含），正线长度 111.336 km。正线共新建双线特大桥 16 座共长 20 909.22 延米，双线大桥 13 座共长 3 185.65 延米，双线中桥 4 座共长 322.65 延米，框架中桥 7 座共 3 565.56 顶平方米，共计桥梁 39 座共长 24 394.4 m，其中连续梁长度为 1 788.8 m。公跨铁立交桥 9 座 4909.28 顶平方米，渡槽 4 座 314.26 延米，涵洞 270 座 7 621.29 延米。

2. 桥梁工程技术特点

龙厦铁路桥梁设计在满足线路标准及桥梁结构使用功能的前提下，选择经济合理、景观协调、受力明确且便于施工的简洁结构形式；并突出人性化，满足适用、舒适、耐久、环保、便于养护维修等方面的要求，其主要工程技术特点如下所述。

（1）梁跨结构。

梁跨结构采用原原铁道部部颁标准跨度预应力混凝土简支 T 梁为主，大跨度采用常用跨度连续梁、结合本线特点特殊设计。

（2）桥上无缝线路。

一次铺设跨区间无缝线路，以保证轨道的平顺和稳定。桥上无缝线路要求桥梁必须考虑梁轨共同作用，桥梁墩台及其基础设计必须满足桥上无缝线路对桥梁墩台纵横向水平线刚度要求。因此，在桥梁刚度满足桥上无缝线路对桥梁结构纵横向水平线刚度要求的基础上，尽量减小并合理控制桥梁的位移与变形，降低了桥上钢轨的附加应力，保证了桥上无缝线路的稳定、行车安全和行车舒适性。

（3）为保证旅客列车通过及乘坐的舒适度、满足高速列车行车安全性，要求桥梁设计刚度大。必须保证桥梁在车桥耦合动力响应时具有较好的性能，即在高速列车通过桥梁时，旅客乘坐舒适性指标、车体的竖向、横向振动加速度、脱轨系数、轮重减载率、轮对横向水平力等各方面指标均应满足相应的要求。

（4）桥涵混凝土结构进行耐久性设计。

桥涵主体混凝土结构的设计正常使用年限为 100 年，桥涵主体结构均采用高性能耐久性混凝土，并按桥涵结构各部件所处的不同环境类别及作用等级对混凝土材料、结构构造措施、有关施工控制等进行相应的设计，设计通过采取合理选择混凝土材料标号、墩台表面设置护面钢筋、合理设置钢筋的混凝土保护层厚度、重视结构构造细节及防排水设计等措施，确保桥涵结构具有足够的耐久性。

（5）桥梁设计充分考虑建设与运营养护维修的经济性、便利性、设施人性化、桥梁景观与环境的协调。

第二节　设计原则与采用的主要技术标准

一、设计标准

1. 铁路等级

铁路等级为Ⅰ级，设计速度目标值为 200 km/h 客货共线，正线采用 60 kg/m 轨道，双线路基轨顶至路肩 0.922 m，轨高 0.176 m，轨面至梁顶 0.876 m。

其中：DK7+100 以前设计速度目标值为 120 km/h 客货共线，采用 60 kg/m 轨道，单线路基轨顶至路肩 0.84 m，轨高 0.176 m，轨面至梁顶 0.826 m。

2. 正线数目

区间正线为双线，线间距 4.4 m（区间部分区段受车站及隧道等影响，存在部分变线间距）；DK7+100 以前线间距 4.0 m（注意变线间距）；站内为多线。

3. 设计行车速度

设计行车速度为 200 km/h 客货共线（DK7+100 以前 120 km/h 客货共线）。

4. 采用洪水频率

桥梁按 1/100，涵洞按 1/100。

5. 设计活载

设计活载为中-活载。考虑无缝线路长钢轨力，设计考虑了长大货车活载，长大货车通过时按限速 60 km/h 考虑。

6. 建筑限界

（1）龙厦铁路建筑限界按《新建时速 200 公里客货共线铁路设计暂行规定》办理，本线不考虑开行双层集装箱要求。

（2）本线跨越普通铁路时，桥下净空按"建限-1"办理，对本线跨越的拟开行双层集装箱列车的厦深线路限界高度为 7.96 m。

（3）本线跨越城市道路及公路时，按《城市道路设计规范》（CJJ37—90）、《公路工程技术标准》（JTGB01—2003）规定及有关单位协商意见确定，其中跨越高速公路时其桥下净空不应小于 5.5 m。

（4）跨越航道时，按国家《内河通航标准》（GB 50139—2004）规定及有关单位协商意见确定。

（5）铁路桥梁限界：按《新建时速 200 公里客货共线铁路设计暂行规定》办理。

（6）所有跨线桥均在满足相应限界的基础上预留 0.1～0.2 m 的富余量。

二、设计原则

1. 新建桥涵式样、孔径类型及接长涵洞的有关规定

对于常规标准跨度的桥梁，结合地形、地貌、水文、地质条件、跨越功能及施工方法等优先采用 32 m 跨度简支 T 梁进行布置，并配以部分 24 m 简支 T 梁进行桥梁孔跨布置的调节；桥跨一般按等跨布置，尽量减少变跨情况。遇特殊立交（如与公路、铁路、河流的斜交或跨越高等级公路、多股道铁路）及通航要求，采用常规标准梁跨无法跨越通过时，视情况选用大跨度连续梁。对于桥上设有无缝线路道岔的情况，本次设计按照无缝线路轨道对梁端距离的要求，采用常用跨度连续梁以满足无缝线路轨道对桥梁结构的要求。

新建小桥均采用箱形桥，当河流、道路与铁路斜交时，箱形桥顺河沟或顺路斜做。小桥涵的孔径按与沿线各地方乡、镇签订的协议或根据河沟流量、既有道路宽度等因素进行综合确定。

涵洞一般采用框架涵、钢筋混凝土盖板涵、圆涵、钢筋混凝土倒虹吸。对填土较高不能使用框架涵者，采用盖板涵，对位于地质情况良好的山区涵洞优先采用盖板涵。

2. 既有涵洞接长的一般原则

既有涵洞孔径或净高＜0.6 m 者，拆除重建。既有涵孔径或净高＞0.6 m 者，原式接长，接长部分的净高与接长后的涵洞总长，按《铁路桥涵基本规范》（TB 10002.1—2005）第 5.4.2 条规定执行。

第三节　基础工程设计

（1）桥梁基础类型一般采用扩大基础和钻孔桩基础，龙厦铁路以钻孔桩基础为主，桩径一般采用 1.0 m、1.25 m、1.5 m、1.8 m 及 2.0 m。

（2）当开挖深度在 5～6 m 以内且有条件开挖，地基承载力及沉降满足设计要求时，采用扩大基础，其余采用桩基础；明挖基础埋置深度满足《铁路桥涵地基和基础设计规范》（TB 1002.5—2005）第 1.0.9 条要求。

（3）在岩石陡坡地段，基础埋置深度考虑岩石节理、承载力、有无不利的走向、倾角等因素；

对于土质陡坡地段，在地质坡面存在可能的不稳定地质坡面时，基础设计采取加强设计。

（4）小桥涵基础，一般采用扩大基础；地基土承载力不满足要求时，根据不同的情况分别采用换填砂夹碎石或桩基础进行地基处理。

第四节　墩台设计

（1）桥台采用矩形空心台，桥墩采用混凝土圆端形实体墩及圆端形空心墩，跨河桥采用圆端形实体墩。桥墩高度小于 30 m 时一般采用圆端形实体墩；墩高大于 30 m 时一般采用圆端形空心墩，但对跨越城市的桥梁，尽管部分桥墩墩高大于 30 m，但为兼顾城市景观，要求桥墩外形尽量采用较小的截面，同时在跨越既有河道时，对于水中桥墩外形也应该尽量采用较小的截面以尽量减少阻水面积，因此对跨越城市及河流的桥梁墩高大于 30 m 时仍采用圆端形实体墩进行设计。

（2）墩台设计按《新建铁路桥上无缝线路设计暂行规定》（铁建设函〔2003〕205 号）考虑无缝线路要求，其纵向线刚度满足限值。桥墩横向刚度按 "由墩台横向水平位移差引起的相邻结构物轴线间的水平折角不得超过 1‰" 控制。

（3）桥墩不设横向预偏心，不等跨墩均设置纵向预偏心。

第五节　常用跨度桥梁设计

龙厦铁路常用跨度桥梁约占全线总长的 22.14%，线路跨越河流、道路、山谷及以桥代路时，只要能满足使用要求，则优先采用常用跨度桥梁。

桥梁长度系根据桥址地质条件、相关部门对桥梁要求及线路工后沉降控制等因素经经济比较后确定。路桥分界填土高，一般在山区为 8～12 m；丘陵平原区为 7～8 m；软土及城镇附近为 5～6 m，但当台尾至挖方段距离不长时，则桥梁延伸至挖方内。另外，桥梁设置还需要满足 "桥与桥" "桥与涵" 的间距要求。

双线简支 T 梁桥面布置：（线间距 4.4 m，4.4～5 m）（图号：通桥（2005）2201）正线双线桥梁当线间距小于 5.1 m 时，采用双线简支 T 梁，其桥面宽度为（9.36+Δ）m（其中 Δ=S-4.4，S 为双线线间距，单位以 m 计）。正线桥梁当双线线间距超过 5.1 m 时，采用两座单线简支 T 梁。正线双线桥面布置如图 26.1 所示。

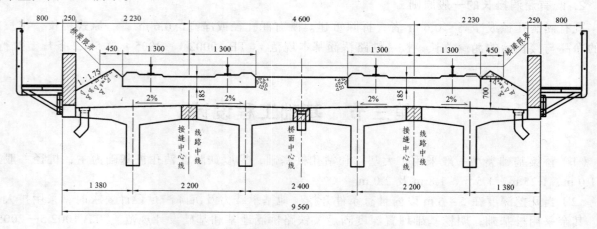

图 26.1　正线双线简支 T 梁桥面布置（单位：cm）

单线简支 T 梁桥面布置（图号：通桥（2005）2201）正线单线桥面布置见图 26.2，桥面宽度 4.96 m。

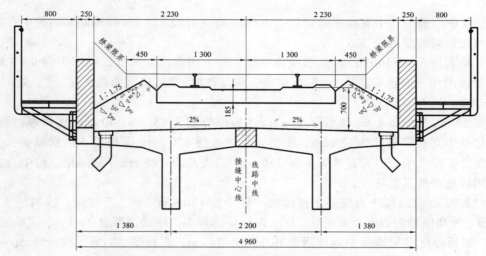

图 26.2　正线单线简支 T 梁桥面布置（单位：cm）

龙厦铁路常用跨度桥梁设计主要有以下 7 个要点：

（1）正线简支梁采用原原铁道部部颁标准跨度 24 m、32 m 的后张法预应力混凝土 T 梁；其中在 DK7+100 km 以前限速地段采用速度 160 km/h 客货共线铁路"通桥（2005）2101"图中的预制后张法简支 T 梁，在 DK7+100 km 以后地段采用速度 200 km/h 客货共线铁路"通桥（2005）2201"图中的预制后张法简支 T 梁。

（2）当线间距大于 4.4 m、小于 5.1 m 时，通过简支 T 梁之间湿接缝进行调整。变线间距时对于曲线上桥梁以左线为主的原则进行布置。当线间距大于 5.1 m 时且小于 6.0 m 时采取共桥墩，梁部分开设置，并在二个单线梁部之间纵向铺设钢盖板处理，当线间距大于 6.0 m 时，采取并置二个单线桥梁进行布置。

（3）正线简支 T 梁的曲线布置以桥面左侧对齐为原则，采用平分中矢法布置，计算其与左线的偏距、偏角。

（4）简支 T 梁采用盆式橡胶支座，对简支 T 梁的支座型号及参数，按照与"通桥（2005）2201"通用图及"通桥（2005）2101"通用图（预制后张法简支 T 梁标准设计图）配套的通用设计支座"通桥（2005）8056"图通用盆式橡胶支座型号及参数采用。

（5）正线桥梁人行道采用角钢支架，人行道宽 0.8 m 或 1.05 m，简支 T 梁桥面伸缩缝均按"通桥（2005）2201"通用设计图"梁端防排水设施构造图"采用。

（6）正线桥梁墩台顶设围栏，墩顶两侧设吊篮。

（7）地震动峰值加速度为 0.1g 和 0.15g 地区的桥梁，需设置防止落梁措施。

第六节　大跨度桥梁设计

龙厦铁路主要的特殊结构有：龙岩特大桥的（48+4×80+48）m 连续梁和（60+100+60）m 连续梁以及该桥和下东山特大桥、跨山旧线省道特大桥的（32+48+32）m 直线、曲线连续梁、肖厝特大桥和金山特大桥的（40+64+40）m 连续梁、马坑 1 号大桥的（4×32.7）m 双线预应力混凝土连续梁。

（1）龙岩特大桥（48+4×80+48）m 双线连续梁，桥上为直线～曲线，线间距 4.0～4.13 m，全联长 417.3 m。梁体采用三向预应力体系，单箱单室变高度截面，梁高按圆曲线变化；支点处梁高 660 cm，跨中梁高 380 cm。

箱梁顶宽 13 m，底宽 6.4 m，顶板厚 35 cm，腹板厚分别为 45、65、85 cm，底板厚由跨中的 46 cm 按圆曲线变化至中支点梁根部的 80 cm，中支点处加厚到 130 cm，全桥设 11 道横隔梁，分别设与中支点、端支点及中跨跨中。中支点横隔梁厚 200 cm，边支点设 125 cm 厚端隔梁，跨中合龙段设横隔梁。主梁采用挂篮对称悬臂施工。

（2）龙岩特大桥（60+100+60）m 双线连续梁，桥上为直线~曲线，线间距 4.0~4.01 m，全联长 221.5 m。梁体采用三向预应力体系，单箱单室变高度截面，梁高按圆曲线变化。支点处梁高 760 cm，跨中梁高 460 cm。

箱梁顶宽 13 m，底宽 6.4 m，顶板厚 37 cm，腹板厚分别为 45、70、90 cm，底板厚由跨中的 50cm 按圆曲线变化至中支点梁根部的 130 cm，中支点处加厚到 170 cm，全桥设 5 道横隔梁，分别设与中支点、端支点及中跨跨中。中支点横隔梁厚 320 cm，边支点设 145 cm 厚端隔梁，跨中合龙段设横隔梁。主梁采用挂篮对称悬臂施工。

（3）（4×32.7）m 双线预应力混凝土连续梁一联全长 130.6 m，桥上为渡线，线间距 5 m。梁体为单室、斜腹板、等高度箱形截面，采用纵、横二向预应力体系。箱梁顶部宽 13.4 m，箱梁底宽 5.68 m，梁高为 3 m。顶板厚度除梁端及中隔墙附近处外均为 34 cm，底板厚 30 cm，腹板厚 50~80 cm。施工方法为满布支架法一次现浇。

第七节　公跨铁桥梁设计

龙厦铁路公跨铁桥梁设计标准和原则如下：

（1）设计荷载：公跨铁立交根据各道（公）路的等级分别采用相应的公路荷载标准进行设计，人行天桥按人群荷载考虑；铁跨铁立交采用相应的铁路荷载标准进行设计。

（2）建筑限界：根据原铁道部铁科技函〔2004〕157 号文，跨越厦深线通行双层集装箱区段的跨线桥下净高为 7.96 m，并预留 0.2 m 高度富余量，以满足今后公跨铁、铁跨铁立交桥下铁路抬道量、施工误差及立交沉降、竖向变形等各方面要求；对于跨越龙厦铁路非通行双层集装箱线路范围跨线桥的桥下净高，按照本线路铁路基本建筑限界要求不得低于 7.5 m 净高，并在此基础上预留 0.1~0.2 m 高度富余量，以满足今后公跨铁、铁跨铁立交桥下铁路抬道量、施工误差及立交沉降、竖向变形等各方面要求；因此对于跨越龙厦铁路非通行双层集装箱线路范围公跨铁立交桥下净高，按公跨铁立交梁底至桥下铁路轨顶不小于 7.7 m 净高进行考虑。对于跨越既有漳龙铁路跨线桥的桥下净高，按预留既有漳龙铁路电气化改造条件进行考虑，取梁底至既有漳龙铁路轨顶净高不小于 6.75 m 净高进行设计。

（3）设计公跨铁立交及渡槽时，一般情况下应避免采用高填方桥台，对出现高填方视地形条件适当增加桥孔。桥路分界高度一般小于 6.0~8.0 m，位于城镇附近的公跨铁立交桥路分界高度应小于 4~6 m，位于城镇范围内的公跨铁立交桥路分界高度应小于 4 m。当公路与铁路斜交，如采用常规的标准跨径简支梁能正交跨越时，则采用正交设计；反之则斜交斜做。

（4）梁部：一般采用预应力混凝土空心板梁。

（5）桥台一般采用肋板式、一字墙式或 U 形桥台；桥墩一般采用柱式墩、桩柱式墩、矩形实体墩。基础一般采用扩大基础或桩基础。

（6）人行天桥采用梯道方式时，梯道坡度采用 1:2.5，梯道高差≥3.0 m 时设平台。

第八节　桥面系工程设计

一、防水、防护措施等

桥台及梁上保防层：按客货共线铁路桥梁防水体系通桥（2006）8061 执行。

排水系统采用两侧排水方式，一般桥梁不设纵向排水管，直排地面，跨越铁路、公路的孔跨设纵向排水管。

二、检查维修设施等

桥台内空心部分四面墙均设检查梯，梁端与桥台胸墙间开设小门并设栏杆。桥上设避车台、检查梯、围栏、吊篮。

龙厦铁路桥面附属设施主要有人行道及栏杆（声屏障），电缆槽及盖板、接触网立柱基础、伸缩缝及综合接地系统等。桥梁上主要设备接口有环保、通信、信号、电力、牵引供电、综合接地等六个专业。

连续梁梁部附属设施主要根据《客运专线铁路常用跨度梁桥面附属设施（桥面布置、桥面附属构造、排水体系、伸缩缝、桥梁综合接地）》（通专桥（2006）8388）及相关接口专业要求设计。

第九节　涵洞工程设计

一、涵洞设计要点

龙厦铁路涵洞一般采用钢筋混凝土框架涵、盖板箱涵、圆涵及倒虹吸，全线涵洞合计 270 座 7621.29 横延米，扣除桥隧长度后全线涵洞平均密度为 6.5 座/km。涵洞的设置以尽量不改变原有交通（公、道路与水运）、灌溉及排水系统为原则，适当考虑远期发展。涵洞的主要设计原则如下：

（1）交通涵的孔径最小不应小于 4.0 m，最小净高一般按二种情况分别考虑，其中：对通行农用汽车的交通涵净高按 ≥3.7 m 进行考虑，对通行汽车的交通涵净高按 ≥4.7 m 进行考虑（包括涵内路面磨耗层）。涵内路面设置标高按实测路面标高进行设置，一般不采取下挖设置；当受线路标高控制、交通涵通行净高设置困难时方可将交通涵涵内路面按低于实测路面标高设置，但下挖后设置的路面标高应具备自然排水条件；本线交通涵均不考虑设置抽排泵站进行抽排。

（2）对斜交涵洞，当斜交角度大于 15°或对孔径较大的涵洞均斜交斜做，以利美观并节省投资。

（3）对满足交通、排洪、灌溉各功能的涵洞，一般情况下均考虑分别设置；当交通与排洪或灌溉需要合并设置涵洞，在涵洞内路边靠排洪或灌溉沟侧均设防护栏杆。

（4）涵顶至轨底最小厚度按不小于 1.20 m 设置，涵洞两侧设置过渡段。过渡段由地路专业设计。

（5）涵洞设计时应按《铁路桥涵设计基本规范》（TB 10002.1—2005）第 5.4.6 条设置上拱度。深层软土地区涵洞，预留上拱度要求加大，但要求涵洞中线处流水面高程不高于入口流水面。

（6）涵洞配节时涵节长度不宜小于 5 m，并在双线铁路中心线上设置沉降缝，避免在同一股道两条钢轨之间设沉降缝。

（7）涵洞出入口翼墙、盖板涵边墙皆采用 C25 素混凝土，必要时布置少量的构造钢筋。

（8）山区陡坡涵洞：涵洞两节间错台高度不宜超过涵顶结构厚度的 3/4，当坡度较大时，最大节间错台高度不应超过 0.7 m。且错台处的净高不应小于 1.0 m。出、入口要顺接天然沟槽，非岩石地区，出口处应设置 1.0 m 深的垂裙。各涵洞的急流槽和缓流井方案根据地形、地质条件设定，避免采用大挖方。

（9）排洪涵洞出口必须与附近天然既有排水沟渠顺连，并适当设置防护铺砌及消能设施，以避免洪水直接冲刷附近农田、菜地和村庄。当路堑上方有较大汇水者，应根据实际地形条件，设涵排洪，并做好上下游沟槽顺接，谨防洪水从天沟翻入路堑冲刷路基。

（10）对既有涵洞，既有涵洞孔径或净高 $h < 0.6$ m 者，应拆除重建，$h \geq 0.6$ m 者，如状态良好，能满足新的设计速度要求时，均按接长考虑；对既有圆涵，可采用圆涵或框架涵接长，对既有盖板

涵、拱涵、框架涵均采用框架涵洞接长；其接长部分的净高与接长后的长度须满足《铁路桥涵设计基本规范》（TBJ10002.1—2005）第5.4.2条规定，否则应加大孔径。

（11）在既有铁路路基顶进桥涵设计时一般均对既有铁路线路采取线路加固处理、并对既有铁路列车采取"限速"通行，既有铁路线路加固一般采用施工便梁进行线路加固。

（12）跨越公路的立交桥涵，应根据地形、地貌等条件给出临时便道工程数量。

（13）工程数量计算：涵洞挖基应视实地情况，注意计列围堰、抽水、出入口顺接、拆除圬工、既有涵洞防护工程、由于出入口顺接引起而增加的征地、拆迁数量等附属工程数量。路基范围超挖基坑采用级配碎石回填。工程数量合计应全部进位取整。

（14）立交涵洞当净空≤5.0 m时均应设置限高防护架，并计列数量。

二、涵洞结构形式

一般采用框架涵、盖板箱涵、钢筋混凝土倒虹吸。

新建涵洞原则上采用钢筋混凝土框架涵，陡坡涵洞采用盖板箱涵，排洪涵洞孔径不小于1.25 m，灌溉涵洞不小于1.0 m。处软土地区涵洞优先采用钢筋混凝土框架涵。孔径≥1.5 m时优先选用框架涵。

三、涵洞地基处理

涵洞基础均为整体基础，地基除满足承载力要求外，还需要满足工后沉降量不大于10 cm的要求，如不能满足，则采取地基处理措施，其主要有：换填砂夹碎石、管桩基础。

第十节 龙厦铁路桥涵工程设计经验

一、龙厦铁路设计成功经验

（1）龙厦铁路为我国第一批建设的200 km/h客货共线铁路，在原铁道部对200 km/h客货共线铁路桥梁桥上是否设置护轮轨还没有形成相关意见时，设计对本线桥梁均根据铁路桥涵设计基本规范要求在桥上设置了护轮轨，提前预见并满足了后期原原铁道部对200 km/h客货共线铁路桥梁桥上必须设置护轮轨的要求，使桥梁投资得到了全过程的合理控制，避免了其他项目后期为增设桥上护轮轨而办理I类变更设计、追加大量投资的情况发生。

（2）本线公跨铁立交设计合理，结合公路桥梁设计理论和相关技术资料，针对高速公路跨200 km/h客货共线铁路的公跨铁立交，在中国铁路行业公跨铁立交设计中，第一个率先引入并采用了加强型双"SS"级、双防撞墙设计理念，即在高速公路跨本线铁路的公跨铁立交上，将高速公路桥梁宽度沿外侧每边各加宽3.5 m，在高速公路桥梁上沿高速公路路幅边缘首先设置一道加强型"SS"级防撞墙，然后在其外侧设置3.0 m宽度的防冲出缓冲平台，在防冲缓冲平台外侧再设置一道加强型"SS"级防撞墙，从而在高等级公路跨铁路立交上形成了双"SS"级防撞墙构造，在通过第一道防撞墙消除汽车车辆动能、并经过防冲出缓冲平台的缓冲后，第二道防撞墙完全能够确保把桥上冲出的车辆阻挡在桥面以内；从而确保了高等级公路上较高速度通行的汽车车辆不会冲出公跨铁立交桥面并坠落到桥下铁路范围，确保了桥下高速铁路运营安全。

在铁路行业乃至全国交通行业，对高等级公路（或城市道路）跨越高等级铁路的公跨铁立交采用加强型双"SS"级防撞墙的设计理念是由本线率先引入并采用，该措施在本线率先采用后，被我国铁路行业和交通行业广泛推广并借鉴采用，并被我国公跨铁立交设计相关指导性意见和相应规定所引用，对我国公跨铁立交设计起到了指导性和示范性作用。

（3）本线桥涵设计合理，在一次建成通车后，运营至今没有出现任何问题。

二、龙厦铁路积累的有待于今后类似项目进一步改进的建议

（1）根据站后各专业要求，桥上需要设置的电缆槽数量较多（每侧 3 个），由于本线常用跨度简支梁均是采用角钢支架 T 梁，在 T 梁范围桥上电缆槽均是设置在角钢支架外侧、并沿角钢支架上下分别悬挂；而连续梁上电缆槽均是设置在连续梁人行道道板下面（在人行道板下面分设 3 个槽、沿平面铺设），导致在 T 梁与连续梁连接部位桥上电缆槽铺设过渡非常困难；针对该情况，今后类似项目，在连续梁范围电缆槽的设置宜同样采取悬挂在连续梁栏杆外侧进行设置，以避免 T 梁与连续梁连接部位桥上电缆槽铺设过渡困难情况发生。

（2）由于龙厦铁路常用跨度简支梁均是采用角钢支架 T 梁，由于部分地段需要在桥上设置声屏障，尽管本线 T 梁范围设置声屏障是由原原铁道部经规院（原部颁 T 梁标准图设计单位）出图，但由于经规院对本线 T 梁范围声屏障设置是设置在 T 梁加强型角钢支架上，导致后期运营阶段日常养护维修非常困难，且运营管理部门对在 T 梁加强型角钢支架上设置声屏障的安全可靠性有所担心，宜改为采用加宽桥面、让声屏障设置在钢筋混凝土桥面上（直立在钢筋混凝土桥面）的方式处理。目前铁路行业铁路桥梁 T 梁范围设置声屏障已由原原铁道部经规院改为加宽桥面、让声屏障设置在钢筋混凝土桥面上（直立在钢筋混凝土桥面）的方式处理，并已由中国铁路总公司颁发了相应的通用图，供铁路行业桥梁设计采用。

（3）由于当时原铁道部对跨越 200 km/h 客货共线铁路的公跨铁立交没有要求设置防异物侵限监测系统，在本线公跨铁立交建成并投入使用后才出台相关要求，要求对跨越 160 km/h 以上客货共线铁路的公跨铁立交均设置防异物侵限监测系统，导致本线在建成并投入使用后，根据运营管理部门意见又对公跨铁立交增设了防异物侵限监测系统。

第二十七章　隧道设计

第一节　隧道工程概况与特点

一、隧道工程概况

龙厦铁路自龙岩站（含）至漳州南（不含），线路长度共计 111.336 km。共有新建隧道 22 座，总长为 46.936 km（象山隧道按左线计），占设计线路总长度的 42.157%。其中 0.5 km 以下隧道 10 座，总长 2.898 km；0.5～3 km 隧道 7 座，总长 8.453 km；3～10 km 隧道 4 座，总长 19.687 km；10 km 以上隧道 1 座，总长 15.898 km。全线最长的隧道为象山隧道，采用单线双洞方案，左线洞身长度 15 898 m，右线洞身长度 15 917 m。沿线隧道统计如表 27.1 所示。

表 27.1　龙厦铁路隧道

按长度划分		正线	
		座数	长度/m
隧道数量	$L \leqslant 500$ m	10	2 898
	500 m $< L \leqslant 1\ 000$ m	3	1 956
	1 000 m $< L \leqslant 3\ 000$ m	4	6 497
	3 000 m $< L \leqslant 10\ 000$ m	4	19 687
	$L > 10\ 000$ m	1	15 898
总计		22	46 936
隧线比		42.157%	

二、隧道工程一览

龙厦铁路沿线隧道分布如表 27.2 所示。

三、隧道工程技术特点

（一）沿线地形地貌、工程地质、水文地质、地震动参数区划、气象等情况

1. 沿线地形地貌及隧道工程地质概况

（1）DK0+000～DK11+500：河流冲积阶地、低山及山间谷地区。河流冲积阶地地势相对平坦开阔，辟为城镇、农田等；山间谷地地势狭长平缓，多辟为农田、村舍，植被发育；低山，山体自然坡度 15°～30°，植被较发育。河流冲积阶地及山间谷地区表层为人工填土及种植土，厚 0～2.5 m，其下依此为：褐黄色黏性土，软塑～硬塑，局部夹深灰色淤泥质黏性土，流塑，厚 0～5 m；灰褐色中细砂，夹少量黏性土，厚 0～2 m；青灰色卵石土，夹少量黏性土，中密，饱和，厚 0～25 m，深黄色黏土，硬塑，厚大于 2 m；下伏基岩大部分为灰岩，灰岩在河流摆动范围内存在程度不一的溶蚀现象，特别在河流附近溶洞发育，溶洞充填程度不一，大部分充填含砾粉质黏土，流塑～硬塑，少

表 27.2　龙厦铁路隧道分布详情

编号	隧道名称	全长/m	进口里程	出口里程	进口洞门形式	出口洞门形式	单/双线	速度
1	石桥头隧道	1 586	DK2+450	DK4+036	帽檐斜切式	帽檐斜切式	双线	120 km/h
2	人面山隧道	300	DK6+342	DK6+642	双侧挡墙式	双侧挡墙式明洞门	双线	
3	下东山1号隧道	96	DK8+707	DK8+803	挡翼墙式明洞门	挡翼墙式	双线	
4	下东山2号隧道	561	DK8+846	DK9+407	挡翼墙式洞门	挡翼墙式明洞	双线	200 km/h
5	王庄隧道	392	DK11+688	DK12+080	双侧挡墙式	帽檐斜切式	双线	
6	西洋山1号隧道	249	DK12+285	DK12+534	帽檐斜切式	挡翼墙式	双线	
7	西洋山2号隧道	151	DK12+663	DK12+814	挡翼墙式明洞门	双侧翼墙式洞门	双线	
8	上东山隧道	4 657	DK13+005	DK17+662	单侧挡墙式明洞门	挡翼墙式	双线	
9	象山隧道左线	15 898	DK19+690	DK35+588	帽檐斜切式	矩形框架整体式	单线	
	象山隧道右线	15 917	YDK19+690	YDK35+607	帽檐斜切式	矩形框架整体式	单线	
10	和溪隧道	4 429	DK39+583	DK44+012	挡翼墙式	单侧挡墙式明洞门	双线	
11	石观音隧道	5 091	DK44+094	DK49+185	帽檐斜切式	挡翼墙式明洞	双线	
12	埔顶隧道	240	DK49+396	DK49+636	帽檐斜切式	挡翼墙式	双线	
13	水潮隧道	435	DK50+780	DK51+215	帽檐斜切式	帽檐斜切式	双线	
14	吴坑隧道	1 973	DK52+067	DK54+040	帽檐斜切式	双侧挡墙式	双线	
15	北山隧道	1 189	DK62+120	DK63+309	帽檐斜切式	帽檐斜切式	双线	
16	山边隧道	520	DK66+660	DK67+180	帽檐斜切式	帽檐斜切式	双线	
17	黄坑1号隧道	178	DK68+064	DK68+242	帽檐斜切式	帽檐斜切式	双线	
18	黄坑2号隧道	5 510	DK68+454	DK73+964	单侧挡墙式明洞门	帽檐斜切式	双线	
19	内官园隧道	459	DK82+921	DK83+380	帽檐斜切式	双侧挡墙式	双线	
20	猪公寨隧道	1 749	DK87+431	DK89+180	双侧挡墙式	帽檐斜切式	双线	
21	虎坑隧道	875	DK103+825	DK104+700	帽檐斜切式	双侧挡墙式	双线	
22	新春隧道	398	YDK108+815	YDK109+213	双侧挡墙式	双侧挡墙式	单线	160 km/h

部分无充填物。少部分为砂砾岩、砂岩等。低山表层为坡残积粉质黏性土，厚 0～3 m；下伏基岩为砂砾岩、砂岩，局部含煤层，部分地段为灰岩等，σ_0=40～1 000 kPa。围岩分级：Ⅲ～Ⅴ。

　　阶地及山间谷地地下水为松散岩类孔隙潜水，地下水水位埋深 1～4 m，水量不大。低山地下水为基岩裂隙水，不发育。

　　（2）DK11+500～DK35+600：低山及山间谷地相间分布。山间谷地地势狭长平缓，呈串珠状分布，辟为农田、村舍等；低山陡峻，山体自然坡度 15°～40°，植被较发育。山间谷地多为冲洪积～坡积形成，上部为褐黄色黏性土，软塑～硬塑，厚 0～5 m；下部多为砂砾石层，夹少量黏性土，中密，饱和，下伏基岩为奥陶-志留系变质粉砂岩、板岩、含炭结晶灰岩；石炭系石英砾岩、砂砾岩、砂岩及粉砂岩；二叠系粉砂岩、砂岩、页岩；燕山期黑云母花岗岩等。低山表层为坡残积粉质黏性土，厚 0～3 m，下伏基岩为奥陶－志留系变质粉砂岩、板岩、含炭结晶灰岩；石炭系石英砾岩、砂

砾岩、砂岩及粉砂岩；二叠系粉砂岩、砂岩、页岩；燕山期黑云母花岗岩等。σ_0=40~1 000 kPa。围岩分级：Ⅱ~Ⅴ。

山间谷地地下水为松散岩类孔隙潜水，埋深 1.0~4 m，水量不大；低山地下水不发育，部分地段富集基岩裂隙水，形成温泉。

（3）DK35+600~DK54+500：丘陵及丘间谷地相间分布。丘间谷地地势狭长平缓，呈串珠状分布，辟为农田、村舍等；低山陡峻，山体自然坡度 15°~40°，植被较发育。丘间谷地多为冲洪积~坡积形成，上部为褐黄色黏性土，软塑~硬塑，厚 0~5 m；下部多为砂砾石层，夹少量黏性土，中密，饱和，下伏基岩为燕山期黑云母花岗岩、花岗闪长岩等。低山表层为坡残积粉质黏性土，厚 0~3 m，下伏基岩为燕山期黑云母花岗岩、花岗闪长岩等。σ_0=40~1 000 kPa。松软土地段基底需加固处理，部分粉砂岩、页岩地段易发生顺层滑动。围岩分级：Ⅱ~Ⅴ。

丘间谷地地下水为松散岩类孔隙潜水，埋深 1~4 m，水量不大；低丘地下水不发育。

（4）DK54+500~DK76+500：丘陵及丘间谷地相间分布，局部为九龙江一、二级阶地。丘间谷地地势相对狭长平缓，呈串珠状分布，辟为农田、村舍等；低山、丘陵较陡峻，山体自然坡度 15°~40°，植被较为发育。丘间谷地、一、二级阶地多为冲洪积~坡积形成，上部为褐黄色黏性土，软塑~硬塑，厚 0~5 m；下部多为砂砾石层，夹少量黏性土，中密，饱和，下伏基岩为侏罗系凝灰岩、凝灰熔岩、粉砂岩；三叠系泥质、钙质砂岩、灰岩；燕山期黑云母花岗岩、花岗闪长岩等。丘陵表层为坡残积粉质黏性土，厚 0~3 m，下伏基岩为侏罗系凝灰岩、凝灰熔岩、粉砂岩；三叠系泥质、钙质砂岩、灰岩；燕山期黑云母花岗岩、花岗闪长岩等。σ_0=40~1 000 kPa。松软土地段基底需加固处理，部分粉砂岩地段易发生顺层滑动。围岩分级：Ⅱ~Ⅴ。

丘间谷地、一、二级阶地地下水为松散岩类孔隙潜水，埋深 1~4 m，水量不大；丘陵地下水不发育。

（5）DK76+500~DK111+300（终点）：九龙江冲积平原区和低丘，地势相对平坦开阔，地形高差小于 50 m，辟为城镇、农田等，低丘较平缓。冲积平原区表层为人工填土及种植土，厚 0~2.5 m，其下依此为：褐黄色黏性土，软塑~硬塑，局部夹深灰色淤泥质黏性土，流塑，厚 0~10 m；灰褐色中细砂，夹少量黏性土，厚 0~15 m；青灰色卵石土，夹少量黏性土，中密，饱和，厚 0~25 m；深黄色黏土，硬塑，厚大于 1 m，下伏基岩为燕山期黑云母花岗岩、花岗闪长岩和侏罗系砂岩等。低丘表层为坡残积粉质黏性土，厚 0~3 m，下伏基岩为燕山期黑云母花岗岩、花岗闪长岩和侏罗系砂岩等。σ_0=40~1 000 kPa。松软土地段基底需加固处理，部分粉砂岩地段易发生顺层滑动，路堑边坡需加固处理。围岩分级：Ⅱ~Ⅴ。

地下水为松散岩类孔隙潜水，地下水水位埋深 1~4 m，九龙江河漫滩水量较大，丘陵地下水不发育。

2. 地震动参数

根据《中国地震动参数区划图》（GB 18306—2001）划分：龙岩至斗米段（DK0+000~DK45+700）地震动峰值加速度为 0.05g（地震基本烈度为六度），斗米至草坂段（DK45+700~DK90+600）地震动峰值加速度为 0.10g（地震基本烈度为七度），特征周期 0.35 s，草坂至厦门段（DK90+600之后）地震动峰值加速度为 0.15g（地震基本烈度为七度以上）特征周期 0.35 s。

3. 气象资料

本流域南亚热带季雨气候，气候温和，多年平均气温在 21 ℃ 左右，漳州市最高温度达 41.2 ℃，龙岩市最低气温为-5.6 ℃。多年平均雨量 1 400~1 800 mm，分别以中部西溪与北溪分水岭为最大，向东南沿海南沿递减，最高区达 2 000 mm，北溪上游约为 1 200~1 800 mm，西溪中，上有约为 1 200~1 800 mm，沿海约为 1 200~1 300 mm。降雨年内分配不均匀。春夏多雨，夏秋季节受台风影响频繁，多造成洪水。4~9 月份约占全年降水量的 75%。流域内多年平均水面蒸发 1 000~1 500 mm，陆面蒸发在 700 mm 左右。

流域年径流与年雨量的分布大致相同，年年均径流量 149 亿 m³，丰、枯年径流量相差悬殊、为 98~280 亿 m³。由于北，西溪地理位置、流域形状及暴雨特性不同，引起的洪水特征的洪水也不同。北溪由锋面雨引起的洪水，出现在 5~6 月，一般洪峰流量较小。大洪水多由台风暴雨引起，浦南站 1960 年 6 月 10 日实测最大洪峰流量 9 400 m³/s，1961 年 9 月 13 日实测最大洪峰流量 8 930 m³/s，均所造成。北溪多年平均流量（浦南站，下站）281.4 m³/s，平均径流量 82.2 亿 m³。西溪的洪水主要由台风暴雨引起，出现在 6~9 月居多，暴雨中心经常出现在高坑、下寨高港等地，支流原短流急，洪水暴涨暴落。郑店站据调查推算于 1474 年、1570 年、1794 年和 1908 年发生过特大洪水，洪峰流量达 8 500~10 000 m³/s，1960 年 6 月 10 日洪水实测流量推算洪峰流量达 6 140 m³/s。

（二）龙厦铁路隧道主要工程技术特点

本线位处福建省龙岩、厦门两市境内，隧址区属构造剥蚀中低山区，沟谷深切，地形险峻，长大隧道较多，大于 3 km 以上隧道有 5 座，地质情况极其复杂，有岩溶、瓦斯、断层、高地应力、高地温等等，施工风险大。象山隧道是全线最长的隧道，穿越多个溶腔、断层破碎带、水库等，地下水发育，地表水排放控制要求严格。设计针对本线的地质情况进行了设计，采用了多种注浆堵水的方法，均取得良好的效果。

第二节　设计原则与采用的主要技术标准

一、主要技术标准

（1）铁路等级：Ⅰ级。

（2）正线数目：双线。

（3）限制坡度：13‰。

（4）路段旅客列车速度目标值：DK0+000~DK7+000，设计速度 120 km/h；DK7+000~DK111+336.11，设计速度 200 km/h；YDK108+600~YDK111+719.4，设计速度 160 km/h。

（5）最小曲线半径：一般 3 500 m，困难 2 800 m。

（6）牵引种类：电力。

（7）到发线有效长度：880 m。

（8）闭塞类型：自动闭塞。

（9）铁路建筑限界按不通行双层集装箱列车设计。

二、隧道建筑限界

1. 速度 200 km/h 双线隧道

隧道建筑限界按照《新建时速 200 公里客货共线铁路设计暂行规定》（铁建设函〔2005〕285 号）的"电力牵引铁路 KH-200 桥隧建筑限界"设计。不考虑通行双层集装箱的条件。

隧道内线路中线至水沟电缆槽挡砟墙净距为 2.2 m，设置双侧救援通道。救援通道宽 1.25 m，高 2.2 m，救援通道边缘距线路中线不小于 2.2 m，救援通道底面高出内轨顶面 30 cm。隧道衬砌内轮廓轨面以上净空面积为 81.37 m²（$W=0$），以加宽的形式考虑线间距变化的影响。图 27.1 为 200 km/h 双线隧道衬砌内轮廓。

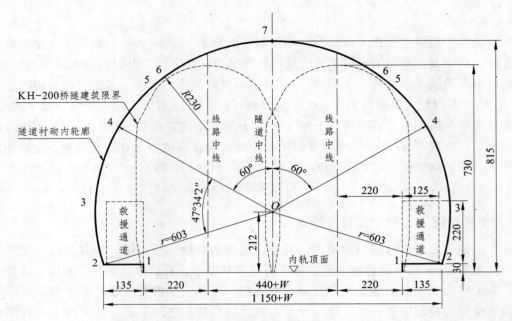

图 27.1　200 km/h 双线隧道衬砌内轮廓（单位：cm）

2. 速度 200 km/h 单线隧道

隧道建筑限界按照《新建时速 200 公里客货共线铁路设计暂行规定》（铁建设函【2005】285 号）的"电力牵引铁路 KH-200 桥隧建筑限界"设计，不考虑通行双层集装箱的条件。

隧道内行车方向的右侧设置贯通的救援通道，救援通道宽 1.25 m，高 2.2 m，外侧距线路中线的距离不小于 2.2 m，救援通道底面与内轨顶面齐平。隧道衬砌内轮廓轨面以上净空面积为 52 ㎡。曲线地段，内轮廓不考虑曲线加宽的影响。图 27.2 为 200 km/h 单线隧道衬砌内轮廓。

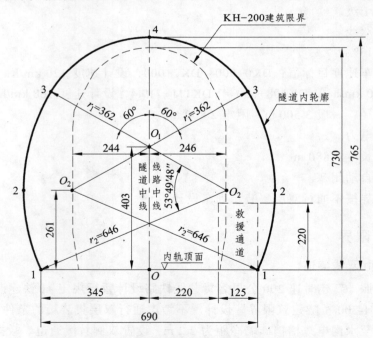

图 27.2　200 km/h 单线隧道衬砌内轮廓（单位：cm）

3. 速度 120 km/h 的双线隧道

隧道建筑限界根据《标准轨距铁路建筑限界》（GB 146.2—83）"隧限-2B"、原铁道部（76）铁基字 893 号文、原铁道部（79）铁基字 1394 号文及（84）专设标字第 0067 号文批准的"局部修改的双线电气化铁路隧道衬砌内轮廓"的要求进行设计，不考虑通行双层集装箱的条件。

隧道衬砌内轮廓应考虑曲线地段的加宽的影响，线间距为 4.0 m 且加宽 $W=0$ 时，轨面以上净空面积为 65.46 m²。图 27.3 为 120 km/h 双线隧道衬砌内轮廓。

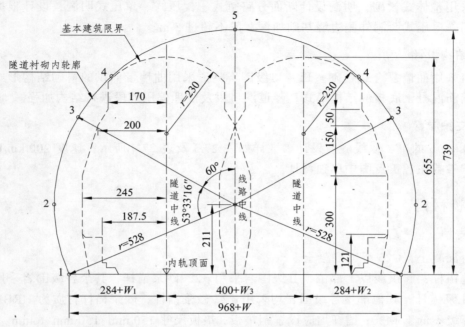

图 27.3　速度 120 km/h 双线隧道衬砌内轮廓（单位：cm）

4. 速度 160 km/h 的单线隧道

隧道建筑限界根据《标准轨距铁路建筑限界》（GB 146.2—83）"隧限-2A"，结合曲线地段加宽的要求，并参考原铁道部对隧道衬砌内轮廓的研究成果进行设计，不考虑通行双层集装箱的条件。

隧道衬砌内轮廓按《铁路隧道设计规范》（TB 10003—2005）的规定拟定，轨面以上净空面积为 42 m²。图 27.4 为 160 km/h 单线隧道衬砌内轮廓。

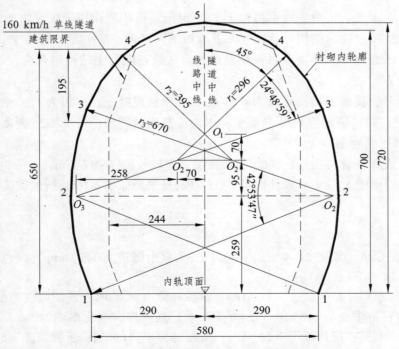

图 27.4　速度 160 km/h 单线隧道衬砌内轮廓（单位：cm）

三、衬砌支护类型

1. 明洞结构设计

明洞段采用整体式衬砌，明洞设计断面分路堑式、偏压式、单压式明洞，设计根据地形及地质条件分别选用，单压式明洞外侧边墙基础加深一般不超过 3 m。

2. 暗洞结构设计

暗挖隧道采用曲墙复合式衬砌。Ⅲ～Ⅵ级围岩隧道采用曲墙带仰拱的衬砌结构形式，Ⅱ级围岩采用曲墙带钢筋混凝土底板的结构形式；隧道洞口段及浅埋偏压地段进行结构加强。

3. 隧道支护参数

速度 200 km/h 的单、双线隧道设计参数详如表 27.3 及表 27.4 所示；速度 200 km/h 以下的单、双线隧道支护参数在各工点图中单独设计。

四、建筑材料

1. 初期支护

（1）喷射混凝土：C25 湿喷混凝土。

（2）系统锚杆：起拱线以上部位，Ⅱ级围岩采用 $\phi 22$ 砂浆锚杆，其余各级围岩采用带排气装置的 $\phi 25$ 中空注浆锚杆；其他部位各级围岩均采用 $\phi 22$ 砂浆锚杆；砂浆锚杆材质为 HRB335 钢；锚杆用砂浆强度等级不低于 M20；锚杆均应设置钢垫板，垫板尺寸 150 mm×150 mm×6 mm。（侵蚀性较强的环境中，采用耐腐蚀锚杆）

（3）钢筋网：HPB235 钢筋，直径：$\phi 8$。

（4）钢架：型钢钢架或格栅钢架；型钢采用工字钢，格栅钢架采用钢筋现场加工。

（5）小导管：热轧无缝钢管，直径 $\phi 42$，壁厚 4 mm；

（6）管棚：热轧无缝钢管，直径 $\phi 89$（壁厚 5 mm）或 $\phi 108$（壁厚 9 mm），长度 10～40 m。

2. 二次衬砌

（1）采用防水混凝土，抗渗等级不得低于 P8。根据隧道环境作用等级及耐久性的要求，H1、H2 等级的隧道衬砌，按抗侵蚀的结构设计，考虑了添加不同剂量（按水泥重量的 3%～6% 考虑）的耐腐蚀剂；混凝土最大水胶比和最小凝胶材料用量应符合《铁路混凝土结构耐久性设计暂行规定》（铁建设〔2005〕157 号）。

（2）混凝土标号：拱墙、仰拱部位为 C25 或 C30 钢筋混凝土；底板为 C30 钢筋混凝土；底板找平层为 C20 混凝土；仰拱填充为 C20 混凝土；水沟沟身和电缆槽槽身为 C25 混凝土；水沟盖板及电缆槽盖板为 C25 钢筋混凝土。

（3）添加的合成纤维材料指标：100% 改性聚酯，单丝长度 7～18 mm，直径约 20～30 mm，抗拉强度≥900 MPa，相对密度 1.3～1.4，弹性模量≥4.5 GPa，极限延伸率≥16%，抗碱试验强度保持率≥95%。

3. 防排水材料

（1）防水卷材。

材质为 ECB 或 EVA，幅宽 2～4 m，厚度为 1.2（象山隧道为 1.5）mm，颜色为透明、半透明或黄色；性能指标要求如下：

① ECB 塑料防水板：拉伸强度≥16 MPa；断裂延伸率≥560%；断裂强度≥60 kN/m；低温弯折性为-35 ℃ 无裂纹；抗渗性为 0.2 MPa，24 h 无渗水；热处理时变化率≤2.5%。

② EVA 塑料防水板：拉伸强度≥20 MPa；断裂延伸率≥600%；断裂强度≥60 kN/m；低温弯折性为-35 ℃ 无裂纹；抗渗性为 0.2 MPa，24 h 无渗水；热处理时变化率≤2%。

表 27.3　速度 200 km/h 双线隧道复合式衬砌支护参数

围岩级别	初期支护									二次衬砌		拱墙预留变形量/cm
	喷射混凝土厚度/cm		锚杆			喷混凝土		格栅钢架/型钢		拱墙/cm	仰拱/底板/cm	
	拱墙	仰拱	位置	长度/m	间距（环×纵）/m	位置	钢筋网φ8（间距cm）	钢架类型	每榀间距/m			
II	5		拱部局部	2.5		拱墙	—	—	—	35	/30*（加5找平层）	3~5
III	12	—	拱部墙局部	3.0	1.2×1.0	拱墙	拱部25×25	—	—	35	45/	5~8
IV	23	10	拱墙	3.5	1.0×1.0	拱墙/仰拱	拱墙25×25	15*15 cm格栅/	1.0（拱墙）	40*	50*/	8~10
IV浅	23	23	拱墙	3.5	1.0×1.0	拱墙/仰拱	拱墙20×20	15*15 cm格栅/	0.8（全环）	40*	50*/	8~10
IV偏	25	23	拱墙	3.5	1.0×1.0	拱墙/仰拱	拱墙20×20	/I18	0.8（全环）	45*	55*/	8~10
V	25	25	拱墙	4.0	1.0×0.8	拱墙/仰拱	拱墙20×20	17*17 cm格栅/	0.8（全环）	45*	55*/	10~15
V浅	25	25	拱墙	4.0	1.0×0.6	拱墙/仰拱	拱墙20×20	/I18	0.6（全环）	50*	55*/	10~15
V偏	27	25	拱墙	4.0	1.0×0.6	拱墙/仰拱	拱墙20×20	/I20a	0.6（全环）	55*	60*/	10~15

注：表中带*号表示为钢筋混凝土；钢筋混凝土的钢筋净保护层厚5 cm。

表 27.4　速度 200 km/h 单线隧道复合式衬砌支护参数

围岩级别	初期支护								二次衬砌		预留变形量/cm
	喷射混凝土厚度/cm		锚杆			钢筋网φ8（间距cm）	格栅钢架/型钢		拱墙/cm	仰拱/底板/cm	
	拱墙	仰拱	位置	长度/m	间距（环×纵）/m		钢架类型	每榀间距/m			
II	5	—	拱部局部	2			—	—	30	/30*（加5 cm找平层）	0~2
III	8	—	拱部	2.5	1.5×1.5	拱部25×25	—	—	35	40/	3~4
IV	12	—	拱墙	3.0	1.2×1.2	拱墙25×25	—	—	35	40/	6~8
IV浅	23	10	拱墙	3.0	1.0×1.0	拱墙20×20	15*15 cm格栅/	1.2（拱墙）	35*	40*/	6~8
IV偏	23	23	拱墙	3.0	1.0×1.0	拱墙20×20	/I16	1.0（拱墙、仰拱）	35*	40*/	6~8
V	23	23	拱墙	3.5	1.0×1.0	拱墙20×20	15*15 cm格栅/	1.0（拱墙、仰拱）	40*	45*/	8~10
V浅	25	23	拱墙	3.5	1.0×0.8	拱墙20×20	/I18	0.8（拱墙、仰拱）	45*	45*/	8~10
V偏	25	23	拱墙	3.5	1.0×0.8	拱墙20×20	/I18	0.6（拱墙、仰拱）	45*	50*/	8~10

注：表中带*号表示为钢筋混凝土；钢筋混凝土的钢筋净保护层厚5 cm；IV级模筑混凝土中，掺加合成纤维，合成纤维掺量为每方混凝土 1.2 kg。

③ 单、双面自黏式防水板（EVA）：幅宽 2~4 m，厚度 3 mm，断裂拉伸强度≥16 MPa；断裂延伸率≥400%；撕裂强度≥50 kN/m；与混凝土剪切性能≥4.0 N/mm；与混凝土剥离性能≥2.0 N/mm；与水泥砂浆黏结强度：剪切性能≥6.0 N/mm 或黏合面外断裂，剥离性能≥2.0 N/mm 或黏合面外断裂；黏结面耐水性：与水泥砂浆剪切性能保持≥95%；人工候化：外观无裂纹，无气泡，拉力保持率≥80%，柔度-10 ℃，ϕ20 mm，3 s，180°无裂纹，抗渗性为 0.2 MPa，24 h 无渗水；耐温度：70 ℃，加热 2 h，无气泡，无滑动，热处理时变化率≤2.0%。

（2）土工布。

重量≥400 g/m²；厚度≥3 mm；拉断力（50 mm）≥450 N；伸长率≥80%；纵横强度比<1.5；梯形断裂≥250 N；渗透系数≥5×10^{-2}；裂隙率>80%。

（3）排水盲沟

打孔波纹管，HDPE 材质（聚乙烯复合材料），开孔率不小于 40%，开孔为长条形，孔口的大小可为 10 mm×1.5 mm~30 mm×1.5 mm，在上半部 160°范围内均匀分布。环刚度≥6.3 kPa（单壁波纹管环刚度≥4 kPa）。

（4）中埋式橡胶止水带。

宽度不小于 300 mm，硬度（邵氏 A 度）为 60±5；拉伸强度≥15 MPa；断裂延伸率≥380%；压缩永久变形（70 ℃*24 h）≤35%，（23 ℃*168h）≤20%。撕裂强度 30 kN/m。

（5）嵌缝材料。

SGJL851M 型双组分聚硫密封胶，密度（1.6±0.1）g/cm³，适用期 2~6 h，表干时间≤24 h，下垂度≤1 mm，恢复率≥80%，低温柔性-55 ℃，黏结强度≥0.4 MPa，伸长率≥500%，颜色接近混凝土。

（6）混凝土界面剂。

混凝土界面剂为白色乳液，黏度 0.025~0.06 Pa·s，pH 7~8.5，固体含量 5.6%~7%，抗拉黏结强度≥0.2 MPa，剪切强度≥0.4 MPa，干燥时间≥2 h。

（7）注浆材料。

注浆材料优先采用水泥砂浆及水泥浆，慎用水玻璃，提高浆液材料的耐久性。

（8）其他。

其他未详之处，参照《地下工程防水技术规范》（GB 50108—2001）执行。

4. 其他材料

（1）洞门端墙、顶帽、端墙顶水沟为 C20 混凝土；挡翼墙为 C20 混凝土；有战备设防要求的洞门端墙采用 C30 钢筋混凝土。

（2）锚杆用的水泥砂浆强度不低于 M20。

五、监控量测

施工中，洞内外观察、隧道相对净空变化值的量测、拱顶下沉、隧道浅埋段地表下沉量测为必测项目，必要时应增加隧底上鼓、地层内部位移、支护结构内力分析、爆破震动速度及地表建筑物安全状况的监控量测等项目。及时掌握围岩动态和支护工作状态，保证围岩稳定和施工安全，确定二次衬砌施作时机，监控量测必测项目包括：

（1）洞内外观察；

（2）拱部位移量测；

（3）隧道净空水平收敛量测。

六、隧道耐久性措施

1. 耐久性设计标准

（1）衬砌结构设计使用年限级别为一级，设计使用年限为 100 年；

（2）衬砌结构混凝土原材料品质、配合比参数限值以及耐久性指标要求，按《铁路混凝土结构耐久性设计暂行规定》（铁建设〔2005〕157号）执行。

2. 耐久性设计措施

（1）衬砌结构钢筋保护层厚度：拱墙、仰拱不小于50 mm，底板不小于40 mm。

（2）结构的主要部件初期支护采用C25喷射混凝土，二次衬砌采用C25混凝土或C30钢筋混凝土。

（3）在有侵蚀性的化学环境中，二次衬砌混凝土通过添加耐腐蚀剂或具有耐腐蚀性的复合高效防水剂，达到抗侵蚀的目的。

（4）隧道施工缝及变形缝均采用综合防水措施，隧道衬砌拱墙部位设置外包防水层，尽量隔绝环境水土中侵蚀介质对主体结构的影响。

（5）锚杆耐久性要求：适当加大锚杆钻孔直径，锚杆应带置中器，使锚杆砂浆的保护层厚度不小于10 mm；拱部采用带排气装置的中空注浆锚杆，保证注浆的饱满度；锚杆止浆塞与垫板之间无法采用砂浆保护的部位进行防腐处理。

（6）注浆材料的耐久性：注浆的材料尽量选择水泥砂浆、水泥浆液，慎用水玻璃，提高注浆浆液材料的耐久性。

（7）加强施工管理是确保材料质量及隧道施工质量的有效措施，是影响隧道结构耐久性的关键。包括建材的选用、储藏、规范施工等施工管理均应有利于结构耐久性。

（8）施工中爆破施工应采用光面爆破，严格控制超欠挖，积极保护围岩，提高围岩自身长期承载能力。

（9）在设计使用年限内，应定期对隧道结构及材料的使用状态、环境条件的变化进行检测及监测，并就监测及检测结果进行综合评估，判明隧道结构维护时机，必要时，在业主认可的前提下进行维修、大修甚至更换。

第三节　一般隧道设计

龙厦铁路的一般隧道除按照前述隧道工程设计原则与采用的主要技术标准设计外，主要有以下几个方面。

一、隧道衬砌支护参数

1. 明洞结构设计

（1）明暗分界里程的确定。

① 线路中线与等高线正交的情况下，地面纵坡陡于1：2.5时，一般按拱顶覆土厚不大于2.0 m为明暗分界条件；地面纵坡为缓坡时，根据实际情况按拱顶覆土厚不大于4.0 m为明暗分界条件。

② 线路中线与等高线斜交的情况下，按拱腰覆土t不大于3.0 m为明暗分界条件。

③ 明洞长度设计按不小于5 m考虑。

（2）明洞结构。

明洞段采用整体式衬砌，明洞设计断面分路堑式、偏压式、单压式明洞，设计根据地形地质条件分别选用，单压式明洞外侧边墙基础加深一般不超过3 m。

2. 暗洞结构设计

（1）暗挖隧道采用曲墙复合式衬砌。Ⅲ～Ⅵ级围岩隧道采用曲墙带仰拱的衬砌结构形式，Ⅱ～Ⅲ级围岩采用曲墙带钢筋混凝土底板的结构形式；隧道洞口段及偏压浅埋地段进行结构加强。

（2）暗洞衬砌深浅埋的确定：当地面水平或接近水平，且单（双）线隧道覆盖深度小于表 27.5 所列数值时，按浅埋隧道进行设计，否则按深埋隧道设计。

表 27.5 不同围岩等级隧道深浅埋分界覆土厚度

围岩级别	深浅埋分界覆土厚度/m	衬砌支护措施	
V	18～25/30～35	深埋	V 级
		浅埋	V 级加强
IV	10～14/15～20	深埋	IV 级
		浅埋	IV 级加强
III	5～7/8～10	深埋	III 级
		浅埋	IV 级

注：表中斜线前后数字分别为单线和双线隧道深浅埋分界覆土厚度。

（3）隧道偏压：如属于地形偏压，判断隧道是否承受偏压力，视地形、地质条件以及外侧的围岩覆盖厚度而定；由于岩层产状、岩体顺层滑动、不良地质体（滑坡、岩堆）及地质构造等造成的隧道偏压，衬砌结构形式单独设计。

二、隧道轨下基础类型和照明设置

1. 轨下基础类型

龙厦铁路除象山隧道采用双块式无砟轨道外，其余隧道均采用有砟轨道碎石道床，有砟轨道内轨顶面至道床底面的结构高度为 76.6 cm，无砟轨道内轨顶面至道床底面的结构高度为 49.7 cm。

设计考虑竖曲线的影响。相邻坡段的代数差大于 1‰时，应以圆曲线型竖曲线连接，竖曲线半径为 20 000 m 或 10 000 m。竖曲线计算公式如下：

$$L = \frac{R\lambda}{2\,000}$$

式中　L——竖曲线全长的一半，单位：m；

$$y = x^2/2R$$

式中　y——竖曲线高度，单位：m；

　　　R——竖曲线半径，单位：m；

　　　x——竖曲线始点至计算纵距之距离，单位：m；

　　　λ——相邻竖曲线的代数差，无单位。

2. 照明设置

长度在 500 m 以下的隧道应在洞内装设照明插座，长度在 500 m 以上的隧道应设固定式照明设施。长度大于 3 km 的隧道内加设应急照明设备，应急照明灯具安装间隔不大于 50 m，该设备必须在断电时能自动接通并连续工作 2 h 以上。

综合洞室及紧急出入口处应设置固定照明并配备灯光显示方向，紧急出口通道内应设应急照明设备。

三、辅助工法及施工工法设计

1. 辅助施工措施

（1）对浅埋、偏压等地形、地质条件较差的隧道洞口、洞身段应先预加固围岩后再开挖，视地质条件可采用地表砂浆锚杆、地面预注浆等加固围岩，网喷混凝土或超前锚杆等加固边仰坡，管棚、超前小导管、超前锚杆等超前预支护；衬砌形式可采用复合加强型衬砌。软岩段隧道的基底应予以加强，可采用围岩注浆、钢管桩、旋喷桩或其他加固措施，确保基底稳定。

（2）岩溶洞穴、地下水发育的隧道，结合隧道环境要求、具体围岩状况、水压、水量等因素进行了注浆堵水、基底回填等预设计措施。

（3）设计采用的主要辅助施工措施如表 27.6 所示。

表 27.6　设计采用的预支护措施及其适用条件

序号	项目	主要作用	主要设计参数	适用条件
1	洞口段长管棚	加固周边一定范围围岩，与钢架组合成预支护系统，防止洞口软弱围岩坍塌，创造进洞条件	ϕ108 热轧无缝钢管，长 10～40 m，外插角 1°～3°，压注水泥浆液	洞口 V 级及以下围岩，无自稳能力，或洞口段地表有重要建筑物
2	洞身段长管棚	加固周边一定范围围岩，与钢架组合成预支护系统，防止洞身软弱围岩坍塌、下沉或松弛	ϕ89 热轧无缝钢管，每环长 10 m，外插角≤12°，搭接长度≥3 m，压注水泥浆液	V 级围岩浅埋偏压段、IV 级围岩浅埋段、自稳能力极差地段
3	双层小导管		ϕ50 热轧无缝钢管，钢管长约 5 m，外插角采用 40°和 10°交错布置，纵向相邻两排的水平投影搭接长度≥1.5 m，压注水泥浆液	
4	小导管	加固周边一定范围围岩，与钢架组合成预支护系统，控制软弱围岩变形量	ϕ42 热轧无缝钢管，每环长 3.5（或 4.2）m，外插角 3°～5°，搭接长度≥1 m，压注水泥浆液	V 级围岩、IV 级围岩浅埋段
5	超前锚杆	与钢架共同作用支托上部临空面松动岩体	ϕ25 中空注浆锚杆，每环长 3.5 m，外插角 10°～15°，搭接长度≥1 m	IV 级围岩

2. 施工方法

（1）本线隧道按新奥法原理组织施工，施工方法应以台阶法为主，双线隧道 II 级围岩可采用全断面法施工，一般 III 级围岩采用台阶法，III 级围岩偏压段宜采用短台阶法；IV 级围岩隧道偏压、浅埋段采用带临时仰拱封闭的台阶法，一般 IV 级围岩采用短台阶法；V 级围岩偏压、浅埋段可采用双侧壁导坑法施工，深埋段可采用带临时仰拱封闭的台阶法或环形开挖预留核心土台阶法施工。单线隧道 V、IV 级围岩采用台阶法，III、II 级围岩采用台阶法或全断面法施工。

（2）隧道开挖采用光面爆破，严格控制超欠挖，初期支护喷射混凝土应采用湿喷工艺。

（3）全线长度小于 1 km 的隧道宜采用单口掘进，以尽可能减少对环境的破坏、节约资源。

第四节　长大、重难点隧道设计

以黄坑二号隧道、石观音隧道为例，对龙厦铁路长大、重难点隧道设计方案进行说明。

一、黄坑二号隧道

（一）隧道概况

黄坑二号隧道位于福建省漳州市南靖县境内，隧道全长 5 510 m，隧道进口里程 DK68+454，轨面设计高程 82.737 m；隧道出口里程 DK73+964，轨面设计高程 55.723 m。隧道经过区域为丘陵区及高阶地，地势较平坦，山坡自然坡度约 30°～40°，隧道出口位置较开阔，隧道区植被较发育。工地交通条件较便利。

（二）工程地质及水文地质特征

1. 地层岩性

测区内出露地层较简单，按其成因分类主要有：

（1）第四系坡残积层（Q_4^{el+dl}）。

Q_4^{el+dl} 粉质黏土夹碎石：褐黄色，硬塑，主要成分为黏粉粒，手搓有砂感，局部可见少量碎石，其主要成分为砂岩、石英砂岩、长石石英砂岩，地下水主要为第四系孔隙水，不发育。岩土施工工程分级为Ⅲ级。本层层厚约 5~10 m，隧道围岩较破碎，围岩分级为Ⅴ级。

（2）J_1l^a 石英砂岩夹粉砂岩。

根据岩石的风化程度可降该层分为三个亚层：

①J_1l^a 长石石英砂岩：紫红色，全风化，主要成分为长石、石英，岩芯呈砂土状，手捏易碎，遇水易软化、崩解。地下水主要为基岩裂隙水，不发育。岩土施工工程分级为Ⅲ级。本层层厚 3~10 m，隧道围岩较破碎，围岩分级为Ⅴ级。

②J_1l^a 长石石英砂岩：紫红色、灰白色，强风化，本层以石英砂岩、长石石英砂岩为主，局部夹少量粉砂岩，岩芯呈碎块状，裂隙较发育。地下水主要为基岩裂隙水，不发育。岩土施工工程分级为Ⅳ级。本层层厚 1~10 m，隧道围岩较破碎，围岩分级为Ⅳ级。

③J_1l^a 长石石英砂岩：紫红色、灰白色，弱风化，本层以石英砂岩、长石石英砂岩为主，局部夹少量粉砂岩，岩芯呈短柱状-柱状，裂隙较发育，岩层产状为 123°∠60°。地下水主要为基岩裂隙水，不发育。岩土施工工程分级为Ⅴ级。隧道围岩较破碎，围岩分级为Ⅲ级。

2. 地质构造

隧道区内存在三条断裂带，分别为：

（1）DK70+155~+210 段断层影响带，该断层为压性断裂，断层产状为 304°∠50°，岩体受挤压较明显，且岩石较破碎，断裂带导水性一般，该断层与线路呈大角度相交；

（2）DK71+359~+385 断层影响带，该断层为压性断裂带，断层产状为 134°∠70°，岩体受挤压较明显，断裂带胶结一般，为断层角砾，该断裂带导水性一般，该断层与线路近直交；

（3）DK72+900~+965 断层影响带，该断裂带胶结一般，为断层角砾，断裂带导水性一般，该断层产状为 294°∠45°，与线路呈 70°角相交。

3. 水文地质特征

（1）地下水的类型、埋藏情况及其变化特征。

本隧道位处低山区；地表水主要来自大气降水的补给，为地下水渗入补给提供了充足水源。地下水为第四系孔隙水和基岩裂隙水，粉质黏土（黏土）地下水贫乏，且厚度薄，弱透水，故水量不丰富。其下为沉积岩（石英砂岩夹粉砂岩），裂隙较发育，一般地下水较贫乏，局部地区岩体较破碎，地下水丰富，强透水层；地下水主要靠大气降雨补给，水位随季节影响而变化。

（2）隧道涌水量预测。

地下水的补给来源为大气降水，其补给量受降水强度、降水持续时间、地形及地表节理、裂隙的发育程度控制。隧址区为崇山峻岭，山坡及冲沟坡度陡，地表岩石露头较差，不利于大气降水的渗入补给。现采用大气降水入渗法来预测隧道涌水量大小。

隧道的正常涌水量 Q_s 为 7 010.76 m³/d，隧道的最大涌水量 15 774.21 m³/d。

（4）地震动参数区划

根据《中国地震动参数区划图》（GB 18306—2001），隧址区地震动峰值加速度为 0.1g，地震动反应谱特征周期值为 0.35 s。

（三）主要设计内容

1. 洞口位置的确定及洞门形式的选择

隧道进口采用路堑偏压式明洞门，洞口里程为 DK68+454，明暗分界里程为 DK68+466；隧道出口采用帽檐斜切式洞门，洞口里程为 DK73+964。

根据《铁路建设贯彻国防要求技术规程》（铁计〔2005〕23 号），进出口段衬砌及洞门端墙均按战备要求进行加强，进出口段衬砌及出口斜切式洞门采用 C30 钢筋混凝土，进口洞门端墙采用 C30 钢筋混凝土及 C30 混凝土。要求洞门能够承受 0.2 MPa 冲击波压力。

为确保施工顺利进行，在进行暗洞端墙施工前应对仰坡进行锚喷加固，端墙开挖后对洞口衬砌外的临时仰坡进行喷锚加固，拱部设超前长管棚，然后开挖进洞。

2. 衬砌支护设计

全隧道除进口端 DK68+454～+466 段采用路堑单压式明洞衬砌外，其余地段均采用复合式衬砌。复合式衬砌由初期支护、防水隔离层与二次衬砌组成，初期支护采用喷射混凝土，二次衬砌采用模筑混凝土。

3. 监控量测

隧道按照《铁路隧道喷锚构筑法技术规范》（TB 10108—2002）的要求，以量测资料为基础及时修正初期支护参数，确保二次衬砌施作时机，实施动态设计、施工。

（1）监控量测项目。

本隧道监控量测项目包括洞内外观察、拱顶下沉、净空收敛、地表沉降、地应力测试等。

（2）监控量测布置及间距。

洞内外观察、拱顶下沉、净空收敛监测项目的工作贯穿整个隧道；各级围岩量测断面间距：V级围岩 10 m、IV级围岩 20 m、III级围岩 30 m、II级围岩 50 m。

4. 洞内设备

（1）电缆槽。

洞内采用双侧水沟，双侧电缆槽，洞内电力、通信及信号电缆槽均设于线路前进方向两侧；通信、信号电缆合槽中间采用 $\phi16$ 钢筋隔开，槽内填砂。

（2）综合洞室。

隧道内按规范要求设置综合洞室，洞室间距为 500 m，洞室沿隧道两侧交错布置，本隧道共设置 22 个综合洞室。综合洞室不得设于衬砌断面变化处或沉降缝处，否则应适当调整隧道衬砌断面分界里程位置。同时工作缝、伸缩缝不得设置于综合洞室处。

（3）其他设施。

隧道内附属设施洞室按有关专业要求进行设置。

余长电缆腔利用综合洞室设置，每个综合洞室内均设置余长电缆腔，共设置 22 处；无线列调中继器洞室设计在 DK68+834、DK71+834 和 DK72+834 线路前进方向右侧综合洞室内，共设置 3 处；根据电力专业的要求在隧道里程 DK71+084 处线路前进方向左侧及 DK71+334 线路前进方向右侧的综合洞室内设置变压器洞室，共设 3 处；隧道设置综合接地和过轨钢管，每个综合洞室处各设一处信号过轨和一处电力过轨，其中线路前进方向右侧里程 DK69+834、DK70+834、DK71+834 以及 DK72+834 综合洞室处还需另设通信过轨，每处各种类型过轨均需要预埋过轨钢管 2 根。

5. 施工方法

本隧道除明洞段采用明挖法之外，暗洞按新奥法原理组织施工，V级围岩浅埋、偏压段采用双侧壁导坑法，V级围岩深埋段可采用带临时仰拱封闭的台阶法或环形开挖预留核心土台阶法施工；IV级围岩隧道偏压、浅埋段采用带临时仰拱封闭的台阶法，一般IV级围岩采用短台阶法；III级围岩地段采用台阶法。

6. 施工组织设计

本隧道按进口及出口二个工区二个工作面组织施工，总工期33个月，其中洞口施工准备工期为3个月，隧道主体工程工期30个月，贯通里程DK70+702。

进口工区：负责DK68+454～DK70+770段主体工程施工任务，主体工程长2248 m；

出口工区：负责DK70+702～DK73+964段主体工程施工任务，主体工程长3262 m。

7. 弃渣与环保

隧道弃渣67.9万 m^3，其中16.38万 m^3 用于路基填方，51.52万方用于龙山车站填方，即本隧道弃渣全部利用，无余渣。但由于该隧道先行施工，需找临时弃渣场堆弃，进口弃渣约27.8万方（紧方），可临时弃于隧道进口右侧山坡中，占地约2.8 hm^2；出口弃渣约40万 m^3（紧方），可临时弃于DK76+000前进方向左侧1 000 m（天签小组南侧）平地，占地约4 hm^2，运距约3.2 km，临时用渣场均应作适当挡护。

二、石观音隧道

（一）隧道概况

石观音隧道位于福建省龙岩市和溪镇和金山镇之间，隧道进口里程DK44+094，轨面设计高程199.680 m；隧道出口里程DK49+185，轨面设计高程144.327 m，隧道全长5 091 m。本隧道在DK45+162.38处线路前进方向右侧斗米村附近设置一处斜井。斜井位于线路前进方向右侧斗米村附近，与线路小里程方向夹角35°，采用斜交单联方式，无轨运输双车道断面，斜井综合坡度9.73%，斜长164.90 m，井口里程XDK0+164，井口采用挡翼墙式洞门。

隧道经过区域为低山区，丘坡植被发育，自然坡度30°～50°，地势起伏较大，相对高差较大，工地交通条件一般。

（二）工程地质及水文地质特征

1. 地层岩性

测区内出露地层较简单，按其成因分类主要有：

（1）第四系坡残积层（ Q_4^{el+dl} ）。

Q_4^{el+dl} 粉质黏土：褐黄色，硬塑，局部夹少量碎石，及植物根系；岩土工程施工分级为Ⅲ级，本层层面高程158.81～236.77 m。层厚1.35～3.0 m。

（2）燕山早期黑云母花岗岩（ $\gamma_5^{2(3)c}$ ）。

根据岩体的风化程度氛围三个亚层，现分述如下：

（2）-1 黑云母花岗岩：全风化，灰白色、灰黄色、褐灰色，全风化，呈砂土状，局部夹少量碎块，岩心手捏易碎，遇水易软化，含少量云母；岩土工程施工分级为Ⅲ级。

本层层面埋深1.35～3.0 m，层厚4.1～30.3 m，隧道围岩分级取Ⅴ级。

（2）-2 黑云母花岗岩：灰黄色，节理裂隙很发育，岩体破碎，岩心呈碎块状，岩心可用手折断，岩土工程施工分级为Ⅳ级。

本层层面埋深5.5～21 m，层厚6.6～7 m，隧道围岩分级取Ⅲ级。

（2）-3 黑云母花岗岩：浅灰白色、浅肉红色，块状构造，主要矿物成分为石英、长石、云母等，节理裂隙较发育，多为微张节理，岩心呈短柱状-长柱状，岩土工程施工分级为Ⅴ级。

2. 地质构造

隧道区域DK44+870～DK44+890段推测为一断层，断层以破碎带形式产出，带内岩石破碎，呈角砾状，碎石充填胶结，，岩石风化强烈，均呈碎屑状、碎块状。

3. 水文地质特征

（1）地下水的类型、埋藏情况及其变化特征。

本隧道位处低山区；地表水主要来自大气降水的补给，为地下水渗入补给提供了充足水源。地下水为第四系孔隙水和基岩裂隙水，粉质黏土（黏土）地下水贫乏，且厚度薄，弱透水，故水量不丰富。其下为沉积岩（石英砂岩夹粉砂岩），裂隙较发育，一般地下水较贫乏，局部地区岩体较破碎，地下水丰富，强透水层；地下水主要靠大气降雨补给，水位随季节影响而变化。

（2）隧道涌水量预测。

地下水的补给来源为大气降水，其补给量受降水强度、降水持续时间、地形及地表节理、裂隙的发育程度控制。隧址区为崇山峻岭，山坡及冲沟坡度陡，地表岩石露头较差，不利于大气降水的渗入补给。现采用大气降水入渗法来预测隧道涌水量大小。

采用大气降水入渗法来预测隧道的正常涌水量为 7 069.5 m^3/d，最大涌水量为 15 906.4 m^3/d。

4. 地震动参数区划

根据《中国地震动参数区划图》（GB 18306—2001），隧址区地震动峰值加速度为 0.1g，地震动反应谱特征周期值为 0.35 s。

5. 不良地质

通过对隧道部分区域的测量，隧道轴线上未见放射性异常，虽然地表因覆盖层因素辐射剂量率稳定且偏高特征不明显（γ辐射剂量率在 253-280 nGY/h 间），但隧道围岩辐射剂量率均较高（基岩出露部位 γ辐射剂量率在 403～429 nGY/h 间），对施工工人有明显影响，同时附近见有放射性异常，因此需注意构造矿化及隧道渣石可能对环境的影响。对隧道中出现的放射性异常，要做专项评价工作。对放射行偏高与异常段的现场施工管理工作，要按照《放射性防护和环境保护规程》做好相关的防护工作。

（三）主要设计内容

1. 洞口位置的确定及洞门形式的选择

隧道进口采用帽檐斜切式洞门，洞口里程为 DK44+094；出口采用路堑偏压式明洞门，洞口里程为 DK49+185，明暗分界里程 DK49+173。

本隧道全长 5 091 m，根据《铁路建设贯彻国防要求技术规程（试行）》（铁计〔2005〕23 号），进出口段衬砌及洞门端墙均按战备要求进行加强，进出口段衬砌及进口斜切式洞门采用 C30 钢筋混凝土，出口洞门端墙采用 C30 钢筋混凝土及 C30 混凝土。要求洞门能够承受 0.2 MPa 冲击波压力。

为确保施工顺利进行，在进行暗洞端墙施工前应对仰坡进行锚喷加固，端墙开挖后对洞口衬砌外的临时仰坡进行喷锚加固，拱部设超前长管棚，然后开挖进洞。

2. 衬砌支护设计

本隧道设计使用年限级别为一级，结构所处环境作用等级为小于 H1，二次衬砌混凝土除应满足耐久性的一般要求外，还应通过添加耐腐蚀剂，达到抗侵蚀的目的。

全隧道除进口 DK44+094～+111 斜切式洞门段及出口 DK49+173～+185 段路堑偏压式明洞段采用整体式衬砌外，其余地段均采用复合式衬砌。复合式衬砌由初期支护、防水隔离层与二次衬砌组成。Ⅱ级围岩采用曲墙加底板结构形式，Ⅲ～Ⅴ级围岩采用曲墙加仰拱结构形式。初期支护采用喷射混凝土，二次衬砌采用模筑混凝土。

3. 监控量测

隧道按照《铁路隧道喷锚构筑法技术规范》（TB 10108—2002）的要求，以量测资料为基础及时修正初期支护参数，确保二次衬砌施作时机，实施动态设计、施工。

（1）监控量测项目。

本隧道监控量测项目包括洞内外观察、拱顶下沉、净空收敛、地表沉降、地应力测试等。

（2）监控量测布置及间距。

洞内外观察、拱顶下沉、净空收敛监测项目的工作贯穿整个隧道；各级围岩量测断面间距：Ⅴ级围岩 10 m、Ⅳ级围岩 20 m、Ⅲ级围岩 30 m、Ⅱ级围岩 50 m。

4．洞内设备

（1）电缆槽。

洞内采用双侧水沟，双侧电缆槽，洞内电力、通信及信号电缆槽均设于线路前进方向两侧；通信、信号电缆合槽中间采用 $\phi16$ 钢筋隔开，槽内填砂。

（2）综合洞室。

隧道内按规范要求设置综合洞室，洞室间距为 500 m，洞室沿隧道两侧交错布置，本隧道共设置 20 个综合洞室。

综合洞室不得设于衬砌断面变化处或沉降缝处，否则应适当调整隧道衬砌断面分界里程位置。同时工作缝、伸缩缝不得设置于综合洞室处。

（3）其他设施。

隧道内附属设施洞室按有关专业要求进行设置。

余长电缆腔利用综合洞室设置，每个综合洞室内均设置余长电缆腔，共设置 20 处；无线列调中继器洞室设计在 DK44+275、DK46+275 和 DK47+275 线路右侧综合洞室内，共设置 3 处；根据电力专业的要求在隧道内利用隧道综合洞室设置变压器洞室，洞室位置为 DK46+525 及 DK46+775；隧道内设置综合接地和过轨钢管，DK44+275，DK45+275，DK46+275，DK47+275，DK48+275 处综合洞室，通信、信号、电力专业有过轨的要求，上述位置应预留 $\phi100$ 镀锌钢管过轨，每处各 6 根；DK44+775，DK45+775，DK46+775，DK47+775，DK48+775 处综合洞室，信号、电力专业有过轨的要求，需预留过轨钢管，每处各 4 根。DK46+525，DK46+775 处综合洞室，电力专业有过轨的要求，需预留过轨钢管，每处各 4 根；隧道内其余综合洞室处均预留 2 根电力钢管过轨。

5．施工方法

本隧道除明洞段采用明挖法之外，暗洞按新奥法原理组织施工，Ⅴ级围岩浅埋压段采用双侧壁导坑法，其余Ⅴ级围岩地段采用环形开挖预留核心土法或三台阶临时仰拱封闭法；Ⅳ级围岩地段采用三台阶临时仰拱封闭法；Ⅲ级围岩地段采用短台阶法；Ⅱ级围岩段采用全断面法。

6．施工组织设计

本隧道按出口和斜井两个工区三个工作面组织施工，施工进度安排主体工程总工期 26 个月，含施工准备 3 个月，贯通里程为 DK46+365。

斜井工区：斜井长 164.90 m，负责 DK44+094～DK46+365 段主体工程施工，施工段主体工程长 2 271 m；其中洞口施工准备 3 个月，斜井施工 2 个月，隧道主体工程工期 21 个月；

出口工区：负责 DK46+365～DK49+185 段主体工程施工，施工段主体工程长 2 820 m，其中洞口施工准备 3 个月，隧道主体工程工期 23 个月。

7．弃渣与环保

（1）隧道弃渣情况。

斜井弃渣场位于 DK45+000 左侧的山坡地中，运距约 0.5 km，占地约 2.67 hm²；出口弃渣场位于石观音隧道出口 DK48+600 线路右侧 400 m 的山洼中，运距约 1.0 km，占地 3.84 hm²。

（2）隧道环保设计措施。

弃渣场顶向外作 3%的排水坡，坡脚设置 M10 挡砟墙，在弃渣场顶外缘设一道截水沟。渣场设挡护工程，挡墙尺寸根据地形按直线变化过渡，埋置深度不小于 2.0 m，且挡渣墙基底承载力不小于0.25 MPa。弃渣场弃渣完毕后，弃渣顶部及边坡应填土恢复植被。

第五节　特殊不良地质隧道设计

龙厦铁路象山隧道存在断层破碎带、岩溶、瓦斯等多种不良地质，且地下水丰富，本节以象山隧道为例对特殊不良地质隧道的设计进行阐述。

一、工程概况

象山隧道位于福建省境内，隧道起于福建省龙岩市新罗区曹溪镇三坑村，经过适中镇新祠村、象山村，止于漳州市南靖县和溪镇乐土村。隧道采用左、右单洞单线，两条隧道并行的方案，左线隧道进口里程 DK19+690，进口轨面设计高程 453.337 m；右线隧道进口里程 YDK19+690，进口轨面设计高程 453.337 m；左线隧道出口里程 DK35+588，出口轨面设计高程 280.095 m；右线隧道出口里程 YDK35+607，出口轨面设计高程 280.093 m。左线隧道全长 15 898 m，右线隧道全长 15 917 m。隧道最大埋深 830 m。

根据施工组织需要，本隧道设置 5 座斜井。具体设置如表 27.7 所示。

表 27.7　象山隧道辅助坑道设置一览

斜井序号	与线路交点里程	断面形式	主要参数	备注
1 号斜井	YDK22+452.5	无轨运输单车道+错车道断面	位于线路前进方向右侧，与线路小里程方向夹角约 42.5°，斜井综合坡度 9.12%，斜长 907.15 m	
2 号斜井	YDK25+347	有轨运输三车道断面	位于线路前进方向右侧，与线路小里程方向夹角约 18°，斜井倾角 14.73°，斜长 791.82 m	预留皮带运输条件
3 号斜井	YDK28+230	有轨运输三车道断面	位于线路前进方向右侧，与线路大里程方向夹角约 17°，斜井倾角 23.08°，斜长 905.65 m	
4 号斜井	DK29+772	有轨运输三车道断面	位于线路前进方向左侧，与线路小里程方向夹角约 43°，斜井倾角 23.04°，斜长 894.28 m	
5 号斜井	YDK35+220	无轨运输单车道+错车道断面	位于线路前进方向右侧，与线路大里程方向夹角约 50°，斜井综合坡度 7.97%，斜长 200.83 m	

二、工程地质及水文地质特征

隧道场地区属构造剥蚀中低山区，沟谷深切，多悬崖峭壁。中间最高山峰 1 166.00 m。其中DK19+600～DK25+900 地形高程为 472.00～759.6 m，地势相对较缓，自然坡度一般为 20°～40°，地表多为全～强风化花岗岩和砂岩；DK25+900 以南为博平岭山脉南段，山脉主要走向为北东～南西，山峰林立，地形险峻，沟谷幽深，自然坡度一般 30°～50°，局部 50°～70°，隧道斜穿博平岭山脉。

1. 地层岩性

隧道区分布的地层较复杂，主要为石炭系下统林地组（C_1l）、二叠系下统童子岩组（P_1t）（煤系地层）、上统翠屏山组（P_2CP）和大隆组（P_2d）、三叠系下统溪口组（T_1X）、上统大坑组（T_3d）和文宾山组（T_3W），侏罗系下统梨山组（J_1l）。此外零星分布有第四系冲洪积和坡残积层。现从新至老分述如下：

① 卵石土（Q_4^{al+pl}）灰色，中密～密实。卵石含量大于 60%。粒径 60～180 mm，个别为＞200 mm

的漂石。主要分布于新祠一带山间小盆地，里程 DK21+000 ~ DK21+700 及 DK24+000 ~ DK24+500，其余零星部位及象山村附近的河流两岸也有零星分布。最大厚度约 5 ~ 10 m。

②粉质黏土（Q^{dl-el}）灰黄色，硬塑。成分以粉黏粒为主，含碎块石 5% ~ 10%。厚度 1.00 ~ 2.00 m，广泛分布于沿线的地表山坡。

③梨山组：

上段（J_{1l}^b）：灰色 ~ 深灰色，中层状石英砂岩、细砂岩、粉砂岩，弱风化，节理裂隙发育，分布于 DK29+250 ~ DK29+850 一带。

下段（J_{1l}^a）：灰黄色，中厚层长石石英砂岩、细砂岩夹粉砂岩，弱风化，节理裂隙较发育，岩石硬。分布于 DK27+470 ~ DK27+700 一带。

④文宾山组（T_{3w}）：

上部（T_{3w}^b）为灰 ~ 灰黄色，薄层 ~ 中薄层状粉砂岩夹砂质泥岩，夹薄层细砂岩，强风化 ~ 弱风化，岩石软。分布于 DK27+350 ~ DK27+400、DK27+700 ~ DK28+090、DK29+850 ~ DK30+850，岩层产状 270°∠38°。

下部（T_{3w}^a）为灰白色，中薄层长石石英细砂岩、粉砂岩、中薄层石英细砂岩，强风化 ~ 弱风化，岩石较硬。主要分布于 DK27+100 ~ DK27+250、DK28+090 ~ DK28+960、DK30+850 ~ DK32+300，岩层产状 240°∠35°和 290°∠30°。

⑤大坑组（T_{3d}）：灰色，中薄 ~ 中厚层石英粗砂岩、细砂岩，强风化 ~ 弱风化，岩石硬，节理裂隙发育。分布于 DK32+300 ~ DK33+040。岩层产状 250°∠35°。

⑥溪口组（T_{1x}）：灰青色，薄层粉砂岩、细砂岩，底部夹厚层状灰岩，强风化 ~ 弱风化，岩石硬，溶蚀强烈，岩溶发育。主要分布于 DK24+070 ~ DK24+470、DK27+040 ~ DK27+250、DK33+040 ~ DK33+480。薄层状硅质灰岩夹薄层粉砂岩，岩石较坚硬。有溶蚀现象，地表未见溶洞。

⑦大隆组（P_{2d}）：灰黄色，薄层状泥质粉砂岩、砂质泥岩，强风化 ~ 弱风化，岩石软。分布于新祠村漳龙高速公路连接线附近，主要分布在 DK24+470-DK24+770。岩层产状 270°∠45°。

⑧翠屏山组（P_{2cp}）：灰白色 ~ 灰黄色、浅紫色，薄层状细砂岩、粉砂岩夹泥质粉砂岩，局部夹有煤线。强 ~ 弱风化，岩石较软。主要分布于 DK24+770 ~ DK26+040、DK26+440 ~ DK26+900 假整合于童子岩组（P_{1t}）之上。

⑨童子岩组（P_{1t}）：灰黑色，中薄层粉砂岩、薄层砂质泥岩夹煤层及煤线。强 ~ 弱风化，岩石软硬变化大，裂隙发育，较破碎。分布于 DK26+040 ~ DK26+440、DK26+900 ~ DK27+040。岩层产状 240°∠15° ~ 30°。

⑩林地组（C_1l）：黄白色石英砾岩、砂砾岩、砂岩及紫红色粉砂岩互层。强 ~ 弱风化，岩石较软，裂隙发育，较破碎。分布于 DK19+610 ~ DK20+630。岩层产状 210°∠50°。

隧址区的侵入岩主要为燕山早期（$\gamma_5^{2(3)C}$）黑云母花岗岩和燕山晚期（$\gamma_5^{3(1)b}$）中细粒花岗斑岩。分述如下：

黑云母花岗岩（$\gamma_5^{2(3)C}$）：浅肉红色，中粗粒似斑状结构，块状构造。地表为全 ~ 强风化，厚度 10 ~ 20 m，下部为弱 ~ 微风化，岩石坚硬，裂隙不发育，节理间距 20 ~ 80 cm，完整性好。分布于隧道 DK20+630 ~ DK24+070。

中细粒花岗斑岩（$\gamma_5^{3(1)b}$）：浅肉红色，中细粒结构，局部中粗粒结构，块状构造。弱风化，岩石坚硬，裂隙不发育，裂隙间距 40 ~ 100 cm，完整性好。分布于隧道出口部位的 DK33+480 ~ DK35+578。与溪口组地层呈断层接触。

2. 地质构造

根据区域地质资料，隧址区位处闽西南拗陷带之龙岩向斜的东翼，政和—大埔大断裂在新词村附近通过，测区内主要发育北东—北北东向新华夏系—华夏系的次级断裂构造。

褶皱：龙岩向斜轴向为 NE 向，轴部位于龙岩—漳平一带，隧址区位于龙岩向斜的东翼，出露一套上古生代二叠系、中生代三叠系、侏罗系地层，地层呈单斜层展布，小褶皱不发育。

断裂构造：隧址区位于政和—大埔大断裂南部，主要断裂构造属新华夏系—华夏系构造的次级构造，走向 NNE ~ NE，控制区内主要地层和岩性的分布，其次 NW 走向的断裂也较发育。测区内主要断裂分述如下：

F7 断裂：硅化碎裂岩、糜棱岩，少量断层泥。产状 20° ~ 40°/NW（局部 SE）∠65° ~ 78°。挤压擦痕明显，扁豆体发育，属压扭性断层，断层宽度 2.00 ~ 4.00 m。受其影响北西盘（上盘）的中粗粒花岗岩 15 m 内有绿泥石蚀变，高岭土化，裂隙发育，岩石破碎，风化强烈，南东盘（下盘）的二叠系地层 10 m 内裂隙发育，岩石碎裂。该断层沿走向延伸长度大。断层及其上、下盘影响带宽度 30 m 左右。分布于 DK24+000 中心，与隧道轴线夹角 87°。该断层对隧道施工有一定的影响。

F8 断裂：碎裂岩，产状：40°/NW∠80°，挤压痕迹明显，透镜体发育，属压扭性断层。断层宽度 3 ~ 5 m，影响宽度 30 m，上下盘围岩为二叠系翠屏山组粉砂岩、细砂岩。分布于 DK24+400 左侧。该断层对隧道施工无影响。

F9 断裂：碎裂岩、糜棱岩，产状：340°/SW∠60°，属压扭性断层，断层宽度 5.0 m，沿走向延伸长度大于 500 m，产于童子岩组煤系地层中，向南延伸至翠屏山组，北西盘岩层有扭曲现象。据煤矿采掘调查，该断层在 565 m 高程见糜棱岩。宽度 7 ~ 8 m。上下盘影响宽度各约 15 m 左右，在影响范围内裂隙发育，岩石破碎。分布于 DK26+200 左侧，该断层对隧道施工无影响。

F10 断裂：碎裂岩，产状：10°/NW∠75°，挤压痕迹明显，属压扭性断层，断层宽度 2.0 ~ 5.0 m，沿走向延伸长度大于 2 000 m。在影响范围内裂隙发育，岩石破碎，围岩级别为 V 级。分布于 DK27+000 中心，与隧道轴线夹角 74°。该断层对隧道施工有一定的影响。

F11 断裂：碎裂岩，产状：50° ~ 60°/NW∠70°，挤压痕迹明显，属压扭性断层，断层宽度 2 ~ 5 m，沿走向延伸长度大于 800 m，上下盘影响宽度各约 15 m 左右，在影响范围内裂隙发育，岩石破碎。分布于 DK26+800 左侧 870 m，对隧道无影响。

F12 断裂：碎裂岩，产状：50° ~ 60°/NW∠85°，挤压痕迹明显，属压扭性断层。断层宽度 1 ~ 2 m。沿走向延伸长度大于 200 m。上下盘影响宽度各约 15 m 左右，在影响范围内裂隙发育，岩石破碎。分布于 DK27+100，对隧道影响不大。

F13 断裂：碎裂岩，产状：10°/NW∠78°，挤压痕透镜体发育，属压扭性逆断层。断层宽度 3 ~ 5 m。沿走向延伸长度大于 2 000 m。影响宽度各约 15 m 左右，在影响范围内裂隙发育，岩石破碎。分布于 DK27+420 中心，与隧道轴线夹角 74°。该断层对隧道施工有一定的影响。

F14 断裂：硅化碎裂岩，硅化强烈，岩石坚硬。产状 25°/NE∠85°。挤压擦痕明显，属压扭性断层，断层宽度 3 ~ 5 m，沿走向延伸长度大于 2 000 m。分布于 DK29+200，与隧道轴线夹角 81°。该断层对隧道施工有一定的影响。

F15 断裂：碎裂岩、糜棱岩，产状 320° ~ 345°/NE∠77° ~ 85°。挤压擦痕明显，扁豆体发育，属压扭性断层，断层宽度 5 m 左右。受其影响上下盘各 20m 的岩石裂隙发育，岩石碎裂，该断层沿走向延伸长度大于 2 000 m，分布于 DK29+510 中心，与隧道轴线夹角 34°。该断层对隧道施工有一定的影响。

F16 断裂：碎裂岩，产状：330°/NE∠65° ~ 75°，挤压痕迹明显，属压扭性断层，断层宽度 2 ~ 3 m，沿走向延伸长度大于 1 000 m。上下盘影响宽度各约 15 m 左右，在影响范围内裂隙发育，岩石碎裂。分布于 DK30+100，与隧道轴线夹角 34°。该断层对隧道施工有一定的影响。

F17 断裂：碎裂岩，硅化碎裂，岩石坚硬。产状：340°/SW∠85°，属张扭性断层，断层宽度 2 ~ 3 m。沿走向延伸长度大于 300 m。上下盘影响宽度各约 15 m 左右，在影响范围内裂隙发育，岩石碎裂。分布于 DK30+200 左侧，断层规模小，对隧道无影响。

F18 断裂：碎裂岩，硅化碎裂，岩石坚硬。产状：40°/NW∠75°，属压扭性断层，断层宽度 2 ~ 3 m，沿走向延伸长度大于 200 m。上下盘影响宽度各约 15 m 左右，在影响范围内裂隙发育，岩石碎裂。

分布于 DK30+000 左侧，断层规模小，对隧道无影响。

F19 断裂：碎裂岩，产状：10°/NW∠70°，挤压痕迹明显，属压扭性断层，断层宽度 2～3 m，沿走向延伸长度大于 1 500 m。上下盘影响宽度各约 15 m 左右，在影响范围内裂隙发育，岩石碎裂。分布于 DK30+610，与隧道轴线夹角 75°。该断层对隧道施工有一定的影响。

F20 断裂：碎裂岩、糜棱岩，少量断层泥，产状 10°～15°/NW∠71°～78°。挤压擦痕明显，透镜体发育，属压扭性断层，断层宽度 2～4 m。受其影响南东盘的中细粒花岗岩 15 m 内有绿泥石蚀变、高岭土化，裂隙发育，岩石破碎，风化强烈；北西盘的三叠系地层 20 m 内裂隙发育，岩石碎裂。该断层沿走向延伸长度大于 2 000 m。分布于 DK33+400 中心，与隧道轴线夹角 75°。该断层对隧道施工有一定的影响。

F21 断裂：碎裂岩、糜棱岩，少量断层泥，产状 0°～20°/SE∠70°，挤压擦痕明显，透镜体发育，属压扭性断层。断层宽度 3～8 m。受其影响南东盘的中细粒花岗岩 15 m 内有绿泥石蚀变、裂隙发育，岩石碎裂；北西盘的中细粒花岗岩 20 m 内裂隙、擦痕发育，该断层沿走向延伸长度大于 1 000 m。分布于 DK34+660 中心，与隧道轴线夹角近正交。该断层对隧道施工有一定的影响。

3. 水文地质特征

（1）地表水发育特征。

隧道区地表水以公祠自然村为分水岭（DK27+500），分南东、北西两侧排泄。北西侧为龙岩龙津河支流水系，南东为闽南漳州九龙江西溪水系。由于地形高差大，冲沟坡度陡，水流较急，排水通畅。旱季流量小，雨季流量增大数倍～数十倍。地表水受大气降水补给，向两侧坡脚排泄，由于隧址区岩石裂隙较发育，地表水的下渗是地下水的主要补给源。

（2）地下水的赋存条件。

隧道区地下水类型有孔隙水、沉积岩层间裂隙水、基岩裂隙水和构造裂隙水、岩溶水，受大气降水补给。

①孔隙水：主要分布于新祠、象山一带的山间盆地冲洪积砂、卵石土空隙中，水量丰富，透水性好。

②裂隙水：主要分布于岩石的裂隙中。其中侵入岩体裂隙不发育，地下水量贫乏；隧道左侧童子岩组煤系地层及断层及断层所影响裂隙较发育部位透水性好，地下水量较丰富；据象山公祠煤矿基坑排水资料，煤矿采用采空区集中排水方式，雨季最大排水量为 400 m^3/h，旱季一般排水量为 120 m^3/h。其余沉积岩地下水赋水性一般。

③岩溶水：新祠村和象山、下隔村低洼地段的三叠系下统溪口组底部夹有一层石灰岩，溶洞发育，推测深部岩溶水较丰富，透水性好，可能产生涌水或突水。

（3）地下水、地表水的补给、排泄关系和条件、侵蚀性。

地下水的补给来源主要为大气降水，其补给能力的受降水强度、降水持续时间、地形及地表节理、裂隙的发育程度控制。隧址区为崇山峻岭，山坡及冲沟坡度陡，地表岩石露头较好，有利于大气降水的渗入补给。

分析结果表明：隧址区溪水化学类型为 SO_4-Na 型，HCO_3·SO_4-Na 型，pH=6.74～6.86，侵蚀性 CO_2 为 1.02～7.16 mg/L，HCO_3 含量为 1.209～0.372 mg/L，SO_4 含量为 2.715～0.416 mg/L，Cl 含量为 0.189～0.141 mg/L。对混凝土具分解类弱腐蚀性。隧址区地下水化学类型为 HCO_3-Ca^{2+} 型或 HCO_3-Na^+-K^+ 型，pH=7.03～8.85，侵蚀性 CO_2 为 0～7.21 mg/L，HCO_3 含量为 0.96～1.64 mg/L，SO_4 含量为 0.15～0.35 mg/L，Cl 含量为 0.02～0.07 mg/L。对混凝土有溶出型弱侵蚀。

（4）隧道涌水量。

象山隧道正常涌水量为 23 491 m^3/d，最大涌水量为 51 560 m^3/d。

4. 不良地质及特殊岩土

隧址区不良地质及特殊岩土主要有：

（1）采空区。

隧址区左侧出露有童子岩组煤系地层（P_{1t}）（DK25+500～DK26+700 左侧），适中镇象山公祠煤矿正在开采，根据煤矿提供的开采巷道平面图，隧道轴线在煤矿开采范围右侧。象山煤矿原采矿范围：（A：2761490，39512080，B：2761490，39513190，C：2760970，39513190，D：2760970，39512080）。规划采矿范围：（A：2760970，39512080，B：2760970，39513190，C：2762000，39513190，D：276200，39513500，E：2763000，39513500，F：2763000，39511600，G：276200，3951600，H：276200，39512080）。

公祠煤矿始采于 1993 年，开采面主要位于海拔 560 m 以上，但最低储水仓底面为海拔高程441.20 m，目前计划开采到 300 m。

根据隧道纵断面图，对照所收集的象山公祠煤矿采掘巷道分布图，隧道通过煤矿部位的高程为380～370 m，即隧道低于目前采空区和采煤储水仓区，且在空间上隧道顶低于煤矿储水仓 60 m 左右。就目前开采现状而言，该煤矿的采空区对隧道影响不大，但下伏地层易产生涌水、突水、坍塌等问题。

（2）煤层瓦斯。

公祠煤矿始采于 1993 年，所采煤层属中灰、低硫、低磷、高发热量的无烟煤，据监测资料，巷道空气瓦斯浓度：最高为 0.15%，一般为 0.08%左右。说明煤层瓦斯在隧道开挖时涌出量较小，但不能排除局部密集的可能。

（3）岩溶。

适中镇象山村～下隔村的河流及低洼地带（即隧道轴线上），里程 DK24+070～DK24+280、DK27+080～DK27+170、DK28+250～DK29+240、DK32+310～DK33+380，三叠系下统溪口组底部夹有石灰岩，层位稳定，厚度＞30 m。含裂隙溶洞水，富水性不均一，单孔涌水量一般小于 1000 m^3/日，泉流量一般 5～60 L/s，最大可达 276.689 L/s，地表溶蚀现象较严重，溶洞发育一般。但隧道开挖过程中可能遇到局部的溶蚀空洞及岩溶突水、突泥。

（4）高地温。

隧址区内未见有温泉点及地温异常点出露，据公祠煤矿地温测量资料，采煤巷道高程 520 m 处（距地面 230 m）地温为 22 ℃，高程 590 m 处（距地面 160 m）为 20 ℃，增温梯度为 1 ℃/35。

根据计算，隧道开挖洞体内最高地温为 37.5 ℃，大于我国矿山劳动条例规定的保证工人的身心健康和工作效率的上限温度值 28 ℃，埋深深度≤456 m 地段地温≤28 ℃。

本隧道区埋深大于 456 m 的地段（DK26+160～DK28+420、DK30+850～DK33+440）的地温温度≥28 ℃，属存在地温危害区域，设计施工时应采取通风降温措施。该隧址区的其余地段的地温均小于该上限温度，不存在地温危害。

（5）岩爆。

隧址区主要构造线呈 NE—SW，推断最大水平主应力方向为 NW～SE，与隧道轴线夹角60°左右斜交，为 N94°W。本地区地应力强度属中等应力场地区，隧道洞身（DK27+080～DK27+170、DK28+250～DK29+160、DK32+310～DK34+040）埋深大于 350m 地段（硬质岩）有发生岩爆的可能。

5. 地震动参数区划

根据 2001 年发布的 1：400 万《中国地震动参数区划图》（GB 18306—2001），隧址区地震动峰值加速度为 0.05g，动反应谱特征周期为 0.35 s。

三、主要设计内容

1. 洞口位置的确定及洞门形式的选择

根据隧道进出口地形和工程地质条件，结合开挖边仰坡的稳定性及洞口排水的需要，本着"早进晚出"的原则确定隧道进出口位置并采用合理的隧道洞门。隧道进口采用帽檐斜切式洞门，左（右）线进口里程 DK（YDK）19+690，明暗分界里程 DK（YDK）19+740。隧道出口采用明挖矩形框架结构，左线隧道出口里程 DK35+588，右线隧道出口里程 YDK35+607。

根据《铁路建设贯彻国防要求的规定》（铁计〔2005〕23号），洞口段衬砌按战备要求进行加强，衬砌采用 C30 防水钢筋混凝土。为确保施工顺利进行，在进行暗洞施工前应对洞口衬砌外 1~3 m 范围内的边仰坡进行锚喷（网）加固，然后开挖进洞。

2. 衬砌支护设计

左（右）线隧道除进口 DK（YDK）19+690~+706 斜切式洞门段、DK（YDK）19+706~+740 偏压路堑式明洞段采用整体式衬砌及出口 DK35+555~+588、YDK35+574~607 采用矩形框架结构外，其余地段均采用复合式衬砌。复合式衬砌由初期支护、防水隔离层与二次衬砌组成，Ⅱ级围岩采用曲墙加底板结构形式；Ⅲ~Ⅴ级围岩采用曲墙加仰拱结构形式。初期支护采用喷射混凝土，二次衬砌采用模筑混凝土。

3. 监控量测

象山隧道监控量测设计按照《铁路隧道喷锚构筑法技术规范》（TB 10108—2002）的要求，以量测资料为基础及时修正初期支护参数，确保二次衬砌施作时机，实施动态管理。隧道监控量测项目包括：

地表变形监测：对隧道进出口、浅埋、偏压地段在隧道洞身开挖之前进行地表变形的监测，监测断面间距一般不大于 20 m，每个监测断面的观测点一般不小于 3 个。

洞内变形监测：对隧道拱顶下沉、净空水平收敛及隧底上鼓进行监控量测，量测断面间距为：Ⅴ级围岩 10 m，Ⅳ级围岩 20 m，Ⅲ级围岩 30 m，Ⅱ级围岩 50 m。

在预测可能出现岩爆或软岩变形地段应布置地应力和围岩应力、应变测试断面，地应力测试采用应力解除法。左、右线隧道在上述地段各布置 6 个测试断面，每个测试断面的测试点不少于 3 个。

在预测可能出现高地温地段，应测量岩温、洞内温度、洞外温度；利用钻爆孔、岩温计实测岩温，利用气温计实测洞内外温度，测点均布，左右线各布置 10 处地温测试，异常地段加密。

水文地质观测：对本隧道地表水库、溪沟进行长期的地表水和地下水的流量、水位等进行观测。

除必测项目外，本隧道洞口段的房屋爆破振动速度进行监控量测，应符合土窑洞等的安全允许振速在 <10 Hz 情况下 0.5~1.0 cm/s。

4. 防排水设计

根据象山隧道的工程地质和水文地质条件，防排水设计的主要原则为：

对于与地表存在良好水力联系、地下水发育、具有较强富水性的以下断层及其影响带：左线隧道 DK23+985~DK24+075（F7）、DK26+845~+915（F10）、DK27+035~+085（F12）、DK27+150~+210（F13）、DK29+235~+295（F14）、DK29+885~+945（F15）、DK30+165~+225（F16）、DK30+565~+615（F19）、DK33+375~+435（F20）、DK34+715~+765（F21）及右线隧道 YDK23+985~YDK24+045（F7）、YDK26+850~+910（F10）、YDK27+035~+085（F12）、YDK27+150~+210（F13）、YDK29+235~+295（F14）、YDK29+890~+953（F15）、YDK30+245~+305（F16）、YDK30+570~+631（F19）、YDK33+380~+440（F20）、YDK34+715~+765（F21），设计采用"以堵为主，限量排放"的原则，采取超前预注浆的手段，以降低围岩的渗透系数，控制地下水流失。

除上述地段外，其他地段均采用"防、排、堵、截结合，因地制宜，综合治理"的原则，采取切实可靠的设计、施工措施，保障结构物和设备的正常使用与行车安全。

（1）暗洞防水。

暗洞初期支护和二次衬砌间拱墙背后设 EVA 防水板加土工布，防水板厚度 ≥1.5 mm，幅宽 ≥2 m，土工布重量 ≥400 g/m²。

全隧道二次衬砌采用防水混凝土，拱墙及仰拱结构混凝土掺加高效复合防水剂，防水混凝土抗渗等级不得小于 P8。二次衬砌环向施工缝拱、墙部位设置中埋波纹排水管+中埋橡胶止水带防水。仰拱部位设置中埋橡胶止水带防水。二次衬砌纵向施工缝刷涂混凝土界面剂。变形缝处拱墙部位防水采用中埋波纹排水管+中埋橡胶止水带+沥青木丝板塞缝+聚硫密封胶+排水槽等措施；仰拱部位采用中埋橡胶止水带+沥青木丝板塞缝+环向双层抗剪钢筋的措施。

（2）明洞防水。

进口明洞衬砌外表面铺设单面自黏式防水板，并设置水泥砂浆保护层，地下水以环向盲沟的方式引至墙脚泄水孔处，明洞衬砌采用防水混凝土；出口明挖矩形框架结构采用全包式防水。

（3）隧道排水。

① 洞内水沟。洞内水沟采用双侧水沟。

② 衬砌背后排水盲沟的设置。隧道衬砌防水板背后环向设置 $\phi63$ 双壁打孔波纹管，其间距根据地下水的发育状况而定，一般 5~10 m 设一环；在隧道两侧边墙墙脚外侧两道环向盲沟之间设置纵向 $\phi120$ 双壁打孔波纹管，环向盲沟与纵向盲沟两端均直接与隧道侧沟连通，必要时便于排水管路的维护，每段纵向盲沟中部设置一处 $\phi80$ 泄水孔连接到隧道侧沟。

③ 洞口排水。洞门顶部设截水天沟，以形成完善的防排水系统。天沟设于边、仰坡坡顶以外不小于 5m，其坡度根据地形设置，但不应小于 3‰，以免淤积。

5. 洞内设备

（1）电缆槽。

洞内采用双侧水沟、双侧电缆槽，洞内通信、信号电缆槽设于行车方向左侧；电力电缆槽设于行车方向右侧。

（2）综合洞室。

隧道内按规范要求设置综合洞室，洞室间距为 500 m，沿隧道两侧交错布置，左线隧道和右线隧道横通道结合综合洞室布置。左线隧道共设置综合洞室 70 个，其中结合横通道设置 32 个，单独设置 38 个；右线隧道共设置综合洞室 67 个，其中结合横通道设置 17 个，单独设置 50 个。

综合洞室不得设于衬砌断面变化处或沉降缝处，否则应适当调整隧道衬砌断面分界里程位置。同时工作缝、伸缩缝不得设置于综合洞室处。

（3）横通道。

左线隧道与右线隧道之间应设横通道，横通道位置应结合正洞综合洞室位置设置，本隧道共设置横通道 32 处，其中行车横通道 16 处，行人横通道 16 处。横通道采用复合式衬砌断面，行车横通道断面净空尺寸为 4.5 m（宽）×5.5 m（高），行人横通道断面净空尺寸为 2.3 m（宽）×3.3 m（高）。横通道内设置人字坡，进出口施工段横通道与隧道中线交角约 90°，无轨运输斜井施工段横通道与隧道中线交角约 60°，有轨运输斜井施工段横通道与隧道中线交角约 40°，横通道通常设计为正向，但为了利用已成隧道的有利条件加快洞内运输，适当设置反向横通道。考虑防灾救援及通风要求，设置间距约为 500 m，反向横通道设置间距约为 1 000 m，横通道的位置应避开断层破碎带及岩层接触带、具有较强富水性等地段，施工过程中可根据实际情况进行适当调整。

横通道与正洞交叉段隧道衬砌按照以下原则进行加强：正洞交叉段衬砌采用降低一级围岩复合式衬砌。

（4）其他设施。

隧道内其他附属设施洞室按规范及有关专业要求进行设置。

① 余长电缆腔。

余长电缆腔结合综合洞室设置，左线隧道共设置 65 个，右线隧道共设置 66 个。

② 无线列调中继器洞室。

设计在左线隧道 DK20+780、DK22+730、DK24+730、DK25+730、DK27+730、DK29+730、DK30+730、DK32+730、DK34+700 及右线隧道 YDK20+790、YDK24+255、YDK25+255、YDK29+505、YDK30+315、YDK34+255 行车方向左侧综合洞室内设置无线设备器室，左线隧道共设置 9 处，右线

隧道共设置 6 处。

③ 变压器洞室。

根据电力专业的要求,设计在左线隧道 DK22+300、DK24+800、DK27+800、DK30+800、DK32+800 及右线隧道 YDK22+555、YDK25+005、YDK28+005、YDK31+005、YDK33+350 行车方向右侧综合洞室内设置电力变压器洞室,左线隧道共设置 5 处,右线隧道共设置 5 处。

④ 综合接地。

隧道内每 100 m 设一处综合接地,左、右线共设 439 处。

⑤ 过轨钢管。

隧道内每隔 500 m 设置过轨一处,具体设置如下:

电力过轨管设置:每个一般综合洞室及各个洞口附近设置过轨管 4 根,带变压器综合洞室设电力电缆过轨管 6 根,过轨管采用 ϕ150 镀锌钢管。

通信过轨管设置:通信电缆过轨管在线路前进方向右侧每个综合洞室设置,每处设置 2 根,过轨管采用 ϕ100 镀锌钢管。

信号过轨管设置:信号电缆过轨管在线路前进方向右侧每个综合洞室设置,每处设置 3 根,过轨管采用 ϕ100 镀锌钢管。

⑥ 防护门。

根据《铁路工程设计防火规范》(TB 10063—2007)的相关规定,本隧道各电力、通信、信号设备洞室及横通道均应设置耐火极限不小于 3 h 的隔墙以及防护门。防护门应有明显的开启标志,设备洞室的防护门可向隧道方向开启,但严禁侵入建筑限界,横通道的防护门可设置在中部,且能够双向开启。防护门的抗爆荷载应满足不小于 0.1 MPa,门扇启闭力≤200 N。运营中隧道防护门应处于关闭状态。

6. 运营通风设计

象山隧道属特长隧道,根据《铁路隧道设计规范》(TB 10003—2005)需设置机械通风进行换气。通风方式采用射流风机进行全纵向通风。风机分别布置在隧道进出口段,进出口风机段,每个断面布置 6 台。各需设置 2 组共计 48 台风机,单台风机功率 45 kW。隧道运营通风是在行车间隙的天窗时间内进行,通风机的控制采用远程控制模式。本隧道设计按预留安装风机的条件考虑。

7. 施工方法

象山隧道按新奥法原理组织施工,Ⅴ级围岩地段采用短台阶法施工,Ⅳ级围岩采用台阶法施工,Ⅲ级围岩采用台阶法或全断面法施工,Ⅱ级围岩采用全断面法施工。

隧道开挖采用光面爆破,严格控制超欠挖,初期支护喷射混凝土应采用湿喷工艺。

8. 施工组织设计

象山隧道按进口、出口、斜井 7 个工区 20 个工作面组织施工,满足总工期(不含施工准备和无砟轨道施工工期)37 个月的要求,隧道主体工程贯通工期 36 个月。左线贯通里程:DK26+708;右线贯通里程:YDK31+723。工区具体担负施工范围见表 27.8 所示。

9. 弃渣与环保

(1)隧道弃渣。

隧道进口 1 号弃渣场位于进口线路前进方向右侧的山洼中,容渣量 16.5 万 m³,运距 0.4 km,占坡地 2.78 hm²;进口 2 号弃渣场位于 YDK21+000 线路左侧 550 m 的坡地中,容渣量 40 万 m³,运距 0.6 km,占地 7.3 hm²;进口 3 号弃渣场位于 YDK21+050 左侧 250 m 的坡地中,容渣量 20 万 m³,运距 0.3 km,占地 3.48 hm²。

隧道出口 1 号弃渣场位于 DK35+400 线路前进方向左侧约 0.6 km 外的坡地,容渣量 80 万 m³,

运距 0.8 km,占地约 7.6 hm²;出口 2 号弃渣场位于出口右侧坡地中,容渣量 30.2 万 m³,占地 2.19 hm²,运距 200 m。

表 27.8　各工区施工范围一览

类别	长度/m	起始里程	终止里程	汇总/m
进口工区	1889	DK19+690	DK21+579	6 043
	558	DK23+732	DK24+290	
	561	DK26+147	DK26+708	
	1906	YDK19+690	YDK21+596	
	563	YDK23+769	YDK24+332	
	566	YDK26+157	YDK26+723	
1 号斜井	2153	DK21+579	DK23+732	4 326
	2173	YDK21+596	YDK23+769	
2 号斜井	1857	DK24+290	DK26+147	3 682
	1825	YDK24+332	YDK26+157	
3 号斜井	2001	DK26+708	DK28+709	4 005
	2004	YDK26+723	YDK28+727	
4 号斜井	2382	DK28+709	DK31+091	4 764
	2382	YDK28+727	YDK31+109	
5 号斜井	438	DK34+762	DK35+200	900
	462	YDK34+758	YDK35+220	
出口工区	3671	DK31+091	DK34+762	8 095
	388	DK35+200	DK35+588	
	3649	YDK31+109	YDK34+758	
	387	YDK35+220	YDK35+607	

　　1 号斜井弃渣场位于 DK20+700 附近的山谷中,弃渣运距约 1.6 km,容渣量约 50 万 m³,占用坡地 3.36 hm²;2 号斜井弃渣场位于 DK23+950 左侧 600 m 的山坡地中,弃渣运距约 0.8 km,容渣量 40 万 m³,占用坡地 6.33 hm²;3、4 号斜井合用弃渣场位于线路 DK29+100 洞顶线路右侧洼地,容渣量 54.5 万 m³,占地约 4.4 hm²,综合运距(增运)0.2 km;4 号斜井弃渣场位于斜井左侧的山谷中,弃渣运距约 0.5 km,容渣量约 41.5 万 m³,占用坡地 5.93 hm²。

　　(2)隧道环保设计措施。

　　弃渣场顶向外作 3% 的排水坡。坡脚设置 M10 挡渣墙。在弃渣场顶外缘设一道截水沟。渣场设挡护工程,挡墙尺寸根据地形按直线变化过渡,埋置深度不小于 2.0 m,且挡渣墙基底承载力不小于 0.25 MPa。弃渣场弃渣完毕后,弃渣顶部及边坡应填土恢复植被。

第六节　洞口设计

　　洞口位置的选择遵循"早进晚出、保护环境"的原则;洞门形式综合考虑地形、地貌、洞口地质条件及附近建筑物和周边自然环境等因素,按照"确保安全、因地制宜、结合环境、美观实用"

的原则进行设计，优先采用帽檐斜切式洞门，尽量减少隧道洞口边仰坡刷方高度，少破坏或不破坏地表植被，缓解列车进入隧道产生空气动力学效应对洞口周围环境的影响。

本线正线 22 座隧道，共计 46 个洞门结构。采用斜切类洞门结构共 21 处，合计占洞门总座数的 45.65%；其余洞门形式均采用端墙类洞门，共 25 处。

第七节　洞内设施设计

一、综合洞室

（1）隧道内考虑设置存放维修工具和其他业务部门需要的综合洞室，洞室间距单侧为 500 m 左右，双侧错开设置，综合洞室不得设于衬砌断面变化处或沉降缝处。

（2）长度大于 500 m 的隧道，在设通信、信号电缆槽同侧的专用洞室内设置余长电缆腔，间距 500 m 设一处。隧道长度 500~1 000 m 时，可在中间只设置一处余长电缆腔。

（3）综合洞室内预留通信、电力等相关专业设备安装空间，如通信区间基站、通信直放站、照明变电所等，并根据相关专业要求就近设置。

（4）长度大于 3 000 m 的隧道，根据电力专业的要求，在隧道内设置了变配电洞室。

（5）所有设备洞室均应设置防护门，有关防护门设计由机械专业处理。

二、沟槽

（1）双线隧道内设双侧电缆槽，线路前进方向左侧设置通信信号合槽、电力电缆槽，线路前进方向右侧设置通信、信号电缆槽。

（2）单线隧道内设置双侧电缆槽，线路前进方向左侧设置电力电缆槽，线路前进方向右侧设置通信、信号电缆槽。

第八节　运营通风机防灾救援设计

一、运营通风设计

龙厦铁路象山隧道设置机械运营通风和防灾通风，其余隧道均不考虑。隧道机械通风方案，根据技术经济条件，考虑安全、效果等因素，综合比较确定。一般情况下隧道应采用纵向式通风。隧道较长时，可充分利用斜井等辅助坑道，采用射流风机和轴流风机相结合的通风方式。特长隧道运营通风的设置应与防灾通风综合考虑。通风方式的选择应根据隧道的特点综合考虑。

（1）风机采用集中堆放式布置于洞口端。通风机的控制采用远程控制模式，可在附近车站的行调室设置控制系统，实现远程监控。通风时间为一天一次，在行车间隙的天窗时间内完成。隧道风机布置应结合进出口高程，设置风机段地质情况，管理、养护条件等综合考虑。

（2）根据《铁路隧道运营通风设计规范》（TB 10068—2000）规定：运营隧道内空气的卫生标准应满足下列要求：列车通过隧道后 15 min 内，空气中一氧化碳浓度小于 30 mg/m^3，氮氧化物（换算成 NO$_2$）浓度小于 10 mg/m^3，湿度应小于 80%，温度应低于 28 ℃，臭氧浓度应小于 0.3 mg/m^3，含有 10% 以下游离二氧化硅的粉尘浓度应小于 10 mg/m^3。

（3）防灾通风的目的是通过通风系统的运作，保证隧道内滞留人员的安全，提供人员需要的新风和控制烟雾流向，避免对人员造成伤害。通风计算按洞内最小风速 3 m/s 计算风机数量。

（4）象山隧道属特长隧道，通风方式采用射流风机进行全纵向通风，风机分别布置在隧道进、出口段，每个断面布置 6 台，共计 48 台风机，单台风机功率 45 kW。隧道运营通风在行车间隙的天窗时间内进行，通风控制采用远程控制模式。

二、防灾救援设计

1. 隧道消防

隧道消防原则为"以防为主、防消结合"，主动引导旅客疏散。

2. 救援措施

（1）200 km/h 速度的隧道内，设置贯通的救援通道，双线隧道两侧设置，单线隧道一侧设置，救援通道每隔 100 m 应设图像文字标记，指示两个方向分别到下一个洞口或紧急出口（横通道）的整百米数，并配备灯光显示方向。

（2）象山隧道采用双洞单线的形式，两条隧道内侧设贯通的救援通道，救援通道之间每 500 m 以横通道连接。隧道火灾时，利用进、出口射流风机，启动防灾通风，防止烟气弥漫，合理组织人员撤离。隧道进、出口两端分别设置高位消防水池，在洞门值守间配置一定数量的消防设备。

第九节　防排水设计

一、防水等级

隧道防水等级满足《地下工程防水技术规范》（GB 50108—2001）规定的一级防水标准，衬砌表面无湿渍。

二、防排水设计原则

龙厦铁路隧道的防排水设计采用"防、排、截、堵结合，因地制宜，综合治理"的原则。在裂隙水较发育，且水文环境有严格要求的隧道，防排水设计采用"以堵为主、限量排放"的原则，采取超前帷幕注浆和开挖后径向注浆等形式，将大面积淋水或局部股流封堵，减少地下水流失。对部分明洞及抗水压结构采用"全封闭、不排水"原则设计。

三、暗洞防排水

1. 截堵水措施

为保证施工安全、运营期间排水沟排水通畅及满足生态环境要求，对下列地段采用超前预注浆或开挖后径向注浆等措施对地下水进行截堵：

（1）根据地勘资料或综合超前地质预测预报成果判定，对水量丰富、导水性好的断层破碎带等地段围岩无自稳能力，施工中可能产生突水、突泥时，可采取超前预注浆措施。

（2）对一般地段裂隙水较发育、围岩涌水量超过允许排放量地段，当围岩开挖后能自稳时采用开挖后围岩径向注浆止水。

（3）对围岩自稳能力较好、局部面状淋水或局部渗流、渗水量超过允许排放量等状况，采用上述注浆方式进行局部注浆。

（4）对穿越水库、村庄或地下水敏感区的隧道，根据对地下水敏感程度决定每延米允许最大排水量，对不满足段落，采用注浆堵水。

（5）对于注浆材料，可选择普通水泥、超细水泥、水泥基注浆材料、无收缩多液固堵剂、发泡注浆抢堵剂或化学浆液，慎用水玻璃，提高浆液材料的耐久性。

2. 防水措施

隧道防水措施主要通过防水板及模筑衬砌自防水的双重作用避免地下水从混凝土表面渗入。

（1）隧道衬砌要求混凝土抗渗等级不小于 P8；混凝土结构的衬砌厚度不应小于 30 cm，裂缝宽度不得大于 0.2 mm；当衬砌为钢筋混凝土时，主筋保护层厚度不应小于 5 cm；

（2）拱墙设 EVA 或 ECB 防水板和土工布缓冲层；防水板厚度≥1.5 mm，幅宽 2~4 m，土工布重量≥350 g/m^2，并满足部颁《铁路隧道防水板技术标准》的有关要求。

3. 疏排水措施

排水措施设计的主要目的是使地下水（围岩渗入水或通过注浆堵水措施后的限量排放水）经过防水措施的有效输导，经由排水管路、管沟自行排出洞外。排水措施如下：

（1）双线隧道内排水采用侧沟和中心管沟的方式。侧沟主要用于汇集地下水，并将地下水引入中心管沟，同时起到沉淀和兼顾部分排水的作用。中心管沟主要用于排水，同时汇集道床顶部积水，疏干底板下积水。单线隧道设置双侧水沟。

（2）设中心管沟的双线隧道中部纵向设置检查井，其中Ⅳ、Ⅴ级围岩 30 m 设一处，Ⅱ、Ⅲ级围岩 50 m 设一处，隧道道床顶部积水通过隧道中部无砟轨道垫层或底板顶的排水明沟汇集后排入检查井。

（3）衬砌防水板背后设置环向盲沟，间距根据地下水的发育状况，一般取 5~10 m；在隧道外侧边墙环向盲沟之间墙脚处，设置纵向盲沟，环向盲沟与纵向盲沟的两端均直接引入隧道侧沟，便于排水管路的维护。每段纵向盲沟中部设置一处ϕ80 泄水孔。

4. 施工缝及变形缝防排水

施工缝及变形缝是隧道防排水的薄弱环节，隧道内主要存在施工缝及变形缝，施工缝分为环向及纵向两种。

（1）环向施工缝。混凝土结构拱、墙部位设置中埋波纹排水管+中埋橡胶止水带防水。仰拱部位设置中埋橡胶止水带防水。

（2）纵向施工缝。纵向施工缝采用刷涂混凝土界面剂的处理措施。

（3）变形缝。拱墙部位防水采用中埋波纹排水管+中埋橡胶止水带+沥青木丝板塞缝+聚硫密封胶+排水槽等措施；仰拱部位采用中埋橡胶止水带+沥青木丝板塞缝+环向双层抗剪钢筋的措施。

四、明洞防排水

明洞衬砌的防排水：执行原铁道部现行《铁路隧道防排水技术规范》（TB 10119）中的有关规定。衬砌外表面铺设单面（或双面）自黏防水板，并设置水泥砂浆保护层，地下水通过纵向与环向盲沟的方式引至墙脚泄水孔处。

五、洞口及地表防排水

（1）隧道洞口排水系统设计遵循截、排水的原则，首先保证洞内水顺畅排出，并避免洞外水冲刷隧道洞门及边仰坡。

（2）隧道洞内侧沟或中心沟应与路堑侧沟顺接，洞口地段如沿出洞方向为上坡时，应在洞外设反向排水沟，沟底坡度不小于2‰，并且在洞口前方修一道挡水墙，以截排洞外水流，避免其流入洞内。

（3）当隧址区地表有漏斗、洼地等可能汇集地表水的不良地形地貌时，应根据调查情况判别表水与地下水的联系，对漏斗、洼地采用铺设土工布、填土平整、浆砌铺面等措施，并采用措施截排地表水，避免地表水的汇集。

六、水土保持措施

洞顶及其附近有水塘、水库、风景区敏感点等，要考虑因修建隧道而引起地表水流失，影响居民生活及农田灌溉的可能，可采取相应措施防止水源漏失。

第十节　辅助坑道设计

一、辅助坑道设置原则

辅助坑道的设置考虑了隧道长度、施工工期、地形地质等条件，并结合施工期间超前地质预报、通风、排水、弃渣要求，及运营期间的排水、救灾需要进行设计。

辅助坑道的断面尺寸根据担负的工作量、地质条件、支护类型、施工机械设备尺寸、人行安全及管路布置等综合因素确定。

二、辅助坑道结构设计

辅助坑道的支护型式，原则上Ⅱ、Ⅲ级围岩地段以锚喷衬砌为主，Ⅳ、Ⅴ级围岩地段采用喷锚支护整体式衬砌，辅助坑道与正洞的交叉点等薄弱环节，衬砌采取加强措施。

龙厦铁路象山隧道共设置斜井5座；石观音隧道设置无轨运输双车道斜井1座。

第十一节　沉降变形设计

一、监控量测

监控量测的主要目的在于了解围岩稳定状态和支护、衬砌可靠程度，获取二次衬砌及仰拱施作时机，确保施工安全及结构的长期稳定性。隧道监控量测应按照《铁路隧道监控量测技术规程》（TB 10121—2007）执行，监控量测计划应根据隧道规模、地形地质条件、支护类型和参数、开挖方式等制定。

1．一般规定

（1）龙厦铁路所有隧道均进行监控量测设计，除必测项目外，根据地形、地貌、临近构筑物、工程地质、水文地质条件对选测项目提出了量测要求。

（2）隧道地质条件的复杂性和隧道结构的特性，要求在施工阶段根据超前预测预报、施工监控量测资料的分析对设计进行修正，监控量测资料是调整支护结构、施工方法等设计资料的依据。

（3）施工单位应根据监控量测设计编制监控量测实施细则，报送监理、业主批准后实施，并应成立现场监控量测小组，建立相应的质量保证体系，监控量测人员要求相对稳定，确保监控量测工作的连续性，监控量测小组负责及时将监控量测信息反馈施工，当管理等级为Ⅱ、Ⅰ级时，反馈设计单位，对设计进行修正。

2．管理等级划分

位移控制基准如表27.9所示；位移管理等级如表27.10所示；工程安全性评价及相应应对措施如表27.11所示。

表 27.9　位移控制基准

类别	距开挖面 $1B$（U_{1B}）	距开挖面 $2B$（U_{2B}）	距开挖面较远
允许值	$65\%U_0$	$90\%U_0$	$100\%U_0$

注：B 为隧道开挖宽度，U_0 为极限相对位移值。

表 27.10　位移管理等级

管理等级	距开挖面 $1B$	距开挖面 $2B$
Ⅲ	$U < U_{1B}/3$	$U < U_{2B}/3$
Ⅱ	$U_{1B}/3 \leqslant U \leqslant 2U_{1B}/3$	$U_{2B}/3 \leqslant U \leqslant 2U_{2B}/3$
Ⅰ	$U > 2U_{1B}/3$	$U > 2U_{2B}/3$

注：U 为实测位移值。

表 27.11　工程安全性评价及相应应对措施

管理等级	应对措施
Ⅲ	正常施工
Ⅱ	综合评价设计施工措施，加强监控量测，必要时采取相应工程对策
Ⅰ	暂停施工，采取相应工程对策

3. 主要工程对策

（1）一般措施。稳定开挖工作面措施、调整开挖方法、调整初期支护强度和刚度并及时支护、降低爆破振动影响、围岩与支护结构间回填注浆。

（2）辅助施工措施。地层预处理，包括注浆加固、降水等方法；超前支护，包括超前锚杆（小导管）、管棚、水平高压旋喷法等。

4. 监控量测项目

（1）必测项目。

监控量测必测项目表 27.12 所示。

表 27.12　监控量测必测项目

序号	监控量测项目	常用量测仪器	备注
1	洞内、外观察	现场观察、数码相机、罗盘仪	
2	拱顶下沉	水准仪、钢挂尺或全站仪	
3	净空收敛	收敛计、全站仪	
4	地表沉降	水准仪、铟钢尺或全站仪	隧道浅埋段

（2）选测项目。

监控量测选测项目是为满足隧道设计与施工的特殊要求进行的监控量测项目，选测项目如表 27.13 所示。

① 对软岩大变形发生可能地段可对围岩内部位移、锚杆轴力、围岩压力、支护结构内力等进行量测；

② 对围岩为土砂质可对围岩内部位移、锚杆轴力、初期支护内力、锚杆拉拔试验等进行量测；

③ 对地下水发育断层破碎带等地质构造带可进行水量、孔隙水压力等进行量测；

④ 对隧道附近存在隧道施工爆破影响的构筑物时，可进行爆破振动监控量测；

⑤ 对一般硬质岩、软岩认为可以优化设计，减少支护结构数量时，必要时可对锚杆轴力、围岩

压力、初期支护与二次衬砌间接触压力等进行量测。

表 27.13 监控量测选测项目

序号	监控量测项目	常用量测仪器
1	围岩压力	压力盒
2	钢架内力	钢筋计、应变计
3	喷混凝土内力	混凝土应变计
4	锚杆轴力	钢筋计
5	二次衬砌内力	混凝土应变计、钢筋计
6	初期支护与二次衬砌间接触压力	压力盒
7	围岩内部位移	多点位移计
8	隧底隆起	水准仪、铟钢尺或全站仪
9	爆破振动	振动传感器、记录仪
10	孔隙水压力	水压计
11	水量	三角堰、流量计
12	纵向位移	多点位移计、全站仪

二、沉降监测

隧道仰拱施工结束后应立即进行沉降观测，沉降观测期一般不应少于 3 个月。观测数据不足或工后沉降评估不能满足设计要求时，应适当延长观测期，以满足无砟轨道铺设的要求。

第十二节 设计阶段的安全风险评估及技术措施

铁路隧道工程发生各类风险的概率较他其工程高，且一旦发生，造成的损失较大。开展隧道风险评估，有利于决策科学化和减少工程事故的发生，有利于提高政府、业主、设计单位和施工单位的风险管理意识和风险管理能力，从而达到控制风险、减少损失的目的。因此，针对本段隧道所处的环境、工程地质与水文地质条件，设计中开展了风险评估工作，提出了相应的对策。

一、风险评估

（1）施工图阶段风险评估在初步设计阶段评估结果的基础上，结合本阶段的勘察资料和设计原则，对采用矿山法施工的塌方、瓦斯、突水（泥、石）、岩爆、大变形等典型风险进行评估。

（2）施工图阶段风险评估内容和成果满足了施工阶段安全风险评估的基本要求。

（3）施工图阶段风险评估根据隧道地质纵断面情况分段评估，确定了初始风险（典型风险）等级，提出了相应的设计措施。其主要工作包括：

① 分段评估初始风险，选择设计措施；

② 根据设计措施进行再评估，确定残留风险；

③ 对极高等级的残留风险应上报业主及上级主管部门，业主必须采取放弃或修改线路方案等措施；

④ 对高等级的残留风险，设计单位应加强检测，必要时补充地质勘探；

⑤ 对中度等级的残留风险，设计单位应予以监测。

二、风险管理

1. 风险管理目标

施工图阶段对上一阶段所确定的残留的风险和新识别的风险进行评估，对影响安全的风险进行专项设计。

2. 风险管理内容

根据上一阶段风险评估与管理成果，更新风险信息和相关控制措施，编制施工图阶段风险管理实施细则。建立风险跟踪机制。合理进行施工组织设计，充分考虑不同工法对安全的影响，开展有针对性的预设计，明确监测标准，确保工程的可靠性。

三、风险评估报告编制主要内容

（1）编制依据。业主制定的风险管理方针及策略，相关的国家和行业标准、规范及规定，隧道基础资料，各阶段审查意见，上阶段评估结果。

（2）隧道概况。

（3）风险评估程序和评估方法。

（4）风险评估内容。

（5）风险对策措施及建议。

（6）风险评估结论。

四、隧道风险评估表

隧道风险评估表如表 27.14 所示。

表 27.14　×××隧道风险评估及对策措施

序号	里程范围		长度/m	风险事件	成因	初始风险			风险处理措施	残余风险			残余风险处理措施
	起始里程	终止里程				概率等级	后果等级	风险等级		概率等级	后果等级	风险等级	

五、风险评估标准

根据隧道地质条件、隧道长度及上阶段风险评估结果，对长度≥5 km 的隧道采取风险评估报告结合风险评估纵断面的方式；其他隧道则采取"风险评估及对策措施表"方式。

第二十八章　轨道设计

第一节　轨道工程概况与特点

　　龙厦铁路正线轨道设计里程范围 DK1+610.00～DK111+336.11，铺轨长度 217.974 km。采用一次铺设跨区间无缝线路，铺设有砟轨道为主，有砟轨道铺轨 185.553km。龙厦铁路在长度大于等于 6 km 以上的隧道内设置无砟轨道，具体设置位置在象山左线隧道 DK19+690～DK35+588 段，长 15.898 km，象山右线隧道 YDK19+690～YDK35+607 段，长 15.917 km。

第二节　设计原则与采用的主要技术标准

一、设计原则

（1）正线按一次铺设跨区间无缝线路设计。

（2）无砟轨道与有砟轨道应集中成段铺设，无砟轨道与有砟轨道之间应设置轨道结构过渡段。

（3）无砟轨道主体结构的设计使用年限应不小于 60 年。

（4）轨道结构设计考虑减振降噪要求，并设置性能良好的排水系统。

（5）轨道结构部件及所用工程材料应符合国家和行业相关标准的规定。

二、采用的主要技术标准

（1）《铁路线路设计规范》（GB 50090—2006）；

（2）《铁路轨道设计规范》（TB 10082—2005）；

（3）《新建时速 200 公里客货共线铁路设计暂行规定》（铁建设函〔2005〕285 号）；

（4）《新建铁路桥上无缝线路设计暂行规定》（铁建函〔2003〕205 号）；

（5）《无缝线路铺设养护维修方法》（TB 2098—89）；

（6）《铁路轨道施工及验收规范》（TB 10302—96）；

（7）《客运专线无砟轨道铁路设计指南》（铁建设函〔2005〕754 号）。

第三节　有砟轨道结构设计

一、钢轨及配件

（1）正线轨道采用定尺长 100 m，60 kg/m 无螺栓孔热轧新钢轨，钢轨质量应符合《时速 250 公里客运专线 60 kg/m 钢轨暂行技术条件》的要求。

（2）正线轨道上道岔及钢轨伸缩调节器的钢轨与正线轨道钢轨类型一致，采用 60 kg/m 钢轨，强度等级不低于正线轨道钢轨。

二、轨枕及扣件

1. 轨枕

（1）采用 2.6 m 长Ⅲ型无挡肩混凝土轨枕，按 1 667 根/km 铺设，岔区应铺设混凝土岔枕。

（2）铺设护轨的有砟桥面采用Ⅲ型混凝土桥枕，按 1 667 根/km 铺设。

（3）根据 2006 年 7 月 29—30 日龙厦铁路环境影响调研会的结论，在 CK4+020～CK5+850 高架桥区段设置弹性轨枕。

（4）根据区间无绝缘轨道电路要求，采用轨道电路专用枕，即：每处电气绝缘采用三根电气绝缘专用枕、每一补偿电容处采用一根电容专用枕。

2. 扣件

采用与Ⅲ型无挡肩混凝土轨枕配套的弹条Ⅲ型扣件，轨下胶垫的静刚度为 55～75 kN/mm。

三、道床

（1）采用一级碎石道砟，道砟材料应符合《铁路碎石道砟》（TB/T2140）的有关规定。道床断面尺寸应符合《时速 200 公里客货共线新建铁路设计暂行规定》的要求。

（2）路基断面尺寸符合《新建时速 200～250 公里客运专线铁路设计暂行规定》的要求。路基断面图如图 28.1 及图 28.2 所示。

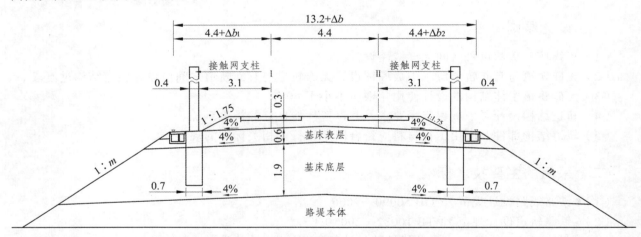

图 28.1　速度 200 km/h 双线路堤标准横断面示意（m）

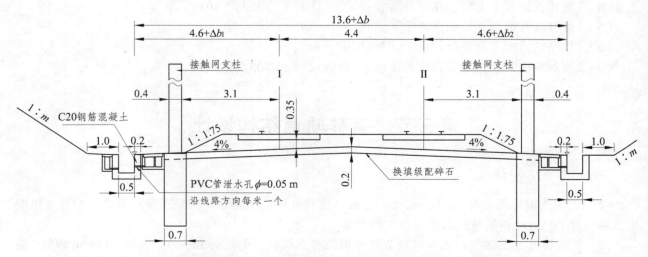

图 28.2　速度 200 km/h 双线路堑（硬质岩石）标准横断面示意（m）

（3）正线道床厚度：道床顶面宽度为 350 cm，土质路基地段道床厚度为 30 cm，硬质岩石地段道床厚度为 35 cm，道床边坡 1 : 1.75，砟肩堆高 15 cm，双线道床顶面宽度分别按单线设计。

（4）道床顶面应低于轨枕承轨面 30 mm，桥上、隧道内道床厚度不应小于 35 cm，砟肩至挡砟墙（隧道内为边墙或高侧水沟）间以道砟填平。

（5）线路开通前道床状态参数应满足表 28.1 中的规定。

表 28.1　道床主要状态参数指标

速度值	道床密实度/（g/cm³）	支承刚度/（kN/mm）	纵向阻力/（kN/枕）	横向阻力/（kN/枕）
V=200 km/h	1.70	100	12	10

（6）正线轨道铺设精度应满足表 28.2 中的规定。

表 28.2　有砟轨道平顺度铺设精度　　　　　　　　　　　mm

项目	高低	轨向	水平	扭曲（2.5 m）	轨距
幅值	2	2	2	2	+2 −1
弦长/m	10				

（7）曲线地段计算道砟用量时，曲线外轨超高采用下式计算：

$$h=7.6v^2_{max}/R$$

式中，v_{max} 在本次设计中按照 200 km/h 考虑。

四、轨道高度

1. 200 km/h 地段

（1）双线路堤：0.176+0.01+0.23+0.3+（13.2-4.4+1.5）/2×0.04=0.922 m

（2）双线路堑（土质）：0.176+0.01+0.23+0.3+（13.6-4.4+1.5）/2×0.04=0.93 m

（3）双线路堑（石质）：0.176+0.01+0.23+0.35+（13.6-4.4+1.5）/2×0.04=0.98 m

（4）桥隧（有砟）：0.176+0.01+0.23+0.35=0.766 m（内轨顶至桥面顶）

（5）无砟隧道内：0.497m（内轨顶至回填层顶，不包含回填层）

（6）单线路堤：0.176+0.01+0.23+0.3+（7.8-1.5）/2×0.04=0.842 m

（7）单线路堑：（土质）：0.176+0.01+0.23+0.3+（7.7-1.5）/2×0.04=0.84 m

（8）单线路堑：（石质）：0.176+0.01+0.23+0.35+（7.7-1.5）/2×0.04=0.89 m

2. 160 km/h 地段

（1）单线路堤（内轨顶至路肩）：0.176+0.01+0.23+0.5+（7.8-1.5）/2×0.04=1.042 m

（2）单线路堑（土质）（内轨顶至路肩）：0.176+0.01+0.23+0.5+（7.7-1.5）/2×0.04=1.04 m

（3）单线路堑（石质）（内轨顶至路肩）：0.176+0.01+0.23+0.35+（7.7-1.5）/2×0.04=0.89 m

3. 120 km/h 地段

（1）双线路堤：0.176+0.01+0.23+0.5+（12.8-4+1.5）/2×0.04=1.122 m

（2）双线路堑（土质）：0.176+0.01+0.23+0.5+（13.2-4+1.5）/2×0.04=1.13 m

（3）双线路堑（石质）：0.176+0.01+0.23+0.35+（13.2-4+1.5）/2×0.04=0.98 m

五、曲线外轨超高

本线考虑满足不同速度列车组合运行条件下的舒适性，按 200 km/h 和 120 km/h 两种速度匹配计算曲线外轨超高如表 28.3 所示。

龙厦铁路工程总结（上册）

表 28.3　龙厦有砟轨道曲线超高设置

V_g/ (km/h)	V_z/ (km/h)	曲线 半径 R/m	一般 容许 欠超高 h_{qy}/mm	一般 容许 过超高 h_{gy}/mm	$11.8V_g^2$ $/R-h_{qy}$	$11.8V_z^2/$ $R+h_{gy}$	实设 超高 h/mm	平均 值	实际 欠超 高 /mm	实际 过超 高 /mm	欠、 过超 高和	过超高 检算 $h_g \leqslant [h_g]$	欠、过 超高和检算 $h_q+h_g \leqslant$ $[h_q]+[h_g]$
200	120	2 800	70	40	99	101	90	100	79	29	108	29<40	108<110
200	120	3 000	70	40	87	97	80	92	77	23	100	23<40	100=100
200	120	3 500	70	40	65	89	70	77	65	21	86	21<40	86<100
200	120	4 000	70	40	48	82	60	65	58	18	76	18<40	76<100
200	120	4 500	70	40	35	78	50	57	55	12	67	12<40	67<100
200	120	5 000	70	40	24	74	45	49	49	11	60	11<40	60<100
200	120	6 000	70	40	9	68	40	39	39	12	51	12<40	51<100
200	120	7 000	70	40	−3	64	35	31	32	11	43	11<40	43<100
200	120	8 000	70	40	−11	61	30	25	29	9	38	9<40	38<100
200	120	9 000	70	40	−18	59	30	21	22	11	33	11<40	33<100
200	120	10 000	70	40	−23	57	25	17	22	8	30	8<40	30<100
200	120	12 000	70	40	−31	54	20	12	19	6	25	6<40	25<100

第四节　无砟轨道结构设计

一、无砟轨道铺设范围

龙厦铁路在长度大于等于 6 km 以上的隧道内设置无砟轨道，具体设置位置在象山左线隧道 DK19+690 ~ DK35+588 长 15.898 km，象山右线隧道 YDK19+690 ~ YDK35+607 长 15.917 km。

二、无砟轨道结构类型

正线无砟轨道采用双块式无砟轨道结构形式。

三、双块式无砟轨道结构设计

1. 双块式无砟轨道组成

双块式无砟轨道由钢轨、扣件、双块式轨枕、道床板等部分组成。

2. 轨道设计荷载

无砟轨道结构设计动轮载为 300 kN。

3. 钢轨

焊接用钢轨采用定尺长 100 m、60 kg/m 无螺栓孔新钢轨，其质量应符合《时速 250 公里客运专线 60 kg/m 钢轨暂行技术条件》的有关要求。按一次铺设跨区间无缝线路设计。过渡段的辅助轨采用 50 kg/m、长 25 m 钢轨。

4．扣件

无砟道床为整体结构，弹性差，且道床不可调，因此无砟轨道扣件除了要求具有足够的扣压力、保持轨距的能力、少维修等特点外，还必须具有良好的弹性和绝缘性，以及较大的轨距、高低调整量。

隧道内无砟轨道正线采用常阻力弹性分开式扣件，选用橡胶垫板 B。扣件节点间距一般为650 mm，扣件高度35 mm。铺辅助轨范围内有砟轨道正线钢轨采用弹条Ⅱ型扣件，辅助轨扣件均采用扣板式扣件。

为防止扣件锈蚀，扣件除扣压弹条外的所有铁件均进行防腐处理。

5．双块式轨枕

双块式轨枕由两个轨枕块和两组钢桁架组成，混凝土块采用 C60 混凝土，与钢桁架在工厂浇筑在一起，组成双块式轨枕。

6．道床板

双块式无砟轨道道床板的宽度为 2 800 mm，厚度为 240 mm，采用 C40 混凝土现场浇筑而成，分块设置。在道床板内设置双层钢筋网，上下层纵横向钢筋均采用直径为 20 mm 的Ⅱ级钢筋。下层纵向钢筋为 10 根，间距为 265 mm；上层纵向钢筋为 9 根，从钢筋桁架间穿过，上下层横向钢筋采用直径为 16 mm 的Ⅱ级钢筋均为两根枕间一根，间距 650 mm。

道床板上、下层纵向钢筋与横向钢筋（含轨枕桁架钢筋）交叉处采用加装塑料套管的绝缘措施。直线地段在道床板顶面设置 1%的双面横向排水坡，曲线地段排水坡坡度随曲线超高变化，但最小值不应小于 1%。

隧道地段底座与隧道仰拱回填层合为一体，采用 C30 混凝土，由隧道专业设计，不计入无砟轨道设计范围内。

7．轨道高度

（1）隧道内无砟高度：（内轨顶至隧道回填层顶不包括回填层）

左线 DK19+690 ~ DK35+588 轨道高度为 497 mm；

右线 YDK19+690 ~ YDK35+607 轨道高度为 497 mm。

隧道地段双块式无砟轨道高度示意图如图 28.3 所示。

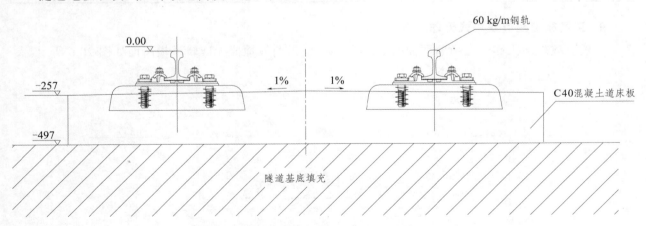

图 28.3　隧道地段双块式无砟轨道高度示意

（2）洞外过渡段范围无砟轨道高度：（路基地段无砟）

左线：DK19+660 ~ DK19+690 和 DK35+588 ~ DK35+618 轨道高度 797 mm；

右线：YDK19+660 ~ YDK19+690 和 YDK35+607 ~ YDK35+637 轨道高度 797 mm；

路基地段双块式无砟轨道高度示意图如图 28.4 所示。

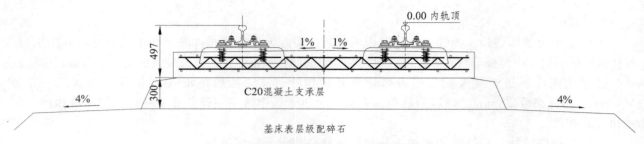

图 28.4　路基地段双块式无砟轨道高度示意

（3）过渡段范围有砟轨道高度：（路基地段有砟）

左线：DK19+620～DK19+660 和 DK35+618～DK35+658 轨道高度 176+10+230+350+300=1 066 mm（内轨中心线处轨顶至路基顶面高度）；

右线：YDK19+620～YDK19+660 和 YDK35+637～YDK35+677 轨道高度 176+10+230+350+300=1 066 mm（内轨中心线处轨顶至路基顶面高度）。

8. 曲线外轨超高设置

无砟轨道超高设置后不可能再调整，超高设置须兼顾最高、最低列车运行速度，实设超高同时满足允许欠超高、过超高限值要求。各曲线的超高设置见表 28.4 所示。

表 28.4　龙厦无砟轨道曲线超高设置

V_g/(km/h)	V_z/(km/h)	曲线半径 R/m	一般容许欠超高 h_{qy}/mm	一般容许过超高 h_{gy}mm	$11.8V_g^2$/$R-h_{qy}$	$11.8V_z^2$/$R+h_{gy}$	实设超高 h/mm	平均值	实际欠超高/mm	实际过超高/mm	欠、过超高和	过超高检算 $h_g \leqslant [h_g]$	欠、过超高和检算 $h_q+h_g \leqslant [h_q]+[h_g]$
200	120	3 500	70	40	65	89	65	77	70	16	86	16<40	86<100
200	120	4 000	70	40	48	82	55	65	63	13	76	13<40	76<100
200	120	4 500	70	40	35	78	50	57	55	12	67	12<40	67<100

9. 正线象山隧道双块式无砟轨道横断面设计

隧道直线地段无砟轨道横断面如图 28.5 所示；隧道曲线地段无砟轨道横断面如图 28.6 所示。

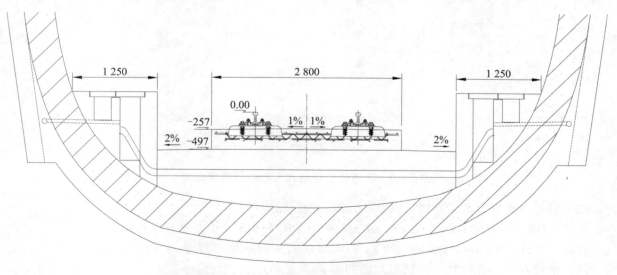

图 28.5　隧道直线地段无砟轨道横断面

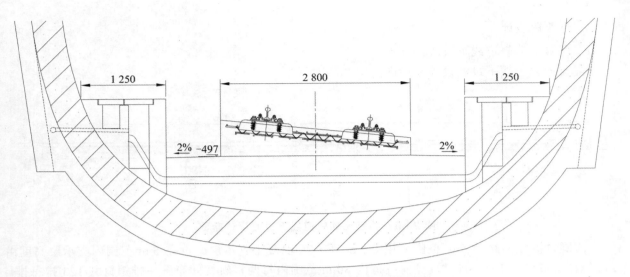

图 28.6　隧道曲线地段无砟轨道横断面

隧道地段标准道床板的长度为 5 180 mm，轨枕间距为 650 mm。道床板之间设置 20 mm 伸缩缝，用沥青木板嵌缝，沥青油膏封面，在结构缝和伸缩缝处断开道床板。

隧道地段双块式无砟轨道曲线外轨超高直接在道床板上设置，内轨顶至路肩高程保持不变。

路基直线地段无砟轨道横断面见图 28.7 所示；路基曲线地段无砟轨道横断面见图 28.8 所示。

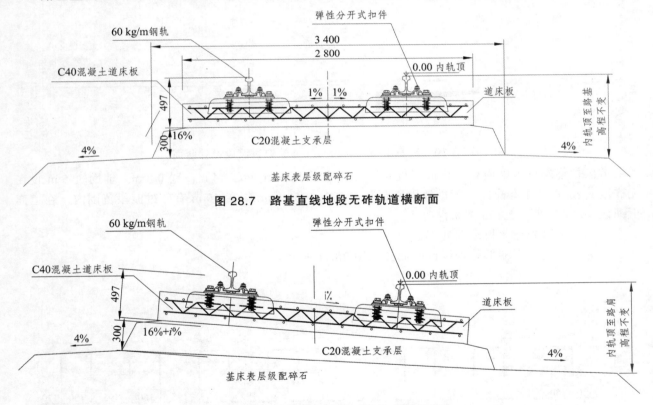

图 28.7　路基直线地段无砟轨道横断面

图 28.8　路基曲线地段无砟轨道横断面

路基地段双块式无砟轨道曲线外轨超高直接在路基基床上设置，在缓和曲线上完成过渡，内轨顶至路肩高程保持不变。

10. 排水系统

无砟轨道线路应设置性能良好的防排水系统，隧道内沿线路纵向设两边排水沟。

11．过渡段设计

（1）路隧无砟轨道线下过渡设计。

路隧无砟轨道线下过渡设计断面图如图 28.9 所示。

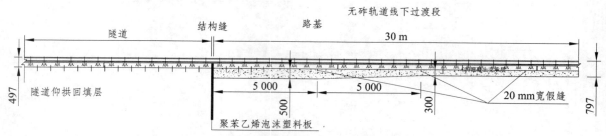

图 28.9　路隧无砟轨道线下过渡设计断面

自路隧过渡点向路基 5 m 范围采用 0.5 m 高 C20 混凝土支承层，再在 5 m 范围内支承层高度由 0.5 m 线性过渡到 0.3 m。自过渡点向隧道内 80 m 范围内每两根轨枕间布置一排销钉共 123 排每排 4 根。自过渡点向路基每两根轨枕间布置一排销钉共 4 排，每排 4 根。路基上其余几块道床板每块布置 5 根销钉。道床施工前在混凝土支承层或隧道仰拱回填层上钻深 200 mm ϕ30 孔，用植筋胶置入 ϕ25 销钉，销钉采用 HRB335 ϕ25 钢筋。

（2）路基上有砟轨道与无砟轨道过渡段设计。

路基上有砟轨道与无砟轨道过渡段设计断面图如图 28.10 所示。

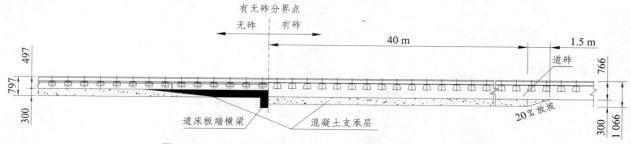

图 28.10　路基上有砟轨道与无砟轨道过渡段设计断面

道床板终端设板端横梁，自道床板底端向下埋深 1.55 m，长 3.4 m，宽 0.8 m。辅助轨 5 m 设在无砟段，20 m 设在有砟段，辅助轨中心距基本轨中心 520 mm。在 40 m 有砟过渡段范围内，在道砟下铺设 300 mm 厚、3.4 m 宽素混凝土。

（3）结构缝处道床板端部处理。

结构缝处道床板端部处理设计断面图如图 28.11 所示。

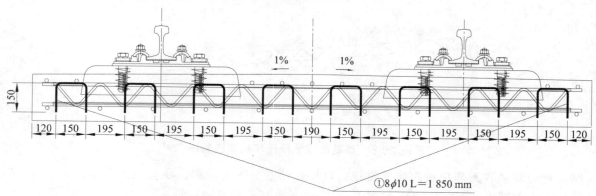

图 28.11　结构缝处道床板端部处理设计断面

为保持结构缝处道床板稳定性，所有无砟轨道结构缝地段相对的两块道床板，在每块道床板自由端布置 8 根插筋。

12. 路隧地段无砟轨道综合接地设计

路隧地段无砟轨道综合接地设计图如图 28.12 所示。

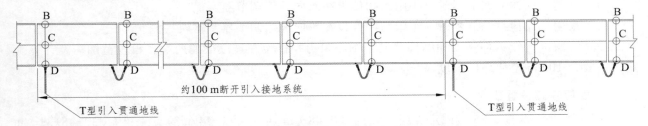

约 100 m 断开引入接地系统

T型引入贯通地线　　　　　　　　　　　　　　　　T型引入贯通地线

图 28.12　路隧地段无砟轨道综合接地设计

每块道床板采用 3 根纵向结构钢筋和一根横向结构钢筋焊接，并引出一个接线端子和相邻道床板的接线端子用 70 mm² 铜缆线相连，每 100 m 处断开，分别接线引入接地装置。钢筋间的连接应采用搭接焊工艺，采用 ϕ16 mm L 形钢筋焊接。

第五节　跨区间无缝线路设计

一、龙厦铁路气候条件

龙厦铁路属南亚热带季雨气候，气候温和，多年平均气温在 21 ℃ 左右，漳州市最高温度达 41.2 ℃，龙岩市最低气温为-5.6 ℃。多年平均雨量 1 400 ~ 1 800 mm。

二、轨条布置

单元轨节的长度应根据线路条件、工点情况、施工工艺等因素综合研究确定，一般宜为 1 000 ~ 2 000 m，单组或相邻多组一次锁定的道岔及其间线路按一个单元轨节设计。

三、锁定轨温

无缝线路的设计锁定轨温应根据线路通过地区的最高和最低轨温、无缝线路的允许温降和允许温升计算确定，并满足无缝线路的断缝检算要求。无缝线路应在设计锁定轨温范围内锁定，且相邻单元轨节间的锁定轨温之差不大于 5 ℃，同一单元轨节左右股钢轨的锁定轨温之差不大于 3 ℃，同一区间内单元轨节的最高与最低锁定轨温之差不大于 10 ℃。

四、桥上无缝线路

桥上无缝线路按《新建铁路桥上无缝线路设计的暂行规定》（铁建设函[2003]205 号）设计。

1. 钢轨伸缩调节器布置原则

（1）钢轨伸缩调节器尽量不用或少用，宜设置在直线上，且不宜与竖曲线重叠；

（2）根据工点情况合理选用单向或双向钢轨伸缩调节器；

（3）钢轨伸缩调节器基本轨应与相邻钢轨同钢种、同轨型，尖轨采用 AT 轨；

（4）应采用曲线型钢轨伸缩调节器，其技术性能应符合有关技术条件的规定。

2. 小阻力扣件

为适应桥上无缝线路对梁轨相互作用力的要求，必要时须采用小阻力扣件，使其在一定范围内紧固扣压件螺栓的松紧度一致，受力均匀，又能达到防爬阻力的要求。

小阻力扣件布置情况如下：

（1）采用双向伸缩调节器时，小阻力扣件设在双向伸缩调节器两侧。

（2）采用单向伸缩调节器时，小阻力扣件设在单向伸缩调节器基本轨一侧。

（3）大跨度连续梁如不设伸缩调节器，则小阻力扣件设在连续梁的两端；设置范围需经计算确定，一般为 100 m 至伸缩区长度。

3. 龙厦铁路设置情况

龙岩特大桥 20 号、25 号固定支座（48+4×80+48）m 连续梁+1-24 m 简支 T 梁+（32+48+32）m 连续梁设计，在 40+80×4+80 m 连续梁中间设置一组双向伸缩调节器，在调节器两端 208 m 两段，即连续梁全桥面设置小组力扣件。

五、隧道内无缝线路的设计锁定轨温

隧道内外无缝线路的设计锁定轨温与两端区间无缝线路的设计锁定轨温一致。隧道洞口轨温过渡区段应加强锁定，扣件采用防松螺母。

六、无缝道岔

（1）无缝道岔设计满足跨区间无缝线路的允许温降和允许温升要求，各联结件应牢固、耐久、可靠；

（2）岔区无缝线路的允许温降和允许温升计算按《新建时速 200~250 公里客运专线铁路设计暂行规定》（铁建设函〔2005〕140 号）附录 C 方法。

（3）无缝道岔的设计锁定轨温与两端区间无缝线路的设计锁定轨温一致。

（5）无缝道岔尖轨尖端与基本轨、左右两股尖轨的相对位移以及可动心轨尖端与翼轨的相对位移应分别满足道岔结构及转辙机械性能的要求。

（6）当道岔区中两个及以上无缝道岔连接时，应研究附加纵向力的分布及叠加情况，并按《新建时速 200~250 公里客运专线铁路设计暂行规定》（铁建设函〔2005〕140 号）附录 C 的要求检算允许温升和允许温降。

七、钢轨焊接

（1）基地（或工厂）焊接应采用接触焊，工地钢轨焊接可优先采用接触焊，道岔内及两端与区间线路连接的钢轨锁定焊可采用铝热焊。

（2）焊接接头质量应符合钢轨焊接的有关技术条件。焊接接头平直度标准应满足下表的要求。

（3）焊接接头位置：

① 左右股单元轨节锁定焊接头相错量不宜超过 100 mm。

② 由道岔前端和辙叉跟端接头焊缝决定的道岔全长偏差不得超过±20 mm。

③ 钢轨铝热焊焊缝距轨枕边缘不应小于 100 mm。

④ 单元轨节起止点不应设置在不同轨道结构过渡段以及不同线下基础过渡段范围。

八、胶接绝缘轨

1. 设计原则

（1）绝缘接头应采用胶接绝缘接头，其钢轨应与相邻钢轨同钢种、同轨型，宜采用工厂成品胶接绝缘轨。

（2）应符合《胶接绝缘钢轨技术条件》（TB/T 2975—2000）的规定；

（3）左右两股钢轨的绝缘接头应相对铺设，且绝缘接头轨缝绝缘端板距轨枕边缘不宜小于100 mm。

2. 龙厦铁路设计情况

本线设计范围内，区间不设胶接绝缘轨，只在进站信号机附近及岔区内设置胶接绝缘轨，胶接绝缘轨的型式、位置和数量由信号专业确定。

九、电容轨枕及电气绝缘轨枕

本线站内正线、到发线和区间均采用无绝缘轨道电路设备，该轨道电路需在钢轨间增设补偿电容、绝缘节处设调谐单元。为避免大型养路机械化施工时损坏补偿电容，需特制部分钢筋混凝土轨枕，该特制轨枕应预留补偿电容的设置位置。特制的钢筋混凝土轨枕数量按80 m一处计列。为避免大型养路机械化施工时损坏调谐单元，需要在绝缘节处设调谐单元轨枕，数量按900 m一处计列。

十、位移观测桩

（1）跨区间无缝线路按单元轨节等距离设置位移观测桩，桩间距离不大于500 m，单元轨节不足500 m整倍数时，适当调整桩间距离。

（2）跨区间无缝线路每组道岔设置5对位移观测桩，在岔前、道岔后、限位器、距离道岔前后50 m处设1对位移观测桩。

（3）跨区间无缝线路在长轨条起、始点，距长轨条起始点100 m位置各设1对位移观测桩。

（4）长大隧道的隧道口，特大、大桥两端，钢轨伸缩调节器基本轨接头处和距离基本轨接头100~150 m处应增设位移观测桩。

（5）位移观测桩应牢固稳定，有条件时可与线路基桩合并设置，或设置在线路两侧的固定构筑物上。

位移观测桩设置如图28.13~图28.15所示。

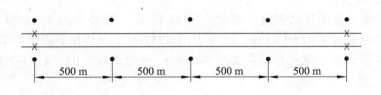

图 28.13 单元轨节位移观测桩布置

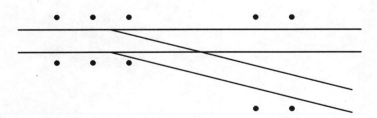

图 28.14 单组道岔位移观测桩布置（单位：m）

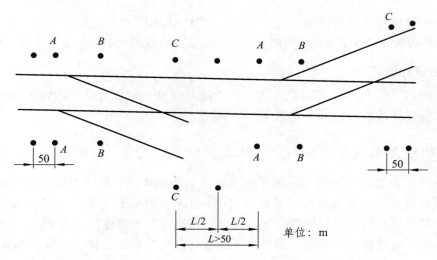

注：① 图中"·"表示位移观测桩，"×"表示单元轨节始端或终端；

② 图中 A、B、C 分别表示在岔头、限位器、岔尾的对应位置设置位移观测桩；

③ 当图中 L≤50 m 时，可不在中间设置位移观测桩。

图 28.15　多组焊联道岔位移观测桩的设置

第六节　道岔设计

新建铁路正线上道岔采用 60 kg/m、12 号 sc325 型可动心轨道岔，到发线上有旅客列车侧向通过的道岔采用 50 kg/m、12 号专线（01）4257 型单开道岔，到发线其他位置、其他站线及次要站线上可采用 50 kg/m 9 号专线（02）4151-1 型单开道岔。

联络线与龙厦正线接轨处道岔采用 60 kg/m、12 号 sc325 型可动心轨道岔，其他道岔采用 60 kg/m、12 号专线 4228 型 AT 道岔。

既有线改建龙岩站及铁山洋站正线上道岔采用 60 kg/m、12 号专线 4228 型 AT 道岔，其他位置有旅客列车侧向通过的道岔采用 50 kg/m、12 号专线 4257 型单开道岔，否则可采用 50 kg/m、9 号专线（02）4151-1 型单开道岔。龙岩东站均采用 50 kg/m、9 号专线（02）4151-1 型单开道岔。

第二十九章 站场及运营设备设计

第一节 站场工程概况与特点

龙厦铁路自既有漳龙线上的龙岩站接轨,至厦深线的漳州南站后与厦深线共线引入厦门枢纽。全线共设车站5个,均为横列式布置图型,最大站间距为46.3 km(马坑—龙山),最小站间距为13.5 km(南靖—草坂),平均站间距为22.6 km。其中,龙岩地区接轨站为既有龙岩站,新建越行站1个,为马坑站,新建中间站3个,龙山站、南靖站、草坂站。龙厦铁路引入龙岩地区相关工程改扩建车站2个,其中铁山洋站为既有区段站,龙岩东站为龙岩地区主要货运站;取消漳龙线上既有龙岩北会让站。龙厦铁路车站性质、类型及股道数量一览表如表29.1所示。

表 29.1 龙厦铁路车站性质、类型及股道数量一览

顺序	车站名称	车站性质	车站中心里程	站间距离/km	站房位置	到发线数量(不含正线)
接轨站	龙岩站	既有客站	DK0+000=漳龙 K66+002.96		右侧	3 条
1	马坑站	越行站	DK18+300	18.3	左侧	2 条
2	龙山站	中间站	DK64+625	46.325	右侧	2 条
3	南靖站	中间站	DK80+100	15.508	右侧	2 条
4	草坂站	中间站	DK93+700	13.516	左侧	3 条
接轨站	漳州南站	中间站	DK112+753.06=厦深 DK40+960	19.053	左侧	由厦深线统一设计

第二节 设计原则与采用的主要技术标准

本线车站设计采用《时速200 km客货共线设计暂行规定》中的相关设计规定,车站到发线有效长880 m。

第三节 车站工程设计

一、马坑站

马坑站位于龙岩市东南约15 km的曹溪镇马坑村境内,距离龙岩市约15 km,车站中心位于龙厦铁路里程DK18+300处,319国道在车站范围与正线相交,漳龙高速公路在车站北侧与正线平行走行。

车站位于丘间谷地区，丘坡自然坡度约 40°，植被发育，有开采区；谷地有人工填筑场地，其下为小溪河，常年流水。车站范围地形起伏较大，站内设马坑 1 号、2 号、3 号、4 号大桥及马坑中桥，大中桥全长 975.63 m。

车站为越行站，不办理客货运业务。设正线 2 条，到发线 2 条。站房位于正线左侧，设 50 m×6 m×0.3 m 基本站台 1 座。

二、龙山站

龙山站位于漳州市南靖县龙山镇境内，在金山后隧道出口至龙山大桥之间，正线穿涌北村、因厝村向南，距龙山镇政府约 2 km，车站中心位于龙厦铁路里程 DK64+625 处。车站所在地为九龙江二级阶地，地势平坦开阔，多被辟为农田、村舍等，种植芭蕉及水稻，附近分布有村庄，房屋密集，道路纵横交错，交通便利。

龙山站为办理客运业务的中间站，车站最高聚集人数为 200 人。车站设正线 2 条，到发线 2 条，站房设于正线右侧。车站采用两台夹四线布置，设基本站台及中间站台各 1 座，均为 400 m×9 m×1.25 m，两站台间设地道 1 处，宽 6 m。车站厦门端站对侧设综合维修基地一处，配线 4 条，有效长为 90～300 m。

三、南靖站

南靖站位于南靖县山城镇雁塔村得楼仔，庵下和巷口自然村之间。车站中心位于龙厦铁路里程 DK80+100 处，正线呈西北～东南走向，西边为石井山和灌溉渠，东边和北边为龙山溪和 319 国道，南边为 319 国道至南靖县城公路。车站范围内均为香蕉种植地，地势平坦。

南靖站为县级中间站，办理客运业务，车站最高聚集人数为 800 人。车站设正线 2 条，到发线 2 条，站房设于正线左侧。车站采用两台夹四线布置，设基本站台、中间站台各一座，均为 450 m×9 m×1.25 m，两站台间设地道 2 处，宽 6 m。

四、草坂站

草坂站位于南靖县靖城镇大房村农场金峰作业区以及大房村帽子山自然村之间。车站范围内均为丘陵，地势西南高东北低，山坡遍种桂圆和荔枝树，低洼处多辟为鱼塘，零星夹杂有少量蔬菜、花卉。车站中心位于龙厦铁路里程 DK93+700 处，距漳州市中心约 10 km，距南靖县城约 16 km。

草坂站为漳州地区新建货运站。该站初期货运量为发送 33 万 t/a，到达 57 万 t/a；近期货运量为发送 55 万 t/a，到达 95 万 t/a；远期货运量为发送 75 万 t/a，到达 130 万 t/a。本次设计按照初期货运量确定其货场规模，并预留远期发展条件。

车站设正线 2 条，到发线 3 条，预留增加到发线条件，站房位于正线左侧，基本站台为 50 m×6 m×0.3 m；货场设于站对右，设货物装卸线 2 条，预留发展条件；车站龙岩端设牵出线 1 条，有效长 350 m；货场车站厦门端货场同侧与正线相邻的到发线末端设安全线 1 条，有效长 50 m。

第四节　引入枢纽工程设计

一、既有枢纽概况

龙岩站为地区内客运站，漳龙线自东向西贯通车站，赣龙线自西向东沿漳龙线北侧引入车站，该站现有到发线 5 条（含正线）。2006 年日均办理客车 7 对，其中通过客车 5 对，始发终到客车 2 对。由南昌铁路局龙岩铁路有限责任公司与龙岩市合资建设的龙岩客整所一期工程已建成，该客整所在龙岩站东端咽喉接轨，设牵出线 1 条，整备线 1 条，并预留了客整所发展条件。

二、龙岩站方案

龙岩站最终规模：赣州端按 5 条正线引入，厦门端按 3 条正线引出，到发线按 13 条（含正线 3 条）规划布置，设站台 6 座，10 个站台面。龙厦铁路龙岩站改造结合车站最终规模按原批复意见规模分期实施。

车站近期设正线、到发线 6 条（增建 1 条到发线），改建客整所牵出线，利用既有客整所整备线（有效长 570 m）兼作动车组存放线；远期设正线、到发线 8 条（预留 2 条到发线），并在 6 道和预留的 7 道间预留增建第三站台条件；车站赣州端预留赣龙复线引入车站条件，同时车站两端预留漳龙疏解线引入车站条件。车站最终形成赣州、梅州、厦门、漳平四个方向铁路以方向别引入车站，其中，赣州-龙岩-厦门线复线贯通（Ⅲ、Ⅳ道），漳平-龙岩-梅州线下行正线贯通（Ⅱ道）、上行正线外包经 8 道侧向通过车站的布置形式。

三、铁山洋站

1. 既有车站概况

铁山洋站为龙岩地区技术作业站，性质为二等区段站，既有规模为一级二场。现有正线、到发线 6 股（有效长 839～921 m），调车线 8 股，设调机 1 台。该站目前主要担当梅州、漳平、赣州方向货物列车的解编作业。据统计，本站 2005 年日均接发货物列车 72.1 列，办理有调中转车 1 118 辆，全为有调车。

2. 车站工作量

铁山洋站为是龙岩地区唯一的技术作业站，一级二场站型。既有与漳平、梅州、赣州等区段站互编区段、摘挂货物列车。研究年度随着龙厦铁路引入龙岩地区，大量向塘西、赣州东与东孚站互编的直通列车不经本站通过龙岩地区，铁山洋仅担当龙岩地区到发车流及少量交换车解编作业。

3. 车站平面布置及分期发展意见

根据铁山洋站车流量预测的分析，铁山洋站调车场能力能够满足近期解编作业量的要求，但到发线能力紧张，因此，本次研究，近期车站利用原预留位置增设 2 条到发线，为提高作业效率，增加调车线使用的灵活性，将调车场靠近到发场的 10 道、11 道改建成编发线。车站近期仍维持一级二场规模，设正线、到发线 8 条（新增 2 条到发线），调车线 8 条（维持既有规模不变）。车站预留扩建为一级三场的条件，结合全路生产力布局的调整适时建设。

4. 进出站线路布置

本线引入龙岩地区，为避免漳州—漳平方向车流及漳州～龙岩地区车流在地区内经龙岩站的折角运行，沟通龙厦正线与铁山洋区段站间的直接径路，需新建铁山洋上、下行货车联络线。

四、龙岩北站

既有龙岩北会让站位于铁山洋—龙岩站之间，既有到发线 2 条（含正线），到发线有效长 450 m，向北衔接铁山洋区段站，向南衔接龙岩、龙岩东两个方向。站中心位于漳龙线里程 ZLK59+750 处。由于龙岩北站到发线有效长仅为 450 m，不能满足漳龙线列车交汇的作业要求，降低了列车运营的效率，实际上已经失去了会让站的作用，因此，本次设计考虑取消铁山洋—龙岩间的既有龙岩北会让站，改设龙东线路所。

五、龙岩东站

龙岩东站为地区主要货运站，既有到发线 4 条（含正线），有效长为 434～487 m，调车线 2 条，既有货场分设车站南端两侧，有货物装卸线 3 条，有效长共 840 m，车站的最外侧调车线亦兼做装卸线使用。

龙岩东站近期设正线、到发线 8 条（增建到发线 2 条），车站向北端（铁山洋方向）延长，既有 1、Ⅱ道有效长延长至 880 m，其余到发线有效长延长至 650 m；在车站对侧新建 100 万 t 规模货场，设货物装卸线 5 条。由于受地形和城市道路的限制，车站对侧货场进一步发展的条件已十分困难，结合龙岩东站地形条件和龙岩市城市规划，为给龙岩东站进一步扩建创造有利条件，拓展货场发展空间，本次设计在站同侧规划预留了新建第二货场用地。

第五节　接轨站施工过渡设计

因为赣龙扩能改造工程和南龙铁路的引入，龙厦铁路项目在龙岩站作为临时过渡工程接长旅客地道和临时天桥至第三站台，第三站台修建临时雨棚。

第六节　动车整备基地设计

本项目未设计动车整备基地，龙厦铁路项目动车考虑在福州南动车所进行存入检修作业。

第七节　主要客运设备配置

龙厦铁路主要客货运设备配置如表 29.2 所示。

表29.2　龙厦铁路车站主要客货运设备数量

项目			单位	龙岩	马坑	龙山	南靖	草坂	铁山洋	龙岩东
旅客最高聚集人数			人			200	800			
客运设备	旅客站台	基本站台	长×宽×高（米）	(500×9×0.5)	50×6×0.3	450×9×1.25	450×9×1.25	50×6×0.3	(400×6×0.3)	
		中间站台	长×宽×高（米）	500×9×1.25		450×9×1.25	450×9×1.25			
	雨棚	基本站台	长×宽（米）	(500×9)		450×9	450×9			
		中间站台	长×宽（米）	(500×9)		450×9	450×9			
	跨线设备	天桥	座	(1)						
		地道	座	(1)		1	2			
货运设备	运量	发送	万吨/年					33		150
		到达	万吨/年					57		180
	货物站台	高站台	长×宽×高（米）					280×25.5×1.1		168×25.5×1.1 154×25.5×1.1
	仓库（新建）		座-长×宽					1-18×54		1-18×36
	龙门吊（新建）		台-孔跨					1-30		2-30
	货区（新建）		平方米					7680		7268
	装卸线有效长（新建）		股-米					2-560		5-852
附注				既有改建						

第三十章　房屋建筑及给排水设计

第一节　站房工程概况与特点

　　龙厦铁路项目共有两个客运站，分别为龙山站和南靖站。南靖站为中型铁路客运站，线侧平式，最高聚集人数为 800 人，站房总建筑面积为 5 470 m²；龙山站为小型铁路客运站，线侧平式，最高聚集人数为 200 人。站房总建筑面积为 1 884.2 m²。

第二节　设计原则与采用的主要技术标准

　　（1）《民用建筑设计通则》（GB 50352—2005）
　　（2）《建筑设计防火规范》（GB 50016—2014）
　　（3）《铁路工程设计防火规范》（TB 10063—2007），（J774—2008）（2012 年版）
　　（4）《铁路旅客车站建筑设计规范》（GB 50226—2007）（2011 年版）
　　（5）《无障碍设计规范》（GB 50763—2012）
　　（6）《铁路旅客车站无障碍设计规范》（TB 10083—2005），（J458—2005）
　　（7）《建筑内部装修设计防火规范》（GB 50222—95）（2001 修订版）
　　（8）《建筑地面设计规范》（GB 50037—96）
　　（9）《玻璃幕墙工程技术规范》（JGJ 102—2003）
　　（10）《屋面工程技术规范》（GB 50345—2012）
　　（11）《公共建筑节能设计标准》（GB 50189—2015）
　　（12）《工程建设标准强制性条文房屋建筑部分》（2009 年版）
　　（13）《地下工程防水技术规范》GB 50108—2008
　　（14）《民用建筑热工设计规范》（GB 50176—93）
　　（15）《全国民用建筑工程设计技术措施》2014—规划：建筑·景观
　　（16）《铁路旅客车站细部设计》
　　（17）其他相关国家、地方法规规范

第三节　一般站房设计

一、南靖站

1. 站房

　　（1）建筑名称：新建龙岩至厦门铁路站后工程南靖站房；
　　（2）建设地点：福建省南靖县；
　　（3）建设单位：龙厦工程建设指挥部；
　　（4）设计范围：南靖站房及旅客活动平台、站前大台阶等，不包括站前广场和两侧匝道等；

（5）本工程站房总建筑面积 5 495 m²，其中站房部分面积 4 569 m²，并入生产房屋面积 926 m²（其中信号房屋 324 m²、公安派出所 345 m²、电力房屋 162 m²、间休 95 m²），最高聚集人数 800 人，线侧平式站房；

（6）建筑层数主体 1 层、局部 2 层，建筑高度 19.15 m；

（7）站房结构形式为钢筋混凝土框架结构+网架屋面，建筑类别为二类，设计使用年限为 50 年，抗震设防烈度为 7 度，耐火等级为二级；

（8）站房屋面防水等级为二级。进出站楼梯地下部分、消防泵房防水按地下室工程防水等级Ⅱ级设防。

（9）设计高程：±0.000 相当于绝对高程 27.9 m（黄海高程）。

2. 站台雨棚

（1）设计规模。

① 雨棚钢结构覆盖面积：10 106.1 m²；雨棚屋面板投影面积：10 106.1 m²。

② 雨棚总长度：450 m；基本站台雨棚屋面宽度：12.45 m；二站台雨棚屋面宽度：9.85 m。

③ 柱跨：平行股道方向标准柱距为 14.4 m；基本站台雨棚悬挑 10.45 m；二站台雨棚悬挑 7.85 m。

（2）结构形式：钢管混凝土柱，H 型钢梁。

（3）耐火等级为二级。

（4）屋面防水等级为Ⅱ级，耐久年限 15 年。

（5）屋面系统：0.8 mm 厚浅银灰色压型钢板（镀铝锌）；50 mm 厚带铝箔超细吸音棉；镀锌钢檩条；镀锌钢龙骨；1 mm 厚铝合金条板。

二、龙山站

1. 站房

（1）建筑名称：新建龙岩至厦门铁路站后工程龙山站房；

（2）建设地点：福建省南靖县龙山镇；

（3）建设单位：龙厦工程建设指挥部；

（4）设计范围：车站站房、旅客活动平台；

（5）最高聚集人数：200 人；

（6）站房形式：线侧平式站房；

（7）建筑面积：本工程站房总建筑面积为 1 743.7 m²（不包括出站厅面积 140.5 m²，其中：站房面积 947.5 m²，并入生产用房面积：796.2 m²）；

（8）建筑层数：主体一层，附属建筑二层；屋面檐口距地面高度为 10.630 m；建筑屋顶制高点距室外地面高度为 16.630 m；

（9）结构形式：站房主体结构为混凝土框架结构体系，建筑结构设计使用年限 50 年，建筑结构安全等级为二级，抗震设防烈度为<6 度，抗震设防类别：不设防；

（10）建筑耐火等级：不低于二级；

（11）屋面防水等级：Ⅱ级；

（12）地下室防水等级：-2.500 m 高程泵房地面、侧壁及地下进出站楼梯和通道的底板及侧壁防水按地下工程防水等级Ⅱ级设防。

（13）设计高程：±0.000 相当于绝对高程 54.560 m。

2. 站台雨棚

（1）设计规模。

① 雨棚钢结构覆盖面积：10 106.1 m²；雨棚屋面板投影面积：10 106.1 m²；

② 雨棚总长度：450 m；基本站台雨棚屋面宽度：12.45 m；二站台雨棚屋面宽度：9.85 m。

③柱跨：平行股道方向标准柱距为 14.4 m；基本站台雨棚悬挑 10.45 m；二站台雨棚悬挑 7.85 m。

（2）结构形式：钢管混凝土柱，H 型钢梁。

（3）耐火等级为二级。

（4）屋面防水等级为Ⅱ级，耐久年限 15 年。

（5）屋面系统：0.8 mm 厚浅银灰色压型钢板（镀铝锌）；50 mm 厚带铝箔超细吸声棉；镀锌钢檩条；镀锌钢龙骨；1 mm 厚铝合金条板。

第四节　采暖与通风设计

（1）龙厦铁路地处夏热冬冷地区，不设采暖，设有空调系统的建筑有条件时采用热泵采暖，并充分利用空调系统和末端装置。室内温、湿度以及洁净度达不到工艺和设备运行环境要求的房间设置工艺性空调；旅客车站的软席贵宾候车室、售票室，工区待班室等设置舒适性空调。生产过程产生有害气体或爆炸气体的场所均设置机械通风设施或事故通风设备。各类建筑根据国家现行规范设置防排烟设施。

（2）龙山、南靖站与站房合建的通信、信号、信息等设备用房设置多联空调机系统；沿线分散的信号楼（扩建信号室）内的通信、信号设备用房（除龙岩东信号室通信、信号设备用房设分体柜式变频空调外）设置分体式机房专用空调；旅客车站的软席贵宾候车室、售票室，待班室等设置舒适性空调。

无外窗的房间设机械排风系统。变配电所设智能温控轴流风机机械排风。伙食团、厨房操作间设置油烟净化设备。给水房屋的消毒间设置防爆轴流风机机械排风。

根据国家现行防火规范，除不具备自然排烟条件的场所设置机械防排烟设施外，其他场所均采用自然防排烟方式。

第五节　给排水工程设计

一、设计标准与设计原则

（1）用水量标准按《铁路给水排水设计规范》和《新建时速 200 公里客货共线铁路设计暂行规定》铁建设函〔2005〕285 号文确定。

（2）消防用水：按《建筑设计防火规范》和《京沪高速铁路设计暂行规定》确定。

各车站均设消防给水设施，室外消防采用低压式，消防与生产、生活共用同一给水系统。车站站台两端各设置 1 个双出口消火栓。

5 km 以上隧道的看守点分别在隧道两端各设置一座 300 m³ 山上水池供隧道口消防使用。

（3）污水处理及排放标准：附近没有市政污水管道的车站执行国家一级排放标准；附近有市政污水管道的车站执行国家三级排放标准。执行国家三级排放标准的车站污水经初级处理后（含油污水经斜板隔油，粪便污水经化粪处理）就近排入附近市政污水管道。有立交桥排水的地方，采用机械抽升排放。

（4）管材：给水管管径大于（含）300 mm 的采用球墨铸铁管，小于 300 mm 的采用 PE 管。排水管采用 UPVC 双壁波纹排水管。

（5）给水所、污水处理站内给水设施均采用集中控制系统。

二、既有车站给排水设计

1. 车站水源

龙岩站、铁山洋站扩建，龙岩东站 3 个既有给水站既有自来水水源均能保证新增用水的需要，龙厦引入后，水源维持现状不变。

2. 给水加压设备

龙岩站、铁山洋站，龙岩东站 3 个既有给水站均无新增给水构筑物和设备。

3. 消防设计

龙岩站在每个站台两端各新增一个低压消火栓；龙岩东站消防管网采用环状布置，并设置间距不大于 120 m 设置地上式消火栓，同时在货物仓库附近新增一座 300 m³ 消防水池；铁山洋站既有消防设施较完善，本次无新增消防设施。

三、新建车站给排水设计

1. 车站水源

马坑站设计采用河床伏流水，龙山站采用地下水，南靖站采用城市自来水、草坂站采用地下水。

2. 给水加压设备

马坑站、龙山站、南靖站、草坂站均在车站内设置给水加压站，采用变频供水设备，以满足车站供水要求。

3. 消防设计

（1）站房室外消防。马坑站、龙山站、南靖站、草坂站消防均采用给水加压站变频供水设备供水，管网采用环状布置，并设置间距不大于 120 m 设置地上式消火栓，同时设消防水池储水。

（2）站台消防。站台消防按《铁路工程设计防火规范》（TB 10063—2007）要求在站台两端各设置一座地下式消火栓，同时配备消防器材等设施；消防用水由管道供给。

（3）象山、石关音、黄坑 2 号隧道消防。各隧道两端分别设置 300 m³ 消防水池，并在隧道洞口外设置消火栓、水龙带、消防器械箱。设备洞室消防采用柜式全自动超细干粉灭火装置，按各设备洞室体积配备，灭火装置规格，并设置 3 具 4.0 kg 的 ABC 干粉灭火器。

四、污水处理设计

1. 龙岩站、铁山洋站及龙岩东站

该站既有污水均排入附近城市排水系统，由于本次新增排水量不大，一般生活污水直接排入车站既有排水系统。粪便污水经化粪池处理后就近排入既有排水系统。

2. 马坑站

本站污水主要为生活污水，其中粪便污水经化粪处理后与其他污水一起经生物厌氧池处理后达标排放。

3. 龙山站

本站污水主要为生活污水，其中粪便污水经化粪处理后与其他污水一起抽升至人工湿地池处理后达标排放。

4. 南靖站

本站污水主要为生活污水，其中粪便污水经化粪处理后与其他污水一起抽升至人工湿地池处理后达标排放。

5. 草坂站

本站污水主要为生活污水，其中粪便污水经化粪处理后与其他污水一起经生物厌氧池处理后达标排放。

第三十一章　通信设计

第一节　通信设计概述

一、通信系统主要设计原则

通信系统具备高可靠性、高可用性、可维护性及可扩展性等要求，设备采用模块化设计，便于系统升级和扩展。

通信系统为客运专线列车控制、运营调度、旅客服务、经营管理、防灾安全监控等业务，应用系统提供网络服务，并为运输提供高质量的语音、数据及图像通信业务。

通信系统满足与既有通信系统互联的需要。

二、通信网构成

本工程通信系统包括多个子系统：传输与接入系统、电话交换系统、数据网系统、专用移动通信系统、调度通信系统、应急通信系统、同步及时钟分配系统、电源系统、通信线路系统、段（所）综合布线系统、通信电源及通信信号机房环境监控系统以及通信仪表。

第二节　通信设计内容及方法

一、传输网

龙厦铁路采用 SDH-16 2.5 Gb/s 系统组建多业务传输平台（MSTP）骨干汇聚层传输系统，采用 SDH-4 622 Mb/s 系统组建多业务传输平台（MSTP）接入网系统。

（一）骨干汇聚层

1. 网络结构

本设计采用 STM-16 2.5 Gb/s 系统组建多业务传输平台（MSTP）骨干汇聚层，利用不同物理径路的两条光缆中的各两芯光纤构成链型 1+1 复用段保护，并通过 622 Mb/s 光口与接入层传输设备连接，为接入层通道提供上联及保护。

2. 设备类型

本设计骨干汇聚层在龙岩通信站、龙山、马坑、草坂、南靖、漳州南设 SDH 2.5Gb/s（1+1）MSTP ADM 设备。

骨干汇聚层设备应具有大容量交叉能力，以及高可靠性、安全性及可扩展性。骨干汇聚层设备公共单元按 1+1 配置。

3. 设备业务接口配置

各站所设 SDH 2.5 Gb/s MSTP 设备的业务接口类型如下所示：

POS 155 M 光口：用于数据网互联；

155/622 Mb/s 光口：用于接入层的上联及保护；

FE 口：用于通信业务网的互联；

2 Mb/s 电口：各通信业务网的互联以及信息系统的 TDM 专线互联。

（二）接入层

1. 网络结构

本设计接入层站内用户接入就近车站的接入网设备，沿线区间用户采用通道保护或复用段保护环方式就近接入相邻站，除马坑至龙山区间因为区间节点数量较多，利用 2 条 20 芯光缆中的各 4 芯光纤，在站段接入汇聚点与区间点间分别构成两个 622 M 二纤环外，其他区间利用 2 条 20 芯光缆中的各 2 芯光纤，在站段接入汇聚点与区间点间组成一个 622 M 二纤环。

2. 设备类型

除区间基站设置 SDH 622 Mb/s MSTP ADM 设备外，其他车站/段接入汇聚点/区间接入点/地区内（站内）接入点设置 SDH 622 Mb/s MSTP ADM+ONU 设备。

接入层应能提供 2 Mb/s 及以下各种通道接入，具有 64 kb/s 的交叉连接能力以及完善的低速接口类型。

3. 设备业务接口配置

车站/段 SDH 622 Mb/s MSTP ADM+ONU 设备，配置 622 Mb/s 光口、155 Mb/s 光口、FE 口以及 2 Mb/s 电口，并根据运营需要配置自动电话接口、2/4 线音频接口及低速数据接口。

区间基站采用 SDH 622 Mb/s MSTP ADM 设备，配置 622 Mb/s 光口、2 Mb/s 电口、FE 口。

其他区间及地区内（站内）接入点采用 SDH 622 Mb/s MSTP ADM+ONU，配置 622 Mb/s 光口、2 Mb/s 电口、FE 口，并根据运营需要配置自动电话接口、2/4 线音频接口及低速数据接口。

（三）传输系统网管

在龙岩通信站设置 SDH 2.5 Gb/s 传输系统网管及 SDH 622 Mb/s 接入系统网管，负责龙厦铁路传输网的维护和管理。

二、电话交换及接入系统

利用龙岩通信站既有程控交换机接入龙厦铁路新增用户。沿线各车站、区间用户均通过用户接入网系统中 2 M 通道接入龙岩通信站 OLT 设备后经 V5.2 接口纳入程控交换机。

龙岩通信站的交换机与既有铁路专网及铁通公网互联，因此本工程对龙岩通信站既有交换机进行中继线扩容。

三、数据网组网方案

为了提供龙厦铁路沿线信息系统三大领域的各个应用系统的公共基础信息平台和安全保障，本线设置 IP 数据网系统。

数据网采用汇聚层和接入层两层组网。

龙岩通信站设置汇聚层路由器，同时预留接入上级核心网路由器的条件。龙岩通信站、马坑、龙山、南靖、草坂、漳州南设接入层路由器，接入层路由器以 155 M 通道互连并以环形方式接入龙岩通信站汇聚层路由器。

龙岩通信站、马坑、龙山、南靖、草坂、漳州南设以太网交换机，完成 VPN 业务的接入和汇聚，不同的业务归入不同的 VLAN。设有接入层路由器的节点，以太网交换机本地以 GE 接入层路由器。

利用 MSTP 多业务光接入网提供未设置数据网设备节点的数据业务的汇聚和接入。

在龙岩通信站设置数据网网管，主要负责本线范围内的数据网络的网元管理、性能管理、故障管理，同时预留纳入上级数据网网管中心的条件。

四、移动通信业务网

（一）系统功能

GSM-R 系统作为铁路综合数字移动通信平台，不仅可以提供话音业务，而且可以提供数据业务。GSM-R 系统在本线实现的主要功能有：

中国铁路无线列调标准中定义的列车调度员-机车司机间、车站值班员-机车司机间各种列车无线调度通信功能；

TDCS 无线车次号校核系统及调度命令无线传送系统的信息传送；

列车尾部风压控制；

满足铁路沿线维护人员的通信需求（可取代常规铁路沿线的通话柱），用于养路、桥隧、接触网（供电）、水电、电务等部门的区间维护作业通信；

满足公安、抢修、救援等多部门、多工种的应急通信需求；

满足铁路沿线桥隧守护等距车站较远不便设置有线电话地点维护人员的通信需求；

客站管理及行包管理等大型客站管理人员的无线通信需求。

本系统可根据实际运营的需要和相关应用技术条件的要求提供移动售票业务，站场调车作业的应用条件。

（二）建设方案

本系统以南昌交换子系统（SSS）、运行与维护子系统（OMC）、通用分组无线业务子系统（GPRS）、智能网子系统本地节点设备等为系统本地网中心。新建龙岩基站子系统（由其他工程统一考虑）的基站控制器（BSC）、编译码和速率适配单元（TRAU）以及分组控制单元（PCU）等设备，在沿线设基站、GSM-R 终端；信令网采用 SP-SP 直联方式，预留接入专用信令网的条件。

1. 交换子系统

利用南昌交换子系统。

2. 基站子系统

本工程利用龙岩基站子系统的基站控制器（BSC）、编译码和速率适配单元（TRAU）以及分组控制单元（PCU）等设备，并进行扩容；在铁路沿线根据车站分布和场强覆盖的需要设置基站设备（BTS）。BTS 通过有线传输系统提供的 2 M 环通道接入 BSC。

基站的布置仅包含本工程范围内涉及的铁路沿线区域。

场强覆盖处理：本系统需要对本工程范围内的所有铁路区域进行无线场强连续覆盖，满足机车台在全线 95% 的时间地点概率，-98 dBm 的最小可用接收电平这一覆盖率指标的前提下，用 Okumura-Hata 模型的经验公式来做传播损耗预测。对于站厅及地下通道的覆盖，采用基站、光纤直放站结合漏泄电缆及分布式天线阵列加以解决；对于区间弱场区段针对具体的地形条件采用光纤/射频直放站空间波直接覆盖和光纤/射频直放站加漏泄电缆等方案加以处理。

话务量预测：本工程以 GSM-R 网络技术体制中预测的 GSM-R 用户忙时话务量为基础数据，以一个基站覆盖范围内 18 个区间移动用户、区间 4 列通过列车，每列车上 6 个移动用户；每个普通车站 10 个移动用户；每个枢纽车站话务量为 1 个普通车站的 1.5 倍进行测算。在 1% 无线信道呼损率的情况下，采用 Erlang-B 呼损公式进行测算，区间基站以及普通车站配置为 2 载频，话务量较大的车站基站配置为 3 载频。

频点分配：我国 GSM-R 系统选用 900 MHz 频段，上行：885～889 MHz（移动台发，基站收）下行：930～934 MHz（基站发，移动台收）共 4 MHz 频率带宽，双工收发频率间隔 45 MHz，相邻频道间隔为 200 kHz。按等间隔频道配置的方法，共有 21 个载频。频道序号从 999～1 019，扣除低端 999 和高端 1 019 作为隔离保护，实际可用频道为 19 个，频道序号为 1 000～1 018。本工程对各个基站的频点进行了预分配，有待在下一阶段进行电磁环境测试和场强测试之后进行优化调整。

3. 通用分组无线业务子系统

利用南昌通用分组无线业务子系统。

4. 智能网子系统

利用南昌移动智能网子系统的 SSP。

5. 运行与维护子系统

利用南昌 GSM-R 系统的本地网管中心，包括 OMC-S 交换网络管理子系统、OMC-D 数据业务管理子系统及服务器平台与本地工作站等；龙岩通信站设置 OMC-R 无线网络管理子系统、OMC-T 直放站管理子系统。

6. GSM-R 系统终端的配置

根据全线的运营维护定员和动车组对数为系统配置 GSM-R 通用手持台、作业手持台、机车综合通信设备、固定无线台、汽车台等各类移动终端，并按设计规范要求备用；机车综合通信设备由机车购置费统一解决。每列动车组配置两套 GSM-R 机车综合通信设备。

（三）与既有线路相关系统的兼容

本线行车调度指挥由南昌铁路局调度所负责，本线行车调度并入既有赣龙线调度台。既有赣龙线相关系统为 450 MHz 互控台列车无线调度通信系统，既有坎龙漳线相关系统为 450 MHz、B1 制式列车无线调度通信系统，本设计对既有线路的原有系统不做任何更改，各自独立使用。通过配置 GSM-R 机车综合设备解决机车套跑问题。

五、调度通信系统

1. 调度通信系统

本设计采用固定用户接入交换系统（即 FAS 系统）组织本线调度电话、维护专用电话及站内电话系统，并实现有、无线合一的调度通信组网方式。

全线组建一个 2M 数字环与南昌局调度所 FAS 相连。

南昌局调度所暂设置调度所型固定用户交换机，在沿线各车站设置站段型固定用户交换机，实现本线调度、维修和站内通信系统。

由于铁山洋站及龙岩东站的调度区划未变，因此上述两站的调度通信系统维持既有不变。

2. 站场通信系统

沿线各新建车站站场通信系统均纳入固定用户接入交换系统，龙岩站及铁山洋站站场通信系统维持既有不变。

本设计在龙岩东站设置站段型固定用户交换机，解决龙岩东站的站场通信系统。

六、应急救援指挥系统

应急通信系统应为事故现场及相应的应急指挥中心提供话音、数据及图像等信息采集传输手段。当事故发生后，迅速建立原铁道部-南昌调度所-事故现场的应急通信系统，为运营管理机构的各级领导提供话音、数据和图像服务，更好地满足各部门应急抢险、监视及管理的需要。应急通信系统应具备话音、数据、活动图像于一体的通信手段。

本设计在龙山通信综合工区配置现场应急接入设备。

现场应急接入设备一般采用临时敷设轻便抢修光缆开设 PDH 8Mb/s 系统接入临近的区间、车站接入点（备用方式采用 2.4 GHz 宽带无线接入方式），再通过 MSTP 多业务传输平台，接入南昌调度所的应急局端设备。

七、同步及时钟分配系统

本设计数字同步网采用主从同步方式。在龙岩通信站设置二级节点时钟（包括 GPS），要求符合加强型 2 级时钟的性能要求。龙厦铁路沿线通信设备的主时钟取自龙岩通信站新设的二级节点时钟，从时钟取自福厦线工程在厦门通信站设置的 BITS 时钟。

光传输系统骨干传输层设备从龙岩通信站的 BITS 设备引接所需的主用定时信号，同时从厦门通信站的 BITS 时钟提取备用定时信号，接入层设备分段从骨干传输层提取线路时钟信号。

八、电源系统

电源系统为本工程直流通信设备提供高可靠性的-48 V 直流电源、交流通信设备提供高可靠性的 220 V 交流电源。

直流电源系统采用组合开关电源设备和阀控式密封铅酸蓄电池组，电源整流模块采用 $N+1$ 方式备份，配置 2 组蓄电池组，每组后备时间 1 h。

不间断交流电源采用 UPS 系统和后备电池组，配置 1 组蓄电池组，后备时间 1 h。基站与光纤直放站合设的节点，蓄电池按照 2 h 供电备用时间考虑。

按照《铁路防雷、电磁兼容及接地工程技术暂行规定》（铁建设【2007】39 号），采用三级防雷进行配置。外供交流配电箱（屏）处考虑 B 级防雷，开关电源设备和 UPS 设备考虑 D 级和 C 级防雷。

九、通信线路

在本线铁路两侧电缆槽道内分别敷设 1 条不同路由的 1 条 GYTA53-20B1 干线光缆。

为满足 GSM-R 系统直放站对光纤的需求，本工程在直放站远端机至近端机间敷设 2 条短段光缆，其中光纤直放站远端机至主用近端机敷设 1 条光缆，光纤直放站远端机至备用近端机敷设 1 条光缆。

站场通信线路采用 HYAT23 市话电缆、8 芯 GYTA53 型光缆。

十、车站、段（所）综合布线系统

客运站房、维修工区综合楼、生产生活房屋设置综合布线系统。

十一、通信电源及通信信号机房环境监控系统

全线新设通信电源及环境监控系统，对无人值守的通信机房组合开关电源设备及通信机房环境进行集中监控。系统采用 IP 数据网承载，沿线各区间、站内接入点的通信设备用房，通过传输系统将监控信息汇聚至车站；各监控站、监控中心和远程客户端通过 IP 数据网互连。

龙岩通信站设置通信电源及环境监控系统中心站设备。

在无人值守的各中间站/段、站内/区间接入点处设置监控分站设备。

十二、通信仪表

根据通信运维的需要，配置通信仪表及交通工具。

第三十二章　信号设计

一、行车指挥系统

龙岩至漳州南站（不含）新建调度集中系统（CTC），纳入南昌铁路局调度所调度集中总机系统，设厦深调度台（龙漳线与厦深段福建段合设），同时对南昌调度所既有 CTC 总机进行增容改造。

龙岩、东南线路所、马坑、龙山、南靖、草板站设置分散自律型调度集中 CTC 分机系统，并纳入南昌局调度所既有 CTC 中心，实现行车指挥的现代化管理。

二、列控系统

（1）本线正线列控系统按照速度 200 km/h CTCS-2 级列车运行控制系统。

（2）列控系统构成。

本线列控系统为基于 ZPW2000 系列轨道电路+点式应答器及相应车载设备的控制系统。地面主要设备组成为列控中心、轨道电路、点式设备。

（3）列控中心设备配置。

本线设计龙岩、东南线路所、马坑、中继站 1、中继站 2、龙山、南靖、草坂等 8 个列控中心，漳州南站在厦深线中考虑设置列控中心；列控中心设备之间数据传输通过 8 芯专用数字通道环行连接。

（4）应答器布置。

① 车站应答器设置。

龙厦正线各站（龙岩、东南线路所、马坑、龙山、南靖、草坂）进站及反向进站处均设置一个有源和一个无源应答器构成的应答器组，其中龙岩站仅在 S、SF 进站设置一个有源和一个无源应答器。

② 区间应答器设置。

最大间隔 3 个闭塞分区（总长 4 000 m）设置 2 个无源应答器构成的应答器组。

（5）区间轨道电路。

制式：采用 ZPW2000 系列轨道电路

极限长度选择：无砟轨道区段（长大隧道）轨道电路 700 m；有砟路基地段 1 400 m；有砟桥梁地段 1 300 m，有砟隧道地段 900 m。

（6）临时限速服务器。

龙漳线的临时限速与厦深线合设，临时限速服务器设于厦深线漳州站，并由厦深线工程投资建设。

三、联锁系统

（1）龙岩站、东南线路所、马坑站、龙山站、南靖站、草板站采用二乘二取二型计算机联锁设备。

（2）站内轨道电路：马坑、东南线路所、龙山、南靖站轨道电路采用 ZPW2000 制式。货物线、牵出线、侧线出站道岔区段等按 25 周敏轨道电路设计。龙岩站采用 25 周相敏轨道电路，按预叠加电码化设计，站内电码化全部由列控中心编码。

（3）转辙设备类型如表 32.1 所示。

表 32.1　转辙设备类型

钢轨类型	用途	辙叉号	采用图号	转辙机类型
60 kg/m	正线	12 号	GLC（06）-01	4 台 S700K
		12 号	专线 4248	ZD6-E/J
	到发线	12 号	专线 7650	ZD6-E/J
		12 号	专线 4257	ZD6-E/J
		12 号	专线 4204	ZD6-D
50 kg/m	到发线	12 号	专线（02）4257	ZD6-E/J
		9 号	专线（02）4151	ZD6-D
43 kg/m	货物线	9 号	专线（02）4151	ZD6-D

四、信号机

区间通过信号机、进站及正线出站信号机、牵出线和专用线上的调车信号机原则上采用高柱铝合金机构信号机，其余采用矮型信号机。隧道内及桥梁上信号机按矮型设计，采用一体化点灯单元。

五、电缆

龙厦正线为电气化区段，为防止接触网对信号设备的影响，本次设计区间干线电缆采用 SPTYWPL23 型（数字内屏蔽）、支线电缆采用 SPTYWPA23 型信号电缆；站内轨道电路干线电缆采用 SPTYWL23 型（数字）信号电缆、支线电缆采用 SPTYWA23 型信号电缆；点式应答器采用 LEU-BSL23 型点式应答器专用电缆。

龙厦铁路干线双侧采用电缆槽，电缆槽由站前专业预制；

六、电源设备

各站采用高可靠性的智能电源屏，向车站 CTC 系统、联锁设备（包括提速道岔）、区间设备、列控设备和监测设备供电。智能电源屏应具备自诊断及监测报警功能，并能与信号设备微机监测系统交换信息。

七、微机监测系统

本线各站龙岩、东南线路所、马坑站、中继站 1、中继站 2、龙山站、南靖站、草板站设计 2010型信号集中监测设备（含环境监测）。通过集中维护专用网，对列控设备、联锁设备等进行实时监控，实现远程集中监测和故障诊断，确保设备安全稳定运行。

八、信号设备雷电防护措施

（1）按《铁道信号设备雷电电磁脉冲安全防护技术条件》（TB/T 3074—2003）规定及《铁路信号设备雷电及电磁兼容综合防护实施指导意见》（铁运〔2006〕26 号）的要求进行雷电电磁兼容综合防护设计。采用机房屏蔽、合理布线、共用接地及设置相应的防雷保安器等实行综合防护。

机房屏蔽、建筑物共用接地网由房建专业设计完成。

所有从室外引入室内的电缆芯线（道岔控制电缆除外）设置专用防雷保安器（SPD），集中安装于防雷分线柜内。

（2）区间贯通地线在车站与新建建筑物共用接地网相连。

第三十三章　信息设计

车站客运管理信息系统包括新建龙山站和南靖站、既有龙岩站改造的建设。

龙山站新设列车到发通告系统、旅客引导显示系统、旅客站广播系统、计算机售票及预定系统、计时系统、综合布线系统。

南靖站新设列车到发通告系统、旅客引导显示系统、旅客站广播系统、计算机售票及预定系统、行包安全检查设施、计时系统、电视监控系统、综合布线系统。

一、铁路客运管理信息系统

龙岩站站台改建，需增加部分客运信息终端设备（广播终端、引导显示屏、时钟等），同时对相应系统进行扩容。

1. 综合布线系统

在龙山、南靖 2 个车站新设综合布线系统。

综合布线系统采用铜芯双绞线、光纤混合组网，满足高质量的宽带信号传输要求。数据垂直主干采用 6 芯多模室外/室内光缆（50/125 μm），话音垂直主干采用 3 类 50P 大对数电缆，水平线缆采用 6 类 UTP。

2. 到发通告系统

在龙山、南靖 2 个车站新设列车到发通告系统。龙山站按小型站规模设置，南靖站按中型站规模设置。

列车到发通告系统由信息采集微机、控制微机、通信控制器及终端构成。系统采用一发多收、联网运行方式，客运总控室设控制微机，信号楼车站值班员处设信源微机，在广播室、客运总值班室、列检室、客运值班员室、问讯处等相关处所置通告终端。

到发通告屏全部采用 RS485 接口，传输通道由综合布线系统提供。

3. 旅客引导显示系统

在龙山、南靖 2 个车站新设旅客引导显示系统。龙山站按小型站规模设置，南靖站按中型站规模设置。

引导屏全部采用 LED 显示，站房内除光照较强区域如站台、天桥等采用超高量度红色显示材料外，其他地方均采用高亮度红色显示材料。另外，进站大厅屏采用红、绿双基色显示。

各个显示屏显示面积的设计均参考 24 点阵字形设计，实际运行时可根据需要采用不同的点阵混排输出。

4. 客运广播系统

在龙山、南靖 2 个车站新设客运广播系统。龙山站按小型站规模设置，南靖站按中型站规模设置。

广播系统的信源、通道、负载、总输出功率等待站房方案确定后再定，系统具备自动广播、人工广播、应急广播等各种广播模式。

在非火灾状况下，系统根据 24 小时列车时刻表以及车站广播的程序，采用计算机语音合成技术自动形成相应的广播时刻表和广播内容。

广播语言为汉语、英语，也可根据需要增加其他语言、方言。

火灾时，本系统为消防广播系统提供本系统覆盖区域的负载线路，消防控制中心能强制终止相关区域的客运广播、背景广播，并将火灾疏散层的扬声器转入火灾应急广播状态。由消防广播系统完成消防广播。具体接口及控制由消防广播、客运广播设备厂家根据产品特点协商确定。

5. 电视监控系统

分别在南靖站、既有龙岩站新设电视监控系统，按中型站规模设置。

本系统采用全彩色多头多尾，分区监视模式，系统切换矩阵采用模块化结构，即输入、输出模块化，待站房方案确定后，再行确定系统切换矩阵的总装容量及控制台的设置数量。

本设计考虑防盗报警功能，在重要设防区域设置楼层报警箱，重点房间设双鉴探头，同时与监视系统联动。设防区域暂按售票工区、车站财务 2 个防区考虑，报警箱、双鉴探头的设置位置以及设备型号根据车站要求在施工时确定。

6. 计算机售票及预定系统

在龙山、南靖 2 个车站新设计算机售票及预定系统。龙山站按小型站规模设置，南靖站按中型站规模设置。将按照站房内售票厅或售票室窗口的设置情况，在售票室设置窗口售票设备、出站口设置补票设备，并设置票额显示大屏一块。

系统配置微机服务器，以及共享磁盘阵列（RAID 5），采用 IEEE 802.3 标准 100 Mb/s 交换式以太网组网，桌面连接速率 10/100 Mb/s，票务管理、售票窗口独立网段，屏蔽内部非法操作。系统预留自动检票系统的接入能力以及市内售票接入条件。

南昌铁路局地区票务中心，进行扩容配套。

7. 行包安全检查设施

分别在南靖站及龙岩站进站大厅各配备安检仪 1 台。

8. 计时系统

在龙山、南靖 2 个车站新设计时系统。

除贵宾候车室采用工艺落地钟外，其他钟全部采用高精度石英钟，其中，软席、售票厅、行包托取厅采用日历型石英钟。

石英钟中除办公钟采用干电池供电外，其余全部采用交流直供，蓄电池备用供电方式。

二、铁路货运管理信息系统

在草坂站设置 1 套小型站货运管理信息系统。草坂站货运站货运管理信息系统主要包括货运计划、货运制票、列车确报三大模块，完成货运零担、整车、集装箱、空车等的微机制票、货运计划上传审批与接收，请求车的提报，承认车的接收、货物到达通知单打印、交付、收费、列车确报、统计与查询等功能。

龙岩东站已设置了现车管理信息系统，在龙岩东站既有的现车管理信息系统的基础上对其主机进行补强，并补充设置部分终端设备。

草坂站货运管理信息系统接入龙岩东站，通过龙岩东站接入南昌铁路局既有货运管理信息系统主系统，联网运行。

第三十四章 电力设计

一、供电负荷的分布及等级

1. 供电负荷的分布

车站、段（所）负荷主要包括：通信、信号、信息系统、车辆、机务、接触网上电动隔离开关操作电源、综合维修设备、空调、通风、电（扶）梯、给排水、照明等。

区间负荷主要包括：隧道通风防灾、隧道照明、隧道给排水、光纤直放站、电力牵引各所用电等。

2. 供电负荷的等级

一级负荷：与行车密切相关的信号；大型及重要建筑物火灾自动报警系统设备。

二级负荷：沿线通信、信息设备；为通信、信号主要设备配置的专用空调；接触网远动开关操作电源；电力牵引各所用电；机械、综合维修、车站给排水设施等设备；隧道应急照明及防灾通风；中间站公共照明设备；除一级负荷外的其他信息等负荷。

三级负荷：不属于上述一、二级负荷的其他负荷。

二、供电方案

全线新建 10 kV 电力贯通线 1 条。贯通线采用架空电缆混合线路方案，导线截面为 95 mm²。

1. 10/0.4 kV 变电所

各站、段（所）负荷集中的地方设变电所，车站站房变电所一般与站房合建，区间用电负荷大于 100 kVA 地区在负荷集中处设箱变，小于 100 kVA 地区设杆架式变电台。

在各货场、车间、工区和机务折返段内设 10/0.4 kV 室内变电所为货场、车间、工区、机务折返段内各类综合负荷供电。

建有配电所的车站，车站综合变电所由配电所提供电源供电；未建配电所的车站就近引一路地方 10 kV 电源作为车站变电所的电源。

各车站设一台通信信号专用变压器，通信信号主用变接引 10 kV 贯通线，通信信号备用电源接引车站变电所。

2. 沿线区间用电负荷（不含隧道）供电方案

沿线区间通信直放站、基站和红外轴温等负荷由 10 kV 贯通线接引一路 10 kV 电源，经单台变压器箱变或杆架式变电台供电，作为主用电源。通信专业自设 UPS 作为通信备用电源。

3. 隧道供电方案

长度 3 km 以上的隧道内应设置固定检修照明，长度 5 km 及以上或有紧急出口的隧道内应设置应急照明和疏散指示标志。只设置固定检修照明的隧道由 10 kV 贯通线接引一路 10 kV 电源，经单台变压器箱变或杆架式变电台供电；长度 5 km 及以上或有紧急出口的隧道，应急照明及隧道通风设箱变供电，箱变的 10 kV 电源接引于铁路 10 kV 贯通线，应急照明备用电源由 EPS 供电。

三、电力远动系统

（1）全线新设电力远动系统 1 套。

（2）全线 10 kV 变配电所、通信信号变电所的高低压电气回路均纳入电力远动系统。

第三十五章　电气化设计

第一节　牵引供电系统设计

一、牵引供电子系统

1. 总体设计原则

（1）采用单相工频 25 kV 交流制式。

（2）电力牵引负荷按一级供电负荷设计，牵引变电所由两路独立 110 kV 等级电源供电，互为热备用。

（3）供电方式采用带回流线的直接供电方式。

（4）牵引网采用单边供电，末端设分区所上下行并联运行。

（5）新建龙岩、和溪、南靖 3 座牵引变电所，利用厦深线工程的漳州南牵引变电所；新建马坑、吴坑、草坂 3 座分区所；新建铁山洋 1 座开闭所。

（6）新建牵引变电所牵引变压器采用 110/27.5 kV 三相 Vv 接线变压器。牵引变压器采用固定备用方式，一主一备运行。

（7）接触网标称额定电压为 25 kV，最高工作电压为 29 kV，设计最低电压为 20 kV，非正常情况下不得低于 19 kV。

（8）越区供电按适当增大追踪间隔设计。

（9）牵引变电所选择短路容量大的公共连接点并采用相序轮换方式接入电力系统以降低负序影响。

2. 牵引网供电方式

根据鉴定意见，本线采用带回流线的直接供电方式。

3. 牵引供电方案

根据鉴定意见，新建龙岩、和溪、南靖 3 座牵引变电所，利用厦深线工程的漳州南牵引变电所；新建马坑、吴坑、草坂 3 座分区所；新建铁山洋 1 座开闭所。

4. 外部供电方案

根据闽电发展【2008】1281 号批复意见，龙厦铁路各新建牵引变电所最终外部电源供电方案如下。

龙岩牵引变电所由 110 kV 东宝变电站和园田塘变电站各提供一回 110 kV 独立电源供电。

和溪牵引变电所由 110 kV 新祠变电站和适中变电站各提供一回 110 kV 独立电源供电。

南靖牵引变电所由 110 kV 丰田变电站和紫荆变电站各提供一回 110 kV 独立电源供电。

5. 牵引变压器和自耦变压器

各变电所主变安装容量如表 35.1 所示。

表 35.1 各变电所主变安装容量

序号	路局	变电所名称	电压等级	变压器形式	安装容量/MVA
1	南昌局	龙岩	110 kV	三相 Vv 变压器	2×（16+16）
2		和溪		三相 Vv 变压器	2×（16+16）
3		南靖		三相 Vv 变压器	2×（16+16）

6. 无功补偿及滤波装置

龙厦铁路货运机车采用 SSJ3 型交直交传动机车，客运机车采用 SS9 型机车及交直交动车组，交直交列车功率因数较高，满负荷时功率因数接近 1。龙厦铁路交直交列车占到 70%，牵引变电所高压侧月平均功率因数不低于 0.9，故本次设计不设功率因数补偿装置，但牵引变电所预留设置滤波装置的条件。

二、牵引变电子系统

（一）主接线及运行方式

1. 牵引变电所主接线及运行方式

各牵引变电所的主接线为"双 T"接线，接有互为备用的两路 110 kV 电源线路，牵引变压器采用两台三相 V/V 接线变压器，为固定备用方式，设有自动投入装置，正常时由一路电源通过一台主变向接触网供电，当电源失压或主变故障时，另一路电源或另一台主变自动投入，使接触网迅速恢复供电。

变电所采用 110 kV 电压互感器接于跨条处，用于主变压器计费及保护等。在进线隔离开关外侧加设一台单相电压互感器，供电源自投时检压使用。

变电所采用高压侧计费方式，110 kV 电流互感器计费线圈采用 0.2S 级精度且变比与保护线圈为两种不同的变比，以保证计费的准确性和满足保护的要求。

牵引变电所 27.5 kV 母线采用单母线分段接线方式；正线馈线断路器采用 50%固定备用。

牵引变电所设有两段 380/220 V 交流母线，分别由接至 27.5 kV 母线自用变压器和铁路 380 V 电力线路供电，两路 380/220 V 电源互为备用，并设有自动投切装置。

牵引变电所主变低压侧和馈线侧均设有避雷器。

2. 分区所主接线及运行方式

全线分区所均为标准分区所，采用二台断路器方案，以实现供电臂末端并联供电；并设置越区隔离开关以实现越区供电功能。

分区所在供电臂上、下行分别设电压互感器，用以实现供电臂末端电压水平的监测。

上、下行馈线出口处分别设置避雷器。

3. 开闭所主接线及运行方式

铁山洋开闭所从铁山洋至龙岩既有线接触网上引入一回进线，并预留一回进线；本工程及近期预留馈线，采用单母线分段，备用断路器加旁路方式备用；远期预留馈线按每两回馈线之间设置一台联络电动隔离开关，实现馈线断路器间的互为备用的方式。

进、馈线出口处分别设置避雷器。

（二）主要设备选择

（1）牵引变压器。采用三相 Vv、油浸、自冷牵引变压器，预留风冷条件。

（2）110 kV 断路器采用 SF$_6$ 断路器配弹簧储能操作机构；

（3）27.5 kV 设备采用户内开关柜（AIS）。

（4）27.5 kV 断路器采用真空断路器配弹簧储能操作机构。

（5）隔离开关。改变运行方式的隔离开关采用电动操作机构，其余隔离开关均采用手动操作机构。

（6）避雷器。采用氧化锌避雷器配有监测功能的计数器。

（7）综合自动化系统。变电所二次设备采用微机保护、综合自动化装置。

（三）总平面及生产房屋配置

1. 总平面

（1）牵引变电所总平面。

新建牵引变电所除主变压器采用户外低式布置外，其余 110 kV 配电装置均采用户外中式布置；27.5 kV 配电装置大部分采用户内开关柜（AIS）布置方式，其余均采用户外中式布置。

牵引变电所的 110 kV 进线采用架空线引入，27.5 kV 进线、馈线均采用架空引入引出。

各牵引变电所设有与外部公路衔接的运输道路和巡视小道，四周砌 3 m 高的实体围墙并设置激光对射防非法闯入的装置。

（2）分区所总平面。

分区所采用箱式布置方式；进出线隔离开关和避雷器采用箱外中式布置；27.5 kV 进线、馈线均采用架空引入引出；箱体进出线均采用电缆。

分区所设有与外部公路衔接的运输道路，四周砌 3 m 高的实体围墙。

（3）开闭所总平面。

27.5 kV 配电装置除进、馈线隔离开关和避雷器在户外布置外，其余均采用户内开关柜（AIS）布置方式。

开闭所设有与外部公路衔接的运输道路和巡视小道，四周砌 3 m 高的实体围墙并设置激光对射防非法闯入的装置。

2. 生产房屋布置

（1）牵引变电所生产房屋。变电所采用生产房屋和辅助房屋合建，为一层布置，设有高压室、二次设备室、卫生间、检修室、值守室、通信室等。

（2）分区所生产房屋。分区所采用箱式设备，不设生产房屋。

（3）开闭所生产房屋。开闭所采用生产房屋和辅助房屋合建，为一层布置，设有高压室、二次设备室、卫生间、检修室、值守室、通信室等。

（四）架构类型及计算条件

1. 架构类型

110 kV 进线采用 ϕ400 钢筋混凝土环型等径杆和钢横梁，其余架构采用 ϕ400（或 ϕ300）钢筋混凝土环型等径杆。

2. 计算条件

110 kV 进线杆塔按每相导线最大拉力为 5 000 N、每根避雷线最大拉力为 3 000 N、导线最大偏角 15°计算。

变压器及中间架构（门形）按每相导线最大拉力 5 000 N，夹角为 0°计算。

27.5 kV 架空馈线，其最大拉力为 3 000 N。

杆塔设计考虑靠近档距中间引下线处的人荷载。

（五）保护配置及综合自动化系统

1. 继电保护

（1）牵引变电所。

牵引变电所保护系统由牵引变压器保护、馈线保护等组成。

主变压器采用变压器微机保护装置，由差动保护单元、后备保护单元及测量控制单元组成，装置具有重瓦斯、纵联差动、110 kV侧三相低电压过电流、电源失压、27.5 kV侧分相作用的低电压过电流等使断路器跳闸并作用于事故信号的保护功能和轻瓦斯、过负荷、过热等作用于预告信号的保护功能。此外还设置了微机备用电源自投单元实现各种自投功能。

27.5 kV馈线采用馈线微机保护装置，每个馈线单元设有带谐波闭锁的阻抗保护、过流保护、一次自动重合闸。

（2）分区所。

分区所馈线设置一段阻抗保护和失压保护。

（3）开闭所。

开闭所进线设过流、失压等保护；馈线设电流速断等保护。

2. 自动装置

① 牵引变电所进线电源和牵引变压器设置备用自投入装置；

② 各所内两路自用电设置自动投入装置；

③ 牵引变电所馈线设置一次重合闸装置；

④ 分区所馈线设置检压自动合闸；

⑤ 开闭所馈线设置一次重合闸装置。

3. 控制方式

牵引变电所、分区所采用当地（屏控或本体控制）、远方并能互相转换的两种控制方式。

4. 综合自动化系统

牵引变电所、开闭所按无人值班、有人值守条件设置；分区所按无人值班、有人巡视方式设计。

牵引变电所继电保护及自动装置均采用微机型综合自动化系统，系统采用分层分布式结构，采用集中组盘安装方式。

各牵引变电所综合自动化系统均由站级管理层、通信层、间隔层三部分设备组成。综合自动化系统完成本所就地的运行管理（保护、控制、测量、通信等功能），并可通过远动通道与调度端设备接口实现远动功能。

（六）自用电系统

1. 交流自用电

变电所、开闭所设两段三相380 V/220 V交流母线，分别由接至27.5 kV母线自用变压器和铁路电力线路380 V电源供电，两路380/220 V电源互为备用，并设有自动投切装置。各箱式所也设有两段220 V交流母线，分别由接至27.5 kV母线自用变压器和铁路电力线路的220 V电源供电。两路电源互为热备用，设有自动投入装置。

2. 直流自用电

各所采用智能型铅酸免维护蓄电池的直流自用电系统，直流操作电压为110 V，正常时由整流电源供给直流负荷，同时整流电源对蓄电池进行浮充电和均衡充电，当交流失压后，由蓄电池供给直流负荷。牵引变电所蓄电池容量为2×100 Ah。箱式所蓄电池容量由设备厂家统一配置。

（七）防雷与接地

1. 防雷

各牵引变电所亭设独立避雷针以防止直击雷对全所室外设备的伤害；独立避雷针与配电装置带电部分空气中距离不小于 5 m。

在牵引变电所 110 kV 进线侧、主变压器低压侧、馈线负荷侧以及开闭所、分区所馈线负荷侧设有相应等级的氧化锌避雷器，以限制雷电波的幅值。

牵引变电所、分区所、开闭所交直流系统、交流屏至所外接触网隔离开关的电源回路及综自系统加装电涌保护器（SPD），提高二次设备防雷击引入、抗干扰能力。

2. 接地

牵引变电所、分区所均设置以水平接地体为主的网格式接地装置。接地网埋深为 0.6 m，相隔适当距离加垂直接地体为辅的复合接地网组成，均压带平均间距为 5~10 m。独立避雷针设独立的接地装置。

接地网采用铜绞线作水平接地体，用铜棒作垂直接地极，接地体之间的连接采用热熔焊接。

牵引变电所接地网的接地电阻要求不大于 0.5 Ω，开闭所、分区所接地网的接地电阻要求不大于 2 000 Ω，根据系统流经接地网的最大短路电流及短路持续时间进行校核。当各所的接地电阻实测值达不到要求时，采用引外接地、加降阻剂或利用挖方和填方将土壤换为所要求的土壤等方法起到降低该所接地电阻值。

牵引变电所路面按混凝土地面考虑，设备区场坪铺设砾石或卵石，厚度不小于 20 cm。

各避雷针单独设置接地装置，接地电阻要求不大于 10 Ω。

（八）提高可靠性措施

（1）每座牵引变电所接引电力系统两回独立、可靠的外部电源供电，两回互为热备用，通过备用电源自动投入装置实现两路电源自动投切，保证了变电所供电的可靠性。

（2）牵引变压器采用三相 Vv 接线变压器，固定备用运行方式，当一台变压器故障时，自动切除故障，另一台变压器自动投入运行。牵引变压器配置了差动保护、过流保护、过负荷保护、本体保护（瓦斯、温度、压力）等可靠性保护措施。

（3）27.5 kV 母线采用两台双极隔离开关分段接线方式，向正线供电的馈线断路器多按 50%备用配置。馈线侧设置Ⅱ段距离保护、过流保护、自动重合闸等保护，以保证供电设备安全可靠运行。

（4）变电所、分区所、开闭所设置综合接地网。接地网材质采用铜材质，设备的工作接地、安全接地保证可靠连接，接地网的接地电阻设计及计算都满足可靠性要求。

（5）为保证相邻牵引变电所故障时实现越区供电，相邻两供电臂上、下行之间设置有越区开关。

（6）在变电所、分区所、开闭所所均设置一台所用电变压器和从铁路电力线路引入一路电源，二者互为备用，充分保障所内交直流控制设备及动力照明等用电需求。

（7）所有户外设备的爬电比距按重污区选择，以保证重污秽气候条件下设备安全可靠运行。

（九）环境保护措施

1. 所址选择

最大限度减少对环境的影响，避让环境敏感区，充分听取地方政府、规划等相关部门的意见，尽量使各所亭的设计与周围环境相协调。

2. 油污染

除牵引变压器、部分所用变外，其余电气设备均采用无油化产品。牵引变电所内设能容纳 100%油量的事故储油池，以防止变压器事故时油对环境的污染。

3. 噪声

选用低噪声设备，合理设计牵引变压器、所用电变压器与控制室、通信室的距离，以使建筑物内噪声级不超过国家标准，满足运行维护要求。

4. 电磁兼容

对电气设备的带电距离、绝缘配合严格按照现行国家和行业标准规程规范要求执行。

5. 环境美化

各所按无人值班设计，减少污水排放量；所内空闲地方在保证正常供电的情况下进行绿化。

（十）节约能源措施

牵引变压器采用容量利用率高的三相 V/V 接线变压器；自用变压器采用节能型产品；断路器选用功率较小的弹簧操作机构；综合自动化设备采用低能耗设备；牵引变电所采用无人值班，二次设备采用暗屏运行方式；室内外照明灯采用节能型的光源和灯具。

三、SCADA 子系统

1. 电力调度所及调度区划分

龙厦铁路远动按综合 SCADA 系统设计，牵引、电力供电设施接入南昌铁路局全局供电调度系统 1 号子系统，对龙厦铁路所管辖的龙岩、和溪、南靖三座牵引变电所，马坑、吴坑、草坂三座分区所，铁山洋开闭所，五座接触网开关监控站以及电力变配电所、开关房等电力供电设施进行实时数据采集和集中监控管理。

2. 调度所平面布置

新增调度台安装于南昌铁路局供电调度所 449 调度室内。

3. 远动系统及通道装置

龙厦铁路电气化远动通道利用通信传输通道独立组网，采用双环网结构 T 型连接形式（带宽 2M），分为 2 个群，每个被控站的接口类型：2 个 FE（e）口。

龙厦铁路电力远动通道利用通信传输通道独立组网，采用单环网结构 T 型连接形式（带宽 2M），分为 1 个群，每个被控站的接口类型：1 个 FE（e）口。

4. 设计咨询及配合施工

（1）设计咨询。在设计咨询阶段，根据咨询意见仔细审核设计图纸内容，及时与建设单位、咨询单位进行沟通，提高设计质量。

（2）配合施工。配合施工阶段，认真准备施工交底材料，与施工单位、设备供货商积极沟通，对 SCADA 子系统各功能单元需求仔细研究，各设备单元接口界面、功能实现切实落实，为保障牵引供电和电力调度安全可靠运行提供条件。

四、接触网子系统设计

（一）工程范围

龙厦铁路龙岩至漳州南段，全长 111.336 km，含龙岩枢纽及配套工程，其中隧道总长 46.936 km，桥梁总长 24.396 km，桥隧比达 64.1%。本线线路情况复杂，隧道中既有单线隧道，也有双线隧道，同时有 3 线以上多线桥。

全线共有龙岩、马坑、龙山、南靖和草坂等 5 座车站，其中龙岩站为既有站，龙岩地区既有铁山洋站电化纳入本线工程。

（二）气象条件

1. 气象条件

根据《建筑结构荷载规范》（GB 50009—2001）附录 D.5.3 全国基本风压图、全国铁路接触网气象条件标准及气象部门、沿线电力线路及沿线已开通电气化铁路的运行调查情况确定设计用气象条件如表 35.2 所示。

表 35.2　铁路的运行调查情况确定设计用气象条件

名称	单位	数值	备注
最高温度	°C	+40	
最低气温	°C	−5	
最大风时温度	°C	25	
腕臂、定位器正常位置时温度	°C	20	
最大运营风速	m/s	30	风偏、挠度计算
结构验算风速	m/s	40	
覆冰厚度	mm	0	
雷电区	等级	强雷区	龙岩地区多年平均雷暴日 70.1 d

2. 附加气象条件计算要求

（1）正线锚段长度及腕臂偏移量按最高计算温度为 +80 °C，温差 100 K 进行校验；其他线路的锚段长度及腕臂偏移量的最高计算温度为 +60 °C，温差 80 K 进行校验。

（2）接触网基本结构设计风速根据《建筑结构荷载规范》（GB 50009—2001）50 年一遇基本风速确定。计算时根据地区、地形、高度按规范修正使用。

（3）隧道内气象条件应与平面布置定义相对应，2 km 以上的长大隧道区，距隧道口 500 m 内锚段长度及腕臂偏移量的计算温度与隧道外相同，应分全隧道外、半个隧道内、全隧道内三种分别定义温差范围。隧道内气象条件与平面布置对应表如表 35.3 所示。

表 35.3　隧道内气象条件与平面布置对应

隧道气象分区	全隧道外	半个隧道内	全隧道内
使用条件	L≤900m	L>900 m，距进出洞口 ≤500 m	L>900 m，距进出洞口 >500 m
最高气温	同隧道外	同隧道外	90 °C
最低气温	同隧道外	同隧道外	−10 °C
最大基本风速（验算风偏）（m/s）	25	25	25

（4）接触网支持结构与线索的风荷载应按使其产生最大风载的方向计算。应考虑高路堤、桥梁以及明显强风地带，接触网结构设计风速需根据《建筑结构荷载规范》（GB 50009—2001）考虑风压高度变化系数及修正系数。风压高度变化系数表如表 35.4 所示。

3. 污秽等级及污秽区划分、绝缘元件爬电距离

参照 IEC60815 标准，结合本线有关的相邻电气化铁路的运行经验，本段污染等级按重污设计。全段绝缘子及绝缘元件爬电距离按不小于 1 400 mm 设计，上下行正线间、分束供电的分段处按 1 600 mm 设计。

表 35.4　风压高度变化系数

离地面或海平面高度/m	地面粗糙度类别	
	B	C
10	1.00	0.74
15	1.14	0.74
20	1.25	0.84
30	1.42	1.00
40	1.56	1.13

注：B—指田野、乡村、丛林、丘陵及房屋比较稀疏的乡镇和城市郊区；

　　C—指有密集建筑群的城市市区。

（三）接触网工程界面

（1）桥上接触网柱基础、接触网柱、硬横跨等结构件，由桥专业设计；

（2）路基上接触网柱基础由房建专业设计；

（3）接触网专业分别对桥、房建和结构设计专业提供接触网结构件的受力及相关设计要求。

牵引供电系统中的工程界面为，供电所亭（包括变电所、分区所和开闭所）内的供电设备及装置由变电专业设计，所亭外的供电设备及装置由接触网专业设计。

（四）主要设计技术参数及方案

1. 接触线高度、允许车辆装载高度

按满足开行超级超限货物列车条件，暂定导线高度及允许车辆装载高度，具体如表 35.5 所示。

2. 结构高度

（1）一般车站及区间接触网结构高度为 1 400 mm，最短吊弦长度≥500 mm。

（2）跨线建筑物下结构高度一般为 1 100 mm，按最短吊弦长度 500 mm 作为控制条件，困难情况下根据具体情况计算确定。

（3）隧道内结构高度为 1 100 mm，最短吊弦长度≥400 mm。

表 35.5　导线高度及允许车辆装载高度

项目	高度值/mm		
	区间及车站	跨线建筑物及下承桥	隧道内
允许带电通过装载高度	5 300	5 300	5 300
接触线最低点高度（困难）	5 700	5 700	5 700
接触线悬挂点高度	6 000	6 000	6 000

注：① 正线工作支接触线高度变化时，其坡度≤2‰，坡度变化率≤1‰。

　　② 车站及区间导线高度一致。

3. 跨距及拉出值

（1）跨距计算主要条件。

① 正线承力索、接触线张力分别为 15 kN、15 kN；站线承力索、接触线张力分别为 15 kN、10 kN。

② 最大允许运营风速 30 m/s。

③ 导线允许风偏移：正线区段直线≤400 mm。

④ 导线风荷载体形系数取 1.25。

⑤ 支柱挠度在接触线高度处为 50 mm。

⑥ 受电弓左右摆动量：直线区段 250 mm，曲线区段 300 mm。

（2）跨距及拉出值选用表。

跨距及拉出值选用表如表 35.6 所示。

表 35.6　跨距及拉出值选用

曲线半径/m	拉出值/mm	正线计算跨距/m	正线跨距标准值/m	站线计算跨距/m	站线跨距标准值/m
直线	0.2	60.05	55	65.88	60
400	0.3	37.98	35	38.8	35
500	0.3	41.2	35	42.26	35
600	0.3	43.87	40	45.15	40
800	0.3	48.06	40	49.77	45
1 000	0.3	51.24	45	53.33	45
1 200	0.3	53.75	50	56.17	50
1 400	0.3	55.79	50	58.51	55
4 000	0.1	60.92	55	65.31	60
8 000	0.1	64.79	55	70.15	60

注：① 锚段关节转换跨距适当缩小，经计算后确定。

② 相邻跨距之比不宜大于 1.15∶1，桥隧、咽喉区不大于 1.25∶1。

4. 锚段长度

承力索、接触线的张力差均不得大于其额定张力的 ±10%，并应符合下列要求：

（1）正线双边补偿时的最大锚段长度，不宜大于 2×750 m；单边补偿的锚段长度，应为上述值的 50%，困难时不应大于 2×800 m。

（2）站线最大锚段长度不宜大于 2×850 m，困难时不宜大于 2×900 m。

（3）道岔处的两支接触悬挂的补偿方向尽量一致。

5. 侧面限界

（1）正线支柱侧面限界按满足大型养路机械作业要求设计。接触网支柱的侧面限界：腕臂柱侧面限界 ≥3.1 m，软横跨柱为 3.3 m，桥上支柱按桥专业提供资料选用。

（2）基本站台上接触网支柱内缘至站台边缘应留有 1.5 m 轻型车道，侧面限界 ≥5.0 m。

6. 绝缘距离

根据《铁路技术管理规程》（原铁道部令第 29 号）及《铁路电力牵引供电设计规范》（TB 10009—2005），空气绝缘间隙如表 35.7 所示。

（五）主要设备、结构的描述

1. 支柱

（1）路基单腕臂柱。

一般采用直埋横腹杆式预应力混凝土支柱，基础面上杆高为 8.7 m，以轨面以上高度为 7.7 m 作控制条件。支柱选型如表 35.8 所示。

龙岩站、南靖站和龙山站受雨棚形式的限制，接触网无法与雨棚合架，采用线间立 H 型钢柱方案。H 型钢柱型号选用如表 35.9 所示。

表 35.7　25 kV 带电体空气绝缘间隙要求

序号	项目	静态最小距离/mm	动态最小距离/mm	备注
1	接触网、供电线、正馈线等带电部分至接地体的净空距离	300	240	
2	接触网带电部分至机车车辆或装载货物的净空距离	350		
3	接触网、供电线、正馈线等带电部分至跨线建筑物的净空距离	500		
4	受电弓振动至极限位置和导线被抬起的最高位置距接地体的瞬间间隙	200（160）		
5	25 kV 带电绝缘子接地侧裙边距接地体间隙	100（75）		
6	43.3 kV 绝缘距离（120°相位电分相间）	400	230	
7	50 kV（AT 区段正馈线与接触网间）绝缘距离	540（450）	300	

注：表中括号内值为困难值。上表中各值在特别重污染区和隧道内适当加强。

表 35.8　支柱选型

支柱类型	H78	H93
适用条件	中间柱	道岔柱，转换柱，中心柱，锚柱

表 35.9　H 型钢柱型号选用

支柱类型	支柱容量	适用条件
GH240A	140 kN·m	单腕臂支柱
GH260A	140 kN·m	单腕臂支柱
GH300B	220 kN·m	附导下锚用、双支
GHT240B	230 kN·m	下锚、中锚等支柱

注：H 型钢柱型号采用《客运专线接触网 H 型钢柱》（通化（2008）1301）。

（2）桥支柱：按桥专业设计选用（见桥专业设计的相关图纸《龙厦施桥（参）-2：接触网钢柱设计图》）。

（3）硬横跨支柱。

龙岩站、龙山、草坂多线站台外的并行段及草坂站多线并行区段采用圆钢管轻型硬横跨，硬横跨采用部通用图《通化（2008）1401-Ⅴ：接触网钢管硬横跨安装构造图》。马坑站多线并行区段采用格构式硬横梁，硬横梁采用桥梁专业设计的《接触网钢柱设计图》（图号：龙厦施桥（参）-2）。

（4）软横跨支柱。

铁山洋站机务折返段内软横跨采用热浸镀锌格构式钢柱（见通化（2006）-1001）。

（5）独立架设的附加导线支柱：上网杆及跨越线路杆采用格构式钢柱，其余采用梢径 ϕ190 标准电力混凝土圆杆。

2. 支持装置

支柱、硬横梁吊柱及新建隧道内接触网悬挂均采用全旋转腕臂结构。

龙岩至铁山洋区间的既有隧道内采用弓形腕臂形式悬挂。

（1）接触网支持结构及定位装置安装应满足受电弓动态包络线要求，受电弓动态包络线符合下列规定：

受电弓的动态包络线：

200 km/h 区段动态抬升量 160 mm，直线区段左右摆动量为 250 mm，曲线区段左右摆动量为

350 mm。$v \leqslant 120$ km/h 区段，上下晃动量为 100 mm，左右摆动量为 200 mm。

接触网定位装置的安装应严格按照供货商提供的产品安装使用说明书进行，保证在受电弓动态抬升及左右晃动时不出现打弓等机械故障。

对于正线工作支定位装置，本次安全校验设计取值原则为：对可安装限位定位器的，定位点最大抬升校验值取 1.5 倍抬升量，对无法安装限位定位器的，按 2 倍最大抬升量进行校验。正线定位器长度的选用定位环距受电弓中心距离不小于 1 325 mm，站线定位器长度的选用定位环距受电弓中心距离不小于 1 050 mm。

矩形定位器静态安装坡度一般为 8°～13°，主要根据曲线半径及跨距确定，折型定位器静态安装坡度一般为 7°～10°，T1 型特型定位器静态安装坡度一般为 10°～14°。

（2）隧道内通过固定在隧道顶部的吊柱独立悬挂定位支持装置。

（3）全线腕臂柱及吊柱采用绝缘旋转全腕臂支持结构，采用镀锌钢管，腕臂间按强度刚度要求设置斜撑，反定位均设置定位管支撑。正线、站线一般采用铝合金限位定位器。正线定位器允许受拉力一般为 80～3 000 N。

3. 附加导线

区间 NF 线一般设置于田野侧。车站 NF 线通过硬横跨转换至正线股道支柱顶部，GW 线安装在腕臂上方的支柱上。在雨棚、高架站房处均悬挂在相应建筑物上。

4. 补偿装置

补偿方式：一般地区采用铝合金大半径滑轮组补偿装置；桥梁、隧道内及个别不宜设防断中心锚节的桥梁、车站采用棘轮补偿装置。路基、隧道段补偿坠砣采用混凝土坠砣，桥上下锚补偿坠砣采用铁坠砣。

传动比为：接触线正线 1：3、站线 1：2；承力索 1：3。

补偿装置及坠砣的安装调整应精确到位，所有轮体不偏斜、不卡滞、坠砣平衡不歪斜、坠砣杆铅锤，确保达到 97% 的补偿效率要求。

中心锚结：正线中心锚结一般采用防断型；站线中心锚结采用防窜型。

5. 吊弦

全线采用载流型可调整体吊弦，考虑到动态特性和机械特性，吊弦线采用总计算截面为 10 mm² 的镁铜合金绞线，并带鸡心环结构和等电位连接线。

6. 绝缘子

隧道外腕臂绝缘子采用抗弯强度为 12 kN 的瓷绝缘子，隧道内采用抗弯强度为 12 kN 的合成绝缘子；接触网、附加导线下锚处采用合成悬式绝缘子。

7. 隔离开关操作及运用方式

（1）在关节式电分相机车前进方向设置单极电动隔离开关，纳入远动。

（2）在车站的绝缘关节处、供电线上网处设置单极电动隔离开关，纳入远动。

（3）站内横向分束电分段间设置单极电动隔离开关，纳入远动。

8. 其他设备零部件

（1）全线采用 27.5 kV 氧化锌避雷器。

（2）采用带消弧功能的分段绝缘器。

（3）腕臂绝缘子选用瓷质高强度绝缘子，正线的腕臂采用绝缘子抗弯强度为 12 kN，其他线路为 8 kN。腕臂绝缘子连接件机械性能不低于平腕臂和承力索支座的最大荷重和防腐要求。

（4）供电线、加强线等附加悬挂用绝缘子一般采用瓷质悬式绝缘子；下锚绝缘子、分段绝缘子采用硅橡胶合成绝缘子。

（六）防雷及接地

1. 防雷

本线处于强雷区，雷电活动频繁，年平均雷电日超过 60，为提高接触网抵抗雷电侵害的能力，本次设计根据《铁路电力牵引供电设计规范》（TB 10009—2005）要求在以下地点设置避雷器：

（1）≥200 m 供电线上网处；

（2）隧道（或隧道群）的两端；

（3）车站绝缘关节处和电分相两端；

（4）特大桥梁两端。

根据对相邻的鹰厦铁路的调查，鹰厦铁路已运营多年尚未发生过直击雷事件，因此本线在易受雷击的地点设置避雷器比既有鹰厦的防雷设置有所加强，可以满足防雷要求。

2. 支柱防护及安全防护

（1）平行公路附近、货场路边、平交道口、站台邮政地道出口附近等易被车辆碰撞的的支柱设支柱防护。

（2）跨线桥电化线路上方及两侧 4 m 范围内的桥栏杆设防护网并接地。站台腕臂柱高度不够时设防护网栅。

（3）防护网栅具体要求按照《铁路线路防护栅栏》（通线〔2010〕8001）执行。

（4）跨线建筑物下以及下承式桥梁进出口两端、承力索、供电线等采用中压包卷管防护，保护范围按《关于接触网加装绝缘套管有关要求的通知》（运装供电〔2010〕146 号文）执行：

① 接触网承力索在桥梁下加装贯通的绝缘套管，桥梁下两端出口承力索上的绝缘套管分别向外延长 5 m。

② 隧道、明洞等出口处加装绝缘套管，长度应为内外各 5m。

③ 取流量较大区段的接触网承力索上加装绝缘套管应考虑温升影响。

（5）软横跨上承力索悬挂节点加预绞式防护。

3. 接地系统

本线采用综合接地系统。

成排接触网支柱架设架空地线，并每间隔约 500 m 与贯通地线连接。全线回流线采用绝缘安装。

距接触网带电体 5 m 以内的所有金属结构（如桥栏杆、信号机、坠砣限制架等）均应通过接地极（≤30 Ω）接地或与贯通的接地线连接。

隧道内的接触悬挂采用单绝缘。隧道内所有底座均通过接地连线与架空地线相连接，架空地线每隔 500 m 与隧内铺设的综合接地线进行连接。

装有隔离开关的支柱、行人活动频繁处的支柱双引下接地极或接入综合接地系统。装有避雷器的支柱设 1 处 10 Ω 接地极并双引下接地；引至线路 20 m 以外。

零散支柱接地：零散支柱利用 10 Ω 接地极单独接地。

独立供电线：支柱成排（≥5 根）时设架空地线集中接地，也可设 10 Ω 接地极单独接地。

4. 回流

本段回流线上下行贯通架设。回流线每隔约 1 500 m（每个自动闭塞区段）设吸上线一处，吸上线采用 2×VLV12-1 型、单芯 150 mm² 电缆与扼流圈中点相连。牵引变电所所在车站设双吸上线（一处与铁路正线相连，一处与站线相连，双线区段上下行正线均各设吸上线），并设架空回流和回流扁钢（通过上下行正线扼流变中性点分别引至所内）。

第二节 系统功能

一、牵引供电子系统

（一）供电能力

1. 正常供电能力

本线近期安装容量满足客车 5 min 追踪运行和货车 7 min 追踪运行需求。

牵引网电压水平以分区所处接触网上下行并联进行校核。近期按电压降最严重的货车 7 min 追踪运行进行计算，远期按货车 5 min 追踪运行且龙岩～南靖区段上坡方向的接触网架设加强导线进行计算，经计算牵引网正常末端电压水平最低为 20.5 kV，满足正常运营的要求。

2. 越区供电能力

当龙岩牵引变电所解列时，由赣龙线的上杭北牵引变电所和本线和溪牵引变电所越区供电。

当和溪牵引变电所解列时，由本线龙岩牵引变电所和南靖牵引变电所越区供电。

当南靖牵引变电所解列时，由本线和溪牵引变电所和厦深线漳州南牵引变电所越区供电。

当漳州南牵引变电所解列时，由本线南靖牵引变电所供电至漳州南车站外分相。

在越区供电时，可以保证上、下行各一辆辆货车通过；客车可以满足以大于 12 min 的间隔不降速追踪运行。接触网电压满足最低电压水平 19 kV 要求。

3. 分区所接触网上下行不能并联的通过能力

龙岩—马坑下行、南靖—马坑上行区段为连续紧坡区段，在分区所处接触网上下行不能并联时，可以满足货车以大于 9 min 的间隔追踪运行，客车以大于 7 min 的间隔不降速追踪运行。

其他区段近期满足客车 5 min 追踪运行和货车 7 min 追踪运行。

（二）与相邻牵引供电系统的接口

本线引入漳州地区的供电由利用厦深线工程的漳州南牵引变电所承担。

（三）10 kV 三相 Vv 接线变压器

根据鉴定意见及电力部门对本线接入系统研究工作的成果，本工程采用 110 kV 三相 Vv 接线变压器。

二、牵引变电子系统

（一）变配电功能

牵引变电子系统由牵引变电所、分区所和开闭所构成，通过牵引变电所内设置的牵引变压器将外部电源 110 kV 转换为适合电力机车取流的 27.5 kV，通过分区所将接触网电压维持在适合的水平。

（二）综合自动化功能

综合自动化集微机监控、数据采集及微机保护于一体，取代常规的仪表、操作控制屏及中央信号系统等二次设备，减少控制室面积，实现全线各所亭的实时数据采集、电气设备运行监控、防误操作、数据远程通信、保护设备状态监测，以及继电保护定值的检查与修改等。

1. 保护功能

微机保护系统功能是综合自动化系统的最基本、最重要的功能，是综合自动化系统的关键环节，微机保护包括主变压器保护、馈线保护及备用电源自投等。

微机保护具有以下功能：

① 故障记录报告、故障录波和测距，且掉电保持。当被保护对象发生事故时，能自动记录保护动作前后有关的故障信息以及录波数据的图形显示和分析，包括故障电压电流、故障发生时间和保护出口时间等，以利于分析故障，同时计算出故障点位置，降低维护和抢修时间。

② 时钟校时，以便准确记录发生故障和保护动作的时间。

③ 具备当地人机接口，可显示保护单元各种信息，还可通过人机接口修改保护定值。

④ 与监控系统通信，主动上传故障信息、动作信息、动作值及自诊断信息，接收监控系统命令上传整定值及历史事件，接收监控系统命令投退保护及修改整定值等。

2. 监控功能

监控功能通过实时数据采集，包括各种状态量、模拟量、脉冲量、数字量和保护信号，存储并不断更新来自 I/O 单元及通信接口的全部实时数据，并定期更新需要保存的历史数据和运行报表数据，实现对各种运行工况和设备状态进行分析和判断。

运行人员可通过显示屏对断路器、电动隔离开关和接地开关进行分、合操作，对变压器分接头位置进行调节控制，并能接受遥控操作命令，进行远方操作。

顺序事件记录，将继电保护、自动装置、断路器等在事故时动作的先后顺序自动记录，并记录事件发生的时间，在显示器上显示和打印输出。

3. 通信功能

通信功能包括自动化系统内部通信和自动化系统与电力调度所的通信。内部通信将自动化系统内部各功能单元的数据和信息进行交换，并将站内运行的有关数据及信息远传至调度所及设备运行管理单位，以便调度人员及时了解设备运行状况能够及进行事故处理。可实现四遥、接收调度下达的开关操作命令、在线修改保护定值、召唤实时运行参数等。

4. 自动装置功能

牵引变电所和开闭所的进线保护配置有备用电源自动投入装置。当工作电源因故障或检修不能供电时，自动装置能迅速将备用电源自动投入使用。

5. 维护管理功能

自动化系统的维护管理具有故障自诊断、自闭锁和自恢复功能。故障自诊断能对自动化系统的硬件、软件故障自动诊断，并给出自诊断信息供维护人员及时检修和更换。对于严重故障，在报警的同时，应可靠闭锁保护出口。自恢复功能为当因故障导致系统停机时，能自动产生自恢复信号，将对外围接口重新初始化，保留历史数据，实现无扰动的软、硬件自恢复，保障系统的正常可靠运行。

（三）安全监控功能

安全监控系统是一套智能型、数字化、多功能的监控系统，集成了数字影像监控、门禁刷卡安全、警报管理等功能于一体，可以远程、实时的实现对所亭室内外设备的直观监视，为分析事故原因和事故处理过程提供可靠的依据。安全监控系统主要由主控站、通信通道、被控站三部分设备构成组成。

1. 牵引变电子系统对安全监控系统的需求

牵引变电所、开闭所按无人值班、有人值守设计，同时预留过渡到无人值守的条件，其他所按无人值班、无人值守设计。所亭内主要信息上传到远方控制中心，调度人员在远方控制中心可对所内的各类电气参数进行监视，对断路器与电动隔离开关等进行控制。但对所内的工作环境、生产环境以及众多设备的监控，如防火、防盗、非法入侵、水浸入等情况只能靠定期巡检来加以发现或解决。因此为确保无人值班所亭的安全运行，管理人员在监控中心可以随时对各种设备实施控制，消除重大事故隐患，及时处理各种意外情况，从生产设备、生产设施、环境、人员等诸多方面保证变电站的安全生产，装设安全监控系统为实现无人值班创造了条件，同时可以减少巡检人员的劳动强度，提高变电站运行的自动化水平。

2. 安全监控系统在牵引变电子系统的应用

安全视频监控系统由主控站、视频通道、被控站三部分设备构成，由设在主控站的视频监控设备对多个远程现场牵引供电设施进行监视、控制。被控站放置在各牵引变电所、开闭所，由智能解码器、激光对射探测器、蜂鸣器，一体化摄像机，门禁用探测器，感温/感烟探测器，碎窗探测器、多画面分割器等组成，这些设备将采集来的信号通过通道发送到监控中心，可实时对变电所进行监视，满足变电所、开闭所无人值班的要求。

监控中心设置在南昌电力电调所。

（四）技术特点及创新

牵引变电所、开闭所采用全微机综合自动化系统和安全监控系统，为变电所无人值班创造了条件。分区所均采用箱式，实现了无人值班。

三、SCADA 子系统

（一）对电力牵引供电设施的调度指挥功能

对牵引供电、电力供电等系统设施的远方监控、对系统各种运行数据的采集、事故追忆、事件重演和事故报警功能、故障标定、运行调度管理功能、数据管理及接口信息交换、打印功能、培训功能、口令功能、软件在线编辑、维护、修改、扩展功能、容错能力、自诊断、自恢复功能、系统时钟同步功能和复示数据转发功能。

（二）复示功能

龙厦铁路在厦门供电段新设一套复示终端设备，实现调度所信息的复示功能。

（三）技术特点及创新

1. 综合供电调度系统设置

供电远动系统采用牵引供电和电力综合监控系统（SCADA），以适应高速铁路运营管理模式，满足高速铁路供电系统调度指挥需求，为其供电系统运行管理提供了安全、可靠、高效的指挥保证。

2. 电气化、电力综合供电监控系统（SCADA）和数据传输通道

龙厦铁路电气化远动通道利用通信传输通道独立组网,采用双环网结构 T 型连接形式（带宽2M），分为 2 个群，每个被控站的接口类型：2 个 FE（e）口。

龙厦铁路电力远动通道利用通信传输通道独立组网，采用单环网结构 T 型连接形式（带宽2M），分为 1 个群，每个被控站的接口类型：1 个 FE（e）口。

四、接触网子系统功能

接触网是电气化铁路的主要组成部分，它是直接向电力机车供电的线路，本线接触网子系统主要构成为：

（1）接触网导线和附加导线。接触网导线主要为接触线、承力索和吊弦，附加导线主要为回流线、架空地线以及供电线。

（2）基础、支持装置支柱。本线主要用到的支持结构为横腹杆式混凝土支柱、等径圆支柱、H型钢柱、硬横跨和格构式钢柱。

（3）支持悬挂系统及锚段。该部分包括了夹持、支撑、调整和绝缘接触线和导线的相关部件。

（4）设备。主要包括安装在线路同一支持装置上的开关机构、监视和保护设备，如开关、避雷器、分段绝缘器等。

第三十六章　综合接地系统设计

一、设计原则

根据《新建 200-250 km/h 客运专线站后系统技术集成框架方案》（铁科技函〔2006〕068 号）及《铁路信号设备雷电及电磁兼容综合防护实施指导意见》（铁运〔2006〕26 号）的要求，进行龙厦铁路综合接地系统的设计。

综合接地系统由贯通地线、接地装置及引接线等构成，距接触网带电体 5 m 范围以内各专业需要接地的构筑物和设备应接入综合接地系统，距线路两侧 20 m 范围以内的铁路设备房屋的接地装置应接入综合接地系统，综合接地系统的接地电阻不大于 1 Ω。

二、综合贯通地线的埋设方式

贯通地线敷设于干线两侧。路基地段敷设于信号电缆槽下方约 400 mm 处，桥梁及隧道地段贯通地线铺设在两侧的电缆槽内，接地装置应与贯通地线可靠连接。无砟轨道的纵向接地钢筋原则上按每 100 m 与综合贯通地线单点"T"形连接。贯通地线直埋时引接线间距按 100 m 考虑，同一地点引接线设一根。

三、综合接地系统范围

信号：沿线信号设备的安全地线和屏蔽地线、工作地线均接入综合贯通地线。

通信、环评、电气化等其他专业设备接地应接入综合接地系统。

单独设置的接地极与综合贯通地线之间的间距应不小于 20 m。

四、综合贯通地线在车站内的连接方式

站内需要接地的室外信号设备就近接入综合贯通地线。

五、综合贯通地线的主要技术规格

采用铜截面积 35 mm^2 环保防腐型铜缆，外护套采用导电高分子材料。

第三十七章　防灾安全监控设计

　　防灾安全监控系统主要是对危及客运专线运行安全的自然灾害（风、雨、雪、地震等）、异物侵限等进行监测报警，提供经处理后的灾害预警、限速、停运等信息，为调度所进行列车运行计划调整，下达行车管制、抢险救援、维修管理等命令提供依据，通过信号联锁及列控系统或行车调度命令实现自动或人工控制行车速度，提高高速列车运行安全性。

　　结合龙厦铁路的自然条件，防灾安全监控系统由风监测子系统、雨量监测子系统、异物侵限监控报警子系统、地震监控子系统组成。

一、系统的总体构架

　　防灾安全监控系统是构架于通信传输系统基础上的集信息采集、存储、分析处理一体，通过专家系统给出报警和决策的智能监测系统，是运营调度系统的组成部分。

　　防灾安全监控系统采用统一的处理平台，由监控数据处理设备、监控终端设备（工务及调度所）、防灾安全监控单元、现场各监测设备及通信网络设备构成。

　　结合龙厦铁路的调度指挥权限的划分及维修机构的设置情况，本设计拟在南昌调度所设防灾监控终端；在厦门工务段、南昌铁路局工务处设防灾工务调度终端；在龙山站设防灾监控数据处理设备；在沿线区间 GSM-R 基站及牵引变电所或分区所（开闭所、AT 所），根据信息采集点的设置需要相应设置防灾安全监控单元。防灾安全监控系统图如图 37.1 所示。

二、南昌调度所设备

　　由于龙厦铁路行车调度划入南昌铁路局厦门枢纽行车调度台，因此在南昌铁路局厦门枢纽行车调度台设置防灾调度所设备。

　　南昌调度所设置防灾监视报警设备，包括交换机、UPS 电源、监控终端等。

　　监控终端通过网络交换机接收从防灾监控数据处理设备传来的数据和报警信息。监视终端以图形、文本、音响等方式显示风、雨、异物侵限、地震等灾害的报警、预警信息及相应的行车管制预案。

　　当发生异物侵限报警时，监视终端上自动弹出报警对话框，调度员可以通过操作对话框上的按钮，控制列车临时通车和正常运行。

三、监控数据处理设备

1. 监控数据处理设备的设置

　　龙厦铁路在漳州南站与厦深铁路接轨。福厦铁路在福州信息科信息机房设置监控数据处理设备，厦深铁路福建段接入该监控数据处理设备。对于龙厦铁路防灾安全监控系统，监控数据处理设备的设置有以下两种方案：

　　方案一：利用福厦铁路设置在福州信息科的监控数据处理设备，龙厦铁路的防灾安全监控系统接入此防灾监控数据处理设备。

　　方案二：新设一套防灾监控数据处理设备，供龙厦铁路使用。

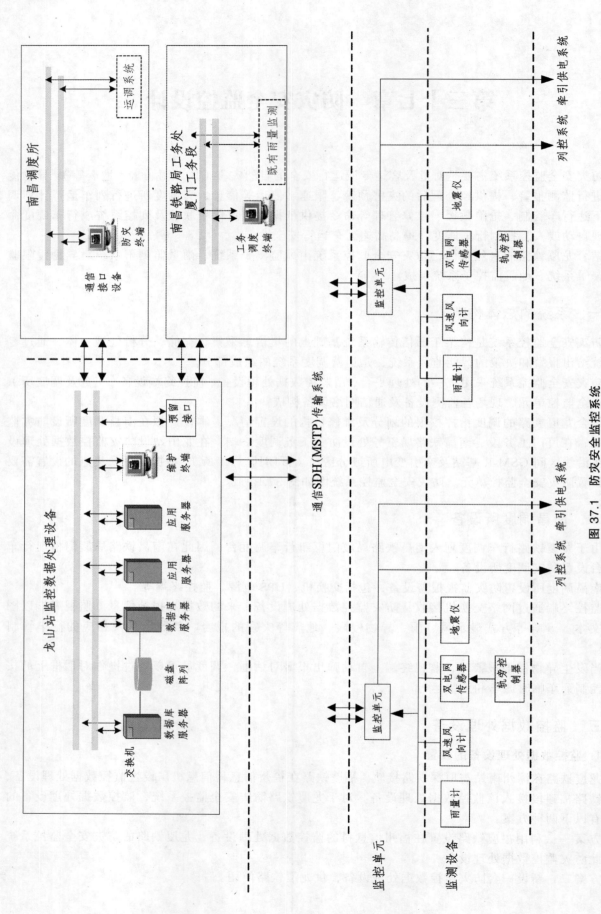

图37.1 防灾安全监控系统

合用监控数据处理设备,需对既有监控数据处理设备进行升级改造,可以利用既有的防灾监控数据处理设备,节省了工程投资,简化了设备配置。但是,由于防灾系统建设目前属于初期,不同厂家的设备在互联互通方面存在一定问题,合用监控数据处理设备将会给工程招标选型带来一定局限性,并在工程实施中会给邻线带来一定干扰。

综上,本次龙厦铁路防灾安全监控系统按新设一套监控数据处理设备考虑。根据《高速铁路防灾安全监控系统管理办法(暂行)》(铁运〔2010〕28 号)的规定,监控数据处理设备设置于与综合维修段(综合维修车间、保养点)或工务车间邻近的车站防灾机房内。龙厦铁路在龙山设有工务工区,因此在龙山站设监控数据处理设备。

2. 设备组成

监控数据处理设备主要负责实时接收各监控单元传送来数据和信息,对实时数据进行存储、分析、处理、显示、打印等,并根据信息内容提供相应级别的防灾报警、预警等信息,根据列车运行管制规则提供限速、停运等信息,同时将数据和报警信息上传至调度所及工务终端。

监控数据处理设备由数据库服务器、应用服务器、磁盘阵列、网络交换机、网络安全设备、维护终端、打印机、电源设备等组成,详细见图 37.2。

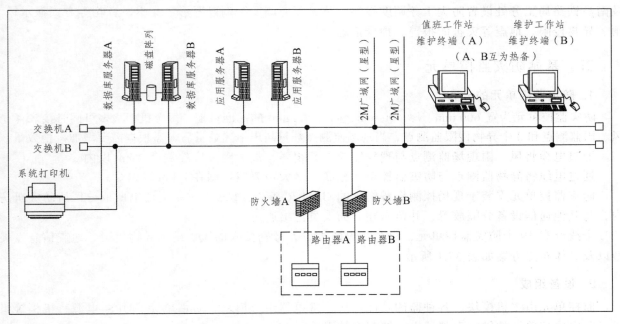

图 37.2　监控数据处理设备构造

数据库服务器为双机热备方式,配一套磁盘阵列作为扩展存储设备,内设防灾安全监控各功能子系统相关监控数据表,存储防灾安全监控各种信息,如风向风速信息、雨量信息、异物侵限监测报警信息、地震信息等历史记录,以备查询。数据库服务器具备故障自动转移功能,保证监控数据处理设备稳定运行。

应用服务器负责采集监控单元传入监测点状态信息及设备状态信息,将防灾安全监控各种数据、报警信息等历史记录存入数据库服务器。应用服务器为双机热备方式,任一台发生故障、任意网络发生故障不影响系统正常运行,提高整个系统的安全性和可靠性。

3. 系统功能

(1)实时监控各监测点设备状态,实现探测设备报警定位和显示,主要显示控制功能有:

① 风、雨警报显示,统计、分析灾害资料,为行车管制提供依据。

② 接收异物侵限报警信号,为工务段、工务工区进行抢险处理提供报警信息。

③ 接收地震报警信息，对地震动数据进行分析，为救援、抢险救灾提供报警信息。

④ 防灾安全监控系统显示报警优先级别：地震→异物侵限→风→雨→其他。

（2）发生灾害时，给各个终端发送报警信息，提醒调度员、工务人员及时采取相应应对措施；服从南昌调度所统一指挥，积极处理并排除预警的潜在灾害或报警已发生的灾害。

（3）远期可与气象、地震部门连接，交换信息，接受业务指导。

（4）与其他系统的接口。

4. 接口与信息传输

（1）遵循国家气象、地震相关法规并考虑到与气象、地震部门信息共享，预留与气象、地震部门接口条件。

（2）与南昌调度所、通信基站防灾安全设备接口，上传报警信息，下收管辖范围内各监控单元传送来各种信息。

四、防灾工务调度终端

由于工务人员是防灾设备的用户，且负责对防灾设备进行维护管理，因此在沿线厦门工务段以及南昌铁路局工务处设置防灾工务调度终端。防灾工务调度终端以图形、文本、音响等方式显示风、雨、异物侵限、地震等灾害的报警、预警信息。

五、基站防灾监控单元

1. 防灾监控单元的分布

防灾监控单元为宽 600 mm、厚 600 mm、高 2 200 mm 的标准机柜。每个机柜最多可同时接入 4 个风、雨监测点和 3 个异物侵限监测点，当现场监测点数量超出上述数量后，需根据需要增加机柜数量。

通过电缆将风、雨现场监测点与现场监控单元相联，最大距离应控制在 4 km 以内。

通过电缆将异物监测点与防灾监控单元相联，最大距离应控制在 8 km 以内。

防灾监控单元安装于现场探测设备附近的 GSM-R 基站、车站以及牵引变电所或分区所防灾机房内，与其他通信设备分隔放置，并留出独立的人员进出通道。

全线设有 19 个防灾监控单元，每个防灾监控单元分别接入的风、雨、异物侵限、地震信息点类型以及具体布点方案如表 37.1 所示。

2. 设备组成

监控单元由主机模块、各种监测功能模块、继电器组合模块、防雷单元、UPS 电源、机柜等组成。防灾监控单元的供电由基站内电源配电箱引入。

监控单元采用模块化结构，各功能子系统均可通过各自子板与监控单元连接，满足风向风速监测、雨量监测、异物侵限监控、地震监控等子系统的接入和监控，同时预留其他灾害监测子系统扩展接口。各监测子项之间相对独立，新增监测子项的接入不影响现有系统的结构。

3. 主要功能

通信基站防灾监控单元接收由各个监测点轨旁控制器传来的数据和信息，完成风速风向、降雨量、异物侵限、地震动加速度等监测数据的采集、初步分析和处理。监控单元将数据和信息发送给监控数据处理设备。同时，防灾监控单元还对接收到的数据和信息做短期的存储。

防灾监控单元对现场监测设备进行监测管理，同时进行自检，实现故障报警、故障诊断和故障定位，将故障记录等信息上传，并接受监控数据处理设备集中监测管理。

防灾监控单元整体设计采用模块化结构，预留系统扩展接口。

在异物侵限监测双电网同时损毁时，防灾监控单元通过继电接口，将报警信息送至车站（或中继站）列控中心，以控制相应车站或区间的列车实施紧急制动并停止运行。

表 37.1　防灾监控单元分布

序号	监控单位设置地点	里程	接入监测点类型
1	基站 1	DK4+040	1 风+1 雨
2	基站 2	DK8+575	1 风+2 异物（桥+隧）
3	基站 3	DK12+640	3 异物（桥）
4	马坑站	DK18+380	1 风+1 雨+2 异物（公铁并行+隧）+1 地震输出
5	基站 7	DK35+630	1 风+1 雨+2 地震输出
6	基站 9	DK39+560	1 风+2 异物（隧道）
7	基站 11	DK49+190	1 风+1 雨+2 异物（隧道）+1 地震输出
8	吴坑分区所	DK54+220	1 风+1 地震采集
9	基站 14	DK61+850	1 风
10	龙山站	DK64+625	1 风+1 异物（隧道）+1 地震输出
11	基站 15	DK68+015	1 雨
12	南靖牵引变电所	DK75+350	1 风+1 地震采集+1 地震输出
13	南靖站	DK80+000	1 风+1 地震输出
14	基站 18	DK87+300	1 雨+1 异物（桥）
15	草坂站	DK93+700	1 风+1 地震输出
16	草坂分区所	DK97+050	1 地震采集
17	基站 20	DK100+700	1 风+1 异物（桥）
18	基站 22	YDK107+450	1 风+1 雨+2 异物（桥+隧）
19	漳州南变电所	DK110+100	2 异物（桥）+1 地震采集+1 地震输出

在发生地震灾害时，防灾监控单元还通过继电接口，将报警信息送至车站（或中继站）列控中心、联锁及牵引供电系统，以控制相应车站或区间的列车实施紧急制动并停止运行。

4. 接口与信息传输

·防灾监控单元主机与风、雨、地震监控点之间采用串口通信，远程传输时需要增加光隔离长线收发器。

·防灾监控单元与异物侵限报警监测点轨旁控制器之间通信采用音频信息。

·防灾监控单元主机与监控数据处理设备之间采用 2×2M 通道、FE 接口进行通信。

5. 与列控中心接口

在发生异物侵限监测报警、地震监测报警时，采用继电接点条件与列控中心的接口，通过信号电缆传输报警条件。列控中心将异物侵限信息发送至信号集中监测系统，并纳入一级报警信息。

当监测双电网同时被切断或地震达到一定级别时，触发有关继电器动作，输出信号至列控中心，迫使列车紧急停车。

电路设计有以下特点：

（1）当地震动加速度 $a \geqslant 0.08g$ 时，触发列控、联锁系统使列车紧急制动，触发牵引变电所牵引供电控制装置使接触网停电。

（2）当两监测电网同时被破坏（切断）或地震动加速度 a 值在 $0.04 \leqslant a < 0.08$ 范围内时，输出继电信号，触发列控、联锁系统使列车制动停车。

（3）当监测电网中的网 A 或网 B 单独被破坏（切断）预警或地震动加速度 a 在 $0 < a < 0.04$ 时范围内时不会触发励磁继电器，现场控制器会将此预警信号上传给监控数据处理设备通知维修。

六、风监测子系统

（一）风监测布点

1. 布点原则

（1）山区垭口、峡谷、河谷等地段，风速计的平均间距 1~5 km，特殊情况下可按处设风速计。

（2）轨面高度 10 m 及以上的高架桥、5 m 及以上的高路堤区段，风速计的平均间距 5~10 km。

（3）除上述情况外的平原区段，风速计的平均间距不大于 15 km。

（4）根据铁路的运营速度及沿线气象条件、地理环境，合理布设并适时调整风速计的布设间距。

2. 布点过程

本线区间风监测点根据线路平、纵断面图和桥梁、隧道特征资料，结合风监测布点原则布设。

3. 布点方案

根据风监测点布点原则得出初步的区间线路风监测点共有 14 个，具体布点方案如表 37.2 所示。

表 37.2 风监测布点

序号	桥名	桥中心里程	桥梁全长/m	风监测点间距/m	风监测点
1	龙岩特大桥	DK4+931	1 775	4 931	1
2	下东山特大桥	DK10+534	2 215	5 603	1
3	马坑 3 号大桥	DK18+620	328	8 086	1
4	和溪特大桥	DK37+535	1 464	18 915	1
5	下楼中桥	DK44+054	58	6 519	1
6	吴坑特大桥	DK51+647	606	7 593	1
7	肖厝特大桥	DK55+414	2 428	3 767	1
8	金山特大桥	DK60+843	939	5 429	1
9	龙山特大桥	DK65+995	720	5 152	1
10	风安特大桥	DK75+006	811	9 011	1
11	跨山旧线省道特大桥	DK81+673	1 226	6 667	1
12	草坂大桥	DK90+824	164	9 151	1
13	莲花特大桥	DK100+700	1 524	9 876	1
14	程溪右线特大桥	YDK107+614	1 322	6 914	1

（二）现场设备组成

风监测子系统现场设备由风速计（含风向、气温、气压监测功能，下同）、现场控制箱、传输电缆等组成。

（三）风监测的功能

1. 大风监测报警功能

风监测子系统实时计算、分析风速变化情况、风速达到报警门限值 10 s 钟报警，风速低于报警门限值 10 min 时解除报警。在实际运用中应结合本线的大风特征，合理调整报警时限和解除报警时限。

2. 大风监测预警功能

在积累一个完整风季的气象数据基础上，系统应具备大风（＞15 m/s）实时监测预警功能，提前预警时间不少于 2 min、风速时距不大于 10 s、风速预测的平均误差不大于 10%。

（四）传输电缆

风速风向仪至现场控制箱间采用风速风向仪专用电缆传输；现场控制箱至基站防灾监控单元间采用铝护套内屏蔽数字信号电缆，用以提供电源和传递数据。

七、雨量监测子系统

（一）雨量监测布点

1. 雨量监测布点原则

雨量监测布点原则如下：

（1）雨量计的布设位置应临近路堤、路堑及隧道口等易产生塌方、水冲线路的处所。

（2）连续路基区段，无砟轨道线路，雨量计的布设间距一般为 20～25 km。

（3）路、桥、隧相间时，无砟轨道线路每处雨量计的监测范围一般为上下行方向各 10 km。

（4）根据沿线地形、地貌以及地质、植被情况，合理调整雨量计的布设方案，特殊地段宜适当加密。

2. 雨量布点方案

根据上述布点原则，结合线路的实际情况，初步确定全线雨量监测点共有 7 个，具体布点见表 37.3。

表 37.3　雨量监测布点

序号	雨量监测点里程	雨量监测点间距/m
1	DK2+300	2 300
2	DK19+600	17 300
3	DK35+700	16 100
4	DK49+900	14 200
5	DK68+400	18 500
6	DK87+200	18 800
7	DK109+100	21 900

（二）现场设备组成

雨量监测子系统现场设备由雨量计、现场控制箱、传输电缆等组成。

（三）雨量监测的功能

对于存在水冲线路类型水害的处所，以短时降雨量作为监测报警方式；对于存在路堤、路堑、边坡坍塌等类型水害的处所，采取日降雨量或连续降雨量加小时降雨量的监测报警方式。

雨量监测报警分为出巡警戒报警、限速警戒报警、封锁警戒报警等。出巡警戒报警、限速警戒报警、封锁警戒报警等雨量监测报警门限值以及限速分档，由运营维护单位根据沿线基础设施状况以及地形地貌、地质条件以及线路运营条件等情况确定。

根据降雨对基础设施的影响情况或大修改造等原因使基础设施抗洪能力发生变化，适时对雨量监测报警报警门限值进行修订，并据此制定相应的行车管制预案。

（四）传输电缆

雨量计至现场控制箱采用 PTYA23 型普通信号电缆。现场控制箱至基站防灾监控单元间采用铝护套内屏蔽数字信号电缆，用以提供电源和传递数据。

八、异物侵限监控报警子系统

异物侵限监控报警主要是对既有和新建公路跨越本线的公跨铁桥梁、可能发生异物侵限的公铁并行地段和隧道口进行监控报警。

（一）异物侵限监测点

1. 公跨铁桥

龙厦铁路共有公跨铁桥6座，具体如表37.4所示。

表37.4　公跨铁桥梁

序号	桥名	中心里程	轨面至桥面高度/m	公路和铁路夹角（度）	路面宽/m	监测电网长度/m
1	公跨铁桥1	DK8+543	9.39	80°	8.0	58
2	公跨铁桥2	DK89+586	9.50	90°	8.0	54
3	公跨铁桥3	DK102+392	9.30	90°	8.0	54
4	公跨铁桥4	DK109+027	9.19	78°	8.0	58
5	公跨铁桥5	DK110+931	13.30	121°	9.3	96
6	公跨铁桥6	YDK110+815	8.97	80°	8.0	50
7	合计					370

2. 需要设置异物侵限公铁并行地段

龙厦铁路共有公铁并行地段1处，如表37.5所示。

表37.5　公铁并行地段

编号	设置刚性防护网里程	中心里程	长度/m	线路左右侧
1	DK18+850～DK19+000	DK18+925	150	左侧

3. 隧道口

龙厦铁路需要设置异物侵限监测报警的监测点共11处，如表37.6所示。

表37.6　龙厦铁路设置异物侵限监测报警监测点

序号	隧道口名称	单双线隧道	里程
1	人面山隧道进口	双线	DK6+342
2	西洋山1号隧道进口	双线	DK12+285
3	西洋山1号隧道出口	双线	DK12+534
4	西洋山2号隧道出口	双线	DK12+814
5	上东山隧道进口	双线	DK13+005
6	和溪隧道出口	双线	DK44+012
7	石观音隧道进口	双线	DK44+094
8	石观音隧道出口	双线	DK49+185
9	浦顶隧道出口	双线	DK49+636
10	北山隧道出口	双线	DK63+309
11	新春隧道出口	双线	YDK109+213

（二）监测点现场设备

异物侵限监测点现场设备由轨旁控制器、监测双电网、连接电缆等组成。公跨铁桥梁监测点现场设备见图 37.3 所示。

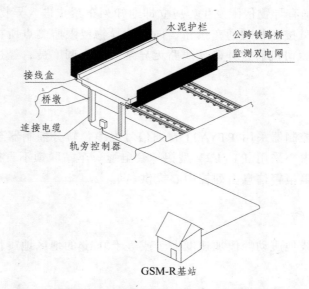

图 37.3　公跨铁桥梁异物侵限监测现场设备示意

（三）异物侵限监测报警设备工作流程

1. 异物侵限监测报警通信流程

异物侵限监测报警通信流程图见图 37.4 所示。

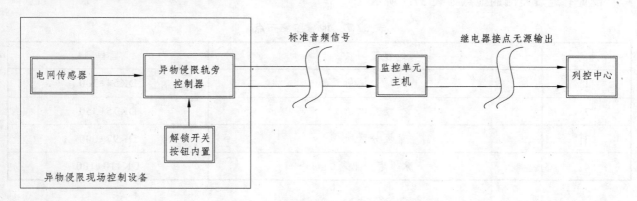

图 37.4　异物侵限监测报警通信流程

轨旁控制器通过电缆与监控单元主机连接；基站监控单元与列控中心之间通信直接采用重力型继电器接点无源输出，满足故障导向安全功能，直连通信，保证简单可靠。

2. 异物侵限监控预、报警工作流程

（1）系统正常，无异物侵限。

传感器未被破坏，轨旁控制器、基站防灾监控单元、防灾安全监控主机及各监视终端指示灯均正常显示，表明现场无异物侵限行为，列车正常运行。

（2）系统预警，通知现场排障。

当单电网断时，系统发出预警信号，现场还未发生侵限行为，但需要紧急处理和排除故障，系统不对列车限速。

（3）系统报警，现场发生异物侵限。

双电网断，表示现场发生异物侵限行为，系统报警，通过列控中心直接控制列车停车；同时，南昌调度所监控终端、各工务调度终端均发出红色声光报警信号。在南昌调度所可看到监测点现场的视频图像，如发现现场确有异物侵限发生，应立即通知列车禁止进入异物侵限监测点所在的线路；如发现线路无异物，调度员按压临时通车按钮，向开往异物侵限监测点所在的线路的第一趟列车发布以低速通过的调度命令。司机通过并确认线路无异常后报告调度员，经过异物侵限监测点所在的线路的列车恢复正常运行。

（四）传输通道

监测点双电网至轨旁控制器采用 PTYA23 普通信号电缆，轨旁控制器至基站间采用 PTYL23 型铝护套电缆；基站至列控中心采用 PTYL23 型铝护套电缆。车站联锁不直接采集异物侵限报警继电器，其控制范围内异物侵限报警信息由列控中心提供。

九、地震监控子系统

地震监控子系统对沿线地震动峰值加速度大于或等于 0.1g 的地区地震情况进行实时监测报警。

（一）地震监测布点

龙岩至斗米段（DK0+000 ~ DK45+700）地震动峰值加速度为 0.05g（地震基本烈度为六度），斗米至草坂段（DK45+700 ~ DK90+600）地震动峰值加速度为 0.10g（地震基本烈度为七度），草坂至厦门段（DK90+600 之后）地震动峰值加速度为 0.15g（地震基本烈度为七度以上）。在地震动峰值加速度达到 0.1g 的地区的牵引变电所、分区所设置地震监测点。

设置有地震监测的地点如表 37.7 所示。

表 37.7　地震监测布点

序号	地震监测点	里程
1	吴坑分区所	DK54+300
2	南靖变电所	DK75+350
3	草坂分区所	DK97+000
4	漳州南变电所	DK110+100

（二）现场设备组成

地震监控子系统现场设备由地震仪、仪器墩、传输电缆等组成。每个监测点含有双套地震仪和仪器墩。在监测点现场设置 2 个仪器墩，2 台地震仪。2 台地震仪分别安装在 2 个仪器墩上，采集沿线的地震参数。

（三）地震监控子系统功能

1. 强震监测功能

当有强震发生时，较多的情况是对铁路线路和桥梁造成严重损坏，直接危及列车运行安全。因此，在强震灾害发生时，系统立即发出监控信息，一方面通过列控系统使高速运行的列车紧急停车，防止列车脱轨、车毁人亡的事故发生，有效实现空间预警的监控目的；另一方面，系统切断牵引变电所接触网供电电源，阻止周围列车进入危险区段，同时防止供电、接触网设备的事故造成的火灾、触电等更大次生灾害发生。

2. P 波预警监测功能

依据地震 P 波与 S 波的走时差，通过监测 P 波提前给出报警信息使列车停车。P 波预警仅对震源距线路 40～150 km 范围内的地震发挥效用，对于震源距线路小于 40 km 或大于 150 km 的地震则无多大作用，因震源距线路小于 40 km，P 波与 S 波的走时差小，没有监测和判断的时间；对于震源距线路大于 150 km，由于 P 波监测点距震源太远，无法监测到 P 波也不适用。

铁路要实现地震 P 波预警功能可有两种方式。一种是在铁路沿线设有强震监测点的位置加设地震 P 波预警监测；二是在远离铁路沿线 40 km 以外的潜在震源地点设置 P 波监测点（特定地点的 P 波监测点）。前者，铁路沿线 P 波监测点，监测以该点为圆心，半径为 40～150 km（可至 400 km，因 400 km 以外发生地震基本不构成危害）范围内的地震，当监测到 P 波报警信息时，采用同强震监控功能的方法使列车紧急停车。后者，特定地点的 P 波监测点可结合地震部门监测台站和铁路需要共同设置，当监测到 P 波报警信息时，可通过无线或有线传输至本系统。

事实上，要实现铁路沿线地震 P 波预警监测功能，还必须通过积累一段时间的地震数据、准确排除周围背景噪声对 P 波监测的影响，才能确保 P 波预警功能的准确可靠，此功能通常需要运行一段时间后（大约 3～5 a）才能正式投入运用。

此次设计仅对地震监控子系统的强震监控功能部分进行设计，铁路沿线地震 P 波预警监测和特定地点的 P 波监测按预留考虑。

3. 震后评估功能

震后对铁路重点建筑物进行快速评估，对防止次生灾害发生提供有力保证，为地震应急处理和灾后恢复运行提供依据。

十、监测点现场设备安装

（一）风速风向仪的安装

风速风向仪通常安装在线路旁接触网支柱上。工程实施时具体安装位置以现场测定为准，原则是优先安装在距离铁路线路近、符合风速风向仪布点要求的接触网支柱上。采用 T 型托架安装风速风向仪，每个 T 型托架上安装 2 个风速风向仪。

（二）雨量计的安装

雨量计安装在线路旁接触网立柱上。工程实施时具体安装位置以现场测定为准，原则是优先安装在距离铁路线路近、符合风速风向仪布点要求的接触网支柱上。采用垂直于线路向外延伸的托架安装雨量计。

（三）异物侵限监测点现场设备安装

1. 公跨铁桥异物侵限监测装置的安装

在公跨铁桥两侧可以采用预埋锚栓的方式来安装监测双电网。在公跨铁桥梁施工时，在桥梁的防撞墙或栏杆基座上每间隔 1 m 预埋 1 组锚栓，利用锚栓安装 L 型支架，再在 L 型支架上安装水平承重网和竖直监测电网。预埋件及 L 型支架安装示意图如图 37.5 所示。

L 型支架先沿垂直铁路方向延伸 0.6 m，再向竖直方向延伸 2.0 m。在 L 型支架的水平外置上安装承重网，在竖直方向安装竖直监测电网。每单元宽度为 1 000±（0～10）mm，双电网传感器内置于竖直监测网，栅格大小 115 mm×115 mm 至 125 mm×125 mm 之间（中心线到中心线），质量不大于 15 kg；竖直监测网在 50 kg/m² 静载荷作用下不开裂，抗风能力不小于 50 m/s。安装方案如图 37.6 所示。

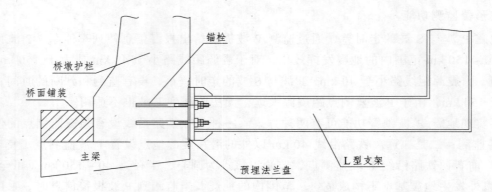

图 37.5　预埋件及 L 型支架安装示意

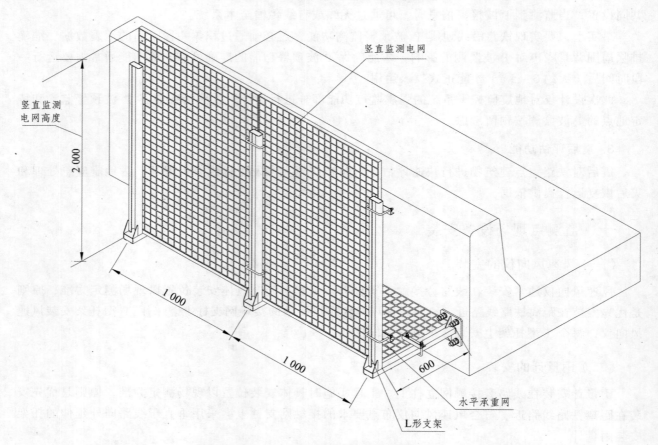

图 37.6　公跨铁桥异物侵限监测网安装

2. 公铁并行异物侵限监测装置的安装

在公铁并行地段连续设置混凝土基础，在混凝土基础上安装门型监测电网。门型监测电网的高度为离地面 1 500 mm，宽度为 1 500 mm，两门型监测电网中间的空隙为 500 mm。公铁并行异物侵限监测点竖直监测网安装图如图 37.7 所示。

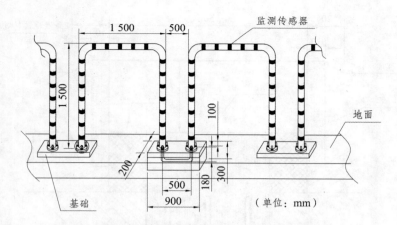

图 37.7 公铁并行异物侵限监测点竖直监测网安装

（四）地震监测点现场设备安装

强震仪可根据现场情况选择空旷地点安装，2 套强震仪安装间距不小于 40 m；其中 1 套强震仪可安装于感震房内，也可同另 1 套强震仪一样安装在场地较好的空旷地带。

强震仪安装于仪器墩（摆墩）上，应尽量排除人为干扰，远离振动源（如采石场等）。仪器墩需挖一个深坑，浇注一整块混凝土，周围用 5～10 mm 软材料（如沥青）形成一层保护隔层，再在外围回填土夯实。

仪器墩有所内活动板房、所内永久房屋、野外三种地方安装情况。仪器墩根据场地条件也有两种建设方式可供选择，一种是仪器墩上部高于地面；另一种是仪器墩低于地面，采用深井式。

活动板房、永久房屋内设置的仪器墩采用仪器墩高出地面方式，野外仪器墩根据地层情况采用仪器墩高出地面方式和深井式两种。

本次设计暂采用野外安装方式。强震仪安装示意图如图 37.8～图 37.10 所示。

十一、电源及接地

通信基站防灾监控单元和区间风、雨、异物侵限、地震等防灾安全监控设备采用通信基站提供的一级负荷电源供电，其容量大小为 2 kVA，同时设置 2 kVA、供电时间不少于 2 h 的 UPS 电源。

监控数据处理设备采用电力提供的一级负荷电源供电，其容量为 10 kVA，同时设置 10 kVA、供电时间不少于 1 h 的 UPS 电源。

各监控终端设备利用各自场所电源，并配置单套 UPS 电源（1 kVA 30 min）。

系统利用通信、信号综合接地网接地，接地系统由相关专业设计。

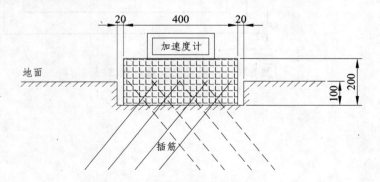

图 37.8 强震仪安装示意 1

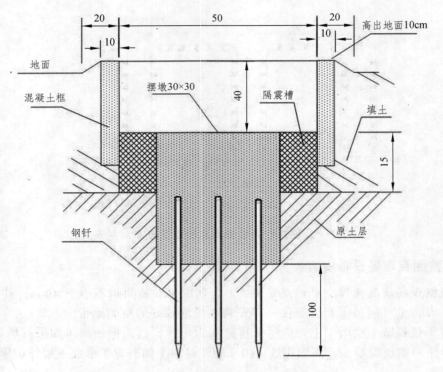

图 37.9　强震仪安装示意 2

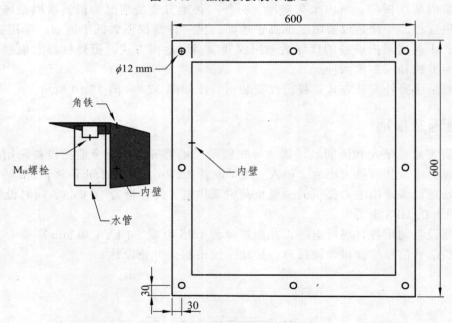

图 37.10　强震仪安装示意 3

第三十八章　客运服务系统设计

车站客运管理信息系统包括新建龙山站和南靖站、既有龙岩站改造的建设。

龙山站新设列车到发通告系统、旅客引导显示系统、旅客站广播系统、计算机售票及预定系统、计时系统、综合布线系统。

南靖站新设列车到发通告系统、旅客引导显示系统、旅客站广播系统、计算机售票及预定系统、行包安全检查设施、计时系统、电视监控系统、综合布线系统。

龙岩站站台改建，需增加部分客运信息终端设备（广播终端、引导显示屏、时钟等），同时对相应系统进行扩容。

一、综合布线系统

在龙山、南靖 2 个车站新设综合布线系统。

综合布线系统采用铜芯双绞线、光纤混合组网，满足高质量的宽带信号传输要求。数据垂直主干采用 6 芯多模室外/室内光缆（ 50/125 μm），话音垂直主干采用 3 类 50P 大对数电缆，水平线缆采用 6 类 UTP。

二、到发通告系统

在龙山、南靖 2 个车站新设列车到发通告系统。龙山站按小型站规模设置，南靖站按中型站规模设置。

列车到发通告系统由信息采集微机、控制微机、通信控制器及终端构成。系统采用一发多收，联网运行方式，客运总控室设控制微机，信号楼车站值班员处设信源微机，在广播室、客运总值班室、列检室、客运值班员室、问讯处等相关处所置通告终端。

到发通告屏全部采用 RS485 接口，传输通道由综合布线系统提供。

三、旅客引导显示系统

在龙山、南靖 2 个车站新设旅客引导显示系统。龙山站按小型站规模设置，南靖站按中型站规模设置。

引导屏全部采用 LED 显示，站房内除光照较强区域如站台、天桥等采用超高量度红色显示材料外，其他地方均采用高亮度红色显示材料。另外，进站大厅屏采用红、绿双基色显示。

各个显示屏显示面积的设计均参考 24 点阵字形设计，实际运行时可根据需要采用不同的点阵混排输出。

四、客运广播系统

在龙山、南靖 2 个车站新设客运广播系统。龙山站按小型站规模设置，南靖站按中型站规模设置。

广播系统的信源、通道、负载、总输出功率等待站房方案确定后再定，系统具备自动广播、人工广播、应急广播等各种广播模式。

在非火灾状况下，系统根据 24 h 列车时刻表以及车站广播的程序，采用计算机语音合成技术自动形成相应的广播时刻表和广播内容。

广播语言为汉语、英语，也可根据需要增加其他语言、方言。

火灾时，本系统为消防广播系统提供本系统覆盖区域的负载线路，消防控制中心能强制终止相关区域的客运广播、背景广播，并将火灾疏散层的扬声器转入火灾应急广播状态。由消防广播系统完成消防广播。具体接口及控制由消防广播、客运广播设备厂家根据产品特点协商确定。

五、电视监控系统

分别在南靖站、既有龙岩站新设电视监控系统，按中型站规模设置。

本系统采用全彩色多头多尾，分区监视模式，系统切换矩阵采用模块化结构，即输入、输出模块化，待站房方案确定后，再行确定系统切换矩阵的总装容量及控制台的设置数量。

本设计考虑防盗报警功能，在重要设防区域设置楼层报警箱，重点房间设双鉴探头，同时与监视系统联动。设防区域暂按售票工区、车站财务 2 个防区考虑，报警箱、双鉴探头的设置位置以及设备型号根据车站要求在施工时确定。

六、计算机售票及预定系统

在龙山、南靖 2 个车站新设计算机售票及预定系统。龙山站按小型站规模设置，南靖站按中型站规模设置。将按照站房内售票厅或售票室窗口的设置情况，在售票室设置窗口售票设备、出站口设置补票设备，并设置票额显示大屏一块。

系统配置微机服务器，以及共享磁盘阵列（RAID 5），采用 IEEE 802.3 标准 100 Mb/s 交换式以太网组网，桌面连接速率 10/100 Mb/s，票务管理、售票窗口独立网段，屏蔽内部非法操作。系统预留自动检票系统的接入能力以及市内售票接入条件。

南昌铁路局地区票务中心，进行扩容配套。

七、行包安全检查设施

分别在南靖站及龙岩站进站大厅各配备安检仪 1 台。

八、计时系统

在龙山、南靖 2 个车站新设计时系统。

除贵宾候车室采用工艺落地钟外，其他钟全部采用高精度石英钟，其中，软席、售票厅、行包托取厅采用日历型石英钟。

石英钟中除办公钟采用干电池供电外，其余全部采用交流直供，蓄电池备用供电方式。

第三十九章　工程接口设计

第一节　专业间工程接口设计概述

龙厦铁路设计速度 200 km/h，专业多达二十三个，工程设计复杂，从可行性研究、初步设计、施工图设计以及配合施工等各个勘察设计阶段，根据设计作业流程，制定了详细的勘察设计大纲，大纲对各专业间的工程接口和界面进行详细的说明，各专业的设计资料提交，上下专业间的设计流程，站前站后专业间的设计配合，均进行了细致的要求；使各专业间设计接口紧密，不重复，不反复，不遗漏；清晰、简明、高效。

第二节　接口设计原则与要点

（1）总体专业负责整个项目设计原则总说明及协调，各业提出本专业设计原则。

（2）线路专业提交各专业线路平、纵设计及说明。

（3）站场专业负责车站位置的选择及平面布置并提交各专业。

（4）桥梁专业提交桥、涵设计资料及水位并对站后综合接地及防雷接地等预埋。

（5）隧道专业提交隧道设计资料并作为站后综合洞室、综合接地预埋等设计。

（6）地路专业负责各项目地质资料，并作为路桥，路隧道连接设计，并作为综合接地，过轨等预埋设计。

（7）房建专业接收暖通、给水专业及其他有房屋要求的专业提交的要求并完成房屋设计。

（8）电力、电气化等四电专业相互配合互相提交要求，共同完成站后四电设计。

（9）环评专业提交环保及水保要求，线路、桥梁、隧道路基等专业在设计要做好环水保要求。站后四电等专业要作为电磁环保要求。

第四十章　高性能混凝土及耐久性设计

一、桥梁工程

龙厦铁路施工图设计完成于 2007 年 5 月，根据 2005 年 10 月颁发的《铁路混凝土结构耐久性设计暂行规定》（铁建设〔2005〕157 号），龙厦铁路桥涵在施工设计时桥涵混凝土已按结构耐久性进行了设计。在龙厦铁路施工设计完成后，原铁道部于 2007 年 11 月颁布了"关于印发《铁路工程高性能混凝土暂行配合比用料》等补充定额标准的通知"（铁建设函〔2007〕1212 号文），该文对耐久性混凝土的配合比结合不同的环境类型进行指导性细分，本线桥涵混凝土统计按环境等级如下：

对大中梁桥台、桥墩百年水位+1 m 以上的部分、梁体、墩顶帽处接触网立柱基础按地处碳化环境、T2 作用等级，桥墩百年水位+1 m 以下的部分、桥墩台的承台和基础分别按地处化学侵蚀环境，H1 或 H2 作用等级。对公跨铁立交桥墩、台身、防撞墙、桥面人行道和栏杆按地处碳化环境、T2 作用等级，桥墩台的承台和基础分别按地处化学侵蚀环境中，H1 或 H2 作用等级。对小桥涵基础混凝土、出入口混凝土、盖板涵边（中）墙混凝土按地处化学侵蚀环境，H1 或 H2 作用等级。

根据铁建设〔2007〕140 号文件"关于发布《铁路混凝土结构耐久性设计暂行规定》等两项铁路工程建设标准局部修改条文的通知"和龙厦指挥部〔2008〕177 号"关于贯彻执行铁路混凝土结构耐久性建设准局部修订条文的通知"精神，对龙厦铁路桥涵混凝土结构耐久性混凝土设计进行了变更。

二、隧道工程

隧道工程人面山隧道环境作用等级按 H2 设计，黄坑二号隧道环境作用等级按 T3 设计，其余隧道环境作用等级按 H1 设计；在施工图设计中二次衬砌：素混凝土标号采用 C25，钢筋混凝土标号采用 C30。

在变更设计中：

（1）根据最新地质资料：黄坑二号隧道环境作用等级由原设计的 T3 变更为 H1，其余隧道仍维持原环境作用等级。

（2）二次衬砌混凝土：环境作用等级为 H1 的隧道，混凝土标号均由原设计的 C25、C30 变更为 C35。环境作用等级为 H2 的隧道，二次衬砌混凝土强度等级由原设计的 C30 变更为 C40。

第四十一章 经验体会与问题探讨

一、线路工程

龙厦铁路线路方案较好地实现了最小对城区影响及适应城市规划发展计划。在山区越岭地段线路方案避开了采空区等不良地质影响；线路走向考虑了龙山、南靖及漳州等主要经济点，避开了沿线环境敏感点；设站方案充分考虑了沿线地方政府意见；运营乘坐舒适，快捷方便，运营单位反映良好，实现了当初的设计目标。

二、轨道工程

（1）有砟无砟过渡段养护维修困难，在设计中尽量设置在直线避开竖曲线平坡地段，以减小养护维修工作量。

（2）长大隧道内扣件容易腐蚀，尤其沿海潮湿地带和酸雨地段，设计中考虑 6 km 以上隧道内扣件采用耐腐蚀扣件。

（3）采用聚氨酯固化道床容易出现道床板不密实和空吊情况，今后设计有待进一步研究改进。

三、路基工程

（1）运营四年来，路基状况稳定，没有发生病害。

（2）排水设计专业配合脱节；应加强专业之间的沟通和联系。

（3）路基支挡及防护的安全系数应更有余地。

四、桥梁工程

（1）山区陡坡地段及既有线路基侧的基础宜视情况尽可能提高承台，使承台顶面露出地面或全部外露，如需考虑景观要求，可四周培土，筑成平台，以减小对山体边坡及既有线路基的影响。

（2）对于人行道角钢支架、吊篮、围栏及检查梯等钢结构，设计通用图一般采用《铁路钢桥保护涂装》（TB/T 1527—2004）中第五套涂装体系进行防腐。对于沿海地区或山区铁路，由于常年湿度较大，钢结构容易锈蚀，养护部门建议加强设计防锈处理（如采用渗锌处理）。

五、隧道工程

（1）洞门形式综合考虑地形、地貌、洞口地质条件及周边自然环境等因素，优先采用斜切式洞门，尽量减少隧道洞口边仰坡刷方高度，少破坏或不破坏地表植被。洞口排水系统应引排至自然沟，避免排水影响洞口环境。

（2）洞口边仰坡采取的防护措施应按照"安全、可靠、绿化"的原则设计，对于存在危岩、落石及掉块等的隧道洞口，采取接长明洞、设置 SNS 主（被）动防护网、预应力锚索（杆）或清除等措施处理。

（3）应重视隧道排水系统的可靠性与有效性，避免因地下水环境改变及局部排水系统堵塞造成衬砌结构渗漏水病害

（4）隧道施工应加强综合超前地质预报工作，包括地质素描、地质雷达、TSP 超前探测、超前

水平钻、超前炮孔等。超前地质预测预报应根据不同的地质复杂程度分级，选择不同的探测方法和手段，并贯穿施工全过程。

（5）对于地下水发育且隧道修改对生态环境或工程环境可能产生不利影响的水塘、水库地段，应采取"以堵为主，限量排放"的原则。对于环境保护要求低，但施工期间可能发生突水、突泥等危害地段，围岩破碎时应采取超前注浆加固，以改善围岩的力学性质，减少地下水涌出；围岩完整稳定时，可通过超前钻孔引排地下水，避免突、涌水发生。

六、机辆车辆

由于沿海铁路配套批复的厦门北动车运用所及厦门存车场均未能按期开通运营，致使沿海铁路及相邻线路动车组运用检修设施规模严重不足，反映在龙厦铁路上，就是本应由厦门运用所担当的动车组检修存放任务，现在无法完成，为了保证动车组客车的开行，只能在车站到发线上存车，动车组一二级检修作业回送福州南运用所。由于沿海铁路开通后，实际上成了客运专线，开行的动车组客车对数比设计对数大，福州南运用所的能力原本就紧张，加上龙厦的数量，更是雪上加霜。因此，南昌局决定，在龙岩存车场基础上扩建为小型动车运用所，以解燃眉之急。

动车组在沿线车站到发线上存车，带来的不仅是车的管理（动车组的来回调度），还有乘务员（包括司机和机械师）的管理。这些在设计阶段都应认真考虑。

动车组运用检修设施规模不足的问题，主要原因有：① 动车组客车开行的数量超过设计年度预测数量；② 动车组一级修作业时间比设计计算时间长。这些问题，今后设计应充分考虑。

七、机械工程

（1）根据隧道的封堵要求，本工程防护门的工艺设计包含了门体本身以及隔墙的功能需求设计。隔墙由金属抗爆板与骨架通过固定连接组成，直接安装在洞壁上形成了门洞，防护门门体安装在隔墙的门洞上。其优点是防护门可适应任何隧道断面，满足工程设计的需求，其缺点是防护门的受风面积较大，对洞壁的作用力也相对较大。为减少防护门的受力，保证设备的可靠性，建议在后期其他线路的设计中由土建相关专业完成隧道隔断墙的设计，并预留防护门的安装门洞，减少防护门的受风面积。

（2）为确保防护门的安全，运营中需要对防护门设备进行一一巡检，由于隧道内环境比较复杂，防护门巡检的工作量大、任务重，建议在后期其他线路的设计中可以考虑增加对门体状态的远程监测方案，实时采集门体的状态并及时发送到巡检人员的手中，便于运营人员实时掌握门体的状态并有针对性的对门体进行检查，提高巡检的效率。

（3）本线于 2006 年完成初步设计及审查工作，由于当时处于高速铁路设计的摸索阶段，尚无高速铁路维修的相关经验及规范可供参考。本工程采用综合维修体制并贯彻"检测与维修并重"的原则，参考既有线路的维修经验新设龙山综合工区一处，在马坑、南靖、草坂设置巡养点，符合当时认识条件下的批复情况。

随着高速铁路运营经验的增加以及南昌局实际使用情况，南昌局重新规划了本线基础设施维修机构的配置情况：在龙山设线路车间，设综合养护工队、钢轨探伤班、检控工区；新设马坑、龙山镇、南靖、草坂线路工区，由龙山车间统一管理；设漳州路桥车间，设路桥维修工队，下辖马坑、龙山镇、漳州路桥工区。生产用房车间约 200 m²/处，工区约 170 m²/处，有砟线路工务维修定员约 0.9 人/km，工机具配备参考《高速铁路有砟轨道线路维修规则》（铁运〔2013〕29 号）。

维修机构与原设计相比，变化如下：
① 采用属地化管理模式；
② 定员未增加，将原设计龙山工区的定员分散到各个工区中；
③ 生产房屋面积未增加，将原设计龙山工区的生产房屋分散到各个工区；

④ 维修工器具根据维修的实际需要进行了调整，增加了部分小型维修设备，未增加轨道车等大型设备设施。

综上所述，原设计维修设施的设置基本上能够满足铁路基础设施的维修需求。维修设备变化的主要原因是原设计采用维修机构集中设置的原则，在全线设置维修工区一处并配备相应的维修设备负责全线的维修工作，维修设备能够较好地进行共享，利用率高；而高铁线路运营中多采用属地化的管理模式，路局根据自己的管理与使用习惯将集中维修的模式调整成了车间维修、工区日常保养的维修模式，故而需要增加部分日常维修设备方能满足线路的维修需求。

随着铁路线网运营的不断成熟以及相关标准的不断完善，建议在后期其他线路的设计中，应先充分与路局进行沟通，对设施及设备配备充分听取各方的意见。

八、电气化工程

1. 供变电

（1）统筹考虑漳州地区供电方案，充分考虑相关工程的建设及工期情况，结合设备特点，漳州南牵引变电所采用同步实施等建设程序，尽可能减少近期工程因工期不同步造成的过渡工程，节省工程投资，减少改造工程对运营线路的影响。

（2）在施工图设计过程中，强调设计细节及专项设计：完善了变电所内 27.5 kV 高压设备的安装、接地安装等专项设计方案，提高了设计及施工质量。

2. 接触网

接触网防雷接地采用在易受雷击的重点部位（如：≥200 m 供电线上网处、隧道<或隧道群>的两端、车站绝缘关节处和电分相两端和长达桥梁两端等）设置氧化锌避雷器。经过四年的运营管理，龙厦铁路受雷击较多，在以后的项目可以进一步研究防雷技术。

九、电力工程

（1）贯通线均采用架空与电缆相方式。因龙岩至漳州区段地形地貌复杂，树木、毛竹、经济作物种类繁多，检修维护、线路砍青困难。遇雷雨天气，线路故障较多。

（2）架空线路大部分在铁路栅栏内，设备检修维护较为困难。栅栏内电力设备只能在铁路"天窗"时间内检修，夜间登杆作业人身安全风险较大，另外天窗时间短，检修不到位，造成设备失修，留下安全隐患。二是遇设备故障，无法及时分段、隔离故障区间以及处理设备故障，停电范围大，影响其他设备的安全供电。

（3）因隧道内潮湿，隧道内照明 EPS 故障较多，配电接线接触不良。

十、信息工程

（1）客运服务信息系统作为一个新兴的系统在铁路现代化建设中起着至关重要的作用，随着计算机网络和信息化技术的发展，信息系统基础平台的架设尤其重要，在设计中应充分考虑系统的可靠性、稳定性、先进性。

（2）龙厦铁路信息系统由与初步设计批复时间较早，批复后信息系统新的技术标准及规范制定相对滞后，造成龙厦铁路信息系统标准相对较低，尤其是客票系统标准不足，龙厦铁路全线票务系统无进出站检票闸机。车站设置的自助式售票终端、自助式取票终端偏少，全线票务系统以人工检票为主。这与目前其他铁路客运专线车站设置大量自助式售票终端，车站检票以自动检票为主，人工检票为辅的常规模式差距较大。增加了车站工作人员数量和工作强度，南昌局在开通以后对龙厦铁路沿线车站补充增加了自助式售、取票终端。随着铁路发展的需要，互联网售票的进一步普及，今后应加强对信息系统的建设力度，重视票务系统设备配置。

十一、房建工程

1. 站房规模

站房设计规模由客站最高聚集人数确定，部分客站因地方政府出资扩大了规模，但站房建成投产后，从这几年运营效果来看，还是存在节假日等高峰时段，人员拥挤的问题，主要原因如下：

（1）在实行实名验证要求后，安检后进站集散区空间不足，旅客体验不好。

（2）原来考虑高铁站旅客大部分无须长时间候车，根据实际运营情况看，大部分旅客有较长时间的候车，主因是旅游集散客流以及习惯于提前在候车厅等候的客流较多，显得客站候车面积不足。

（3）随着网络订票旅客的增加，自动售票机也增加，引起原有售票厅规模不能满足增加的自动售票机和旅客排队的空间需要。

在一些重点城市和旅游城市，应考虑适当扩大规模，以满足旅客出行的要求；根据目前铁路实名印证的需要，在空间布局及流线组织上予以考虑；提高客站候车区在站房规模中的比例；售票厅考虑自动售票机的空间并预留一定的余量。

2. 站台雨棚

本线站台雨棚采用站台边单柱悬挑的钢结构雨棚形式，结构形式为钢管混凝土柱及钢梁，屋面系统采用双层压型钢板系统。设计考虑到沿线靠近沿海台风和盐雾腐蚀地区等因素，在雨棚的施工图中明确了防风措施和防腐蚀处理要求，且2012年全路统一进行了钢结构雨棚加固整治，经过几年的使用检验，没有出现安全问题，但雨棚高，有飘雨现象，站台湿滑，旅客行走不安全，金属结构锈蚀比较严重，天窗点内空气湿度太大，油漆维护困难，站房维修不及时或未到位等，导致维修养护不足。

在沿海或靠近沿海台风地区的大气环境状况下，站台雨棚尽量采用混凝土雨棚，适当降低雨棚高度，防飘雨，减少在轨道上方检修作业，更为安全、经济且易于养护维修。

3. 暖通

龙厦铁路的四电房屋设计时采用机房专用空调，但运营过程中反映有些工艺房屋偏小，空调室内机及气体消防柜安装空间与工艺机柜协调不够，现场安装空间紧张。今后设计中应加强与工艺专业协调配合，充分考虑空调室内机及气体消防柜的安装空间。

龙厦铁路工程总结

（下册）

龙厦铁路工程建设指挥部　编

西南交通大学出版社

·成　都·

目 录

第四篇 工程施工

第五篇　科研与技术创新

第四篇　工程施工

第四十二章 大型临时设施工程

大型临时设施工程的场地布置本着"因地制宜、便于管理、方便施工"的原则进行布置，保护环境，节约土地，并注意保护好施工场地周围的农田、沟渠、构筑物、林地等。大型临时设施主要包括：运输便道、施工便桥、混凝土集中拌和站、电力线路、制梁场、铺轨基地等。本章重点以象山特长隧道为施工主体的 LX-I 标、龙岩特大桥和石观音长大隧道为施工主体的 LX-Ⅲ标、制梁场与铺轨基地为施工主体的 LX-V 标为工程案例对大型临时设施的施工进行阐述。

第一节 LX-I 标大型临时设施工程施工

龙厦铁路象山隧道为双洞单线隧道，左线 15 898 m、右线 15 917 m，共设斜井 5 座，长度分别为 907.15 m、507.98 m、905.65 m、894.28 m、327.53 m；其中 1、5 号斜井采用无轨运输，综合坡度分别为 9.13% 和 9.588%，2、3、4 号斜井采用有轨运输，倾角分别为 22°、23.08°、23.04°。根据施工组织，总计布置六个工区，LX-I 标施工场地布置总平面图如图 42.1 所示。

一、施工便道

依据场地实际情况进行了施工便道和便桥的修建；正常施工期间，组织有专人对施工便道进行日常养护。沿线主要便道设置如表 42.1 所示。

表 42.1 沿线主要便道设置

序号	位置	新/扩建	长度/km	宽度/m	路面
1	DK19+595 右侧	新建	0.5	3.5	泥结碎石
2	DK21+700 右侧	扩建	2.0	4.0	C15 混凝土
3	DK24+900 右侧	新建	0.3	4.5	C15 混凝土
4	DK28+750 左侧	新建	2.5	3.5	泥结碎石
5	DK29+730 左侧	扩建	8	3.5	泥结碎石
6	5 号斜井	扩建	6	3.5	C15 混凝土
合计			13.3		

二、便桥设置

设便桥 2 座，分别位于隧道进口处、二工区生活区与生产区之间，采用临时钢便桥结构。总长27 m，板式、三跨，便桥桥墩基础采用 M7.5 浆砌片石，墩身为 ϕ450 钢管充填 C30 钢筋混凝土形成的钢管混凝土，支座及梁均采用工字钢加工后焊接，桥面为钢板。

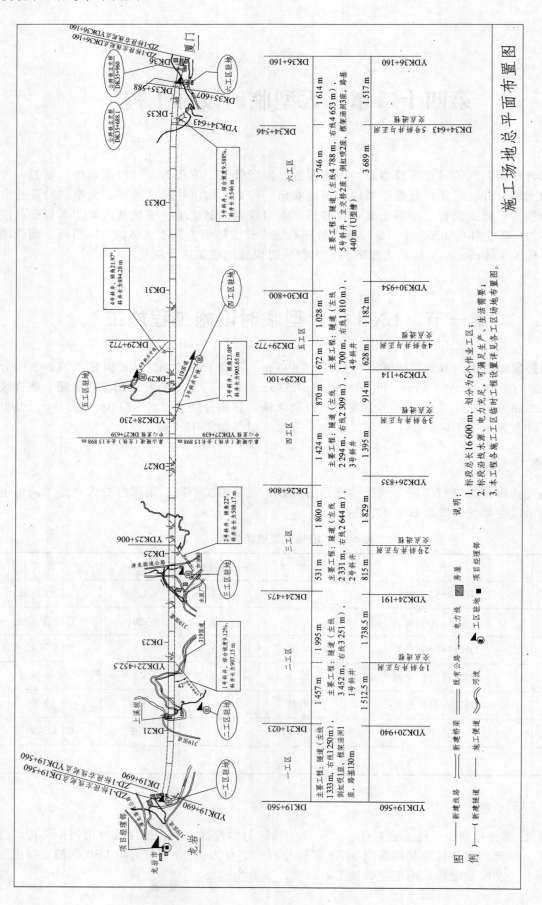

图 42.1 新建龙岩至厦门铁路龙岩至漳州段 LX-1 标施工总平面布

三、施工、生活用水

沿线水资源丰富，线路与多条河流交叉，各施工场地附近多有山洞水、河流或汇水塘，均采用架设供水管路抽引至高压水池，供施工、生活用水。合计架设给水管道约 5 km。

四、施工用电

象山隧道管段内进出口，斜井口附近均有 10 kV 高压电网专线供电，施工电源均采用就近搭接，后期由于四、五工区抽排水用电量剧增，原电力线路负荷不能满足抽水需求，四、五工区单独增架 35 kV 高压线一趟。各施工点分别设置了 2 000 kVA、630 kVA、500 kVA、315 kVA、500 kV、500 kVA 变压器供电，如表 42.2 所示。各工区新架电力线合计约 3.5 km。

表 42.2 变压器设置

区段	位置	变压器型号	数量	接入方式	预计用电负荷/kW
一工区	DK19+687 左侧	630 kVA	2	T 接	1 732.8
	洞内	315 kVA	2		
二工区	1 号斜井井口位置	2000 kVA\315 kVA	1\1	T 接	2 784.8
	洞内	500 kVA	2		
三工区	2 号斜井井口位置	2 000 kVA\500 kVA\315 kVA	1\1\1	T 接	3 692.4
	洞内	500 kVA	2		
四工区	3 号斜井井口	2 000 kVA\500 kVA\315 kVA	1\1\1	T 接	3 692.4
	洞内	500 kVA	2		
	洞内	315 kVA	2		
五工区	4 号斜井井口	2 000 kVA\500 kVA\315 kVA	1\1\1	T 接	3 692.4
	洞内	500 kVA	2		
	洞内	315 kVA	2		
六工区	YDK35+750 右侧	630 kVA	2	T 接	1 732.8
	洞内	315 kVA	2		

隧道开挖进入正洞 600 m 后，各作业面设一台 500 kVA 或 315 kVA 变压器随施工工作面移动供电；同时在各工区各设 2 台 250 kW 内燃发电机作为施工前期电源和抽排水备用电源。

五、临时通信

象山隧道点多线长，各工区施工面较多，互相之间协调互信十分重要，临时通信显得异常重要。象山隧道管段沿线通信较为发达，有线通信和无线通信网齐全，为了满足前期施工需要，隧道内拉入了专用电话线连接各个施工面，洞内需要移动的主要施工管理人员配备有对讲机。施工形成一定规模后，积极与当地移动、联通等运营商协商，将手机信号安装进洞，实现了洞内手机互信。

六、临时房屋

住宿、办公房屋、生活区房屋等采用了彩钢板房活动房。住房按 4 m²/人，办公及公用生活服务设施按 5 m²/人配置。

料库、水泥库、加工车间、修理车间等生产房屋采用砖瓦结构，砂石料场、加工场采用棚式结构。机械用房面积基本能够满足机体距墙距离不小于 1 m 的要求，机体间距放置时均不小于 1.5 m。

临时房屋基础、屋面进行了加固处理，用以抵御福建地区台风袭击，且临时房屋周边均做了相应的排水泄洪处理措施。

七、拌和站设置

为保证混凝土生产质量，各工区施工口分别设置了 1 座 75 m³/h（生产衬砌混凝土）和 1 座 30 m³/h（生产喷射混凝土）的自动计量拌和站。混凝土采用集中供应，混凝土罐车运输。有轨斜井采用金刚车及溜槽运输下放混凝土。各施工点拌和站设置见表 42.3 所示。

表 42.3　拌和站设置

区段	位置	生产能力	数量	备注
一工区	DK19+580 右侧	75 m³/h	1	自动计量
		30 m³/h	1	自动计量
二工区	1 号斜井井口	75 m³/h	1	自动计量
		30 m³/h	1	自动计量
三工区	2 号斜井井口	75 m³/h	1	自动计量
		30 m³/h	1	自动计量
四工区	3 号斜井井口	75 m³/h	1	自动计量
		30 m³/h	1	自动计量
五工区	4 号斜井井口	75 m³/h	1	自动计量
		30 m³/h	1	自动计量
六工区	5 号斜井井口	75 m³/h	1	自动计量
		30 m³/h	1	自动计量

八、试验室

项目部在隧道进口一工区建了一座中心试验室，建筑面积 650 m²，负责整个标段试验方面的全面工作，中心实验室有集团公司技术中心组建；管段在二、三、四、五、六工区各建了一座工地试验室，建筑面积分别为 50 m²。

九、火工品库

根据各工区实际情况以及地方相关部门审批情况，二工区、五工区及六工区各设置了一处火工品储存库，规模 15 t。一、三、四工区各设一处火工品临时存放库，规模 5 t。该生产用房均采用砖墙、钢筋混凝土屋顶结构，其位置均设置于远离工地生产生活区、远离当地居民居住点的山谷中，炸药库与雷管库距离大于 60 m 并分别设置了避雷装置，内设消防水池及消防砂池等，其他库房间距按照当地公安部门有关安全规定落实。

十、环保及水保

施工自始至终重视环水保工作。生产污水和生活区污水集中进行处理后排放，在隧道进口、出口、斜井施工出口各修建了 1 个污水处理池，各生活区分别修建了一座污水处理池，废水经处理达到国家排放标准后才进行排放。生产、生活垃圾定点、定期运至垃圾场。洞外采用洒水降尘措施，洞内采用加强通风降尘。

第二节　LX-Ⅲ标大型临时设施工程施工

2007 年 7 月至 9 月，分别在龙岩特大桥、上东山隧道、石桥头隧道、下东山特大桥、下东山 1、2 号隧道、和溪隧道、石观音隧道、和溪特大桥、后门坑特大桥、DK7 路基段等工点，完成了对施工队伍及设备的调转、临时房屋、运输便道、施工与饮用供水设施的修建、电力线架设、通讯线架设与开通等施工准备工作和混凝土拌和站、中心试验室等的组建工作，正式开工，2007 年 10 月底全线开工。

一、生产、生活用房

指挥部、各项目部、工区生活及办公用房以租用为主，部分采用新建；拌和站及各作业工点生产房屋（如钢筋、木工加工房）以自建为主，新建办公及住房统一采用彩钢板。

标段生产、生活及办公用房共计 32 000 m²，指挥部租用福建省 121 煤田地质勘探队房屋作为办公及生活用房，租用面积 1 400 m²；第一项目本部租用房屋 5 000 m²，作业工区生产生活用房 16 000 m²，拌和站自建生活、生产房屋 2 000 m²；第二项目本部租用房屋 4 500 m²；作业工区生产、生活房屋共计 5 500 m²；拌和站自建生活、生产房屋 5 000 m²。

二、工程试验室

局指挥部在第二项目经理部设立中心试验室、依据合同和工程需配足各种检测设备和检测人员，负责本合同段工程试验管理及与建设方、监理方的沟通协调；第一、二、四项目部设立中心试验室分站，负责管段内工程试验并接受中心试验室的领导与管理。施工中根据需要，在每个集中混凝土拌和站及各作业点安排试验人员，对试验工作进行管理并控制拌和站混凝土质量。

三、施工便道

施工便道利用既有道路扩建或新建，分段贯通；便道原则上沿路基和桥梁两侧征地范围内设置，以减少租地。全标段共需新建施工便道 25.68 km，扩建施工便道 2.45 km，路面为稳定碎石层。施工便道设置情况如表 42.4 所示。

四、施工用电

龙厦铁路在全线设有永临结合供电线路，非市区范围采取就近从各段高压供电线 T 接引入现场，龙岩市区范围就近设变压器从市区电网引入施工场地。施工前期电力未到位时，采用内燃发电机组进行过渡。

全标段共设置变压器 32 台/13 780 kVA，具体情况如表 42.5 及表 42.6 所示。

五、施工用水

生产生活用水必须经取样送检、满足相关规范方可使用，生活水采用自来水或就地打井取水；生产用水抽取河水或接当地自来水。位于龙岩市区的工点采用管道接入市区自来水作生产生活用水。各隧道工点设高压水池（全标段共设置 12 座隧道高压水池），拌和站设水塔或水箱，其他工点设置常规水池。

表 42.4　施工便道设置情况

序号	性质	长度/m	位　置
1	新建	1 000	石桥头隧道进口至弃渣场
2	新建	2 500	石桥头隧道出口至弃渣场
3	新建	500	人面山隧道出口至弃渣场
4	扩建	1 000	翠屏山 1 号大桥
5	扩建	500	翠屏山 2 号大桥
6	新建	200	下东山隧道 1 号出口、2 号进口至弃土场
7	新建	500	下东山特大桥
8	新建	800	王庄隧道至弃渣场
9	新建	300	西洋山 1 号隧道出口至弃渣场
10	新建	200	西洋山 2 号隧道出口至弃渣场
11	新建	1 000	上东山隧道进口至 319 国道
12	扩建	300	上东山隧道进口至 319 国道
13	新建	2 300	上东山隧道进口至弃渣场
14	新建	4 000	上东山隧道 DK15+100 口至 319 国道
15	新建	2 000	上东山隧道出口至弃渣场
16	扩建	500	上东山隧道出口
17	扩建	150	马坑 1 号大桥
18	新建	200	马坑 2 号大桥
19	新建	300	马坑中桥
20	新建	13 880	DK0+000～DK19+560 段纵向贯通便道

施工便道合计：新建 25.68 km，扩建 2.45 km。

表 42.5　第一项目部变压器设置情况

序号	工程名称	规格型号	数量（台）	备注
1	和溪特大桥	400 kVA	2	设于 10 号及 34 号墩附近
2	后门坑特大桥	400 kVA	1	设于该桥中部
3	和溪隧道进口	500 kVA	2	设于洞口
		315 kVA	1	设于洞内
4	和溪隧道出口	800 kVA	1	设于洞口
		315 kVA	1	设于洞内
5	石观音隧道进口	800 kVA	1	设于洞口
6	石观音隧道斜井	630 kVA	2	设于斜井口
		315 kVA	1	设于洞内
7	石观音隧道出口	500 kVA	2	设于洞口
		315 kVA	1	设于洞内
8	埔顶隧道出口	500 kVA	1	设于洞口
9	拌和楼	315 kVA	1	设于和溪拌和楼
		200 kVA	2	设于斜井及石观音出口
合计		6 305 kVA	19	

注：为防止停电，在特大桥及隧道工点，配备 10 台 250 kW 移动发电机组作为自发电源，以满足施工需要。

表 42.6　第二项目部变压器设置情况

序号	工程名称	规格型号	数量	备注
1	石桥头隧道进口	500 kVA	1	设于进口
2	石桥头隧道明挖段	500 kVA	1	设于凤凰路明挖段
3	石桥头隧道出口	500 kVA	1	设于出口
4	龙岩特大桥	630 kVA	1	设于 7-37 墩
5	龙岩特大桥	500 kVA	1	设于 38-47 墩
6	人面山隧道进口	315 kVA	1	设于进口
7	下东山 1 号隧道	315 kVA	1	设于进口
8	下东山特大桥	800 kVA	1	设于 1-33# 墩
9	王庄隧道	800 kVA	1	设于进口
10	西洋山 2 号隧道	315 kVA	1	设于出口
11	上东山隧道进口	800 kVA	1	设于进口
12	上东山隧道出口	1000 kVA	1	设于出口
13	马坑 3 号大桥	500 kVA	1	设于 4 号墩处
合计		7 475 kVA	13	

注：为防止停电，在特大桥及隧道工点，配备发电机 27 台，其中 300 kW 发电机 11 台、200 kW 发电机 8 台、75 kW 发电机 8 台，以满足施工需要。

和溪隧道进口及出口、石观音隧横洞及进出口各修建 1 座 150 t 高压水池，埔顶隧道出口修建 1 座 80 t 高压水池，上东山隧道进口、出口、洞身明挖段各设 1 座 60 t 高压水池，人面山隧道进口、下东山 1 号隧道出口、王庄隧道出口、西洋山 2 号隧道出口分别设 1 座 30 t 高压水池。采用 ϕ100 钢管作为主水管路从高压水池引至隧道口，以满足隧道施工用水需要，供水管路共铺设 ϕ100 的镀锌钢管 19.2 km。后门坑特大桥、和溪特大桥施工用水直接从和溪河中抽取。

六、施工通信

本合同段靠近城镇和交通运输道路，沿线人口密集，通信条件好，采用网络、程控电话、无线电话联系项目部及各工点，隧道内设置内线电话以便联络，个别情况下采用对讲机通信。

七、混凝土拌和站

合同段混凝土数量大、工期紧，设置 9 座混凝土集中拌和站，负责本标段内混凝土的供应，混凝土由混凝土运输车直接运至各工点。拌和楼（站）地面采用 15 cm 厚石碎石垫层、15 cm 厚 C20 混凝土面层硬化处理。混凝土拌和站设置情况如表 42.7 所示。

八、级配碎石和改良土拌和站

本合同段设 2 座级配碎石拌和站，分别设置在西洋山 2 号隧道左侧 300 m，DK43+400 右侧 500 m 处，分别负责 DK0+000 ~ DK19+560 和 DK36+160 ~ DK50+000 段路基级配碎石的拌和。

本合同段设 2 座改良土拌和站，分别设在 DK7+000 左侧和 DK38+430 左侧，负责路基改良土的拌和。

表 42.7　混凝土拌和站设置情况

序号	拌和站名称	拌和站位置	生产能力/（m³/h）	供应量/（万 m³）	供应范围
1	1 号拌和站	和溪特大桥 20～21 号墩左侧	60	10	供应和溪特大桥、后门坑特大桥、和溪隧道进口混凝土
2	2 号拌和站	石观音隧道 原设计斜井附近	60	10	供应和溪隧道出口、下楼中桥、石观音隧道进口及横洞混凝土
3	3 号拌和站	石观音隧道出口	60	8	石观音隧道出口、斗米大桥、埔顶隧道段混凝土
4	4 号拌和站	DK6+200 线路 右侧 100m	90	9.2	供应龙岩特大桥和 DK0+000～DK2+450 段混凝土
5	5 号拌和站	DK7+300 线路右侧 200 m	120	10.5	供应 DK2+450～DK9+407 段混凝土（龙岩特大桥除外）
6	6 号拌和站	DK11+700 线路右侧 500 m	180	15.3	供应下东山特大桥、DK9+407～DK13+005 段混凝土
7	7 号拌和站	DK12+850 线路左侧 50 m	60	4.1	供应上东山隧道进口混凝土
8	8 号拌和站	DK17+650 线路左侧 80 m	60	4.3	供应上东山隧道出口混凝土
9	9 号拌和站	DK18+500 线路左侧 50 m	60	4.5	DK17+662～DK19+560 段混凝土

九、炸药库设置

全标段共设置 4 座炸药库，具体如下：

和溪管段范围内设两个炸药库，1 号炸药库设于和溪隧道进口左侧山谷中，库容量 10 t，炸药库面积 60 m²。2 号炸药库设于石观音隧道设计斜井工点山谷中，库容量 10 t，炸药库面积 60 m²。两个炸药库均按公安机关和当地民爆部门规定执行，远离人群居住，满足安全距离。

龙岩管段设置 2 座炸药库，容量分别为 10 t，一座设置在人面山隧道出口附近，远离居民区的坡地上（既有炸药库），另一座设置在上东山隧道进口处。

第三节　预制 T 梁梁场建场施工

一、梁场选址原则

（1）全面考虑桥跨与梁型布置、工期、架桥机与架梁类型等因素进行梁场选址，采用平板车铁路运输选择在车站货场较适宜，采用运梁车工地运输选择桥群中间地段较为适宜。

（2）制梁场的场址应选在地质条件较好的地方，尽量减少土石方工程和基础加固工程量，降低工程费用。少占耕地，减少拆迁量。

（3）交通方便。尽量与已有公路或施工道路相连，利于大型设备和大量材料的运输。

（4）要考虑防洪排涝，确保雨季施工安全。

（5）梁场选址。

根据龙厦铁路工期变化和设计变更，前后共进行了龙岩制梁场、龙山制梁场、草坂制梁场等共 3 个梁场的建设。

① 龙岩制梁场设在龙岩市龙岩东站货场扩建范围内，制梁场在货场内按龙岩东—铁三洋线路分成左右两块区域，中间为既有车站。红线内面积共 16.53 hm²，其中可用面积约为 15.60 hm²，其余的为货场内的库房及其他房屋。制梁场与既有车站并列式布置，场地周围主要以农民住宅为主，属城

乡接合部，地势平坦而宽敞，交通非常方便。该处方便材料运输和预制梁的运输架设，利用货场扩建区域减少占用其他类型用地。

② 龙山制梁场设在漳州市南靖县龙山车站检修所范围内，主要利用车站填方段，红线内面积共 2.53 hm²，场地周围主要以农民住宅为主，属镇乡结合部，毗邻 324 国道。该处避免了填方施工，并与新建铁路平齐。

③ 草坂制梁场设在漳州市南靖县草坂车站范围内，红线内使用面积共 4.80 hm²。利用挖方段场地进行修建，减少了土石方工程。

二、梁场布置与设计

1. 梁场布置原则

（1）梁场布置紧凑合理，总体规划不仅要按制梁施工工艺流程进行设计，还要兼顾运架设备的安装和拆除。

（2）根据制梁施工工艺要求和移梁、运梁工序，合理布置生产区、存梁区、运梁便线、材料存放区，结合制梁数量和工期要求设置制梁台座、存梁台座的数量和搅拌站位置及砂石料存放场地的大小。

（3）梁场布置要使场内交通、供水、供电、供气、防火、防洪排涝、环保尽量合理，各个功能区布置位置和大小要能满足生产需要。

2. 梁场布置

根据 T 梁制造程序、工艺和运架设备要求，梁场布置形式各不相同，基本全部体现了现有国内 T 梁场模式。

（1）龙岩制梁场：制梁台座和存梁台座的布置采用统一方案，即采用横列式布置形式。梁场纵列平行于货场既有运输线路中心线，靠近既有线路平行布置依次为装梁区、二次张拉区、制梁区、生产辅助区。在制梁台座两端分别布置台车横移轨道，采用两台移梁台车实现 T 梁在梁场的转运。另外，在生产辅助区布置钢筋堆放区、钢筋加工房，桥配加工区、桥配库房，制梁区内侧布置 32 个制梁台座、制束区，外侧布置混凝土拌和站、砂石料场、生产办公用房等设施。跨越制梁区布置 2 台 10 t 龙门吊和 1 台 5 t 龙门吊走行轨道线，用于拆装模型和转放布料机等设备。钢筋采用钢筋房加工制作，转运到台座上进行现场绑扎。混凝土灌注配备 1 台 HZS90 型和 1 台 HZS60 混凝土拌和站，均采用电子自动计量系统，采用 2 台混凝土输送泵同时泵送，用 2 台布料机同时灌注 2 片 T 梁，连续灌注以水平分层、斜向分段的施工工艺，先底板后腹板最后顶板的方式灌注工艺流程。在货场既有线侧外设置 2 台 80 t 龙门吊，用于双层存梁和 T 梁的装车运输。利用 80 t 龙门吊内轨设置 1 台 3 t 龙门吊用于防水层、保护层的施工。从车站机 6 道引入进场轨道，铺设临时轨道 450 m，作为桥梁装车线使用。该梁场为典型泵送混凝土灌注方式和铁路运架方式的梁场。

（2）龙山梁场：制梁台座和存梁台座的布置采用统一方案，即采用并行式布置形式减少了横移梁作业。另外，在制梁区外侧布置模型整修区、制束区，内侧布置混凝土拌和站、砂石料场、钢筋堆放区、桥配加工区、钢筋加工房等设施。跨越制梁区布置 2 台 80 t、3 台 10 t、1 台 5 t 共用龙门吊走行线，1 台 10 t 龙门吊吊卸钢筋等物资、2 台 10 t 龙门吊用于拆装模型和吊运料斗等设备；80 t 龙门吊用于双层存梁和 T 梁的装车运输；3 t 龙门吊用于防水层、保护层的施工。钢筋在钢筋房加工制作，转运到台座上进行现场绑扎。混凝土灌注配备 1 台 HZS60 和 1 台 HZS90 混凝土拌和站，均采用电子自动计量系统，在龙门吊走行线旁设置一条运浆线，用 2 台料斗灌注混凝土，连续灌注以水平分层、斜向分段的施工工艺流程。该梁场为典型的小梁场，只有纵向移梁，采用料斗灌注方式和汽车运梁方式。

（3）草坂制梁场：制梁台座和存梁台座的布置采用横列式布置形式。在制梁台座两端分别布置移梁台车横移轨道，采用两台移梁台车实现 T 梁在制梁区和存梁区间的转运作业；在制梁区内侧布置制梁台座，修模区、制束区，外侧布置混凝土拌和站、砂石料场、钢筋堆放区、钢筋加工房，桥配加工区、机加工房和生产办公用房等设施；跨越制梁区布置 2 台 10 t 龙门吊走行线，用于拆装模型和转放布料机等设备；钢筋加工房设在修模区外侧，利用制梁区 10 t 龙门吊进行钢筋转移。混凝土灌注配备 2 台 HZS90 型混凝土拌和站，均采用电子自动计量系统，采用 2 台混凝土输送泵同时泵送，用 2 台布料机同时灌注 2 片 T 梁，连续灌注以水平分层、斜向分段的施工工艺，先底板后腹板最后顶板的工艺流程进行混凝土灌注作业；在外侧设置 2 台 80 t 龙门吊，用于梁片的存梁和装车运输；利用 5 t 龙门吊用于防水层、保护层的施工。该梁场为复合式布置于灌注和汽车运梁方式。

三、梁场规划

每个梁场均分为两个区域，生活区和生产区；主要包括办公区、物资存放区、制梁生产区、生产辅助区、二次张拉区、双层存梁区六大区域。

1. 生活办公区规划

（1）梁场生活办公区与生产区用砖砌围墙隔离，办公用房和生活住房分别设立，房屋间距符合安全规定要求，其他公共设施均按照中国中铁总公司的要求修建。区域内除绿化外的道路及场地进行硬化处理。

（2）设置领导及职能管理部门办公室、宿舍、医务室、食堂、浴室、厕所等公用设施。

（3）在梁场醒目位置处设置"五牌一图"，制作标准、格式按照集团公司宣传策划的相关文件要求办理。

（4）场内生活污水通过污水处理池集中处理后在向自然排放，给水、排水管道都按照施工要求铺设。

2. 制梁区规划

根据桥梁预制施工周期分析和福建温度情况，一个制梁台座占用时间为 3.5 d，按照梁场高峰期最大生产能力配置。

龙岩制梁场为考虑全线制梁，配置 32 个制梁台座，按 30 d/月 的时间计算，每月保证 137 孔梁的生产数量

龙山制梁场和草坂制梁场为龙岩制梁场的模板和设备分劈另建。龙山制梁场的生产规模按照日最大生产量 1.5 孔考虑。梁场设置制梁台座分三个区，共 12 座；草坂制梁场在模型、制梁台座的配置上，按月生产能力为 75 孔 T 梁的设计布置，配备 20 个制梁台座。

3. 存梁区规划

以保证月制架梁综合产出能力、施工规范的技术要求等确定存梁台座的最大数量，在这主要以技术要求的条件来计算存梁台座数量。

龙岩制梁场为考虑全线制梁，存梁区分两大部分，货线右侧存梁区及货线左侧存梁区，共可存梁 711.5 孔。

龙山制梁场设置 6 个存梁区，加上制梁台座，累计存梁数量可达到 53 孔。草坂制梁场存梁 85 孔设计布置。

4. 混凝土拌制区规划

根据每个梁场日混凝土需求最大量进行配置，现 T 梁场基本安装 2 台 90 m³/h 混凝土搅拌站已经能满足日常生产需求。

砂石料场大小取决于日生产量和预备储备量，安装 T 梁预制混凝土配合比进行方量计算，一般情况预备 7～14 d 的材料，以防止雨季或供应迟缓等。并在建设中每个料仓至少 2 个储仓，以区分待

检区与合格品区，且需要加盖雨棚。

5. 双层存梁区规划

T 梁采用垂直提升的方法垂直运输进行存梁，在用两台 80 t 龙门吊运输至二层存梁处。作业方式：跨梁作业；轨道采用道砟、枕木、钢轨的标准车行轨道。

6. 其他生产设施

钢筋房也根据日生产量和砂石料匹配储量来划分场地大小；其他材料库房、机加工车间都根据箱梁最大月产量来相应配置。

7. 制梁场场地硬化标准

T 梁制梁场场地硬化标准如表 42.8 所示。

表 42.8 T 梁制梁场场地硬化标准

序号	单位项目	单位	厚度	备注
一	生活区			
1	房屋内	cm	5	M5 砂浆抹面
2	主通道	cm	5	1.6 m 宽，C20 混凝土
3	其余通道	cm	5	1.2 m 宽，M5 砂浆抹面
4	篮球场区域	cm	10	C20 混凝土
二	办公区			
1	房屋内硬化	cm	5	M5 砂浆抹面
2	办公区硬化	cm	10	C20 素混凝土
三	生产区辅助区			
1	生产区房屋			
	房屋内地面硬化	cm	5	M5 砂浆抹面
2	拌和站地面硬化	cm	20	C20 素混凝土，承重区域
	拌和站地面硬化	cm	5	C20 素混凝土，非承重区域
3	钢筋房地面硬化	cm	10	C20 素混凝土
4	砂石料场场地硬化	cm	20	C20 素混凝土
5	场内道路	cm	20	6 m 宽，C20 混凝土
6	其余场地硬化	cm	5	C20 素混凝土
四	制梁区			
1	模型修整区	cm	15	C20 素混凝土
2	其他区域	cm	8	C20 素混凝土
五	存梁区			
1	运梁通道			6 m 宽，C20 混凝土

四、梁场资源配置

1. 模板配置

根据桥梁预制施工周期分析，模型周转使用周期按 2 d 计算，日 T 梁生产量，模型配置具体数量详如表 42.9 ~ 表 42.11 所示。

表 42.9　龙岩制梁场模型配置情况

序号	模型规格	单位	数量	备注
1	32 m 底模	套	28	
2	24 m 底模	套	4	
3	客线 32 m 侧模	套	12	边梁、中梁各 6 套
4	客线 24 m 侧模	套	4	边梁、中梁各 2 套
5	货线 32 m 侧模	套	2	边梁、中梁各 1 套
6	货线 24 m 侧模	套	2	边梁、中梁各 1 套

表 42.10　龙山制梁场模型配置情况

序号	模型规格	单位	数量	备注
1	32 m 底模	套	12	
2	24 m 底模	套	4	
3	客线 32 m 侧模	套	8	边梁、中梁各 4 套
4	客线 24 m 侧模	套	2	边梁、中梁各 1 套

表 42.11　草坂制梁场模型配置情况

序号	模型规格	单位	数量	备注
1	32 m 底模	套	16	
2	24 m 底模	套	4	
3	客线 32 m 侧模	套	18	边梁 12 套、中梁 6 套
4	客线 24 m 侧模	套	2	边梁、中梁各 1 套

2. 机械设备的配置

梁场配置的主要设备 80 t 龙门吊、10 t 龙门吊、移梁台车、90 混凝土拌和站、张拉设备、300 kVA 发电机等。表 42.12 为主要施工设备配置。

表 42.12　主要施工设备配置

序号	设备名称	规格型号	单位	龙岩数量	龙山数量	草坂数量	备注
一			动力设备				
1	电力变压器	S11-400、S11-1000	台	2	1	1	
2	柴油发电机组	GF250，300 kW、GF350，350 kW	台	2	2	2	
二			混凝土设备				
1	混凝土拌和站	HZS60，60 m³/h	台	1	1	1	
2	混凝土拌和站	HZS90，90 m³/h	台	1	1	2	
3	混凝土输送泵	HBT80-16-110S	台	3		3	
4	混凝土布料机	HGY18，18 m	台	2		3	

序号	设备名称	规格型号	单位	龙岩数量	龙山数量	草坂数量	备注
三		起重运输设备					
1	龙门起重机	QM80/10 t×32 m	台	4	2	2	
2	龙门起重机	MH10 t×17 m	台	1	1	1	
3	龙门起重机	MH10 t×30.5 m	台	2	2	2	
4	龙门起重机	MH5 t×30.5 m	台	1		1	
5	龙门起重机	MH3 t×30.5 m	台	1	1		
四		加工设备					
1	车床	C6140	台	1			
2	摇臂钻床	Z3050	台	1	1	1	
3	立式钻床	Z3125	台	1	1	1	
4	直流电焊机	ZX7-400	台	6	4	4	
5	交流电焊机	BX6-400	台	4	15	15	
6	调直切断机	CTJ4-14	台	2	2	2	
7	切断机	GC-40	台	6	5	5	
8	弯曲机	CW40	台	10	5	5	
9	钢筋对焊机	100 kVA	台	2	1	1	
五		张拉灌浆设备					
1	高压油泵	ZB4-500	台	10	8	8	
2	张拉千斤顶	YWC250，250 t	个	8	8	8	
3	张拉千斤顶	YWC300，300 t	个	2	2	2	
4	灰浆搅拌压浆机	JS700	台	2	1	1	
5	静载试验架	32 m 梁用	个	1	6	6	
6	静载千斤顶	80 t	个	6	2	2	
7	电动卷扬机	JJK-3，3 t	台	2	2	2	
8	搅拌机	JDC350，350 L	台	1	8	8	
六		计量设备					
1	电子汽车衡	SCS-100，100 t	台	1	1	1	
七		移梁设备					
1	移梁台车	80 t	台	10	4	6	
2	移梁卷扬机	JJK-5，5 t	台	8	4	4	
八	架梁设备						
1	架桥机	DLY170/DJ168	台	1	1	1	
2	轮胎式运梁车		套		6	8	
九		其他设备					
1	装载机	ZL50	台	2	2	2	
2	移梁平车	80 t	台	12			
3	移梁卷扬机	JJK-5，5 t	台	12	4	12	

3. 人员配置

根据施工任务的划分，制梁场主要成立 7 个科室，即办公室、技术室、质管室、安环室、材料室、机电室、试验室和调度室，负责制梁场日常的施工组织和质量控制。成立混凝土班、钢筋班、模型班、张拉班、装运班、机电班、桥配班和拌和站等 9 个工班来完成日常的工作任务。表 42.13 ~ 表 42.15 为各制梁场施工人员配置。

表 42.13　龙岩制梁场施工人员配置

序号	科室、工班	单位	数量	备注
1	场领导	人	5	
2	办公室	人	4	含派出所、司机、医务
3	技术室	人	2	
4	安质室	人	13	安监 3 人
5	材料室	人	6	
6	机电室	人	2	
7	试验室	人	8	计量 1 人
8	后勤及服务人员	人	16	食堂、巡守
9	调度室	人	4	
10	混凝土班	人	80	灌注 55 人，凿毛 10 人，养护 4 人，修补 11 人
11	桥面系工班	人	60	封锚 10 人，养护 6 人，防水层 14 人，保护层 16 人，小件预制 14 人
12	钢筋班	人	142	加工房 50 人，主筋 54 人，运料 8 人，面筋 30 人
13	模型班	人	110	拆模 30 人，立模 30 人，修整 20 人，小件安装拆除 30 人
14	张拉班	人	80	执束 7 人，穿丝拔管 17 人，抬丝 16 人，压浆 12 人，张拉 24 人割丝 4 人
15	装运班	人	122	龙门吊 20 人，叉车 2 人，装载机 4 人，装移梁 96 人
16	机电班	人	26	电工 6 人，焊工 8 人，机修人员 10 人
17	拌和站	人	14	搅拌站 6 人，泵机 5 人，其他 3 人
18	桥配班	人	20	
合计		人	714	

表 42.14　龙山制梁场施工人员配置

序号	科室、工班	单位	数量	备注
1	场领导	人	3	
2	综合办公室	人	4	含派出所、司机，总务
3	技术室	人	2	
4	质管室	人	9	
5	安环室	人	2	
6	材料室	人	4	
7	机电室	人	2	
8	试验室	人	8	计量 1 人
9	调度室	人	2	

序号	科室、工班	单位	数量	备注
10	后勤及服务人员	人	11	食堂5、巡守6
11	混凝土班	人	33	灌注20人，凿毛4人，养护3人，修补5人，工班长1人
12	桥面系工班	人	34	封锚4人，养护2人，防水层9人，保护层12人，小件预制6人，工班长1人
13	钢筋班	人	52	加工房20人，主筋18人，运料3人，面筋10人，工班长1人
14	模型班	人	43	拆模15人，立模15，修整5人，小件安装拆除7人，工班长1人
15	张拉班	人	31	执束3人，穿丝拔管2人，压浆9人，张拉14人，割丝2人，工班长1人
17	装运班	人	41	龙门吊5人，装移梁35人，工班长1人
18	机电班	人	15	电工5人，焊工5人，机修人员4人，工班长1人
19	拌和站	人	17	搅拌站6人，泵机5人，装载机2人，其他3人，站长1人
20	桥配班	人	10	
21	合　计	人	323	

表 42.15　草坂施工人员配置

序号	科室、工班	单	数量	备注
1	场领导	人	3	
2	综合办公室	人	6	含派出所、司机，总务
3	技术室	人	3	
4	质管室	人	9	
5	安环室	人	2	
6	材料室	人	7	
7	机电室	人	2	
8	试验室	人	8	计量1人
9	调度室	人	2	
10	后勤及服务人员	人	15	食堂6、巡守9
11	混凝土班	人	55	灌注40人，凿毛5人，养护3人，修补5人，工班长2人
12	桥面系工班	人	34	封锚4人，养护2人，防水层9人，保护层11人，小件预制6人，工班长2人
13	钢筋班	人	76	加工房20人，主筋30人，运料4人，面筋20人，工班长2人
14	模型班	人	57	立、拆模各20人，修整6人，小件安装拆除8人，工班长3人
15	张拉班	人	47	制束4人，穿丝拔管8人，压浆13人，张拉16人，割丝4人，工班长2人
17	装运班	人	47	龙门吊5人，装移梁40人，工班长2人
18	机电班	人	22	电工5人，焊工7人，机修人员8人，工班长2人
19	拌和站	人	19	搅拌站6人，泵机6人，装载机2人，其他4人，站长1人
20	桥配班	人	20	
合计		人	435	

五、梁场建设方案

梁场临时工程施工总体可分为四个大的板块，并分六个实施步骤实施。

四个板块为：生产、生活办公区临时房屋建设板块，制梁区、二次张拉区板块，双层存梁区板块，单层存梁场区板块。

六个实施步骤为：第一步"四通一平"工程，第二步"临时拌和站、临时房屋"工程，第三步"制梁基础"工程，第四步"展开全部施工作业"，第五步"铺装运梁道路"，第六步"制梁用主要设备安装调试"。

主要以制存梁台座施工为龙头，以铺装运梁道路为重点。

1. 生活办公区施工作业顺序

总体原则：先施工地面以下的建筑物，后施工地面建筑物；先施工急需用到的建筑，后施工余下的建筑；先施工食堂、住宿，后施工办公及配套，如图 42.2 所示。

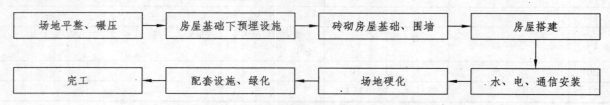

图 42.2　生活办公区施工作业顺序简图（项目开工顺序）

2. 生产区施工作业顺序

以生产区制梁设施建设为主线，重点抓住制梁台座和存梁台座施工，以保证这两项重点工程为目标，进而开展其他项目的施工。主要以突破拌和站基础设施建设、设备进场计划和设备安装调试的工作周期，进场后先以临时搅拌站为基础建设拌和站，完善其混凝土生产的其他配套设施，以达到在上述两项重点工程全面开展之际，能充分保障混凝土的供应。如图 42.3 所示。

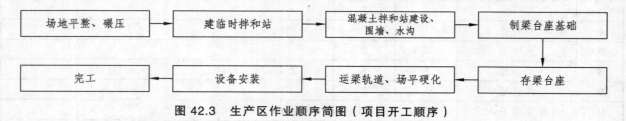

图 42.3　生产区作业顺序简图（项目开工顺序）

3. 作业区划分

按梁场建设板块划分作业面，大体上分为三个作业面。

第一个作业面：临时房屋搭建。

负责梁场生产、生活区临时房屋的搭建，临时房屋全部采用钢结构彩钢板房，就近选取施工作业队伍。

第二个作业面：制梁基础的施工。

负责梁场制梁台座、二次张拉区的存梁台座，主要施工项目包括：基坑，钢筋绑扎、浇筑台座基础。

第三个作业面：单层存梁区施工。

该作业面为后续作业。负责双层存梁区台座，轨道铺设，静载试验基础施工等全部作业。

六、梁场建设小结

根据以上对三个制梁场各项总结，可以看出三种梁场形式的基本建设和资源配置情况。通过此梁场的建设共同总结出一些细节的东西。

1. 注意事项

（1）材料库房窗户需开高窗。板房安装时候，窗户安装高点，可以有效采光，并能避免一定认为的破坏。

（2）生活区、办公区远离生产区，试验室、拌和站和制梁区要合区，减少拌和站和最远制梁区距离。

生活区远离生产区，避免过大的噪音和灰尘污染；办公区李开生产区较远，可避免噪音和灰尘影响；试验室、材料室尽量挨着，离砂石料近，离开拌和站的震动区域；拌和站与制梁区距离最远要适中。

（3）梁场大门需少开。制梁场为工厂化标准施工，为减少外部影响，制梁场一般办公区设置大门，砂石料进场和梁出场设置大门。

（4）T梁二次张拉区数量需配置足够。T梁预制初张拉后移梁出制梁台位，还需等待至龄期14 d或更多，终张拉等后道工序施工完后才能进行存梁。在此期间生产的梁片需都放在二次张拉区内待施工后道工序。故在日生产量一定的情况下配置二次张拉区数量，要满足后道工序施工时间的要求，避免存梁后施工，影响工序衔接。

2. 灌注方式

（1）龙岩制梁场原计划负责生产全部龙厦铁路预制 T 梁，所配置场地和设备也最多。计划日生产量在 8～12 片，采用泵送灌注混凝土。

（2）龙山制梁场因场地限制，区内设置比较紧凑，而且计划日生产量 4～6 片，混凝土方量在 200～320 m^3，采用斗送灌注混凝土。

（3）草坂制梁场日生产量 6～8 片，采用泵送和斗送结合的方式进行混凝土灌注。

（4）混凝土灌注一般情况下连续拌和至灌注完成，泵送混凝土需要 20 人左右先进行布管和安装，其间堵管和换管动作也需人操作，灌注期间更需保证泵机的性能良好。泵送混凝土润管和洗管需用水泥砂浆，其排放需要场地。根据实践，T 梁每片方量不大，总混凝土方量在 400 m^3 以下时，采用斗送混凝土的经济性更好。

第四节　铺轨基地建场施工

一、工程概况

龙厦铁路铺轨基地设在既有龙岩车站旁，沿着龙岩车站、按照纵列式布置，全长约 1 200 m、最宽处 65 m，共计占地约 5.3 hm^2。铺轨基地担负着龙厦铁路全线轨料的存、取功能，以及全线轨排的组装和运输任务（包括四个车站的站线轨排），施工起止里程 DK1+160～DK111+336，全线共铺轨 230.551 km（单线），其中正线铺轨 217.974 km（单线）（其中无砟道床铺轨 31.776 km（单线）），站线铺轨 12.577 km，铺新岔 55 组。

二、储存数量

（1）全线共铺设有砟轨道 198.775 km，需轨枕 33.7 万余根；

（2）一次性存放 500 m 长钢轨 900 根；

（3）储存道岔及岔枕 55 组；

（4）存放工具轨 90 km，25 m 钢轨 7 200 根；

（5）摆放路用平板车 169 个；

（6）摆放大型整道机一套、焊轨机 2 台。

三、建设规模

（一）生活区

前方生产需要的所有轨料均由铺轨基地负责，主要为前方拼装轨排，场内装、卸轨枕，装卸 500 m 长钢轨以及场内调车作业等，同时还担负龙岩车站改造工作，所以需要大量的各类管理人员及劳动力，根据工程量，高峰期同时居住 450 人，以满足生产需要。

生活区修建在龙岩车站外侧，沿线路股道平行布置，生活区占地 3 300 m²，长 180 m，宽 18.5 m，房屋主要排列为两纵排，两排房屋间距为 5.2 m 宽，作为一般运输车辆到生产区的通道，生活区主要设置食堂、办公区、宿舍、会议室、澡堂，卫生间、绿化带等，以满足居住生活要求。

（二）生产区

生产区占地 5 hm²，全长 1 200 m，最宽处 62 m，场内主要规划有：500 m 长轨存放区，轨枕及轨排存放区，工具轨存放区，道岔存放区，轨排组装场地等。生产房屋有：机械修理房、材料库房、配电房等。为了满足所有的轨料装卸、正常运输，及场内各种车辆机械的摆放及调车作业，场内共设置了 4 条股道，分别为场 1、场 2、场 3、场 4 线，场内设置了 6 台 16 t 移动式龙门吊，便于转运轨排及轨料。

1. 长轨存放区

长轨存放区配置为：固定式龙门吊、存轨台位、长轨运输线路。长轨存放区长 550 m，宽 17 m。场内设置 32 台 2 t 跨度为 17 m 的固定式龙门吊，平均间距为 16 m。存轨台位共 72 个。存轨台位长 12.5 m，宽 1.5 m，底层存 80 根，以后往上层逐渐减少两根，共存 14 层，最后一层放置 16 根长钢轨。钢轨存放层与层之间采用 10 mm 厚 50 mm 宽的钢板进行支垫。

2. 轨排组装区

在场 3 与场 4 线间由西向北依次设置轨排组装场 1、轨枕存放区、道岔存放区、工具轨存放区。

轨排组装场设置长度 125 m，按照 3 列布置，可以同时组装 375 m 线路，每天按照 8 h，3 个班进度，一天最大任务可以生产 2.2 km 线路的轨排，满足前方轨排铺设要求。

3. 轨排存放区

为了保证前方生产，铺轨基地考虑一次性存放 2.4 km 线路的轨排，轨排存放区长 100 m，轨排按照 4 纵排布置，高度按照 6 层堆码。

4. 工具轨及道岔存放区

工具轨存放长度为 50 m，宽度为 12 m，可以一次性轨存 90 km 线路需要的钢轨。道岔存放区为 600 m²，可以存放全线 55 组道岔。

5. 轨枕存放区

由于象山隧道阻挡，我部施工工期严重滞后，为了保证后续工期不受影响，龙岩基地原来存放区不能够满足施工生产需要，为了防止轨枕厂家对轨枕枕供应不足，龙岩铺轨基地轨枕轨枕存放区需要扩建，扩建规模要满足施工生产需要。

全线共需要各类轨枕 337 000 根，龙岩站到象山隧道间线路已经铺设了 6 500 根，还剩下 330 000 根，场内共存轨枕 200 000 根，约拼装 120 km 轨排，满足日均 3 km 施工约 40 d，剩下的 130 000 根轨枕在铺架的过程中，据工期要求每月存放轨枕约 3 万根，均能满足厂家供货能力和龙岩铺架基地存放能力的要求。

6. 场内轨道线路

为了保证龙厦铁路轨料装卸、正常运输，及场内各种车辆机械的摆放及调车作业，场内共设置了 4 条股道，分别为场 1、场 2、场 3、场 4 线，轨枕、500 m 长钢轨均是通过既有线运输到基地，为了连接基地及场内线路。龙岩车站客整所牵出线（K65+390）处插入一组 K1 号（P60 12 号右开）道岔，连接铺轨基地场内股道，牵出线车挡后继续延长 500 m，便于倒车、转线作业。同时 K1 号道岔前作为龙厦铁路铺架通道。场 1 线主要功能摆放机车及机车转线等作业，场 2 线主要功能是摆放各种施工机械及路用平板车，场 3 线主要是运输轨料及轨排，场 4 线主要是装、卸 500 m 长钢轨及长轨列车组装。

四、排水功能

闽西地区雨水较多，地面积水过多，就会发生不均匀下沉，使轨排及轨枕出现倾斜现象，500 m 长轨出现弯曲、扭曲现象、发生变形。我们沿着场内便道旁设置一条纵向主水沟，宽 0.6 m，深度为 0.6 m。每隔 15～20 m 设置一条横沟，使长轨存放区及轨枕区的水排到主水沟里面，及时把水排泄到城市地下管道里去。保证场内不产生积水现象。

五、轨料堆码

（一）轨料堆码一般规定

（1）轨料的堆放时，应由专人统一指挥进行，如果采用人工堆放时，要组织足够的劳动力。

（2）轨料应按指定的场地分类堆放，堆码稳固，不得压伤轨料和侵入限界。

（3）轨料装车不得超限、超载和偏载，并应捆绑牢固。料车运行中发现装载不良，必须立即停车整理加固。未经整理加固，严禁继续运行。

（4）轨料装卸作业现场应保持整洁，道路通畅，夜间装卸应有足够的照明。

（5）轨料堆放、装卸和搬运时，施工人员应按劳动保护有关规定穿戴防护用品。

（6）轨料卸车时，施工人员在列车未停稳前，不得打开车门及做其他影响安全的准备工作。开车门时，车上人员应离开车门附近，车下人员不得站在车门下面。

（7）装运超限轨料应按原铁道部现行的《铁路超限货物运输规则》的有关规定执行。

（二）轨料堆放

工具轨采用立放和扣放堆码，应符合下列要求：

（1）基层及各层之间支垫平稳；

（2）向上每层收台尺寸不宜小于一个轨底宽度；

（3）扣放不宜超过六层，如场地限制需高层堆码时，应加强支垫；

（4）在行车线两侧堆码时，应有临时支挡和捆绑措施。

（三）混凝土枕堆码应符合下列要求

（1）枕垛与所装卸的轨道基本垂直；

（2）堆码高度不宜超过 14 层，上下保持同位；

（3）每层间在承轨槽处用小方木等支垫，支垫物顶面高出挡肩或螺旋道钉 20 mm；

（4）地面应找平压实，支垫稳固，必要时可铺设木枕或用浆砌片石、混凝土等砌筑支垫平台。

（四）木枕堆码要求

（1）人工堆码木枕不宜超过10层。机械堆码不宜超过30层，每隔离5~7层应设置垂直方向的支垫木枕，以利于机械吊装。

（2）木枕堆放区应有防火设施，并与生活区分开。

六、安全措施

为了保证龙岩铺轨基地各项工作正常的进行，使施工生产走向正规化，安全生产是首要任务，根据作业场施工任务我们特制订以下措施保证施工安全，减少安全事故发生。

（1）各种材料及机械必须按照规范及要求堆码，不得侵限，堆码要求应符合国家和原铁道部现行的有关技术规定。

（2）所有施工人员着装整齐，不得穿拖鞋及高跟鞋，防止在场内产生滑跤现象。

（3）吊装作业时，必须统一指挥，不得擅自移动龙门吊，严格按照吊装作业有关规定办理。

（4）生活区及生产区每隔30 m配备防火及消防设备，并挂牌明示安全负责人。

（5）工间休息时，应将料具妥善放置在行车线限界以外。施工人员严禁在轨道上、易坍塌处等地方休息。

（6）施工人员上下班时，严禁在行车线上行走，施工人员在任何情况下严禁扒乘列车。

七、基地建设主要工程量

铺轨基地主要工程量如表42.16所示。

表42.16　铺轨基地主要工程量

序号	施工内容	规格型号	单位	数量	备注
1	生活房屋		m²	3 330	
2	龙门吊轨道基础混凝土	C20钢筋混凝土	m³	550	
3	场内铺底砟	2~5 cm	m³	2 000	
4	铺轨	P60/1 520	km	2.7	
5	道岔	P50 1/12	组	4	
6	安装龙门吊	2 t固定式	台	32	
7	安装龙门吊	10 t移动式	台	3	
8	安装龙门吊	16 t移动式	台	4	
9	存轨台位基础	12.5×1×0.8	个	72	
10	群吊基础	2.4×0.4×0.5	个	64	
11	围墙	2 m钢丝网	m	1 000	
12	进场道路硬化	C20	m³	1 200	5 m宽
13	填土		m³	2 300	
14	纵向排水沟	浆砌片石	m	1 200	

八、基地建设总结

生活区各项设施均满足施工人员日常生活，规划居住人员均能够满足施工生产，为前方提供了足够的劳动力，同时也顺利完成了龙岩车站改造工作。

　　长轨存放区设计合理，各项检测指标均满足承载力，500 m长钢轨没有发生变形现象，沉轨台位满足所有钢轨的承载力。

　　轨枕存放区、轨排存放区、轨排拼装场地、工具轨存放区、道岔存放区、硫黄锚固区布局合理，大量的减少了龙门吊来回吊装作业所用时间，增加施工功效，为施工生产提供了有力的保障。

　　场内股道线路设计合理，高峰生产时，满足各种车辆运输、路用平板车的调转作业及提供了长轨列车组装场地，为前方施工生产提供了动力。

第四十三章　路基工程

第一节　工艺试验

为全面掌握路基土石方工程的特点，龙厦铁路选取里程 DK7+630～+830 作为路基工程工艺试验区段。

一、试验路段的施工目标

1. 确定机械的规格、数量及最佳配套

本项工作的具体目的有两个，一是确定取土场的推土机、挖掘机与自卸汽车的配合方法；二是确定填筑、压实各工序机械设备的选型配套问题。

为了解决上述的两个问题，在路基试验段的施工过程中要详细记录所用机械台数与完成工程量的关系。机械的配套以挖掘机的能力决定其他配套机械的数量，同时应特别注意的是要保证有足够数量的压实机械，从而根据挖掘、装载、运输、填筑、碾压等各种机械施工的实际功能，选择有效的机械组合，确定配套的机械数量。

2. 确定施工工艺

本项工作的需解决的工艺问题有以下四个：
（1）最佳含水率及施工偏差范围；
（2）最大压实厚度、松铺系数、每车的体积、卸土间距；
（3）碾压遍数、压实顺序、碾压速度与压实度的关系；
（4）高程、边坡、横坡的测控方法。

3. 确定最优的施工组织

本项工作需解决的问题有以下两个：
（1）确定取土、装土、运输、铺筑、压实各工序间的配合衔接问题；
（2）确定测量人员、现场工程师、机械操作手、试验人员、普工的协作、联络调配问题。

二、施工设备、人员及填料

1. 施工机具配备

20 t 压路机 2 台；PY180C 平地机 1 台；TY-220 推土机 1 台；16T 自卸汽车 6 台；挖掘机 2 台；洒水车 1 台。

2. 人员安排

现场施工负责人 1 人，路基专业工程师 1 人，测量人员 4 人，试验人员 3 人，现场施工员 2 人，驾驶员 13 人。

3. 试验仪器配备

全站仪 1 台、水准仪 1 台、φ20 罐砂筒 1 套、电子天平 1 套、铝盒 3 个。

4. 试验段填料

本路基试验段的填料选择主线就近挖方段挖方。

三、路基试验段施工工艺

主要施工顺序如下：

（1）对原地面应进行表面清理；

（2）压实填筑区的原地面；

（3）检测原地面压实度；

（4）测量原地面高程；

（5）根据松铺厚度及自卸汽车运送土方量用石灰划出网格线，按网格布料，推土机大致铲平，平地机平整；

（6）测量各断面松铺厚度；

（7）碾压（先两次静压，后振动碾压），并分别测量相应测点的变化值，采用灌砂法分别测路基填筑压实度，直至碾压变形在 1 mm 以内为止，且压实度应不小于 93%；

（8）每碾压一遍，试验人员需定点测定干容重，直到干容重不再增加为止，测点分布于试验路段横断面的左、中、右，测点不得少于 12 个；

（9）现场工程师负责记录压实设备的类型和施工工序及压实遍数。通过试验来确定不同的机具、不同的填料的最佳含水率、适宜的松铺厚度和相应的碾压遍数、最佳的机械配套和施工组织。

1. 施工准备

（1）测量准备。

路基试验段开工前做好施工测量工作，其内容包括导线、中线水准点复测、横断面检查与补测，增设水准点等工作。施工放样时，根据路线中桩、设计图表和施工工艺准确放出路基中线、路堤坡脚及边沟具体桩位，在距线路中心一定安全距离处设立控制桩，其间隔不宜大于 50 m，并标明桩号与线路中心填挖高度。

（2）试验准备。

路基试验段施工前，试验室人员根据设计文件提供的资料，对取自取土场的路基填料进行复查和取样试验工作。取土场用作填料的土进行相关试验项目，其试验方法按《铁路工程土工试验规程》（TB 10102—2004）办理。

（3）清表。

对路基试验段的原地面应进行表面清理，清理深度应根据种植土或腐质土的厚度决定，清出的种植土或腐质土应集中堆放于线路右侧的路基坡脚至用地红线右边界的范围内并要求形状规整。在清表完成后，应对原地面进行整平压实，压实度大于 90% 以后才可以进行填土作业。

2. 分层填筑

根据松铺厚度及自卸汽车运送土方量用石灰划出网格线，按网格布料。试验段填料按路幅全宽均匀摊铺，摊铺厚度为 30 cm、35 cm、40 cm 三种（每种厚度可填一层进行试验），每层填料铺设的宽度较设计宽度每侧超出 50 cm，以保证修整边坡后的路堤边缘有足够的压实度。

3. 摊铺整平

层面压实前用推土机初平，测量土的含水率，在碾压前检测现场

含水率应控制在最佳含水率的 ±2%。根据施工面积确定洒水量，进行水车洒水，然后用平地机进行精平。

4. 碾压夯实

压实前由技术人员进行检查，确认分层厚度，平整程度以及填料含水率情况，符合要求之后进

行碾压。

路基填土压实宜采用振动压路机进行。压路机的碾压行驶速度开始时宜用慢速，最大速度不宜超过 4 km/h。碾压时直线段由两边向中间，小半径曲线段由内侧向外侧，纵向进退式进行。横向接头对振动压路机一般重叠 0.4～0.5 m。对三轮压路机一般重叠后轮宽的 1/2，前后相邻两区段宜纵向重叠 1.0～1.5 m。压路机按照压实部位、密度标准、填土厚度及控制压实遍数等要求，沿线路纵向进行碾压，碾压时先静压一遍，对存在的明显凸凹现象采用人工填平或用平地机进一步刮平后，然后按先慢后快，先弱后强的原则进行压实，碾压做到无漏压，无死角，确保压实质量。在碾压时应控制压实遍数，试验人员随时检查压实度以确定碾压遍数、填料的最佳含水率及松铺系数。

碾压完成后路面须形成 2%左右的横向排水坡，运至施工现场的填料，做到当天摊铺，当天平整碾压完毕。

5. 检测签证

试验段每层填筑施工完成，将测量资料，相关试验资料及施工段填筑时机械配备的大小、数量、类型及运输力量均应按实际情况进行统计和整理，并经监理工程师签认。如不满足要求，则及时调整，直到试验段填筑各项指标满足要求。

四、试验结论

1. 最佳机械组合方式

根据现场实际测算，挖掘机、装载机挖装时间、自卸车运土时间、推土机的平地机摊平整平时间及压路机的碾压速度，可以得出如下结论：

（1）土方路基填筑机械组合应以压路机的碾压速度和碾压遍数为组合起点，结合挖掘机、装载机的挖装工效进行机械组合；

（2）以一台压路机为例：配备一台挖掘机、一台推土机、一台平地机，运输车辆可根据运距、施工便道和工作面等实际情况进行配置，一个工作台班（8 h）可完成填土 1 000 m³（不含其他因素）左右。

2. 试验结果

根据试验结果和现场实践路基填筑分析得出：

（1）土方路基填筑划分以 100～150 m 作业较为适宜，在施工段落可分为检测区、碾压区、摊铺平整区、填料区等以减少机械的闲置等待时间。

（2）碾压遍数：6 遍；

（3）如遇特殊地段或填料发生变化的可视情况调整碾压遍数。

（4）填土路基的松铺厚度为 30 cm 以下，松铺系数控制在 1.3，以此控制现场施工。

（5）填料的含水率控制在最佳含水率的±2%之间。

（6）碾压方法：先轻后重，先两边后中间，行与行之间应重叠 40～50 cm，前后相邻区段应重叠 100～150 cm。碾压速度控制在不大于 4 km/h。

第二节　地基处理

一、挖除换填

软弱土地基挖除换填土根据土质情况和换填深度，将设计范围内淤泥、软弱土层全部或分段清除，整平底部，再比照路堤相应部位规定的填料、压实标准和填筑工艺进行回填。

二、水泥搅拌桩

利用水泥作为固化剂,通过特制的深层搅拌机械,边钻进边向软土中喷射浆液或雾状粉体,在地基深处就地将软土固化为具有足够的强度、变形模量和稳定性的水泥土。

1. 施工准备

(1)对段内施工用水水质进行取样复测,有侵蚀性水不得作为施工用水。

(2)施工时根据设计文件对路基范围内的管线进行调查核实和迁改,对没有迁改而施工中又可能对其造成影响的管线,加强施工防护。

(3)采集工点土样,进行室内配比试验,测定各数据,寻求满足设计要求的最佳水灰比、水泥掺入量及外加剂品种、掺量。

(4)成桩工艺试验:对室内水泥土配比试验结果进行现场成桩试验(不少于2根),满足设计要求的施工工艺和施工参数。

(5)水泥搅拌桩路基工点提前施工,经沉降和位移观测,在填筑至基床底层顶面时确定稳定后进行基床表层级配碎石施工,并与铺轨前进行了沉降评估。

2. 施工方法及工艺

(1)定位:起重机悬吊搅拌桩机到达指定桩位,准确对孔。

(2)预搅下沉:待搅拌机的冷却水循环正常后,启动搅拌机电机,放松起重机钢丝绳,使搅拌机沿导向架搅拌切土下沉至设计深度,下沉速度由电机的电流监测表控制。

(3)制备水泥浆:待深层搅拌机下沉到一定深度时,即开始按设计确定的配合比拌制水泥浆,待压浆前将水泥浆倒入集料斗中。水泥采用普通硅酸盐水泥(P.O32.5),水泥掺入量拟为被加固湿土重量的15%,水泥浆水灰比为0.45~0.55。

(4)喷浆搅拌提升:搅拌机下沉到达设计深度后,开启灰浆泵将水泥浆压入地基中,并且边喷浆、边旋转,严格按照设计确定的提升速度提升深层搅拌机。

(5)重复上下搅拌:深层搅拌机提升至设计加固深度的顶面高程时,集料斗中的水泥浆应正好排空。为使软土和水泥浆搅拌均匀,可再次将搅拌机边旋转边下沉,至设计加固深度后再将搅拌机提升出地面。

(6)清洗:向集料斗中注入适量清水,开启灰浆泵,清洗全部管路中残存的水泥浆,直至基本干净,并将黏附在搅拌头的软土清洗干净。

(7)移位:关闭搅拌机械,移动至下一桩位。

水泥搅拌桩施工工艺流程图如图43.1所示。

3. 质量控制

(1)预搅:软土应完全预搅切碎,以利于同水泥浆均匀搅拌。

(2)水泥浆不得离析:水泥浆要严格按设计的配合比配置,要预先筛除水泥中的结块。为防止水泥浆发生离析,可在灰浆搅拌机中不断搅动,待压浆前才缓慢倒入料斗中。

(3)确保加固强度和均匀性:

①压浆阶段不得发生断浆现象,输浆管道不能发生堵塞,成桩过程中因故停止,恢复供浆时应在断浆面上下重复搭接0.5 m喷浆搅拌施工。因故停机超过3 h,拆卸管道清洗,并在原桩位旁边补桩。

②严格按设计桩位、桩长、桩数、喷浆量以及试验确定的参数施工,控制喷浆和搅拌提升速度,喷浆量及搅拌深度必须采用经国家计量部门认证的监测仪器进行自动记录,且处于检定有效期内。

③桩体搅拌应连续、均匀,控制重复搅拌时的下沉和提升速度,确保加固范围内每一深度均得到充分搅拌,全桩长须复搅一次。机具下沉搅拌中遇有土阻力较大,应增加搅拌机自重,然后启动加压装置加压或边输入浆液边搅拌钻进。

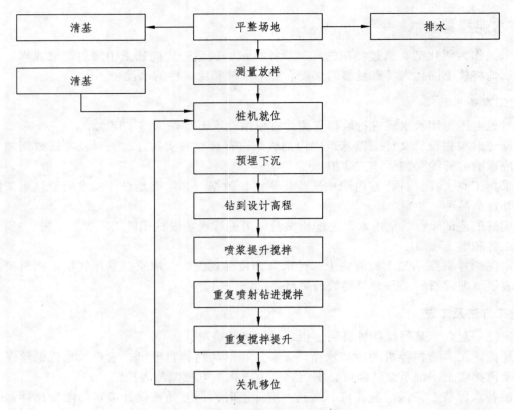

图 43.1　水泥搅拌桩施工工艺

（4）保证垂直度：搅拌桩要基本垂直于地面，要注意搅拌桩机底盘的水平和导向架对地面的垂直度，搅拌桩的垂直偏差不得超过 1.5%，桩位的偏差不得大于 10 cm；成桩直径和桩长不得小于设计值。

（5）确保壁状加固体的连续性：如设计要求相邻柱体要搭接一定长度时，原则上每一施工段宜连续施工。

（6）施工顺序宜按从中间向外围进行，或由一边推向另一边的方式施工。水泥搅拌桩施工完成28 天内不得有任何机械在上面行走，28 d 后按《建筑地基处理技术规范》（JGJ79—2002）要求进行检测，待检测合格后方可进行上部路基施工，按设计要求埋设地面沉降、位移观测设备并进行观测。

（7）路堤填筑前，人工挖除搅拌桩顶端施工质量较差的桩段，然后填筑碎石夹土工格栅垫层。

4. 质量检验

（1）施工原始记录：详尽、完善、如实记录并及时汇总分析，发现不符要求的立即纠正。

（2）进行不少于 2 根桩的成桩工艺性试验，经钻芯取样检验桩的完整性、均匀性、无侧限抗压强度与复合地基承载力满足设计要求后，确定各项工艺参数，方可进行大面积桩施工。

（3）成桩 3 天后，采用轻型动力触探检测桩身均匀性，抽检率为桩数的 1%；成桩 28 天后采用复合地基载荷试验检验承载力，抽检率为桩数的 0.5%，且每一工点不少于 3 处，成桩 28 天后检测桩身无侧限抗压强度，抽检率为桩数的 0.2%。

（4）按要求设置沉降、位移观测设备，进行沉降、位移观测，观测结果纳入竣工资料。

三、水泥粉煤灰碎石桩（CFG 桩）

加固深度小于 15 m 的湿软黏土、软土以及下伏基岩的一般软土地基，特殊情况加固深度 20 m 的，采用 CFG 桩处理。CFG 桩是水泥粉煤灰碎石桩的简称。它是由水泥、粉煤灰、碎石、石屑或砂加水拌和形成的高黏结强度桩，和桩间土、褥垫层一起形成复合地基。根据现场条件，CFG 桩采用长螺旋钻孔管内泵压混合料灌注成桩施工工艺进行施工。

1. 施工设备

长螺旋钻孔管内泵压 CFG 桩主要包括长螺旋钻孔机、混凝土泵和强制式混凝土搅拌机。

2. 施工工艺

施工工艺流程如图 43.2 所示。

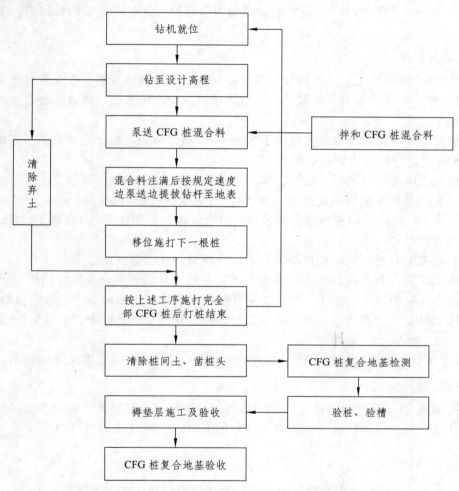

图 43.2　长螺旋钻孔管内泵压 CFG 桩施工工艺

3. 工艺要点与技术措施

（1）钻机就位：钻机就位应用钻机塔身的前后和左右的垂直标杆检查塔身导杆，校正位置，使钻杆垂直对准桩位中心，确保 CFG 桩垂直度容许偏差不大于 1%。

（2）混合料搅拌：混合料搅拌要求按配合比进行配料，计量要求准确，上料顺序为：先装碎石，再加水泥、粉煤灰和外加剂，最后加砂，使水泥、粉煤灰和外加剂夹在砂、石之间，不易飞扬和黏附在筒壁上，也易于搅拌均匀。每盘料搅拌时间不应小于 60 s。在泵送前应将混凝土泵料斗、搅拌机搅拌筒备好熟料。

（3）钻进成孔：钻孔开始时，关闭钻头阀门，向下移动钻杆至钻头触及地面时，启动马达钻进。一般应先慢后快，这样既能减少钻杆摇晃，又容易检查钻孔的偏差，及时纠正。在成孔过程中如发现钻杆摇晃或难钻时，应放慢进尺，否则较易导致桩孔严重偏斜、位移，甚至使钻杆、钻具扭断或损毁。根据桩长确定钻孔深度。当钻头到达预定高程时，在动力头底面停留位置处在钻机塔身上作醒目标注，作为施工时控制桩长的依据。

（4）灌注及拔管：CFG 桩成孔到设计高程后，停止钻进，开始泵送混合料，当钻杆芯管充满混合料后开始拔管，混合料泵送量应与拔管速度相配合，边灌注边提钻，保持连续灌注，均匀提升，做到钻头始终埋入混合料内 1 m 左右。严禁采用先提钻后灌注混凝土，形成往水中灌注混凝土的错误做法，遇到饱和砂土或饱和粉土层，不得停泵待料，避免造成混合料离析、桩身缩径、断桩和夹泥等。

（5）移机：当上一根桩施工完毕后，钻机移位，进行下一根桩的施工。施工时由于 CFG 桩排出的土较多，经常将邻近的桩位覆盖，有些还会出现钻机支撑时支撑脚压在桩位旁使原标定的桩位发生移动。因此，下一根桩施工时，还应根据轴线或周围桩的位置对需施工的桩位进行复核，保证桩位正确。

4．质量控制与要求

（1）为检验 CFG 桩施工工艺、机械性能及质量控制，核对地质资料，在工程桩施工前，应先做不少于 2 根试验桩，并在竖向全长钻取芯样，检查桩身混凝土密实度、强度和桩身垂直度，根据发现的问题修订施工工艺。

（2）施工桩顶高程高出设计桩顶高程不少于 0.5 m。通常桩顶混凝土密实度差，强度低，对此采取桩顶以下 2.5 m 内进行振动捣固的措施。

（3）为保证施工中混合料的顺利输送，施工中采取强制式搅拌机。

（4）桩身每方混合料掺加粉煤灰量 70～90 kg，坍落度控制在 160～200 mm。

（5）成桩过程中，应随机抽样做混合料试块，每台机械一天制作一组（3 块）试件，检查试件标准养护抗压强度符合设计要求。

（6）清土和截桩时，不得造成桩顶高程以下桩身断裂和扰动桩间土。

（7）冬季施工时混合料入孔温度不得低于 5 ℃，对桩头和桩间土应采取保温措施。

（8）为防止串孔应隔排跳桩施工。跳打要求及时清除成桩时排出的弃土，否则会影响施工进度。

（9）整个施工过程中，安排技术人员旁站监督，并做好施工原始记录，记录钻压电流值、孔深、单孔混合料灌入量、堵管及处理措施等。

（10）施工中桩长不小于设计值，桩位偏差不大于 0.4 倍桩径，垂直度允许偏差不大于 1%。

5．质量检验

质量检验在成桩 28 d 后进行，采用低应变动力试验检测桩身完整性，抽检率为桩数的 10%，承载力采用单桩及复合地基载荷试验，抽检率为桩数的 0.5%，且每工点不少于 3 处。

四、管桩

管桩型号：PHC-300，桩长根据设计图纸进行配置。管桩施工工艺如下：

（1）施工场地平整：将施工范围内的表土、杂物清理干净，将施工场地整平，基底应推成中间高两侧低的横坡，然后铺设砂垫层。

（2）测量放样：根据设计资料提供的起讫桩号，在砂垫层上放出路线中心线，在按照设计图纸放出桩位。

（3）桩机就位：桩机进场前先对机械设备彻底检查一次，发现问题及时修理，尽量减少机械设备在施工过程出现故障而影响工期，桩机进场后按测量人员交桩点组装桩机。

（4）桩位放样。

①管桩布设原则按正四边形布置。

②绘制一张较大的布桩图纸交给施工人员打桩时使用，施工一根桩就在图纸上相应的位置用红色标出，以免遗漏。

③根据布桩图纸放出具体的桩位，做出鲜明的标志。一般采用 16～18 cm 长的竹签插在桩位上，桩顶用红绳标出。

（5）施工步骤。

底桩就位→对中、调直→锤击沉桩→接桩→再锤击→再接桩→打至设计深度→收锤

① 底桩就位。

用单点吊将管桩吊直，将管桩头部插入桩锤下面的桩帽套内，再用人工扶住管桩下端将管桩桩尖在桩位处就位。需要注意：在底桩就位前，应在桩身上划出以米为单位的长度标记，并按从下至上的顺序标明桩的长度，以便观察桩的入土深度及记录每米沉桩锤击数。

② 对中、调直。

底桩就位后，在桩机前方、左或右方向，各放一个对中调直绳成正交方向进行观察，待桩身、桩帽、和桩锤的中心线重合后开始锤击沉桩。

③ 锤击沉桩。

在开始锤击底桩时，落距要较小，当入土一定深度并保持稳定后，再按要求的落距沉桩。在打桩过程中要自始至终保持桩锤、桩帽和桩身的中心线重合。如有偏差应即时纠正。

④ 接桩。

预应力管桩接头全部采用端头板四周一圈坡口进行电焊连接。当底桩桩顶露出地面 0.5～1.0 m 时可暂停锤击，进行管桩焊接。焊接坡口根部时应选用 $\phi 3.2$ 焊条，其余部分可选用 $\phi 4～5$ 焊条。施焊时，宜有两个焊工对称、分层、均匀、连续进行，且焊接层数不得少于两层，焊缝必须饱满。焊接后自然冷却 8～10 min 才能继续打桩。

⑤ 收锤。

当桩打到设计桩长即可以收锤。在收锤时注意按现场要求送桩。

（6）验收。

现场按施工总量的 100%验收。验收方法：用测绳量测。

（7）管桩质量控制与检验。

管桩质量控制检查项目及允许偏差表或允许值如表 43.1 所示。

表 43.1 管桩质量控制检查项目及允许偏差表或允许值

序号	检查项目		允许偏差或允许值	
		单位	数值	
1	成品桩质量：外观	无蜂窝、露筋、裂缝色感均匀、桩顶处无孔隙		
	桩径	mm	±5	
	管壁厚度	mm	±5	
	桩尖中心线	mm	<2	
	顶面平直度	mm	10	
	桩体弯曲	—	<1/1 000 H	
2	桩体质量检验	按有关检测规范		
3	接桩焊缝质量	[1]上下节端部错口	mm	≤2
		[2]电焊结束后停机时间	min	>1.0
		[3]上下节平面偏差	mm	<10
		[4]焊接层数	层	≥2
		[5]焊缝外观质量	无气孔、焊瘤、裂缝，满足要求	
4	桩位偏差	mm	≤50	
5	停锤标准	按设计桩长控制		

五、强夯

强夯法适用于处理密实度较低的碎石土、砂土、低饱和度的粉土与黏性土、素填土和杂填土等地基。

1．施工设备

（1）夯锤：锤重选用 30 t，形状为圆柱体，夯锤中设置上下贯通排气孔，排气孔直径取 25～30 cm。初步拟定夯锤直径 3.1 m，锤底面积 7.54 m²，锤底静压力 39.8 kPa，锤高 1.2 m（高度与直径的比值选用 1∶2.58 以防止产生偏锤现象）。

（2）起重机械：50 t 履带式起重机（起重能力大于夯锤重量的 1.5 倍），考虑到钢丝绳的承载力另配加滑轮组起吊夯锤。

（3）自动脱钩器：有足够强度，起吊不产生滑钩；脱钩灵活，能保持夯锤平稳下落。

（4）推土机：用 TY220 型填平夯坑，同时作为履带式起重机的地锚以防止落锤时履带式起重机倾覆。

2．施工准备

（1）场地平整，清除表层土，进行表面松散土层碾压，修筑机械设备进出道路，排除地表水，施工区周边作排水沟以确保场地排水通畅防止积水。

（2）查明强夯场地范围内地下构造物和管线的位置及高程，采取必要措施，防止因强夯施工造成损坏。

（3）若邻近有建筑物，先在靠建筑物一侧挖减振沟或其他减振措施。

（4）测量放线，定出控制轴线、强夯场地边线，钉木桩标出夯点位置，并在不受强夯影响地点，设置若干个水准基点。

3．施工工艺

施工工艺流程如图 43.3 所示。

（1）强夯试夯：强夯前，根据设计拟定的强夯参数，提出强夯试验方案，进行现场试夯。待试夯结束一至数周后，对试夯场地进行测试，并与夯前数据进行比较，检验强夯效果，确定正式施工采用的各项强夯参数。

（2）施工前先按设计的高程整平施工场地，并做好防震措施。各夯点放线定位，夯完后检查夯坑位置，发现偏差及漏夯及时纠正。

（3）夯锤落距：由于锤重 30 t，所以落距须大于 10 m，具体数据由试夯确定。每次夯击前，检查落距并做详细记录，以确保夯击能量达到设计要求。

（4）夯击点布置：夯击点布置采用正方形或等边三角形排列。

第一遍夯击点间距取夯锤直径的 2.5～3.5 倍，第二遍夯击点位于第一遍夯击点中间，以后各夯击点间距适当减少。

（5）夯击遍数与击数。

夯击遍数根据地基土的性质确定，采用 2～4 遍。对渗透性较差的细粒土，必要时增加夯击遍数，最后再以低能量满夯 2 遍，满夯可采用轻锤或低落锤多次夯击，锤印搭接。低能量满夯的搭接不得小于四分之一夯锤直径。

夯点的夯击次数，按现场试夯得到的夯击次数和夯沉量关系曲线确定，同时还要满足：单击夯击能不大于 3 000 kN·m，最后两击的平均夯沉量不大于 50 mm；夯坑周围地面无过大隆起以及不因夯坑过深而起锤困难这三个条件。夯击时每个夯击点的夯击击数都安排专人进行检查和记录，确保夯击击数，保证强夯质量。

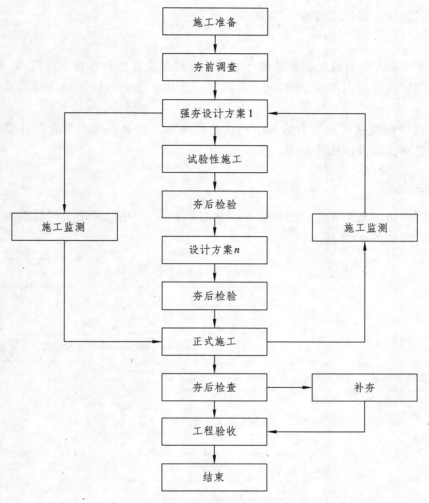

图 43.3　强夯施工工艺

（6）夯击遍数间隔时间：各夯击遍数之间的间隔时间，取决于土中超静孔隙水压力的消散时间，对黏性土地基一般间隔时间不少于 3 ~ 4 周。正式强夯时首先保证夯击遍数间隔时间，并做详细记录，其次可根据实际情况调整施工流水顺序，安排合理的流水节拍，力争使各区段间达到连续夯击。坚决杜绝间隔时间未到就强行施工现象，确保强夯质量。

（7）强夯顺序：第一遍强夯完毕并经过间隔时间后进行第二遍强夯、第三遍强夯。

4. 质量控制与要求

（1）正式强夯时按试夯所确定的强夯技术参数进行。施工控制标准以各个夯击点的夯击数为准，同时保证最后两击夯沉量差值不大于 50 mm。施工时保证落距大小，夯够夯击击数，按照夯击间距和跳夯顺序，保证夯击遍数和各遍之间的间隔时间，认真施工，逐个检查，仔细复核各个技术参数，确保无误并做详细记录。夯击时确保落锤平稳、夯位准确，若错位或坑底倾斜过大，用改良土将坑底整平再夯。

（2）及时排除夯击坑内积水，坑底含水率过大时，先铺砂石再进行夯击。每夯击一点，记录夯击击数；每夯击一遍，测量场地平均夯沉量，并做详细的现场记录。一遍夯击完后，检查复核有无漏夯的夯击点以及每个击点夯击次数够不够以便及时进行补夯。每一遍夯击之后，用推土机推新土将击坑填平，以备下一次夯击。三遍夯击完成后，最后再以低能量排夯一遍，锤印搭接 1/2 ~ 1/3 夯痕以加固被振松的表层土。

（3）雨季施工时及时排出场地积水，夯坑回填土先用推土机稍加压实并稍高于附近地面，防止坑内土体吸水过多致使夯击出现橡皮土现象。

5. 质量检验

强夯施工结束 7 d 后对地基加固质量进行检验。检测点位置分别布置在夯坑内、夯坑外和夯击区边缘，每一个强夯区段检测点不少于 3 处，检测深度不小于设计处理深度。检验采用标准贯入试验及静力触探试验。

质量检验还包括检查强夯施工中的各项测试数据和施工记录，凡不符合设计要求的地方均采取补夯或其他有效措施，以确保施工质量。

六、塑料排水板

塑料排水板按等边三角形布置，顶部插入砂垫层 0.3 m，砂垫层采用含泥量不大于 5%的中粗砂。塑料排水板施工工艺如图 43.4 所示。

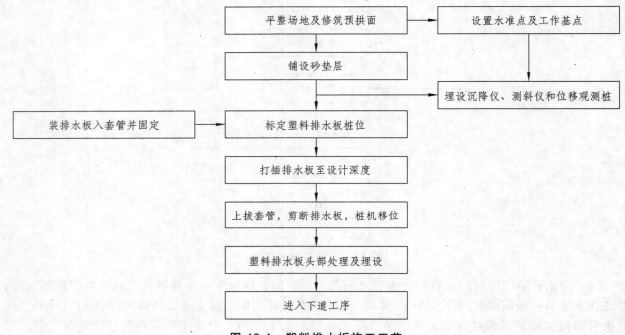

图 43.4　塑料排水板施工工艺

1. 施工程序

装靴→定位→插设→上拔→切断→移位。

2. 施工注意事项

砂垫层填料选用渗水率较高的粗砂，插板机设有明显的进尺标志，使打入深度满足设计要求，并确保排水板完全穿透软土层。塑料排水板与桩靴的连接要可靠，桩靴对导管下端口密封要严，以免进泥使排水板被带出。若被带出在旁边重插。

排水板位置准确，板桩间距偏差不大于 15 cm，排水板垂直插入软土中，倾斜度不大于 3°，不得使排水板扭曲或断裂和损坏透水膜，否则更换或重打。

桩头伸入砂垫层尺寸满足设计文件和技术规范要求，并按规定埋设桩头。

上拔导管带出的淤泥不得弃于砂垫层上，以免堵塞排水通道。

第三节　一般路基施工

在进行大面积填筑前，根据选用的填料和摊铺压实机械，选取有代表性的地段和部位，对不同性质填料分别进行填筑工艺试验，确定填料级配、含水率、摊铺厚度、压路机行走速率和碾压（夯实）遍数等关键的施工工艺参数。

针对本线路过渡段多、部分路基工点长度较短的特点，以两个结构物或每 200 m 路基为一个工区进行路基填筑，填筑按路基横断面全宽一次分层填筑，纵向分层压实，不同性质填料分别在不同段落或层次填筑。

一、施工工艺

施工工艺流程如图 43.5 所示。

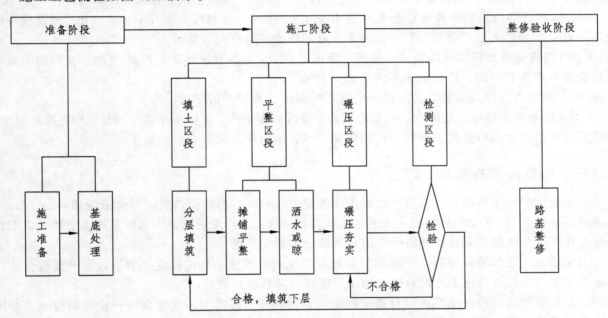

图 43.5　基床底层及以下路堤填筑施工工艺流程图

二、工艺要点与技术措施

（1）路堤填筑前清除基底表层植被及腐殖土，挖除树根，做好临时排水设施。地基表层为松散土层时，厚度不大于 0.3 m，将原地表碾压密实；厚度大于 0.3 m 时，将松土翻挖，分层回填压实或采取其他地基加固措施，碾压后的密度满足地基系数 $K_{30} \geqslant 0.8$ MPa/m、相对密度 $D_r \geqslant 0.7$ 的规定。地基表层为软弱土层，其静力触探比贯入阻力 P_s 值小于 1.2 MPa，根据软弱土层的性质、厚度、含水率、地表积水深度等，采取挖除换填等地基加固措施。

（2）原地面横坡为 1：5～1：1.25 时，原地面要挖台阶，台阶宽度不小于 2 m。当基岩面上的覆盖层较薄时，先清除覆盖层再挖台阶；当覆盖层较厚且稳定时，可予以保留，即在原地面挖台阶后填筑路堤。地面横坡陡于 1：1.25 地段的陡坡路堤，必须检算路堤整体沿基底及基底下软弱层滑动的稳定性，抗滑稳定安全系数不小于 1.25。否则，采取改善基底条件或设置支挡结构物等防滑措施。

（3）测出基底处理后的原地面高程，依照设计资料精确测放路基边线及线路中心线，打桩标记；直线地段每 20 m 一个桩，曲线地段每 10 m 一个桩，并在桩上做出虚铺厚度的标记。

（4）路基填筑采用横断面全宽一次分层填筑、纵向水平分层压实方法。当原地面高低不平时，先从低处分层填筑，并由两边向中心填筑。

（5）不同类别的填料分别填筑，每一水平层的全宽采用同一组别的填料填筑，每种填料累计总厚度不小于 50 cm。对于不同种类的填料，遵循有利于层间土层的渗透反滤的原则施工。

（6）按工艺试验确定的所处部位（基床底层以下路堤或基床底层）的合理摊铺层厚，进行分层上土，虚铺厚度控制采用"方格网法"和"挂线法"，填筑时路基两侧各加宽 50 cm 以上，以保证边坡压实质量。

（7）使用推土机初平，再用平地机精平。摊铺整平过程中尤其注意防止填料离析，使每一摊铺层填料中的粗细料摊铺均匀、层面平整。

（8）洒水或晾晒，填料的含水率应控制在工艺试验确定的施工允许含水率范围内。在填料生产场未做含水率调整的填料含水率较低时，应及时采用洒水措施，含水率过大时，采取摊铺晾晒措施降低填料含水率。

（9）按工艺试验确定的碾压速度、碾压遍数，用重型振动压路机按先两边后中间（曲线地段先曲线内侧后曲线外侧），先慢后快的原则进行碾压。各区段交接处互相重叠压实，纵向搭接长度不小于 2 m，纵向行与行之间的轮迹重叠不小于 40 cm，上下两层填筑接头错开不小于 3 m。如发现有凹凸不平现象，采用人工配合及时补平，使碾压好的路面平整度符合要求。

（10）用普通重型振动压路机按上述规定碾压后，再采用具有连续压实控制/智能压实功能的振动压路机进行碾压和检测，以控制压实质量的均匀性。

（11）对埋有沉降观测装置的周边不能碾压的部位，采用冲击夯进行夯实。

（12）填至基床底面、基床表层底面高程后，及时恢复中线，进行水平高程测量，检查路基宽度。按照设计结构尺寸进行路面整修后，达到路面平整，横向排水坡符合设计要求。

三、质量控制与要求

（1）对生产的填料除在填料生产过程中按规定进行取样检验外，填筑时对运至现场的 A、B、C 组填料还按每生产 10 000 m³ 抽检一次的频次检验颗粒级配。当发现运至路基填筑现场的填料级配有明显变化时，及时抽样复查，并将检测信息反馈给填料生产场。

（2）在每一层的填筑过程中，确认填料颗粒级配的含水率、松铺厚度、填层表面平整符合设计及施工工艺参数后，再按工艺试验确定的碾压速率和遍数进行碾压。

（3）基底换填及路堤填筑按设计规定的检测频次和压实标准对压实质量进行检测和控制。基床底层及以下路堤压实标准详见表 43.2 及表 43.3。

表 43.2　正线基床以下路堤填筑压实质量检验标准

填料	压实标准	细粒土	粗粒土	碎石类
A、B 及 C 组填料或改良土	地基系数 $K_{30}/$（MPa/m）	≥90	≥110	≥130
	压实系数 K_h	≥0.90	—	—
	孔隙率 n/%	—	<31	<31

表 43.3　速度 200 km/h 正线基床底层填筑压实质量检验标准

填料	压实标准	细粒土	粗粒土	碎石土
A、B 组填料及改良土	地基系数 $K_{30}/$（MPa/m）	≥110	≥120	≥150
	压实系数 K	≥0.95	—	—
	孔隙率 n/%	—	<28	<28

第四节　特殊路基施工

龙厦铁路 DK103+750～DK103+810 段处于溶洞区，采用注浆加固措施。加固范围为左侧堑顶至基床底层下 4 m，注浆孔间距 2 m，采用正方形布置。

（1）注浆水泥采用 PO32.5 水泥，水玻璃 38～43 °Be，模数 2.4～3。水泥浆液水灰比为 1∶1。注浆压力为 0.3～0.5 MPa。

（2）通过注浆前注水试验，调整材料配比和注浆压力等工艺技术参数。

（3）注浆孔要跳孔施钻，不得全部钻孔完后再注浆，以免孔位串浆。注浆钻孔孔位移动不超过 0.5 m。

（4）注浆过程中除要加强地面观测（水平位移、冒浆点位置、地面沉陷等）外，还必须加强地表变形监测，堑顶外 10 m 设一排观测桩，纵向间距不大于 50 m，过渡段范围及非均质地区要加密观测剖面。

（5）注浆结束后及时用水泥砂浆封孔至孔口。

第五节　路堑施工

一、土质、软质岩及强风化硬质岩路堑

土质、软质岩及强风化硬质岩路堑开挖前，首先进行排水设施施工。按照"永临结合"的原则对临时排水设施进行周密规划，避免积水冲刷边坡、浸泡边坡坡脚，并于路堑开挖施工前完成所有临时截、排水设施的施工，保持边坡的稳定。

地形平缓的浅路堑采取全断面纵向开挖方法；当路堑长度较短，挖深较大时，采取横向分台阶开挖方法；路堑较长且深度较大时，采取纵向分层分台阶开挖方法；当地形起伏，且路堑长度大、开挖深，采取纵横向分台阶结合的开挖方法。

路堑开挖采用挖掘机自上而下、分层进行，纵向开挖坡度不小于 4%，在每一开挖层路基两侧设临时排水沟，以便及时将路堑开挖中的渗水和雨水排出开挖面，保持开挖层面不被水浸泡。

边坡防护、边坡平台及其上截水沟的施工与开挖紧密衔接，开挖一段，防护一段。

基床表层以下地基表面做成向两侧 4% 横向排水坡，且基床范围内不得夹有静力触探比贯阻力 P_s 值小于 1.5 MPa 或 $[\sigma]$ 小于 0.18 MPa 的土层，否则进行改良或加固处理。当基床底层为黏性土或泥质类软岩时，在基床底层下部换填 0.5～1 m 的改良土或 A、B 组填料，换填 A、B 组填料时表面铺一层复合土工膜。

1. 施工工艺流程

施工工艺流程如图 43.6 所示。

2. 工艺要点与技术措施

（1）路堑开挖前，首先进行排水设施施工。做好截水沟，并做好防渗工作，保证边坡稳定。

（2）开挖过程中经常检查边坡位置，防止边坡部位超挖和欠挖；边坡部位预留不小于 20 cm 土层，采用人工配合机械进行边坡修整，并紧跟开挖进行；施工中及时测量，开挖至边坡平台时，预留不小于 20 cm 保护土层，待人工施作平台及其上截水沟时开挖，表面做成向外侧 4% 的排水坡。

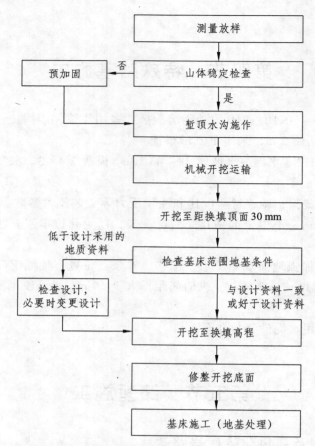

图 43.6 土质与软质岩及强风化硬质岩路堑施工工艺流程

（3）防护紧跟开挖，随挖随护。刷坡修整随时检查堑坡坡度，避免二次刷坡造成不必要的浪费。坡面坑穴、凹槽中的杂物清理后，嵌补平整。

（4）当开挖接近路堑换填底面设计高程时，及时测量开挖面高程，预留 30 cm，对基床范围内的地基进行检测，检测土质和压实标准是否满足设计要求，满足要求，则继续开挖至基床底层顶面按设计要求同相邻路基段同步填筑基床表层；若地基条件不能满足设计要求时，则按设计进行处理。

（5）弃土至弃土场后，用推土机推平后，大致碾压平整，使之整齐、美观、稳定，周围砌筑防护设施，确保弃土堆周围及其上排水畅通，不对周围的建筑物、水源及其他任何设施产生干扰或损坏。

3. 质量控制与要求

（1）路堑开挖过程中始终保持排水系统畅通。

（2）路堑基床换填宽度、深度必须满足设计要求；沿线路纵向每 100 m 抽样检验 5 个断面。

（3）刷坡修整随时检查堑坡坡度，路堑边坡坡率不得偏陡。路堑边坡变坡点位置、边坡及侧沟平台位置、宽度允许偏差按《新建时速 200 公里客货共线铁路工程施工质量验收暂行标准》要求控制。

二、硬质岩路堑

硬质岩路堑采用梯段松动控制爆破方法施工，靠近边坡和路基面预留光爆层，实施光面爆破。路堑基床凹凸不平处以 C25 混凝土填平。

1. 施工工艺流程

硬质岩路堑开挖施工工艺流程如图 43.7 所示，梯段控制爆破施工工艺流程如图 43.8 所示，光面控制爆破施工工艺流程如图 43.9 所示。

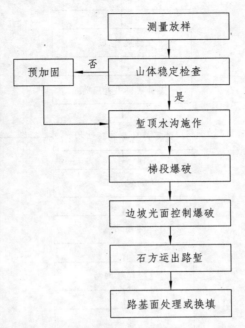

图 43.7　硬质岩路堑开挖施工工艺流程

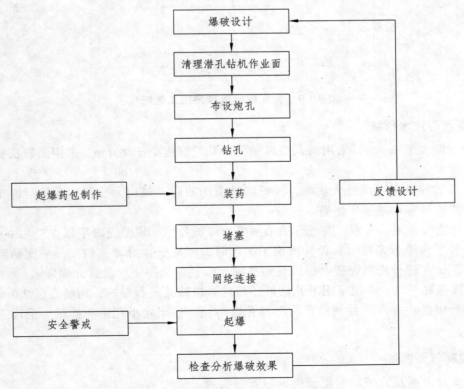

图 43.8　梯段控制爆破施工工艺流程

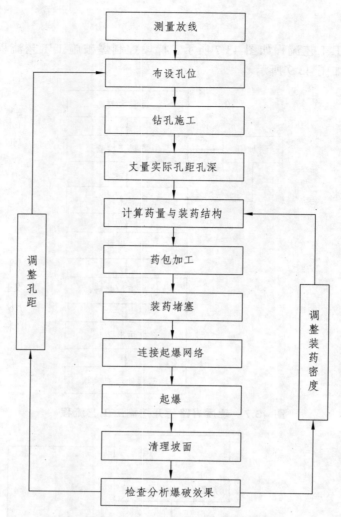

图 43.9　光面控制爆破施工工艺流程

2. 工艺要点与技术措施

（1）开挖深度大于 6.0 m，采用潜孔钻机钻孔；开挖深度小于 6.0 m，采用凿岩机钻孔，实施梯段松动控制爆破。

（2）为提高破碎效果，降低大块率，降低爆破震动效应，采用大孔距、小排距梅花形布孔，导爆管毫秒雷管实施逐排微差挤压爆破。

（3）为确保边坡稳定、美观，路堑开挖采用光面爆破技术，预留光爆层厚 1.5～2.0 m。如边坡设计有平台，可分平台进行光爆。如设计坡面无平台时，可从堑顶沿坡面钻孔，一次钻到坡脚进行光爆。采用凿岩机钻孔进行光面爆破时，因受钻孔深度限制，采用小台阶式光面爆破。

（4）为确保基底平整，不论采用潜孔钻机还是凿岩机钻孔进行爆破，到最底层 2.0 m 时，均用凿岩钻机钻孔进行爆破，并严格控制钻孔深度和孔底高程，适当缩小孔距和排距，采用逐排微差起爆方法。

3. 质量控制与要求

（1）爆破设计方案报有关部门审核批准后方可实施。

（2）装药前对炮孔孔距、排距、孔深、钻孔方向进行量测，按实测孔网参数调整药量。严格控制用药量，确保爆破不造成路堑边坡隐患和对邻近建筑物的损伤或隐患。每次爆破时对照爆破设计文件核对各项爆破参数和装药量。

（3）靠近预留光爆层的主炮孔适当减少装药量，根据光爆层厚度设计。

（4）现场制作炮泥或利用钻孔岩渣进行炮孔堵塞，堵塞长度满足爆破设计要求，捣固密实，杜绝不堵或用废包装纸堵塞炮孔。

（5）光面爆破保证坡面完整平顺、无根坎、无安全隐患，局部凹凸差不大于 15 cm；沿线路纵向每 100 m 抽样检验 5 处。

（6）确保路堑开挖边坡坡率不偏陡，沿线路纵向每 50 m 单侧边坡抽样检验 8 点（上、下部各 4 点）。路堑边坡变坡点位置、边坡及侧沟平台位置、宽度允许偏差按《新建时速 200 公里客货共线铁路工程施工质量验收暂行标准》要求控制。

第六节　填料改良施工

基床以下路堤采用 A、B、C 组或改良土填筑，当采用 C 组填料中的细粒土、粉砂和易风化软块石土时，要采取隔水或加强边坡防护措施。基床底层采用 A、B 组填料或改良土填筑。基床表层、部分过渡段采用级配碎石填筑。填料来源于隧道弃渣或路堑挖方，不足部分从取土场借土；石方在填料生产场经解小、破碎、筛分后生产成 A、B 组及 C 组填料。各种路基填料均采用厂拌法生产，拟在沿线设置 6 处填料生产场，在填料生产场配备破碎筛分设备。

一、A、B、C 组填料

1. 生产工艺流程

A、B、C 组填料生产工艺流程如图 43.10 所示。

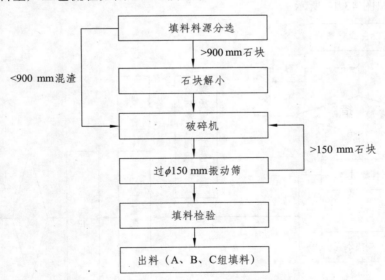

图 43.10　A、B、C 组填料生产工艺流程

2. 工艺要点与技术措施

料源分选：根据路基填筑的不同部位，对路堑挖方和隧道弃渣中不易风化的料源进行相应分选。选用路堑挖方与隧道弃渣中的硬质岩石加工 A、B 组填料；对满足 C 组填料标准的土石，当粒径及级配满足要求时，直接进行填筑；当粒径及级配不满足要求时，经填料生产场破碎筛分后，再用于基床以下路堤的填筑。

将料源粒径大于 900 mm 的进行二次解小，用皮带输送机将混合料输入破碎机破碎，再经孔径为 150 mm 的振动筛筛分，使其生产填料的粒径全部小于 150 mm，振动筛下填料分别隔离堆放。

堆放料时用装载机在振动筛出料口处及时转运，分层堆放，防止形成自然坡角的料堆，避免颗粒发生离析，以保证成品填料颗粒级配的均匀性。

对破碎筛分出的集料的颗粒级配、颗粒密度等项目分批进行试验检测。

3. 质量控制与要求

正常情况下，每生产 10 000 m³ 抽检一次颗粒级配，以分析评价级配的波动情况，并进行颗粒密度试验，为检测填筑施工的压实质量提供标准参数。

填料生产过程中，随时观察目测出料级配情况，当出料级配发生明显变化时，增加抽检试验次数，将级配相差较大、细粒含量小于 15%、15%～30% 和大于 30% 的集料，按 A、B、C 组填料的标准分别堆放。

二、物理改良土

全风化细粒土通过掺入 20%～25% 的碎石改良后，可用于路基下部位填筑，同时加强边坡防护。硬质岩块直接用于基床底层及以下路基填筑时，要满足《新建时速 200 公里客货共线铁路设计暂行规定》的粒经要求，否则要进行级配改良。

三、化学改良土

料源改良方法根据其塑性指数而定，当塑性指数小于 11 时，采用掺入 5% 的水泥进行改良，当塑性指数大于 11 时，采用掺入 5% 的石灰进行改良。

（一）生产工艺流程

生产工艺流程如图 43.11 所示。

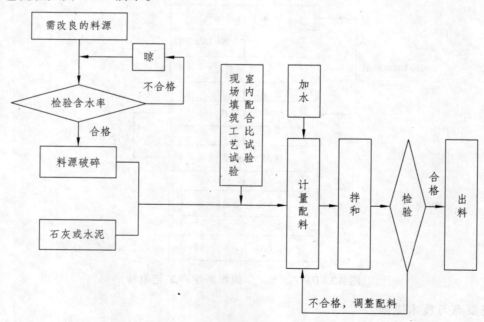

图 43.11 改良土填料生产工艺流程

（二）工艺要点与技术措施

1. 原料制备

A 料源晾晒与破碎：选取隧道出渣和路堑挖方作为改良填料的原料，在填料生产场用土料破碎机破碎成粒径小于 10 mm 的填料。如土料改良混合后的含水率高于最优含水率的 2% 时，则将填料进行晾晒，再进行粉碎。粉碎好的土料要进行覆盖，防止雨淋或水分损失。

B 石灰消解及过筛：使用消石灰时，在使用前 7 ~ 10 d 充分消解。每吨石灰消解需用水量一般为 500 ~ 800 kg。消解后的石灰保持一定的湿度，以免过干飞扬，但也不能过湿成团；消石灰过孔径 10 mm 的筛，并尽快使用；当采用生石灰时，选用磨细生石灰粉。

2. 配合比试验及验证

A 对需改良的料源进行自由膨胀率、液塑限、天然含水率、天然密度试验，对拟掺入的改良剂按设计及材料质量要求进行相关试验。

B 在设计改良剂掺量范围内每递增 1%掺量为一组配合比配成的混合料分别做重型击实试验和无侧限抗压强度试验，确定改良土的最大干密度和最优含水率，验证饱和无侧限抗压强度。

C 根据室内试验所选的初步配合比，进行填筑工艺试验，验证室内试验配合比并确定施工工艺参数。

3. 计量配料

拌和前先测定料源和石灰的含水率，如混合料的含水率低于最优含水率 2%，则按混合料含水率大于最优含水率 2%，计算需增加水量，再将该土料与改良剂和水按上述"2."确定的重量配合比，确定生产用配合比，按生产配合比进行计量配料。

4. 拌和

按配合比将原料及外掺料准确计量后，采用稳定土拌和机拌和。为保证路基填筑质量，改良填料应随拌随用。

5. 检验

对拌和好的填料分批进行检验，合格后直接用于路基填筑，如检测不合格，则重新进行拌和，并检查原因，及时进行修正。

（三）质量控制与要求

（1）对路堑地段用作改良的土料或隧道出渣抽样检验其中有机质和硫酸盐含量、液塑限、自由膨胀率、天然含水率、最大干密度和最佳含水率，检验按同一土源每 5 000 m³ 为一检验批，当土质发生变化时应增加检验批。

（2）正常情况下，化学改良外掺料（石灰或水泥）同一厂家、品种、批号每 200 t 为一检验批进行检验，每批抽样检验 1 次。

（3）每工班生产混合料前测定土料和石灰的含水率，换算施工配合比。混合料拌和生产过程中，随时观察目测混合料含水率变化情况，正常情况下，每一工作班抽检三次（每次不大于 2 000 m³），第一次必须在拌和开始时检验，如发现生产过程有异常，增加抽查试验次数，根据含水率、石灰或水泥含量检测信息及时调整配料比例，使混合料符合要求。

四、级配碎石

级配碎石利用采购的 25 ~ 45 mm、16 ~ 25 mm、7 ~ 16 mm、小于 7 mm 四种规格的粗细集料，分别按基床表层的粒径级配范围要求，通过室内试验和现场填筑工艺试验验证取得的配合比，进行配料，经具有自动计量装置的拌和机拌和，生产出级配稳定、质量合格的级配碎石混合料。为保证填筑压实质量，填料随拌随用。

1. 级配碎石厂拌法生产工艺流程

级配碎石厂拌法生产工艺流程如图 43.12 所示。

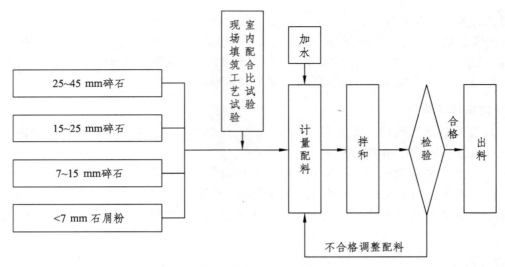

图 43.12　级配碎石生产工艺流程

2．工艺要点与技术措施

（1）外购 25～45 mm、15～25 mm、7～15 mm、小于 7 mm 四种规格的碎石和石屑粉集料。

（2）储存集料时用装载机及时转运，分层堆放，防止形成自然坡角的堆，避免颗粒发生离析，各种集料隔离堆放。

（3）根据各集料用级配碎石方孔筛的筛分结果，按《新建时速 200 公里客货共线铁路设计暂行规定》规定的粒径级配范围要求，分别设计出三种基床表层级配碎石配合比例。

（4）按设计的配合比例进行室内击实试验和现场填筑工艺试验，从中分别优选出合适比例、并求得混合料颗粒密度和最优含水率。

（5）采用具有自动计量配料系统的拌和机，按试验确定的配合比（加水量根据气候及运距在最优含水率基础上增加 1%～2%）进行配料和拌和，以获得颗粒级配稳定和含水率合适的级配碎石混合料。

（6）经检测混合料级配、含水率符合工艺试验确定的允许范围方可出场。

3．质量控制与要求

（1）各种集料进场过程中，每 2 000 m³ 进行一次颗粒级配检验，并进行试配混合料的颗粒级配、颗粒密度、重型击实的最大干密度、最优含水率试验，同时进行黏土团和其他杂质含量的检验（其他项目每料场抽样检验 2 次），其检测指标符合设计要求。

（2）每工班生产混合料前测定粗细集料的含水率，换算施工配合比。级配碎石混合料拌和生产过程中，随时观察目测混合料级配和含水率变化情况，正常情况下，每一工作班抽检三次（每次不大于 2 000 m³），第一次必须在拌和开始时检验，如发现生产过程有异常，增加抽查试验次数，根据颗粒级配、含水率检测信息及时调整配料比例，使混合料符合要求。

第七节　过渡段施工

龙厦铁路过渡段类型主要有桥路过渡段、路堤与横向结构物过渡段、隧路及桥隧相连地段过渡段等多种形式。结构类型多，施工工序复杂，填料来自填料生产场或混凝土拌和站，压实标准及检测频率均按路基相应部位要求控制。过渡段填筑前的地基压实采用冲击压实或重型机械碾压。

一、桥路过渡段

桥路过渡段采用级配碎石分层填筑，过渡段与相邻路堤同步填筑。填料摊铺按设计要求选用不同填料。

1. 施工工艺流程

施工工艺流程如图 43.13 所示。

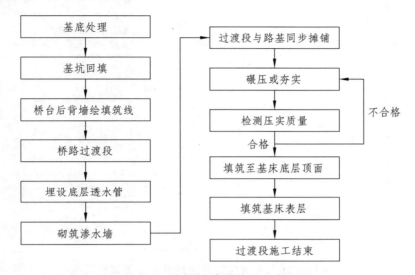

图 43.13　路桥过渡段施工工艺流程

2. 工艺要点与技术措施

（1）过渡段基底处理与桥台及相邻路基的地基同时进行，过渡段填筑与相邻路堤同步施工。

（2）按设计对各过渡段的基底进行处理，检验合格后再进行上层填筑。

（3）将填料生产场拌和好的混合料用自卸汽车尽快运输到现场，防止水分蒸发损失过多。

（4）台后每层摊铺厚度为相邻路堤分层摊铺厚度的 1/2，按工艺试验确定的参数进行碾压夯实。

（5）台后每层摊铺厚度与相邻路堤分层摊铺厚度相匹配，采用压路机按工艺试验确定的碾压遍数、行驶速率及碾压程序进行碾压。

3. 质量控制与要求

（1）对生产的级配碎石混合料生产过程中按规定进行取样检验，填筑时按相应的频次检验颗粒级配和含水率。并将检测信息反馈给填料生产场，以对配料比例做相应调整，使生产的级配碎石混合料符合要求。

（2）每一层的填筑过程中，确认级配碎石混合料颗粒级配、含水率的均匀性、铺筑厚度、填层表面平整符合设计及施工工艺参数后，再按工艺试验确定的碾压速率和遍数进行碾压夯实。

（3）过渡段填筑压实质量与一般路基相同按相应部位要求控制。

二、路堤与横向结构物过渡段

路堤与横向结构物连接处等纵向刚度变化地段，采用级配碎石填筑，基坑以 C15 混凝土回填。

（1）施工工艺流程如图 43.14 所示。

（2）工艺要点与技术措施。

①过渡段基底处理与横向结构物及相邻路基的地基同时施工。

②按设计要求对基底进行处理，经检查验收合格后再进行上层填筑。

③将填料生产场拌和好的混合料用自卸汽车尽快运输到现场，防止水分蒸发损失过多。

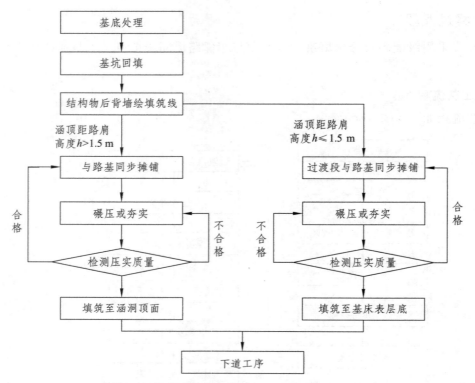

图 43.14　路堤与横向结构物过渡段施工工艺流程

④ 结构物两侧每层摊铺厚度为相邻路堤分层摊铺厚度的 1/2，按工艺试验确定的参数进行碾压夯实。

⑤ 横向结构物两侧每层摊铺厚度与相邻路堤分层摊铺厚度相匹配，采用压路机按工艺试验确定的碾压遍数、行驶速率及碾压程序进行碾压。

（3）质量控制与要求同上。

三、路堤路堑过渡段

当路堤与路堑连接处为坚硬岩石路堑时，在路堑一侧沿原硬质岩坡面横向开挖台阶，台阶高度 0.6 m。在路堤一侧设置过渡段，基床表层以级配碎石由路堤的路肩高程向硬质岩石路肩施工高程顺坡，长度不小于 10 m。过渡段采用级配碎石填筑，充分振动压实。

当路堤与路堑连接处为软质岩石或土质路堑时，路堑一侧沿坡面按 1∶2 的坡率挖台阶，台阶高度 0.6 m，衔接长度不小于 10 m。与路堤同步填筑相同填料。

1. 施工工艺流程

施工工艺流程如图 43.15 所示。

2. 工艺要点与技术措施

（1）在路堑一侧顺原地面横向按设计要求的坡率开挖台阶。

（2）路堑为软岩或土质时，过渡段与路堤同步采用相同的填料分层填筑；路堑为硬质岩时，过渡段与路堤同步分层填筑，过渡段填筑级配碎石。

（3）过渡段填筑至基床底层顶层后，在堑堤分界处施作横向排水砂沟，内置软式排水管将路基水引排到路基外。

（4）硬质岩路堑路堤过渡段基床表层采用级配碎石填筑，土质、软质岩及强风化硬质岩路堑路堤过渡段基床表层填筑同相邻路基。

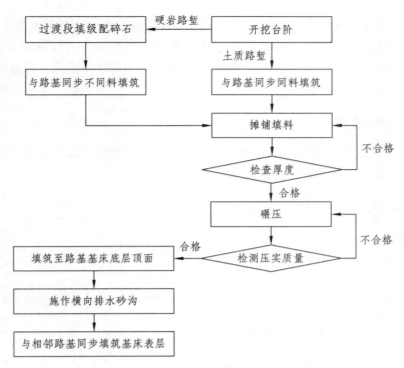

图 43.15 路堤路堑过渡段施工工艺流程

四、隧路过渡段

隧道与土质、软质岩、强风化硬质岩石路堑相接时，在路堑基床范围内设置过渡段，采用掺加5%水泥的级配碎石填筑。宽度为 11.8 m，厚度由 2 m 阶梯式渐变至 0.6 m，单侧最小长度不小于 20 m。施工方法、工艺及措施与"桥路过渡段"中一致。

五、半填半挖路基及不同岩土组合路基

土质与软质岩或强风化硬质岩组成的非均质路基，基床表层以下挖除换填 A、B 组填料，换填厚度：软质岩、强风化硬质岩不小于 0.5 m，土层、全风化层不小于 1 m。挖除换填地基土的底部设 4%的向外排水坡。

土质与硬质岩组成的非均质路基，基床表层以下挖除换填级配碎石，换填厚度不小于 0.5 m。挖除换填地基土的底部设 4%的向外排水坡。

陡坡地段的半填半挖路基，为保证路基横向刚度和防止横向差异沉降的产生，基床表层以下挖除换填均质填料。当挖方地段为土质、软质岩或按软质岩路基处理地段，挖除换填同填方路基基床材料，换填厚度：土质及全风化层 1 m，软岩及强风化硬质岩 0.5 m。当挖方地段为硬质岩或按硬质岩路基处理地段，挖除换填级配碎石。换填底部设置 4%的向外排水坡。

施工工艺、方法及措施参考路堤路堑过渡段施工。

第八节 路基基床施工

基床表层按路基横断面全幅拉开距离分层填筑，分三层填筑，每层填筑厚度 20 cm，曲线地段外侧超高均匀分配到每一层，但确保每层厚不超过 25 cm。当分两层填筑每层超过 25 cm 时，则采取均分三层填筑的方法施工。采用摊铺机摊铺，重型振动压路机振动碾压密实。为保证基床表层施工质

量，每一填筑区段不少于 200 m，并严格按"四区段、八流程"施工工艺组织施工。

在进行大面积填筑前，根据生产的填料和选用的摊铺压实机械，进行填筑工艺试验，确定填料施工配合比、施工控制含水率、摊铺厚度、压路机行走速率和碾压（夯实）遍数等关键的施工工艺参数。

一、A 组填料地段施工

A 组填料填筑地段施工方法及工艺参考见本章第三节《一般路基施工》中"基床底层及以下路基填筑施工方法及工艺"中的相关内容。

二、级配碎石地段施工

1. 施工工艺流程

施工工艺流程如图 43.16 所示。

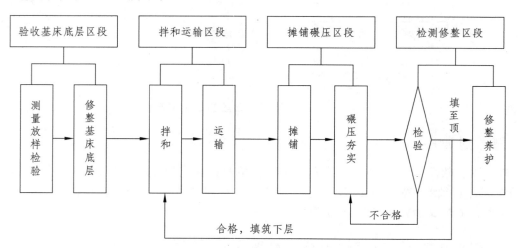

图 43.16 基床表层填筑施工工艺流程

2. 工艺要点与技术措施

（1）基床表层填筑前对基床底层的压实质量和几何尺寸进行复查确认。

（2）对路堑换填地段，当开挖至换填底面高程时，将开挖表面整理平顺整齐，并按设计做成向两侧的横向排水坡。

（3）依照设计资料精确测放路基边线及线路中心线，打桩标示；直线地段每 10 m 一个桩，曲线地段每 5 m 一个桩，并在桩间挂线标示出填料分层摊铺厚度。

（4）将拌和好的级配碎石混合料用自卸汽车尽快运输到现场，防止水分蒸发损失过多。

（5）采用摊铺机按工艺试验确定的摊铺厚度铺摊，曲线超高段将超高均匀分摊到每层上，但确保每层厚不超过 25 cm，当分两层填筑每层超过 25 cm 时，则采取均分三层填筑的方法施工。摊铺前根据测量标线调整好摊铺机左右的控制高度。

（6）摊铺时，在摊铺机后面配备人员及时消除粗细集料离析现象。对于粗集料"窝"和粗集料"带"，应添加细集料并拌和均匀；对于细集料"窝"，应添加粗集料，并拌和均匀。

（7）整形后，当表面尚处湿润状态时应立即进行碾压。如表面水分蒸发较多，明显干燥失水，在其表面喷洒适量水分，再进行碾压。

（8）直线地段，由两侧路肩开始向路中心碾压；曲线地段，由内侧路肩向外侧路肩进行碾压。碾压时，遵循先轻后重、先慢后快的原则，先采用轻型压路机静压几遍，然后再采用重型压路机振动碾压；压路机的碾压行驶速度开始采用慢速，以后几遍逐渐加快，但最大速度不超过 4 km/h。沿线路纵向行与行之间压实重叠不小于 40 cm，各区段交接处，纵向搭接压实长度不小于 2 m，上下两层填筑接头错开不小于 3.0 m。

（9）用普通重型振动压路机按上述规定碾压后，再采用具有连续压实控制/智能压实功能的振动压路机进行碾压和检测，以控制压实质量的均匀性。

（10）表面修整养护。局部表面不平整，要洒水补平并补压，使其外形质量达到设计要求。已施工的基床表层禁止任何车辆通行。

3. 质量控制与要求

（1）对生产的基床表层级配碎石混合料除在混合料生产过程中按规定进行取样检验外，填筑时对运至现场的级配碎石混合料还按每工班不少于一次的频次检验颗粒级配和含水率。当发现运至路基填筑现场的混合料级配或含水率有明显变化时，及时抽样复查，并将检测信息反馈给填料生产场，以对配料比例做相应调整，使生产的级配碎石混合料符合要求。

（2）在每一层的填筑过程中，确认级配碎石混合料颗粒级配、含水率、铺筑厚度、填层表面平整符合设计及施工工艺参数后，再按工艺试验确定的碾压速率和遍数进行碾压夯实。

（3）基床表层级配碎石填筑压实质量和检测频率均按《新建时速 200 公里客货共线铁路工程质量验收暂行标准》要求控制。

第九节　路基防排水施工

施工前对照现场核对全线排水系统的设计，检查路基边沟、侧沟、天沟等地表排水设施与天然沟渠和相邻的桥涵、车站等排水设施及路基面排水、坡面排水、电缆沟槽两侧排水衔接情况，确保设计的排水工程组成完整的排水系统。结合地质、地形情况，按照"永临结合"的原则规划临时排水设施，具备条件的地段按设计做好排水工程以及施工场地附近的临时排水设施，然后再做主体工程。不具备施作排水工程的地段，先做好临时排水设施，条件许可时及时完成永久排水工程。

排水工程严格按照设计图纸施工。天沟采用浆砌片石砌筑，砂浆采用拌和机拌和，做到砌体砂浆饱满，石料尺寸选配合理，强度满足要求，石料颜色一致，勾缝采用凹缝，墙面平整、美观。挖方段的天沟，以及路基填筑的临时排水工程，尽量在雨季到来之前完成。

（1）施工前对原地面复测，检查是否有利于排水，以核实图纸上的位置是否符合实际。

（2）路堑开挖过程中按设计图纸及时施作边沟、截水沟等永久及临时排水设施。

（3）排水沟的沟壁必须平整密实，沟内不留松土，沟底要平顺，遇有洞穴采用填塞夯实的方法进行，使排水畅通。各类排水设施注意进出口的衔接，以确保施工质量与路基稳定。

（4）截水沟的水要排到两端低处的涵洞或排水沟中。

（5）砌体采用挂线挤浆法砌筑。块石及镶面片石由人工用花锤修面修边，块石一丁一顺分层砌筑，要求砂浆饱满，无瞎缝、通缝，勾缝采用平缝压槽工艺。

第十节　路基防护工程施工

各种防护设施在稳定的地基和坡体上施工，在设置支挡工程、排水设施地段，先做好排水设施和支挡工程，有地下水露头时先做引排处理，再施作防护工程。防护先将坡体表面浮土、石块清刷干净，填补坑凹部分，使坡面大体平整，施工时与土石坡面密贴结合，背后不留空隙，施工中加强现场监控。

路堑防护工程紧跟开挖施工，从上至下刷出一级边坡就防护一级边坡；松软土路堤的边坡防护待路基沉降稳定后进行。

一、截水骨架

（1）先清除边坡上松土，并按设计坡度削坡，施工坡脚脚墙。

（2）在削好的坡面上，按设计要求进行 M7.5 浆砌片石砌筑骨架，采用坐浆法浆砌施工，砌筑从下到上逐条砌筑骨架，在骨架的内侧设置挡水坎，挡水坎要圆顺，确保雨水能够顺利汇入侧沟中。

（3）砌筑施工要求挂线施工，做到坡面平整、平顺。

（4）沿线路方向每隔 15 m 设伸缩缝，缝宽 2 cm，缝内用沥青麻筋全断面填塞，每隔 50～60 m 设置一道检查踏步。

二、土工格栅的铺设

用于边坡加固的双向土工格栅沿线路方向铺设，两幅间搭接长度不小于 0.5 m。

铺设土工格栅时，土层表面要平整，不容许有褶皱，尽量拉紧，并用竹钉固定，不得有坚硬凸出物，严禁碾压机械直接在土工格栅表面上进行碾压。铺设多层土工格栅时，其上、下层接缝要交替错开，错开距离不小于 0.5 m。

三、浆砌片石护墙

选用色泽均匀，结构密实，不易风化，无裂缝、开裂和结构无缺陷的硬质石料，抗压强度不小于 30 MPa。片石最小厚度不小于 15 cm，表面无泥土、水锈。

护墙施工前做好场地排水。施工时，土质基坑防止浸泡。当基坑有渗透水时及时排除；如渗水量较大、基底地质不好，及时上报设计部门，按设计方案处理。

基底承载力、断面尺寸符合设计要求，方可进行砌筑。浆砌石采用挤浆法分段进行砌筑，不得有水平通缝。砂浆拌和严格按照配合比准确计量，机械拌和，确保砂浆标号不低于设计标准。墙背反滤层、防渗层及泄水孔严格按图施工，保证排水顺畅。按设计要求设置沉降缝，缝内两侧平齐无搭叠，及时进行墙体养生。

墙趾前有水沟，在护墙砌筑完成后及时将水沟做好。墙趾前的基坑及时回填夯实，做好向外倾斜坡。

浆砌片石采用挤浆法分层分段砌筑，勾缝采用平缝压槽法。防护与坡面密贴接合，砌体咬口紧密，无干缝、通缝和瞎缝，砂浆饱满。砂浆配合比通过试验确定，采用磅秤计量，采用砂浆搅拌机拌和砂浆，并按规定制作砂浆检查试件。砌体结构尺寸采用框架模型挂线控制，施工过程中经常复核。砌体及时用草袋、麻袋覆盖，进行洒水养护。

质量标准：墙面平顺、整齐，墙顶及两端与路基边坡连接处密贴封严；伸缩缝、沉降缝整齐竖直，上下贯通；塞缝材料符合要求；泄水孔坡度向外，无堵塞现象。

浆砌片石护墙工程施工工艺流程如图 43.17 所示。

四、复合土工膜的施工

主要用于基床加固，起隔水作用。

（1）检测复合土工膜下承层的密实度、高程及路拱成型，确保达到设计要求。

（2）按设计要求由中线向两侧铺设位于复合土工膜下的中粗砂，铺砂时整平、压实（或夯实）。

（3）在底砂层满铺复合土工膜时要平整，纵向搭接长度不小于 30 cm，且顺坡搭接，以防雨水流入膜下。

（4）铺设膜上中粗砂面层时，同样要求平整，洒水、压实（或夯实），且禁止车辆通行。

（5）复测线路中线、高程、宽度及厚度，并做好记录。

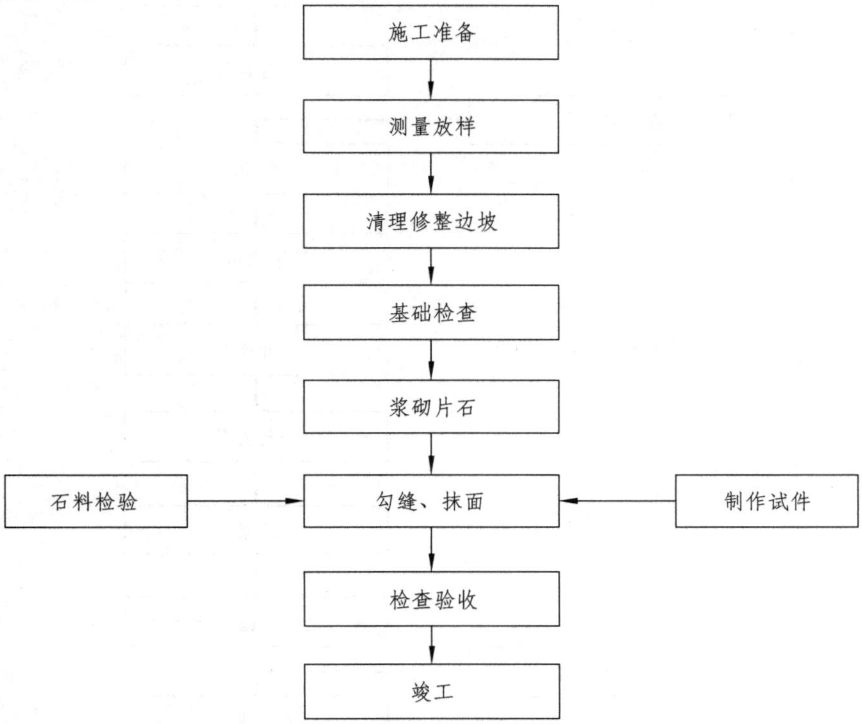

```
┌──────────┐
│  施工准备  │
└────┬─────┘
     ↓
┌──────────┐
│  测量放样  │
└────┬─────┘
     ↓
┌──────────┐
│ 清理修整边坡 │
└────┬─────┘
     ↓
┌──────────┐
│  基础检查  │
└────┬─────┘
     ↓
┌──────────┐
│  浆砌片石  │
└────┬─────┘
     ↓
┌────────┐   ┌──────────┐   ┌────────┐
│ 石料检验 │→ │ 勾缝、抹面 │ ←│ 制作试件 │
└────────┘   └────┬─────┘   └────────┘
                  ↓
             ┌──────────┐
             │  检查验收  │
             └────┬─────┘
                  ↓
             ┌──────────┐
             │    竣工    │
             └──────────┘
```

图 43.17　浆砌片石护墙工程施工工艺流程

五、液压喷播植草

液压喷播植草用于路堤边坡和路堑边坡上，施工工序如下：

（1）草籽选用适合当地土质和气候条件的根系发达、茎干低矮、枝叶茂盛、耐贫瘠、耐干旱、能自播自生、产生种子、生长能力强的多年生草种。

（2）喷播草籽前，必须进行边坡验收，合格后才可喷播草籽，草籽预先浸泡，浸泡时间经试验确定。

（3）采用液压喷播的方法，即将草籽和高效肥料与水混合后，用压力泵均匀喷洒在边坡上。

（4）播种草籽后，经常喷雾洒水养生，现场观察出芽情况，调整喷雾洒水力度，达到加快早期草籽生长速度，确保成活率不低于90%。

六、锚杆框架梁

锚杆框架梁施工时锚杆钻孔采用风动钻进"干法造孔"，成孔后立即进行锚杆安装并注浆，框架梁应先放线后施工，位置、尺寸应符合设计要求，框架纵横梁应与边坡面密贴。施工工艺流程如图43.18 所示。

七、桩板式路堑挡土墙

山体坡度较陡，为减少路基开挖土石方数量，保证边坡稳定，设置桩板式路堑挡土墙，主要结构有桩柱、挡板。

桩板墙桩孔采用人工跳孔开挖，护壁及时跟进。桩身钢筋笼集中加工，现场吊装，桩身混凝土及时连续浇注。混凝土采用集中拌和，混凝土罐车运送，泵送入孔。桩体施工完待桩身混凝土达到设计强度后，方可安装挡土板，以及进行墙背路堤填土，随填随安装挡土板，挡土板集中预制，现场吊装。

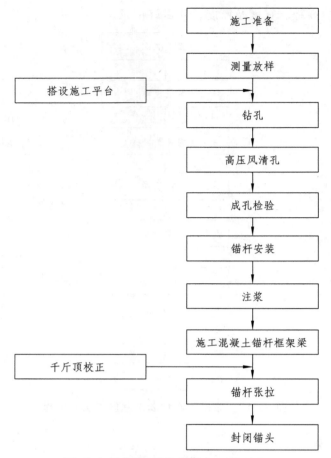

图 43.18　锚杆框架梁施工工艺流程

1. 施工工艺流程

施工工艺流程如图 43.19 所示。

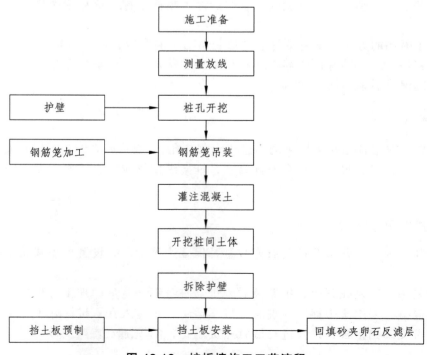

图 43.19　桩板墙施工工艺流程

2．工艺要点与质量措施

（1）桩孔施工首先平整场地，做好地表截、排水及防渗工作。核对设计，按设计测定桩位，测量放线，准确定出桩孔的开挖尺寸线。准备好抽水设备，以防井内积水，并做好桩周临时排水措施，需要时在孔口地面以上加筑适当高度的围埝，防止地表水进入桩井。

（2）桩井开挖：桩井开挖中核对发现土石分界线及地层地质情况，有出入时，及时通知设计单位。为确保基坑及桩井的开挖和施工安全，桩井开挖应从两端向中部隔桩开挖，待灌桩 24 h 后，方可开挖施工邻桩。开挖时孔口及时锁口，孔口以下采用钢筋混凝土护壁，以防坍塌。采用卷扬机提升井架出渣。

（3）钢筋：钢筋在井外绑扎、焊接成钢筋笼，然后用汽车吊吊放入井。桩基开挖施工完后，清除壁内泥土、岩粉等，并抽干井内积水，吊装钢筋笼，然后灌注混凝土。

（4）灌注混凝土：桩身采用钢筋混凝土灌注，混凝土的灌注要求一次到顶，中间不留施工缝。混凝土施工时保证施工质量。

（5）挡土板预制：挡土板采用钢筋混凝土现场预制，挡土板预制好后，分类存放，并注明类型、尺寸、预制日期等标识，防止吊装时混淆。

（6）挡土板安装：桩身混凝土强度达到设计强度时，安装挡土板。安装挡土板前，基底必须平整，当挡土板基底不平整时，采用浆砌片石垫平。按规定的顺序进行安装。安装时槽形板槽口向外，不能装错。

八、片石混凝土挡墙

1．片石混凝土挡墙施工工艺

片石混凝土挡墙施工工艺如图 43.20 所示。

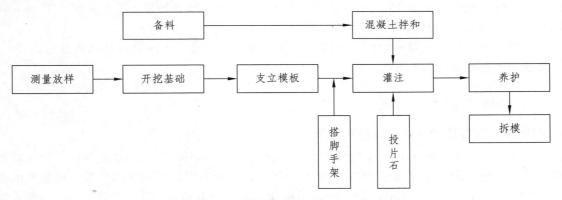

图 43.20　片石混凝土挡墙施工工艺流程

2．工艺要点与质量控制措施

（1）片石采用坚硬、不易风化的石块。

（2）开挖前做好上方的截、排水及防渗设施。挡土墙基础施工时根据地形、地质条件及设计要求，采用分段跳槽开挖，跳槽开挖长度一般 10～20 m；当地形陡峻、堑坡较高的挡土墙基础，跳槽开挖长度小于 5 m。

（3）基坑开挖至设计高程后，立即进行基底承载力检查，如承载力不足，立即上报设计、监理单位。

（4）当基础为倾斜基底时，严格按设计准确挖凿，禁止用填补方法筑成斜面，以利墙身稳定。

（5）混凝土挡墙按挡墙几何尺寸支立模板，并用脚手架加固模板和搭设施工作业平台；检查模板几何尺寸及加固措施满足设计和规范要求后，分层浇注混凝土，片石的掺量不得超过 15%，掺入片石块径不大于墙宽的 1/3。混凝土采用集中拌和，混凝土罐车运送，泵送入模。

（6）在挡墙施工完成后，及时进行洒水养生，炎热季节覆盖塑料薄膜，养护时间不少于 14 d。

第十一节　路基沉降控制与评估

路基沉降观测主要是测定每一层填料填筑过程中的地基沉降及整体水平位移和路基成型后的地基沉降及路堤本身的沉降值；根据观测的数据绘制时间和沉降曲线，根据计算预测其最终沉降值，确定工后沉降及不均匀沉降满足设计要求。

路堤填筑期间和完工后均进行沉降观测。在填筑施工期间，填土速率根据观测情况确定，如地基稳定情况良好可以酌情加快，反之减缓填土速率，当边桩水平位移每天大于 5 mm，竖向位移每天超过 10 mm 时，路基中心沉降板沉降量每天超过 10 mm，停止填土，路基变化恢复正常情况时，继续进行填筑；路堤填筑完成后，对路基沉降进行系统的观测与分析评估，观测断面沿线路方向按设计要求设置。

路基沉降观测主要有以下内容：地表变化、边桩位移观测、地面沉降观测、路肩沉降观测。沉降观测采用二级水准测量。

具体观测方法如下：

（1）人工巡回观察地表变化：由有经验的施工人员沿着线路巡回观察路堤外貌的微小变形、微小裂缝及其发展情况；路堤坡脚附近地面的微小隆起和出水现象等。若有以上现象，则考虑缓填或停填。

（2）地面沉降及边桩位移观测：采用沉降观测板配合观测桩的方法进行地面沉降及位移观测。

（3）观测的频率

在填筑期间每天应进行一次观测，各种原因暂时停工期间，前 2 d 每天监测一次，以后每 3 d 测试一次。填筑施工完成后，前 15 d 内每 3 d 监测 1 次，第 15~30 d 每星期监测一次，第 30~90 d 每15 d 监测一次，以后每个月监测一次至验交运营。

观测后及时绘制"填土高—时间—沉降量"关系曲线图，进行沉降及位移结果分析。

沉降观测流程如图 43.21 所示。

一、沉降观测设备的设置

1. 沉降板、位移监测桩、边桩的布置原则

基底沉降监测，每 200 m 设一个监测断面（路桥过渡段必须设置），路堤填筑前，于路堤基底地面预埋沉降板进行监测，每个监测断面预埋 1 个沉降板。地面沉降量用仪器测量，精度要求准确到 ±1 mm。路基面沉降监测，每 100 m 设一个监测断面，共 3 个监测点，分别于路基中心、两侧路肩各设一个监测桩，路桥过渡段必须设置。松、软土路堤填筑过程中，在两侧坡脚外约 2 m、10 m 处设位移观测桩，沿线路走向的间距 20~50 m。

2. 沉降板埋设

按设计要求埋设的沉降板，在路基填筑第一层后即开始埋设。沉降板由沉降板底座、测杆（20 mm钢管）和保护测杆的 50 mm PVC 管组成。随着填土的增高，测杆与套管相应加高，每节长度不超过 1 m，接高后的测杆顶面高于套管上口。路基第一层填料碾压密实后，测量放出沉降板的准确位置，人工挖除板位土层至原地面。沉降板基础底部先铺设中粗砂，人工整平，并用冲击夯夯击密实，然后安设沉降板，沉降板上分层回填路基填料并夯击密实。

3. 监测桩埋设

监测桩采用C15混凝土方桩或圆桩(边长或直径为 0.1 m)，其中埋设 16 mm 钢筋一根，桩长 0.6 m，埋入基床表层以下 0.55 m。

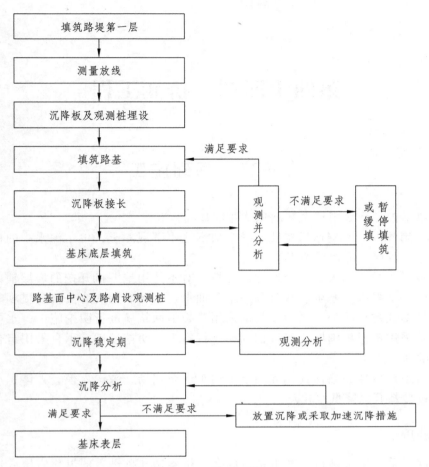

图 43.21 沉降观测流程

4. 边桩埋设

松、软土路堤填筑过程中，在两侧坡脚外约 2 m、10 m 处设位移观测桩，沿线路走向的间距 20 ~ 50 m。边桩采用不易开裂的圆木（直径 0.1 m），桩长 1 m（桩尖长 0.2 m），圆木顶端中心钉设小铁钉。

二、沉降观测设施在施工期间的保护措施

1. 组织保护措施

施工前进行专题技术教育，培训对象是参加施工的管理、技术、安质、专业人员、施工人员等，培训内容是关于沉降板、监测桩和边桩的工作原理，配备专人负责保护沉降板、监测桩和边桩。

2. 技术保护措施

（1）沉降板钢管周围套 PVC 管，保证沉降板自由沉降。

（2）对埋有沉降观测装置的周边不能碾压的部位，采用冲击夯进行夯实。

第四十四章　桥涵工程

第一节　基础施工

龙厦铁路桥梁基础类型采用扩大基础和钻孔桩基础。

钻孔桩基础采用冲击、回旋钻机成孔，导管法灌注水下混凝土；位于深水中的桩基施工需搭设钻孔作业平台或进行双壁钢围堰后施工。

明挖基础、承台基坑采用人工配合挖掘机开挖，对不能用挖掘机开挖的岩层辅以人工风镐松动或风动凿岩机钻眼松动爆破；基坑有水时采用水泵抽水。基坑靠近既有公路和堤坝时采用钢板桩、钢轨桩及其他支挡形式进行防护。水中浅基础采用草袋围堰筑岛进行明挖施工，水中深埋基础根据墩位地质情况分别采用钢板桩围堰或双壁钢围堰进行施工。明挖基础、承台采用组合钢模，按大体积混凝土的要求灌注。

混凝土采用自动计量拌和站拌制，混凝土运输车运至现场，泵送入模；大体积承台、明挖基础混凝土施工前埋设冷却管以降低水化热。

一、钻孔桩施工

根据地质情况，采用回旋钻机及冲击钻机成孔。桥梁钻孔桩进入弱风化岩层或钻进困难地层采用冲击钻机成孔；其余钻孔桩采用回旋钻机进行钻孔。钻孔前对设计没有进行地质勘探的桩位进行补充勘探。钻孔桩施工时，先试桩，试桩根数不小于总桩数的1%，当试桩承载力达到设计要求后，再大面积施工。钻孔完成采用钻孔灌注桩测定仪对沉渣厚度、孔壁垂直度、孔径检查合格后，进入下道工序。混凝土统一采用集中拌和站搅拌，混凝土运输车水平运输，导管法灌注水下混凝土。

陆上钻孔桩施工前需平整场地，挖设泥浆池等；水中钻孔桩要进行填土筑岛和围堰，修筑作业平台后进行施工。

（一）冲击钻机钻孔

按照测量确定的位置埋设护筒，护筒埋设深度根据覆盖层的情况具体确定。钢筋笼集中制作，现场吊装。混凝土由拌和站集中搅拌，混凝土搅拌运输车运输，导管法灌注混凝土。

冲击钻机钻孔施工工艺流程如图44.1所示。

1. 施工准备

将施工场地整平，并埋设钢护筒，护筒内径比桩径大10 cm，护筒顶面高出施工水位或地下水位2.0 m，在旱地或筑岛时高出施工地面0.5 m。护筒

埋置深度符合下列规定：黏性土不小于1 m，砂类土不小于2 m。当表层土松软时将护筒埋置到较坚硬密实的土层中至少0.5 m。岸滩上埋设护筒，在护筒四周回填黏土并分层夯实；护筒顶面中心与设计桩位偏差不大于5 cm，倾斜度不大于1%。

选用膨润土、CMC、PHP、纯碱等配制优质泥浆。根据地层情况及时调整泥浆性能，泥浆性能指标如下：

泥浆相对密度：一般地层为1.1～1.3，坚硬大漂石、卵石夹粗砂1.4～1.6。

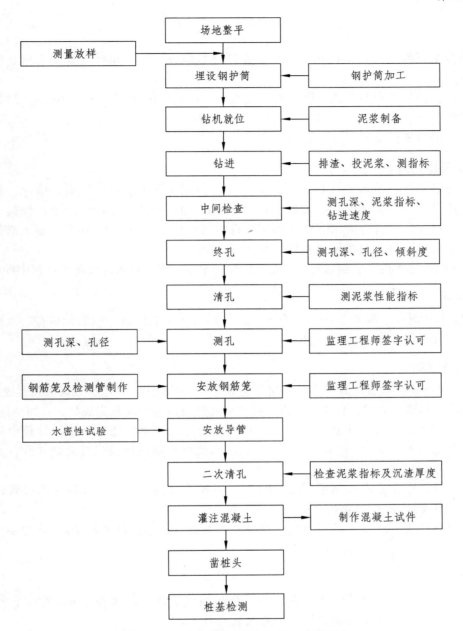

图 44.1　冲击钻机钻孔施工工艺流程

黏度：一般地层 16～22 s，松散易坍地层 19～28 s。

含砂率：新制泥浆不大于 4%。

胶体率：不小于 95%。

pH：大于 6.5。

采用泥浆分离器实现钻渣分离，确保成孔质量，并加快成桩速度。

2. 钻进

钻进成孔过程经常注意钻渣的捞取，及时排除钻渣并置换泥浆，使钻锥经常钻进新鲜地层。同时注意土层的变化，在岩、土层变化处均应捞取渣样，判明土层并记入记录表中以便与地质剖面图核对。

3. 检孔

成孔后检查孔深、孔径、倾斜度，合格后方准进入下一道工序。

4. 清孔

钻孔达到要求深度后采用灌注桩孔径监测系统进行检查，各项指标符合要求后立即进行清孔。清孔采用掏渣筒。

清孔标准符合设计及规范要求：浇注水下混凝土前桩底沉渣厚度不大于 10 cm。严禁采用加深钻孔深度方法代替清孔。

在清孔排渣时注意保持孔内水头，防止坍塌。

5. 钢筋笼制作、安装

钢筋笼宜分段制作，分段长度根据吊装条件确定，应确保不变形，接头应错开，钢筋笼主筋接头采用双面搭接焊，每一截面上接头数量不超过 50%，加强箍筋与主筋连接全部焊接。钢筋笼的材料、加工、接头和安装，符合要求。钢筋骨架的保护层厚度由圆形 C30 细石混凝土来保证，垫块按竖向每隔 2 m 设一道，每一道沿圆周布置不少于 4 个。

使用大吨位汽车起重机吊装钢筋笼。并在孔口牢固定位，以免在灌注混凝土过程中发生浮笼现象。

6. 安装导管

导管采用 $\phi 300$ 钢管，每节 2~3 m，配 1~2 节 1~1.5 m 的短管。吊装先试拼，连接牢固、封闭严密、上下成直线吊装，位于井孔中央。

7. 灌注水下混凝土

浇注水下混凝土前，检查沉渣厚度，如超出规范要求，则利用导管进行二次清孔，根据地质情况可采用正循环或反循环清孔方式，必要时用高压风冲射孔底沉淀物。清孔完成后，立即浇注水下混凝土。

计算和控制首批封底混凝土数量，下落时有一定的冲击能量，能把泥浆从导管中排出，并能把导管下口埋入混凝土不小于 1 m 深。足够的冲击能量能够把桩底沉渣尽可能地冲开，是控制桩底沉渣，减少工后沉降的重要环节。

浇注连续进行，中途停歇时间不超过 30 min。在整个浇注过程中，及时提升导管，控制导管的埋深，导管在混凝土埋深 2~4 m。

考虑桩顶含有浮渣，灌注时水下混凝土的浇注面按高出桩顶设计高程 100 cm 控制，以保证桩顶混凝土的质量。

8. 泥浆清理

钻孔桩施工中，产生大量废弃的泥浆，为了保护当地的环境，这些废弃的泥浆，经泥浆分离器处理后，运往指定的废弃泥浆的堆放场地，并做妥善处理。

9. 质量检测

钻孔桩浇筑完成后，按设计及规范要求要求进行质量检测。

（二）回旋钻机钻孔

回旋钻机钻孔施工工艺流程如图 44.2 所示。

1. 准备工作

在开钻前，选择和备足良好的造浆黏土或膨润土，利用钻机旋转造浆，造浆量为 2 倍的桩的混凝土体积，泥浆比重可根据钻进不同地层及时进行调整。

2. 钻孔

（1）钻机就位前，对主要机具及配套设备进行检查、维修。

（2）钻孔前，按施工设计所提供的地质、水文资料绘制地质剖面图，挂在钻台上。针对不同地质层选用不同的钻头、钻进压力、钻进速度及适当的泥浆相对密度。

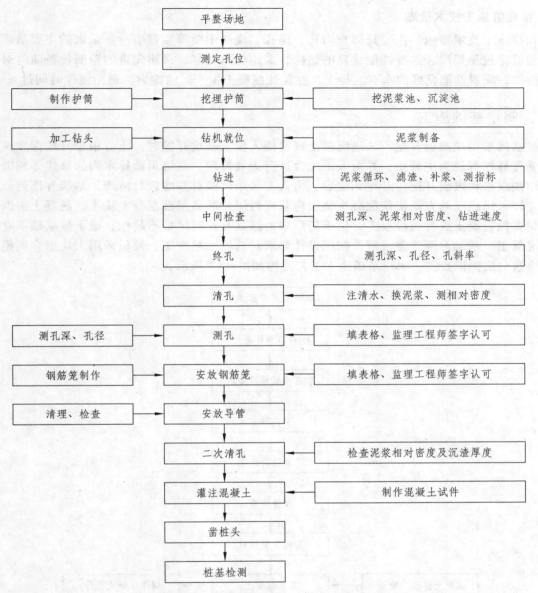

图 44.2 回旋钻机钻孔施工工艺流程

（3）钻进过程中及时滤渣，同时经常注意地层的变化，在地层的变化处均应捞取渣样，判断地质的类型，记入记录表中，并与设计提供的地质剖面图相对照，钻渣样应编号保存，以便分析备查。

（4）钻孔作业保持连续进行，不中断。

（5）经常检查泥浆的各项指标。

（6）开始钻进时，适当控制进尺，使初期成孔竖直、圆顺，防止孔位偏心、孔口坍塌。

（7）当钻孔深度达到设计要求时，对孔深、孔径、孔位和孔形等进行检查，确认满足设计要求后，立即填写终孔检查证，并经驻地监理工程师认可，方可进行孔底清理和灌注水下混凝土的准备工作。

3. 清孔

（1）根据地质情况可采用正循环或反循环清孔方式。

（2）清孔时注意事项：在清孔排渣前必须注意保持孔内水头，防止坍孔；清孔后，孔底提取的泥浆指标符合设计要求。在灌注水下混凝土前，孔底沉淀厚度满足设计及规范要求。

（3）不采用加大孔深的方法来代替清孔。

4. 钻孔桩施工技术措施

钻孔桩施工技术措施：主要是防止坍孔、缩孔、浇注中断等质量事故。采取的主要措施：加深钢护筒使其穿过易塌层，选择性能优良的钻机，采用优质泥浆，采用先进的检测设备随时对桩基施工进行检测，配置性能良好的水下混凝土，并保证混凝土生产运输能力，避免浇注时间过长。

二、明挖基础施工

明挖基础采用挖掘机开挖，泵送混凝土或滑槽入模。基坑开挖时，土方根据开挖深度选择长臂挖掘机或普通挖掘机为主开挖，并由人工配合进行边坡修理、基坑顶面排水沟的修建等辅助工作。岩层采用浅眼松动爆破开挖，开挖到位后，由人工采用风镐对基底进行清理。基础开挖到位检查合格后，立即采用满灌的方法浇筑混凝土垫层将基底封闭并准备基础混凝土施工，混凝土根据设计要求选用耐腐蚀混凝土或普通混凝土。位于岩石中的基础开挖时尽量不超挖，最下层基础不立模，采用满灌混凝土。基础混凝土完成后，按照设计要求对基坑回填密实。模板采用大块组合钢模板，插入式振捣器分层振捣密实。明挖基础施工工艺流程如图44.3所示。

图 44.3　明挖基础施工工艺流程

1. 基坑开挖

复核基坑轴线、高程；针对地质情况和开挖深度确定开挖坡度及开挖范围，并做好地表防排水工作。

基础开挖时，做好防排水设施，严防雨水或地表水流入基坑内。机械开挖至设计基底高程以上20 cm时，由人工挖至设计高程，确保基底不超挖。斜坡上墩台基础严格按照先下后上的顺序施工，下坡方向的桥墩基础施工完成后，才能开始上坡方向桥墩基础的施工。上坡方向墩台施工不能随意弃渣，以免对下坡方向桥墩造成偏压。位于陡坡坡面的基坑开挖时，基础底在控制性方向外缘至岩层安全坡线的最小水平距离不小于3 m，必要时打入钢轨桩进行支挡防护，然后再开挖基坑。倾斜岩面凿平或凿成台阶，使承重面与重力成垂直，以防滑移，同时，对边坡进行喷锚防护，并及时清除坡面上不稳定的土体。避免在位于陡坡上的墩台附近修建便道，不在附近随意开挖或弃土。

桥梁墩台附近为顺层时，为保证施工安全，桥梁墩台避免大面积开挖，墩台尽量采取跳墩施工。

2. 钢筋及模板

钢筋在钢筋加工厂加工，载重汽车运输至工地，在现场进行绑扎和焊接成型。模板采用大块组合钢模板，钢管架加固支撑。

3. 混凝土浇注

挖到设计基底高程，地基检验合格后，立即连续浇注基础混凝土。施工时应采取降低水化热及温控措施（如埋设冷却管等），避免出现大体积混凝土温度裂纹。

采用拌和站集中拌和，混凝土输送车运送，泵送或滑槽入模。混凝土浇注时分层连续进行，每层浇筑厚度控制在 30 cm 左右，采用插入式振捣器振捣。浇筑完成后及时覆盖塑料布、土工布，并浇水养生。

4. 基坑回填

桥梁基础施工完成后，及时进行基坑回填，并分层夯填密实。回填面高出地面 0.3 m，严防渗漏水。

三、钢筋混凝土管桩基础施工

桩身采用 PHC300、PHC400B 预制管桩，分节制作，接桩采用钢板焊接接头，但相邻桩接头必须错开 1.0 m 以上，不得设在同一高程，桩顶伸入承台长度按设计预留，并凿去桩头 70 cm。桩施工采用设计高程、贯入度双控为原则。采用柴油打桩机，配备汽车吊辅助桩机进行送桩。施工工艺如图 44.4 所示。

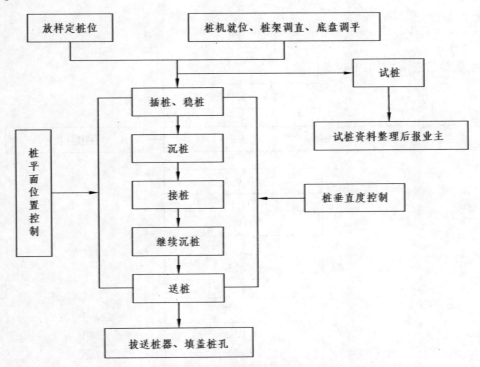

图 44.4　预应力管桩施工工艺

测量放样：对每一基础建立施工坐标，或对每一基础建立护桩控制点。根据每个护桩控制点或施工坐标系统引出桩位。按图纸的桩尖设计高程换算出桩顶设计高程，以便控制桩尖高程。

桩预拆、起吊就位：为防止桩与桩黏结力过大，可选用空压机或锤子把隔离层松动一下，然后脱模。脱模时严禁用吊机硬拉，以免发生断桩或倾倒吊机事故。按设计要求采用吊环起吊，由吊机进行桩的就位。若桩需临时堆放，需在吊环处下垫木。

插桩：用汽车吊桩机同时进行，插入桩帽后，吊车解钩，由桩机对准事先测放好的桩位点、正位下桩。用两台经纬仪成 90°双向控制桩垂直度，垂直度要求在 5‰之内。

沉桩：为了校核图纸和确定基桩入土深度和基桩具有图纸要求的贯入度，在正式沉桩前采用试桩，通过试桩，提出试桩数据，并报监理工程师。必须检查桩锤，桩帽和桩的轴线吻合，保证桩能轴心受击，以免由于桩的

偏心受击，造成桩头破裂或桩身倾斜。击桩开始时，需空击数击。确认桩入土一定深度，桩身稳定后，再按规定的落距进行正常锤击沉桩。缓冲垫要及时更换，并经常检查其平整度和厚度。沉桩中若桩尖遇到坚硬物时，应采用"低、快"的方法，不得随意增大锤的落距。下节桩沉至露出地面（或排架顶面）60~80 cm 时进行接桩，上节桩沉至露出地面（或排架顶面）60~80 cm 时进行送桩。每一根桩须做好沉桩记录。

接桩：根据设计要求接桩，必须保证上下节桩同轴，控制误差不得大于 5 mm，以防沉桩时造成断桩事故。上下节桩之间的间隙要用铁片填实并焊牢。为加快接桩速度和减少变形，采用两人对角同时操作，按规范要求进行保证接头牢靠。

送桩：上节桩沉桩结束后，须先对桩顶平面位置及垂直度进行中间验收。用桩机起送桩器套入上节桩顶，并加缓冲垫，调整送桩器、桩锤、桩、桩帽的轴线位置，保证同轴。根据送桩器尺寸和桩长，控制桩尖高程。最终停止以桩尖高程和贯入度同时控制，整个沉桩过程均有专人做好沉桩记录，发现异常情况要将信息及时报告监理和设计部门。

四、承台

（一）陆上承台

1. 开挖

陆上承台施工工艺流程如图 44.5 所示。

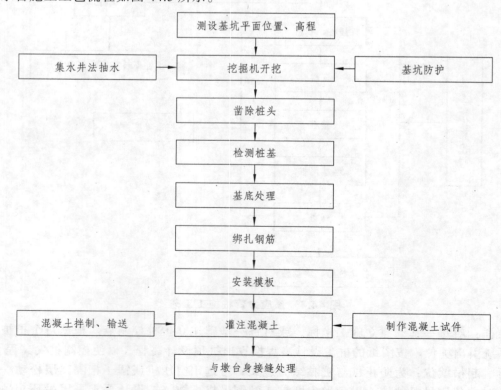

图 44.5　陆上承台施工工艺流程

陆上承台施工方法与明挖基础的施工方法基本一致，采用机械放坡开挖，人工配合，并备用大功率水泵在承台开挖时抽水，大块钢模板浇注混凝土；对于靠近堤坝、公路的承台，在基坑开挖时根据情况采用钢轨桩或其他防护措施对受开挖影响的地段进行防护，保证安全。

2. 承台浇筑

人工风镐凿除桩头，使基桩顶部显露出新鲜混凝土面，基桩埋入承台长度及桩顶主筋锚入承台长度满足设计要求。桩基检测合格后，承台底铺 10 cm 碎石垫层，用砂浆抹面，立模绑扎钢筋。

将承台的主筋与伸入承台的钻孔桩钢筋连接，底面每隔 50 cm 于主筋底交错位置垫一混凝土垫块，侧面每隔 80 cm 于主筋外侧交错位置安装特制的混凝土垫块，以保证浇注混凝土时钢筋保护层厚度。

承台侧模采用组合钢模，模板安装完毕后，在模板内均匀涂刷脱模剂。

混凝土从拌和站由混凝土运输车运到浇筑现场，溜槽入模，插入式振动棒振捣，振捣时，防止触碰模板与钢筋。

待混凝土达到拆模强度后，拆模并洒水养护。经质量验收合格后，即可回填至原地面高程。

（二）水中承台

根据本标段的地质、地形、水文等情况，水中承台尽量避开雨季施工，水中承台采取草袋围堰、钢板桩及双壁钢围堰将水中施工变为陆上施工。基坑开挖视场地大小、开挖深度和地质情况，分别采用放坡开挖、钢轨桩防护开挖及钢板桩防护开挖进行施工。

1. 钢板桩围堰施工

（1）钢板桩采用圆形结构，内设围图，考虑抽水和汇水井布设，留出施工操作面 2 m 的空间，钢板桩长度根据承台不同埋深确定。

（2）钢板桩的整理：钢板桩拟采用鞍 U 型，钢板桩运到工地后，进行检查、编号及登记。锁口检查：用一块长 1.5～2.0 m 符合类型、规格的钢板桩作标准，将所有同类型的钢板桩做锁口通过检查。检查是用绞车或卷扬机拉动标准钢板桩平车，从桩头至桩尾进行，凡钢板桩有弯曲、破损、锁口不合的均应整修，按具体情况分别用冷弯、热敲（温度不超过 800～1 000 ℃）、焊补、铆补、割补或接长。板桩长度不够时，可用同类型的钢板桩等强度焊接接长，焊接时先对焊口或将接口补焊合缝，再焊加固板，相邻板接长缝应注意错开。如需要有吊桩孔及拨桩孔时（用振动打拨桩机附有夹具设备时则不需吊桩孔及拨桩孔），应事先钻好孔，拨桩孔应焊加劲板，以免拨桩时拉裂。

（3）钢板桩采用组桩插打，在岸上将长度相同的 3 块为一组装好，同时将黄油、沥青混合物嵌入锁口内，组装好后的锁口缝再用桐油灰及旧棉絮嵌塞紧密），组装时每隔 5 m 左右上一道[12.6 槽钢夹板，使其固定以便插打，夹板在板桩插打时，逐副拆除。组桩及单桩两侧锁口均在插打前涂以黄油或热的混合油膏（质量配合比为：黄油：沥青：干锯末：干黏土=2：2：2：1）以减少插打时的摩阻力，并增加防渗性能。

（4）钢板桩的吊运及插打：在顶层内导环上用红线画桩位，以便在插打钢板桩过程中逐组核对尺寸；为使在搬运和插打过程中，不致弄错钢板桩的顺序，要根据锁口套情况，将钢板桩编成 A、B 两种，用红线标出；安好内外导框及木塞等，并保证其牢固；检查打钢板桩的振动锤、履带吊等设备，使配套成龙，以供使用。

（5）钢板桩的吊运：钢板桩的准备工作完成后，运至作业平台，按插桩顺序堆码。堆码层数最多不超过四层，每层用垫木搁置，其高差不得大于 10 mm，上下层垫木中线在同一直线上，允许偏差不得大于 20 mm。钢板桩的插打采用内导向框架法，插第一根板桩时，要确保其位置准确、垂直，检验无误后，用履带吊起吊振动锤将钢板桩插打到位，然后，以第一根板桩为基准，沿导向框将剩余板桩逐根插打到位。

（6）钢板桩的合龙：由于各种因素的影响，钢板桩合龙口不可能与设计尺寸丝毫不差，当误差不大时可采取千斤顶互顶、滑车组张拉等办法调整合龙口尺寸，然后插入合龙钢板桩。当误差较大采取上述措施仍无法合龙时，可制作异形钢板桩进行合龙。

（7）开挖、堵漏、封底：钢板桩合拢后，用挖掘机开挖或射水吸泥开挖至承台底高程以下，然后灌注封底混凝土，将基底硬化，进行承台施工。

（8）钢板桩的拆除：承台、墩身施工完毕，即可向围堰内灌水，依次拆除各道围囹，利用振动锤将钢板桩逐片拔出，保养后运往下一墩位进行施工。

2. 双壁钢围堰施工

施工顺序：平整场地→栈桥铺设→双壁钢围堰制造→双壁钢围堰浮运就位、下沉→插打钢护筒→围堰水下封底→桩基钻孔灌注→抽水进行承台施工。双壁钢围堰施工工艺流程如图44.6所示。

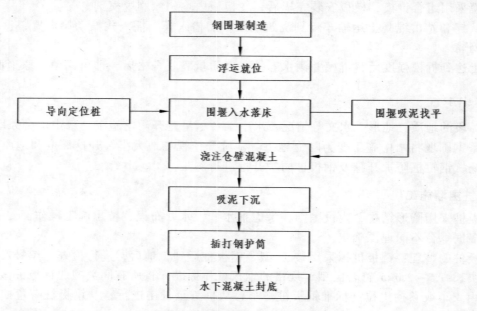

图44.6 钢围堰施工工艺流程

（1）双壁钢围堰制造。

钢围堰在码头附近进行组焊拼装，拼装完成后进行水密试验。

（2）双壁钢围堰浮运就位、下沉。

交合法精确测量，保证导向定位桩桩位准确。导向定位桩使用钢管，采用水上打桩船打入。钢围堰拼装完成并经检验合格后，用浮船运到墩位处，抛锚就位，采用浮动龙门吊起吊钢围堰于导向定位桩之间就位入水，然后围堰加水，使围堰保持平衡、平稳下沉落床。钢围堰采用吸泥下沉，吸泥时在围堰内对称均匀地进行，先从中心开始，逐渐向四周扩散，直至刃脚处。每个部位的吸泥量不能过大，需经常变换，使钢围堰能均匀下沉。为加快吸泥进度，在吸泥筒附近增设高压射水嘴，冲松河床表层。当围堰下沉困难时，要安排潜水员潜水摸清水下情况，排除故障，必要时进行水下爆破。

（3）钢护筒埋设和钢围堰水下混凝土封底。

钢围堰下沉设计高程后进行全面检查测量，由潜水员对刃脚做一次详细检查，若发现有涌洞时可用麻袋装土堵塞，并使围堰内基床尽量平整。

在钢围堰内安装护筒固定架，工作平台，将钢护筒逐根下放，精确定位并固定，钢护筒要尽量进入河床，并由潜水工在护筒周围填土袋封死。

由于钢围堰封底面积较大，封底时采用多根导管同时灌注水下混凝土，一次浇注完毕。混凝土由设在岸上的混凝土集中拌和站生产，船运至深水中各墩位，泵送入储料斗，或直接用泵经铺设在栈桥的管道泵送入储料斗。封底后进行桩基钻孔施工。

承台施工技术措施：基坑开挖过程中，注意不碰损桩头，并及时抽排基坑中积水。严格进行基坑隐蔽工程检查，基底处理方法按设计及规范进行，在基底检查后及时实施。钢筋、模板的制作安装、桩顶深入筋、墩台预埋筋满足设计、规范要求。钻孔桩桩头与承台的连接采用桩身主筋伸入承台内的连接方式。凿除桩头后，桩顶与桩身主筋埋入承台的长度符合设计要求。基础回填后及时进行基坑回填，分层夯实，确保填筑质量，并加强防、排水措施。

第二节 墩台施工

一、圆端形实体桥墩

实体墩墩高小于 15 m 的，采用大块钢模板一次整体浇筑成型，大于 15 m 小于 30 m 的分次浇筑，分次浇注间隔时间不超过 3 d。混凝土通过泵送入模，墩身模板和钢筋采用汽车起重机垂直吊装作业。墩身浇筑完成后先带模浇水养生，拆模后覆塑料膜养生。实体墩台施工工艺流程如图 44.7 所示。

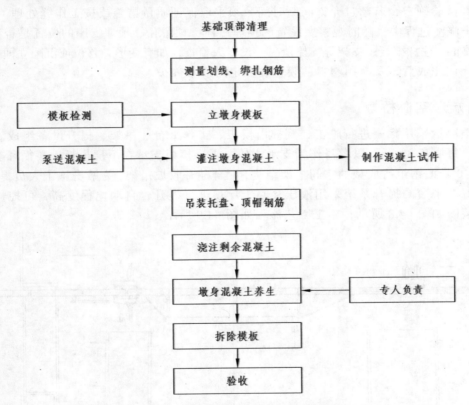

图 44.7 实体墩台施工工艺流程

1. 模板

模板制作：模板采用大块整体钢模，选用 6 mm 厚钢板面板，框架采用∠75 角钢，加劲肋采用[120 型槽钢。要求模板表面平整，尺寸偏差符合设计要求，具有足够的刚度、强度、稳定性，且拆装方便接缝严密不漏浆。

2. 模板及支架安装

模板安装好后，检查轴线、高程符合设计要求后加固，保证模板在灌注混凝土过程受力后不变形、不移位。模内干净无杂物，拼合平整严密。支架结构的立面、平面安装牢固，并能抵挡振动时偶然撞击。支架立柱在两个互相垂直的方向加以固定，支架支承部分安置在可靠的地基上。模板检查合格后，刷脱模剂。

3. 钢筋施工

钢筋基本要求：运到现场的钢筋具有出厂合格证，表面洁净。使用前将表面杂物清除干净。钢筋平直，无局部弯折。各种钢筋下料尺寸符合设计及规范要求。

成型安装要求：桩顶锚固筋与承台或墩台基础锚固筋按规范和设计要求连接牢固，形成一体；基底预埋钢筋位置准确，满足钢筋保护层的要求；钢筋骨架绑扎适量的垫块，以保持钢筋在模板中的准确位置和保护层厚度。

4. 混凝土浇注

混凝土采用自动计量集中拌和站拌和，混凝土输送车运输，泵送入模。

浇注前对支架、模板、钢筋和预埋件进行检查，并将模板内的杂物、积水和钢筋上的污垢清理干净；模板的缝隙填塞严密，内面涂刷脱模剂。浇筑时检查混凝土的均匀性和坍落度。混凝土分层浇筑厚度不超过 30 cm，并用插入式振动器振捣密实。

混凝土的浇注连续进行，如因故必须间断时，其间断时间小于前层混凝土的初凝时间或能重塑的时间，并经试验确定，若超过允许间断时间，须采取保证质量措施或按工作缝处理。

在混凝土浇注过程中，随时观察所设置的预埋螺栓、预留孔、预埋支座的位置是否移动，若发现移位时及时校正。注意模板、支架等支撑情况，设专人检查，如有变形，移位或沉陷立即校正并加固。

混凝土浇注完成后，及时用塑料薄膜包裹并定时洒水养护。

二、圆端形空心桥墩

圆端形空心墩采用翻模进行施工，翻模由模板、工作平台、吊架、提升设备组成。翻升模板采用 3 层布置，每层高 3.0 m，以墩身作为支承主体。上层模板支承在下层模板上，循环交替上升。工作平台采用 20 号槽钢组拼成型的空间桁架结构，配合随升收坡吊架，为墩身施工人员提供作业平台，稳定性能良好。平台的提升系统采用液压穿心千斤顶进行提升，自动化程度高，可控性能良好。圆端形翻模总装图如图 44.8 所示；施工工艺流程如图 44.9 所示。

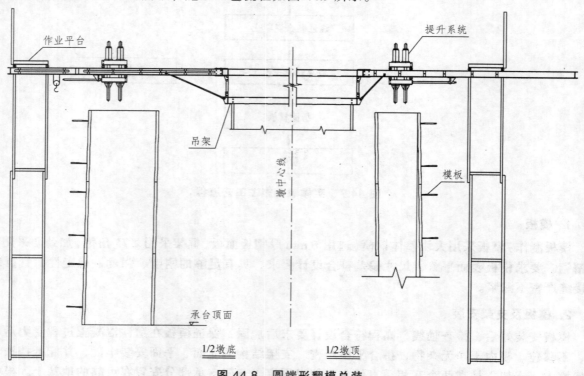

图 44.8　圆端形翻模总装

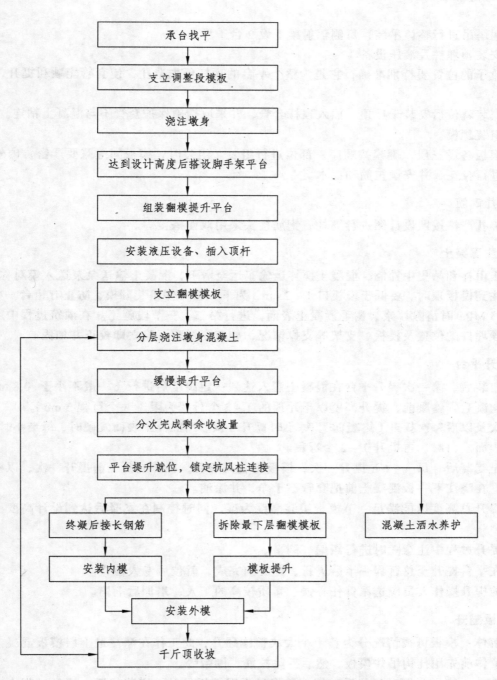

图 44.9　圆端形空心墩翻模施工工艺流程

1.下部实心段施工

外模的支立好坏直接关系到以后的施工,要求尺寸正确,外模顶水平,否则在空心段施工时,造成模板不平整。

2.翻模安装

(1)搭设平台吊装的脚手架。

利用短钢管在实心段上及墩身四周搭设一脚手架平台,安放整体吊装的平台。

(2)平台的组装、吊装。

组装按由内到外的顺序,在平地上进行组装;组装时,内外钢环按圆心对称安装在辐射梁上,不得有偏心;辐射梁均匀分布在半个圆周,采用丁顺结合布置,安装好后将所有螺丝拧紧,并涂上黄油；利用塔吊进行整体吊装，每侧辐射梁下设 2 台千斤顶。

（3）安装预埋件及液压设备。

预埋靴子的位置要特别准确，它是为整个平台的顶杆预先造孔，使套管能顺利提升，保证平台的平衡。

平台安装就位后安装千斤顶，插入顶杆套管，并采取措施保护套管不与混凝土粘连。

（4）组装翻模。

内外模板各设三层，翻模按顺序、部位进行组装。组装时，模板间缝隙要严密，内外模板间按设计尺寸进行校正，并安设拉筋和撑木。

3. 绑扎钢筋

钢筋绑扎严格按照设计图进行绑扎，钢筋接头采用双面搭接焊。

4. 灌注混凝土

混凝土由拌和站集中拌制，混凝土搅拌运输车运至墩下，混凝土输送泵泵送入模对称均匀浇注。混凝土灌注到模板顶时，要低于模板口 1~2 cm，为下一板方便组装翻模，防止有错台。当混凝土的强度大于 3 MPa 时清除浮浆，凿毛混凝土表面，进行第二、三节段施工。在灌筑过程中用测量仪器随时观测预埋件的位置及模板、支架等支撑情况，如有变形和沉陷立即校正并加固。

5. 提升平台

翻模组装后，第一次提升平台在混凝土灌入达到一定高度后进行（一般不小于 0.8 m），时间宜在混凝土初凝后，终凝前，提升高度以千斤顶的 1~2 个行程为限（一个行程 3 cm）。

第二次及以后每次提升（终凝前），每小时提升一次，当混凝土表面发硬时，每半小时提升一次，当混凝土表面发白时，再提升 1~2 个行程。

混凝土终凝后，每 4~6 h 提升一次；模板组装完毕后，在灌混凝土前提升一次，以检查套管是否被粘住，在浇注下一板混凝土前把套管擦干净，并涂油。

平台提升总高度以能满足一节模板组装高度为准，同时控制在终凝后达到设计高度，切忌空提过高。

平台提升过程中注意随时进行纠偏、调平。

收坡在平台提升至总行程一半后进行，终凝前完成，就位后专人检查。

平台的提升操作人员应选派责任心强、素质较高的工人，培训后上岗。

6. 模板翻升

模板解体：模板可视情况分为若干个大块整体翻升，此工作在灌注最上层模板混凝土过程中提前进行。解体前先用挂钩吊住模板，然后拆除拉筋、围带等。

模板翻升：待平台提升到位后，用倒链将最下层模板吊升至安装位置。提升过程中（包括平台的提升）有专人检查，以防模板与固定物挂碰。

检查模板组装质量，符合桥墩设计要求。检查合格后安放撑木，拧紧拉筋。

7. 托盘、顶帽的施工

墩帽施工时，托盘与顶帽分两次进行施工；每次将平台升至所装模板高度后，再安装托盘或顶帽模板，然后绑扎钢筋、灌注混凝土。

8. 翻模拆除

拆除按照与组装的相反顺序进行。先拆除模板，后拆除平台。

拆除平台时，在墩顶用短钢管搭设一脚手架平台，使液压平台稳放于脚手架平台上，将套管与平台的螺栓松开（不要卸掉），将千斤顶倒置套在顶杆上，反向爬升，将顶杆依次抽出；完后，拆除平台上所有设备，将套管与平台的螺栓全部松掉，利用双索吊同时起吊，整体吊装，最后拔出套管，灌孔。

三、支承垫石和锚栓孔

支承垫石与墩台混凝土一次浇注，采用定制钢模板，与墩身模板连接牢固，采取全桥联测和跟踪测量的方法，精确控制各墩支承垫石顶面相对和绝对高程满足设计要求。预留孔洞定位准确、固定牢固，施工时跟踪测量，施工完适时拆除模具，清理空洞，检查位置、深度，进行二次处理。预留孔洞当年不能实现架梁时，必须采取封闭措施，确保孔内不积水。

墩台施工技术措施：

（1）模板设计有足够的强度、刚度、稳定性，支撑牢固，横竖缝排列有序，连接紧密，保证板缝不漏浆。并设专人在灌注过程中加强检查、调整，以保证混凝土各部形状、尺寸及预埋件的准确位置。

（2）全桥墩身使用同厂家、同品种的水泥、粗细骨料、外加剂、脱模剂，对于一个单墩尽量使用同一批号的水泥。

（3）混凝土浇注一次完成，不能完成时，施工缝不设在墩台身截面突变处。混凝土水平分层进行灌捣，厚度为 30 cm（即插入振动器作用部分长度的 1.25 倍），且一次连续灌注。如因故中途停灌，灌注面立即整理成水平面，严格禁止斜面接缝。控制混凝土坍落度，混凝土自由倾落高度超过 2 m 时，用滑槽、串筒等灌注，防止混凝土离析。混凝土振捣，以混凝土不再下沉、表面开始泛浆、不出现气泡为度。

（4）加强混凝土养护，防止产生表面裂纹。对已完混凝土进行包裹，后续工序施工模板严密，避免漏浆，使用清洁用水进行养生，保护已完混凝土结构不受污染。

（5）尽量避免在墩身上安设预埋件，如确实需要，要征得监理工程师同意并尽可能采用预留孔洞等措施以减小对混凝土外观的影响。

（6）翻模施工的关键在于液压爬升系统的可靠，操作工人必须进行严格培训，液压系统严格按设计安装，并定期检查，液压系统的爬升、拆除过程严格按设计执行。墩身施工过程中保证做到勤测量、勤检查、防偏移、保证安全。

第三节　T型简支梁的制运架

一、T梁预制施工

中铁二局龙厦 LX-V 标项目经理部承担新建龙岩至厦门铁路正线范围内的桥梁预制及架设等工作。由于受象山隧道施工影响，铺架施工严重滞后，为确保龙厦铁路按期开通运营，在龙岩市东站、漳州市南靖县龙山车站和草坂车站的红线用地内，先后修建了龙岩东制梁场、龙山制梁场和草坂制梁场，承担预制、架设 T 梁 1 328 孔，其中 32 m 梁 1 202 孔，24 m 梁 126 孔的施工任务。

龙岩制梁场承担龙岩东车站至象山隧道进口（龙山溪大桥至马坑 4 号大桥）308 孔 T 梁（其中 32 m 梁 258 孔，24 m 梁 50 孔）的预制、架设任务；

龙山制梁场承担象山隧道出口至龙山车站段（和溪特大桥至金山特大桥）442 孔 T 梁（其中 32 m 梁 400 孔，24 m 梁 42 孔）的预制、架设任务；

草坂制梁场承担龙山车站至漳州南（龙山特大桥至程溪左、右线特大桥）578 孔 T 梁（其中 32 m 梁 544 孔，24 m 梁 34 孔）的预制、架设任务。

（一）简支 T 梁的预制方法

制梁场采用后张法制梁工艺要求，设计制梁台座，平面布置要适应移梁台车横向移梁的要求进行设置，且每个梁场制梁数量不多、梁场所处位置地质条件较好，故梁场采用横移梁方案移梁、80t龙门吊装梁的方案执行。

根据龙厦铁路投标合同工期的要求，制梁任务应在 14 个月时间内完成全部 T 梁的预制工作。在此期间制梁场需要完成梁场临时工程建设，T 梁取证、T 梁预制工作。制梁场根据工期要求和任务数量，按 4 天/孔的生产周期配置制梁台座数量，其中底模修整、主筋绑扎、模型安装校正、面筋绑扎、混凝土灌注 1 d；养生 2 d；脱模、初张、移梁作业 1 天的施工周期进行设置。存梁台座数量按照制梁台座的 6 ~ 8 倍数量设置。龙岩东制梁场、南靖草坂、龙山制梁场所处的位置地质较好、T 梁自重较轻，制梁、存梁台座采用扩大基础施工方案。

制梁模型板采用钢模板，模型数量根据工艺试验的施工经验和福建地区的气候情况，T 梁达到脱模时间约需要 24 ~ 30 h 时间。钢筋集中下料加工，在制梁台座上进行主筋绑扎，模型安装调整完毕之后进行面筋绑扎。

混凝土采取全自动集中拌和站，运输采用 2 m³ 料斗加 10 t 龙门吊吊装入模；采取附着式振捣为主与插入式振为辅，两种方式相结合的振捣方式保证混凝土密实；浇筑之后洒水，采用自然养生方案。

预应力张拉采取双侧对称张拉，按照设计要求初张、终张，压浆。

初张后采用移梁台车将 T 梁从制梁台座移至存梁台座，终张拉和孔道压浆、封锚在存梁台座进行。梁场内设置专用静载试验台，加载装置采用固定重力式台座与反力架来进行加载。

（二）简支 T 梁预制程序和循环作业时间

预制 T 梁工作内容有六个主要工序，即① 模型板组装和调整，② T 梁钢筋制作安装，③ 混凝土浇注养生，④ 预应力张拉、压浆，⑤ 移梁存梁，⑥ 防水层与保护层铺设。预制梁详细作业流程图和工序循环时间如下：

底模维修（3 h）──→主筋绑扎（4 h）──→侧模喷涂脱模剂及安装（3 h）──→侧模校正（1 h）──→面筋绑扎（4 h）──→桥面预埋件安装（1 h）──→灌筑 T 梁混凝土（2.5 h）──→模型拆除──→制梁区 T 梁养护（48 h）──→孔道清理、初张拉（1 h）──→T 梁移至存梁场（2 h）──→自然养生──→终张拉（混凝土强度、弹模均达 100%设计值）──→压浆、封端、养护。

采用自然养护（视温度及混凝土早期强度增长情况）台座占用时间约为 70 h。混凝土强度达到 6 ~ 8 MPa 抽拔各制孔胶管，端模清理、安装锚垫板准备拼装。

（三）简支 T 梁预制工艺要点

简支 T 梁预制主要工艺有 5 项，即钢筋绑扎工艺；模型板组装拆除工艺；混凝土浇注养生工艺；预应力张拉、管道注浆工艺；T 梁移梁、吊装工艺。

若使 T 梁的质量得到有效控制，关键控制项是水泥、粗细骨料、高效减水剂、钢绞线、锚具等原材料和初、终张拉施工；重要控制项是混凝土灌注、压浆、防水层和保护层施工。

1. 钢筋骨架绑扎、吊装工艺要点与措施

T 梁钢筋骨架采用直接在制梁台座上绑扎的作业方式：其工艺流程为：钢筋加工→运输至绑扎台座→放线定位→绑扎梁体骨架钢筋→穿、固定胶拔管→验交立模→绑扎桥面钢筋及安装配件。

为达到钢筋间距准确的工艺要求，其关键工艺措施是：

（1）钢筋两端及转角处的交叉点均应绑扎。

（2）采用梅花形跳扎，跳扎不得连续超过 2 个交叉点，每根至少绑扎 3 点。

（3）绑扣形式应按逐点改变绕丝方向（8 字形）交错绑扎，或按双对角线（十字形）方式绑扎。以不易松脱为准，绑点如有松脱，应紧扣或重绑。

（4）绑扎丝端头要向里弯，不得伸向保护层内。

（5）胶管与定位筋应逐点绑扎。

（6）钢筋骨架就位时，为保证混凝土保护层厚度，应在钢筋与模板之间按设计的保护层厚度支垫不同的垫块。垫块不得横贯保护层的全部截面，应相互错开，分散布置。底板上的垫块距边缘不小于 10 cm，垫块密度以能支持钢筋骨架不变形为度，每平方米不少于 4 个。

（7）钢筋对焊接头截面面积在"同一截面"内（50 cm 范围内）不得超过钢筋总截面面积的 50%。

2. 模板组装、拆除工艺要点与措施

整孔 T 梁的模板工艺特点是要快速组装和拆除，其难点是模板的快速安装和拆除，以及 T 梁尺寸的精确控制，防止拆模时产生外力裂纹；同时考虑到梁体在预加应力后，混凝土产生的压缩和梁体上拱，在侧模底部和底模设计制造、安装时，根据以往同跨度桥梁的预制经验和设计图纸要求设置了预留压缩量和反拱：

32 m 梁预留反拱值为 40 mm，预留压缩值为 40 mm；

24 m 梁预留反拱值为 25 mm，预留压缩值为 30 mm；

梁场在施工中根据实测数据再对预留反拱值及预留压缩量进行调整。

为达到上述工艺要求，其关键工艺措施是：

（1）台座底模在混凝土灌筑和 T 梁初张时不变形，确保支点高程误差控制在 2 mm 之内。

（2）采用刚度、强度满足要求的 T 梁外模，大块拼接并形成灵活的开合模板（梁场采用固定式外侧模），保证钢模板在快速组装、拆除和多次周转中变形较少。

（3）设置稳定的模板定位标志，保证安装准确，保证 T 梁尺寸准确。

（4）拆模的控制点：T 梁混凝土芯部与表面、表面与环境温差（不大于 15 ℃）、混凝土强度等指标，拆模后宜进行早期张拉；气温急剧变化时不宜拆模。

3. 混凝土浇注、养生工艺要点与措施

T 梁混凝土采用高性能混凝土，并且一次浇注量大、要求浇注时间短，其难点在于要保证混凝土的密实性和浇注速度，且不出现裂纹，因此其关键工艺措施是：

（1）优化混凝土的配合比，选择良好的原材料，控制氯离子含量和碱含量，掺加活性掺合料，选用聚羧酸高效减水剂，控制水胶比及水泥用量，通过良好的级配保证混凝土的高密实性和抗渗透能力，保证结构的耐久性。

（2）采用大型集中拌和站，全自动配料与拌和，严格控制称量误差和拌和时间；混凝土搅拌运输车运送到混凝土输送泵配合布料机浇注。尽量避免在拌和站下直接采用混凝土输送泵泵送入模的方式。

（3）混凝土浇注前应重点检查预应力管道的位置与定位情况、T 梁支座板的不平整量、钢筋及预应力管道的混凝土保护层厚度情况。

（4）混凝土的温度控制：模板温度应控制在 5～35 ℃；混凝土拌和物入模温度应控制在 10～30 ℃。

（5）自然养护阶段，保持混凝土表面充分潮湿，夏季施工期间采用覆盖土工布保湿，增加洒水频率。

4. 预应力张拉、管道注浆工艺要点与措施

预应力施工是关键环节，预应力施工的质量将直接影响梁体的抗裂性能；为有效避免可能出现的梁体早期裂缝，采用两次张拉工艺；并应施工前对张拉用设备及相关资料进行检查；

T 梁预应力张拉的特点是分次张拉，其难点是张拉力值的准确控制，因此关键工艺措施是：

（1）梁体在达到初张拉强度后应立即采取先初张的措施，一般易在 2 h 内完成（实测强度是以混凝土试件为数据依据，而在福建地区由于温度较高梁体实际强度一般较试件强度高）。避免梁体在前

期由于表层混凝土失水较快产生的收缩裂纹；也保证了 T 梁移梁吊装受力要求，加快台座周转。

（2）定期进行张拉千斤顶的标定，采取两端对称张拉双控措施，保证钢绞线的预应力值均匀、准确。

（3）初张，防止早期混凝土温差与收缩裂缝；终张拉应在存梁台座进行对已张拉过的预应力束重新拉到设计力值。

（4）由设计单位确定的各种张拉参数，调整张拉控制应力。通过测试管道、锚口和喇叭口摩阻以及钢绞线弹性模量确定预应力筋伸长量，要求由钢绞线实际弹性模量计算的伸长值与实测伸长值相差不超过±6%。

（5）混凝土的收缩徐变是预应力损失中长期损失的一个主要原因，因此，需要控制终张拉时混凝土的弹性模量满足要求，龄期不少于 14 d；

（6）管道压浆施工采用真空辅助压浆措施，确保预应力管道浆体密实。终张拉完成后，宜在 48 h 内进行管道压浆。水泥浆采用专用灌浆剂，配合比由试验室确定，但各种外加剂中不得含有氯化物或其他对预应力筋有腐蚀作用的成分；冬季压浆时应采取保温措施，并掺加防冻剂。

（7）封端：封端混凝土应采用无收缩混凝土；封端前应对锚圈与锚垫板之间的交接缝涂刷聚氨酯防水涂料；封端后封端混凝土与梁体混凝土结合处，也需用聚氨酯防水涂料进行封闭处理

5. 防水层施工工艺要点与措施

（1）桥面防水层保护层中聚丙烯纤维网掺量不应小于 1.8 kg/m³；保护层混凝土按每 4 m 设置断缝应满足设计要求，并用聚氨酯防水涂料将断缝填实；

（2）防水层构造、排水坡度、桥面泄水管位置应采用固定模具在模板上定位安装；

6. 移梁、存梁工艺要点和控制措施

双线整孔 T 梁体积大、重量大，移动困难，其难点是在吊装过程和存梁过程中要确保受力均衡和吊装作业安全。顶梁、存梁和运输支点位置如表 44.1 所示。

表 44.1　顶梁、存梁和运输支点位置

序号	图号	梁型	支点距梁端最大距离/m		
			存梁	运梁	架梁
1	通桥（2005）2201－Ⅰ	32 m 梁	2.0	3.5	3.7
2	通桥（2005）2201－Ⅱ	24 m 梁	2.0	3.5	3.7
3	通桥（2005）2201－Ⅰ－LX	32 m 梁	2.0	3.5	3.7
4	通桥（2005）2201－Ⅱ－LX	24 m 梁	2.0	3.5	3.7

顶落梁施顶位置必须符合以下规定：

（1）梁梗纵向：施顶中心至梁端的距离不应小于支座中心至梁端的距离并不得大于设计允许的悬臂长度。

（2）梁梗横向：两个同类型的千斤顶应在桥梁重心线两边等距支放，千斤顶头部外缘距梁梗混凝土外缘应保持 100 mm 以上的距离。

（3）应注意距梁端的最小顶距不得小于 300 mm。

（4）横隔板处不得施顶。

（5）顶落梁时千斤顶头部垫有支垫（长×宽：300 mm×300 mm，δ16 钢板），混凝土与钢板、钢板与钢板之间应放置木片或麻袋片等防止互相滑动。

7. 成品梁的保护措施

（1）梁体在浇筑完成后应及时进行收面并覆盖养护，特别是在大风天气，应采取边收面边覆盖

的施工工艺，避免桥面失水形成裂纹。

（2）模型在拆除时，严禁生拉硬撬，造成梁体硬伤。

（3）预应力梁预、初张拉完毕后应在最短的时间内移出制梁台座，防止因梁体受压起拱，造成梁体端部局部受力开裂。

（4）梁体在移运时必须缓慢、平稳进行，严禁骤然升降或改变速度，避免四个吊点或支点受力不均。

（5）梁体在拆除模型后必须继续进行洒水养护，防止梁体表面产生干缩裂纹。

（6）预制梁存梁台座基础定期检测沉降，严格控制梁体不平整量不大于2 mm。

（7）预制梁在存放期间严禁人为或机械对梁体造成破坏，严禁随意涂抹梁体。

二、170型架桥机架设施工

JQ170型架桥机是在JQ130型架桥机基础上，为满足新建速度200 km/h客货共线铁路建设作业要求而开发研制的新一代铁路架桥机。可用于速度200 km/h及以下客货共线T梁（通桥2201型，通桥2101型）、专桥9753梁、铁路32 m及以下普通混凝土T梁的倒运和架设。由于该架桥机具有边架T梁边铺设轨排的特点，在铁路建设中得到了广泛的应用。龙厦铁路桥梁架设施工起止里程为DK1+610～DK111+336，需要架设的桥共有33座，共计架设桥梁1 328孔，其中32 m梁1 202孔，24 m梁126孔。由于受象山隧道施工影响，JQ170型架桥机只完成了象山隧道进口前龙门溪大桥—马坑4号大桥32 m梁258孔，24 m梁50孔的架设任务。

（一）JQ170型架桥机简介

JQ170型架桥机由主机、机动平车、倒装龙门吊三部分组成。整机能连续作业，机动灵活；机臂能上下升降、前后伸缩、左右摆头、上下点头；可空中移梁，一次落梁到位；装备有实时监测系统，提高了作业的安全程度；充分考虑了2201梁、2101梁在重量、宽度和高度等方面的变化，最大特点是实现了交流牵引，变频调速。架桥机组装方案：在保障安全的前提下，快速、稳妥地进行组装，杜绝在组装过程中出现任何安全事故。

（二）T梁架设方案

1. 施工准备

复核桥梁基础工程建设资料；清理支座支承垫石；检查桥头备砟。

上足桥梁桥面砟，检查桥梁支座及其配件以及桥梁附属配件；设备就位。

2. 桥头压道

桥头压道范围：前方压上桥台1 m，后方压到大轴重最远停留处以远50 m。压道速度为1～3 km/h，对架桥机大轴重经常停留地段，桥台尾与线路衔接处，个别有疑问的薄弱处，放慢速度或较长时间地进行反复压道。其中桥台尾部附近地段路基尤为重要。压道次数：压到无显著下沉，最后三个往返的左右偏差不大于2 mm，总下沉量不大于5 mm，压道不少于3个往返。

压道采用水平仪进行观测，在每个轨节接头和大腰处设置观测点，用水平仪进行观测，专人负责检查线路四周有无裂缝、下陷，边坡外坍或凸出，基底滑动，出水冒浆等现象。初始压道表现较好的路基，还注意是否有硬壳。

压道时，该桥路基施工单位的负责人和技术人员共同进行压道观察。

压道后或架梁过程中若遇大雨或压道后经雨水浸泡，重新压道后方可继续架梁。

架设流程如图44.10所示。

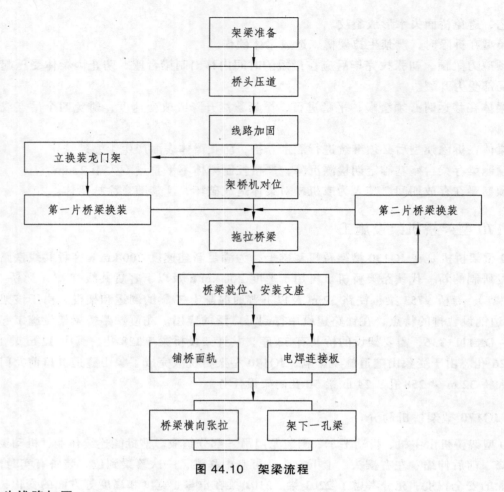

图 44.10　架梁流程

3. 桥头线路加固

道床厚度不小于 25 cm（枕下必须保证 15 cm 厚的道砟）；道床顶面宽不小于 350 cm。对桥头线路整治，进行起道拨道捣固，根据线路情况选用以下几种加固措施：

轨道加固，临时增加铁垫板，轨撑，轨距拉杆，道钉等；

单穿加固，每个枕木盒加穿枕木 1 根；

对穿加固，每个枕木盒加穿枕木 2 根加固，当路基沉落量大，用满布木枕，扣轨束进行加固。

4. 架桥机对位

当压道机车返回车站或临时岔线后，架桥机自行到桥头，架桥机走行速度控制在 5 km/h 之内，特别是线路情况较差地段，架桥机走行时有专人监护架桥机的轮对，防止轮对爬上钢轨。当线路状况不好，退回架桥机，待线路重新整治好以后再上架桥机，以确保架桥机的安全。当架桥机安装好稳定装置后，架桥机拉臂。架桥机拉臂后，放下架桥机 0 号柱支垫在线路上，将 0 号台车推出到路基边临时搭设的支墩上。架桥机组装 0 号柱后悬臂运行进行对位，当架桥机 0 号柱接近桥墩时，开始进行摆臂。摆活动机臂时，左右侧运行速度一致，采用多次摆臂将 0 号柱牢固立在桥墩台上。

5. 立换装龙门架

换装龙门架设在直线上，困难时可设在大半径缓和曲线上，可将龙门架处轨道拨直，两端拨圆顺，换装龙门架距离桥头不宜太远，以减少倒梁时间。两换装龙门吊距离根据所架梁的桥梁跨度来确定。16 m 梁采用 12 m，24 m 梁采用 20 m，32 m 梁采用 28 m。当换装龙门架位置确定后，可以先卸下发电机，人工平整换装龙门架基础，用木枕搭设换装龙门架支垫，底层满布木枕，然后在轨道枕木盒处对穿加固木枕。发电机接通线路发电后，将龙门架顶起来，旋转 90°后，放下换装龙门架卷腿，支垫在已搭好枕木垛上，机车挂龙门架托架车牵出，人工调整换装龙门架支腿位置，加垫薄木板使其受力均匀。

当架桥机施工地点与换装地点相距大于 2 km 时，为了减少机动平车的运距，换装龙门吊前移。

6. 倒运桥梁

机车顶推桥梁车缓缓对位，桥梁对好位后，将换装龙门架吊具放下，用钢丝绳进行捆梁。捆梁时钢丝绳与桥梁底面转角接触处，安放护梁铁瓦以免钢丝绳被割伤或挤碎混凝土。先吊支座后吊桥梁。当梁起吊到 0.3 m 高后，进行检查，确认无障碍物后方可继续起吊桥梁。机车将梁下空平车挂走后，架桥机 2 号车对位于桥梁下，启动换装龙门架将桥梁放在 2 号车上，并打好撑梁木。机车将架桥机 2 号车推运到桥头，机车推进速度为 3 km/h，并配齐押梁人员监护桥梁安全。

7. 拖拉桥梁

当机车推运架桥机 2 号车距离架桥机 1 号车 30 m 外一度停车，经架桥机拖拉人员同意方可连挂，架桥机 1 号车正在吊梁作业时，禁止连挂。当桥梁进入架桥机 1 号车后，将架桥机 1 号车尾部吊起运梁小台车放在架桥机 2 号车上并封好车钩。拆开过桥轨后，机车挂架机机 2 号车回换装龙门吊处装梁。

8. 桥梁就位、安支座

桥梁进入架桥机 1 号车后，先进行捆梁，将桁车对好位，起吊桥梁，架桥机前端桁车向前运行，后端桁车进行捆梁和吊梁，当桥梁被完全起吊后，两个桁车向前同时运行，桥梁高位运行时 有专人负责检查桥梁到位情况及 0 号柱监护。当桥梁纵向基本到位后，用桁车落梁，在已架好桥梁端或桥台胸墙上支放大头楔以控制桥梁串动，桥梁下落的同时，在墩台上支座范围内铺垫干硬性砂浆，将支座吊移到墩台上就位。桥梁落梁就位后，检查支座底与桥墩是否密贴，支座十字线的偏差是否满足设计要求，否则立即进行调整至满足设计要求。

考虑到 T 梁架设工作的安全性和可操作性，一般来讲，每一跨 T 梁架设首先架设两边的边梁，再架设其他中梁。而我部是按照边、中、中、边架设顺序，为了加强稳定性，在架设完两边梁后就用同梁体的钢筋把横向桥面钢筋进行焊接加固处理，且梁体在未架设完的情况下均用实木进行支撑，待横向连接板焊接完，架桥机过孔稳定后才取下。

9. 铺桥面

桥梁落位以后，进行铺桥面轨工作，机车顶进装上桥面轨节的架桥机 3 号车与架桥机 1 号车连挂，拖拉轨节进架桥机 1 号车，用桁车上的电动葫芦来吊铺桥面轨。铺完桥面轨后及时进行整道。

10. 电焊联结板

桥梁就位后，立即进行电焊作业，电焊作业前除去联结角钢上的混凝土或杂物，电焊焊缝不得有裂缝、气孔等缺陷，联结板不超过联结角钢的两端，否则将超出部分割去。

11. 支座及围板安装

架梁完工后，及时进行质量检查并灌注锚栓孔砂浆和横隔板混凝土，安支座围板等。

（三）过孔

1. 第一步

（1）在已经架好的桥面上，全面检查架桥机各部件，同时做好过孔的准备工作。

（2）开动导梁上两套移动天车至前支架后方：

分别顶起中、后支腿，使后支架携横轨脱离桥面 10 cm 以上，开动后支架电葫芦，使后支架及横轨前移 1/2 梁长，收起中、后支腿，使后支腿及轨落稳于桥面上。

（3）开动导梁上两套移动天车至导梁尾部做配重；

前后支架摇滚和导梁索具处于解除状态，同时开动前、后支架摇滚电机，导梁徐徐前移 1/2 梁长，直至辅支腿到达前方指定位置。

（4）辅支腿下垫好硬木块，向前推辅支腿约 10 cm，顶起辅助支腿，使导梁支平；为防止左右倾，预先用葫芦分别将辅导梁前端拉近。

2. 第二步

（1）顶起中、后支腿，使后支架携横轨离开桥面，开动电葫芦，使其徐徐前移，直至中支腿后方停止。收起中后支腿，落后支架及横轨于桥面上，垫牢垫实。对于有大坡度桥面，可分几小步进行。

（2）中后支腿、后支架同时支撑桥面以上部分导梁，辅支腿支撑前侧导梁，导梁上两套天车全部移至导梁尾部做配重。

（3）测量辅导梁下导梁空间尺寸，和后方前支架顶部到横轨底部尺寸，两者比较，以决定前支架缩回调整尺寸，保证一次前支架到达前方。对于有坡度桥梁，前支架可预先拆除 1 节或 2 节调整节，前支架前移到位后，利用辅支腿油缸和前支架油缸交替顶升，将拆除的调整节重新装好。

（4）将后摇滚架与导梁锁牢，开动前支架电葫芦，前支架徐徐前移至前方指定位置；前支架于前方高度调整好和横轨垫实垫牢后，使用可靠前后刚性斜撑和葫芦将其稳固，以防止下一步前移导梁时向前倾倒。

（5）辅支腿、中后支腿脱空，开动前后支架摇滚电机，导梁徐徐前移，直至架梁工况支点位置。对于有坡度桥梁，可分几小步进行。

（6）解除前支架斜支撑装置，安装前支架和导梁锁紧装置。

（7）调整后支架，使前后横轨平行，然后安装后支架和导梁锁紧装置。

（8）铺设桥面运梁车轨道，准备下一步运梁、架梁。

（四）T 梁架设施工质量控制技术措施及验收标准

T 梁架设施工质量控制技术措施及验收标准如表 44.2 所示。

表 44.2 T 梁安装实测项目

序号	检查项目	偏差	检查方法和频率
1	支座中心偏位/mm	5	尺量：每孔抽查 4～6 个支座
2	倾斜度	1.2%	吊锤线：每孔检查 3 片 T 梁
3	梁顶面纵向高程/mm	+8，−5	水准仪：每孔抽查 2 片
4	相邻梁顶面高差/mm	8	尺量：逐一

三、DJ168 型公铁两用架桥机运、架梁施工技术

DJ168（公铁两用）架桥机用于架设公路桥梁 40 m 及以下跨度预应力钢筋混凝土梁片、架设新建和既有线改造速度 200 km/h 及以下客货共线 T 梁（通桥 2201、2101）铁路 32 m 及以下混凝土梁、专桥 9753 梁。该机属单臂筒支型，可架设梁片跨度为 40 m，额定荷载等于小于 168 t，且实现全幅机械横移梁片，达到一次落梁到位，特别是在铁路架梁行业中，具有常规铁路架桥机不可比拟的优势。

（一）施工方案

（1）架梁顺序：架梁时从架设龙岩至漳州方向龙厦铁路的桥梁。

（2）桥梁运输方式：桥梁运输采用 DJLY-180 轮胎式运梁车进行运输。

（3）桥梁架设方式：桥梁架设采用 DJ168 公铁两用架桥机进行架设。

（4）架梁程序：先利用运梁车把架桥机运至架梁现场进行组装，并对位；然后从草坂制梁场运输桥梁至施工现场（提前装好支座），进行桥梁架设。

（5）架梁顺序：架桥机在左线进行对位，单跨桥梁架设顺序为：右边梁，右中梁，左边梁，左中梁。

架设 1 跨桥梁施工工程序为：运架桥机到现场—架桥机组装—架桥机对位—从梁场运送右边梁桥梁到架桥机处—梁片喂进—捆梁—吊梁—落梁及安装支座就位—打好保险；从梁场运送右中梁桥梁到架桥机处—梁片喂进—捆梁—吊梁—落梁及安装支座就位—联结板焊接；从梁场运送左边梁桥梁到架桥机处—梁片喂进—捆梁—吊梁—落梁及安装支座就位—打好保险；从梁场运送左中梁桥梁到架桥机处—梁片喂进—捆梁—吊梁—落梁及安装支座就位—联结板焊接；锚栓孔灌注。架桥机前进，架设下一跨桥梁。

（二）DJ168 架桥机架梁作业流程

DJ168 架桥机主要由、0 号柱、1 号柱、2 号柱、3 号柱、吊梁小车、曲梁、运梁平车组成。

1. 架桥机由运梁车驮运至前方桥头对位作业程序

（1）由运梁车驮运架桥机至前方桥头、0 号柱位置处于桥墩前方、能够实现自由翻转不受桥墩影响。松链条葫芦放下 0 号柱并穿好插销。使 0 号柱与机臂、桥墩处于垂直位置。运梁车慢速后退、0 号柱操作人员到位。支立 0 号柱于桥墩垫石前方，下部必须放置胶皮或薄木板做好防滑。0 号柱对位工作完成。（要求 0 号柱监护到位）

（2）桥墩上开始放置 1 号柱下横移轨道、（条件许可的情况下可使用吊车在 0 号柱对位前预先放置。）前吊梁小车驱动架桥机 1 号柱前进至桥台前方。开始组装 1 号柱加长段（3 m）、液压泵站、支撑拉杆、横移驱动机构。组装完成按横移轨道使用要求支撑一号柱在横移轨道上。0、1 号柱操作人员检查吊梁小车与曲梁、曲梁的销子必须处于锁定状态，组装过程中严禁 1 号柱冲撞 0 号柱。

（3）在离 1 号柱约 35.9 m 位置组装 2 号柱下横移轨道。后吊梁小车驱动 2 号柱前进 35.9 m。2 号柱操作人员将 2 号柱支立于横移轨道上。此时 1 号柱、2 号柱同时上升至整机过跨状态。穿好 1 号、2 号柱插销。运梁台车退出架桥机、运行至倒装龙门架处装梁。

（4）过跨前准备工作、采用 2 个 10 t 链条葫芦锁紧 1 号柱体，两侧分别使用一个链条葫芦的一端与 1 号柱、另一端使用钢丝绳固定在线路钢轨上；并成 45°斜角状态。防止架桥机机臂在前进产生的晃动。确保 3 号柱处于悬空状态。0 号柱收起离桥墩 100 mm。此时架桥机承重在 1 号柱、2 号上。

2. 整机纵移工况（32 m 桥梁）

准备工作：以所架设桥梁的前端为起点。在第一次冲臂完成的情况下。2 号柱第一次支撑位置不得小于 14.5 m。

架桥机架设 24 桥梁：从梁片前端向后量出约 9.6 ~ 11.6 m 的位置（要求将道砟清理干净、宽度不小于 2 m）为 2 号柱最后的支撑定位点。

架桥机架设 32 m 桥梁：从梁片前端向后量出约 2.3 ~ 4.3 m 的位置（要求将道砟清理干净、宽度不小于 2 m）为 2 号柱最后的支撑定位点

（1）复核 1 号柱中心至 2 号柱中心距为 35.9 m 位。1 号柱、2 号柱横移轨道支撑牢固。各岗位监护人员到位、通讯正常。解除 2 个曲梁与机臂的销接、确保曲梁与吊梁小车销接为一体。

（2）1 号、2 号吊梁小车共同驱动机臂前进 14 m。如 1 号柱微量倾斜、必须及时调整。3 号柱接近 2 号柱位置；支立 3 号柱、收 2 号柱。2 号吊梁小车驱动 2 号柱前进 19 m。支 2 号柱（按照横移轨道支撑要求）；收 3 号柱、机臂、0 号柱、3 号柱一起前移 18.7 m、0 号柱到达前方桥墩（垫石前）。按照第一次支撑 0 号柱要求支撑 0 号柱。支立 3 号柱、收起 2 号柱并前进 13.7 m 准备到位。

（3）按照要求支立 2 号柱、略收 1 号柱处于悬空状态后；1 号吊梁小车驱动 1 号柱前进 32.7 m 到达前方桥墩。按要求支立 1 号柱。准备到位

（4）1 号、2 号柱监护人员认真检查支撑是否符合要求确保无误，将 1 号、2 号柱顶升至最高位。

将曲梁与机臂销接为一体，解除曲梁与吊梁小车销接之后。吊梁小车退至取梁位置准备吊梁。对位工作完成。

3. 架梁作业

（1）运梁车到达 3 号柱前方必须减速，以 10 m/min 的速度进入架桥机。随车监护人员、3 号柱人员监视运梁车进入架桥机。防止梁片与架桥机柱体之间摩擦。运梁车靠近 2 号柱时、线路上应放置防溜铁鞋、操作人员认真操作听从指挥。防止运梁车冲撞架桥机 2 号柱。

（2）1 号吊梁小车下降、作业人员将梁片捆装好、吊梁小车起升。梁片前端悬空与运梁台车上 100～150 mm。此时保证前运梁台车处于断电状态（后台车供电）。吊梁小车、运梁车处于同步状态、两机同步拖梁开始。喂梁过程中监护人员认真观察运梁车走行是否正常。架桥机工作是否正常。2 号柱监护人员认真观察梁片底部与 2 号柱之间的距离。严防在喂梁过程中梁片与 2 号柱摩擦。

（3）喂梁到位、2 号小车吊起梁片。使梁片处于水平状态；梁吊梁小车共同前进，到达梁片落梁位置。落梁开始前必须试刹车，无误后落梁开始。行车监护人员认真观察、防钢丝绳止跳槽出现意外。梁片落至低位、按照架梁要求进行整机横移；横移过程中确保 1 号柱与 2 号柱同步。架设边梁过程中整机横移不到位的情况下；需要使用架桥机自身 750 mm 进行横移。落梁工作到位；落梁人员使用撑梁木打好梁片保险。取钢丝绳；第一片梁架设完成。至原位、吊行小车后退至取梁位置。

（4）吊梁小车在起升过程中监护人员认真观察钢丝绳缠绕情况。

4. 架桥机最后一跨桥梁的架设

（1）架桥机在最后一跨桥梁的作业过程中、涉及 1 号柱需要拆下加长段（3 m）；重新安装 1 号柱下横移驱动机构、液压泵站。安装完成之后进行下一步的对位工作。

（2）在架桥机对位工况下。0 号柱到达前方桥台、其他机构的作业顺序不变，在 1 号吊梁小车驱动 1 号柱到达桥台之前完成第 1 条作业内容。

（三）轮胎式运梁车的使用

起动前的检查：车辆起动前需检查动力机各工作点的机油油位、液压油、燃油、冷却液、制动装置、蓄电池、传输机构、起动装置各关节的润滑情况、轮胎的气压等是否满足要求。柴油机部分见随车柴油机使用保养说明书。

车辆启动：起动前的准备工作完成并确认符合要求后，才可以起动。

（1）空载起动时将挡位拨置空挡位置，承载起动时将挡位拨置 1 挡位置松开手制动直接启动和起步。

（2）拨动电门开关（启动钥匙）顺时针转动以起动柴油机，每次启动时间部应超过 15 s，以保护起动机和蓄电池。每次启动失败后，应停 60 s 再行启动，如果连续 3 次起动失败，应查明原因、排除故障后方可再行起动。

（3）起动后应立即检查机油压力柴油机再低速运转时，机油压力不能低于 0.1 MPa。没设机油压力表的车辆应注意机油压力指示灯的变化，打开钥匙指示灯应该点亮待发动机运转正常时油压指示灯应熄灭。如不正常应查明原因修好后，确保系统有压力才克正常使用，新装配的柴油机起动 5 min后，检查油底壳机油面，必要时添加机油，使油面在油标尺上、下标记之间。

（4）柴油机起动一分钟内，立即检查冷却水是否进入柴油机水套内循环。

车辆起步：起步时，待气压达到 0.4 MPa 以上时，挂入 1 挡后，松开手制动器起步，起步方式与汽车类似。油门与离合器要配合好，以防坡道、承载时车辆自由滑行。

车辆行驶：车辆行驶中，尽可能保持行驶速度稳定，经常注意机油压力和冷却水的温度，机油压力应在 0.35～0.45 MPa 之间，冷却水出口温度应在 90 ℃ 以内。经常倾听机械运转时有无异常响声。

离合器的正确使用：离合器只作为改变挡位之用，车辆承载运梁处在下坡路段时部能用离合器及空挡来达到提高车辆和节省燃油的目的。

停车：降低速度，怠速后停车，使用手制动使车牢牢停稳后，取出钥匙，司机方可离开。

注意事项：

① 柴油机的启动，运行应严格按柴油机的使用说明要求操作、检查、管理。

② 承载转盘的润滑：必须保证承载装盘动摩擦的润滑性，以确保转盘转动灵活。必要时可涂抹黄油。

③ 转盘工字钢槽内必须安放枕木，枕木应高出 40 mm 以上。

④ 制动装置：在承载运输大梁前必须检查各制动装置是否满足要求，以确保车辆承载运梁安全。

⑤ 桥梁运输车不得超载，行驶操作过程必须按说明书进行启动、操作、运行、保养。操作人员必须认真阅读使用与保养说明书。

⑥ 必须按厂家提供的配套设备柴油机使用说明书进行操作保养。

⑦ 桥梁装载时档位必须处在 1 档位置和手制动处于制动位置，以防承载后车辆滑行，确保安全。停车时档位必须处于有档位置及手制动处于制动位置。

⑧ 为避免车辆在行驶下坡时产生较大的惯性力矩、和事故的发生，杜绝使用离合器及空档来达到提高速度和节省燃油消耗的运行方式。

⑨ 车辆应定期保养，经常检查的油位、水温，视听发动机的运行状况，经常检查二级减速器的油位及运转情况，转向节处应该经常加注润滑油，以确保车辆最佳使用状态。

⑩ 操作司机必须严格按照操作规程操作，在运梁过程中，必须目视前方，注意车辆行驶方向，尽量不得走"s"线，不得急停，防止梁体及车辆的窜动。

（四）T 梁及架桥机运输

DJLY180 轮胎式运梁车与传统的轮轨运梁车有较大的区别，操作人员必须经培训、考试合格后方能上岗。动力柴油机部分必须按厂家提供的配套柴油机使用说明书进行操作保养。临时停车或驻车状态要操作手制动阀对车辆制动，防止车辆溜滑。为避免车辆在行驶下坡时产生较大惯性力，严禁使用离合器及空档来达到提高车速和节省燃油消耗的操作方式，车辆应定期保养，经常检查油位、水温。

1. 承载运梁时关键事项

承载心盘的润滑：必须保证承载心盘动摩擦的润滑性，以保证心盘转动灵活，必要时涂抹润滑脂。T 梁装车加固措施：T 梁装上车后，必须采取加固措施，须在 T 梁的两翼加垫木，斜撑上端与梁之间用千斤顶顶紧，同时还须在 T 梁的四个角用钢丝绳及五吨手拉葫芦将 T 梁与运梁车转盘端部的挂钩孔连接收紧。以确保 T 梁与运梁车牢靠加固。

路况要求：本运梁车对路面要求路面须平整，保证路基的密实度达到完工路基要求，不能使轮胎陷入泥中。一旦车辆发生单一驱动轮有打滑现象时应打开互锁装置电控开关，使半轴互锁（同时仪表发出嘀嘀报警声响），车辆可顺利通过。通过后应及时关闭互锁开关，使半轴互锁装置分离，不允许重载使用互锁时使车辆转弯行驶，以免损伤半轴。正常行驶时及转弯时不允许使用互锁装置。

车辆的转向：主副车方向可独立控制，均设有液压转向装置及承载心盘，可以很灵活的转向。操作车辆转向时，当车轮转到最大角度时应及时将方向盘回到中立位置，以免损伤液压转向系统。

制动装置：由主车司机一人操控，以保证两车制动的一致性。主车装有低气压抱紧装置，车辆运行前保证气压不低于 0.4 MPa。待气压超过 0.4 MPa 以上时松开手制动方可起步运行。停车时要使用手制动阀对整车制动，确保行车与停车安全。

桥梁运输安全保证措施：

（1）桥梁中心线与重心线用碳素墨线显示，运梁车中心线用油漆标示。

（2）梁与转向盘接触面必须垫胶垫或木板，以便于梁体增大摩擦力，防止梁体纵向窜动，其厚度根据支撑的长度调整，但不低于 20 mm。

（3）转向盘应保持润滑良好，钢支撑要求无脱焊，无歪斜变形，活动节螺栓要扭紧，无松动。

（4）装车后撑梁杆与梁体接触处应用木板楔紧，与转向盘接触面无空隙、松动，各种销子锁死。

（5）装车后，班组要自检装车是否符合标准，桥配是否齐全，同时记下每片梁号，经与押运人员检查，相互签认合格，方可出场。

（6）运输途中，押运人员应加强监护，特别是运梁线路、封车情况、运梁车"T"梁等稳定情况，观察其是否存在变化异常，发现问题应及时与运输人员联系，要求停车纠正处理后，满足运输安全后方可继续运行。

（7）监护人员必须按规定带齐工具、通信设备、斜木、锤头、钢卷尺、线锤及照明用品等。

（8）监护人员在路途中不得饮酒，不得脱岗，不得达乘车辆，且做到观察桥梁运行状态的变化和指挥工作。

（9）多台车辆同时运输时，监护人员应保持经常联系，确定最佳汇车地点，先到车辆停车相让，但重车必须保证停放地点的安全可靠性。

（10）桥上，隧道内和路基宽度不足地段严禁会车。

（11）路基宽度较狭窄地段应设置明显的安全警戒线标志。曲线梁湿接缝、伸缩缝加宽地段应采取钢板遮盖措施，确保运梁安全。

（12）运梁车运行前，操作人员及监护人员必须对封车情况进行检查确认。运梁车运行 5～8 km（根据实际路况决定）后，应停车对封车情况、运梁车性能进行检查，确保安全。

（13）运梁车通过特殊地段，如陡坡、较大收缩缝位置时，必须采取修整路面或天车等防范措施后方可行车。

（14）运梁过程中操作人员密切注意梁车的运行状况并加强瞭望。重车在直线梁上行走时速度控制在 2～2.5 km/h；过 $R \leqslant 200$ m 曲线时下调至 0.5 km/h。返空时操作司机根据路面情况调整运行速度，确保运行安全。

（15）运梁车在刚架设完毕的桥面上行走前，必须保证焊档及灌浆完毕，质量符合要求。

（16）当桥梁中梁间湿接缝由于受线间距影响而变大时，运梁车不得骑在两片中梁上行走。

（17）运梁车到达架桥机 20～50 m 处时必须停车确认线路，进入 3 号柱前，必须停车修正好架桥机与运梁车的位置及方向，进入时必须由专人指挥，以低速挡进入，架桥机起吊及运梁车必须配合好，速度要一致（指挥人员要随时关注，随时提醒操作司机），并采取防溜措施，还应注意与架桥机之间的距离，防止碰挂架桥机，特别是曲线梁，所以人员必须坚守岗位，各司其职。安监人员利用警戒带以提醒运梁车司机，确保梁上运梁作业的安全。

（18）当运梁车退出架桥机 3 号柱时，必须提前把转向架斜撑杆放下，以免和 3 号柱发生碰撞。

（19）空车返回时，也必须对车上物体的封车情况进行检查、确认。

2. 驮运架桥机步骤

（1）运梁车在制梁场将驮架分别放置在两运梁台车转向承载架上。运梁车行驶至架桥机 3 号柱后方待令。

（2）架桥机（高位）整机横移至横移轨道中心，运梁车以 8 m/min 的速度进入架桥机三号柱——停止在 2 号柱前方；架桥机前吊梁行车将前运梁台车吊起并通过 2 号柱。

（3）按照运梁车驮运图的要求将架桥机承载在驮架上，机臂底部与驮架接触面须使用橡胶垫、以增加摩擦力，保证架桥机的转移安全。

（4）收起 1 号柱的导柱并穿好插销、吊梁行车与 1 号柱曲梁锁定。并由行车驱动后退 7 m。向内卷起 0 号柱使用链条葫芦锁紧。

（5）以机臂前端为起点向后测出 38.4 m 的位置为二号柱的停放地点。收起架桥机二号柱、穿好插销。同时收起架桥机三号柱。架桥机的降臂对位工作完成。

（6）使用 5 t 链条葫芦与钢丝绳将运梁台车与驮架、驮架与机臂互锁为一体（纵向锁定、横向锁定）。

（7）将架桥机随机使用的工具放置在运梁台车或者使用行车吊起进行转运。

驮运架桥机安全防护措施

架桥机驮运时的尺寸为 58.2×4.4×6（以 m 计算），通过的条件必须满足路基宽度不小于 6 m 且路面上无坑洼、上部净空尺寸不得小于 6.5 m。

架桥机降至运梁台车上时必须封装牢固，在行驶过程中由专人看护驮架是否有变形、位移的情况发生。

架桥机转运时全体机组成员随运梁车步行监护运梁车，由机长全面负责指挥、做到分工明确、通讯正常、正确指挥、重要的岗位上派专人进行监护。

运梁车监护人员认真提前向运梁车操作司机报告运梁车前方行驶的路面状况。

运梁车的形式速度按最高 3 km/h 的速度前进、在通过连续梁、隧道时速度最高为 1 km/h。当运梁车快接近桥头时（100 m 处）减速慢行对位。提前在 0 台后方 1 m 处放置 4 个三角木作为防溜。

驮运工作完成必须按照架桥机作业指导书进行操作。

（五）架梁及运输劳动力组织、机具配置

1. 人员配置

（单班）人员配置如表 44.3 所示。

表 44.3　人员配置

序号	名称	单位	数量	备注
1	机长	个	3	正 1、副 2
2	0、1 号	个	1	行车监护
3	3 号	个	1	行车监护
4	电工	个	1	
5	运梁车司机	个	8	
6	电焊工	个	5	
7	起吊司机	个	1	
8	安全人员	个	1	
9	机械技术人员	个	1	
10	工程技术人员	个	1	
11	机修人员	个	1	
12	落梁人员	个	4	
13	押运员	个	2	
14	杂工	个	4	

2. 机具配置

架梁工具：手拉葫芦（3 t 4 个，5 t 2 个）钢丝绳（1 m/6 根，7 m/6 根），压机（2 台），单铲（10 把），耙子（10 把），扳手（4 把），活动扳手（450 mm 4 把），中式撬棍（10 根），小撬棍（4 根），液压油顶（50 t 8 个）锤子（8 磅 6 个，6 磅 4 个）龙锯和手锯各 1 把，承梁木 10 根（32 m 桥梁高度）。

（六）架梁安全防护

1. 安全管理应符合要求

（1）架梁施工单位应建立施工现场安全管理体系、完善的监督检查制度和安全生产责任制，实现施工全过程对安全生产进行有序监控。

（2）架梁施工前应编制安全操作细则、作业指导书等安全技术文件，并根据有关规定编制相应的应急预案。

（3）各项安全管理活动应有计划、有部署、有落实、有监督检查、有整改措施和再制定安全管理活动计划。

（4）建立健全以岗位责任制为核心内容的机械管理制度，以凭证上岗和实行定人、定机、定责为中心内容的机械使用制度，以清洁、润滑、紧固、调整、防腐为工作内容的机械保养制度，保证架桥机经常保持完好状态。

2. 架梁作业安全应符合规定

（1）架桥机施工机械使用前应按本暂行规程的有关规定进行机况检查和试运转.对影响架梁作业安全的特殊线路条件、施工临时设施、运梁道路等应在架梁前进行预先检查，并应结合具体工况制定保障作业安全细则。

（2）架桥机架梁时，应指定专人负责架桥机运行线路的检查、加固和整修。

（3）架桥机架梁时的线路条件，应符合架桥机设计使用的有关要求。

（4）架桥机0号柱支立于墩台时，应垫平垫实并垂直与墩台顶面。当支立于T形桥台时，0号柱底部应安装钢制枕梁。

（5）架桥机在大坡道上停车对位、架梁时，应设专人安放止轮器和操作紧急制动阀。起重小车的制动装置应安全可靠，并设制动失灵的保险设施，应有专人防止起重小车向下坡方向滑动，并备有止滑设施。

3. 架桥机安全防护工作应符合规定

（1）架桥机停留的地点应有人监护，严禁非工作人员走近及走上架桥机，严禁非操作人员进入操作室。架桥机停留时应采取防滑措施。

（2）架桥机作业时，施工现场应设防护人员劝阻围观架梁人员，避到安全距离以外，严禁非作业人员上桥进入作业地点。

（七）架梁施工安全措施

1. 捆吊梁

（1）运梁车运梁至架桥机尾部，用1号吊梁小车吊起梁前端吊点处，运梁车配合1号吊梁小车送梁前行至2号吊梁小车与梁后端吊点处，2号吊梁小车起吊梁，1号、2号吊梁小车前行至落梁位置。

（2）捆梁位置根据梁跨的不同，应符合有关架梁规则规定，在梁片两端的设计允许范围内，以防止桥梁断裂或裂纹现象的发生。32 m梁吊点为29 m，24 m梁吊点为21 m。

（3）机臂上应设专人进行监护吊梁小车卷筒排绳情况，防止掉槽、绕乱绳现象。

（4）千斤绳严防误用，在起重时千斤绳各股受力要求均匀，不得有绞花、重压现象，千斤绳不得有扭结、变形、断丝、锈蚀、大量出油等异常现象，达到报废标准的坚决更换。

（5）千斤绳与梁片底面的棱角接触处必须安放护梁铁瓦或胶皮垫，并支垫牢实，千斤绳悬挂在吊钩或铁扁担上必须牢固可靠，以防受力脱出。

（6）起吊桥梁时，应注意保持前后两端起吊卷筒升降速度一致，受力均匀，同时应注意钢丝绳有无跳槽，护梁铁瓦有无窜动脱落情况，梁片吊离支承面20～30 mm后，应暂停起升，对各重要受力部位和关键处所进行检查，确认无误后，方可继续起吊。

（7）梁片在起落过程中应保持水平，横向倾斜最大不应超过2%，纵向倾斜亦不宜过大。

（8）梁片落近墩顶时，应慢且平稳，梁片落位时，应先落固定端，后落活动端，当两端支撑均已撑牢，方可松钩，第二片梁下落时千万避免碰动第一片梁，落好后，及时打好支撑保险。

（9）起重钢丝绳在起动中，如果梁片被障碍物卡住或受其他猛烈冲击时，必须立即停车检查钢丝绳有无异常，如发现受力量大的一段有损坏时，必须更换。

（10）梁上工作人员应防止将工具、道砟等坠落或往下抛落千斤绳时砸伤人员，梁上工作时，梁下禁止人员通行或工作。在捆吊梁工作中，应先检查捆吊梁的机具设备是否完好，经确认无误方能作业。

2. 顶梁

（1）顶梁时首先要确定顶梁重心位置，梁片两端各用两个同类型的千斤顶起顶，千斤顶标准载重量应在实际载重值的 1.5 倍以上，顶梁前，千斤顶底部应垫平填实，顶梁时，千斤顶头部由于承顶面积较小，易顶损混凝土，应在头部支垫硬木块、钢板等，以扩大其受力面积，为了防止滑动，在混凝土与钢板，钢板与钢板间应垫木片，以防滑动而导致梁倾。

（2）千斤顶起落梁片时，必须两端交替进行，严禁同时起落，两端起落差不宜过大，未施顶一端的全部重量应落在稳固的支垫结构上。同端两千斤顶应同步起落，严禁用交替下落的方法调整横向位置。

（3）顶落梁时应设置保险木楔或枕木垛，紧随梁片的起落，加高或降低保险木楔，使梁底与木楔间保持不超过 30 ~ 50 mm 的距离，中途停止工作时，应将空隙立即用木楔打紧。防止桥梁坠落，严禁在无人监护下长时间用千斤顶支住梁片。

（4）单梗式混凝土梁或其他梁底窄、重心高的桥梁，应在施顶的一端用木撑支护，防止千斤顶倾斜或受到意外撞击时突然翻倒，如支撑困难，应另设其他防护措施。

（5）施顶时操作应平稳，下落时应注意控制下降速度，起落时应随时注意千斤顶有无自动下落情况，如发现起顶困难，应仔细查找原因，不得按长手把或增加人力强压，引起其他事故，安全栓外露的油压千斤顶，安全栓前不得站人或掷工具，以防碰动。

3. 移梁

（1）机上移梁前应检查 0 号柱收腿情况和架桥机 1 号、2 号柱支腿支垫情况，移梁时应观察墩、台顶支垫及走行滑道变化情况。

（2）机上移梁就位前，应检查捆梁钢丝绳抽取难易程度。

（3）1 号、2 号行车落梁至离墩台 100 ~ 200 mm 距离时，整机移梁，架设相应梁片。走行腿就位后，及时在走行轮前后设置好止轮器，并锁定走行腿。

（4）边梁架设时，利用曲梁上横移油缸推动曲梁机臂，在主横梁上横移 750 mm 达到架设边梁的目的。

4. 梁片运行、落位，安支座

（1）梁片通过架桥机直接落梁就位时，支座底面中心线应与墩台顶面放出的十字线相重合，梁梗应垂直。梁端伸缩缝，梁片间的间隙质量应符合有关技术规定，支座底面与墩台顶面应密贴，上下座板之间无缝隙。

（2）主机吊梁片运行过程中应派人重点观察横移轨道垫木压实情况。

（3）主机吊梁片运行时，应有专人在前端监视对位，防止梁片撞碰 1 号柱。

（4）吊梁运行或落梁时，应保持扁担左右水平，同时应注意卷扬机的升降量，随时调整扁担的水平，严防出现三台卷扬机受力现象。

（5）整孔桥梁支座无"三条腿"现象。

5. 电焊连接

（1）电焊工使用的脚手板应用不少于长 4.5 m，宽 250 mm，厚 60 mm 的木板，木板间的搭头其搭接长度不得小于 0.5 m，搭头上捆扎牢实，两线间距不小于 0.3 m，捆扎丝头应剪短打平，使用的木板必须经专人检查测试承载力，经确认后方可使用，不得有破损，腐朽和较大疤节。

（2）须定期对脚手板进行检查，确保其质量符合要求、牢固、稳定性好。施工完毕后拆除脚手板时必须用绳系牢，缓缓吊下，严禁从高空向下抛料。

（3）乙炔、氧气瓶和工作人员间的安全距离一般应在 10 m 以上。

（4）架设中必须按技术质量要求进行焊接，完成连接板电焊完三档后（桥梁两端及跨度中）方可进行下孔梁的架设。

（5）安质人员必须对各连接板的焊接质量进行检查，严禁漏焊、虚焊等严重不符规范要求现象的发生。

6. 架桥机前冲过孔及横移安全技术措施

（1）架桥机作业前，应全面检查主机、吊梁小桁车的制动装置和限位器、安全阀等保险装置。对位前应对所有制动装置进行试验，确保其安全可靠。

（2）架桥机到桥头后，严格按照 DJ168 操作规程及作业指导书进行对位作业。

（3）架桥机过孔作业项：

① 1 号吊梁小车前行至 1 号柱曲梁处，穿销轴连接，2 号吊梁小车前行至 2 号柱曲梁处穿销轴连接。

② 用吊轨装置把 1 号、2 号柱走行梁与轨道夹紧，松开曲梁与机臂锁紧装置。

③ 收 3 号柱体，机臂前移 14 m。

④ 支 3 号柱，收 2 号柱，2 号行车带 2 号柱前行 19 m，垫平，支稳，顶升柱体，穿柱体销轴。

⑤ 收 3 号柱，用 1 号吊梁小车，2 号吊梁小车驱动机臂前行至前桥台，0 号柱垫平、支稳、顶升柱体。

⑥ 支 3 号柱，收 2 号柱，2 号吊梁小车带 2 号柱体前行 13.7 m，垫平、支稳、顶升、穿柱体销轴。

⑦ 收 1 号柱柱体，1 号吊梁小车带 1 号柱前行至前桥台，垫平、支稳、顶升柱体、穿销轴、并调整好 1 号、2 号柱横移轨道。

⑧ 用曲梁锁紧装置锁紧机臂与 1 号、2 号曲梁。

（4）横移时，事先在走行滑道前端安放一对固定式止轮器，以防越过安全界限。对好位以后，每组轮前后都应安上止轮器，并锁定锁紧器。最前面的一个轮，在横移对位时必须压上止轮器，使走行轮圆面与止轮器圆面密切接触。

（5）推进运梁车到桥头对位时，在距架桥机 30 m 处一度停车后经机长同意后方可对位。

（6）架桥机冲臂到位后，0 号柱支撑高度要比 1 号柱，2 号柱，3 号柱略高，使机臂前端高于后端。

（7）冲臂时，1 号柱必须牢固稳定支撑，防止作业中整机产生前倾或后倾。

（8）严禁 0 号柱、1 号柱、3 号柱长时间支撑机臂，如有特殊情况，须指派专人监护整机平稳情况。

（9）2 号柱前移时，严禁 0 号柱、1 号柱、3 号柱受力不均，防止只有两个柱体受力现象，同时 2 号柱前移时严禁来回支撑 2 号柱。

（10）过孔作业时必须有专人监护 1 号柱固定保险是否松动。

7. 其他安全措施

（1）架桥机作业起动前，必须是机组人员全部到位，机长严格执行点名制度，布置架梁任务及安全注意事项，并有值班队长在场，统一指挥，方可启动架桥机，安质人员必须协助当班领导把好安全质量关，所经线路未经拨道、整道、未达到行车要求严禁动车。

（2）架桥机机组人员必须精力集中，坚守岗位，严格执行岗位责任制和操作规则，确保架桥机运行及架梁作业安全。

（3）架桥机在进、退机时，除走行司机、内燃司机在主机上外，其他机组人员应徒步监护架桥机运行。小曲线或过岔区尤其要认真观察，严防掉道，其退机速度不得高于 5 km/h。小曲线、岔区不得超过 2 km/h。

（4）运梁车到达 3 号柱前方 30 m 处必须一度停车，取得联系后以 5 m/min 的速度进入架桥机。随车监护人员、3 号柱人员监视运梁车进入架桥机。防止梁片与架桥机柱体之间摩擦。运梁车靠近 2 号柱时、线路上应放置防溜三角木、操作人员集中精力，认真操作，听从指挥。防止运梁车冲撞架桥机 2 号柱。

（5）1 号吊梁小车下降、作业人员将梁片捆装好、吊梁小车起升。梁片前端悬空于运梁台车上 100～150 mm。此时保证前运梁台车处于断电状态（后台车供电）。吊梁小车、运梁车处于同步状态、两机同步拖梁开始。喂梁过程中监护人员认真观察运梁车走行是否正常。架桥机工作是否正常。2 号柱监护人员认真观察梁片底部与 2 号柱之间的距离。严防在喂梁过程中梁片与 2 号柱摩擦。

（6）喂梁到位、2 号小车吊起梁片。使梁片处于水平状态；吊梁小车共同前进，到达梁片落梁位置。落梁开始前必须试刹车，无误后落梁开始。行车监护人员认真观察、防止钢丝绳跳槽出现意外。梁片落至低位、按照架梁要求进行整机横移；横移过程中确保 1 号柱与 2 号柱同步。架设边梁过程中整机横移不到位的情况下；需要使用架桥机自身 750 mm 进行横移。落梁工作到位；落梁人员使用撑梁木打好梁片保险。取钢丝绳；第一片梁架设完成。至原位、吊梁小车后退至取梁位置。

（7）吊梁小车在起升过程中监护人员认真观察钢丝绳缠绕情况。

（8）架桥机最后一跨桥梁的架设：

① 架桥机在最后一跨桥梁的作业过程中、涉及 1 号柱需要拆下加长段（3 m）；重新安装 1 号柱横移驱动机构、液压泵站。安装完成之后进行下一步的对位工作。

② 在架桥机对位工况下。0 号柱到达前方桥台、其他机构的作业顺序不变，在 1 号吊梁小车驱动 1 号柱到达桥台之前完成本节第 4 条作业内容。

（9）架桥机架梁作业完毕后，应关闭电路，锁好门窗。

（八）架梁安全防护措施

（1）架桥机停机地点应派人巡守监护，严禁非工作人员随意走上架桥机；除值班司机外，严禁其他人员进入架桥机操作室，严防架桥机的电气设备及其他部件等丢失和毁坏。

（2）架桥机停机地点有被溜放车撞击可能时，应在适当地点安设脱轨器或将前方岔线的道岔置于其他车辆不能通往的位置，并加锁或钉固；夜间需派专人进行对架桥机的监护。

（3）架桥机通过地段，两侧人员包括平交道口过往人员、车辆应避到安全距离外。

（4）跨公路、铁路、水运架梁时，提前与相关管理部门联系，做好报备及请消点工作。做好现场防护措施，严禁行人、车辆和船只在桥下通过。

（5）在进行电焊作业时，桥梁附近有建筑物或易燃物时，应采取隔离防护措施。

（6）架梁作业要认真做好安全保卫工作，为防止干扰架梁和发生人身安全事故，架梁作业区闲杂人员不得进入。

第四节　简支、连续梁的桥位现浇

本节以肖厝特大桥、金山特大桥以及跨山旧线省道特大桥为工程案例，对简支、连续梁的桥位现浇施工进行阐述。

肖厝特大桥、金山特大桥均采用 40+64+40 m 连续梁，分别上跨漳龙高速公路和 319 国道，跨山旧线省道特大桥采用 32+48+32 m 连续梁上跨山旧线省道。肖厝特大桥、金山特大桥和跨山旧线省道特大桥连续梁均采用挂篮悬臂浇筑，施工时分别满足与既有道路 5.5 m、5.0 m、4.5 m 的净高要求。

悬浇连续梁采用挂篮分段悬臂浇筑，按"在主墩墩顶托架上浇筑墩顶梁段→在墩顶梁段上安装挂篮→利用挂篮对称向两侧顺序浇筑其余节段→满堂支架浇筑边跨梁段→采用吊篮浇筑中跨合龙段→采用吊篮浇筑边跨合龙段"的顺序施工。

连续梁悬臂浇筑时，首先根据现场实际情况，压缩挂篮底模架高度，保证既有道路净空要求；其次还要设置密封挡板、防护网，防止混凝土浆液、施工机具等溢漏、坠落，影响运营安全。

一、悬臂连续梁施工方法及工艺

（一）施工工艺流程

悬臂连续梁施工工艺流程如图 44.11 所示。主墩墩顶梁段采用托架浇筑。托架采用万能杆件组成，托架支撑在临时墩上。托架除须满足承重强度要求外，还需具有一定的刚度，各连续点连接紧密，螺栓旋紧，以减少变形，防止梁段下沉和裂缝。

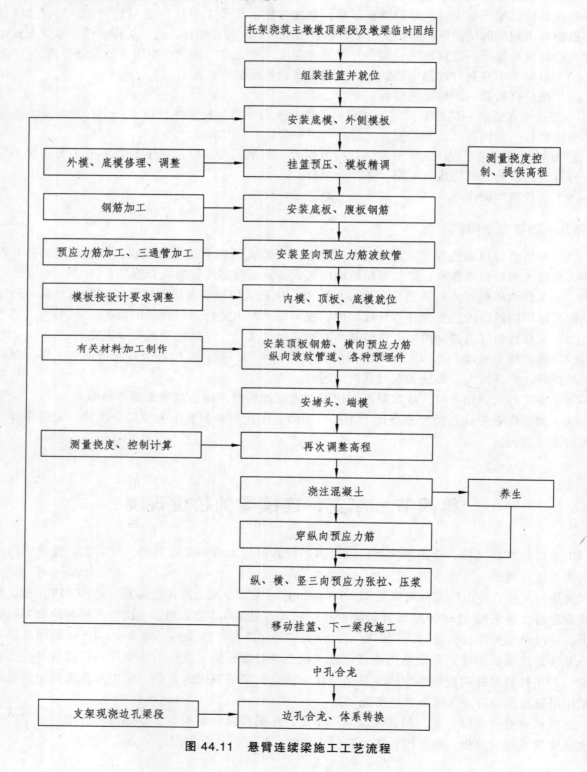

图 44.11 悬臂连续梁施工工艺流程

（二）临时固结

临时固结采用在支座两侧临时加预应力筋，梁和墩顶之间浇筑临时混凝土垫块。将墩顶梁段固结在桥墩上，使梁具有一定的抗弯能力。在条件成熟时，再采用静态破碎方法，解除固结。

（三）悬浇施工

1. 挂篮组装

上挂篮前主墩墩顶梁段必须浇筑完成并张拉，对支座作了临时固结措施。为减小梁段上的作业，可根据起吊运输能力将挂篮杆件在加工场拼装成若干组件，再将挂篮组件吊至主墩墩顶梁段上进行组装。

在已浇筑的主墩墩顶梁段顶面进行水平及中线测量，铺设轨道，组装挂篮，并将挂篮对称行走就位、锚固。

在底篮的两侧，前后端及外模两侧面均设置固定平台，内外模及梁前端设置悬吊工作台。

挂篮拼装完毕后，为验证挂篮的可靠性和消除其非弹性变形及其测出挂篮在不同荷载下的实际变形量，以便在挠度控制中修正立模高程，在第一次使用前对挂篮进行试压。

2. 模板校正、就位

模板分为底模、外侧模及内模。底模支承在吊篮底的纵、横梁上，外侧模由外框架预先装成整体，内模由侧模、顶模及内框架组成。

根据梁截面的情况确定混凝土是一次浇注还是分次浇注。一次浇注时，在顶板中部留一窗口；使混凝土由窗口进入箱内，分布到底模上；当梁较高时，用减速漏斗向下传送混凝土。采用二次浇注时，先安装底模，侧模具及底板、侧板的普通钢筋、预应力筋，待浇注第一次混凝土后，再安装内模及顶板普通钢筋及预应力筋。

梁每浇筑一个梁段均需将底模提高一次，提高不多时，可采用支垫底模的方法，经几次提高后，高差变大时，需用提升吊篮的方法提高底模。

悬臂浇筑时，一个梁段高度的偏差对全孔有很大影响，而且随着梁段所浇筑数量的增加而逐渐下垂，梁段数量越增加，悬臂越长，下垂越多。为保证梁的设计高度和挠度，各梁段的模板均须设置一定的预加抬高量，其预加抬高量根据设计规范要求及施工经验确定，并须及时的校对调整。

3. 普通钢筋，预应力管道

悬浇梁的普通钢筋及预应力管道除须满足一般施工工艺的要求外，要特别注意：预应力管道要严格按设计的要求布置，当与普通钢筋发生矛盾时，优先保证预应力管道的位置正确；对预应力用的定位筋固定牢固，确保其保护层的厚度；纵向管道的接头多，接头处理必须仔细，并要采取措施防止孔管堵塞；由于纵向管道较长，一般要在管道中间增设若干个压浆三通，以便压浆时，可以作为排气孔或压浆孔，以保证孔道压浆密实。

4. 混凝土浇注

悬浇时，必须对称浇注，重量偏差不超过设计规定的要求，浇注从前端开始逐步向后端，最后与已浇梁端连接。分次浇注时，第二次浇注混凝土前必须将首次混凝土的接触凿毛、冲洗干净。底、肋板的混凝土的振捣以附着式振捣器为主，插入式为辅；顶板、翼板混凝土的振捣以附着式为辅，插入式为主，辅以平板振捣器拖平。混凝土成型后，要适时覆盖，洒水养生。

5. 张拉，压浆

张拉前按规范要求对千斤顶、油泵进行标正，对管道进行清洗、穿束，准备张拉工作平台等。

当混凝土达到要求的张拉强度后按设计规定先后次序、分批、对称进行张拉，严格按照张拉程序进行。张拉后按规范要求对管道进行压浆。

6. 拆模及移动挂篮

本梁段设计的张拉束张拉后，落底模，铺设前移轨道，移动挂篮就位，开始下一梁段的施工。

7. 施工挠度的控制及观测

悬浇施工梁体由于受自重、温度、外荷载等因素影响会产生挠度，混凝土自身的收缩、徐变等因素也会使梁产生高程变化，这种变化随着跨度的加大而增加。为了使成桥后的桥面线型达到或接近设计曲线，必须在悬臂浇注时进行高程控制，在施工中对已浇或准备浇注的梁各工序进行挠度、温度等观察，并以此随时调整悬浇段的立模高程。

立模高程控制值=梁顶面设计高程+设计施工预拱度+挂篮自重及浇注混凝土后的变形值+日照温差修正值。设计施工预拱值需进行修正，由于设计状态和实际施工状态的差异，为了达到设计的理论线型，必须通过实际测量资料的积累和分析，找出各阶段的挠度变化规律，以修正各项计算参数，使计算状态基本吻合实际，挂篮的变形值也要通过挂篮试压以及施工前几段产生的实际挠度数据进行修正，混凝土的收缩可用折合降低温度的方法处理。对于张拉值的修理，通过锚下应力损失理论公式以及实际观测值比较后决定。为尽量减小日照温差的影响，宜选择温度梯度较小的时候进行观察，另外，平衡力矩，施工荷载对混凝土高程也有影响，若两端荷载不一样，必然会产生一头低一头高的现象，施工中力求平衡施工，消除该项影响。

测点布置：在桥轴线及上、下腹板的中心轴线组成三条纵轴线，每段的前沿和三条纵轴的交叉点设置为测点。在 0 号块上设置临时水准点，在挂篮就位、混凝土浇注前、混凝土浇注后、张拉后几个阶段都进行观察，对温度及应力的观测根据需要进行。

（四）边跨施工

采用满堂支架浇注边跨梁段混凝土。

（五）合龙段的施工及体系转换

合龙顺序为：先中孔合龙，后边孔合龙。合龙段混凝土采用吊篮浇筑。合龙浇筑前要及早调整两端悬浇梁段的中线及高程，合龙段凝土浇注前要安装合龙段的劲性骨架和张拉临时束，确保合龙段混凝土强度未达到设计强度前不变形；并在合龙段两侧加压，随着合龙段混凝土的浇注逐步减压，保持合龙段混凝土浇注过程中荷载平衡。

为减少温度变化对合龙段混凝土产生拉压力，混凝土浇注时间选择非温度急剧变化日夜间温度最低时浇注，混凝土强度达到设计要求强度后，按顺序对称的进行张拉、压浆。在张拉压浆完成后及时解除临时固结措施，将各墩临时支座反力转移到永久支座上，将梁体转换成连续梁体系。

二、满堂支架现浇梁施工方法及工艺

采用碗扣式脚手架搭设。搭设完成后进行支架预压，消除非弹性变形。模板采用定型钢模。满堂支架法施工工艺如图 44.12 所示。

1. 支架搭设、预压

满堂支架搭设前先要进行地基加固处理并进行相关试验，满足设计承载力要求后搭设支架，防止支架发生沉降。支架顶上铺设纵向 I20 工字钢分配梁，横向铺设 12 cm×12 cm 方木，间距 30 cm，顶铺设底模，底模高程利用钢楔块调整。

支架搭设完成后要根据设计要求进行预压，预压采用等荷载砂袋加载，以便在施工中消除支架非弹性及弹性变形。并根据设计要求和预压结果调整底模高程，预留混凝土徐变量和地基及支架系统沉降量，确保梁顶面高程满足设计要求。

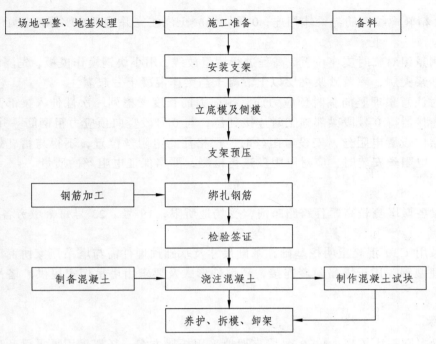

图 44.12　满堂支架法施工工艺流程

2. 钢筋施工

钢筋按设计要求在现场钢筋加工厂集中下料弯制成型后，在梁部底模上绑扎成型。

3. 混凝土施工

立模、绑扎钢筋完成经监理工程师检查合格后，即可进行混凝土浇注，混凝土由混凝土拌和站集中供应，混凝土泵送入模。

混凝土浇注入模时下料要均匀，混凝土的振捣与下料交替进行。梁体混凝土浇注时，采用插入式振动器进行振捣；梁面采用平板式振捣器整平压实。

4. 拆模及拆除支架

达到规定强度后，即可拆模卸架。拆模时应注意保护梁体混凝土不受碰撞和缺棱掉角。卸架时应从跨中开始，逐步对称拆除相邻节点，使梁体均匀承载。

第五节　大跨度桥梁施工

本节以龙岩特大桥为例对大跨度连续桥梁施工进行阐述。

龙岩特大桥中心里程 DK4+931.26，孔跨及式样为：5-24 m 简支 T 梁+24-32 m 简支 T 梁+2×（32+48+32）m 连续梁+（48+4×80+48）m 连续梁+（60+100+60）m 连续梁，全长 1 784.10 m。

一、0 号块施工

1. 临时支座

由于主墩墩身较高，且跨路跨河，故临时固结措施采用在墩顶设临时固结支座方案。临时支座设在支承垫石旁，前后各设 2 个，共设 4 个。临时支座采用 C50 混凝土，截面尺寸为 0.7 m×1.5 m。支座中部设一层 5 cm 厚硫黄砂浆，墩顶及梁底混凝土内均设部分钢筋网片予以加强。每支座内还设

4 根预应力 ϕ32 精轧螺纹钢筋与梁体相连，0 号块混凝土浇注完并达到 90%强度后予以张拉，每根张拉力为 500 kN。

施工时由测量组对临时支座位置、高程进行测量放线，用小块钢模作模板，先浇注支座下部 C50 混凝土及硫黄砂浆夹层，硫黄砂浆夹层以上混凝土与梁体混凝土一起灌注。

施工墩身时注意预埋竖向临时预应力筋，预应力筋长度考虑到一次性伸入梁部高度过高无法固定，采用钢筋连接器待 0 号段梁部施工时连接到位，与 0 号段竖向预应力粗钢筋一并张拉。

硫黄砂浆层内设置电阻丝，安设电阻丝时应严格注意电阻丝位置，不得与精轧螺纹钢筋及其他任何钢筋接触。电阻丝安装时，应对电阻丝进行检测，严格保证电阻丝的质量。

2. 塔吊

由于连续梁各墩墩身较高，且跨路跨河，受场地所限，19 号~23 号每个墩旁各布设 F0/23B 型塔吊 1 台。

塔吊基础采用 C30 混凝土明挖基础，基础尺寸及基础预埋件需与塔吊厂家协商确定。在各墩身适当位置处预埋型钢，用于塔吊附着连接，预埋件形式及要求由塔吊厂家提供。塔吊拼装由厂家负责指导完成。

3. 现浇支架

由于连续梁主墩都比较高，故 0 号段支架拟采用托架方案。托架采用贝雷梁和型钢搭设，单侧托架设三组双排单层贝雷梁，根部连接在墩身上的预埋铁件上，托架斜撑由 I25a 工字钢拼焊而成。

0 号块外侧模由专业厂家制作的大钢模，底模为利用原承台混凝土施工的侧模，其余模板均由胶合板和方木组成。

外侧模采用型钢桁架支撑。芯模则用 10 cm×10 cm 方木作纵梁，利用挂篮芯模桁架作横梁，用 ϕ48 mm×3.5 mm 无缝钢管（含顶、底托）作支架。

在墩身施工时应注意准确预埋各预埋钢板，托架下料要准确，安装前应在地面将各主要杆件准备好，搭设采用 25 t 吊车安装。

托架构件应与墩身预埋钢板焊接牢固，并加焊加劲肋板。

4. 现支架预压

根据设计文件及规范要求，为确保 0 号段施工安全，临时支架需在 0 号段施工之前进行分级堆载预压试验，以检验临时支架各部分的承载能力，消除支架的非弹性变形，获取弹性变形值，为底模高程设定提供依据。

5. 支座安装

支座上下座板必须水平安装，固定支座上下座板应互相对正，活动支座上下座板横向应互相对正，纵向预留预偏量 $\Delta=\Delta_1+\Delta_2$（Δ_1 为箱梁的弹性变形及收缩徐变引起的各支点的偏移量，Δ_2 为各支点由于体系温差引起的偏移量），施工时合龙温度控制在 100~150 °C，则不考虑 Δ_2。20 号墩为固定支座，无纵向预留预偏量；17 号、18 号、19 号墩纵向预留预偏量设计计算 Δ_1 分别为 8 cm、6 cm、3.5 cm，方向为龙岩方向；21 号、22 号、23 号墩纵向预留预偏量设计计算 Δ_1 分别为 3.5 cm、6 cm、8 cm，方向为厦门方向。

施工前先凿毛支座就位部分的支撑垫石表面，清除预留孔中的杂物，安装灌浆用木模板，并用水将将支撑垫石表面浸湿；

由于 CKPZ 支座最大重量达 17 t，安装时采用 50 t 汽车吊用软索安装，将支座调整到设计高程，保证在垫石与支座底面有设计规定的空隙，然后用 5 cm 厚木板安装灌注砂浆模型。

采用重力式灌浆方式灌注无收缩水泥砂浆，强度等级不小于 C50，灌浆过程应先将各锚栓孔灌至垫石顶下 5 cm，然后从一端向另一端灌浆。必须连续灌注并灌满，不允许中间缺浆。

在强度未达到 80%以上，灌注 72 h 之前不能碰撞支座和在上面从事其他工作。

6. 模板

由于 0 号块梁体较高，截面较大，钢筋、预应力管道密集，为保证混凝土捣固质量和保护预应力管道不受损坏，0 号块混凝土分两次灌注，第一次立模高度控制在梁底以上 4.2 m。

0 号块底模采用承台用大块钢模。外侧模板采用厂制钢模板，主要由模架、模板、横竖肋等组成，外侧模面采用 6 mm 厚钢板，以提高梁体整体表面光滑度；内模由胶合板拼装而成。拉杆采用 $\phi25$ 精轧螺纹钢，套筒用 PVB 管，背楞用 2[10 槽钢，并在腹板内侧适当位置设钢管支撑，以固定腹板厚度，同时保证内箱在混凝土浇注过程中不移位；在底板与内模压板模型位置处用 $\phi20$ 钢筋设拉杆，焊接固定于普通钢筋主筋上，间距 2 m 一根，以防止内箱上浮。

第二次灌注时内箱顶板模型采用 $\phi48$ mm×3.5 mm 钢管及 20 mm×14 mm 方木支撑。

7. 钢筋

钢筋在钢筋场统一制作，运至现场安装，采用汽车吊吊至梁顶，分两次安装，第一次安装底板、横隔板、腹板钢筋，灌注位置以上水平钢筋暂不安装，腹板箍筋应做固定架固定。待第一次灌注完成后再安装剩余横隔板、腹板、顶板钢筋、桥面系预埋钢筋。

底模安装完成后，绑扎底板、腹板、隔墙钢筋及竖向预应筋，并安装腹板、横向波纹管、竖向预应力精轧螺纹钢外铁皮管。铁皮管用钢筋制作成井字架定位，定位钢筋间距 1 m。波纹管定位钢筋直线上按间距 80 cm 进行布设，曲线上按间距 50 cm 进行布设，转角处按照 20 cm 布设，定位后管道轴线偏差不大于 5 mm。喇叭管的中心线要与锚具垫板严格垂直，喇叭管与波纹管的衔接要平顺，不得漏浆、堵塞孔道。

竖横向预应力压浆管及出气管采用 $\phi20$ 塑料软管，管口及接口位置应用胶带纸封缠严实，以防进浆堵塞预应力管道，软管长度以外露混凝土面 10 cm 为宜。对超过 60 m 的腹板长束、顶板长束在 0 号段管道中部设三通管，设出气孔管，以利于排气，保证压浆质量。压浆管应设在最低点，而排气管则应设在最高点，出气孔位置应用胶带纸封缠严实，以防进浆堵塞波纹管道。波纹管连接两管必须紧密相靠，管内必须平整无错台，管外用大一级波纹管旋紧，保证相互重叠 25 cm 以上，并沿长度方向用两层胶布在接口处缠 10 cm 左右长度。

安装顶板钢筋及预应力钢筋时，由于顶板面积大，预应力管道密集，在施工钢筋时，要严格控制波纹管道的线型和位置，保持波纹管的完整性。在波纹管上方进行电焊施工时，应在焊点下部、波纹管上部垫铁皮，防止焊渣损坏波纹管，致使混凝土浇注时管道进浆堵塞波纹管道。

由于桥面系预埋钢筋短，必须一次预埋到位，预埋钢筋露出梁部部分设置架立钢筋，下部有条件的可与普通钢筋焊接。

钢筋在绑扎时，绑扎铁丝的尾段不应伸入保护层内。所有梁体预留孔处均增设相应的环状钢筋，桥面泄水孔处钢筋可适当移动，并增设斜置的井字型钢筋进行加强，施工中为确保腹板、顶板、横隔板、底板钢筋的位置准确，应根据实际情况加强架立筋的设置，可采用增加架立筋的数量或增设 W 形或矩形的架立钢筋等措施。采用垫块控制净保护层厚度时，垫块应采用厂家生产的高性能混凝土垫块，按照一个平方 4 个，梅花形布置。

预埋件应严格按照设计位置埋设准确无误，浇注混凝土前应安排专人进行检查，确保无遗漏。

8. 混凝土

0 号块混凝土分两次灌注，分节高度在梁底以上 4.2 m。施工必须准备充分，确保灌注成功。对于混凝土拌和、捣固、运输、用电、用水都要准备备用设备，以备急用，混凝土要提前多次同条件进行试验，确保质量。混凝土的质量、拌和、振捣，要有专人控制，跟班作业，混凝土坍落度、水灰比、外加剂的掺量应控制在试验确定的范围内。对支架模板要设专人进行观测，随时进行记录，支架模板一有异常，应立即通知现场负责人进行处理。

每次灌注前必须对钢筋、模板、波纹管及预埋件施工进行一次全面检查，自检合格后，才报请监理工程师检查，检查合格经监理同意后再灌注 0 号块混凝土。

采用自建拌和站提供的混凝土，坍落度（运送到作业地点时）控制在 16～20 cm，混凝土初凝时间按 12 h 控制。

混凝土在拌和站拌制完成后，由混凝土搅拌运输车运送到施工现场，再经混凝土输送泵车泵送到箱梁指定位置，混凝土浇注采用 2 台泵车同时对称进行，要保证混凝土在初凝时间内浇注完毕，以避免施工过程中因支架、扰动等原因使已灌混凝土产生裂纹。

混凝土下料高度 2 m 以上时应采用漏斗和串筒，出料口采用软管。浇筑方向从梁的中部同时进行，顺序进展向另一端，分层下料振捣，每层厚度不超过 30 cm，上下层浇筑间隔时间不超过 1 h，混凝土的振捣采用插入式振动棒进行，间距不大于振动棒作用半径的 1.25 倍。预应力管道位置由于间距小采用小捣固棒进行捣固，其他位置采用大一点的捣固棒进行捣固。腹板上部可采用在顶板上直接灌注，但自由倾落度不超过 2.0 m，保证混凝土浇注时不离析。腹板采取水平分层浇筑，分层厚度 30～40 cm，振捣时主要以插入式振捣为主，在腹板外模，在灌注位置安排专人用小锤敲打模型配合振捣，在腹板与底板倒角处，应注意振捣密实，为防止腹板棱角处混凝土外鼓，上部悬空，出现空洞。

二次灌注腹板时利用腹板内模活动模板开口进行捣固，当混凝土浇注到开口处时再将开口封闭并加固牢靠。为保证中间横隔墙混凝土捣固质量，应在隔墙顶板设置进人口，安排人员进入隔墙内捣固，捣固完毕后再恢复进人口钢筋，进行顶板浇筑。混凝土浇注时，从中间向两侧对称分层灌注，以防止连续梁内箱移位。

因顶板厚度不大，混凝土入模时先将腹板上的顶板部分填平，振实后再由箱体两侧分别向中心推进，捣固完成收浆后再予抹平，混凝土初凝后应再次收面，保证梁顶面的平整度和倾斜率（排水坡）。

两次灌注工作缝采用凿毛处理，保证处于一个水平面上，凿毛采用人工凿毛，时间必须保证前层混凝土强度达到 2.5 MPa 以上，保证凿除旧混凝土表面的水泥砂浆和松弱层。灌注前必须用水冲洗干净，充分湿润，无积水，在旧层混凝土上铺一层厚 10～20 mm，水胶比比混凝土略小的 1:2 水泥砂浆。

混凝土灌注完成后，应及时进行覆盖、养生，养护时间不小于 14 d。拆模后对梁底及梁侧采用养护液进行养护，确保混凝土表面保持充分湿润状态，防止出现温度裂纹。

二、挂篮

标准节段采用篮悬臂施工。在 18 号、19 号、20 号、21 号、22 号墩各安装 1 对菱形挂篮，每墩对称施工。4 对挂篮改装，1 对新制。新做挂篮按改装设计图进行加工。挂篮改装、加工委托有资质厂家进行，完成后应对吊钩、主桁、后锚、分配梁进行无损探伤检测，现场拼装试压。钢筋在钢筋厂制作，运至现场绑扎。材料采用塔吊吊装，混凝土采用混凝土输送泵进行浇注。

（一）挂篮安装

在 0 号段施工完成后，在梁顶两端对称拼装菱形挂篮。

挂篮拼装应按照构件相应位置，依据所做标记对号入座。一般程序是：轨道处混凝土桥面砂浆抹平→铺设锚定滑轨及锚轨→安放滑动横梁及支座→主桁架→上平风构→中横梁→后横梁→后锚梁→前上横梁→前吊杆→前下横梁→后锚杆→后下横梁→底模系梁→侧模。

轨道处桥面处理：由于混凝土桥面较为粗糙，应用砂浆对各轨道处进行找平处理。鉴于挂篮支点处在浇注混凝土时承受很大的支反力，故此处垫梁应加密。

铺设及锚定滑轨及锚轨：每套挂篮用 2 根滑轨，滑轨采用 ϕ32 精轧螺纹锚定，锚轨采用翼顶面焊 1 cm 厚钢板的 I32a 工字钢，也采用 ϕ32 精轧螺纹锚定。

安放滑动横梁及铰支座：先将滑动横梁放好，然后安放铰支座，要注意铰支座之间的相对位置应准确无误。

菱形挂篮主桁架长且高，主桁架就位后应采取临时固定的措施。临时固定措施可采用揽风绳及在后端临时锚一横梁。在安装好后锚系，并将后锚系锚到结构的竖向精轧螺纹筋上以后，主桁架上的临时固定即可去除。

主桁架就位后，将上平风钩、中横梁、后横梁、后锚系、前上横梁、前吊杆、前下横梁、后锚杆、后下横梁、底模系、侧模等顺次一一安装就位。

挂篮安装就位后，在底模支架上完成梁段的钢筋安装、模板安装、混凝土浇注、预应力张拉及压浆等作业，然后整体移动挂篮，进行下一节段作业，如此循环施工，直至合龙前节段。

挂篮前移过程中应注意：

两边挂篮两端同时缓慢向跨中匀速移动；

每前移 50 cm，用经纬仪、水准仪检测挂篮的方向、高程，防止挂篮左右偏向或扭转。

挂篮前移由专人指挥，随时观测挂篮的移动情况，确保安全。

挂篮就位后，锚固在已施工完毕的梁段上，用千斤顶抬升底模至设计高程。

（二）挂篮预压

挂篮加载过程分别按设计荷载的 50%、100%、120%三种工况加载吨位进行试验。在各加载工况分别测试三角主桁纵梁、前横梁和后锚梁的挠度值和后锚杆的拉力值。

由于墩身较高，而堆载预压所需材料较多，为减小试压工作量，采用千斤顶仿真试压方案。挂篮加载在承台上进行，由于工期紧张，只预压 1 套挂篮，将试验结果供其他挂篮施工参考。

挂篮加载示意如图 44.13 所示。

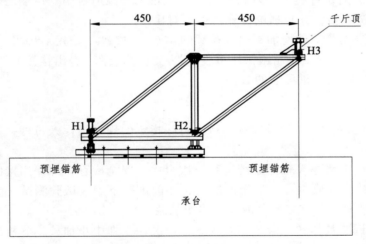

图 44.13　挂篮预压示意

1. 主要测试设备

主要测试设备如表 44.4 所示。

表 44.4　主要测试设备

序号	项　目	仪器及材料	型号规格	单位	数量	备注
1	后锚杆力	便携式计算机		台	1	
		静态电阻应变仪	YJ-25 型	台	1	
		预调平衡箱	P20R-25 型	台	1	
		荷重传感器	80 t，200 t	个	各 2 个	
2	挠度及位	精密水准仪		台	1	
3	加载工具	穿心式液压千斤顶及液压泵站	YC-60 型	台	8	

2. 加载前的准备

① 施工承台时在承台上预埋锚筋，预埋锚筋位置应与挂篮后锚点、前吊杆位置相对应。

② 将挂篮的轨道、主桁架、走行体系、吊挂体系、锚固体系，按施工状态全部组拼完毕，利用预埋锚筋将挂篮后锚锁定。

③ 在挂篮前上横梁上吊杆位置设置千斤顶，利用分配梁以及与承台上锚筋相连的钢丝绳形成反拉。

④ 检查各部位的几何尺寸是否符合图纸要求，各锚固点锚固的是否牢固。

⑤ 测点布设：上横梁、前下横梁分别在支点和跨中处布设三个点进行挠度观测；
后锚固点各布设一个点进行位移观测。

3. 加载荷载

单侧最大加载量为最重块（4 号块 122.6 t）重量的 1.2 倍，
即 122.6×1.2=147.1 t。

加载采取分级加载方案，加载过程中分别按前吊点所承受的第四节梁段混凝土重量的 50%、100%、120%时（即 61.3 t、122.6 t、147.1 t）三种工况进行加载。

加载前需将以上荷载换算成各吊点千斤顶加载吨位。

4. 加载试验

① 启动液压千斤顶，将各个顶位按等效集中荷载的 50%进行加载。开始时应缓慢进油，注意保持各千斤顶的同步协调运行。到达理论值时，千斤顶保压。荷载持续至少 30 min。

② 分别测试挂篮各后锚杆拉力，用精密水准仪测量三脚架前、中、后端的竖向位移及主桁平台的跨中挠度，填入预定表格，并与理论计算值进行对比。

③ 按以上步骤，分别将荷载增加到等效荷载的 100%、120%，稳定后即可进行有关项目的测试。

④ 对数据进行整理、分析，绘制出试压过程弹性-变化曲线图，得出挂篮的塑性变形及弹性变形，为连续梁悬灌施工线形控制提供可靠的数据。

5. 加载注意事项

① 严密组织试验测试，统一信号，统一行动，除指定的现场指挥人员外，其他人员不得直接指挥千斤顶加载。

② 开始试验前，应对悬吊及锚固系统进行一次全面的安全检查，确保连接的安全可靠。以后每做一级试验，均应对整个挂篮进行一次全面检查，才能进行下一级试验测试。整个加载过程中，必须有专人对挂篮进行观察，一有异常，应立即停止加载。

③ 认真做好各项试验数据的记录，如发现异常情况，立即中止加载，分析出原因后并采取相应措施后，方能继续进行。

三、悬灌段施工

挂篮悬臂施工每个节段工作循环如下：

① 在 0 号块上拼装挂篮就位。

② 初步调整底模平台及外侧模中线、高程。

③ 捆扎底板、腹板钢筋及竖向预应力筋。

④ 安装内滑梁，将内模滑出就位。

⑤ 捆扎顶板钢筋，安装纵、横向预应力管道。

⑥ 最后调整立模高程。

⑦ 灌注梁段混凝土、养护、张拉、压浆。

⑧ 移动挂篮进入下一施工循环。

每循环施工通常约需时 10 ~ 12 d。

在底模支架上进行钢筋绑扎、预应力管道定位作业时,预应力管道应定位准确、牢固。安装内部模板及顶板模板时,为保证钢筋密集处混凝土的顺利浇注,在内模腹板处设活动模板,在孔内振捣混凝土,振捣完成后将模板再安装就位,并固定牢固。浇注混凝土时预应力管道内插入硬塑料管,防止进浆堵管。浇注过程中每隔半小时专人负责抽拉一次,确保无堵管现象发生。

混凝土浇注前,认真检查模板支撑情况,模板堵漏质量,钢筋绑扎及保护层的设置,预埋件,预留孔洞位置的准确性,模内有无杂物;检查灌注混凝土用的漏斗,串筒分布是否满足灌注顺序。灌注顺序为先前后尾,两腹向中对称浇注混凝土。灌注顶板及翼板混凝土时,应从两侧向中央推进,以防发生裂纹。每段梁段混凝土端面要人工凿毛。混凝土浇注时,两悬臂段应同时对称浇筑,并确保两端最大不平衡重不超过设计允许值 6 t。

混凝土捣固人员须经培训后上岗,要定人、定位、定责,分工明确,尤其是钢筋密布部位、端模、齿块、拐(死)角及新旧混凝土连接部位指定专人进行捣固,每次浇注前应根据责任表填写人员名单,并做好交底工作。

捣固混凝土时应避免捣固棒与波纹管接触振动,混凝土捣固后,要立即对管道进行检查,及时清除渗入管内的灰浆。未振完前,禁止操作人员在混凝土面上走动,否则会引起管道下垂,为防混凝土"搁空""假实"现象发生,必要时用竹片将混凝土塞入管道下方。

施工、技术、试验人员现场跟班作业,随时测定坍落度和和易性变化情况,及时通知搅拌站进行调整。

混凝土浇注完初凝后,应立即用潮湿的麻袋盖好,并洒水自然养护,保持湿润。拆模后,当环境温度高于+5 ℃时应对混凝土表面洒水养护,梁体张拉的检查试件,要存放在梁顶上与梁体同环境养护。

四、边跨现浇段

(一)边跨现浇段施工方案

连续梁边跨,各有一段直线段梁体,直线段长 7.65 m,截面梁高 3.8 m。17 号、23 号墩身高度分别为 29.4 m、34.4 m,墩身较高,拟采用托架现浇法施工。

托架采用三角托架形式,箱梁托架纵梁采用 H400×400 型钢,斜撑为 2[32a 槽钢,根部焊接在墩身上的预埋钢板上。纵梁上横桥向设 I20a 工字钢作分配梁,间距 60 cm。I20a 工字钢上用 20×14 cm 方木搭设底模系统,20 cm×14 cm 承重方木腹板下间距 30 cm,其余部位间距 60 cm。

为确保边跨合龙时现浇段支架与梁底间能相对滑动,在支架与梁底间设滚动滑动系统。在梁底范围内支架 14 cm×20 cm 方木纵梁上铺设 1 块 2 cm 厚钢板,钢板上横向布设 ϕ48×3.5 钢管作为滚筒,滚筒间距 15 cm,其上再铺设 1 块 2 cm 厚钢板以共同构成滑动系统。滑动系统在浇筑边跨现浇段前应予以临时锁定,用钢管将滚筒焊接相连成整体防止滑动,待边跨合龙段刚性骨架设置后再解除锁定,使边跨现浇段能随主墩 T 构自由伸缩,避免混凝土拉应力过大。

在滑动系统钢板上再设 10 cm×10 cm 纵向肋木,肋木间距 20 cm,肋木上铺设顶板底模,底模板采用 18 mm 厚优质胶合板。

外侧模也采用 18 mm 厚优质胶合板,内模则采用组合钢模。侧模加劲肋木为 10 cm×10 cm 方木,间距 20 cm,背楞采用 2[10 槽钢,背楞间距 60 cm,拉杆采用 ϕ20 圆钢,间距 80 cm。

架搭设完后立即进行预压,预压合格后即可进行模板、钢筋、混凝土等工序作业。

边跨永久支座应在铺设底模前安装,在浇注混凝土前予以临时锁定,在边跨合龙时再解除锁定。

(二)边跨现浇段施工方法

1. 托架施工

首先,在墩身施工时预埋各预埋件,要求预埋位置准确无遗漏。

托架施工前应做好各项准备工作，在地面将各种构件材料分类堆放，准备齐全，特别是组合截面构件，应实现加工好，下料应准确。

托架搭设采用 25 t 吊车安装。

托架构件应与墩身预埋钢板焊接牢固，并加焊加劲肋板。

安装位置要准确，安装时位置偏差不得大于 5 cm。

焊接应安排有资质人员进行，严格按焊接工艺进行，严禁有夹渣、气孔、咬边现象，保证焊接质量符合要求。

2. 支架预压

根据设计文件及规范要求，为了确保边跨现浇段施工的安全，获取支架非弹性及弹性变性值，需对支架进行预压。为减少工作量，加快施工进度，只预压 38 号墩现浇支架，将其预压测试数据供 35 号墩边跨施工参考。

预压采用分级加载方案，最大荷载为该段箱梁自重的 120%，预压范围为箱梁底部，翼板不预压。

该梁段设计重量为 304.9 t，加载过程中分别按其重量的 50%、100%、120%（即 152.5 t、304.9 t、365.9 t）三种工况进行加载，荷载采用钢材。

测点布设纵向分 5 个断面，即托架纵梁两支点、1/4 跨、跨中及悬臂端各设一个，每断面设 3 个测点，分别设在两腹板及底板中线上。

五、合龙段

1. 合龙顺序

在梁部及边跨现浇直线段完成后，即可进行合龙施工。合龙顺序为：两边跨、两中跨合龙→解除临时固结支座→两次中跨合龙。

边跨、中跨合龙后，体系由静定的简支体系转变为超静定的连续体系。在体系转换过程中，由于气温变化及各种因素的影响，会导致合龙段混凝土拉裂或压坏。在合龙前，采用刚性支承及张拉临时预应力钢束临时锁定合龙段两端，使其成为可以承受一定弯矩、剪力的牢固结点，确保梁体的安全。

2. 边跨、中跨合龙

由于合龙段长度仅 2 m，边跨合龙的外模采用大块钢模，以保证外观质量，内模采用小块钢模。合龙采用挂篮作吊架施工，施工前应在合龙两边梁段准确预留吊杆孔洞。

吊架、模型安装好后，绑扎合龙段钢筋及安设波纹管，并穿设预应力钢束。钢筋及预应力钢束制安完毕后，设置配重水箱，安设临时钢支撑。

配重水箱拟用定型小块钢模拼装，水箱外围用 $\phi 48 \times 3.5$ 钢管抱箍加固，水箱内用整块防水彩棚布蒙面蓄水。合龙两端配重水箱大小、位置应根据现场实际情况加以确定，配重大小则应根据线形控制提供的数据加以确定。

在合龙两端配重完成，将两端梁段压至合龙设计高程后，立即进行合龙临时锁定施工。

临时锁定采用钢支撑形式，在合龙段两端梁段施工时，就要按合龙临时刚接结构设计图在合龙口底板上面、顶板上面各预埋两个支座钢板，临时锁定时在其上安设型钢作刚性支撑即可。

临时刚接施工完毕，立即张拉临时预应力束实施锁定（边跨 2BT1、2BB1 及中跨 2MT1、2MB1），并解除边跨永久支座及支架滑动系统的临时锁定，使边跨现浇段能随主墩 T 构自由伸缩，避免混凝土拉应力过大。

锁定应在一天中气温最低时进行。张拉时，要求临时预应力筋的内力应一致，每束张拉力为 490 kN，且每根临时钢支撑的内力也应一致，钢支撑的内力采用静态电阻应变仪来测定其内力。

最后浇注混凝土，合龙段混凝土采用微膨胀混凝土。在浇注混凝土过程中边浇注边逐步撤除两端配重，确保合龙口两端梁体相对位置基本无变化，防止合龙段新浇混凝土出现裂纹。

焊接刚性支承，张拉临时钢绞线，浇注混凝土，整个施工应一气呵成，尽量缩短锁定时间。对合龙段的混凝土，混凝土浇注选择在夜间温度最低、变化最小时，从锁定到浇注混凝土完毕的时间尽可能控制在最短，混凝土中加入缓凝早强剂，并加强养护。同时派专人负责现场观测，预防发生意外情况。待混凝土强度达到设计强度时进行预应力张拉，压浆工作。

待边跨合龙段终张拉，并压浆完毕后，即可拆除边跨支架，解除中支墩的临时支座约束。

解除临时支座约束时，先对临时支座的预应力钢筋进行放张，然后对设在临时支座内的 2 cm 厚的硫黄砂浆内的电阻丝进行通电，对硫黄砂浆层进行加热，使之软化，落梁，进行体系转换。

通电时应注意四个临时支墩的通电应一致，使硫黄砂浆层软化速度一致。在移除临时支墩时，应注意梁体的外观质量，对梁体底板临时支座位置的混凝土应打磨光滑。

3. 次中跨合龙

次跨合龙段外侧模板及底模板利用挂篮进行改装，内模采用小块钢模。次中跨合龙段施工基本与边跨合龙段施工相同。只是应注意次中跨合龙段的临时刚接设置后，应解除固定支座侧所有活动支座的临时锁定。同时根据线性控制提供的高程在合龙口两端设置压重水箱，在浇注混凝土过程中边浇注边撤重，确保合龙口两端梁体相对位置基本无变化，防止合龙段新浇混凝土出现裂纹。

4. 合龙段施工注意事项

（1）掌握合龙期间的气温预报情况，测试分析气温变化规律，以确定合龙时间并为选择合龙锁定方式提供依据。

（2）根据结构情况及梁温的可能变化情况，选定适宜的合龙方式并作力学检算。

（3）选择日气温较低、温度变化幅度较小时锁定合龙口并灌注合龙段混凝土。

（4）合龙口的锁定，应迅速、对称地进行，先将外刚性支撑一段与梁端预埋件焊接，而后迅速将外刚性支撑另一端与梁连接，临时预应力束也应随之快速张拉。在合龙口锁定后，立即释放一侧的固结约束，使梁一端在合龙口锁定的连接下能沿支座左右伸缩。

（5）合龙口混凝土宜比梁体提高一级，采用微膨胀混凝土，应认真振捣和养护。

（6）为保证浇注混凝土过程中，合龙口始终处于稳定状态，必要时浇注之前可在各悬臂端加与混凝土重量相等的配重，加、卸载均应对称于梁体轴线进行。

（7）混凝土达到设计要求的强度后，先部分张拉预应力钢索，然后解除劲性骨架，最后按设计要求张拉全桥剩余预应力束，当利用永久束时，只需按设计顺序将其补拉至设计张拉力即可。

六、预应力

1. 张拉前准备工作

纵向、横向预应力管道采用金属波纹管成孔，竖向预应力筋采用铁皮管，灌注前先预埋波纹管和竖向预应力筋，待混凝土强度及弹性模量达到设计值的 90%，且混凝土龄 8 天后进行预应力张拉作业。

张拉前应对千斤顶、压力表、油泵进行校验，校正系数不得大于 1.05，并绘出油表读数和相应张拉力关系曲线，建立匹配方程，将校验合格、配套标定的千斤顶、油泵、压力表要进行编号，组合成全套设备，不同编号的设备不能混用。

千斤顶、压力表校正有效期为 1 个月，且横向张拉不超过 500 次张拉作业，纵向张拉不超过 200 次张拉作业。

对锚具进行外观检查、硬度检验和静载锚固试验，应从同批中抽取 6 套锚具，组装 3 个预应力筋锚具组装件，进行静载锚固性能试验，其性能要求应符合 GBJ 85—92《预应力筋用锚具、夹具和连接器应用技术规程》。进场钢绞线材料应有出厂质量保证书和试验报告单，进场时要进行外观检查。

钢绞线表面不得带有降低钢绞线与混凝土黏结力的润滑剂、油渍等物质，表面不得有裂纹、小刺、机械损伤、氧化铁皮；高强精轧螺纹钢筋表面不得有裂纹、机械损伤、氧化铁皮、结疤、劈裂；进场材料须进行力学性能检验，不合格产品不得进场。张拉前应对每个张拉工进行安全技术交底，并进行上机培训，明确每个人的职责及重要性，合格后方可进行张拉作业，严防安全事故的出现。

2. 预应力钢束的制作

钢绞线的下料、编束和穿束应注意以下三点：

（1）钢绞线下料时应按设计孔道长度加张拉设备长度，并余留锚外不少于 10 cm 的总长度下料，钢绞线下料采用砂轮锯切割，禁止电、气焊切割，以防热损伤。

（2）钢绞经切割后须按各束理顺，并间隔 1.5 m 用铁丝捆扎编束。同一束钢绞线应顺畅不扭结，同一孔道穿束应整束整穿。

（3）中短束（直束 $L \leqslant 60$ m、曲束 $L \leqslant 50$ m）由人工穿束；长束和曲束用牵引法。穿束前应用压力水冲洗孔内杂物，观察有无串孔现象，再用风压机吹干孔内水分。穿束时钢绞线束前端扎紧并设专用钢套包裹以便顺利通过管道。为减少张拉时的摩阻力，对长曲束钢绞线在进孔前应涂中性肥皂液。

3. 预应力管道摩阻试验

选择有代表性的管道进行摩阻试验，校核设计张拉值，摩阻试验委托有资质单位进行。如试验得出的管道参数与设计提供值相差很大时，应及时向设计单位报告，查明原因后方能进行预应力张拉施工。

4. 预应力筋的张拉

张拉采用张拉力和伸长量双控，以张拉力为主，伸长值作校核。实际张拉伸长值与计算伸长值应控制在 6%范围内，每端锚具回缩量应控制在 6 mm 以内。

首先计算出钢绞线的理论伸长量，现场检测每根钢绞线的实际伸长量，若发现实测伸长量超出理论伸长量±6%或其他异常现象，应暂停张拉，查明原因并改正后再进行张拉；同时施工过程中检测压力表，使张拉应力达到设计值。施工时张拉两端采用对讲机或其他有效方式加强联系，确保张拉同时缓慢进行。

预应力张拉程序按　　$0 \rightarrow 10\% \delta_K$（做伸长量标记）$\rightarrow 100\% \delta_K$（静停 5 min）$\rightarrow$ 补拉至 δ_K（测伸长量）$\rightarrow$ 锚固。

按每束根数与相应的锚具配套使用，带好夹片，将钢绞线从千斤顶中心穿过。张拉时当钢绞线的初始应力达 10% δ_K 时停止供油。检查夹片情况完好后，画线做标记。

向千斤顶油缸充油并对钢绞线进行张拉，油压达到张拉吨位后关闭主油缸油路，并保持 5 分钟，测量钢绞线伸长量加以校核。在保持 5 min 以后，若油压稍有下降，须补油到设计吨位的油压值，千斤顶回油，夹片自动锁定则该束张拉结束，及时做好记录。

锚固完结并经检验合格后即可切割端头多余的预应力筋，采用砂轮机切割，严禁用电弧切割，切割时不得损伤锚具，切割后预应力筋的外露长度不宜小于 30 mm，全梁断丝，滑丝总数不得超过钢丝总数的 0.5%，且一束内断丝不得超过一丝，也不得在同一侧。

千斤顶不准超载，不准超出规定的行程。转移油泵时，必须将油压表拆卸下来另行携带转送。

纵向张拉钢绞线时，必须两边同时给千斤顶主油缸徐徐充油张拉，两端伸长应基本保持一致，严禁一端张拉。

七、孔道压浆

张拉工艺完毕后，应立即将锚具周围预应力筋间隙用水泥浆封锚。待封锚水泥浆抗压强度达到 2 MPa 时，才得进行压浆。且管道压浆应在张拉完成 24 h 内进行。

预应力管道压浆采用真空辅助压浆工艺，同一管道压浆连续进行，一次完成。张拉完成后，先用高压水对管道进行冲洗，清除孔道内的杂物后，确认孔道无堵塞后，用高压风清除孔道内的积水后，再对孔道进行压浆作业。

水泥浆在压浆现场配制，水泥浆的初凝时间应大于 3 h，且终凝时间应小于 24 h，水泥浆搅拌结束至压入管道的时间间隔不应超过 40 min，压浆时梁体温度不应超过 35 ℃。

压浆顺序应先下后上，逐孔进行，防止漏孔。压浆时，出浆口临时安设一个三通管，管道待出浆口浓度与进浆浓度一致时，方可封闭保压，同时设于预应力管道中部的出气孔的出浆浓度与进浆浓度一致时，封闭保压，在 0.5～0.6 MPa 下持压 2 min。然后封闭压浆口，进行下一孔道压浆。

竖向预应力钢筋张拉完成后要及时压浆以确保永久预应力。张拉后 24 h 内压浆。压浆前，先冲洗干净管道。压浆时，竖向管道从下部向上部压浆，压浆过程要缓慢、匀速，至有浓浆溢出后，稳压 2 min，堵塞管道，完成压浆。

八、跨路安全防护

本桥连续梁主跨跨越龙岩市东兴路、登高东路等城市道路，车流量大，挂篮悬浇施工时对公路行车、行人安全威胁很大。为此，对挂篮采取底部全封闭措施，同时在公路上搭设防护棚进行防护。

在施工中应对作业人员加强安全思想教育工作，严禁乱丢乱放工具、材料。在梁端凿毛时，挂篮前端要设网遮挡，防止混凝土碎块四处飞溅落到路面。每次移动挂篮前要将底模上的混凝土碎块清扫干净，挂篮移出后应及时设立梁部围栏，挂密目网。

防护棚、挂篮施工要与有关单位签好安全防护协议后，才能组织施工。

第六节 涵洞工程施工

本节以 DK68+299、DK68+354 两座盖板箱涵、DK74+090、DK74+390 两座框架箱涵的施工为工程案例进行阐述。

一、基础开挖

基础开挖采用挖掘机开挖，人工配合，基础周围设临时排水沟，采用潜水泵抽水。

施工前，先清除浮土及两侧杂草。基坑开挖按照 1∶0.5 坡度放坡，DK68+299 涵、DK68+354 涵基底换填采用砂垫层换填，逐层整平夯实，

待基底承载力符合要求、监理见证后及时进入基础混凝土浇注施工，避免暴露或浸水时间过长。

二、主体施工

DK68+299、DK68+354 两座盖板箱涵墙身采用大块钢模板现浇，钢管架支撑，盖板采用满堂支架法现场浇筑。DK74+090、DK74+390 两座框架涵采用先立模浇注底板混凝土，然后涵身和顶板同时立架安装模板浇注混凝土。

1. DK68+299、DK68+354 两座盖板箱涵施工

（1）钢筋工程：钢筋在加工棚下料和制作，运至现场绑扎成型，在钢筋外设混凝土垫块，保证钢筋保护层厚度，各种预埋件按照要求预埋（与钢筋绑扎、焊接固定）。

（2）模板工程：使用钢模拼装。模板支架采用 ϕ48 mm 钢管制作，支架安装牢固，钢管的搭接处用卡子上紧，防止振动、撞击造成支架变形、跑模等，每次使用后整修模板，便于下一次使用。

（3）混凝土工程：混凝土拌制采用自动计量拌和站集中拌和，罐车运输，吊车入模。混凝土浇

注一次成型。在浇注时，采用水平斜向分层浇注，循序渐进一次灌注完成，混凝土分层厚度小于 30 cm，且在下层混凝土初凝前浇注完成上层混凝土。混凝土浇筑完毕，裸露面及时修整、抹平，养护时用塑料薄膜覆盖浇水养护，并根据气温调整洒水时间，拆模后洒水养护时间大于 14 d。

混凝土结构外形尺寸满足设计要求，施工偏差在允许范围内。

混凝土浇筑连续，振捣密实，表面平整，无蜂窝麻面现象，无裂纹，无漏筋等现象。

（4）盖板施工采用现浇混凝土施工。先支立满堂式支架，用竹胶合板作为底模，然后钢筋绑扎，支立侧模（模板与钢筋之间绑扎混凝土垫块在钢筋上固定，以确保钢筋保护层厚度），再按照设计位置设沉降缝，报监理验收，合格后进行混凝土浇注，待混凝土有一定强度后，进行拆模，浇水养护，拆除底模，最后进行防水层施工。防水层材料检验合格，符合设计和国家现行行业标准的规定要求。

2. DK74+090、DK74+390 两座框架箱涵施工

框架箱涵采用现场立模现浇施工，施工时分部进行，施工工艺流程：挖基坑→基底处理→底板混凝土立模→绑扎底板钢筋→浇筑混凝土底板→绑扎边墙钢筋→立边墙模板和顶板模板→绑扎顶板钢筋→浇筑混凝土边墙和顶板。外模一侧搭设高 0.5 m 上料平台，铺设 2 mm 厚钢板用人工上料入模。

三、基坑回填

在出入口铺砌完成后，盖板或框架涵浇筑完成后待混凝土有一定强度后开始进行基坑回填。回填时两边涵台背后同时对称回填，并且严格控制回填土含水率。采用分层摊铺，用小型压实机械对称压实。

第七节　沉降变形控制与评估

一、线形控制

连续梁线形控制委托有资质的大专院校或科研院所来进行。

施工前综合考虑挂篮的变形、梁段的自重、钢束张拉、温度变化、斜拉锁张拉、混凝土收缩徐变及活载作用等各种因素的影响，计算出每一段悬臂梁端点的各种挠度值，根据挠度值设计各截面预留拱度。施工过程中，每灌注一段，随时检查观测梁段发生的实际挠度，对照理论计算值，在下一段梁体灌注过程中加以调整。

在梁段顶面中线及上下游两侧埋设水平观测桩，随时观测各截面处高程在整个梁体施工过程中的变化，以及掌握和调整梁段的预拱度高程。

悬灌梁施工过程中，要严格按设计控制线形，应注意调整立模高程，设置反挠度，以便成桥后与设计高程相吻合，箱体立模高程按下式计算：

$$H_{施} = H_{设} + \sum f_1 + \sum f_2 + f_3 + f_4$$

式中　$H_{设}$——箱梁设计高程；

$\sum f_1$——后续梁段施工时，箱梁块件自重产生的挠度总和；

$\sum f_2$——后续梁段施工时，张拉预应力产生的挠度总和；

f_3——挂篮自重产生的挠度；

f_4——箱梁因混凝土徐变、收缩及长期使用荷载而产生的挠度。

每一节完成后，将测试资料进行标准化处理（温度修正、近期目标线等），然后与设计值一起综合分析、比较，以确定调整措施和下一节段的立模高程。在边、中跨合龙前加大测试密度，以使实际状态接近此时的设计目标。

悬臂梁施工过程中，应保证混凝土配料一致，并在满足强度要求的前提下避免混凝土强度出现过大的离散性，保持混凝土弹模一致。

预应力张拉施工时，遵循对称、同步的原则，严格张拉设计和伸长量进行双控。

二、测量变形控制

（1）测量控制包括：控制网的复核、控制点的设置、箱梁高程、轴线及墩身变形的观测。

（2）控制网的复核：认真复核设计单位交的桩及成果，同时主桥建立四边形网。

（3）箱梁轴线控制点的设置：在各箱梁 0 号段施工时，把 200 mm×200 mm×10 mm 钢板预埋在箱梁顶板上，和混凝土面平齐，桩钢板一定要预埋牢固，为了防止钢板下面出现空洞，在施工时，可在钢板上预留适量的排气孔。0 号段施工完后，把各 0 号段的中心引到钢板上，并进行穿线复核并修正。

（4）箱梁水准控制点的设置：箱梁水准点设置在各墩 0 号段箱梁中心预埋钢板和横隔板顶面位置预埋钢筋上，箱梁水准控制用 0 号段节点处高程控制。因水准点的位置较高，从承台引到箱梁顶较困难，要求现场仔细，并认真校核。

（5）各箱梁轴线的控制：各现浇段完成后，用全站仪复核各段轴线无误。其余各悬浇段轴线点作为控制点；0 号段上的轴线点进行穿线复核并修正，以便合龙段顺利合龙，0 号段上的轴线点应定期复核。

每一悬浇段支立模板后，要与已完成各段的轴线点复核，以保证支立模板准确无误。模板的位置确定时，要求每次都用钢尺从 0 号段的中心量起，从而减少误差。为了便于复核，在已完成的箱梁顶板上用墨线标出。

（6）高程控制：考虑 0 号段箱梁墩身节点处变形很小，用该节点处水准点控制各悬浇段高程。0 号段节点处水准点要定期进行复核，条件允许时，把各 0 号段的水准点进行互测校核。

高程点每梁段设置 8 个，设在距离梁端 5 cm 处。梁顶 5 个，分别设在两翼缘板、两腹板、梁中心轴线位置处。底板左中右各设 1 个。其中翼板处的控制点距离翼板边缘 20 cm。所有预埋钢筋应伸出混凝土面 2 cm 并磨平。

在悬浇段施工中，高程测量频率为 5 次：挂篮移位后，混凝土浇注前，混凝土浇注后，张拉前，张拉后（即挂篮移位前）。每次测量范围为已完成的各悬浇段。当昼夜温差大于 10 ℃，要求对各断面进行高程和墩身变形观测。

（7）墩身变形观测：利用全站仪和导线控制点定期复核各墩 0 号段中心点的位置，并与原设中心点进行比较，偏移位置即墩身变形量。施工过程中，注意观测温度变化对墩身变形的影响。

第四十五章 隧道工程

龙厦铁路自龙岩站（含）至漳州南（不含），线路长度共计 111.336 km。新建隧道 22 座，总长为 46.936 km（象山隧道按左线计），占设计线路总长度的 42.157%。其中全线最长的隧道为象山隧道，采用单线双洞方案，左线洞身长度 15 898 m，右线洞身长度 15 917 m；长度大于 5 km 的隧道两座，分别是石观音隧道 5 091 m，黄坑二号隧道 5 510 m。

第一节 一般隧道施工

一、总体施工方案

施工准备阶段，完成临时施工便道，架设供电线路，铺设供水管路；洞口场地开挖完成后，安装和修建隧道供风、供水、供电、混凝土生产、钢构件加工等设备与设施；砌筑洞顶截水沟，进行洞顶地表加固，开挖洞口土石方；洞门工程在不影响隧道施工的前提下及早修建，以策安全。

隧道除明洞段采用明挖法施工外，其余均按按新奥法要求组织施工。施工时加强超前地质探测与预报，加强围岩量测，实现信息化施工。隧道施工坚持"先预报、管超前、严注浆、弱爆破、短进尺、强支护、早封闭、勤量测"，特别是本标隧道进出口段多为破残积粉质黏土夹碎石，必须坚持"禁爆破"的原则，分部开挖，快速封闭，量测分析，及时衬砌。加强工序衔接，组织快速施工。

根据隧道工程与水文地质条件、围岩级别及断面设计，结合投入的施工力量和多年积累的隧道施工经验，隧道工程主要施工方法如下：

运用 TSP203、超前钻探、地质素描等先进仪器和手段进行综合超前地质探测和预报，提前预测地层，对浅埋、偏压、深埋、节理发育地段，采用超前大管棚注浆或超前小导管注浆进行预支护，以提高洞室结构稳定性。在施工中要特别注意观察节理发育、深浅埋、偏压等的判断、评价其对隧道工程的危害，必要时采取相应措施，严防塌方事故的发生。

（1）洞口明洞及洞身明洞段采用明挖法；挖掘机从上至下分层开挖（必要时辅以弱爆破），人工配合逐层边刷坡边进行防护。

（2）Ⅴ级围岩浅埋、偏压段采用双侧壁导坑法施工，深埋地段采用环形开挖留核心土法。开挖采取人工洋镐、风镐配合挖掘机开挖。全隧锚网喷支护，先施作仰拱，拱墙一次衬砌。

（3）Ⅳ级围岩浅埋、偏压段采用三台阶临时仰拱法施工，深埋地段采用短台阶法施工。开挖时小导管注浆超前支护，必要时辅以预裂微振动爆破。开挖后及时对围岩施作初喷混凝土，封闭围岩外露面，初喷混凝土不小于 2 cm，紧跟掌子面初喷完后立即安装钢拱架，钢筋网片，锚杆等，然后复喷至设计厚度。

（4）Ⅲ级围岩采用台阶法施工，Ⅱ级围岩采用全断面法施工。风动凿岩机钻孔、微振动光面爆破施工。开挖后及时对围岩施作初喷混凝土，初喷后尽快复喷至设计厚度。

（5）各种洞室根据图纸布置位置与洞身同时开挖，布设好钢筋及预埋件后与洞身衬砌混凝土一次成型。各种预埋（留）管件，施工时按图纸所示的位置准确设置。管件预埋施工前，仔细检查核对其名称、规格，在确认无误后方可进行施工。在浇注洞身二衬混凝土时应采取措施确保预埋管件牢固不移动，混凝土不得进入预埋管内；浇注混凝土以及拆模时均不得对预埋管造成损坏。

（6）出渣进料采用无轨运输。开挖采用装载机装渣挖掘配合，全断面法、台阶法开挖采用挖掘机辅助侧卸式装载机装渣，自卸车运输出渣；喷射混凝土采用混凝土喷射机湿式喷射作业；防水层采用移动式工作平台铺设防水板；衬砌采用全断面液压钢模整体衬砌台车，混凝土运输车运输，泵送混凝土灌筑施工。形成超前加固、开挖、支护、仰拱与填充、防排水、二次衬砌等均衡生产、整体推进的有序施工格局。

隧道使用全部混凝土均由采用自动计量的拌和站生产供应，混凝土搅拌运输车运至现场。全部钢筋和钢构件在钢筋、钢结构加工厂加工、生产。

二、施工准备

开工后首先修筑施工便道，架设施工供电线路、修筑供水设施和铺设供水管道，砌筑洞顶截水沟，开挖洞口段土石方。洞口场地开挖完成后，安装和修建隧道供风、发电、混凝土生产、钢构件加工等设备与设施。

三、施工测量

根据工程量及工程分布特点配测量班完成测量工作，测量班依据工作内容配置测量仪器。施工测量主要搞好洞口测量、洞身测量；最后完成竣工测量填写竣工资料。为了保证测量质量必须制定严格的保证措施。测量作业程序流程如图45.1所示。

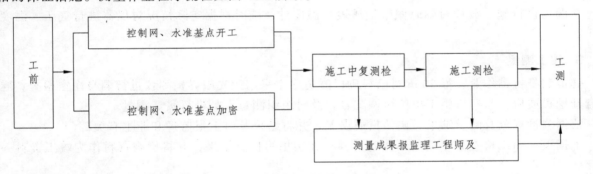

图 45.1 测量作业程序流程

（一）控制测量

1. 施工前平面控制网复测

施工前根据设计院和业主技术部门现场进行的交接测量控制桩橛点及办理的相关手续，组织测量人员对交接的导线网点和水准基点进行反复复核测量，复核导线点的坐标和水准基点高程的准确性，测量结果经过平差后与所交的控制点结果进行对比，完全无误后作为施工用控制点。隧道每掘进500 m或雨季前后各进行洞内外导线控制点联测一次。

2. 平面控制附合导线测设

洞内布置双导线，形成闭合导线，利用全站仪、精密水准仪等测量仪器，精确控制隧道施工。

洞口导线点位使用钢筋（钢筋顶上刻十字线）埋于洞口附近坚固稳定的地面上，并用混凝土固定桩位，点与点之间通视良好。点位布置完毕后，利用设计院交接的导线网GPS点（已知）作基准点，以三维坐标法，使用全站仪引测附合导线上各点的精确坐标值（并经平差），使用精密水准仪从高等级的2个BM点测定导线上各点的准确高程（并经平差）。水平角的观测正倒镜6个测回中误差≤±2.5″，每条附合导线长度必须往返观测各三次读数，在允许值内取均值，导线全长闭合差≤±1/30 000。

3. 高程控制

高程控制点的布设利用平面控制点的埋石作为高程控制点，如特殊需要时进行加密，加密的水准点精度不低于高程控制点的精度，其布置形式为附合水准线路。精密水准点的复测采用 S1 等级水准仪对所交精密水准点进行复测，往返测量。观测精度符合偶然误差±2 mm，全中误差±4 mm，往返闭合差≤±8$\sqrt{L/2}$（L 为往返测段路线段长，以 km 计）。两次观测误差超限时重测。当重测结果与原测成果不超过限值时，取 3 次成果的平均值。

（二）施工测量

1. 洞口测量

根据隧道洞口的设计结构和洞口地形高程，详细计算洞口边仰坡开挖边线的坐标和各桩中心坐标。利用附合导线与以上计算坐标的相对关系，使用全站仪在地面上放出洞口边仰坡开挖轮廓线、十米桩中心坐标点位，以放出的坐标点为中心放出开挖边线桩，控制洞口边仰坡的开挖。

2. 洞身测量

隧道洞身施工测量根据隧道设计文件，精确计算出线路百米桩的坐标及结构的相关尺寸和高程，并按每 10 m 编制出本标段隧道高程表。测量工程师利用洞内测量控制点，及时向开挖面传递中线和高程；由测量班用断面测量仪测设隧道开挖轮廓线、支护钢架架立前后和二次衬砌立模前后轮廓尺寸，进行复核，确认准确后方可进行下道工序施工，并对混凝土净空断面应用激光隧道限界检测仪检查。

在洞内进行施工放样时随时佩带气压表、温度计，随时根据实际情况对仪器进行气压、温度的修正。

3. 竣工测量

隧道洞身衬砌作业，每 20 m 对已衬砌段隧道净空采用激光限界检测仪进行洞身净空检查，隧道洞身开挖贯通后，与对口施工单位协调配合，及时组织测量人员进行贯通测量。

依据测量规范及测量结果，调整贯通误差，并将结果及时上报监理和业主有关部门。

依据设计图纸检查完工后的结构物尺寸，如实填写检查结果，并将检查资料作为竣工资料一部分存档。

（三）测量质量的保证措施

测量桩点的交接，必须双方参与，持交桩表逐桩核对，交接确认，遗失的坚持补桩，无桩名者视为废桩，资料与现实不符的应予以更改。执行有关测量技术规范，按照规范技术要求进行测量作业检测，保证各项测量成果的精度和可靠性。

测量放样的依据是施工图纸及相关规范，要求使用的图纸及规范必须盖"受控"章，确保其有效。定期组织测量人员与相邻施工队共同进行洞内外控制点联测，保证控制点的准确性。所有现场测量原始记录，必须将观测者、记录者、复核者记录清楚且须是各岗位操作人员自己的签名。加强仪器的维修和保养，保持其良好状态，制定仪器维修和保养制度及周检计划，按时送检。

四、超前支护

（一）大管棚施工

隧道洞口段、V 级洞身段、浅埋偏压及自稳能力较差段设计采用 φ108、φ89 大管棚超前支护，管棚长 10 m，每环 40 根，环向间距 40 cm，管棚外插角 5°～12°，搭接长度不小于 3 m，压注水泥浆加固地层。超前大管棚工艺流程如图 45.2 所示；施工步序如下：

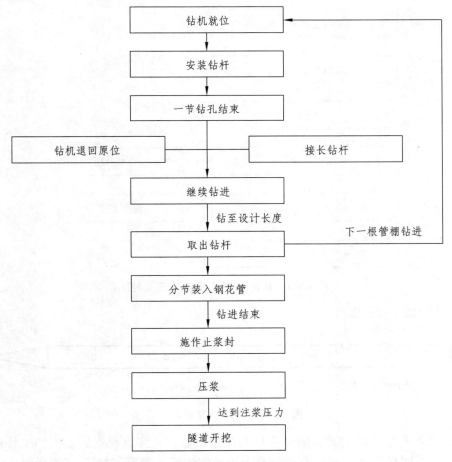

图 45.2　超前大管棚工艺流程

套拱拱架就位后，按设计要求间距、位置准确布置大管棚导向管。套拱混凝土达到设计强度后，钻机就位，在导向管导向作用下钻孔。成孔后将事先加工好带有注浆眼的钢管插入孔内，钢管节与节用丝扣连接，钢管终端密封。

按上述步骤将其余管棚施钻安插完毕后，用稠水泥砂浆施作止浆封，并预留排气孔。将水泥浆从钢管口压入，浆液通过钢管注浆眼压入孔壁的缝隙内，水泥浆从排气孔挤出，结束压浆。

在套拱和大管棚保护下按设计方法进行洞内开挖，开挖总长度为管棚总长度的 90%。

（二）超前小导管施工

一般隧道Ⅳ、Ⅴ级围岩浅埋、偏压段设计采用 $\phi42$ 超前小导管注浆预支护，小导管采用热轧无缝钢管加工，长度为 4.5 m，环向间距 0.4 m，每环 37 根，水平搭接不小于 1.0 m。

1. 施工工艺

小导管施工工艺流程如图 45.3 所示。

2. 施工方法

小导管在构件加工厂制作，前端做成尖锥形，尾部焊接 $\phi6$ mm 钢筋加劲箍，管壁上每隔 15 cm 交错钻眼，眼孔直径为 10 mm。小导管加工如图 45.4 所示。

钻孔时，小导管外插角控制在 5°～10°，钻孔完毕后，将小导管按设计要求插入孔中，尾部与钢架焊接到一起，共同组成预支护体系。沿小导管布置线喷 C25 混凝土形成止浆盘，注入水泥单液浆，当单孔注浆量达到设计注浆量时，结束注浆。注浆参数应根据注浆试验结果及现场情况调整。

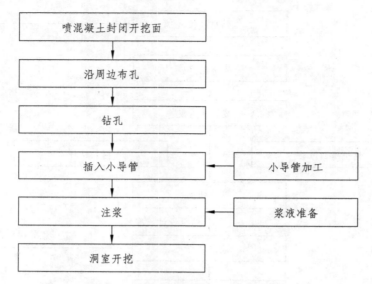

图 45.3　超前小导管施工工艺流程

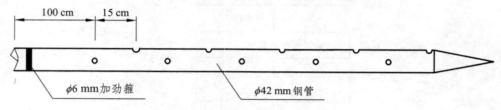

图 45.4　注浆小导管加工

　　注浆作业中认真填写注浆记录，随时分析和改进作业，并注意观察施工支护工作面的状态。开挖前试挖掌子面，无明显渗水时进行开挖作业。小导管注浆工艺流程如图 45.5 所示。

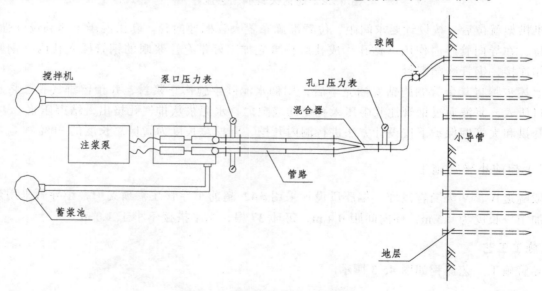

图 45.5　小导管注浆工艺流程

五、洞身开挖

　　根据围岩级别及周边环境采取多种开挖方法，一般情况下 V 级围岩洞口段采用双侧壁导坑法、V 级围岩洞身段采用环形开挖留核心土法、IV 级围岩岩层相对较差地段采用三台阶临时仰拱法、IV 级围岩一般地段采用台阶法、II、III 级围岩一般采用全断面法施工。

（一）双侧壁导坑法

双侧壁导坑以人工配合机械开挖，需要时辅以弱爆破，挖掘机挖装，自卸汽车运输，挖前采用注浆小导管或大管棚超前支护，开挖后及时进行支护，施工循环进尺 0.7 m，每天 2.6 个循环，日进尺 1.8 m，月进度按 45 m（已考虑各种影响造成的折减）计，各工作面工序调整到位后平行作业。

双侧壁导坑法施工原理及施工工序示意如图 45.6 所示。

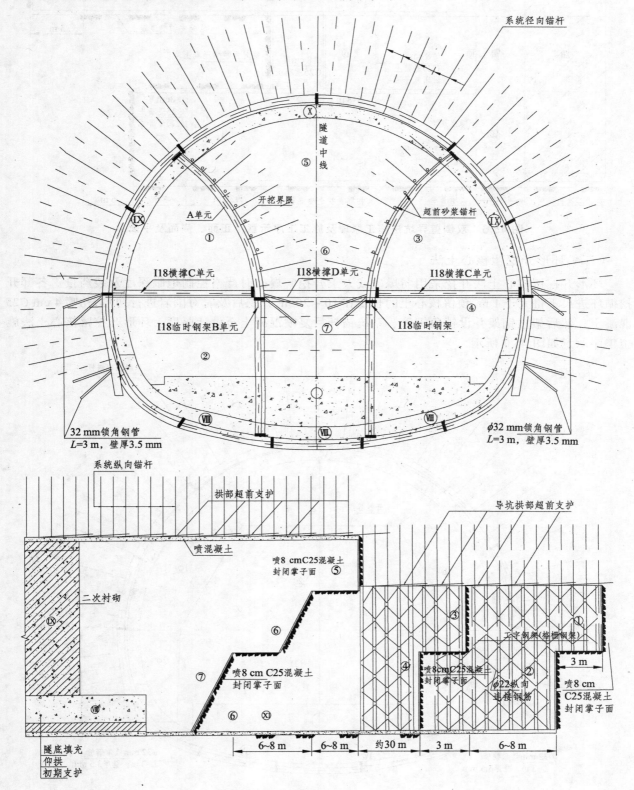

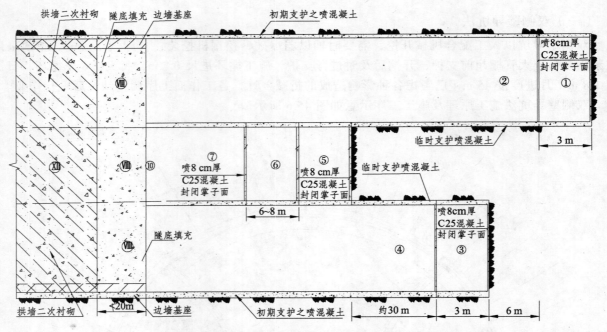

图 45.6　双侧壁导坑法施工原理及施工工序示意（正面、侧面及平面）

（二）环形开挖留核心土法

环形开挖留核心土法开挖采用弱爆破或人工开挖，爆破时严格控制炮眼深度及装药量。各部开挖循环进尺不得大于 1 m，预留核心土的长度在 10～20 m，开挖后及时对围岩进行初喷，初喷 4 cm C25 混凝土，然后架立钢架并设锁角钢管、系统锚杆后复喷混凝土至设计厚度。环形开挖留核心土法施工工序示意如图 45.7 所示。

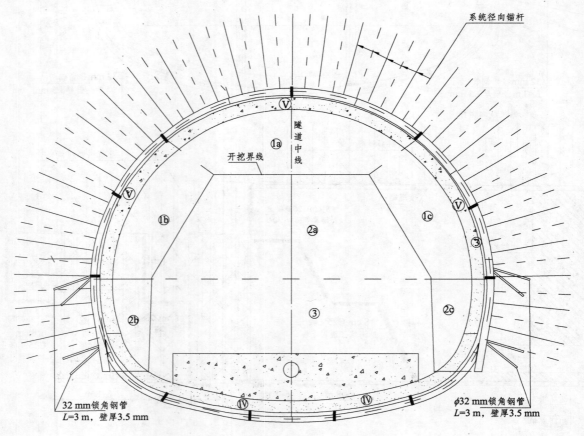

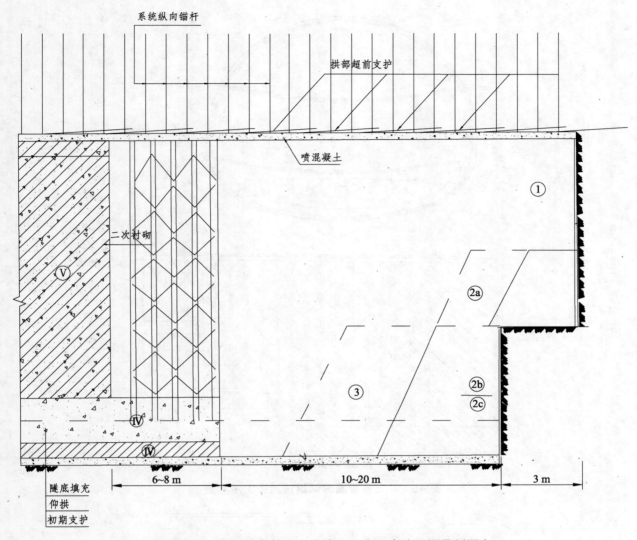

图 45.7　环形开挖留核心土法施工工序示意（正面及侧面）

（三）三台阶临时仰拱法

采用超前小导管、锚杆进行预支护。上部导坑采用弱爆破，中下导及仰拱采用控制爆破开挖；各部台阶一次开挖长度为 3~5 m。各部开挖后及时封闭掌子面，喷、网、锚及格栅钢架联合支护作业，施作临时仰拱。中下导墙角增设锁脚锚杆。采用风动凿岩机钻孔，非电毫秒雷管微差起爆，湿喷机湿喷作业。仰拱施工长度 3~6 m，仰拱紧跟 3 部台阶。三台阶临时仰拱法施工工序示意如图 45.8。

① 开挖 1 部台阶，施作 1 部洞身结构的初期支护，即初喷 4 cm 厚混凝土，架立钢架。钻设系统锚杆后复喷混凝土至设计厚度。底部喷 8 cm 混凝土封闭。

② 开挖 2 部台阶，接长钢架，施作洞身结构的初期支护及封底，参考工序 1 进行。

③ 开挖 3 部台阶，及时封闭初期支护，参考工序 2 进行。灌注该段内的 V 部仰拱及填充混凝土。

④ 模板衬砌台车一次性灌注二次衬砌（拱墙一次施作）。

（四）台阶法

台阶法采用微震动控制爆破和光面爆破开挖。采用挖掘机辅助装载机装渣，自卸车出渣。采用湿喷机喷混凝土。施工中合理调整工序，实行"钻爆、装渣、运输、喷锚"机械化一条龙作业。台阶法施工工艺流程如图 45.9 所示。

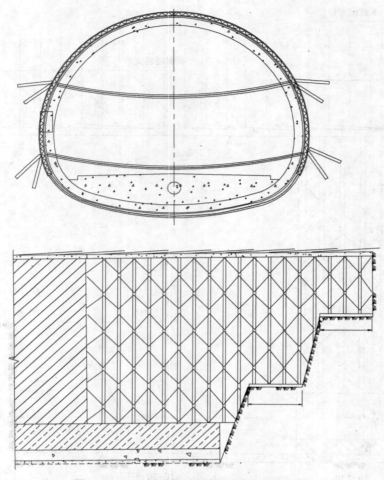

图 45.8　三台阶临时仰拱法施工工序示意

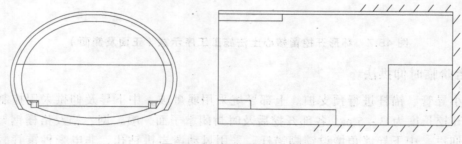

图 45.9　台阶法施工工艺

开挖顺序说明（下列顺序应在施工辅助措施完成并达到强度后进行）：

（1）开挖上导坑。

（2）架立钢支撑，拱部喷锚支护。

（3）下部开挖。

（4）边墙及仰拱架立钢支撑，喷锚支护。

（5）灌注仰拱。

（6）铺设环向盲管及防水板，整体灌注二次衬砌混凝土。

（7）施工水沟电缆槽。

（五）全断面法施工

全断面开挖法施工程序图如图 45.10 所示。

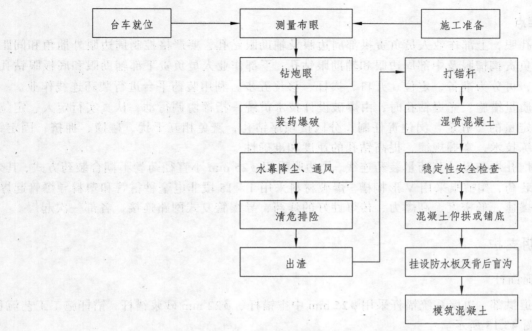

图 45.10　全断面开挖法施工程序

一般隧道Ⅱ级围岩，岩体结构完整，呈块状整体结构，采用全断面法开挖，严格控制装药量按光面爆破设计施工，减少炮轰波对围岩的扰动，达到爱护围岩的目的。风动凿岩机钻眼，非电毫秒雷管微差起爆。

1. 工艺流程

光面爆破受多种因素影响，包括围岩强度、整体性、节理、层理等地质因素，现场围岩地质结构千变万化，爆破参数进行现场设计动态调整。同一类围岩经试爆取得的技术参数，作为初步依据，每一循环爆破作业都要由有经验的爆破工程师根据上一循环爆破效果，以及本循环围岩特征进行适当调整，选择一组最佳技术参数。上一循环是下一循环的预设计和试爆破。光面爆破设计工艺流程如图 45.11 所示。

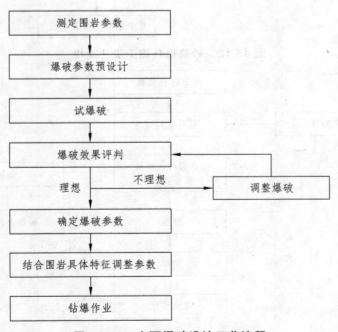

图 45.11　光面爆破设计工艺流程

2. 工艺要点

固定部位孔眼，上部作业人员负责拱部周边眼及辅助眼钻孔，要严格控制周边眼外插角和间距；中部作业人员负责掏槽眼及中部周边眼和辅助眼钻孔；下部作业人员负责下部辅助眼和底板眼钻孔。整个钻孔过程，可分为准备、定位、开口、拔杆、移位五步。利用装药平台进行装药连线作业。

保证钻孔质量措施：光爆钻孔时，由爆破设计技术员统一指挥协调行动，认真实行定人、定位、定机、定质、定量的"五定"岗位责任制；分区按顺序钻孔，避免相互干扰、碰撞、拥挤；固定钻孔班，以便熟练技术，掌握规律，提高钻孔的速度和准确性。

按各断面炮孔爆破设计装药量装药连线，周边眼采用 $\phi 25$ mm 小直径药卷不耦合装药方式，其余炮眼采用连续装药，掏槽眼采用 V 形掏槽。爆破材料采用 1～15 段非电毫秒雷管和塑料导爆管起爆，周边眼采用低爆速、低密度、高爆力、传爆性好的炸药，导爆管复式网路连接，各部一次起爆。

六、初期支护

（一）系统锚杆

本标段隧道拱部、边墙系统锚杆采用 $\phi 25$ mm 中空锚杆、$\phi 22$ mm 砂浆锚杆，锚杆施工工艺流程如图 45.12 及图 45.13 所示。

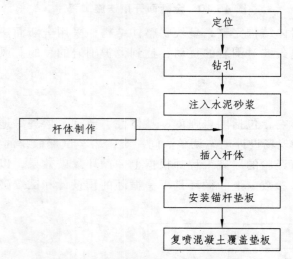

图 45.12 砂浆锚杆施工工艺流程

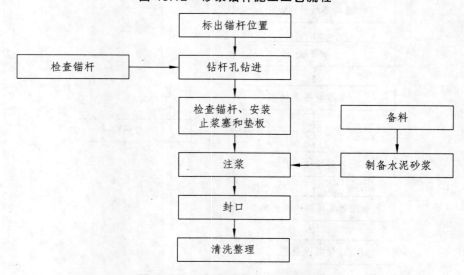

图 45.13 中空锚杆施工工艺流程

1. 施工方法

锚杆预先在洞外钢结构厂按设计要求加工制作，按设计要求钻孔，达到标准后，用高压风清除孔内岩屑；用注浆泵将水泥砂浆注入孔内，砂浆填充锚杆孔体积的 2/3 后停止注浆；及时将加工好的杆体插入孔内，安装锚杆垫板。

2. 施工时注意事项

锚杆钻孔位置及孔深必须准确；锚杆要除去油污、铁锈和杂质；锚杆体插入孔内不小于设计长度的 95%。锚杆施工应在初喷混凝土后进行，以保证锚杆垫板有较平整的基面。锚杆用的水泥砂浆，其强度不应低于 M20。锚杆孔内灌注砂浆应饱满密实。水泥砂浆达到一定强度后才能上紧垫板螺母。

（二）钢筋网

隧道钢筋网预先在洞外钢结构厂加工成型。钢筋类型及网格间距按设计要求施作。钢筋冷拉调直后使用，钢筋表面不得有裂纹、油污、颗粒或片状锈蚀。安装搭接长度为 1~2 个网格，采用焊接。砂层地段先铺挂钢筋网，沿环向压紧后再喷混凝土。钢筋网随受喷面起伏铺设，与受喷面的间隙一般不大于 3 cm。与锚杆或其他固定装置连接牢固。开始喷射时，缩短喷头至受喷面的距离，并调整喷射角度，钢筋保护层厚度不得小于 3 cm。喷射中如有脱落的石块或混凝土块被钢筋网卡住时，应及时清除。

（三）钢架

钢架按设计预先在洞外钢结构厂加工成型，在洞内连接成整体。钢架施工工艺如图 45.14。

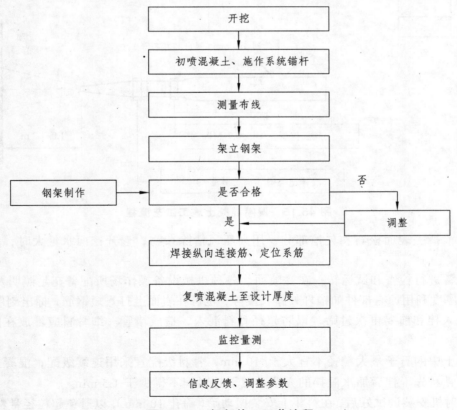

图 45.14　钢架施工工艺流程

1. 制作加工

钢架采用冷弯成型，钢架加工的焊接不得有假焊，焊缝表面不得有裂纹、焊瘤等缺陷。每榀钢架加工完成后放在水泥地面上试拼，周边拼装允许误差为±3 cm，平面翘曲小于2 cm。钢架在开挖或喷混凝土后及时架设。

2. 钢架架设工艺要求

安装前清除底脚下的虚渣及杂物。钢架安装允许偏差：钢架间距、横向位置和高程与设计位置的偏差不超过±5 cm，垂直度误差为±2°。

钢架拼装可在开挖面以外进行，各节钢架间以螺栓连接，连接板密贴。

沿钢架外缘每隔2 m用钢楔或混凝土预制块楔紧。

钢架底脚置于牢固的基础上。钢架尽量密贴围岩并与锚杆焊接牢固，钢架之间按设计纵向连接。

分部开挖法施工时，钢拱架拱脚打设锁脚钢管，钢管长度不小于3.0 m，数量为2~4根。下半部开挖后钢架及时落底接长，封闭成环。

钢架与喷混凝土形成一体，钢架与围岩间的间隙用喷混凝土充填密实；各种形式的钢架全部被喷射混凝土覆盖，保护层厚度不得小于40 mm。

（四）喷射混凝土

喷射混凝土采用洞外自动计量拌和站拌和，湿式喷射混凝土施工，湿喷混凝土可减少回弹量，降低粉尘，提高工作效率和施工质量。湿喷混凝土施工工艺流程如图45.15所示。

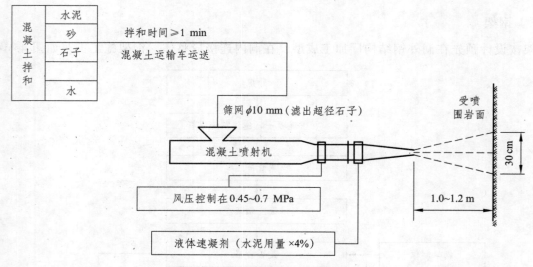

图 45.15　湿喷混凝土施工工艺流程

喷射支护前撬去表面松石和欠挖部分，用高压风清除杂物；遇开挖面水量大时，采取措施将水集中引排。

喷前对设备进行检查和试运转；在受喷面、各种机械设备操作场所配备充足照明及通风设备。

按照设计厚度利用原有部件如锚杆外露长度等，也可在岩面上打入短钢筋，标出刻度，作为标记。

粗骨料加入拌和前要再次过筛，以防超径骨料混入，造成堵管。细骨料应堆放在防雨料库，以控制含水率。

喷射混凝土中的石子最大粒径不宜大于10 mm，骨料级配宜采用连续级配；混凝土搅拌宜优先采用将水泥、骨料先干拌后加水湿拌的方法，且干拌时间不得少于1.5 min。

混凝土喷射机安装调试好后，在料斗上安装振动筛（筛孔10 mm），以避免超粒径骨料进入喷射机。

一次喷射厚度不宜超过5~6 cm，过大会削弱混凝土颗粒间的凝聚力，使喷层因自重过大而大片脱落，或使拱顶处喷层与围岩面形成空隙；过小，则粗骨料容易弹回。分次喷至设计厚度，两层喷射的时间间隔为15~20 min。影响喷层厚度的主要原因是速凝剂作用效果和气温。

喷射混凝土的现场配比应适当提高其强度等级，以确保附着在围岩面上的喷混凝土层的设计强度。

喷射混凝土紧跟开挖掌子面进行，当围岩破碎、稳定性差时，一般采用小药量的松动爆破，初喷（厚 4 cm 以上）、锚杆、钢筋网、钢架、复喷等作业可以连续进行，直到达到设计要求。架设好钢架后，迅速用喷射混凝土封填，使之发挥支护能力。围岩较完整、稳定时间较长时，初喷、锚杆、钢筋网等施工后即可进行开挖作业，待下一循环初期支护时间再复喷，可将设计厚度的喷层厚分 2、3 次完成，由于每层间隔为一循环时间，每层因爆破产生的裂纹在下一次喷混凝土时被填充，而新喷层距掌子面渐远，所受的爆破振动亦越小，使喷混凝土层的支护能力更强。

七、仰拱及填充施工

仰拱混凝土应及时施作，支护尽早闭合成环，整体受力，确保支护结构稳定。待喷锚支护全断面施作完成后，根据围岩收敛量测结果，拆除临时支护，开挖并灌筑仰拱及填充混凝土。仰拱施工工艺流程如图 45.16 所示。

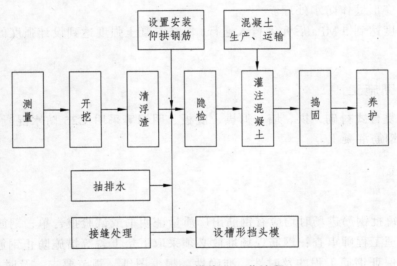

图 45.16　仰拱施工工艺流程

1．施工方法

为保证施工质量，仰拱混凝土进行全幅整体浇筑，同时解决出渣、进料运输与仰拱施工干扰及仰拱混凝土在未达到要求强度之前承受荷载的问题，采用仰拱栈桥进行施工。移动栈桥示意如图 45.17 所示。

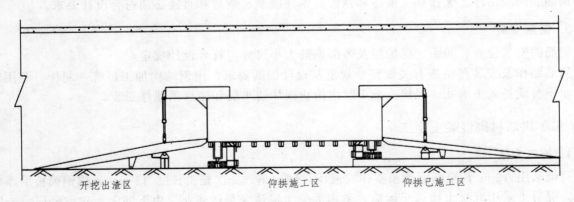

开挖出渣区　　　　　仰拱施工区　　　　　仰拱已施工区

图 45.17　移动栈桥示意

2. 仰拱混凝土施工工艺

测量放样，由内轨顶高程，反算仰拱基坑底高程；采用挖掘机一次性开挖到位，人工辅助清理底部浮渣杂物；将上循环仰拱混凝土接头凿毛处理，按设计要求安装仰拱钢筋，并预留与边墙衬砌连接筋；自检合格后，报监理工程师隐蔽检查并签证，混凝土输送车运输灌筑，插入式振动棒捣固。

3. 仰拱施工应符合下列要求

施工前，应将隧底虚渣、杂物、泥浆、积水等清除，并用高压风将隧底吹洗干净，超挖应采用同级混凝土回填。

仰拱超前拱墙二次衬砌，其超前距离保持 2 倍以上衬砌循环作业长度。

仰拱的整体浇筑采用防干扰作业平台保证作业空间；仰拱成型采用浮放模板支架。仰拱混凝土整体浇筑，一次成型。

填充混凝土在仰拱混凝土终凝后浇筑，不得同时浇筑。仰拱拱座与墙基同时浇筑，排水侧沟与边墙同时浇筑。

仰拱施工缝和变形缝作防水处理。

填充混凝土强度达到 5 MPa 后允许行人通行，填充混凝土强度达到设计强度的 100% 后允许车辆通行。

八、二次衬砌施工

一般隧道采用复合式衬砌，拱、墙、仰拱、底板、明洞等采用 C25 防水混凝土、C25 防水钢筋混凝土、C30 防水钢筋混凝土。

（一）钢筋施工

1. 施工准备

原材料检验：每批钢筋进场时均应有钢筋出厂质量证明书或试验报告单；钢筋进场后进行复检，并将检测报告报监理工程师审查；钢筋现场堆放必须采取下垫上盖等措施防止钢筋锈蚀。

技术准备：为保证钢筋工程的及时性、准确性，根据图纸、规范要求，及时技术交底，做到放样及时、准确，能指导施工；钢筋工必须持证上岗，保证钢筋加工质量。

2. 钢筋加工

开工前及时向监理工程师提交加工方案、加工材料明细表。加工时钢筋应平直，无局部曲折。如遇有死弯时，应将其切除。

钢筋表面应洁净，无损伤、油漆和锈蚀。钢筋级别、钢号和直径必须符合设计要求。

3. 钢筋安装

钢筋的安装位置、间距、保护层及各部钢筋大小尺寸应符合设计规定。

钢筋制作及安装严格按有关规程、规范及设计图纸要求，由钢结构加工厂统一制作，利用轨行式作业平台现场人工绑扎、焊接。施工时应防止损坏防水层和注意预埋件安装。

（二）拱墙衬砌混凝土施工

1. 施工方法

衬砌采用 12 m 长全断面钢模整体式液压衬砌台车，一次施工长度 12 m，整体钢模板的厚度为 1 cm。混凝土采用混凝土输送车运输，采用混凝土输送泵泵送作业，由下向上，对称分层，先墙后拱灌筑，入模倾落自由高度不超过 2.0 m，机械振捣。

挡头模板采用制式钢模，确保施工缝处混凝土质量。

混凝土由自动计量拌和站生产，采取商品化混凝土供应模式，就近供应。混凝土灌筑前做好钢筋的布设工作，钢筋角隅处要加强振捣，并做好防水层铺设及各类预埋件、预留孔、沟、槽、管路的设置。

2. 混凝土施工工艺

隧道模筑混凝土衬砌施工程序及工艺流程如图 45.18 所示。

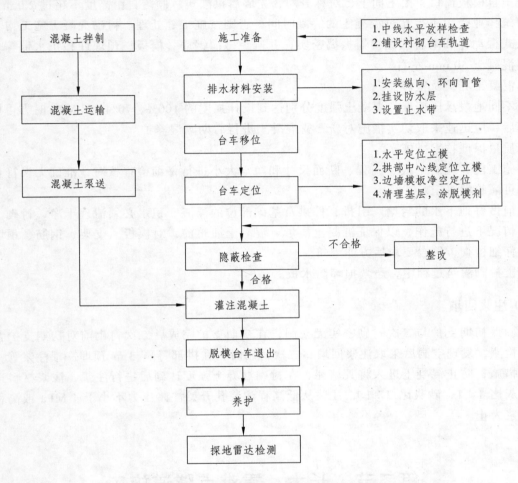

图 45.18 隧道模筑混凝土衬砌施工程序及工艺流程

（1）施工准备。

测量工程师和隧道工程师共同进行水平、高程测量放样。起动台车液压系统，根据测量资料使钢模定位，保证钢模衬砌台车中线与隧道中线一致，拱墙模板定位后固定，并进行测量复核。清理基底杂物、积水和浮渣；衬砌台车前端装设钢制挡头模板，并按设计要求安装固定止水带；拆除上组衬砌混凝土施工缝处止水带保护模，并自检防水系统设置情况。自检合格后报请监理工程师隐蔽检查，经监理工程师签证同意后灌筑混凝土。

（2）原材料。

混凝土原材料必须经工地试验室检验合格后方可使用。细骨料采用河砂，粗骨料在指定石料场加工。在石料场建立粗骨料加工系统，保证粗骨料生产质量满足混凝土对粗骨料的各项指标的要求，到工地后，按混凝土原材料试验规范进行检验。水泥必须有出厂合格证，进场后由试验室按规范要求，进行各项性能检验。水泥进库后按规程要求上盖下垫分批堆放。搅拌用水取深井或当地的自然水，使用前对水进行有害物质含量化学分析试验，合格后方可使用。

（3）混凝土运输。

混凝土采用混凝土输送车运输。

运输施工要点：混凝土在运输中应保持其匀质性，做到不分层、不离析、不漏浆。运到灌筑点时，要满足坍落度要求。从搅拌机卸料到灌筑完毕的延续时间不超过混凝土的初凝时间。

（4）混凝土灌筑。

混凝土自模板窗口，由下向上，对称分层，先墙后拱灌筑，倾落自由高度不超过 2.0 m。因意外混凝土灌筑作业受阻不得超过混凝土的终凝时间，否则按施工缝处理。衬砌混凝土施工均为机械振捣，插入式振动棒和附着式振捣器振捣密实，并避免碰撞钢筋、模板、预埋件和止水带等。振动棒插入下层混凝土 50 mm 左右。

（5）混凝土养护及整修。

根据不同地段承压情况，混凝土强度分别达到设计强度的 100%、70% 及 8 MPa 时方可拆模。混凝土拆模后，应迅速采取切实措施对新暴露混凝土进行后期潮湿养护

（6）质量保证技术措施。

衬砌施工前，应对中线、高程、断面尺寸和净空大小进行仔细检查核对，准确无误符合设计要求后，方可灌筑混凝土。

施工前做好地下水的封堵、引排，仰拱及基础部位的浮渣、积水必须清理干净，衬砌混凝土必须在无水情况下进行施作，以保证混凝土质量。混凝土灌筑前，对模板、支架、钢筋、预埋件和止水带进行仔细检查，符合要求后方能灌筑。

混凝土衬砌灌筑过程中，严禁损坏防水板。

（三）注浆回填

为了确保初期支护与二次衬砌密实无空洞，在初期支护完成后二次衬砌前对初期支护背后进行探地雷达检测，发现空洞后采取注浆回填；二次衬砌时，在拱部每隔 3 m 预埋一根注浆管，注浆管采取保护措施，防止混凝土进入将其堵死，在衬砌混凝土强度达到后进行注浆，注浆材料选用水泥砂浆（水灰比 1∶1，砂灰比 2∶1），注浆从低高程注浆孔开始注浆压力不小于 1 MPa 或高程高拱顶注浆孔冒浆为止。

第二节　长大、重难点隧道施工

龙厦铁路超过 5 km 的长大双线隧道有两座，分别是黄坑二号隧道、石观音隧道，黄坑二号隧道全长 5 510 m，石观音隧道全长 5 091 m。本节以黄坑二号隧道为例对长大、重难点隧道的施工进行阐述。

一、工程概况及施工组织

（1）黄坑二号隧道为开挖断面大，穿越三条断裂带：① DK70+155 ~ DK70+210 段断层带为压性断裂带，岩体挤压较为明显，岩石破碎，断层与线路呈大角度相交。② DK71+359 ~ DK71+385 段，断层带为压性断裂带，受挤压较为明显，断裂带胶结一般，为断层角砾，导水性一般，与线路近直交。③ DK72+900 ~ DK72+965 段位断层影响带，胶结一般，为断层角砾，导水性一般，与线路呈 70° 角相交。

（2）黄坑二号隧道内局部地区岩体破碎，地下水丰富，透水性强。对股状水，在二次衬砌施工时，增设ϕ63 单壁打孔波纹管，集中排水引至两侧侧沟；对散状水，在隧道初支喷射混凝土凿槽，预埋ϕ20 PVC半管，对散状水集中引到一处，在利用股状水的排水方法集中排至侧沟内。

（3）黄坑二号隧道分为进出口两个工区施工，进口施工 3 031 m（DK68+454～DK71+485），其中2685m施工时为反坡排水，出口施工 2 479 m（DK71+485～DK73+964），施工任务繁重，工期紧，隧道内通风、排水、排烟和安全穿越断裂带、岩体破碎区、地下水丰富区是该隧道的施工重点和难点。本隧道在进口工区离洞口900 m位置，埋深9 m，在此处增设ϕ150天窗，且采用Ⅱ级排风，增强通风能力。在反坡排水段，采用集水井集中排水，两根ϕ150和两根ϕ100钢管分段抽水排出洞外。

（4）隧道洞内防排水采用"防、排、堵、截结合，因地制宜，综合治理的原则"。对隧道穿过断裂破碎带，预计地下水较大，采用以排为主；对可能影响生态环境及排水沟排水能力限制需限制排放的，采用"以堵为主，限量排放"的原则，本隧道因出口地下水排量较大，影响了当地村民取水，采用径向注浆对地下水进行封堵施工。

二、主要施工技术

（一）防止围岩失稳和坍塌技术

1. 围岩坍方前兆

围岩的变形破坏、失稳坍方，是一个从量变到质变的过程。在量变过程中，围岩的工程水文地质特征及岩石力学特性会反映出一些征兆。根据这些征兆可预测围岩的稳定性，进行地质预报，采取相应措施，保证施工安全，防止隧道坍方。围岩的变形破坏、失稳坍方，有以下一些征兆：

水文地质条件的变化。如干燥围岩突然出水、地下水突然增多、涌水量增大、水质由清变浊等都是即将发生坍方的前兆。

拱顶不断掉下小石块，甚至较大的石块相继掉落，预示着围岩即将发生坍方。

围岩节理面裂缝逐步扩大，很可能要发生坍方。

支护结构变形（钢架接头挤偏或压劈、喷射混凝土出现明显裂纹或剥落等），甚至发出声响，有坍塌的可能。

围岩或支护结构拱脚附近的水平收敛率大于 0.2 mm/d 或拱顶下沉量大于 0.1 mm/d，并继续增大时，说明围岩仍在发生变形，处于不稳定的状态，有可能出现失稳坍方。如出现加速收敛现象，则表明坍方已经临近。

2. 隧道坍方预防措施

做好超前地质预报。对开挖面前方地层进行探测预报，判明地层和含水情况，为超前支护和止水提供依据，及时修改或加强超前支护和支护参数。

加强施工监控量测，实行信息化施工。对地表沉降、拱顶下沉、围岩收敛进行量测，及时对数据进行整理分析，及时反馈于设计和施工，及时优化设计参数和施工方法。当量测数据表明围岩收敛变形接近控制标准的警戒值时，尽快采取加强措施进行加固，抑制变形，防止因变形突变引起坍塌。

依据不同地质情况和开挖方式，采用超前小导管预注浆加固地层的超前支护措施，提高其自承能力，减少围岩松弛变形。

针对不同围岩，分别采取双侧壁导坑法、环形预留核心土、三台阶临时仰拱法、台阶法、短台阶法、全断面法等开挖方法。开挖时，支护要及时闭合成环，每一环支护均施作锁脚锚杆，加强支护，防止拱脚下沉和内移，引起过大变形，导致拱部岩层坍塌。

严格控制开挖工序，尤其是一次开挖进尺，杜绝各种违章施工。控制爆破装药量，减小对软弱破碎围岩的扰动。

保证施工质量。超前预注浆固结围岩、钢架制作、支护和衬砌混凝土质量必须符合设计及规范要求。

（二）断层破碎带及其影响段施工控制技术

断层破碎带施工关键在于减少对围岩的扰动，施工中采用手段包括：超前支护，分部开挖，随挖随护，密闭支撑，监控量测，适时衬砌。

1. 采取的措施

利用超前地质探测手段，提前预测松散、破碎带情况，利用地质素描法对断层的长度、高度、倾角做出预测。

选择合理的施工方法进行断层破碎带施工。断层破碎带施工时必须采用超前支护、分步开挖、随挖随护、密闭支撑、围岩量测，及早衬砌。

采用超前管棚注浆预加固地层，分步开挖按先软后硬顺序交错进行，要随挖随护、密闭支撑，及时施作仰拱初期支护闭合成环整体受力。

2. 施工技术要求

通过断层带时，应及早施作初期支护，减少岩层的暴露、松动，各施工工序的距离尽量缩短。

断层破碎带尽量采用人工开挖，采用爆破法掘进时，严格掌握炮眼数量、深度及装药量，以减少爆破震动对围岩的影响。

采用分部开挖时，其下部开挖分左右两侧相距交错作业。开挖有水流出时，凿眼安置套管集中引排，使其不漫流，并随工作面向前推进，做好排水沟，并避免积水浸泡拱、墙脚。

断层地带的支护宁强勿弱，并严格监控量测，及时掌握围岩收敛变形信息，修改设计支护参数。

第三节　特殊不良地质条件隧道施工

龙厦铁路象山隧道为双洞单线隧道，左线 15 898 m、右线 15 917 m，共设斜井 5 座，长度分别为 907.15 m、507.98 m、905.65 m、894.28 m、327.53 m；其中 1、5 号斜井采用无轨运输，综合坡度分别为 9.13% 和 9.588%，2、3、4 号斜井采用有轨运输，倾角分别为 22°、23.08°、23.04°。该隧道为特长单坡隧道，地质条件极为复杂，斜井和正洞穿越煤层、岩溶地层、断层破碎带，下穿采空区、村庄、水库、河流等。存在突水突泥、地表失水、地面塌陷、煤层瓦斯、软岩大变形、岩爆、放射性异常等地质问题。象山隧道左右线共需穿越 10 条断层破碎带共计 1 074 m、4 634 m 软弱大变形段、4 720 m 岩溶地段、3 725 m 煤系瓦斯地层；且 2 号、3 号、4 号有轨运输斜井坡度大、井身长，需承担 13 616 m 正洞出渣进料，施工任务艰巨繁重。本节以象山隧道为例对特殊不良地质条件隧道的施工技术展开阐述。

一、象山隧道主要不良地质

1. 涌水突泥

根据超前地质预测预报结果，预测共 27 段 10 079.1 m 可能存在涌水突泥的风险，施工阶段发生涌水突泥的段落如表 45.1 所示。

表 45.1　施工阶段预测发生涌水突泥段落统计

工区	序号	线别	段落里程	长度/m	开挖揭示地质
1号斜井工区	1	左线	DK24+045～DK24+305	260	表层第四系覆盖，下覆溪口组（T1X）薄层粉砂岩、灰岩夹砂岩，弱风化，节理裂隙较发育，岩溶发育，溶腔较大，接触带地下水较发育，岩溶水和孔隙和表水联通，出水量 850 m³/h，水压 1.5 MPa
	2	右线	YDK24+045～YDK24+305	260	
2号斜井工区	1	左线	DK25+260～DK27+080	820	二叠系下统童子岩组：青灰色，粉砂岩、砂岩，弱风化，含煤层，属软质岩，围岩较破碎。受 F10、F13 断层影响，裂隙极为发育，易发生涌水和掉块，地下水较发育。YDK26+866～+943 水量 400 m³/h，水压 1.6 MPa
	2	左线	DK25+170～DK27+428	258	
	3	右线	YDK25+260～YDK27+404	1144	
	4	左线	DK27+080～DK27+170	90	二叠系下统童子岩组：青灰色，粉砂岩、砂岩，弱风化，含煤层，属软质岩，围岩较破碎。受 F10、F13 断层影响，裂隙极为发育，易发生涌水和掉块，地下水较发育。硅灰岩地段的超前地质钻探时，探孔内总涌水总量达 760 m³/h。在进行左线 DK33+030 开挖施工时，总涌水量达 450 m³/h
3号斜井工区	1	左线	DK28+078～DK28+105	27	三叠系下统溪口组（T1x）：灰岩，夹细砂岩，弱风化，节理裂隙较发育，软岩地段围岩可能发生变形。地下水较发育，DK28+078～+105 段水量 185 m³/h，水压 1.1 MPa
	2	左线	DK28+238～DK28+265	27	三叠系下统溪口组（T1x）：灰岩，夹细砂岩，弱风化，节理裂隙较发育，围岩极易发生变形。地下水较发育，DK28+238～+265 段水量 160 m³/h，水压 1.2 MPa。YDK28+350～+405 段水量 150 m³/h，水压 1.8 MPa，YDK28+851～+906 段水量 400 m³/h，水压 2.7 MPa
	3	右线	YDK28+350～YDK28+405	55	
	4	右线	YDK28+851～YDK28+906	55	
4号斜井工区	1	左线	DK29+007～DK29+240	23	三叠系下统溪口组（T1x）：灰岩，夹细砂岩，弱风化，节理裂隙较发育，软岩地段围岩可能发生变形。地下水较发育，YDK28+350～+405 段水量 150 m³/h，水压 1.8 MPa，YDK28+851～+906 段水量 400 m³/h，水压 2.7 MPa
	2	右线	YDK28+968～YDK29+240	272	
	3	左线	DK29+240～DK29+900	660	侏罗系下统梨山组上段（J1lb）：中厚层状石英砂岩，弱风化，节理裂隙较发育，围岩破碎，围岩稳定性差。其中 DK29+240～DK29+290 段为 F14 断层破碎影响带，裂隙极为发育，透水性好，地下水较丰富，DK29+245～+275 段水量 300 m³/h，水压 0.6MPa，DK29+508～+560 段水量 400 m³/h，水压 1.5 MPa，YDK29+499～+526 段水量 420 m³/h，水压 1.3 MPa，YDK29+566～+616 段水量 400 m³/h，水压 1.5 MPa
	4	右线	YDK29+240～YDK29+900	660	
	5	左线	DK29+900～DK30+630	730	三叠系上统文宾山组上部（T3wb）：灰色～深灰色，石英砂岩，粉砂岩，弱风化，节理裂隙发育。其中 DK29+890～DK29+940 段为 F15 断层破碎影响带，DK30+170～DK30+220 段为 F16 断层破碎影响带，DK30+570～DK30+610 段为 F19 断层破碎影响带，岩性破碎。地下水较发育，DK30+005～+056 段水量 450 m³/h，水压 1.8 MPa，DK30+142～+172 段水量 400 m³/h，水压 1.5 MPa，DK30+641～+671 段水量 300 m³/h，水压 1.2 MPa，YDK29+890～+917 段水量 200 m³/h，水压 1.5MPa，YDK30+025～+051 段水量 175 m³/h，水压 1.3 MPa，YDK30+112～+212 段水量 430 m³/h，水压 1.5 MPa，YDK30+263～+293 段水量 210 m³/h，水压 0.6 MPa，YDK30+460～+490 段水量 290 m³/h，水压 1.2 MPa
	6	右线	YDK29+900～YDK30+630	730	

工区	序号	线别	段落里程	长度/m	开挖揭示地质
4号斜井工区	7	左线	DK30+630～DK30+915	285	三叠系上统文宾山组下段（T3wa）：薄层－中薄层状泥质粉砂岩夹砂质泥岩，弱风化，围岩较稳定。DK30+641～+671段水量300 m³/h，水压1.2 MPa
	8	右线	YDK30+630～YDK30+697	67	
5号斜井工区	1	左线	DK30+915～DK30+926	11	三叠系上统大坑组（T3d）：厚层石英粗砂岩、粉砂岩，弱风化，节理裂隙较发育，地下水较发育，围岩较稳定。YDK31+528～+555段水量425 m³/h，水压1.5 MPa
	2	左线	DK32+315～DK33+155	840	三叠系下统溪口组（T1x）：薄层粉砂岩、硅灰岩夹细砂岩，弱风化，节理裂隙较发育，围岩较稳定。DK32+930～DK33+040为F20断层影响带。地下水较发育，DK32+867～+990段水量1 400 m³/h，水压2.2 MPa，YDK32+954～+984段水量1 000 m³/h，水压2.5 MPa，YDK33+010～+040段水量650 m³/h，水压2.5 MPa
	3	右线	YDK32+315～YDK33+155	840	
	4	左线	DK34+720～DK34+765	45	花岗斑岩（γ53（1）b）：灰黄色～浅肉红色，全风化-弱风化，中细粒结构，岩石较破碎，节理裂隙较发育，地下水较发育，受F21断层影响，围岩稳定性较差
	5	右线	YDK34+720～YDK34+765	45	
	6	左线	DK34+765～DK35+380	615	花岗斑岩（γ53（1）b）：灰黄色～浅肉红色，全风化～弱风化，中细粒结构，岩石较破碎，节理裂隙较发育，地下水较发育，受F21断层影响，围岩稳定性较差
	7	右线	YDK34+765～YDK-35+380	615	
	8	左线	DK35+380～YDK35+588	208	花岗斑岩（γ53（1）b）：块状构造，中细粒结构，全风化～强风化带，厚10～20 m，地下水较发育，洞顶不稳定，易坍塌
	9	右线	YDK35+380～YDK35+607	227	
合计	27段			10079	

2. 岩爆

施工阶段发生岩爆的段落如表45.2所示。

表45.2 施工阶段发生岩爆段落统计

工区	序号	线别	段落里程	长度/m	施工揭示地质情况
5号斜井工区	1	左线	DK33+155～DK34+040	885	花岗斑岩（γ53（1）b）：花岗斑岩，中细粒似斑状结构，块状构造，弱～微风化，岩质坚硬完整，地下水不发育，围岩稳定。
	2	右线	YDK33+155～YDK34+040	885	
合计	3			1 770	

3. 瓦斯爆炸

象山隧道1号、2号、3号斜井工区，施工期间多次发生瓦斯气体燃烧现象，1号斜井工区检测到的最大瓦斯涌出量为1.49 m³/min，最小瓦斯涌出量为0.498 m³/min；2号斜井工区检测到的最大瓦斯涌出量为1.41 m³/min，最小瓦斯涌出量为0.4 m³/min，3号斜井工区总的瓦斯绝对涌出量约为0.108 m³/min，煤层的吨煤瓦斯含量为9.629 m³/t，瓦斯压力为10 Pa。明确象山隧道为瓦斯隧道，瓦斯段范围：左线DK24+053～DK27+428，右线YDK24+098～YDK27+404。

2008年7月建设单位邀请史玉新、关宝树、林振球等专家对象山隧道进行风险评估（图45.19及图45.20），认定象山隧道存在突泥涌水、瓦斯、有轨斜井溜车等极高风险，建议按照Ⅰ级高风险隧道进行建设管理。

图 45.19 象山隧道安全评估专家现场调查

图 45.20 象山隧道风险评估专家评审会议

二、工程特点及重难点

1. 工程规模大，工作面多，对施工组织管理要求高

象山隧道左洞长 15 898 m，右洞长 15 917 m，最大埋深 830 m。隧道设有 5 座斜井，1 号、5 号斜井采用无轨运输，2 号、3 号、4 号斜井采用有轨运输。通过进出口和五个斜井施工，共计 24 个掘进开挖面。施工高峰期平行作业面达到 100 个以上，参建人员达 4 000 余人、施工设备达 1 300 余台套。采用辅助坑道和大型机械化配套施工技术，以实现长隧短打、快速施工。施工组织难度大。

2. 象山隧道辅助坑道多、长度长，施工组织难度大

象山隧道左线长度为 15 898 m、右线长度为 15 917 m，斜井 5 座，长度分别为 907.15 m、507.98 m、905.65 m、894.28 m、327.53 m；其中 1、5 号斜井采用无轨运输双车道，综合坡度分别为 9.13% 和 9.588%，2、3、4 号斜井采用有轨运输，倾角分别为 22°、23.08°、23.04°)。斜井长度长、坡度大，提高斜井本身的施工速度及通过运输组织提高斜井的运输效率是本工程的难点，是本工程的重点。

3. 象山隧道地下水发育，堵排水处理难度大

象山隧道设计为单面下坡（进口—出口），隧道进口段，1、2、3、4、5 号斜井-正洞施工均需要长距离反坡排水。隧道隧址区位于富水区，涌水量大、水压高，经中铁第四勘察设计院 2008 年 8 月测定全隧 53 141 m³/d，雨季正常涌水量为 86 660 m³/d，最大涌水量为 223 220 m³/d，涌水给隧道正常施工带来了极大风险及困难。

4. 1 号、2 号斜井间溶洞、突水处理难度大，施工工效低下

1 号～2 号斜井之间溶洞区段地质复杂、岩溶发育、溶洞规模大。从 2008 年 4 月 1 日，该溶洞区段发生第一次涌水突泥以来，在钻孔注浆施工的过程中又多次发生涌水突泥、携带大量的泥沙，且个别钻孔冲出碎石、卵石。涌水突泥造成溶洞对应地表范围新祠村较大范围的地表沉陷和房屋开裂。新祠村人口有数千人，村庄、学校、水泥厂等均已经受到涌水突泥产生的影响。该岩溶发育区段坚持稳扎稳打、万无一失的施工原则，通过采取帷幕注浆和大管棚结合的方案通过该不良地质地段。

象山隧道 DK24+080 ～ DK24+275、YDK24+068 ～ YDK24+304 段共计 431 m，施工过程中采取抗水压衬砌、帷幕注浆、YDK24+098 及 YDK24+158 突水淹井后采取地表钻孔封堵、高位支洞、积水抽排、帷幕注浆等措施施工。自 2008 年 4 月至 2011 年 5 月共计施工 38 个月，平均单工作面月进度 2.8 m，工效极其低下，大量人员、机械窝工严重。

5. 水环境下施工工效低下

象山隧道施工近五年，施工过程中一直受地下水影响，工效低下，主要表现为以下四方面：

（1）施工过程中，当超前探测涌水量较大且前方围岩破碎，存在高压突水情况，即停止开挖并实施超前注浆堵水，严重影响了工程进度，造成大量窝工损失。

（2）增加超前探水、掌子面及仰拱积水抽排工序，给施工现场管理造成极大难度，工序增加、时间延长。

（3）带水作业情况下开挖钻孔机械不能发挥全部效率、初支立拱架焊接设备及人员操作困难、初支喷射混凝土回弹量大造成时间延长、出渣绞车及电力设备由于长期水环境下工作造成故障率频繁等因素造成工效低下。

（4）通过斜井施工正洞，通风难度大。通过斜井施工正洞，独头通风多在 2 000 m 以上，最长独头通风超过 4 000 m，加之隧道穿越煤层瓦斯区，施工后期通风压力很大。

三、象山隧道总体施工方案

象山隧道作为特长隧道是全线的重点工程。施工中，充分发挥大型机械化配套施工技术优势，充分利用进、出口及五个斜井多个作业面组织施工，实现长隧短打、快速施工。

象山隧道按新奥法原理设计施工，采用全断面或半断面光面爆破开挖，喷锚支护。正洞采用无轨运输方案组织施工，各作业面的开挖、运输、支护、防水及衬砌施工平行作业。

为提高列车的行车条件、保证隧底刚度的均匀性和连续性，降低隧道内表面的粗糙度，隧道仰拱、填充采用大型仰拱栈桥进行施工，确保验工、填充一次性施工，全隧采用 9 m 的大型钢模台车衬砌，并严格控制衬砌表面的平整度和施工缝处的错台。为了确保隧道结构的耐久性，施工中严格控制混凝土及原材料性能质量、初支与二衬钢筋的保护层厚度。采用全过程防排水技术，科学、精细地处理隧道防水问题，确保隧道不渗不漏。

（一）斜井施工方案

1. 2 号、3 号、4 号斜井（有轨运输）施工方案

斜井井身施工采用全断面光面爆破法开挖，对断面的拱部、墙部、底部均按光面爆破进行设计。采用多功能台架配合风钻钻眼，非电毫秒雷管起爆，光面爆破，井身Ⅱ、Ⅲ级和部分Ⅳ级围岩段采用全断面法开挖；井身部分Ⅳ级围岩和Ⅴ级围岩地段采用微台阶法开挖；洞口软弱围岩，采用上、下半断面留核心土的开挖方法，风镐开挖。斜井开挖多功能台架应设有钻眼定向装置，以控制钻眼方向。斜井洞口段（100 m），采用配无棱角测距头的全站仪进行测量放样；斜井施工 100 m 后，直线段采用多台（5 台以上）激光指向仪确定断面开挖轮廓，减少测量放样占用掌子面的时间。斜井施工参照正洞监控量测设计进行监控量测，及时反馈量测信息、指导施工，确保施工安全，提高对地层岩性的认知程度，并为正洞在相应地层的施工积累经验、提供数据。

2 号、3 号、4 号斜井井口段（20 m）采用挖机出渣。在提升系统未建成前采用 10 t 小绞车提升 4 m³ 矿车出渣，采用改装的短臂大挖机装渣；提升系统建成后，斜井开挖面出渣除 3 号斜井采用耙斗式装岩机装渣外，2 号、4 号斜井由于受净空限制计划采用改装的短臂大挖机进行装渣作业。斜井内布置三车道，井口安装一台 3.0 m 直径双滚筒提升机和一台 2.5 m 直径滚筒提升机，井内采用 10 m³ 矿车运渣至井外卸渣栈桥，自卸汽车倒运至弃渣场。

斜井开挖后立即对掌子面进行初喷。然后利用喷浆台架紧跟开挖台架进行锚网复喷。对于软弱围岩段通过加大喷混凝土厚度替代斜井衬砌。斜井喷浆设备应足够（每个斜井四台以上喷浆机），以缩短喷浆时间。斜井喷浆台架长度应足够，以满足多台喷浆机同时喷浆的空间要求。喷浆设备的配置应满足钻下一循环眼的时间将上一循环复喷完成。斜井衬砌采用模板台车衬砌，自动计量拌和站生产混凝土，轨行式混凝土运输车运输混凝土，泵送混凝土入模，捣固棒振捣。

洞内设照明线路、高压风管、高压水管、排水管以及通风管。

斜井提升设备必须按规定进行日常检查与定期检查试验（并做出记录：检查时间与项目）。对危险部位、地段设安全警示牌，并配齐相应的防护设施及相应的材料等。

2. 1号、5号斜井（无轨运输）施工方案

采用无轨运输的施工方案。洞口段采用风镐开挖，微台阶法施工。洞身段开挖采用设有钻眼定向装置的多功能台架配合风钻钻眼，非电毫秒雷管起爆，光面爆破。采用挖机配合 ZL50C 装载机装渣，18 t 自卸汽车运输。测量放样和监测同 2 号、3 号、4 号有轨斜井。

斜井支护同有轨斜井方案。

（二）正洞施工方案

1. 洞身开挖方案

正洞采用全断面光面爆破技术施工（全断面光面爆破技术是指断面的每个部位均按光面爆破技术施工），仰拱开挖一次到位，避免仰拱开挖二次爆破。正洞Ⅱ、Ⅲ级和部分Ⅳ级围岩段采用全断面法施工。隧道 1 号斜井采用三臂凿岩台车钻孔作业，其他作业面采用多功能台架配合风钻钻孔，Ⅱ级围岩开挖进尺 3～3.5 m，Ⅲ级围岩开挖进尺 2.5～3 m。正洞部分Ⅳ级和Ⅴ级围岩采用微台阶法施工，台阶长 3～5 m，开挖进尺Ⅳ级围岩以架立 1～2 榀钢架为宜，Ⅴ级围岩开挖进尺以架立一榀钢架为宜。Ⅳ级和Ⅴ级围岩一般段开挖完成后及时先行初喷混凝土，然后按设计施作钢架、钢筋网、锚杆，复喷混凝土等初期支护；Ⅴ级围岩加强段、软岩大变形段施工前按设计要求先行施作超前支护，然后采用微台阶法（必要时采取保留核心土、增设临时仰拱的施工方法）进行施工，开挖完成后先行初喷混凝土，然后按设计架设钢架，施作锚杆钢筋网，最后复喷混凝土至设计厚度。喷浆设备应足够（每个作业面四台以上喷浆机），以缩短喷浆时间，喷浆台架长度应足够，已满足多台喷浆机同时喷浆的空间要求。

隧道进出口浅埋小间距段，施工前按设计要求先施工长管棚超前支护，然后采用微台阶法（必要时留核心土、增设临时仰拱）进行施工。开挖完成后先行初喷混凝土，然后按设计架设钢架，施作锚杆钢筋网，最后复喷混凝土至设计厚度。

隧道出口双跨连拱段，采用中洞法施工，施工前按设计要求先行钻孔安设超前长管棚，注浆机注浆超前支护，DK（YDK）35+515～572 段穿过漂石土地层，施工中先采用 ϕ42 钢花管进行地表注浆加固。

2. 出渣进料方案

象山隧道正洞均采用无轨运输方式进行施工，2 号、3 号、4 号斜井井身采用有轨提升。

为解决 2 号、3 号、4 号斜井正洞无轨和斜井有轨之间的换装问题，在斜井底部与正洞交叉处设立体换装场，并在井底交叉口处设临时堆渣场，以解决两个及两个以上作业面同时出渣问题。2 号、3 号、4 号斜井正洞采用装载机装渣，10 m 自卸汽车出渣（与 10 m³ 矿车配套）。一般情况下自卸汽车将洞渣通过立体换装场直接倒至矿车内，通过提升系统运至洞外。在两个及两个以上作业面同时出渣时，将矿车来不及运输的洞渣暂卸在临时堆渣场，待矿车有空时再将临时堆渣场的洞渣用汽车运至立体换装场，倒至矿车内，通过提升系统运至洞外。洞外井口设栈桥，通过自卸汽车转运洞渣至弃渣场。

2 号、3 号、4 号斜井采用混凝土溜槽直接将洞口拌和站拌制的成品混凝土放至井底混凝土矿车内，钢材和其他材料通过斜井桁吊吊放进矿车，通过有轨提升系统运至洞内。

进口、出口、1 号、5 号斜井采用无轨运输方式进行施工。均采用 ZL50C 装载机装渣，大型自卸汽车出渣至洞外弃渣场。

3. 初期支护及二次衬砌施工方案

正洞内采用多功能台架配合风钻钻设锚杆孔，安装锚杆，人工挂设钢筋网，湿喷混凝土。

仰拱施工利用仰拱栈桥，采用大块钢模板立模。隧道衬砌防排水采用全过程防排水技术进行施工，防水层采用无钉铺设防水板技术。采用 9 m 长大刚度液压模板台车衬砌，按照零错台控制技术组织施工。仰拱及填充超前、拱墙衬砌适时紧跟。洞外自动计量混凝土拌和站生产。2 号、3 号、4 号斜井正洞混凝土通过混凝土溜槽运至洞内，通过立体转换装置倒入轮胎式混凝土运输车运送至灌注工作面，泵送入模。1 号、5 号斜井采用混凝土运输车直接运至混凝土灌注工作面，混凝土采用泵送入模。

（三）施工测量方案

工程开工前，由测量总队制定了线路复测及施工控制测量方案、各工区编制了隧道测量作业细则，审批后按照细则实施。

隧道施工测量严格执行《中铁隧道集团有限公司工程测量管理办法》相关规定，施工测量认真执行三级测量复核制度，即：测量总队为第一级，分公司测量队为第二级，工区测量组为第三级，包括作业过程的自检自核和一、二、三级间相互复核。

测量总队对标段内的设计院交桩点、精测组测放的施工控制点、进口、出口进洞时的施工放样点、斜井进洞及斜井进入正洞前洞内控制点实施了测量复核。

精测组对各工区实施了测量复核。

（四）施工排水方案

象山隧道施工排水采用机械排水为主，自然排水为辅的施工方案。

（1）正洞反坡排水：正洞内反坡排水，在掌子面设集水坑，将掌子面污水用潜水泵抽至移动水仓，利用污水泵通过污水管抽排至洞口污水处理池，经净化达标后排放。

（2）正洞顺坡排水：利用潜水泵将开挖面水抽至衬砌段仰拱填充面边沟排水至洞口污水处理池，经净化达标后排放。

（3）斜井排水：井底设抽水泵房（有轨斜井设中转水泵站），利用高扬程抽水泵通过排水管将污水抽排至斜井井口污水处理池，经净化达标后排放。

（五）无砟轨道整体道床施工方案

结合象山隧道辅助坑道设置（1 号斜井及 5 号斜井位于右线隧道线路前进方向右侧）及现场资源配备情况，象山隧道整体道床采取先施工左线，后施工右线的组织方式。混凝土及材料运输分别从 1 号斜井及 5 号斜井到达工作面。左线施工时施工车辆可利用左右线之间的联络通道进入左线作业面。

1 号斜井工区承担左线 DK19+690 ~ DK29+007 长度 9 317 m，右线 YDK19+690 ~ YDK28+967.5 长度 9 277.5 m，合计 18 594.5 m 施工任务。1 号斜井工区施工范围内采用"现场组装轨排固定架法"（简称"散铺法"）组织施工。

5 号斜井工区承担左线 DK29+007 ~ DK35+588 长度 6 581 m，右线 YDK28+967.5 ~ YDK35+607 长度 6 639.5 m，合计 13 220.5 m 施工任务。5 号斜井工区施工范围内采用"轨排框架法"组织施工。

整体道床施工于 2011 年 5 月 10 日开工，2011 年 12 月 31 日竣工。其中左线 2011 年 5 月 10 日开工，2011 年 8 月 10 日完工，历时 93 天；右线 2011 年 9 月 27 日开工，2011 年 12 月 31 日完工，历时 97 天。

（六）施工通风方案

一工区和六工区前期采用独头压入式通风方式，后期采用巷道式通风方式；二工区、三工区、四工区和五工区根据施工条件采用独头压入式通风方式。

（七）信息化施工方案

1. 超前地质预报

象山隧道施工中，采用 TSP203 进行中长距离（100～150 m）超前地质预测；对特殊地质体段，利用超前水平地质钻孔对掌子面方向进行 15～30 m 的钻探，验证特殊地质体的发育范围，地下水水量、水压等地质参数；对已开挖的隧洞，周边使用地质雷达进行 2～15 m 内的连续监测，以发现周边可能存在的特殊地质，以便及时处理，免除后患。

2. 监控量测

施工中进行地表下沉、水平收敛、拱顶下沉、锚杆抗拔力、渗水压力、围岩压力、钢筋应力等项目的监控量测。为准确反映围岩和支护结构的变形情况，拱顶下沉及净空变位采用无尺量测法量测。监测后及时根据监测数据绘制拱顶下沉、水平位移等随时间及工作面距离变化的时态曲线，了解其变化趋势，并对初期的时态曲线进行回归分析，综合判断围岩和支护结构的稳定性，并根据变位等级管理标准及时反馈施工。

四、正洞一般地段的开挖与初期支护

（一）隧道开挖支护及出渣

1. Ⅱ、Ⅲ级围岩地段开挖

正洞Ⅱ、Ⅲ级开挖采用多功能台架风钻（1号斜井及正洞采用三臂凿岩台车）钻孔，全断面开挖，全断面（包括仰拱）光面爆破，循环进尺 2.5～3.5 m，采用装载机装渣，大型自卸汽车运渣。利用多功能支护台架施作锚杆、钢筋网、湿喷机喷混凝土。

2. Ⅳ、Ⅴ级围岩地段开挖

正洞Ⅳ、Ⅴ级围岩段采用台阶法开挖，全断面光面爆破，台阶长度 3～5 m，多功能台架风钻钻眼；采用反铲配合装载机装渣，大型自卸汽车运渣。采用多功能支护台架施作锚杆、钢筋网，人工架立钢架，湿喷机喷混凝土。

Ⅳ、Ⅴ级围岩开挖施工工艺如图 45.21 所示。

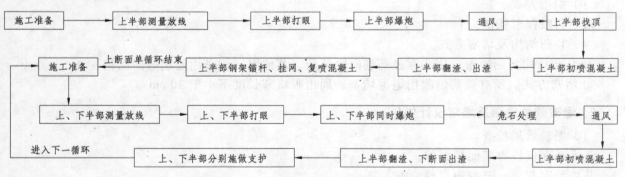

图 45.21 正洞Ⅳ、Ⅴ级围岩施工工艺

3. Ⅴ级围岩加强段开挖

正洞Ⅴ级围岩加强段采用台阶法施工，台阶长度 4～6 m，多功能台架风钻眼，采用反铲配合装载机装渣，大型自卸汽车运渣，循环进尺 1 榀拱架。采用多功能支护台架施作锚杆、钢筋网，人工立钢架，湿喷机喷混凝土。必要时，开挖采用环形开挖留核心土方法，并按设计施作超前小导管、增设临时仰拱、注浆加固地层等措施，确保施工安全。

正洞Ⅴ级围岩加强段开挖程序见图 45.22（上下部应一次开挖，平行支护）。

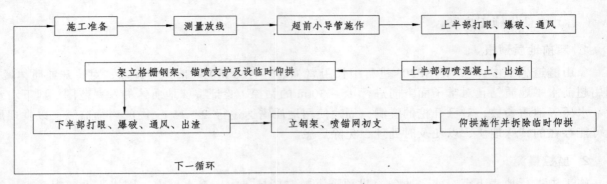

图 45.22　正洞Ⅴ级围岩加强段施工工艺

4. 钻爆设计（按人工手持风钻钻爆法设计）

（1）设计原则。

采用全断面光面爆破技术，根据地质条件、开挖断面、开挖进尺、爆破器材等条件编制爆破设计。

根据围岩特点合理选择周边眼间距及周边眼的最小抵抗线，辅助炮眼交错均匀布置，周边炮眼与辅助炮眼眼底在同一垂直面上，掏槽炮眼加深 20 cm。

严格控制周边眼的装药量，采用间隔装药，使药量沿炮眼全长均匀分布。

根据岩石特性选择炸药，本工程采用乳化炸药。塑料导爆管非电毫秒雷管起爆。采用毫秒微差有序起爆，周边眼采用导爆索起爆，以减小起爆时差。

（2）钻爆参数选择。

通过爆破试验确定爆破参数，试验时参照表 45.3 "光面爆破参数"。

表 45.3　光面爆破参数

岩石种类	周边眼间距 E（cm）	周边眼最小抵抗线 W（cm）	相对距 E/W	周边眼装药参数（kg/m）
硬岩	40～50	60～80	0.7～1.0	0.30～0.35
中硬岩	40～50	60～80	0.7～1.0	0.2～0.30
软岩	35～50	45～60	0.5～0.8	0.07～0.12

（3）掏槽方式。

采用斜眼楔形掏槽。

（4）装药结构及堵塞方式。

① 装药结构：周边眼：用小直径药卷间隔装药。其他眼：均采用连续装药结构。

② 堵塞方式。所有装药炮眼用炮泥堵塞，周边眼堵塞长度不小于 30 cm。

5. 爆破效果监测及爆破设计优化

（1）爆破效果检查。

激光断面仪检查断面超欠挖。

开挖轮廓圆顺，开挖面平整检查。

爆破进尺是否达到爆破设计要求。

爆出石渣块是否适合装渣要求。

炮眼痕迹保存率，硬岩＞90%，中硬岩＞80%并在开挖轮廓面上均匀分布。

（2）爆破设计优化。

每次爆破后检查爆破效果，分析原因及时修正爆破参数，提高爆破效果，改善技术经济指标。

根据岩层节理裂隙发育、岩性软硬情况，修正眼距、装药量，特别是周边眼。

根据爆破后石渣的块度修正参数。石渣块度小，说明辅助眼布置偏密；块度大说明炮眼偏疏。

根据爆破振速监测，调整单响起爆炸药量及雷管段数。

根据开挖面凹凸情况修正钻眼深度，爆破眼眼底应呈锅底形布置。

6. 出渣运输

（1）运输方式。

隧道正洞采用无轨运输，采用 ZLC50 及小松装载机装渣，大型自卸汽车运输，仰拱填充工作面设仰拱栈桥通过。

2 号、3 号、4 号斜井底设井底立体换装场和临时堆渣场，洞外设 3.0 m 大吨位绞车，通过斜井提升 10 立方侧矿车运渣至井外卸渣栈桥，自卸汽车倒运至弃渣场。

隧道进出口、1 号、5 号斜井隧道正洞采用装载机配合大吨位自卸汽车出渣至弃渣场。

（2）斜井内有轨运输线路铺设标准。

钢轨：43 kg/m，轨距：900 mm。

轨枕：采用钢枕，间距 0.58 m，轨枕长 1.5 m。

曲线半径：不小于 25 m，曲线外轨设超高。

设轨距拉杆，将两股轨道连接固定。

7. 主要技术措施

（1）光面爆破。

采用全断面光面爆破技术，实现光面爆破的最佳效果，使开挖轮廓圆顺，线性超挖及炮眼痕迹保存率符合光爆技术要求。合理选定钻爆参数，不断优化爆破设计。Ⅴ级软弱围岩地段采取弱爆破，尽量用风镐开挖。

（2）超欠挖控制措施。

采用全断面光面爆破技术，减少对周边围岩的扰动，保证开挖成型质量。

各工区成立光面爆破控制超欠挖小组，每循环用断面仪对开挖面进行检查，并根据检查结果进行分析，及时将分析的信息反馈到施工中，不断优化设计，以进一步改进光面爆破质量。配备镐头机，用于处理局部欠挖。

选择合理的爆破参数，周边眼采用光爆小药卷不耦合装药，选择合理周边眼间距和光面层厚度，以确保光面爆破。

（3）提高出渣运输效率。

装运设备应配足、配强，并有一定的富余，有备用设备。有轨运输斜井轨道按轨道施工细则铺设，保证运输轨道线路质量，设专人按标准养护；疏通水沟，道床不积水，轨道两侧弃渣随时清除，避免车辆掉道；安排运输调度值班，统一指挥，保证出渣、进料运输畅通无阻。

（二）初期支护及辅助施工措施

1. 喷射混凝土

隧道正洞及斜井设计有纤维混凝土、素喷混凝土、网喷混凝土三类喷混凝土支护措施。喷混凝土采用湿喷方式施作。

（1）集料要求。

粗集料：粒径不大于 15 mm。细集料：中砂或粗砂，细度模数大于 2.5，含水率 5%～7%。粗细集料符合现有规范、标准的要求。

（2）喷混凝土方法。

采用湿喷工艺，工艺流程见图 45.23 所示。

喷混凝土料由洞外自动计量拌和站生产，搅拌生产混凝土时，按设计加入纤维。有轨运输斜井通过绞车牵引金刚车运输混凝土至井底，倒装入混凝土搅拌运输车运输至工作面，隧道进出口及无轨运输斜井工区采用混凝土搅拌运输车直接运输至工作面。

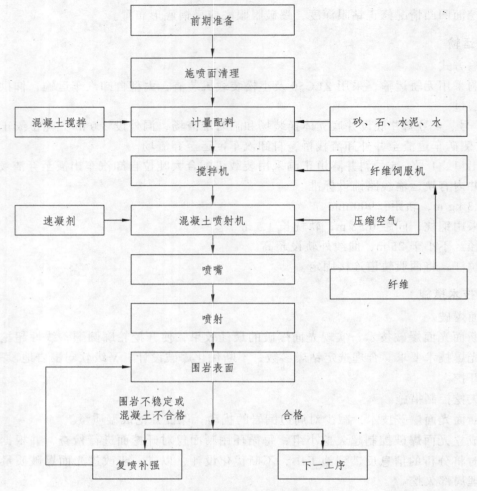

图 45.23　喷射混凝土工艺

（3）主要施工技术措施和要求。

喷射混凝土前处理危石，检查开挖断面净空尺寸，如有欠挖及时处理后再喷；在特殊地质地段，设专人随时观察围岩变化情况，当受喷面有涌水、淋水、集中出水点时，先进行引排水处理。

施工机具布置在无危石的安全地带。

喷射前设置控制喷混凝土厚度的标志。检查电线路、设备和管路。

喷射前用高压水冲洗受喷面，当受喷面遇水易泥化时，用高压风吹净岩面。

按施工前实验所取得的方法与条件进行喷射混凝土作业，在喷射混凝土达到初凝后方能喷射下一层。首次喷射混凝土厚度不小于 50 mm。喷射作业分段、分片、分层，由下而上顺序进行，有较大凹洼处，先喷射填平。速凝剂掺量准确，添加均匀。

喷嘴与岩面垂直，距受喷面 1.0～1.5 m。

施工中经常检查出料弯头、输料管和管路接头，处理故障时断电、停风，发现堵管时立即停风关机。

2. 锚杆（砂浆锚杆、中空注浆锚杆、低预应力锚杆）

（1）概述。

隧道洞内设计锚杆类型有砂浆锚杆、中空注浆锚杆、低预应力锚杆三种。

（2）施工方法。

砂浆锚杆施工：用风钻钻孔，成孔后，利用注浆泵往孔内注入水泥砂浆，然后再人工插锚杆，水泥砂浆终凝后安设孔口垫板。

中空式注浆锚杆：成孔后，先插入杆体并安设止浆塞和孔口垫板，插入排气管，然后采用 HFV-5D 型注浆机注浆，待水泥浆终凝后扭紧固定孔口垫板的螺栓。

低预应力锚杆（用于出口小间距段）：成孔后，先插入杆体并安设止浆塞和孔口垫板，插入排气管；固定一端然后对锚杆施加预应力，固定孔口垫板螺栓，采用 HFV-5D 型注浆机注浆。

（3）锚杆施作工艺见图 45.24 所示。

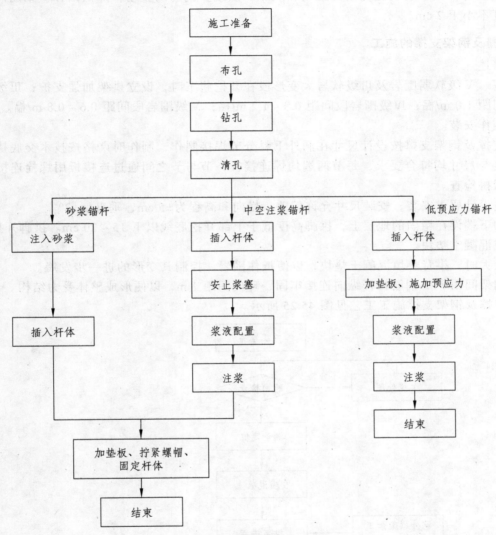

图 45.24 锚杆施工工艺

（4）施工技术措施。

开挖初喷后，尽快钻孔、安设锚杆，然后复喷至设计厚度。锚杆原材料规格、长度、直径符合设计要求，锚杆杆体除油污、除锈。

锚杆孔位、孔深及布置形式符合设计要求，砂浆锚杆用的水泥砂浆，其强度不低于 M20，水泥用普通硅酸盐水泥，砂用中砂，粒径不大于 3 mm。中空式注浆锚杆用的注浆材料、配比、注浆终压应满足设计要求。

钻锚杆孔：按设计要求布置；保持锚孔顺直；钻孔深度及直径与杆体相匹配。

锚杆安装：杆体插入锚杆孔时，保持位置居中，砂浆 W/C 符合设计要求；有水地段先引出孔内的水或在附近另行钻孔再安装锚杆；锚杆孔内砂浆饱满密实，砂浆内添加适量的微膨胀剂；锚杆垫板与孔口混凝土密贴。随时检查锚杆头的变形情况，紧固垫板螺帽。预应力锚杆施加应力应符合设计规定。

3．钢筋网铺设

使用的钢筋须经试验合格，使用前要除锈，在洞外分片制作，安装时搭接长度不小于一个网格。

人工铺设，必要时利用风钻气腿顶撑，以便贴近岩面，与锚杆和钢架绑扎连接（或点焊焊接）牢固。钢筋网和钢架绑扎时，应绑在靠近岩面一侧，这样受力较好。

喷混凝土时，减小喷头至受喷面距离和风压，以减少钢筋网振动，降低回弹。钢筋网喷混凝土保护层厚度不小于 2 cm。

4．格栅及钢架支撑的施工

（1）概述。

隧道Ⅳ、Ⅴ级软弱围岩及Ⅲ级软岩大变形段在开挖施工时，设立拱架加强支护；Ⅲ级软岩大变形段拱架间距 1.0 m/榀；Ⅳ级围岩段间距 0.8～1.2 m/榀；Ⅴ级围岩段间距 0.6～0.8 m/榀。

（2）制作安装。

格栅支撑及钢架支撑按设计尺寸在洞外下料分节焊接制作，制作时严格按技术交底执行，保证每节的弧度与尺寸均符合要求，每节两端均焊连接板，节与节之间通过连接板用螺栓连接牢靠，洞外加工后试拼检查。

支撑按设计要求安装，安装尺寸允许偏差：横向和高程为±5 cm，垂直度±2°。

钢架的下端设在稳固的地层上，拱脚高度低于上部开挖底线以下 15～20 cm。拱脚开挖超深时，加设钢板或混凝土垫块。

超挖较大时，拱背垫填混凝土垫块，以便抵住围岩，控制其变形的进一步发展。

两排钢架间用 ϕ22 钢筋拉杆纵向连接牢固，环向间距 1 m，以便形成整体受力结构。

格栅支撑及钢架支撑施工工艺见图 45.25 所示。

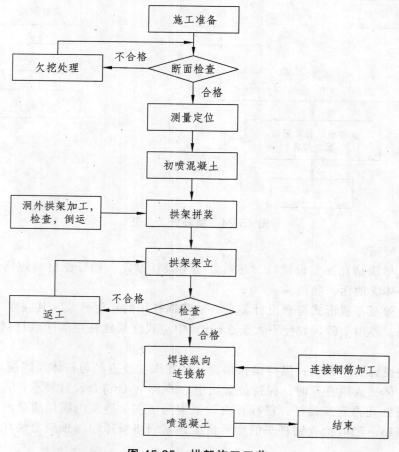

图 45.25　拱架施工工艺

（3）施工技术措施。

在开挖及初喷混凝土后及时安装。钢架与围岩之间的间隙用喷混凝土喷密实，禁止用石块、木楔、背柴等填塞。

钢架安装时，严格控制其内轮廓尺寸，且预留沉降量，防止侵限；钢架安装好后，用锚杆锁固固定，防止其发生移位；钢架要全部被喷射混凝土覆盖，保护层厚度满足要求。

5. 超前小导管施工

（1）概述。

象山隧道Ⅴ级围岩软弱浅埋，地下水发育地段施作超前小导管注浆支护，以确保施工安全。小导管规格：$\phi = 42$ mm，$L = 3.5$ m。环向间距 40 cm，纵向搭接长度不小于 100 cm，外插角 5°～10°，注浆采用水泥砂浆。

（2）施工方法。

超前小导管采用多功能台架风钻钻孔，用风钻将小导管顶入，注浆泵注浆。按设计要求，在掌子面上准确画出本循环需施设的小导管孔位。将导管前端加工成尖锥状，尾部焊一圈 $\phi 6$ 加强筋。除尾部 1 m 外，管壁四周钻 $\phi 10$ 的压浆孔，以便浆液向围岩内压注。钻孔后，用去掉回转头的风钻将钻杆换成特殊钎尾，用冲击的办法将导管贯入孔中。为防止注浆漏浆，在小导管的尾部用塑胶泥麻筋缠箍成楔形，以便钢管顶进孔内后其外壁与岩壁间隙堵塞严密。钢管顶进时，注意保护管口不受损变形，以便与注浆管路连接。注浆前导管孔口先检查是否达到密闭标准，以防漏浆，必要时在小导管附近及工作面喷射混凝土，以防工作面坍塌。然后按设计比例配浆，水泥砂浆水灰比 0.5～1，采用注浆机压注浆，注浆压力为 0.5～1.0 MPa，一般按单管达到设计注浆量作为结束标准。当注浆压力达到设计终压不少于 20 min，进浆量仍达不到注浆终量时，亦可结束注浆。注浆结束后，将管口封堵，以防浆液倒流管外。施工工艺见图 45.26 所示。

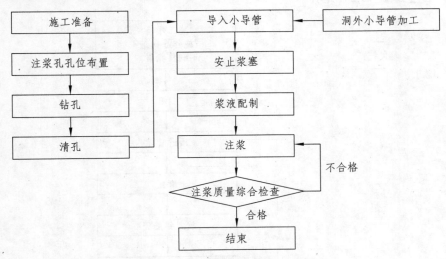

图 45.26　超前小导管施工工艺

（3）施工技术措施。

超前小导管外插角控制在 5°～10°，与线路中线方向大致平行。孔位钻设偏差不超过 10 cm，孔眼长大于小导管长，钢管顶入长度不小于管长的 90%，并用高压风将钢管中的砂石吹出。

6. 超前长管棚施工

象山隧道洞口浅埋偏压地段、地质条件差或地表存在重要建筑物地表沉降要求高的地段采用超前长管棚超前注浆加固。长管棚直径 $\phi 108$ mm，长度 10～40 m，环向间距 0.4 m，外插角 1°～3°。

（1）施作导向墙。

在施工超前长管棚前先架立两榀 I18 钢架，间距 0.75 m，用连接筋焊接成一整体。在钢支撑上安装布设对应管棚个数的 φ140 mm，长 120 cm 的导向钢管（比导向拱混凝土伸出 20 cm），导向钢管环向间距 0.4 m，位置对应大管棚设计位置，纵向仰角与大管棚外插角设计一致。导向钢管的安装要测量精确定位，使钢管位置与方向准确无误，导向钢管与钢架焊为整体。然后用 C20 混凝土将钢支撑和导向管包裹浇筑厚 100 cm 作为止浆墙（套拱），套拱完成后，喷射 15 cm 厚混凝土封闭周围。

（2）搭设钻孔平台架、安装钻机。

用方木搭设钻孔台架，平台上满铺木板，搭设牢固，以防钻孔时钻机晃动。

（3）钻孔。

采用管棚钻机，从导管内钻孔。开孔时，低压慢转，钻进过程中利用经纬仪等测量设备有效控制钻孔质量，保证终孔偏斜率在 1/2 000 以内。

（4）安装大管棚钢管。

管棚钢管由机械顶进，钢管节段间用丝扣连接，顶进时，节长 6 m 和 4 m 管节交替使用，以保证隧道纵向同一断面内的接头数不大于 50%，管壁上每隔 15 cm 交错钻 φ10～16 mm 的压浆孔，以便浆液向围岩内压注。管棚顶到位后，钢管与导向管间隙用速凝水泥等材料堵塞严密，以防浆液流出，导管中增设 φ22 的钢筋笼提高导管的抗弯能力。

（5）注浆。

注浆前先将孔内泥砂清干净（可用高压水冲洗），再进行注浆。浆液采用水泥浆，水泥浆水灰比 1∶1，注浆压力 0.5～1.5 MPa，注浆参数应根据现场试验予以调整。

施工过程中为了防止注浆过程中发生串浆，每钻定一个孔，随即就安设该孔的钢管并注浆，然后再进行下一孔的施工。

管棚封堵塞设有进浆孔和排气孔，当排气孔流出浆液后，关闭排气孔，续灌注浆，达到设计注浆量注浆压力时，方可停止注浆，注浆结束后用 M10 水泥砂浆充填钢管，以增强管棚刚度。

长管棚施工工艺如图 45.27 所示。

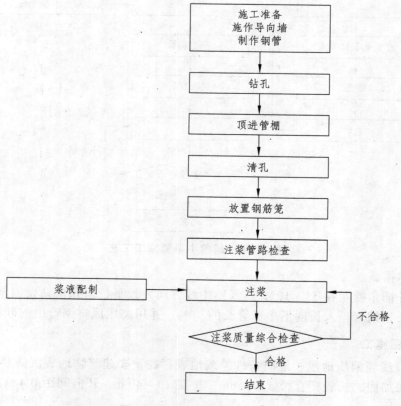

图 45.27　大管棚施工工艺

象山隧道洞身断层破碎带或浅埋偏压地段、地下水发育地段、易塌方地段采用管棚超前注浆加固。管棚直径 ϕ89 mm；长度 10 m，两环之间搭接长度不小于 3 m，每节钢管两端均预加工成外丝扣，同一断面内接头数量不超过总钢管数量的 50%，环向间距 0.4 m，外插角小于 12°钢管上钻注浆孔，孔径 10～16 mm，呈梅花形布置，尾部留 150 cm 不钻孔为止浆段，其他施工方法同 ϕ108 超前长管棚施工。

7. 超前预注浆施工

象山隧道内地下水发育地段，施工时可能会引发突水涌泥，采取"以堵为主，限量排放"的原则，通过超前预注浆控制地下水流失，保证施工安全。

施工时先采用 TSP203 和红外线探水仪加强地质超前预报，后根据预测结果按设计要求进行注浆堵水和加固地层，然后再进行开挖施工。

（1）注浆方案（括号外数字为开挖轮廓线外 3 m 范围注浆方案数字，括号内数字为开挖轮廓线外 5 m 范围注浆方案数字）。

每循环长度：注浆长度 27 m（30 m），开挖长度 24 m（25 m），留止浆岩盘长度 3 m（5 m），必要时设置混凝土止浆墙。

注浆参数：单孔有效扩散半径 2 m，终孔间距 3 m；预注浆范围为隧道开挖轮廓线外 3 m（或 5 m）；预注浆终止压力为静水压力加 1～2 MPa。注浆压力控制在 0.5～1.0 MPa。

单孔注浆量：应以注浆过程中满足注浆压力达到设计值为准；

注浆浆液：普通水泥浆，特殊情况采用超细水泥或化学浆液。

注浆孔布置：每循环共设 5（6）环 63（95）个注浆孔。

注浆孔直径：注浆孔开孔直径 110 mm，终孔直径不小于 91 mm，孔口管采用 ϕ108 mm，壁厚 5 mm，管长 3 m。

钻孔和注浆顺序：由外圈向内圈，同一圈孔间隔施工。

（2）施工方法。

① 钻孔。

采用水平地质钻机钻进成孔。钻孔前按照设计，计算出各钻孔在工作面上的坐标，用经纬仪放出注浆孔的准确位置，开孔前在钻机的尾部中点安装点光源（激光灯），经钻机前端中点与掌子面钻孔位置于同一轴线上，固定钻机，保证钻杆中心线与设计注浆孔中心线相吻合，在钻孔过程中也要及时检查校正钻杆方向。

采用 125 mm 钻头开孔，钻深 3 m 后退出钻头、钻杆，安装孔口管。安设孔口管前，先在钢管上缠绕麻丝，用钻机强力推入孔中并用膨胀螺栓加固，以免测量水压或注浆时钢管冲出孔外，影响注浆和危及人身安全。

通过孔口管钻设注浆孔，达到设计深度。钻进过程中如遇较大涌水或成孔困难时应注浆后再钻，直至达到设计孔深。

② 注浆准备工作。

止浆墙采用平底型混凝土止浆墙，厚度 1 m（1.5 m），采用 C20 混凝土。

开始注浆前，首先根据预计的注浆量，检查注浆材料数量能否满足连续注浆要求，如不能保证连续注浆要求，则要等补足数量后才能注浆。

注浆材料：水泥浆液。

连接注浆管路，对注浆系统进行压水检查，压水压力一般为设计注浆压力的 1.2 倍，以检查各注浆机具的密封性和完好性，同时检查搅拌机运行状况，发现问题立即解决，以避免在注浆过程中因机械故障而造成注浆中断。

单液水泥浆配制：先在搅拌机内放入定量清水进行搅拌，同时加入缓凝剂，待全部溶解后放入水泥，继续搅拌 3 min 即可。

为保证浆液质量，配料时制浆材料必须计量准确，水泥等固体材料可采用重量称量法，水可采用体积称量法。其中水、水泥称量误差不应大于 2%，外加剂称量误差不应大于 1%。

严格按顺序加料，有外加剂的浆液中，外加剂未完全溶解，不得加入水泥。搅拌时不得将绳头、纸片等杂物带入搅拌机内，搅拌后的浆液必须经筛网过滤后方可进入注浆机。搅拌时间不得少于规定值，以免浆液搅拌不匀。

③ 注浆。

采用孔口管全孔一次性注浆，将注浆芯管焊在法兰盘上，再安装在孔口管法兰盘上，进行注浆。

注浆压力的控制：开泵前旋转压力调节旋钮将压力调在要求的压力刻度上，随注浆阻力的增大，泵压随之升高，当达到调定值时，会自动停机，不致产生超压注浆的危险。

注浆泵流量的控制：注浆泵流量大小由注浆泵的排量调节控制按钮和排量记录仪方便地加以控制。

注浆结束标准及结束注浆：注浆结束标准根据注浆压力和注浆量来控制。一般采用定压注浆。当注浆压力逐步升高，达到设计终压并继续注浆 10 min 以上，可结束本孔注浆；单孔注浆量与设计注浆量大致相同，注浆结束时的进浆量在 20 ~ 30 L/min 以下，可结束本孔注浆。

注浆结束时，先打开泄浆管阀门，再关闭进浆管阀门并用清水将注浆管冲洗干净后方可停机。

注浆效果检查：每循环注浆设 3 个检查孔，以检查注浆充填情况。检查孔深依据检查孔的开孔位置及角度确定，利用水平地质钻机钻孔采取岩芯并作压水试验，判断注浆效果。

注浆效果判断标准：检查孔采岩芯，观察注浆的充填情况，浆液固结体应充填密实，固结良好。

如不能达到上述要求，则要根据情况进行补孔注浆，直到满足上述要求为止。施工工艺见图 45.28 所示。

④ 超前注浆施工注意事项。

注浆钻孔的方向、深度都要严格按设计要求进行。孔口管的埋设要牢固、密实。根据超前钻孔探测，随时测量涌水量及水压，化验水质，核实地质情况，如与设计不符，及时向设计、监理工程师提出，以便迅速变更设计、施工方案。

注浆发生堵管时，先打开孔口泄浆阀，再关闭孔口进浆阀，然后停机，查找原因，迅速进行处理。施工过程中要做好施工日志及各种检查测量记录。

为防止未注浆段地下水涌向作业面及注浆时跑浆，注浆前按设计施工止浆墙，第一环的注浆止水盘长度加长 2 m，以后的预留 3 m（5 m），每一次的注浆长度 27 m（30 m），开挖 24 m（25 m），再进行注浆止水。所有的注浆参数，包括注浆范围、浆液配比、注浆孔数、孔位，注浆顺序、压力等均应通过实验进行调整，以便符合现场情况，达到预期的效果。

由于该地层成孔比较困难，施工时间应配备夯管锤。

五、岩溶段帷幕注浆

（一）总体方案

岩溶段分循环进行全断面超前预注浆，纵向加固长度为 25 ~ 30 m，预注浆加固范围为隧道开挖掌子面内及开挖轮廓线外 5 ~ 8 m。

（二）注浆参数

（1）注浆压力的确定。全断面超前预注浆的注浆压力按设计为注浆处静水压力加上 1 ~ 2 MPa，象山隧道岩溶段帷幕注浆取值为岩溶影响段 3.5 ~ 4 MPa，岩溶核心区 6 ~ 7 MPa。

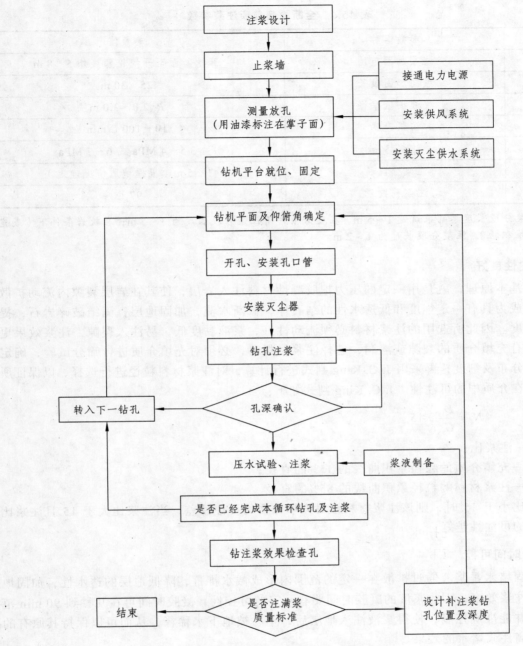

图 45.28 超前预注浆施工工艺

（2）浆液扩散半径。象山隧道岩溶段注浆扩散半径考虑为 2.0～3.0 m，其他工程注浆过程中可根据实际地质情况进行推算。

（3）注浆加固范围。注浆区域应按围岩止水的有效范围进行计算，开挖轮廓线外 5～8 m。

（4）注浆孔布置。注浆孔分为 6 圈孔，掌子面最中心一个点为 1 圈孔，以辐射状向外圈环形布孔，依次形成 2 圈、3 圈、4 圈、5 圈、6 圈孔。

（5）注浆速度。根据使用的 KBY 系列注浆机，注浆速度范围为 10～110 L/min。

（6）隧道全断面超前预注浆参数。全断面超前预注浆参数如表 45.4 所示。

（三）注浆材料

科学地选择注浆材料是取得理想注浆堵水效果的关键。注浆材料具体要求如下。

表 45.4　全断面超前预注浆参数

序号	参数名称	参数值
1	注浆加固范围	开挖断面至开挖轮廓线外 5～8 m
2	纵向加固段长	25～30 m
3	浆液扩散半径	R=2.0～3.0 m
4	注浆速度	10～100 L/min
5	注浆终压	3.5～4 MPa 或 6～7 MPa
6	注浆分段长	1～5 m（根据地质情况确定）
7	注浆孔数量	97 个

注：注浆分段长度总的来说是 1～5 m，在硬岩条件下注浆分段长度为 3～5 m；在软岩条件下（或充填堆积物），注浆分段长度为 1～2 m。

1. 可注性良好

注浆的基本原理，就是用一定的压力把胶凝性材料注入岩层，使其在岩层裂隙内流动扩散、充填、固结，成为具有一定强度和低透水性的结石体，截断水流，加固地层，固结破碎岩石，提高其整体结构强度。因此所选用的注浆材料必须流动性好，浆液黏度低，易注入裂隙，注浆效果更加明显。对于具有充填介质的裂隙或溶洞，选择注浆材料时，必须对充填介质进行筛分试验，确定充填介质的粒径分布及细度，再采用 J. C. King 判式进行计算，对注浆材料粒径进行选择，以保证所选取的注浆材料在介质中的可注性。J. C. King 判式如下：

$$N_1 = \frac{D_{15}}{G_{85}} \geqslant 15$$

式中　N_1——注浆比；

D_{15}——充填介质的粒径累积曲线的 15% 的直径；

G_{85}——注浆材料的粒径累积曲线的 85% 的直径。

当注浆比小于 15 时，则该注浆材料针对充填介质的可注性差，当注浆比大于 15 且注浆比越大说明该材料的可注性越好。

2. 凝胶时间可控

注浆加固堵水是浆液通过扩散在一定的范围内形成截水帷幕，降低地层的透水性，加固地层，并提高钻孔注浆效率，因此浆液的凝胶时间要有一定的可控性，凝胶时间可在几秒到 90 min 范围内随意调节，并能准确控制，使得浆液注入地层后，不易被地下水稀释，从而可以保持其原有的凝胶化性能，提高注浆堵水的效果。

3. 强度高

浆液以大劈裂、强挤压、密填充的方式进入地层，因而较难形成均匀、连续的固结体构造，开挖后若浆液强度不能抵抗高压动水，很容易被水击穿崩溃，造成流水、涌砂。因此浆液抗压强度要求为：1 h 强度 1 MPa 以上，1 d 强度 10 MPa 以上，28 d 强度 20 MPa 以上。

4. 结石率高、具有微膨胀性

浆液结石率太低，水泥凝结后，产生收缩，形成新的渗水通道，因此浆液具有微膨胀性，结石率达到 98% 以上。

5. 抗分散性

岩溶地段水压高、水量大，因此要求注浆材料必须具备良好的抗水分散，0.8m/s 水流中，留存率 80% 以上。

6. 环保性

为把隧道建设成为绿色环保工程，因此注浆材料必须具有无毒无臭，对环境不污染，对人体无害，非易燃易爆物品，对管路系统、混凝土、橡胶制品等无腐蚀性，且易清洗等特点。因此注浆材料选择水泥类和水泥化学类无污染，环保型浆材，禁止采用化学注浆材料（水玻璃系浆材除外）。

7. 经济性

若注浆材料价格昂贵，大量使用势必提高工程造价，增加资金投入，难以被施工单位和业主所接受。因此选择注浆材料时必须考虑到材料的经济性，在满足注浆效果要求的前提下，应选择源广价廉，且易于运输，配制方便，配比操作容易的注浆材料。

因此，注浆材料应用硫铝酸盐水泥（快硬、早强）、普通硅酸盐水泥（简称 C 浆）、普通水泥–水玻璃双液浆（简称 C-S 浆）进行注浆堵水施工，辅以超细水泥（简称 MC 浆）。硫铝酸盐水泥是一种以无水硫铝酸钙、硅酸二钙和铁铝酸四钙为主要成分的水泥材料，具有早强、快硬等特点。注浆材料配比如表 45.5 所示，具体可根据现场情况适当调节。

表 45.5　注浆材料配比

序号	名　称	配比参数		
		水灰比	体积比	水玻璃浓度
1	普通水泥单液浆	W：C=（0.6～0.8）：1		
2	超细水泥单液浆	W：C=（0.8～1.0）：1		
3	硫铝酸盐水泥浆	W：C=（0.8～1.0）：1		
4	普通水泥-水玻璃双液浆	W：C=（0.8～1.0）：1	C：S=1：（1～0.3）	30～35 Be'
5	超细水泥-水玻璃双液浆	W：C=（0.8～1.0）：1	C：S=1：（1～0.3）	30～35 Be'

特种材料的使用：为保证注浆效果，满足后期隧道开挖围岩强度的需要，同时加快钻孔、注浆施工速度，应在如下情况下使用特种水泥材料：由于每循环的 4 圈孔、5 圈孔、6 圈孔加固的围岩范围是相当于隧道开挖过程中的维护结构，注浆效果越好加固强度越高，隧道开挖越安全，因此每循环注浆确定如下原则：① 在 4 圈孔、5 圈孔、6 圈孔内使用特种水泥材料（包括硫铝酸盐水泥、超细水泥等）；② 在单个孔注浆量较大，注浆压力长时间不上升时，（例如：单个注浆分段长度内的注浆量大于 10 m³ 注浆压力仍然不上升时），使用特种水泥（硫铝酸盐水泥）材料，当特种注浆材料的注浆量仍大于 10 m³ 时，使用双液浆封孔，间歇一段时间再重新扫孔注浆，直至达到注浆效果。③ 前方地层充填物致密，普通水泥注不进去或扩散困难、前进式注浆很慢时，使用超细水泥。浆液选择流程见图 45.29 所示。

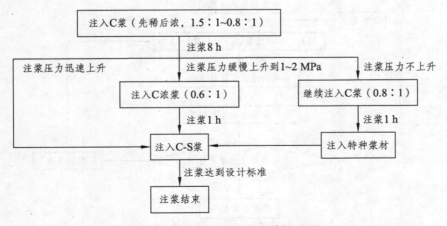

图 45.29　注浆材料动态选择流程

（四）钻孔注浆顺序

钻孔注浆顺序采用由外向内，由下向上间隔跳孔的原则，每次隔孔 1～2 个孔。先注普通水泥单液浆、后注特种水泥（硫铝酸盐水泥）或水泥-水玻璃双液浆；这样通过实施约束型注浆，达到注浆堵水、加固的目的。

（五）注浆结束标准

在注浆过程中，当注到一定时间、一定量时，若压力达到设计终压时结束注浆。或注浆过程中，压力逐渐上升，流量逐渐下降，当注浆压力达到设计压力（3.5～4 MPa）并稳定 10 min 后，即可结束该孔注浆。当注浆量达到一定量时，压力仍然不上升，可采取双液注浆等措施结束该孔注浆。

所有注浆孔均达到注浆结束标准，无漏水现象，则可结束注浆。

（六）注浆施工工艺流程

（1）超前预注浆采用科萨 C6 钻机钻孔或川桑豹钻机，开孔直径 ϕ130 mm（ϕ140 mm），终孔 ϕ90 mm（ϕ115 mm）左右；

（2）采用 ϕ130 mm（ϕ140 mm）开孔钻至 2.8 m 后，安设并固结、锚固孔口管。孔口管采用 ϕ108 mm（ϕ127 mm），δ=6 mm，L=3 m 热扎无缝钢管，前端焊接法兰盘。为防止钻进过程中突发涌水，钻进前应在孔口管上安设好后安设高压防水球阀；

（3）超前预注浆采用前进式分段注浆工艺，分段长度为 1～5 m，实际分段步长可根据地质情况进行适当调整；

（4）注浆顺序采取间隔跳孔的方式，按两序施作，实施约束型注浆模式，达到注浆堵水、加固的目的。

全断面超前预注浆施工工艺流程如图 45.30 所示。

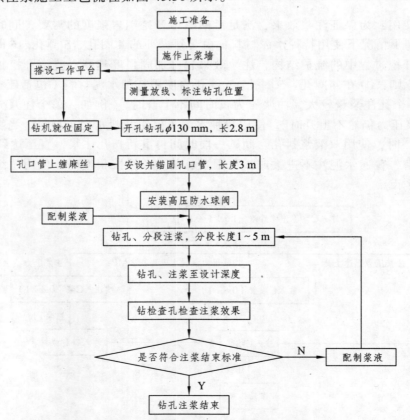

图 45.30　全断面超前预注浆施工工艺流程

（七）注浆效果检查及评定

所有注浆孔都结束以后，应进行注浆效果检查，注浆效果检查采用探孔检查法、P-Q-T 曲线检查法和声波检查法。

1. 分析法

（1）P-Q-t 曲线法。

通过对注浆施工中所记录的注浆压力 P、注浆速度 Q 进行 P-t，Q-t 曲线绘制，根据地质特征、注浆机制、设备性能、注浆参数等对 P-Q-t 曲线进行分析，从而对注浆效果进行评判。

注浆施工中 P-t 曲线呈上升趋势，Q-t 曲线呈下降趋势，注浆结束时，注浆压力达到设计终压，注浆速度达到设计速度（常取 5 ~ 10 L/min）。

（2）浆液填充率反算。

通过统计总注浆量，可采用下式反算出浆液填充率，根据浆液填充率评定注浆效果，即

$$\sum Q = V_n \alpha (1 + \beta)$$

式中　$\sum Q$——总注浆量（m³）；

V——加固体体积（m³）；

n——为地层孔隙率或裂隙度；

α——为浆液填充率；

β——为浆液损失率。

当地层含水量不大时，浆液填充率须达到 70%以上，地层富含水时，浆液填充率须达到 80%以上。

2. 检查孔法

（1）选择可能出现的薄弱环节进行钻孔检查，检查孔数量按注浆孔总数的 10%（不得少于 5 个）控制。检查孔无裂隙充填物涌出，不塌孔，涌水量小于 0.2 L/（min·m）。

（2）必要时检查孔取芯，很难取得完整岩芯，但通过检查孔的岩芯中浆液固结体的含量，以及固结体的强度来判断浆液的固结情况和注浆效果。

（八）补充注浆和开挖后径向注浆

对于没有达到设计要求的检查孔，应对其区域进行补充注浆，补充注浆根据现场实际情况确定。当隧道开挖过去以后，对出水量较大的区域，应进行径向注浆，以满足防、排水设计要求。

六、岩溶段开挖及支护作业

（一）总体方案

开挖长度应预留 5 m 止浆岩盘，即开挖长度比注浆长度少 5 m，开挖前在隧道大跨线以上范围内施作 28 m 长（不得揭穿 30 m 注浆体）超前单层大管棚，开挖采用三台阶临时仰拱法开挖，开挖进尺不大于 0.8 m，钢拱架采用 HW200 型钢钢架，间距 0.6 m，喷混凝土厚 30 cm，整个拱墙部位采用单根长 3.5 m 的 ϕ42 小导管超前支护，小导管环向间距 0.4 m、纵向间距为 1.8 m。开挖施工流程如图 45.31 所示。

（二）大管棚预支护

大管棚施工参数如表 45.6 所示。

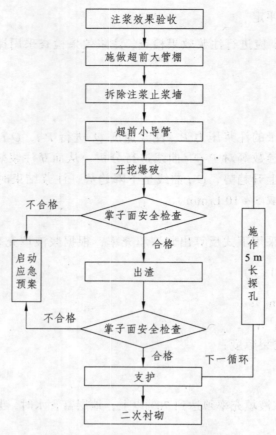

图 45.31　开挖施工流程

表 45.6　大管棚施工参数一览

序号	参数名称	参数值	备注
1	管棚长度	28 m	钢管长度
2	管棚规格	ϕ108 mm、δ=9 mm	管棚上隔孔钻设溢浆孔
3	每节长度	1.0～3.5 m	保证同一截面内接头不大于50%
4	环向间距	40 cm	中对中
5	管棚个数	51 根	上台阶起拱线范围内
6	注浆终压	1.0～2.0 MPa	注浆采用单液浆
7	钢筋笼	27.5 m	每根管内 4 根 ϕ22 钢筋
8	外插角度	3°	不包含线路纵坡

1. 大管棚施工方法

大管棚采用 L=28 m、ϕ=108 mm、δ=9 mm 无缝钢管，节长为 1.0～3.5 m，中间丝扣连接，内、外丝扣均长 8 cm。管棚布设在隧道大跨线以上，沿开挖轮廓线布设，钢花管与钢管间隔设置，管棚环向间距 40 cm，共计 51 根，外插角 3°，在管棚上钻设 ϕ8 mm 溢浆孔，梅花型布孔，最先装入的一节管棚前端做成 15 cm 尖锥形，以利下管，并安设钢筋笼。

用钻机钻 ϕ130 mm 钻孔，到设计深度后退出钻杆，安设 ϕ108 mm 大管棚，管棚钻孔过程中方向控制的原则是使成孔后各断面上孔中心连线为圆顺圆弧，才能达到设计超前支护效果。管棚布设完成后，对管棚进行全孔一次性注浆，注浆顺序为先注钢花管再注钢管，注浆材料为硫铝酸盐水泥单液浆，浆液配比为 W：C=1：1～1：1.5，注浆终压 0.7～1.0 MPa。大管棚布设及施工情况如图 45.32 所示。

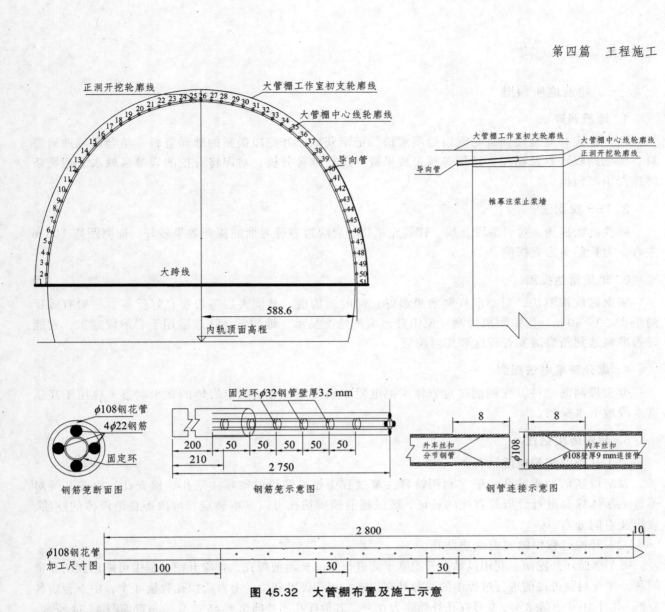

图 45.32　大管棚布置及施工示意

2. 管棚施工工艺

管棚施工工艺详如图 45.33 所示。

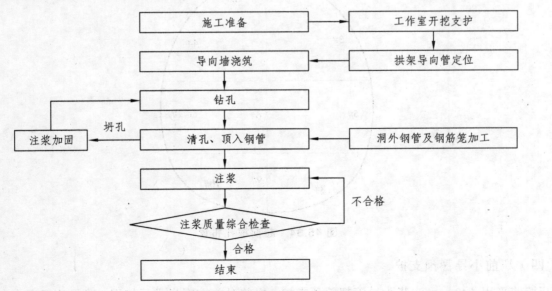

图 45.33　管棚施工工艺流程

（三）超前地质预报

1. 地质调查法

通过地表补充地质调查与洞内地质素描，记录获取已开挖段揭露的地质资料，结合区域地质资料、前期勘察资料及物探、钻探等预报成果资料进行综合分析，对即将开挖的岩溶区域水文地质条件进行预测预报。

2. TSP 探测法

弹性波法探测，对岩溶段互层、软弱充填物、岩溶边界等界面的探测效果较好，探测距离 100 m 左右，为长距离宏观探测。

3. 地质雷达探测

属电磁波探测法，对空洞探测效果最好，同时对构造、软弱夹层等也有良好反应。一般有效探测距离 20~30 m，为短距离探测。象山隧道实测情况显示，地质雷达比较适用于岩溶段施工，它能较为准确地判断岩溶发育程度和相对位置。

4. 高分辨率电法探测

电法探测的一种，探测通过对岩体实测电阻率的测定，分析判定岩体的含水状态，应用于高压富水段地下水探测。

5. 超前地质钻孔

（1）开挖前超前地质钻孔。

岩溶段超前地质钻孔一般是利用帷幕注浆过程中钻机钻设的帷幕注浆孔、检查孔、取芯孔等对不良地质体综合进行分析最直接的验证，通过超前地质钻孔可以基本确定岩溶段不良地质体的性质、规模及空间分布。

（2）开挖过程中的超前地质钻孔。

每个单循环开挖前，利用风钻在开挖掌子面进行 5 m 长超前探孔，排除开挖过程中可能遇到的异常问题，发现问题可提前进行过程中的局部补充注浆。探孔设置部位：上台阶探孔数量 4 个，中下台阶各 3 个，共计 10 个，除 6 号、9 号探孔外插脚为 0°外，其他探孔的外插角为 45°，孔位布置如图 45.34 所示。

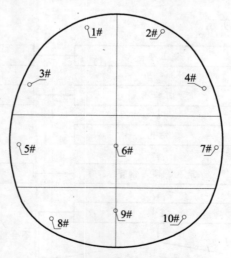

图 45.34　超前探孔布置

（四）超前小导管预支护

开挖前采用 ϕ42 mm 注浆小导管超前预支护，提前对前方围岩进行加固，确保施工安全。小导管采用外径 42 mm，壁厚 3.5 mm 热轧无缝钢管加工而成，单根长度为 3.5 m，前端加工成尖锥状，尾部焊一圈 $\phi 6$ 加劲箍。除尾部 1 m 范围外，管壁四周钻 $\phi 10$ 的溢浆孔，以便浆液向围岩内压注，外插角 5°～10°，注浆采用水泥浆，涌水量较大地段采用双液浆。

（五）开挖及爆破

1. 三台阶临时仰拱法开挖施工

（1）施工上台阶 5 m 超前探孔探明前方地质情况，利用上一循环架立的钢架施作隧道超前支护；

（2）人工配合挖机开挖上台阶，施作上台阶洞身结构的初期支护，即初喷 4 cm 厚混凝土；架立钢架，并设锁脚锚（管）杆，锁脚锚管长度为 3.5 m；钻设系统锚杆后复喷混凝土至设计厚度；上台阶开挖的底部安装 I20a 工字钢临时仰拱，安装好工字钢后上台阶底部喷 20 cm 混凝土，喷混凝土必须将两侧拱脚包裹密实。

（3）上台阶施工至适当距离（3～5 m）后，施工中台阶 5 m 超前探孔探明前方地质情况，两侧马口形开挖中台阶，施作洞身结构的初期支护及临时仰拱封底喷混凝土 10 cm，初期支护参照上台阶工序进行。

（4）中台阶施工至适当距离（3～5 m）后，施工下台阶 5 m 超前探孔探明前方地质情况，两侧马口形开挖下台阶，施作洞身结构的初期支护及临时仰拱封底喷混凝土，初期支护参照中台阶工序进行。

（5）及时开挖仰拱部分，及时封闭初期支护，使整个支护体系封闭成环。灌注该段仰拱、灌注该段仰拱填充。

（6）量测工作应紧跟施工，及时反馈信息，以调整支护参数。

（7）开挖过程中坚持"管超前、短进尺、弱爆破"的原则。

（8）三台阶临时仰拱法开挖纵断面、横断面、平面图如图 45.35 所示。

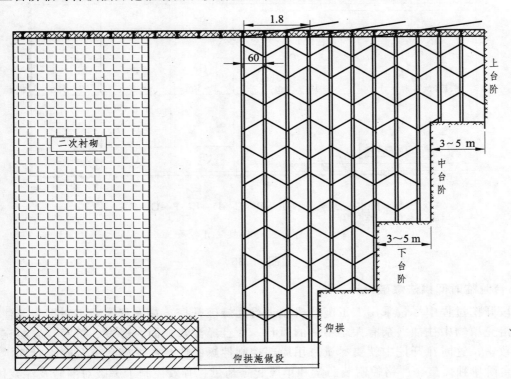

（a）三台阶临时仰拱法开挖纵断面

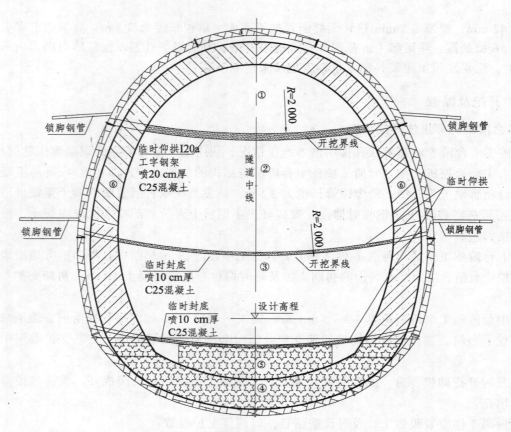

（b）三台阶临时仰拱法开挖横断面

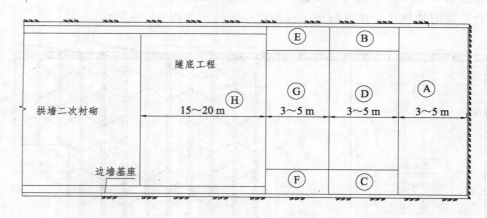

（图中施工顺序为 A→B→C→D→E→F→G→H）

（c）三台阶临时仰拱法开挖平面

图 45.35

2. 三台阶临时仰拱法爆破设计

    岩溶段开挖过程中尽量采用人工配合机械进行无爆破开挖，最大程度减小对围岩及注浆体的扰动，但岩溶充填物中往往夹杂有大小不一的孤石，而且经注浆加固、劈裂、挤密，岩溶充填物有可能会比较致密，这时在开挖中就要尽量采用局部控制性爆破或减震爆破，三台阶临时仰拱法开挖爆破设计分台阶单独爆破，严格控制装药量和单段起爆药量，有效控制了爆破对围岩及注浆体的扰动。

    ① 爆破的关键是掏槽，本爆破设计采用垂直楔形掏槽形式。

    ② 实际开挖过程中，应根据爆破效果进行调整、不断优化爆破参数。

③ 爆破方式为孔内微差反向爆破，电雷管起爆。

④ 爆破与三台阶法开挖相对应，各台阶分别进行爆破。

⑤ 三台阶临时仰拱法开挖爆破设计如图 45.36 所示。

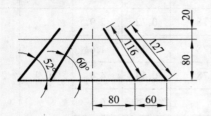

（a）开挖爆破掏槽孔纵向布置

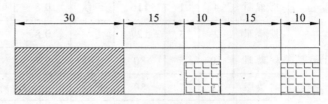

（b）周边眼装药结构示意

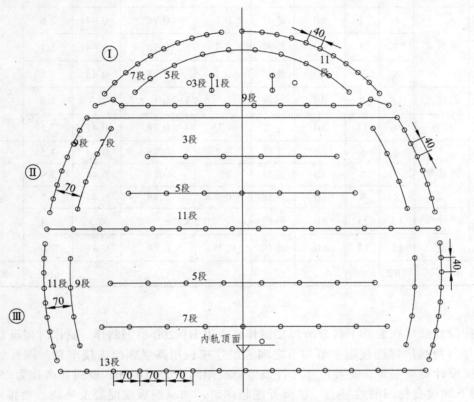

（c）三台阶临时仰拱法开挖爆破设计钻孔布置

图 45.36

⑥ 三台阶临时仰拱法开挖爆破设计参数如表 45.7 所示。

（六）初期支护

1. 喷混凝土

喷 30 cm 厚 C25 混凝土，喷射混凝土由洞口拌和站集中拌制，拌制好的混凝土由混凝土运输车送往工作面附近，采用干湿两用喷浆机将混凝土喷射于开挖面上，在有流水部位可直接采用干喷。

2. 锚杆（砂浆锚杆、中空注浆锚杆）

砂浆锚杆施工：用风钻钻孔，成孔后，利用砂浆泵往孔内注入水泥砂浆，然后再用人工插入锚杆杆体，水泥砂浆凝结后安设垫板。

中空注浆锚杆：风钻钻孔后，先插入杆体并安设止浆塞和孔口垫板，插入排气管，然后用注浆机注入水泥浆，待水泥浆凝结后扭紧固定孔口垫板的螺栓。

表 45.7　三台阶临时仰拱法开挖爆破设计参数

序号	部位	炮眼名称	炮眼个数	段别	孔深/cm	装药结构	装药系数/%	炸药延米重/（kg/m）	装药量/kg 单孔	装药量/kg 段	面积/m²	用药量/kg
1	上台阶	掏槽眼	4	1	116	连续	0.8	0.78	0.72	2.9	10.9	21.7
2		扩槽眼	2	3	127	连续	0.8	0.78	0.79	1.6		
3		辅助眼	10	5	80	连续	0.7	0.78	0.44	4.4		
4		周边眼	21	7	80	间隔		0.3 kg/m	0.3	6.3		
5		底眼	14	9	80	连续	0.75	0.78	0.47	6.6		
6	中台阶	辅助眼	6	3	80	连续	0.7	0.78	0.44	2.6	31.8	21.5
7			7	5	80	连续	0.7	0.78	0.44	3.1		
8			8	7	80	连续	0.7	0.78	0.44	3.5		
9		周边眼	16	9	80	间隔		0.3 kg/m	0.3	4.8		
10		底眼	16	11	80	连续	0.75	0.78	0.47	7.5		
11	下台阶	辅助眼	8	5	80	连续	0.7	0.78	0.44	3.5	40	23.3
12			9	7	80	连续	0.7	0.78	0.44	3.9		
13			8	9	80	连续	0.7	0.78	0.44	3.5		
14		周边眼	18	11	80	间隔		0.3 kg/m	0.3	5.4		
15		底眼	15	13	80	连续	0.75	0.78	0.47	7.0		
合计			162							66.5	82.7	66.5

3. 钢架

钢支撑按设计尺寸在洞外下料分节焊接制作，采用 HW200 型钢制作，制作时保证每节的弧度与尺寸精度，每节两端均焊连接板，节与节之间通过连接板用高强螺栓连接牢靠，洞外加工后试拼检查。钢支撑按设计要求安装，安装尺寸允许偏差：拱架间距为±10 cm，横向和高程为±5 cm，垂直度±2°。钢架的下端设在稳固的地层上，拱脚开挖超深时，加设钢板或混凝土垫块。两排钢架间用ϕ22钢筋拉杆纵向连接牢固，环向间距 1 m，以便形成整体受力。

七、隧道结构防排水施工

（一）结构防排水设计

1. 防排水原则

象山隧道防排水采用全过程防排水技术，按照"防、排、截、堵结合，因地制宜，综合治理"的原则进行施作。在裂隙水较发育及水文环境严格要求地段，防排水采用"以堵为主，限量排放"的原则。

2. 防排水体系

隧道二次衬砌采用防水混凝土，抗渗等级不小于 P8；隧道拱墙初期支护与二次衬砌之间铺设柔性防水层，防水层采用防水板加土工布缓冲层；初期支护与二次衬砌环向设ϕ63 mm 双壁打孔波纹管；边墙墙脚纵向设ϕ120 mm 双壁打孔波纹管，ϕ80 mm 泄水孔连接到隧道侧沟。

二次衬砌纵向施工缝涂界面剂防水，环向施工缝拱、墙部位设置中埋波纹排水管+中埋橡胶止水带防水；仰拱部位设置中埋橡胶止水带防水。变形缝处拱墙部位设置中埋波纹排水管+中埋橡胶止水带，内以聚硫密封胶封堵，其余空隙采用填缝料填塞密实；仰拱部位二次衬砌内设置 $\phi 50$ mm 双层抗剪钢筋，仰拱部位设置中埋橡胶止水带，变形缝空隙采用填缝料填塞密实。

（二）防水结构施工

1. 防水层施工

（1）防水板施工方法。

防水板施工方法见图 45.37 所示；防水层施工工艺流程见图 45.38 所示。

防水板采用无钉铺设方法，一次铺设长度根据混凝土循环灌筑长度确定，铺设前先行试铺，再加以调整。

防水板采用无钉铺设，即先用 $\phi 80$ 塑料垫圈和射钉将无纺布固定于基面上（垫圈间距：拱 0.5 ～ 0.8 m，边墙 1.0 m，呈梅花形布置），应用热熔焊机将防水板焊在垫圈上。

（2）基面处理。

基面处理：铺设防水层前对初期支护进行找平，边墙及拱部补喷找平、底部砂浆找平。对外露的锚杆、管棚等切除、磨平，水泥砂浆封堵找平等。

出水点处理：在铺设防水板前，初期支护喷层表面漏水及时处理，采用注浆堵水，并保持基面的干燥。

（3）防水板焊接。

防水板焊缝采用热合机自动焊缝形成，即将两层防水板的边缘搭接不小于 150 mm，通过热熔加压而黏合，两侧焊缝宽应不小于 15 mm；当纵向焊缝与环向焊缝成十字交叉时（十字形焊缝），事先对纵向焊缝外的多余搭接部分齐根处削去，将台阶修理成斜面并熔平。

（4）防水板质量检查和处理。

① 外观检查。

防水板铺设均匀连续，焊缝宽度不小于 15 mm，搭接宽度不小于 150 mm，焊缝应平顺、无褶皱、均匀连续，无假焊、漏焊、焊穿或夹层等现象。

② 焊缝质量检查。

防水板搭接用热合机进行焊接，接缝为双焊缝，中间留出空隙以便检查。检查方法为按验收标准采用充气试验进行检查，不合格之处，用肥皂水涂在焊接缝上，产生气泡地方重新焊接，用热风焊枪和电烙铁等补焊，直到达到标准为止。

③ 要保持防水层接头处的洁净、干燥，同时在下一阶段施工前不得将其弄破损。

④ 二衬混凝土浇注前加强对防水层的保护，注意钢筋的运输及绑扎过程中可能对防水板产生的损伤，发现层面有破损及时修补。

2. 施工缝、变形缝、沉降缝施工

二次衬砌纵向施工缝涂界面剂防水，拱、墙、仰拱环向施工缝素混凝土段设中埋式钢板腻子止水带，钢筋混凝土段设置中埋式橡胶止水带及 $\phi 50$ mm 波纹排水管防水。变形缝处设置中埋式橡胶止水带，拱墙变形缝处衬砌内缘设置钢板接水盒，内缘 3 cm 范围内以聚硫密封胶封堵，其余空隙采用填缝料填塞密实，仰拱部位二次衬砌内设置 $\phi 50$ 双层抗剪钢筋，仰拱变形缝空隙采用填缝料填塞密实。

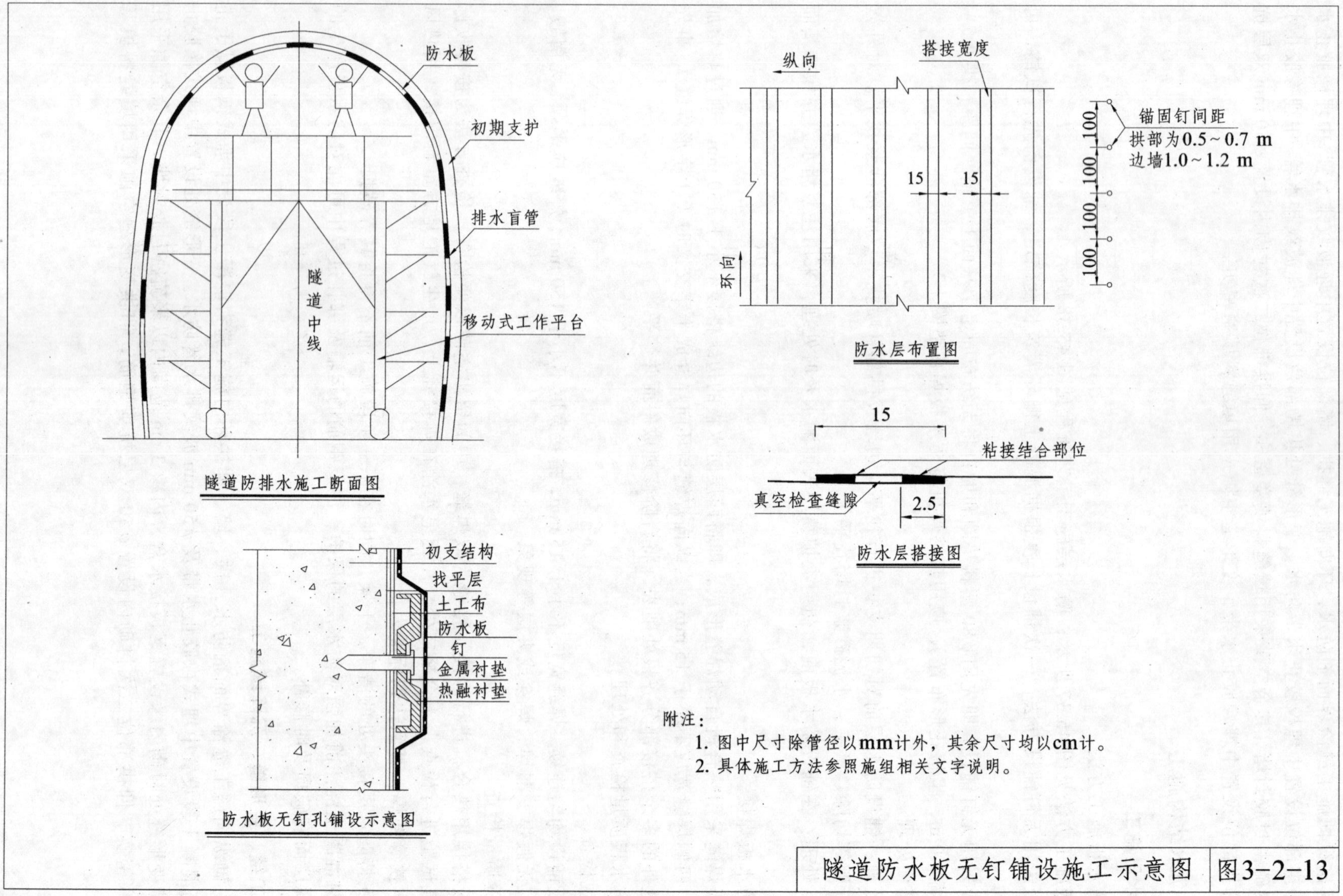
防水板
初期支护
排水盲管
移动式工作平台
隧道中线
隧道防排水施工断面图
纵向
搭接宽度
环向
15
15
100
100
100
100
锚固钉间距
拱部为0.5～0.7 m
边墙1.0～1.2 m
防水层布置图
15
粘接结合部位
真空检查缝隙
2.5
防水层搭接图
初支结构
找平层
土工布
防水板
钉
金属衬垫
热融衬垫
防水板无钉孔铺设示意图
附注：
1. 图中尺寸除管径以mm计外，其余尺寸均以cm计。
2. 具体施工方法参照施组相关文字说明。
隧道防水板无钉铺设施工示意图
图3-2-13

图 45.37　防水板施工方法示意

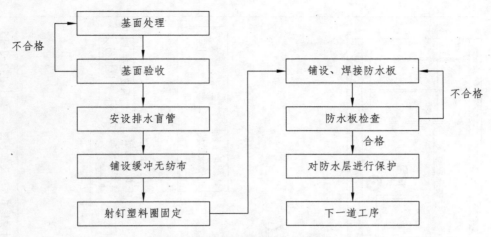

图 45.38　防水层施工工艺流程

3. 排水盲管施工

盲管安放位置准确，盲管安设的坡度与线路坡度一致。沿线钻孔，定位孔间距在 30 ~ 50 cm，将膨胀锚栓打入定位孔或用锚固剂将钢筋头预埋在定位孔中，固定钉安在盲管的两侧。用无纺布包住盲管，用扎丝捆好；用卡子卡住盲管，然后固定在膨胀螺栓上。采用三通和环向透水管盲管相连。

主要技术措施：

盲管与岩面的间距不得大于 5 cm，盲管与岩面脱开最大长度不大于 10 cm。

集中出水点沿水源方向钻孔，然后将单根集中引水盲管插入其中，并用速凝砂浆将周围封堵，使地下水从管中集中引出。

盲管上有接头用无纺布等渗水材料包裹，防止杂物进入堵塞管道。

八、隧道结构混凝土衬砌施工

1. 概述

象山隧道除进出口及明洞段采用整体式衬砌外，其余均采用复合式衬砌，Ⅲ级以下围岩采用曲墙带仰拱的衬砌，Ⅱ级围岩采用曲墙式不带仰拱衬砌。

二次衬砌严格按设计和技术标准施工，保证"尺寸准确，强度合格，内实外美，不渗不漏，快速施工"的目标。仰拱填充超前，拱墙衬砌适时紧跟。严格拱顶混凝土灌注工艺，采用预埋排气管，确保拱顶混凝土灌注密实。

正洞衬砌施工方法如图 45.39 所示。

2. 仰拱及填充施工

正洞仰拱及填充紧随开挖进行，为减少其与出渣运输的干扰，采用仰拱栈桥辅助施工。仰拱和填充（铺底）超前为拱墙衬砌台车轨道铺设提供条件，有利于文明施工，以保证隧道底部的施工质量，从根本上消除隧底质量隐患，有利于结构稳定。

隧道正洞与斜井Ⅴ级围岩段在开挖后，及时施作仰拱铺底。

仰拱及填充（铺底）混凝土由洞外自动计量拌和站生产，有轨运输斜井工区采用绞车牵引轨行式输送车运输混凝土，至洞内转入混凝土运输车无轨运输；无轨运输斜井及正洞洞内用采用混凝土搅拌运输车运输，泵送混凝土入模，插入式振捣器捣固。

仰拱施工同时施工综合接地及过轨钢管。

3. 拱墙衬砌施工

正洞拱墙衬砌在围岩及初期支护变形基本稳定后进行，适度紧跟开挖。为保证衬砌速度、混凝土质量及外形美观，采用模板台车衬砌。

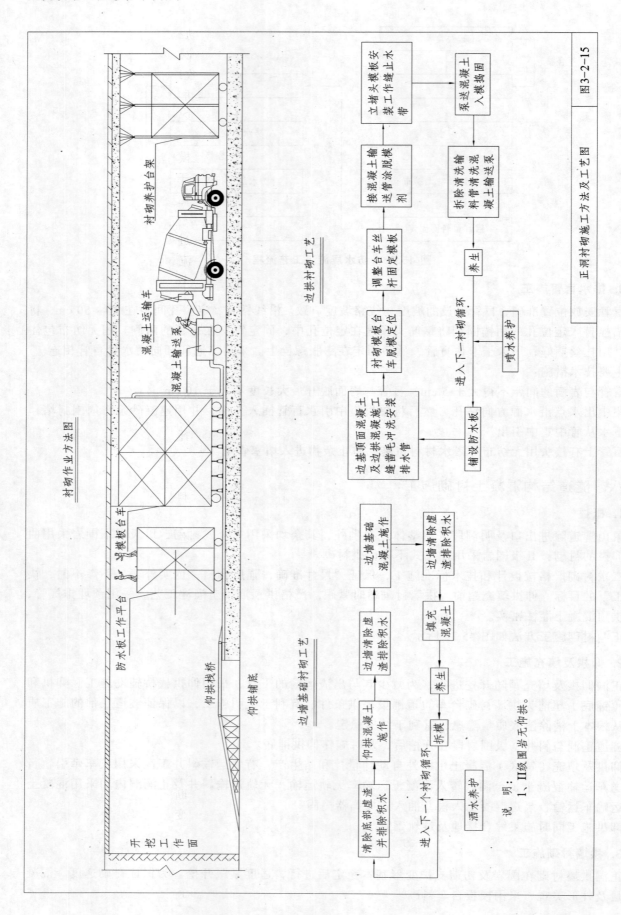

图 45.39　正洞衬砌施工方法

混凝土由洞外自动计量拌和站生产，有轨运输斜井工区采用绞车牵引轨行式输送车运输混凝土，至洞内转入混凝土运输车无轨运输；无轨运输斜井及正洞洞内用采用混凝土搅拌运输车运输，泵送混凝土入模，插入式振捣器捣固。台车定位时在拱部设置注浆孔，混凝土凝固收缩后进行背后注浆回填。

钢筋混凝土衬砌地段，钢筋在洞外下料加工，弯制成型，洞内绑扎或拼装焊接。

当混凝土强度达到拆模强度时即可脱模，脱模后喷水养护，养护期不少于 14 d。

拱顶混凝土密实度解决方案：

封顶前按照分层分窗浇注工艺进行混凝土浇注，即混凝土泵送软管从模板台车的进料窗口（从最低一级窗口逐渐上移）处注入混凝土。当混凝土浇筑面已接近顶部（以高于模板台车顶部为界限），进入封顶阶段，为了保证空气能够顺利排除，在堵头的最上端预留两个圆孔，安装排气管，其大小以 $\phi50$ mm 为宜。排气管采用轻质胶管或塑料管，以免沉入混凝土之中。将排气管一端伸入仓内，且尽量靠前，以免被泵管中流出来的混凝土压住堵死，另一端即露出端不宜过长，以便于观察。随着浇注继续进行，当发现有水（实为混凝土表层的离析水、稀浆）自排气管中流出时（以泵压≤0.5 MPa 为宜），即说明仓内已完全充满了混凝土，立即停止浇注混凝土，撤出排气管和泵送软管，并将挡板的圆孔堵死。

封顶混凝土按规范严格操作，尽量从内向端模方向灌注，排除空气，保证拱顶灌注厚度和密实。要落实三级检查签认制度，并配备相应的无损检测仪器（雷达）进行检测。

4. 主要技术措施

正洞仰拱、填充（铺底）超前一次完成，断面中间不留施工缝，先灌筑仰拱、填充及边墙基础，后灌筑拱墙混凝土。

立模前先检查断面、中线水平、防水板安装质量、渗漏水情况。铺底前清除基底积水、松渣杂物。

模板台车就位前，准确安装拱顶排气管，确保封顶时不出现空洞。

钢筋混凝土衬砌地段，钢筋骨架固定牢固，确保钢筋安装位置正确。

严格混凝土和钢筋混凝土原材料试验、验收；精心选用水泥、粗细骨料、外加剂，精心进行配合比设计并不断优化，严格按配合比准确计量。

严格控制混凝土从拌和出料到入模的时间，当气温 20～30 ℃ 时，不超过 1 h，10～19 ℃ 时不超过 1.5 h。

每循环脱模后，清刷模板，涂脱模剂，不得用废机油代替脱模剂。

冬期施工时，混凝土拌和运输严格执行规范要求。

九、隧道沟槽施工

水沟、电缆槽在隧道二次衬砌施工完成后进行。

水沟电缆槽采用整体钢模、人工入模、每个工作面共三组钢模在立模、灌注、等强三工序上流水作业，加快沟槽施工进度，形成紧张有序的工艺流程。

水沟电缆槽混凝土供应采用混凝土运输车运输。

十、隧道施工监控量测

监控量测是信息化施工的重要内容。通过施工现场的监控量测，为判断围岩稳定性，支护、衬砌可靠性，二次衬砌合理施作时间，以及修改施工方法、调整围岩级别、变更支护设计参数提供依据，指导日常施工管理，确保施工安全和质量。

（一）隧道监控量测计划

象山隧道监控量测项目包括隧道围岩及支护状态观察、净空变化（拱顶下沉、底板隆起、净空收敛和围岩位移），隧道软岩大变形段支护应力测试项目包括：围岩内部位移、围岩压力、初期支护钢架应力、初期支护混凝土应力、锚杆轴力、初期支护与二次衬砌/模筑衬砌之间的接触应力以及二次衬砌/模筑衬砌混凝土应力共 7 项。

为充分发挥监控量测的信息化施工作用，及时提供准确的数据并做出合理的判断以指导施工，由从事多年监控量测工作的专业人员组成象山隧道监控量测小组对象山隧道施工进行监控量测。

（二）监测量测内容、方法和仪器

1. 围岩及支护状态观察

根据工作面的工程地质与水文地质情况，作地质素描，包括围岩岩性、岩质、断层破碎带、节理裂隙发育程度和方向、有无松散坍塌、剥落掉块现象、有无渗漏水等；观察开挖面附近初期支护状况包括喷层是否产生裂缝、剥离和剪切破坏、格栅支撑是否压屈，判断围岩、隧道的稳定性和初期支护的可靠性，并进行评估作为支护参数选择的参考及量测等级选择的依据；由工区地质队进行，其他技术人员协助。

范围：工作面及初期支护后的地段进行观察。

监测仪器：地质罗盘仪等。

2. 周边位移及收敛、拱顶下沉、底板隆起（仅限于软弱围岩）

拱顶下沉及周边收敛位移量测一般布置在同一个断面，根据围岩类别、隧道尺寸和埋深等，沿隧道纵向在拱顶和墙中布设测点，测点间距一般 V 级围岩为 5～10 m，IV 级围岩为 10～30 m，III 级围岩为 30～50 m，II 级围岩为 80～100 m。拱顶下沉量测测点布置在拱顶。周边位移量测以量测初期支护上各点的绝对位移为目的，通过水平及斜向收敛量测，验证周边位移结果。周边位移量测主要在 IV、V 围岩中进行，每个断面布置约 10 个测点，拱顶下沉及收敛量测在整个隧道进行。净空变位量测在开挖后尽早进行，初读数在开挖 12 h 内且在下一循环开挖前读取，采用无尺量测法。

测点及测线布置如图 45.40 所示。

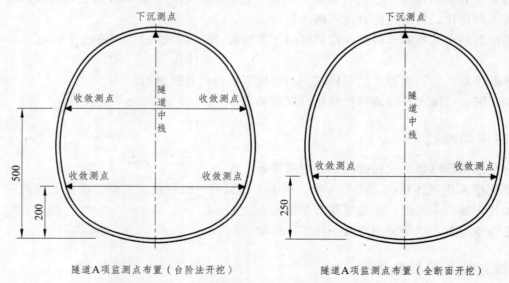

隧道 A 项监测点布置（台阶法开挖）　　　　隧道 A 项监测点布置（全断面开挖）

图 45.40　一般地段拱顶下沉及收敛量测测点布置

3. 地表沉降监测

洞口段覆盖层薄，隧道开挖后围岩难以自稳成拱，地表易沉陷，为了确保洞口浅埋段的施工安全，进行地表沉降监测。布点原则为：在 1～3 倍的洞径范围进行，量测断面布置与洞内一致，每个断面上的测点间距为 2～5 m。地表下沉量测断面间距如表 45.8 所示。

表 45.8　地表下沉量测断面间距

埋置深度 H	量测断面间距/m
H>2B	20～50
B≤H≤2B	10～20
H<B	5～10

注：B 表示隧道开挖宽度，地表无建筑物时取表中上限值。

同时在横向依据实际情况，选定主断面，沿主断面布设测点，以了解地表沉降的横向影响范围。

4. 围岩应力

此项量测可在Ⅴ级软弱围岩中进行，断面间距 5～10 m，断面上测点对称布置。各测点布置如图 45.41 所示。

5. 初期支护的格栅主筋、喷混凝土应力

此项量测可在Ⅴ级围岩中进行，测点布置在围岩及支护间的接触应力量测的断面上，以利校对，每个断面上布设约 10 个测点，对称布置，选择具有代表性的断面进行，各测点布置见图 45.42 所示。

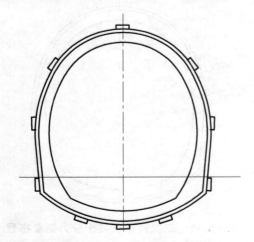

图 45.41　围岩应力量测布置

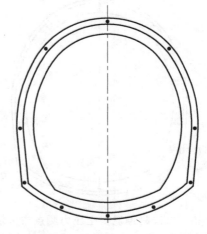

图 45.42　隧道喷混凝土、钢架应力测点布置

6. 锚杆轴力

此项量测可在Ⅱ、Ⅲ、Ⅳ、Ⅴ级围岩中进行，测点布置在围岩及支护间的接触应力量测的断面上，以利校对，每个断面上布设量测锚杆 7 根，每根布置 6 个测点，最深点埋深 8m，对称布置，选择具有代表性的断面进行，各测点布置如图 45.43 所示。

7. 初期支护和二次衬砌/模筑混凝土接触应力

此项量测可在衬砌完成后进行，测点布置在初期支护与二次衬砌间，每个断面上布设量测点 10 个，对称布置，选择具有代表性的断面进行，各测点布置见图 45.44 所示。

8. 二次衬砌/模筑混凝土应力

此项量测可在衬砌完成后进行，测点布置在二次衬砌内，每个断面上布设量测点 20 个，对称布置，各测点布置见图 45.45 所示。

9. 底板隆起

此项量测可在软弱围岩开挖完成后进行，测点布置在底板内，每个断面上布设量测点 3 个，对称布置，各测点布置如图 45.46 所示。监测项目及方法如表 45.9 所示。

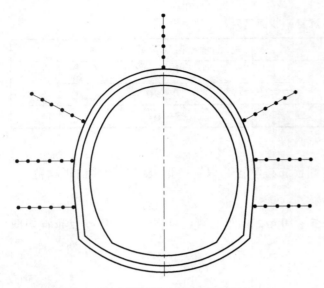

图 45.43 锚杆轴力量测点布置

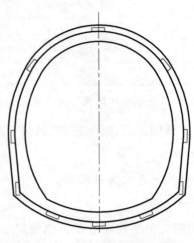

图 45.44 初期支护与二次衬砌接触应力测点布置示意

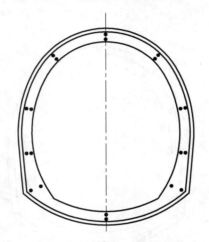

图 45.45 二次衬砌混凝土应力测点布置示意

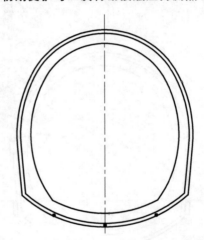

图 45.46 二次衬砌混凝土应力测点布置示意

表 45.9 监测项目及方法

项目名称	方法及工具	布置
围岩及支护状态观察	岩性、结构面产状及支护裂缝观察或描述	开挖后初期支护后进行
拱顶下沉	Leica TC1800 全站仪	每个断面 3 个测点，间距 5~10 m，1 次/天
底板隆起	精密水准尺或精密水平仪	每个断面 3 个测点，间距 5~10 m，1 次/天
围岩位移	采用振弦式多点位移计，频率接收仪进行	每个断面 28 个测点，间距 20~40 m，1 次/天
净空收敛	Leica TC1800 全站仪	每个断面 10 个测点，间距 5~20 m，1 次/d
围岩及支护间接触应力	采用振弦式双膜压力盒，频率接收仪进行	每个断面 10 个测点，初期阶段严格执行
钢架内力	采用埋入式混凝土应变计，频率接收仪进行	每个断面初期阶段严格执行 10 个测点，1 次/d
锚杆轴力	采用振弦式量测锚杆	每个断面 42 个测点，初期阶段严格执行，1 次/d
地表下沉	NA2002 全自动电子水准仪，铟钢尺	1 次/d

（三）量测频率与结束标准

量测频率根据监测数据的变化情况而定，一般地段按表 45.10 量测频率表进行。

表 45.10　量测频率

变形速率/（mm/d）	量测断面距开挖面距离/m	量测频率
≥5	（0～1）B	1～2 次/d
1～5	（1～2）B	1 次/d
0.5～1	（1～2）B	1 次/2 d
0.2～0.5	（2～5）B	1 次/2～3 d
<0.2	>5B	1 次/周

注：B 表示隧道开挖宽度。

结束标准根据收敛速度判别：

一般地段：收敛速度 >5 mm/d 时，围岩处于急剧变化状态，加强初期支护系统；收敛速度 < 0.2 mm/d 时，围岩基本达到稳定。

浅埋地段：加强初期支护强度和刚度，严格控制过大变形。

各量测项目持续到变形基本稳定后 2 周结束。

（四）监测数据的统计分析与信息反馈

一般围岩地段和软岩大变形段分析与信息反馈情况类似，施工期间，监测人员在每次监测后及时根据监测数据绘制拱顶下沉、水平位移等随时间及工作面距离变化的时态曲线，了解其变化趋势，并对初期的时态曲线进行回归分析，预测可能出现的最大值和变化速率。

根据开挖面的状况，拱顶下沉、水平位移量大小和变化速率，综合判断围岩和支护结构的稳定性，并根据变形等级管理标准及时反馈施工。变形管理标准如表 45.11 所示；监控量测与信息反馈程序如图 45.47 所示。

表 45.11　变位管理等级

管理等级	管理位移	施工状态
I	$U_0 < U_n/3$	正常施工
II	$U_n/3 \leq U_0 \leq 2U_n/3$	加强支护
III	$U_0 > U_n 2/3$	采取特殊措施

注：U_0 为实测变形值，U_n 允许变形值。

U_n 的确定：U_n 的确定应考虑围岩类别、隧道埋置深度等因素并结合现场条件选择。

（五）变形管理措施

（1）当位移急剧增加，每天的相对净空变化超过 10 mm 时，重点加强观测，并密切注意支护的结构变化。

（2）当位移、周边收敛、拱顶下沉量达到预测最终值的 80%～90%，收敛速度小于 0.1～0.2 mm/d，拱顶下沉速率小于 0.07～0.15 mm/d 时，可认为围岩基本稳定，可施作二次衬砌。

（3）当位移-时间曲线出现反弯点时，同时初期支护开裂或掉块，此时尽快采取补强措施以防坍方。

（4）如果是由于基底下沉引起的，尽快仰拱封闭，如仍然下沉，在墙角处加设锚杆，复喷混凝土并在基底钻孔注浆加固。

（5）如果是由于偏压引起的，复喷混凝土，加设锚杆。

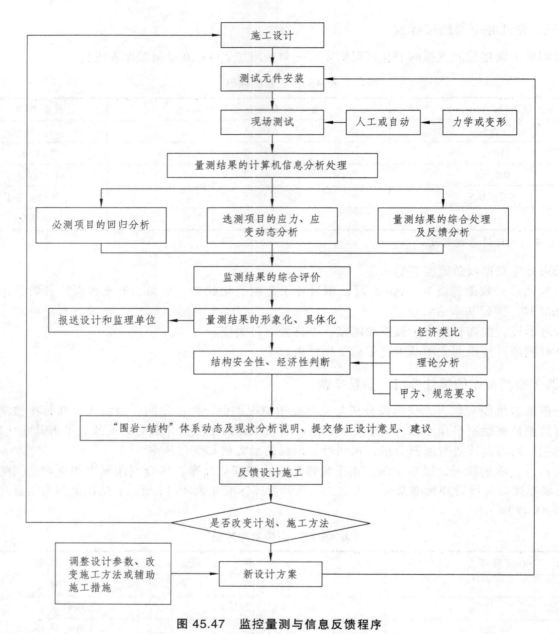

图 45.47　监控量测与信息反馈程序

（6）如果是由于围岩压力引起的，可多次复喷并用锚杆加固围岩，补强初期支护。在下一循环施工时，修改支护参数，增强初期支护，同时增大观测频率；再及时施作二次衬砌，必要时采用加强衬砌。

十一、岩溶段地表沉降观测

（一）岩溶段地质概况

新建龙岩至厦门铁路象山隧道处于福建省闽东燕山断拗带与闽西北隆起带及闽西南拗陷带的分区界线。该断裂带长约 390 km，宽约 20 km，总体走向北东 30°～35°，由一系列平行分布倾向南东的陡倾断裂组成。断裂带标志明显，大断裂成束出现，单条断裂延伸可达百余千米，多为高角度压性冲断裂，其中挤压片理、构造透镜体、糜棱岩化带、节理密集带十分发育，断裂旁侧的岩层揉皱强烈。该深大断裂带经历了多期活动，引起多期沉积、多期变质、多期火山喷发、多期岩浆侵入，断裂带及其附近地质构造相当复杂。岩溶区工程地质如图 45.48 及图 45.49 所示。

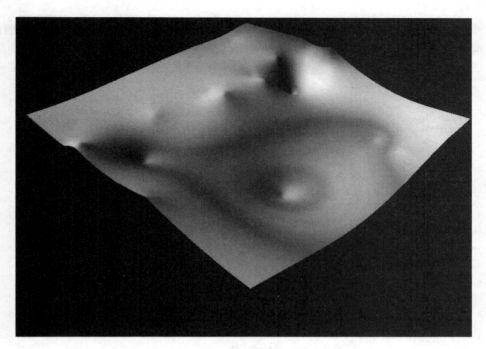

图 45.48　新祠村某区域地表沉降三维

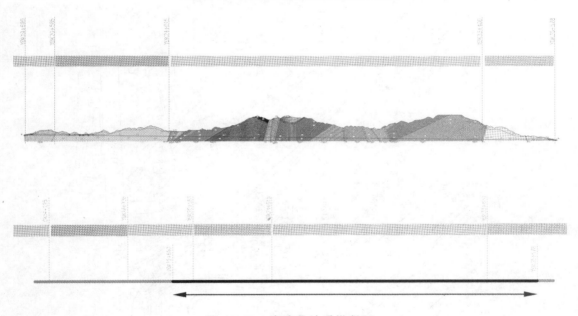

图 45.49　岩溶段地质纵断面

（二）准备工作

1. 仪器准备

天宝电子水准仪，铟瓦钢尺两把（3 m 长），尺垫两个，以及其他相关配套工具。

2. 人员配备

司镜一人，扶尺两人，资料后处理一人。

3. 勘测布点

测点沿左右线中线布置，以及新词村的房屋开裂情况，春驰水泥厂、玉露水泥厂的厂房为主要布点的位置。各点应布置在不易遭破坏，容易保护的地方，并应满足架设塔尺的要求，并做好明显的标志，点号标识清楚。因沉降观测的长期性，布点最好采用不锈钢材料，防止点位锈蚀，破坏。周边采用插旗做明显标示。布点具体如图 45.50 所示。

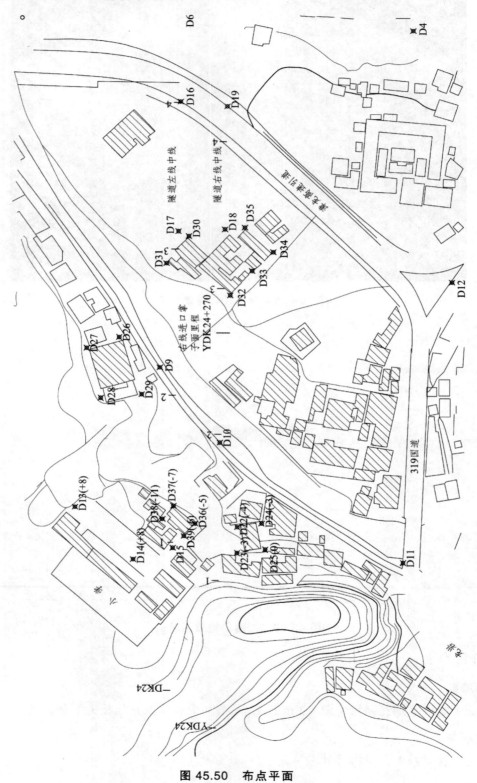

图 45.50 布点平面

4. 观测培训

观测前应对仪器进行校准，并应满足要求才可进行沉降观测测量。人员也应熟练操作仪器，人员培训应提前进行培训。

（三）观测方法

首先对基准点进行联测，基准点不可以埋设在沉降区域，埋设基准点的地方应坚固可靠，测出基准点的高程，赋予点号 BM1，BM2。（自定义点名）每次的沉降线路必须闭合于基准点上，并且闭合差应符合规范之要求。

观测时先后视水准基点，观测每个沉降点后，并闭合到该水准基点，闭合差不超过限差，测量的时候采用奇偶站交替，观测顺序为：奇站，后前前后。偶站，前后后前。

沉降观测的工作是长期的，并且是一项十分复杂的工作，为保证观测成果的正确性，应尽可能做到四定：一是固定观测人员，二是使用固定的水准仪和水准尺，三是使用固定的水准基点，四是按固定的观测路线和测站进行观测。

观测过程中还要对每个点的数据进行详细记录，必须要做到记录真实、标注明确，整饰清洁美观、格式统一。每次观测结束后应查看闭合差是否满足要求，还要检查外业记录中的计算是否正确无误，各项限差是否满足要求。沉降观测采用国家二等水准进行施测，闭合差如表 45.12 所示。

表 45.12　闭合差要求

观测等级	中误差	闭合差
一等	$2\sqrt{L}$	$4\sqrt{N}$
二等	$4\sqrt{L}$	$8\sqrt{N}$

注：L 为观测线路的长度，单位为 km。
　　N 为测站数。

（四）数据整理

计算沉降点的沉降量、沉降差以及本周期平均沉降量和沉降速度等等。沉降量的计算内容和方法如下：

1．计算各沉降观测点的本次沉降量：

沉降观测点得本次沉降量=本次观测所得的高程—上次观测所得的高程

2．计算累计沉降量：

累计沉降量=本次沉降量+上次累计沉降量

将计算出的沉降观测点本次沉降量、累计沉降量和观测日期和观测日期、沉降速度等填入沉降观测表中。现场沉降观测记录表如表 45.13 所示。

（3）绘制沉降曲线图，如图 45.51 及图 45.52 所示。

（五）注意事项

（1）严格按测量规范的要求进行施测。布点要再相对安全的地段，比如有电线，危险房屋周围，坍陷的中心区域尽量远离。

（2）观测时应避免阳光直射，且观测环境应一致。若是夜间作业，照明光度要饱和，不能太亮或太暗，建议用天宝仪器。

（3）随时观测，随时检核计算，观测时要一气呵成，断断续续对测量精度以及数据真实性有很大的影响。

（4）观测时应成像清晰、稳定后再测量。

（5）仪器离前后视水准尺的距离一般不差过 50 m，为保证前后视等距，一般前后视不大于 1.5 m，为了提高速度，应采用脚步丈量的方法或者用视距法丈量。

（6）前、后视观测最好用同一根水准尺。

（7）前视各点观测完毕后应回视后视点，最后都闭合在水准点上。每站施测完毕都立刻抽查数据，若发现问题，及时重测。

（8）水准基点应联测，检查水准基点高程是否有变化，如有变化应及时再次引测高程，或重新埋设新的基准点。

（9）应密切关注各沉降观测点的沉降量，如各别点的沉降量过大，或突然变化的时候，应该及时反馈相关部门，以便及时采取相关措施。

表 45.13 沉降观测记录

工程名称：				测量单位：				
观测点编号				G15-1				
观测期次	观测日期	累计天数/d	两次观测间隔/h	本次高程/m	本次沉降/mm	累计沉降/mm	沉降速率/（mm/h）	备注
1	2010-1-18	1	24	561.24585	0.00	0	0.00	
2	2010-1-19	2	24	561.24394	-1.91	-1.91	0.08	
3	2010-1-20-08	3	24	561.24186	-2.08	-3.99	0.09	
4	2010-10-6	258	24	560.99953	-0.03	-246.32	0.00	
5	2010-10-7	259	24	560.99952	-0.01	-246.33	0.00	
6	2010-10-8	260	24	560.99950	-0.02	-246.35	0.00	
7	2010-10-14	266	144	560.99948	-0.02	-246.37	0.00	
8	2010-10-15	267	24	560.99945	-0.03	-246.40	0.00	
9	2010-10-16	268	24	560.99943	-0.02	-246.42	0.00	
10	2011-1-29	373	24	560.99740	-0.01	-248.45	0.00	
11	2011-1-30	374	24	560.99739	-0.01	-248.46	0.00	
12	2011-1-31	375	24	560.99738	-0.01	-248.47	0.00	
13	2011-2-1	376	24	560.99737	-0.01	-248.48	0.00	
14	2011-2-4	3.79	72	560.99736	-0.01	-248.49	0.00	
15	2011-2-5	380	24	560.99736	0.00	-248.49	0.00	
16	2011-2-6	381	24	560.99736	0.00	-248.49	0.00	
17	2011-2-7	382	24	560.99735	-0.01	-248.50	0.00	

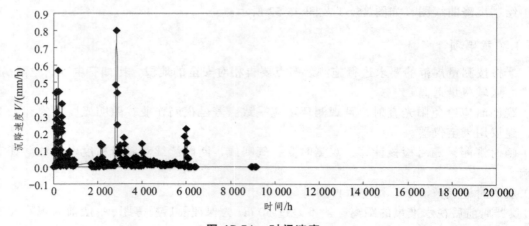

图 45.51 时间速率

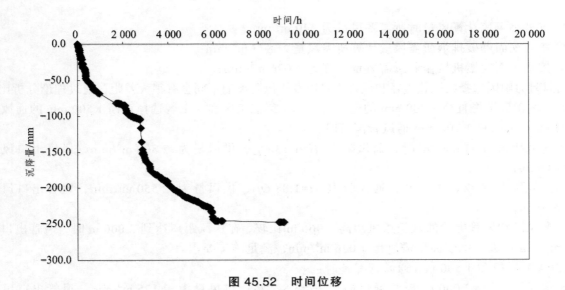

图 45.52　时间位移

（六）监测总结

沉降变形观测的前期工作是设计沉降变形观测的方案，包括观测等级的划分、观测方法的确定、精度的选定、观测周期的频率等等。

前期准备工作完毕以后，再勘查了实测现场以后，要具体布设变形观测的控制网、控制点、水准基点。高程控制网是沉降观测的关键，布网的好坏直接影响到后续观测的质量，观测点一点要选在能长期保存的地方，除了沉降变化以外，还有位移观测也是沉降观测的主要内容。

实测过程中要定期对仪器进行校正检核，确保仪器保证精度，因为沉降观测需要很高的精度，是观测建筑物的微小的变形，正确使用仪器会使观测变得简单、直接。其次是对仪器的保养要到位，在龙厦铁路因为环境恶劣，工作时间过长，温差过大，钢尺表面出现了很多气泡，导致钢尺二维条码破坏，造成不小的损失。

十二、单线铁路长大隧道通风

由于象山隧道存在瓦斯及放射性等有害气体和元素，对施工通风要求较高。为保证通风质量，由从事多年长大隧道通风的专业人员组成象山隧道瓦斯通风小组对整个隧道通风进行统一管理。

（一）风量和风阻计算及设备配备

1. 施工通风所需风量

施工通风所需风量按洞内同时工作的最多人数、洞内允许最小风速、一次性爆破所需要排除的炮烟量和内燃机械设备总功率分别计算，取其中最大值作为控制风量。

2. 主要计算参数

洞内同时工作最多人数按 100 人/工作面考虑；

洞内允许最小风速 V_{min}=0.15 m/s；

洞内每人应供应新鲜风 3 m³/min；

内燃机械设备作业供风量 3 m³/（min·kW）；

风管平均百米漏风率为 0.02，风管摩阻系数为 0.02。

3. 风量计算结果

① 按人数计算风量时所需要风量为 300 m³/min；

② 按最小风速计算风量时所需要风量为 540 m³/min；

③ 按开挖面爆破排烟所需风量计算所需风量为 873 m³/min；

④ 按掌子面内燃机械作业所需风量计算为 1 026 m³/min；

通风阻力则因选择的风管直径和风机型号以及送风距离的不同会有很大差距，通过理论分析比较，一工区、五工区选择直径 1 700 mm 的通风管，二工区三工区和四工区选择直径 1 500 mm 的通风管。

220 kW 风机和 1 700 mm 通风管配备时：

当送风距离 L=1 000 m 时，通风阻力 H=1.13 Qf_2，供风量为 2 800 m³/min，风管出口风量为 2 280 m³/min；

当送风距离 L=2 000 m 时，通风阻力 H=1.88 Qf_2，供风量为 2 550 m³/min，风管出口风量为 1 702 m³/min；

按本风机和风管配置的最长送风距离 1 966 m 比较，在送风距离达到 2 000 m 时，风管出口风量 1 702 m³/min 远大于掌子面所需风量 1 026 m³/min；满足施工要求。

220 kW 风机和 1 500 mm 通风管配备时：

当送风距离 L=2 000 m 时，通风阻力 H=3.52 Qf_2，供风量为 2 175 m³/min，风管出口风量为 1 452 m³/min；

当送风距离 L=2 900 m 时，通风阻力 H=4.30 Qf_2，供风量为 2 050 m³/min，风管出口风量为 1 164 m³/min；

按本风机和风管配置的最长送风距离 2 845 m 比较，在送风距离达到 2 900 m 时，风管出口风量 1 164 m³/min 大于按内燃机械作业所需风量计算为 1 026 m³/min；满足施工要求。

通风设备选择及配置：

根据上面的计算结果，各工区轴流风机选择了 SDF（C）-No12.5 型通风机，风管选择了便于装卸和维修的 PVC 拉链式软风管，直径 ϕ1 700 mm 和 ϕ1 500 mm，射流风机选择了 SSF-No 10 型射流风机。

各通风设备的性能参数和配置数量如表 45.14 所示。

表 45.14　主要通风设备参数

名称	型号	技术参数				数量
		速度/ （r/min）	风压/Pa	风量/ （m³/min）	功率/kW	
轴流 风机	SDF（C） -No12.5	高速	1 378～5 355	1 550～2 912	110×2	二工区、三工区各使用 4 台备用 1 台，四工区使用 8 备用 2 台，一工区使用 2 台备用 1 台，
		中速	629～2 445	1 052～1 968	34×2	五工区使用 3 备用 1 台，共计 27 台
		低速	355～1 375	840～1 475	16×2	
射流 风机	SSF-No 10	出口风速 33.8m/s			30	一工区 4 台 五工区 6 台 共计 10 台
拉链式 软风管	PVC ϕ1 700 mm	平均百米漏风率 0.02，摩阻系数 0.02，每节长度 20 m/节或 10 m/节（20 m/节占 85%以上）。				按隧道开挖进尺及时供给
	PVC ϕ1 500 mm	平均百米漏风率 0.02，摩阻系数 0.02，每节长度 20 m/节或 10 m/节（20 m/节占 85%以上）。				按隧道开挖进尺及时供给

（二）施工通风布置

1. 进口通风布置

第一阶段：在施工前期，一工区左、右两线隧道的施工通风均为在隧道口布置一台 SDF（C）

-No12.5 型轴流风机配一道 ϕ1 700 mm 通风管路向开挖工作面压入式送风;

第二阶段:在施工中后期,当横通道贯通后,采用射流通风与压入式相结合的巷道式通风模式,射流风机在隧道内形成主风流,新风从左线隧道口进入,污风从右线隧道口排除,向开挖工作面压入式送风的通风管路不变。

2.1 号斜井通风布置

第一阶段:在施工前期,当 1 号 斜井在开挖斜井井身时,在斜井隧道口布置一台 SDF(C)-No12.5 型轴流风机配一道 ϕ1 500 mm 通风管路向开挖工作面压入式送风;

第二阶段:在施工中后期,当 1 号 斜井开挖至正洞以后,施工通风在 1 号 斜井隧道口布置 4 台 SDF(C)-No12.5 型轴流风机配 4 道 ϕ1 500 mm 通风管路分别对左、右两线隧道的开挖面进行压入式送风。最大独头送风距离为 2 845 m。

3.2 号斜井通风布置

第一阶段:在施工前期,当 2 号 斜井在开挖斜井井身时,在斜井隧道口布置一台 SDF(C)-No12.5 型轴流风机配一道 ϕ1 500 mm 通风管路向开挖工作面压入式送风;

第二阶段:在施工中后期,当 2 号 斜井开挖至正洞以后,施工通风在 2 号 斜井隧道口布置 4 台 SDF(C)-No12.5 型轴流风机配 4 道 ϕ1 500 mm 通风管路分别对左、右两线隧道的开挖面进行压入式送风。最大独头送风距离为 2 342 m。

4.3 号、4 号斜井通风布置

第一阶段:在施工前期,当 3 号、4 号斜井在开挖斜井井身时,在斜井隧道口布置一台 SDF(C)-No12.5 型轴流风机配一道 ϕ1 500 mm 通风管路向开挖工作面压入式送风;

第二阶段:在施工中后期,当 3 号、4 号斜井开挖至正洞以后,施工通风在 3 号、4 号 斜井隧道口分别布置 4 台 SDF(C)-No12.5 型轴流风机配 4 道 ϕ1 500 mm 通风管路分别对左、右两线隧道的开挖面进行压入式送风。最大独头送风距离为 2 448 m。

5.5 号斜井及出口通风布置

第一阶段:在施工前期,左、右两线隧道和 5 号斜井井身开挖的施工,左、右线隧通风均为在隧道口布置一台 SDF(C)-No12.5 型轴流风机配一道 ϕ1 700 mm 通风管路向开挖工作面压入式送风,斜井隧道口布置一台 SDF(C)-No12.5 型轴流风机配一道 ϕ1 700 mm 通风管路向开挖工作面压入式送风;

第二阶段:在施工中后期,当左右线的横通道贯通、右线和 5 号斜井之间贯通,采用射流通风与压入式相结合的巷道式通风模式,射流风机在隧道内形成主风流,新风从左线隧道口进入,污风从右线隧道口以及 5 号斜井排除,轴流风机均布置在左线隧道内,对掌子均进行局部压入式通风。

图 45.53 象山隧道第一阶段通风示意图;图 45.54 象山隧道第二阶段通风示意图。

(三)通风总结

通过龙厦项目长大隧道机电管理技术总结,继续立足项目,细致规划,以设备内控管理为基础,以设备维修保养为重点,以设备技术管理带动设备的基础管理和创新管理工作,进一步提升设备管理工作水平。象山隧道采用的有轨斜井提升系统经实践检验是安全且高效的,成功完成了龙厦铁路象山隧道斜井的运输生产任务。象山隧道在施工过程中,结合工程实际,分阶段进行通风排烟设计,并采用大直径通风管、射流风机和轴流风机相结合的通风方案,最终取得良好的通风效果并有效地减少设备资源及电能的消耗。

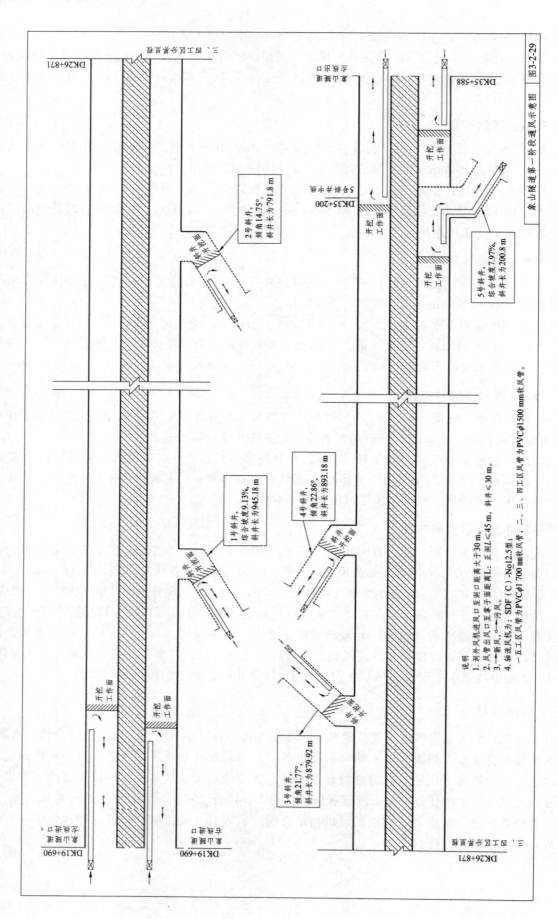

图 45.53 象山隧道第一阶段通风示意

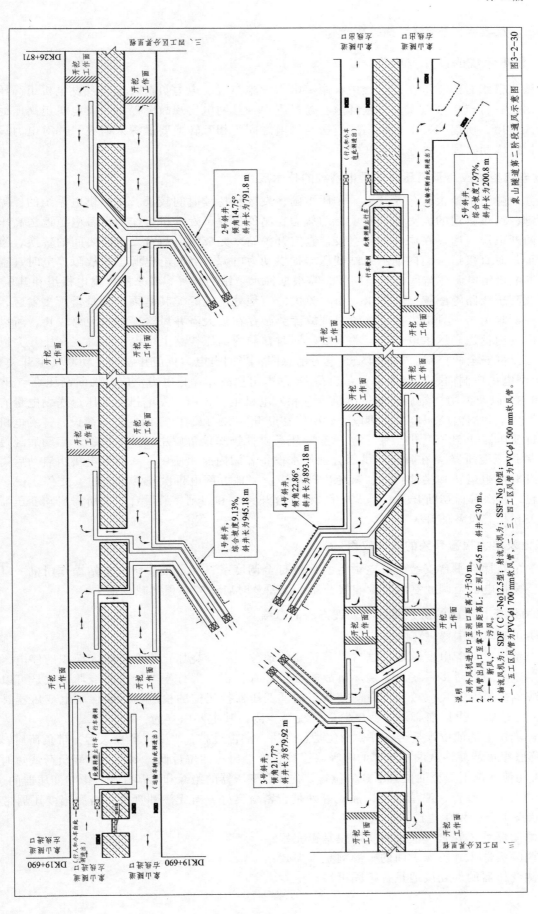

图 45.54　象山隧道第二阶段通风示意

十三、反坡富水岩溶隧道抽排水技术

（一）供电系统的设计应用研究

特长铁路富水岩溶隧道在建过程中长距离电力设施布置、电力负荷分配以及发电机组高压返送的技术应用是一特点、难点，主要是隧道在建过程中一旦网电出现故障停电，发电机组高压返送需要立即投入使用，所以在发电机组高压返送与网电之间的相互转换要做深入研究，并对电力设备、设施的防护措施和处理方法进行了总结。

1. 发电机组的应用及高压返送供电系统的技术应用

由于象山隧道地处雷区，尤其是雨季属雷雨多发区且持续时间较长，所以供电系统的保障是抽排水的关键，通过公司的大力支持和项目的努力在洞外建立了发电机组作为自备电源返送高压至洞内作为不间断电源。通过在洞外配电室设计真空开关站来完成网电与自发电源之间的转换，当网电正常供应正常时直接送至洞内抽水泵站变压器提供动力电源。当网电电源出现故障停电时真空开关站切换至发电机组电源并与网电线路断开，需根据抽水泵站的装机容量来配置发电机组和升压变压器以及高压线路等配置参数需求。由于象山隧道地处山区，尤其是雨季又是雷雨多发区，网电出现故障在所难免，一旦电力供应系统出现故障势必存在极大淹井风险，洞内距离较长，所以自备发电机组向洞内返送高压供电系统至关重要。同时在洞内高压线路上增设一些真空高压开关以便操作、接线方便更安全的控制。如图45.55电力示意图：当网电电力供应正常时，切断真空开关S1和S2，此时由网电供应洞内外所有电力设备负荷。当网电出现故障停止电力供应时切断高压真空开关S、S3、S4和S5以及刀闸。然后启动发电机组一和发电机组二，由于发电机组高压返送发电量有限，仅为洞内抽排水和洞内照明负荷提供电力，所以切断开关S3和洞内其他电力负荷设备。发电机组一启动后经过变压器1升压后供至变压器3在降压后供抽排水设备使用，发电机组二启动后经过变压器2升压后供至变压器4在降压后供部分抽排水设备和洞内照明使用。一旦发电机组启动后需专人专机看管发电机组运转和供油状况，避免出现故障。当地方网电再次正常供电时，先停止一、二发电机组运转，其次确保切断开关S1、S7后，相继合开关S和刀闸，最后合相关所需启动变压器的高压真空开关和相关设备的开关。

2. 通讯及电力报警系统的设计应用

在抽水泵站操作平台安装有线电话可直接拨打至调度室，和警报按钮。泵站操作司机一旦发现险情可直接拨打电话至调度室同时拉响报警器，以便及时启动应急预案减少损失。

3. 电力设备、设施的防护措施和处理方法的总结

（1）防止配电变压器烧坏的措施。

在电力系统中，配电变压器占据着极其重要的地位，一旦烧坏，将会造成大面积的停电，直接影响施工生产。通过对多台变压器烧坏事故的分析，有相当一部分配电变压器烧坏事故是可以采取下述一些防范措施而避免或被消灭在萌芽状态的。变压器投运前的检测，为确保配电变压器具备运行条件，防止烧毁，投运前必须对变压器进行现场检测，其主要内容为：

① 检测油枕上的油位计是否完好，油位是否合适。油位过高，当变压器投入运行带负荷后，油温上升，油膨胀很可能使油从油枕顶部的呼吸器连接管处溢出；油位过低，则在冬季轻负荷或短时间内停运时，可能使油位下降至油位看不到的位置，会降低变压器的绝缘和冷却作用，影响变压器的运行；

② 检测盖板、套管、油位计、排油阀等处是否密封良好，有无渗油现象，否则当变压器带负荷后，在热状态下，会发生更严重的渗漏现象；

③ 检测防爆管（安全气道）的防爆膜是否完好；

④ 检测呼吸器（硅胶罐）内的吸潮剂是否失效；

⑤ 检测变压器的外壳接地是否牢固可靠；

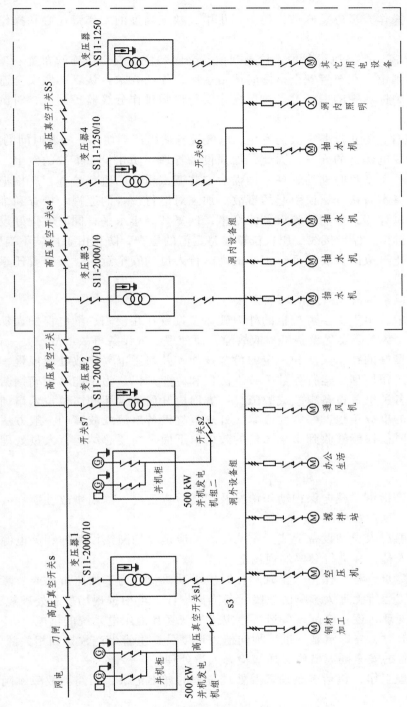

图 45.55　电力示意

⑥检查变压器上的铭牌与要求选择的变压器规格是否相符。例如各侧电压等级、变压器的接线组别、变压器的容量及分接开关位置等；

⑦测量变压器的绝缘，并做耐压试验是否能达到使用要求。

（2）防止变电运行事故的对策。

变电运行事故概括起来主要表现为两类：人员操作事故和设备事故。经过运行实践和分析认为防止变电运行事故应从以下三个方面抓起。

①防止电气误操作事故，电气误操作事故可以造成人身伤亡和设备损坏等严重后果，因此，必须对误操作进行认真分析，制定明确的防范对策。不严格执行操作制度，违章操作，是发生电气误

操作的根本原因，操作人员思想麻痹，精力不集中，缺乏高度的工作责任心和操作的严肃性，防误装置管理不到位。

②防止事故措施，严格执行监护、检查到位，交底到位，安全措施的布置、现场检查到位，危险点的预控、分析到位。在布置安全措施时严格按照工作的要求，认真落实安全遮栏设置的范围，地线装设地点及有关标示牌的标示等。重要操作实行倒闸操作分级监护制度，对倒闸操作的全过程增加第二监护人。

③加强设备管理，防止设备事故的发生，电气设备从出厂到使用，随着时间的推移，不断老化，设备的隐患威胁着变电运行的安全，因此，加强设备管理，防止设备事故的发生，是变电运行工作的重要内容。加强设备基建时期的管理，加强对安装调试质量的监督检查，严格把好验收关，防止由于施工质量、设备本身接线错误引起的事故。加强对运行设备的巡视、检查和维护。根据设备的运行情况，制定修试计划，定期消除设备的隐患，恢复其健康水平；同时要把好设备修试后的质量验收关，加强操作机构、保护接线、压板位置、整定值的检查，防止由于修试不当引起的设备事故。加强培训教育是防止事故的重要保证，不断提高运行人员的安全意识、安全责任感和操作技能，是防止事故的重要保证。

（3）处理电气设备事故及故障的一般方法。

电力生产过程中，由于受不可抗拒的外力破坏、设备存在缺陷、继电保护误动、运行人员误操作、误处理等原因，常常会发生设备事故或故障。而处理电气设备事故或故障是一件很复杂的工作，它要求值班员具有良好的技术素质和一定的检修技能，并熟悉电气事故处理规程，系统运行方式和设备性能、结构、工作原理、运行参数等技术法规和专业知识。为了能够正确判断和及时处理电力生产过程中发生的各种电气设备事故或故障，一方面应开展经常性的岗位技术培训活动和值班时做好各种运行方式下的事故预想；一方面应掌握处理电气设备事故或故障的一般方法。后者在处理电气设备事故或故障时往往能够收到事半功倍的效果。下面是简要总结运行人员处理电气设备事故或故障的一般方法。

①一般程序法。

Ⅰ根据测量仪表指示、继电保护动作情况及现场检查情况，判断事故性质和故障范围并确定正确的处理程序。

Ⅱ当事故或故障对人身和设备造成严重威胁时，应迅速切断该设备的相关电源；当发生火灾事故时，应通知消防人员，并进行必要的现场配合。

Ⅲ迅速切除故障点，继电保护未正确动作时应手动执行。为了加速事故或故障处理进程，防止事故扩大，凡对系统运行无重大影响的故障设备隔离操作，可根据现场事故处理规程自行处理。

Ⅳ进行针对性处理，逐步恢复设备运行，应优先恢复其他用电系统的供电。

Ⅴ设备发生事故时，立即清楚、准确地向值班调度员、主管生产领导和相关部门汇报。

Ⅶ做好故障设备的安全隔离措施，通知检修人员处理。

Ⅷ进行善后处理工作，包括事故现象及处理过程的详细记录，断路器故障跳闸及继电保护动作情况的记录等。

②感官检查法。

感官检查法就是利用人的感官（眼看、耳听、手摸、鼻闻）检查电气设备故障，常采取顺藤摸瓜的检查方式找到故障原因及所在部位，是最简单、最常用的一种方式。如巡检2号主变冷却器操作柜时，嗅到焦臭味，估计是某接触器出了故障，用手触摸接触器线圈，发现其发热严重，并且线圈外表有烧焦痕迹，于是判断出该接触器线圈烧损。

③分割电网法。

分割电网法是把电气相连的有关部分进行切割分区，逐步将有故障的部位与正常的部位分离开，准确查出具体故障点的方法，是运行人员查找电气设备故障常用的一种方法。如分割电网法常用来查找发电机电压系统、10 kV电压系统单相接地故障和直流一点接地故障。通常采用逐条拉开馈线的

"拉路法"，拉到某条馈线时接地故障信号消失，则接地点就在该条馈线内。再分割该条馈线就可以查找出具体的故障点。

④ 电路分析法。

电路分析法是根据电气设备的工作原理、控制原理和控制回路，结合感官，初步诊断设备的故障性质，分析设备故障原因，确定设备故障范围的方法。分析时先从主电路入手，再依次分析各个控制回路及其辅助回路。

⑤ 仪表测量法。

仪表测量法是利用仪表器材对电气设备进行检查，根据仪表测量某些电参数的大小并与正常的数值比较后，确定故障原因及部位的方法。运行人员常使用的测量仪表有万用表和兆欧表。

运行经验证明，严格执行电气事故处理规程并掌握处理电气设备事故或故障的一些方法和技巧，就能够正确判断和及时处理电力生产过程中发生的各种设备事故或故障，将事故或故障造成的损失减到最小。

（二）抽水设备的选型与配置研究

1. 设备的选型与配置优化

隧道内固定泵站距离斜井口的距离和实际高程的测量以及管道压力损失综合测算，对抽水机功率、流量、扬程等参数的确定，并大胆地设计优化由一级抽排取缔多级抽排水的方案，减少投入，节约成本。如 1 号斜井井身长 898 m，井底至掌子面泵站约 2 100 m，掌子面泵站距斜井井口高程约为 120 m，并考虑管路、弯头、止回阀损失扬程，参考管道压力损失表，综合洞内涌水量、施工空间设计抽水泵站的集水坑的蓄水量等因素确定抽水机型号参数配置，以及排水管路的选择。抽水机参数如表 45.15 所示。

表 45.15　抽水机参数表及性能曲线

设备名称	型号规格	流量 /（m³/h）	扬程 /m	电机功率 /kW	转速 /（r/min）	汽蚀余量 /m
抽水机	DF155-30×7	155	210	160	1450	3.5
抽水机	DF280-43×4	280	172	200	1480	4
抽水机	DF450-60×3	500	171	355	1450	5.6

抽水机性能曲线如图 45.56 所示。

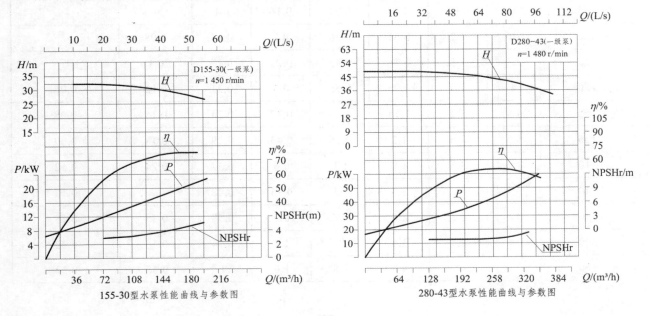

155-30型水泵性能曲线与参数图　　　　280-43型水泵性能曲线与参数图

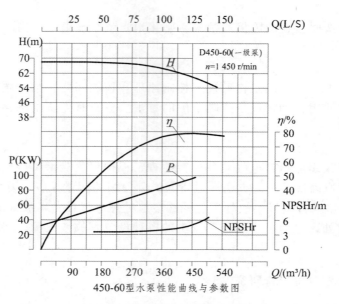

450-60型水泵性能曲线与参数图

图 45.56　抽水机性能曲线

　　电力负荷满足的前提下，在 1 号斜井隧道右线掌子面设计的固定泵站投入使用以后一直至 2008 年 12 月 23 日期间都是选择 160 kW 抽水机进行抽排水，由以上参数确定从掌子面泵站可一级将水抽排至斜井洞口，事实证明抽排水运转效果良好，取消井底泵站两级接力抽排水的配套设施。由于隧道较长，洞内设置横通道较多，面向掌子面方向排水管路架设在隧道右线的右侧，左侧布置电力线路，排水管路采用 ϕ159 钢管。后期用水量较大时使用功率较大抽水机（200 kW 和 355 kW）管路采用 ϕ200 和 ϕ250 与之相匹配。同时较新型材料 HDPE 排水管的采用大大提高了抽排水效率和减轻操作人员的劳动强度，也降低了排水管路的压力损失。表 45.16 为管道压力损失计算表；图 45.57 为现场采用的 HDPE 排水管。

表 45.16　管道压力损失计算

流量	管内径/mm							
m³/h	150	175	200	225	250	275	300	350
90	1.45	0.74	0.36	0.2	0.14	0.08		
105	1.95	0.91	0.47	0.27	0.16	0.1		
120	2.6	1.2	0.61	0.36	0.2	0.14	0.08	
135	3.3	1.5	0.76	0.45	0.25	0.17	0.1	
150	4	1.9	0.95	0.55	0.3	0.21	0.12	0.06
165	4.7	2.2	1.13	0.65	0.37	0.24	0.15	0.08
180	5.5	2.6	1.3	0.76	0.43	0.29	0.18	0.09
210	7.4	3.5	1.8	1.1	0.6	0.37	0.24	0.12
240	9.4	4.3	2.3	1.3	0.75	0.48	0.3	0.15
270	12	5.5	2.8	1.62	0.9	0.58	0.35	0.18
300	14	7.5	3.4	2	1.1	0.74	0.46	0.22
360		9	4.7	2.8	1.6	1	0.65	0.32

流量	管内径/mm							
420	1.3	0.82	0.41	0.21	0.12	0.07	0.03	
480	1.9	1.2	0.6	0.3	0.17	0.09	0.04	
540	2.35	1.52	0.75	0.38	0.22	0.12	0.05	
600	2.7	1.7	0.9	0.45	0.25	0.13	0.055	0.024
660	3.3	2.1	1.1	0.54	0.3	0.16	0.06	0.03
720	3.8	2.5	1.3	0.62	0.35	0.19	0.075	0.035
780	4.5	3	1.5	0.75	0.42	0.23	0.08	0.04

说明：①表中所标数据为每 100 m 新铸铁管的压力损失 m。

②其他管道的压力损失要在铸铁管的数值上乘下列系数：不锈钢 0.76；聚氯乙烯 0.76；土陶 0.80；焊接管 0.80；白铁管 1.17；轻度生锈管 2.10；严重结垢管 3.60。

③管件压力损失的近似计算方法：底阀：近似 15 m；管程：止回阀，近似 10 m 管程；开关阀：近似 5 m 管程；弯管和弯头：近似 5 m 管程。

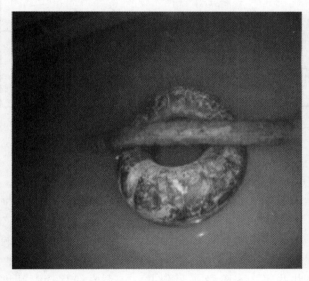

图 45.57　HDPE 排水管的采用

2. 泵的故障及排除方法总结

每台抽水机相对应的排水管路若出水量的统计分析结果小于额定工作效率时，说明需要对排水管路进行检查维护或者对相应抽水机进行维护与检修了。通过长期的现场操作经验及对抽水机工作性能掌握总结了如何快速的诊断、维护和检修从而提高工作效率，使设备尽快投入工作。定期检查泵的性能而且要做记录，如流量、扬程、振动等，按这些记录数据分析泵是否运转正常，是否需要检修，或要确定修哪一个部位。在一般条件下，精确地测试、记录、定期的总结记录，那么几个月就可以得到泵是否需要维修的可靠资料。除了在规定时间监测之外还有一些维护是经常性的，如检查泵底座、泵、电动机是否紧固；检查仪表、引线的状况，检查管路是否泄漏或松动或其他形式的损坏；填料压盖不能压得过紧，否则会影响填料及轴承的寿命；轴承润滑油每工作 1 000 h 更换一次，如果需要维修应立即检修。同时总结出一些抽水机及泵的故障及排除方法如表 45.17 所示。

表 45.17　抽水机的故障及排除方法

序号	故障	原因	解决方法
1	泵出口处压力表有压力而泵不出水	出口阀门未打开，旋转方向不对，叶轮淤塞或转数不够	打开出口阀，检查电机，清洗或更换叶轮，提高转数
2	水泵不吸水，真空表表示高度真空	底阀没有打开或已淤塞，或水泵损坏，或转数不够	校正或更换底阀，清洗或更换吸水管，降低吸水高度
3	水泵不吸水，压力表及其真空表的指针剧烈跳动	注入水泵的水不够，进水管与仪表等处漏气	再往水泵内注水，拧紧堵塞漏气处
4	流量不足	水泵淤塞，密封环磨损过多，转数不足	清洗水泵及管子，更换密封环，提高转数
5	水泵消耗的功率过大	填料压盖太紧，填料室发热，叶轮磨损，水泵供水量增加	拧松填料压盖或更换填料，更换叶轮，增加出水管阻力来减少流量
6	水泵内部声音反常，水泵不上水	流量太大，吸水管内阻力过大，吸水高度过大。在吸水管处有空气流入	增加出水管内的阻力以减低流量，检查吸水管或底阀，减少吸水高度，拧紧漏气处
7	水泵振动	泵轴与电机轴线不在同一条中心线上，赃物或水侵入轴承	把水泵和电机的轴中心线对准，清洗轴承更换润滑脂
8	平衡水中断，平衡室发热，电机功率增加	水泵在大流量低扬程运转，平衡盘与平衡环产生摩擦	关小出口闸阀至设计工况运转，拆卸平衡盘进行检修
9	轴承过热	润滑脂干固或比较脏，水泵轴与电机不在一条中心线上	检查或清洗轴承体更换润滑脂把中心对准

（三）突泥涌水后追排水技术研究

1. 总体施工方案

象山隧道 1 号斜井及进口涌水抽排分三阶段进行，如图 45.58 所示。

首先，利用进口止水墙现有 6 根排水管路，采用自然排放与抽水机抽排相结合的方式向进口排水，将水位高出进口挡水墙底部以上的水量全部通过进口排出。

其次，分别按先后顺序拆除斜井、进口右线、左线挡水墙，采用抽排的方式向洞外排水，正洞左线抽排至 5 号通道处，暂停进口左线移动泵站（左线 5 号通道~斜井井底存有约 1 万 m³ 碎石），改由 1 号斜井及正洞右线抽排，直至抽排至 1 号斜井井底。本阶段 1 号斜井、正洞右线移动泵站排水能力按照 2 000 m³/h 配置，正洞左线按照 1 000 m³/h 配置。

第三，涌水抽排通过 1 号斜井井底后，暂停 1 号斜井移动泵站，恢复正洞左线移动泵站，利用正洞左、右线移动泵站通过 1 号斜井向外排水，抽排至砂袋拦水墙处，采用人工在砂袋拦水墙中清理出泄水通道，同时根据水位情况，适时将砂袋拦水墙预埋的闸阀打开，保持砂袋拦水墙两端水位平衡。砂袋拦水墙处水深在 1 m 以下时（挖掘机可涉水作业深度），左、右线错开利用挖掘机配合运输大车将砂袋清理出洞外，恢复左、右线移动泵站，直至隧道蓄水抽完。本阶段正洞左、右线移动泵站排水能力按照 2 000 m³/h 配置。

涌水抽排过程中，仰拱顶面淤泥较薄时，采用高压水冲洗，利用抽水机抽至洞外；仰拱顶面淤泥较厚时，采用高压水稀释后，再用泥浆泵抽至混凝土罐车并运至洞外。

2. 抽排水系统配置

（1）第一阶段。

利用现有 6 根排水管路，采用自然排放与机排相结合的方式向进口排水：挡水墙底部泄水管以上的水量靠自然排放，以下的水量靠机械抽排。此阶段总计排水方量为 4.6 万 m³。

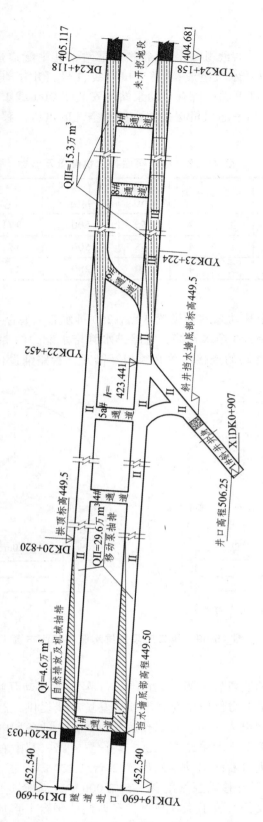

图 45.58　三阶段排水示意

（2）第二阶段。

利用移动泵站从 1 号斜井、隧道进口左、右线向洞外排水，直至抽排水到 1 号斜井井底。此阶段的排水方量约 29.6 万 m³。

① 设备配置。

1 号斜井、隧道进口左、右线共设置三个移动泵站，其中隧道进口左线移动泵站排水能力为 1 000 m³/h，由 4 台 D280-43×4 抽水机组成；隧道进口右线、1 号斜井移动泵站排水能力均为 2 000 m³/h，分别由 4 台 D450-60×3 抽水机组成；所有移动泵站均安装于 20 t 载重汽车改制的平台上形成移动泵站。另外个阶段备用 1 台大功率通风机保持洞内新鲜空气的供应。移动泵站抽水机配置及参数如表 45.18 所示。

表 45.18 移动泵站抽水机配置及参数

序号	位置	抽水机型号	单位	数量	功率/kW	单台流量/（m³/h）	扬程/m	出水口径/mm	备注
1	1 号斜	D450-60×3	台	4	355	500	171	ϕ250	另备用 1 台
2	右线	D450-60×3	台	4	355	500	171	ϕ250	另备用 1 台
3	左线	D280-43×4	台	4	200	280	172	ϕ200	另备用 1 台

② 管路配置。

进口右线、1 号斜井每个移动泵站各设置 4 路 ϕ250 排水管，每路排水管排水能力约 500 m³/h。进口左线移动泵站安装 4 路 ϕ200 排水管路，每路排水管排水能力约 280 m³/h。为减少管路的占用空间，在安装布置管路时，各管路的连接法兰必须相互错开，管路铺设位置见图 45.59。

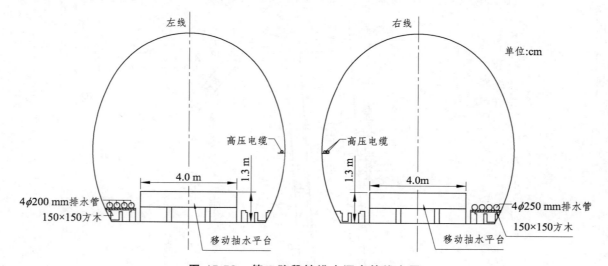

图 45.59 第二阶段抽排水洞内管线布置

③ 电力系统配置。

进口左、右线移动泵站的装机容量为 2 220 kW，1 号斜井移动泵站装机容量为 1 420 kW；进口左、右线和 1 号斜井移动泵站电力供应由龙岩电业局马坑专线提供，额定容量为 6 000 kVA，象山隧道进口还有一趟 10 kV 的农网电力线路，可以作为 1 000 kVA 的备用电源；高压电缆采用 3×50 mm² 由正洞左、右线及斜井洞外接至移动泵站变压器，共设置 4 路，其中右线 2 路，左线和斜井各 1 路，架设位置如图 45.58 所示；进口右线移动泵站配置 2 台 1 250 kVA 配套变压器，进口左线配置一台 1 250 kVA 配套变压器，1 号斜井移动泵站配置一台 2 000 kVA 配套变压器。同时配套 10 kV 油开关和低压配电屏，每套配变电设备安装于 15 t 载重汽车改制的平台上形成移动变电站。

（3）第三阶段。

此阶段须将原正洞的排水管路拆除，重新安装铺设在 1 号斜井和向大里程方向的正洞内，隧道内剩余的涌水全部通过 1 号斜井排出洞外。待洞内涌水抽至掌子面附近时对抽水设备重新进行组合安装，建造抽排水能力为 5 000 m³/h 的固定泵站。该阶段排水总方量约 15.3 万 m³。

① 设备配置。

将第二阶段采用的 1 号斜井移动泵站使用的大排量抽水机移至隧道左线,右线继续使用第二阶段大排量抽水机,原进口左线 1 000 m³/h 的移动泵站暂停使用。移动泵站抽水机配置及参数如表 40.19 所示。

表 45.19 移动泵站抽水机配置及参数

序号	位置	抽水机型号	单位	数量	功率/kW	单台流量/(m³/h)	扬程/m	出水口径/mm	备注
1	左线	D450-60×3	台	4	355	500	171	ϕ250	另备用 1 台,最终用在掌子面
2	右线	D450-60×3	台	4	355	500	171	ϕ250	另备用 1 台,最终用在掌子面
3	掌子面	D280-43×4	台	4	200	280	172	ϕ200	另备用 1 台,最终用在掌子面

② 管线路配置。

将第二阶段 1 号斜井底至进口方向使用的 ϕ250 排水管路将全部拆除,并向出口方向铺设和斜井内安装铺设。此阶段,1 号斜井内共布设 8 路 ϕ250 管路、4 路 ϕ200 排水管路(掌子面固定泵站需用管路提前安装),具体布置见图 45.60。

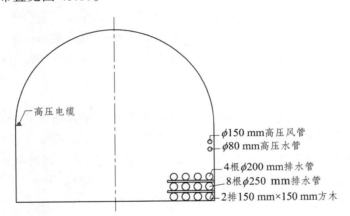

图 45.60 斜井管线布置示意

③ 电力系统配置。

隧道左、右线移动泵站配变电站配置同第二阶段。原斜井移动泵站电力系统配置待洞内集水抽至掌子面附近时重新进行安装使用,作为固定泵站 5 000 m³/h 排水能力配套设施的一部分。

3. 突泥涌水后追排水方案的设计优化

(1)斜井、正洞排水能力的比选。

移动泵站的运输汽车经过改装后,排气管高度仅有 0.8 m,抽水机的最大有效吸程也仅有 10 m,吸水龙头吃水深度还需 0.4 m。隧道正洞坡度为 11‰,从正洞抽水时,为保证进水管底阀在水面以下移动泵站每次只能移动约 46.4 m,隧道左、右线第二阶段抽排水的总长度为 2 432 m,移动泵站抽排水共需移动次数为:2 462/46.4=54 次,这就造成了隧道左、右线移动泵站的移动频繁,增大工作难度,大大降低抽排水的工作效率。1 号斜井的坡度为 9.17%,为保证进水管底阀在水面以下移动泵站每移动一次距离约是 14.3 m,斜井内第二阶段抽水长度是 302 m,所以第二阶段斜井内移动泵站抽排水共需移动次数为:302/14.3=22 次。综上所述,为减少移动泵站的移动次数,加快排水速度,减轻劳动强度,1 号斜井应作为抽排水的主要作业面,1 号斜井移动泵站的排水能力应尽量配大。

（2）挡水墙拆除。

在第一阶段排水完成后，在充分考虑斜井及进口的纵坡后（进口坡度为 10.8‰，斜井陡坡段 10.3%），确定首先拆除斜井挡水墙，在拆除挡水墙前先将斜井挡水墙附近的变压器及配电柜向移至缓坡段，斜井挡水墙拆除完成后，采用挖掘机配合运输大车出渣，出渣完成后立即开始斜井 2 000 m³/h 的抽水；然后组织拆除进口右线挡水墙，投入右线 2 000 m³/h 抽水系统；最后拆除左线进口挡水墙，并投入左线 1 000 m³/h 抽水系统。

挡水墙拆除时，斜井挡水墙一次性拆除到位，避免日后处理对管线路造成影响。正洞止水墙拆除时应采用掏槽（小导洞）超前的措施，尽量降低爆破对衬砌的影响。

（3）存放碎石段抽水方法。

洞内左线 DK22+030～DK22+390 段存放有约 10 000 m³ 的碎石，当左线 1 000 m³/h 移动抽水站抽水到达 DK22+030 时，停止左线抽水，将抽水设备及变压器移出洞外；同时利用右线及斜井的抽水设备将洞内积水抽至井底后，再将左线的抽水设备从进口右线行走至 1 号斜井井底，经 6 号横通道到左线继续进行抽水。

（4）砂袋袋拦水墙清理。

左、右线砂袋拦水墙分别位于左线 DK22+614～+644 处、右线 YDK22+637～+667 处，当抽水至砂袋拦水墙时，先将砂袋拦水墙预埋的闸阀打开，同时采用人工在砂袋拦水墙上拆除砂袋形成一个泄水通道，通过排水使得砂袋拦水墙处水位降低。当砂袋挡水墙处水位低于 1 m 时（挖掘机可涉水作业高度），退出移动泵站，利用挖掘机及自卸汽车清除砂袋拦水墙。拆除砂拦水墙时先拆除右线砂袋拦水墙，利用左线抽水，然后再拆除左线砂袋拦水墙。在砂袋挡水墙清理过程中，袋装水泥凝固后人工、机械不能清理时，先采用松动爆破，然后再采用人工或机械进行清理，爆破时人员、设备撤至安全地带。

（5）清理淤泥。

在涌水抽排后，仰拱顶面剩余的少量淤泥，采用潜水泵从洞内抽水或者利用高压水将其冲洗，再通过大功率泥浆泵排至洞外。若泥浆浓度过大，优先考虑利用高压水稀释后再通过大功率泥浆泵排至洞外，也可利用高压水稀释后，再利用泥浆泵抽至混凝土罐车，经混凝土罐车运至洞外。

若泥浆特别厚的地段（估计在 8 号～9 号横通道～掌子面间的正洞），应暂停抽水或采用移动局部抽水，同时人工配合挖掘机进行清理，运输大车运至洞外。

（6）移动泵站下穿修补台架、模板台车。

右线在 1 号斜井井底和 9 号横通道处有修补台架各 1 个，左、右线出口各有模板台车 1 台。2 000 m³/h 的移动泵站尺寸过大，不能穿过修补台架、模板台车，采取的措施是：斜井抽水至 1 号斜井井底、9 号横通道处时，现场将修补台架拆除，移动泵站继续向前抽水，到达左、右线出口模板台车处，根据 YDK24+158 岩溶突水地面孔投注封堵初步设计方案，封堵后掌子面涌水量小于 150 m³/h 的标准，可利用 1 000 m³/h 移动泵站穿过模板台车向前继续抽水。同时将另外两个 2 000 m³/h 的移动泵站进行拆装，改造成为最后 5 000 m³/h 固定泵站的一部分。

（7）洞内掌子面固定泵站的修建。

涌水抽排至掌子面附近时，在原固定泵站处（YDK24+010）未衬砌地段单边设抽水机平台，抽水机平台长 30 m，宽 2.4 m，高 1.8 m。同时对原水仓进行扩大，水仓长度 30 m，与泵站平台配套，水仓宽度 3.4 m，水仓深 1.5 m，水仓中心设隔墙，顶部利用栈桥铺盖，满足车辆通行要求，泵站排水能力按照 5 000 m³/h 配置（8×500+4×280），出水管通过 1 号斜井排至洞外。

4. 投入的资源

为了保证涌水抽排能够按照计划进行，需投入如下资源，详见表 45.20 所示。

表 45.20　资源计划配置及参数

序号	设备材料	型号规格	单位	数量	备注
1	载重汽车	15T	台	4	改装移动泵站、变电站用
2	载重汽车	20T	台	3	改装移动泵站、变电站用
3	抽水机	D280-43×4	台	12	备用 2 台套
4	抽水机	D450-60×3	台	16	备用 2 台套
5	焊接钢管	ϕ200	m	11 600	共 4×2 900=11 600 m
6	焊接钢管	ϕ250	m	34 800	共 12×2 900=34 800 m
7	高压电缆	3×50	m	18 200	3×5 000+3 200=18 200 m
8	低压橡套电缆	3×250+2	m	720	每台抽水机平均按 60 m 考虑
9	低压橡套电缆	3×185+2	m	720	每台抽水机平均按 60 m 考虑
10	变压器	1 250 kVA	台	3	
11	变压器	2 000 kVA	台	1	
12	真空开关		个	22	
13	配电屏	GGD2500	套	4	
14	法兰盘	ϕ200	个	4 000	备用 132 个
15	法兰盘	ϕ250	个	11 700	备用 100 个
16	闸阀	ϕ200	个	20	
17	闸阀	ϕ250	个	60	
18	止回阀	ϕ200	个	20	
19	止回阀	ϕ250	个	60	
20	高压软管	ϕ200×5 m	根	56	8×4+4×6=56
21	高压软管	ϕ250×5 m	根	72	12×6=72
22	高压电缆接头		个	160	6×6×4=144 备用 16 个
23	接线端子		个	338	12×24=288 个，50 个备用
24	螺栓	ϕ200 管路用	套	20 340	11 600/6×10=19 340 考虑损耗 1 000
25	螺栓	ϕ250 管路用	套	70 600	34 800/6×12=69 600 考虑损耗 1 000
26	装载机	ZL50C	台	3	
27	挖掘机	现代 215	台	3	
28	自卸汽车	25 t	台	10	
29	变压器	630 kVA	台	3	
30	电缆	3×185+2	m	900	
31	钢管	ϕ150	t	26	1 450 m，17.81 kg/m
32	泥浆泵	11 kW	台	10	

（四）抽水泵站的设计及设备的装配

1. 抽水泵站的设计

（1）固定泵站的设计与布置。

依据洞内实际施工情况在距掌子面约 50 m 距离设计固定泵站，泵站平台采用 16 废旧工字钢加工，设计高度距仰拱面为 1.5 m，为了保证各施工车辆正常通行将变压器、抽水机、配电柜等采取分离式合理布置。为避免频繁启动大功率抽水机，泵站集水坑设计蓄水量为 80 m³，在泵站进水口处设置中隔墙，第一用来沉淀杂质和过滤杂物作为沉淀池以降低抽水机的磨损和故障率，第二用来搭载通行栈桥。

（2）移动泵站的设计与布置。

移动泵站的设计主要是为了用于 1 号斜井突泥用水后追排水使用，每一组移动泵站（移动泵站抽排水能力分别为：2 000 m³/h、1 000 m³/h）由两台自卸汽车（25 t）改装而成，其中一台用于安装供电系统配置（主要用于安装变压器、配电柜、高压开关）、另一台则由于安装抽水设备配置（主要用于安装抽水机、抽水机配套启动柜、进出水管路）。尤其是移动泵站的用电安全，因为其要不定时的进行涉水作业，加之洞内空气湿度大所以高压用电安全风险极高，通过安装安全护栏、加装自动过载断路器、漏电保护器、线路上加装过流真空开关等技术措施来保障，同时加强操作人员安全技术培训和安全操作规程培训等内容确保安全万无一失。泵站抽水机平台和泵站变压器平台均采用 φ16 工字钢加工制作，通过骑马扣和焊接固定在 25 t 运输汽车两个大梁上。图 45.61 移动泵站供电系统配置；图 45.62 为移动泵站抽水设备配置；图 45.63 为泵站抽水机平台示意图；图 45.64 为泵站变压器平台示意图。

图 45.61　移动泵站供电系统配置

图 45.62　移动泵站抽水设备配置

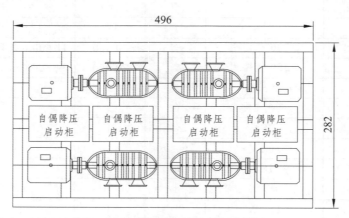

图 45.63　泵站抽水机平台示意

2. 抽水设备检修时机械密封的安装和技术要求

机械密封是精密的部件，制造精度及安装精度要求都很严格，如果装配不当就会影响密封性能，要正确安装必须注意以下几点：

（1）泵用机械密封的安装对机、泵以及机械密封的配合部分技术要求：轴弯曲度最大不得超过 0.05 mm；轴在安装机械密封处的振摆量不得大于 0.1 mm；轴的轴向窜动量不允许大于 0.5 mm；安装机械密封部位轴制造公差为 h8，光洁度 1.6；安装动环密封圈的轴（轴套）端部以及安静环密封圈的密封压盖（或壳体）的端部应做成倒角并修光。

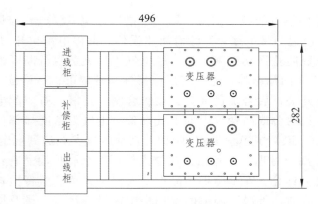

图 45.64　泵站变压器平台示意

（2）泵用机械密封的安装要求：部件内各零件均符合图纸要求；上紧压盖时应在联轴器找正后进行，压紧螺丝应均上紧，防止法兰面偏斜；弹簧的压缩量按图纸规定进行允许误差±2 mm；动环安装后必须保证动环能在轴上灵活移动。

（3）泵用机械密封的冷却和冲洗：第一种冷却形式由泵的出口或高压端，将输送的干净介质，直接冲洗密封端面，然后进入泵腔内，通过介质的不断循环，将摩擦端面的摩擦热带走达到冷却的效果。第二种冷却方式是在第一种冷却形式的基础上在静环的背部增加一冷却水套，冷却效果有所改善，并可以冲洗，收集泄露出来的液体。如介质中含有颗粒或杂质，必须采用过滤措施，在进水龙头处根据介质中所含有颗粒或杂志的大小来安装过滤网。

（4）机械密封安装、使用技术要领：设备转轴的劲向跳动应≤0.04 mm，轴向窜动量不允许大于0.1 mm；设备的密封腔部位在安装时应保持清洁，密封零件应进行清洗，保持密封端面完好无损，防止杂质和灰尘带入密封部位；在安装过程中严禁碰击、敲打，以免使机械密封付破损而密封失效；安装时在与密封相接触的表面应涂一层清洁的机械油，以便能顺利安装；安装静环压盖时，拧紧螺丝必须受力均匀，保证静环端面与轴垂直求；安装后用手推动动环，能使动环在轴上灵活移动，并有一定弹性；安装后用手盘动转轴、转轴应无轻重感觉；设备在运转前必须充满介质，以防止干摩擦而使密封失效；应采取相应的冲洗、过滤、冷却措施。

3. 移动泵站安全用电管理及采取的技术措施

（1）总则。

① 移动泵站设施投入运行前，项目建立健全用电管理机构，组织好运行维护专业班组，明确管理机构与专业者的职责。用电班组必须建立用电安全岗位责任制，明确各级用电安全责任人，用电作业人员必须持证上岗，熟悉本移动泵站的供电系统，严禁非电工人员拆装电气设备。为确保职工在移动泵站抽排水工作中的安全，根据国家有关规定并结合我项目移动泵站抽排水的实际情况，特制定专项用电管理制度，并多次组织有关操作班组人员认真培训学习。用电工作必须贯彻"安全第一"和安全生产预防为主的方针，安全生产，人人有责。各级行政第一责任人是安全生产第一责任者，各级领导必须以身作则，各级安全管理部门及人员要认真负责，严格按操作规程和用电管理制度进行监督检查。

② 电气工作人员必须具备必要的电气知识，按其职务和工作性质熟悉安全操作规程和运行维修操作规程。在移动泵站工作零线与保护零线分开使用，保护零线或保护接地线时，其线路上不准装有刀闸、熔断器并多处做有重接地，所有的电器设备外壳和人身所接触到的金属结构上都必须采取保护接零或保护接地。电力线路必须采用两级以上漏电开关，配电箱、开关箱内安装的接触器、刀闸、开关等电器设备应动作灵活，接触良好可靠，触头没有烧蚀现象，并装好保护罩后方可使用。施工现场停、送电前必须通知移动泵站各用电作业班组，再行作业。在同一个供电系统中坚决不允许采用一部分保护接零，而另一部分接地保护。

③ 在停电线路上工作防触电的技术措施：即"三措"停电、验电、挂接地线，如没有以上过程安全技术措施的线路，均应视为带电线路。注意防止误停、漏停电源拉开刀闸，高压油开关应检查，"分""合"标志位置并采取防止误动措施；在线路电气工作人员自行断开的开关或刀闸上处应悬挂"禁止合闸"线路上有人工作的标志牌，操作完后应将标志牌取下；严格按照送电顺序操作，先送总的，后送分的，先合隔离开关，后合负荷开关，逐级合闸，逐级检查。配电箱内应设总刀闸和分路刀闸，每一分路刀闸不能接两台或两台以上的电气设备。电气设备明显部位应悬挂"严禁靠近，以防触电"的标志，尤其是高压移动变电站围栏防护及接地装置安装达到规定要求并定期检查。

④ 安全防护用品的作用与管理：设备运行检修人员用安全防护用品有：工作手套、绝缘鞋、长袖工作服、电工所使用的工具等。安全防护用品设专人保管并负责监督检查，保证其随时处于备用状态，防护用品应存放在清洁、干燥、阴凉的专用柜中。设备运行人员及检修人员要进行专业安全防护教育及安全防护用品使用训练。低压带电工作应设专人监护，使用绝缘柄的工具工作时应站在干燥的绝缘物上或穿低压绝缘鞋进行，并戴绝缘手套和安全帽，必须穿长袖衣工作服，严禁作用锉刀、金属尺和带有金属物的毛刷等工具，低压接户应随身携带低压验电笔。

⑤ 高、低压线路架设工作时应先检查与高压线的距离，采取防止误碰带电高压设备的措施，在低压带电导线未采取绝缘措施时，工作人员不得穿越在带电低压配电装置上。在变台或有闭式刀闸上拆搭接线应指定熟练工人操作，保持对带电体的安全距离。配电柜、配电盘的母线上方不得安装灯具。

⑥ 现场配电安装及检查，移动泵站变电台必须装设围栏，围栏要严密，并在明显单位悬挂"高压危险"警告牌。移动泵站变台围栏内应保持整洁，不得码放任何材料、堆积杂物等。从移动泵站变电台接出的各种绝缘导线均得架空敷设，应采取护套缆线，缆线易受伤的线段应采取保护措施。所有电气设备的金属外壳以及和电气设备连接的金属构件必须采取妥善的接地或接零保护。接地线或接零线不得有接头，与设备及端子连接必须牢固可靠，接触良好，压接点一般设在明显处，并绝缘保护，导线不应随拉力。凡被水淹的电气设备应进行必要的干燥处理，经摇测绝缘合格后，方可再行使用。落地式配电箱的设置地点就平整，防止碰撞、物体打击、水淹，配电箱附近不得堆放杂物。用电设备至配电箱之间的距离，一般不应大于 5 m，固定式配电箱至流动闸箱之间的距离最大不应超过 40 m。照明灯具与易燃物之间应保持安全距离 300 mm，聚光灯、碘钨灯安全距离不小于 500 mm。在特别潮湿的场所局部照明灯、行灯及标灯，其电压不应超过 36 V，行灯电源线应使用护套缆线，不得使用塑料软线。各级不得以任何理由强行电工进行违章作业。

⑦ 触电急救：脱离电源，如果触电者尚未脱离电源，救护者不应直接接触其基身体。应设法迅速使其脱离电源，并防止触电者摔伤。脱离电源的方法：① 断开电源开关；② 用相适应的绝缘物使触电者脱离电源；③ 现场可采用短路法使开关掉闸或用绝缘杆挑开导线等，然后进行急救。

（2）用电管理奖惩制度。

① 对严格执行操作规程，认真落实分队、电工班长责任制，考核期内无责任事故的班组给予用电安全奖励 200 元；

② 对于各项自检记录齐全，标牌齐全，能支持按规定使用劳保用品的无违章行为的单位考核期内每次奖励 200 元；

③ 对于能够及时发现严重违章行为消除重大用电隐患的个人一次性奖励 500～2 000 元；

④ 每发现一次违反操作规程的行为，用电管理制度执行不严格的操作者罚款 100 元；

⑤ 对于电器线路安装不合规格者罚款 100 元；

⑥ 对于不按要求安装电器设备造成电气设备损坏或存在重大隐患的人员罚款 500 元；

⑦ 无证人员擅自安装或拆除带电设备的人员及违章指挥人员各罚款 1 000 元。

（3）泵站电耗节能技术。

① 关于泵站的目标电耗节能技术的技术理论、技术原理和技术特点等简要介绍。目标电耗节能控制系统在于采用软硬件结合的方法，通过对排水系统的工艺要求包括（压力、流量、浓度等）和设备参数给出排水系统的排水电单耗值及相应的水泵运行搭配策略和调速策略，使泵站系统整体运

行效率最高，从而保持泵站系统在既满足运行工况同时又排水的电单耗最小的状态下经济运行。抽排水泵站的吨水电耗表达式：

$$W = \frac{H(Q \cdot t)}{367 \times \eta(Q \cdot H)}$$

式中　W——每吨水耗电量值（$kW \cdot h/m^3$）；

$\quad\quad H(Q \cdot t)$——泵站提供的总扬程（m）；

$\quad\quad \eta(Q \cdot H)$——泵站运行效率（%）；

$\quad\quad H(Q \cdot t)$ 是流量 Q 和时间 t 的函数，它的大小同工艺要求和设备自身的调节能力有关。

$\quad\quad \eta(Q \cdot H)$ 是流量 Q 和扬程 $H(Q \cdot t)$ 的函数，它的表达式如下

$$\eta(Q \cdot H) = \eta_1(Q \cdot H) \times \eta_2(Q \cdot H) \times \eta_3(Q \cdot H) \times \eta_4(Q \cdot H) \times \eta_5(Q \cdot H) \times \eta_6(Q \cdot H)$$

式中　$\eta_1(Q \cdot H)$——水泵的运行效率；

$\quad\quad \eta_2(Q \cdot H)$——联轴器的运行效率；

$\quad\quad \eta_3(Q \cdot H)$——电机的运行效率；

$\quad\quad \eta_4(Q \cdot H)$——调速装置的运行效率；

$\quad\quad \eta_5(Q \cdot H)$——配电装置的运行效率；

$\quad\quad \eta_6(Q \cdot H)$——变压器的运行效率。

$\quad\quad \eta_1(Q \cdot H) \sim \eta_6(Q \cdot H)$ 是泵站流量 Q 和扬程 $H(Q \cdot t)$ 的函数，它们也会随着泵站水量 Q 和泵站排水总扬程 $H(Q \cdot t)$ 的变化而变化。假设工艺要求的泵站总扬程为 $H_0(Q \cdot t)$，泵站提供的总扬程为 $H(Q \cdot t)$，则泵站浪费的宽裕扬程为 $\Delta H(Q \cdot t)$：

$$\Delta H(Q \cdot t) = H(Q \cdot t) - H_0(Q \cdot t)$$

泵站的整体效率 $\eta(Q \cdot H)$ 随着流量 Q 和泵站总扬程 $H(Q \cdot t)$ 变化，对于给定泵站的某一工况（Q,H），在泵站设备可以采取不同的调节方式中，存在一整体效率的最好运行方式，此最大效率值记为 $\eta_{max}(Q \cdot H)$，该 $\eta_{max}(Q \cdot H)$ 不是所有设备最高效率的乘积，它是指对工况 $(Q \cdot H)$，在所有可能的调节手段中所能达到的最高效率，它是一个有约束调节的最大值。泵站实际整体运行 $\eta(Q \cdot H)$ 同最大效率 $\eta_{max}(Q \cdot H)$ 之间的差值，称为效率偏差值 $\Delta \eta(Q \cdot H)$。

$$\Delta \eta(Q \cdot H) = \eta_{max}(Q \cdot H) - \eta(Q \cdot H)$$

泵站的吨水电耗表达式变为：

$$W = \frac{H(Q \cdot t)}{367 \times \eta(Q \cdot H)} = \frac{H_0(Q \cdot t) + \Delta H(Q \cdot t)}{367 \times (\eta_{max}(Q \cdot H) \times \Delta \eta(Q \cdot H))} = \frac{H_0(Q \cdot t)}{367 \times \eta(Q \cdot H)} + \frac{\Delta H(Q \cdot t)}{367 \times \eta(Q \cdot H)}$$

$$= \frac{H_0(Q \cdot t)}{367 \times \eta_{max}(Q \cdot H)} + \frac{H_0(Q \cdot t)}{367 \times \eta_{max}(Q \cdot H)} \times \frac{\Delta \eta(Q \cdot H)}{\eta(Q \cdot H)} + \frac{\Delta H(Q \cdot t)}{367 \times \eta(Q \cdot H)}$$

上式中的第一部分代表了泵站所能实现的最小吨水电耗，这是我们所追求的目标电耗，记为 W_{min}：

$$W_{min} = \frac{H_0(Q \cdot t)}{367 \times \eta_{max}(Q \cdot H)}$$

上式中的第二部分代表了当前工况下，泵站存在的节电潜力，从负面讲也是泵站浪费的吨水电耗，记为 ΔW：

$$W = \frac{H(Q \cdot t)}{367 \times \eta_{max}(Q \cdot H)} \times \frac{\Delta \eta(Q \cdot H)}{\eta(Q \cdot H)} + \frac{\Delta H(Q \cdot t)}{367 \times \eta(Q \cdot H)}$$

上式中的第一部分是由于泵站运行效率 $\eta(Q \cdot H)$ 偏高最高效率 $\eta_{max}(Q \cdot H)$ 形成效率偏差 $\Delta \eta(Q \cdot H)$ 而造成的节电潜力（或电能浪费），第二部分是由于泵站运行存在富裕扬程 $\Delta H(Q \cdot t)$ 而造成的。

② 技术原理。

目标电耗节能技术，是在满足工艺要求的条件下，实现水泵排水的电电耗最低（即目标电耗）的一项节能技术。它的基础是任一排水系统中存在着一个与系统运行状态（系统运行参数）相对应的吨水耗电量（$kW \cdot h/m^3$）的最小值。利用目标电耗节能控制技术，使排水系统在吨水耗电量最小的运行状况下运行，即可使该排水系统生产运行的耗电量最少。用此技术对排水系统进行节能技术改造，即可得到最大的节电量和节能效益，实现排水系统的经济运行。目标电耗节能控制技术最重要特点是给出排水系统排水时的电单耗最小值，以及相应的水泵运行搭配策略和调整策略。主要取决于拟定的计算方法，计算方法中考虑了工艺要求的压力、流量等，所用的水泵以及配套电机的额定参数和运行参数，如果配置了调速装置则应一并考虑其特性和运行参数，同时还应考虑排水系统和供电系统中各部分运行损耗，通过计算，找出电耗最低值及相应的系统设备运行参数。图45.65为抽水泵站目标电耗示意。

③ 技术特点：目标电耗节能技术具有三大核心特点。

量化测算：根据抽水泵站系统的设备参数和设备运行数据，测算出一个泵站系统（包括有变频调速设备的泵站和没有变频调速设备的泵站）有多大的节能潜力，即节电比例是多少。

量化设计：根据测算的泵站系统的设备情况，设计出该泵站系统达到节能潜力而需要使用的设备，包括对泵组设备进行改动、设计叶轮、增加调速设备、增加目标电耗节能控制系统软件等方式。

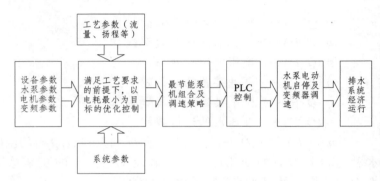

图 45.65　抽水泵站目标电耗示意

量化控制：根据测算的泵站系统的节能潜力，按满足工艺要求同时单位排量耗电又低的方式去控制运行泵站系统的原设备和设计的设备。

量化升级：按满足新的工艺要求和新的工况，对目标电耗节能控制系统软件予以升级。

④ 泵站目标电耗节能控制系统以目标电耗控制技术为基础，配备必要的硬件和软件构成的"泵站目标电耗节能控制系统"，包括目标电耗控制柜、目标电耗节能软件、上位计算机等几部分，具有以下几个功能：通过对排水系统的工艺要求和设备参数（扬程、流量等）的自寻优，使系统一直处于经济运行状态；在上位机上可设定要求的参数，控制系统可保证供水系统运行在新的经济运行状态；可实时监测、存储和显示供水系统的运行参数；对系统可选择人工控制和自动控制；"泵站目标电耗节能系统"适用于多种生产企业排水、输送水、油等液体物质的泵站，以及自来水厂、污水处理厂及水利排灌系统等部门。

⑤ 与常规变频调速节能的不同，目标电耗节能控制技术对泵站系统采用整体节能的技术路线，独特于常规的变频调速。一直以来，对于需要变负荷运行的水泵采用变频调速技术进行节能改造是一项节能效果、经济效益都很好的技术措施。由于水泵负荷变化幅度和变化频率频繁程度不同，所以实施的技改项目一般可以获得百分之十以上的节能效果。应用变频调试器所获得的节电效果只是减少了水泵富裕流量和富裕扬程所造成的多余耗电量，对于泵站整体运行的效率考虑很少，而泵站整体运行的效率高低对泵站系统的耗电有很大的影响，所以它的节电效果虽然好但不是最彻底的节电方式。所以使用目标电耗节能技术可以获得的节能效果比单独使用变频调速获得的节能效果更多，根据已经实施该技术的一些成功案例统计，在已有调速器的基础上又实现节电 7%-33%左右，节能效果因各排、送水系统的特性参数和运行状态不同而异。

（五）水文观测及涌水量变化的统计与分析

超声波流量计是一种非接触式测量仪表，可用来测量不易观察的流体流量和大管径流量，它不会改变流体的流动状态，不会产生压力损失且便于安装；超声波流量计的测量范围大，有各种不同管径范围；而且测量的体积流量不受被测流体的温度、压力、黏度及密度等物性参数的影响，抄记流量方便。主要用途是统计抽排水等的流量和当管路流量减少时易发现抽水机的工作效率，目的是记录抽排水流量和检查抽水机的工作效率，从而有针对性的检查排水管路和抽水机的性能。通过每天对洞内涌水量、抽排水量、降雨量的数据采集与统计分析总结可知降雨量、洞内涌水量、抽水泵站抽排水能力三者之间的影响关系，从而有根据的掌握了抽水泵站的抽排水能力范围，以便洞内涌水量发生变化是可采取积极地应对措施，避免淹井甚至造成更大的损失。表 45.21 为抽取一个月的涌水量、抽水量、降雨量数据统计。

表 45.21　抽取一个月的涌水量、抽水量、降雨量数据统计

日　期	抽水量/（万 m³/h）	掌子面水量补充/（万 m³/h）	降雨量/mm
2010/4/18	1.96	1.95	26.5
2010/4/19	3.61	3.62	0.2
2010/4/20	2.70	2.69	0.1
2010/4/21	4.58	4.58	0.0
2010/4/22	4.06	4.06	24.5
2010/4/23	3.84	3.85	8.7
2010/4/24	4.22	4.21	0.0
2010/4/25	4.17	4.17	0.0
2010/4/26	3.20	3.63	8.5
2010/4/27	3.44	3.60	0.0
2010/4/28	6.33	6.33	0.0
2010/4/29	5.30	5.41	0.0
2010/4/30	6.15	5.45	0.0
2010/5/1	4.57	3.83	0.0
2010/5/2	4.80	2.96	0.0
2010/5/3	5.57	4.80	0.0
2010/5/4	8.27	5.97	0.0
2010/5/5	5.11	3.36	0.0
2010/5/6	6.04	6.03	24.4
2010/5/7	7.67	5.44	16.8
2010/5/8	4.67	2.90	0.9
2010/5/9	6.62	7.40	21.6
2010/5/10	5.05	2.66	25.6
2010/5/11	4.57	4.08	0.6
2010/5/12	2.77	3.06	0.0
2010/5/13	3.06	2.23	0.0
2010/5/14	3.79	2.77	0.6
2010/5/15	3.68	3.59	23.7
2010/5/16	3.19	3.10	0.1
2010/5/17	3.10	3.00	0.1

十四、隧道供风、供水、电力供应及管线路布置

1. 供风及供水

象山隧道进出口设 125 m³ 电动空压站一座，每个斜井设 2 套 125 m³ 的空压站，以满足隧道开挖、支护等风动机械作业需求，隧道开挖面风压不小于 0.5 MPa。

在高压风管最低处设置油水分离器，定时放出管中的积油和水。

洞内供水采用河沟取水至洞顶山坡附近高压水池供水，隧道开挖面水压不小于 0.3 MPa。斜井施工供水设减压阀，避免作业面水压过大。

高压风、水管路敷设平顺、接头严密、不漏风、不漏水并符合相关要求，设专人负责检查、养护。

2. 供电及照明

隧道照明，成洞段和不作业地段采用 220 V，一般作业地段不大于 36 V，手提作业灯为 12 ~ 24 V；选用的导线截面使线路末端的电压降不得大于 10%，36 V 及 24 V 线不得大于 5%。

线路的架设、接入作业时，参照现行的《电业安全工作规程》的规定办理，按此规定，在每个工作区间设置应急照明系统，并设专人经常进行检查维修。

3. 管线布置

正洞管线布置图如图 45.66 所示。

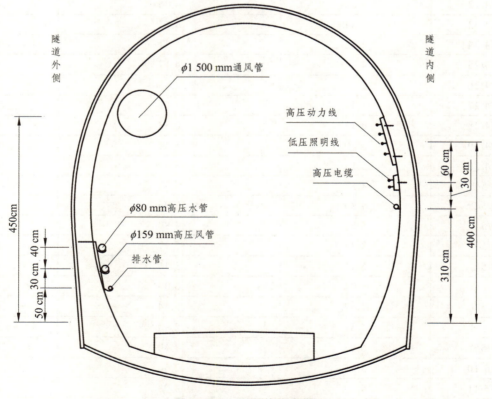

图 45.66　正洞管线布置

十五、弃渣场施工

象山隧道进口、出口、1 号斜井、2 号斜井、3 号斜井各斜井各设置了一座弃渣场，其中 3 号弃渣场与 4 号斜井共用一座弃渣场。

项目部进场后，在施工便道和基础设施的同时，开始修建弃渣场挡土墙，并按照地方水土保持、土地管理和环保部门要求做好挡土墙边排水的水沟。

挡土墙施工前根据图纸进行放线，当墙基础设置在岩石的横坡上时，先清除表面及风化层，做成台阶形台阶宽度比不大于 2 : 1，台阶宽度不小于 0.5 m；沿墙长度方向有纵坡时，按图纸要求做成台阶。

基础开挖完后检查基坑的尺寸、高程、宽度等，经监理工程师检验同意后，开始砌筑。

挡土墙砌筑时先两面立杆挂线或样板挂线，外面线顺直整齐，逐层收坡；砌筑过程中经常校正线杆，以保证砌体各部尺寸符合图纸要求。

砌体分层坐浆砌筑，砌筑上层时，不振动下层，不在已砌好的砌体上抛掷滚动，敲击石块，砌体砌筑完成后进行勾缝。砌体沉降缝、伸缩缝内用浸泡过沥青的木板堵塞，缝外侧用沥青麻絮填塞。挡土墙外露部分和转角石，选择表面较平整及尺寸较大的块石，并加以粗凿，在沉降缝处所有的块石，修凿出规则的棱角线，挡土墙背用片石镶面。砌体完工后及时清除积土，整理现场。

砌筑完成后，经过养护，砌体强度达到设计强度的 70% 后进行弃土。挡土墙施工完后，在弃渣超出挡土墙高度时，在最终弃渣的渣顶进行拍实，做成台阶状的 3% 的梯田式下坡，上面放土，厚度满足土地管理部门的要求后，进行复耕，并完成渣顶排水系统。

各管段各弃渣场挡护及排水系统全部完工。渣堆做成梯田状已复耕、绿化完毕。

十六、瓦斯段处理措施

象山隧道 1 号、2 号、3 号斜井工区，施工期间多次发生瓦斯气体燃烧现象，1 号斜井工区检测到的最大瓦斯涌出量为 1.49 m³/min，最小瓦斯涌出量为 0.498 m³/min；2 号斜井工区检测到的最大瓦斯涌出量为 1.41 m³/min，最小瓦斯涌出量为 0.4 m³/min，3 号斜井工区总的瓦斯绝对涌出量约为 0.108 m³/min，煤层的吨煤瓦斯含量为 9.629 m³/t，瓦斯压力为 10 Pa，施工按瓦斯隧道进行了设防。

1. 瓦斯段范围

象山隧道瓦斯段范围：左线 DK24+053 ~ DK27+428，右线 YDK24+098 ~ YDK27+404。

2. 瓦斯段地质情况

隧址区 DK25+230 ~ DK27+040 线路中线及左侧出露有童子岩组煤系地层（P_{1t}），适中镇象山公祠煤矿正在开采，隧道轴线在煤矿开采范围右侧。公祠煤矿始采于 1993 年，所采煤层属中灰、低硫、低磷、高发热量的无烟煤，施工期间监测资料显示，巷道空气瓦斯浓度：最高为 0.15%，一般为 0.08% 左右。煤层瓦斯在隧道开挖时涌出量较小，但不能排除局部密集的可能。分段地质情况说明如下：

DK24+070 ~ DK24+310：表层第四系覆盖，三叠系下统溪口组薄层粉砂岩、硅灰岩夹细砂岩，弱风化，节理裂隙较发育，局部有溶蚀现象，地下水较发育。围岩较稳定，为Ⅲ和Ⅳ级围岩。

DK24+310 ~ DK24+470：二叠系大隆组灰黄色，薄层状泥质粉砂岩、泥质砂岩、泥岩，弱风化，岩层产状 270°∠45°。岩石软，地下水较发育，为Ⅲ和Ⅳ级围岩。

DK24+470 ~ DK25+230：二叠系翠屏山组灰色，中薄层状泥质粉砂岩、细砂岩夹砂质泥岩，含煤线，弱风化，地下水不发育，产状 210°∠35°，属软质岩。为Ⅲ级围岩。

DK25+230 ~ DK27+040：二叠系童子岩组灰黄色，中薄层状、粉砂岩、泥质砂岩，夹煤层，弱风化，属软质岩，受 F10、F12 影响，节理裂隙发育，岩层破碎，地下水较发育。为Ⅳ和Ⅴ级围岩。

DK27+040 ~ DK27+220：三叠系下统溪口组薄层粉砂岩、硅灰岩夹细砂岩，弱风化，节理裂隙发育，受 F12、F13 断层影响，岩层破碎，地下水发育。为Ⅳ、Ⅴ级围岩。

DK27+220 ~ DK28+220：三叠系上统文宾山组下段中薄层粉砂岩、石英细砂岩，弱风化，节理裂隙较发育，为软质岩，隧道埋深大，开挖过程中，围岩可能发生大变形，地下水不发育。为Ⅲ级围岩。

3. 现场施工情况及瓦斯设防范围的确定

2008 年 1 月 3 日，象山隧道 1 号斜井工区正洞左线往出口方向在施工过程中，检测出瓦斯，浓度为 0.22%，2008 年 1 月 16 日，1 号斜井瓦斯检测浓度值达到 0.31%～0.36%，期间象山隧道 1 号斜井正洞发生过 2 次瓦斯气体燃烧现象。

2008 年 1 月 14 日上午 11:35，象山隧道 2 号斜井工区正洞左线往出口方向 DK25+052 处爆破后，开挖作业面出现不明气体燃烧现象，工区组织瓦检人员进行检测后浓度达 0.62%，之后又出现过 4 次不明气体燃烧现象。

2008 年 1 月 17 日建设单位对 1 号斜井左线进口下发了〔2008〕-01 号停工令，要求现场严格按《铁路瓦斯隧道技术规范》（TB10120—2002）组织施工，并要求工区加强洞内通风和瓦斯检测、严格控制火源、落实各项安全应急措施。2008 年 6 月 7 日下达复工令。

瓦斯属于高度风险因素，瓦斯的存在使得施工过程存在极大的安全风险，为确保施工安全，自象山隧道 1 号、2 号斜井工区检测出瓦斯及出现瓦斯燃烧现象后，参建各方均非常重视。2008 年 5 月建设单位委托福建煤电股份有限公司、福建省地质工程勘察院对 1 号、2 号斜井工区进行了瓦斯检测工作，并出具《龙厦铁路象山隧道瓦斯评估中间报告》，结合《新建龙厦铁路象山隧道施工期间 1 号、2 号斜井工区瓦斯地质分析评估报告》及工区提供的瓦斯检测资料，邀请福建省地质工程勘察院、福建省煤炭工业设计院、中国地质大学（武汉）和中铁四院有关专家，于 2008 年 6 月 24 日形成《龙厦铁路象山隧道瓦斯评估专家会会议纪要》（34），明确象山隧道为瓦斯隧道，发生煤与瓦斯突出可能性较小，1 号斜井施工工区为低瓦斯工区，大里程方向未开挖地段按照三级瓦斯地段处理；2 号斜井施工地段为瓦斯地段，煤系地段按二级瓦斯地段处理，非煤系且未开挖地段按三级瓦斯地段处理。

2008 年 7 月 4～5 日，龙厦铁路工程建设指挥部在龙岩市主持召开了《象山隧道风险评估》专家审查会，专家一致认为：象山隧道施工应按 I 级风险隧道进行建设管理，同时要求做好煤层瓦斯、放射性等监测工作。

基于现场实际情况，建设单位于 2008 年 7 月 15 日，在《龙厦铁路象山隧道 1 号、2 号、5 号斜井正洞和出口施工方案专题会会议纪要》（39）中进一步明确：1 号斜井正洞往进口方向未开挖地段按原设计施工；1 号与 2 号斜井正洞之间已开挖地段按原设计施工；1 号与 2 号斜井正洞之间未开挖地段，在二次衬砌模筑混凝土中掺加气密剂，其他按原设计进行施工。2 号斜井正洞右线大里程方向 YDK25+006～+570 段，为非煤系地层地段，按原设计施工，预留排气管。YDK25+570 往大里程方向按照瓦斯隧道设计、施工；2 号斜井正洞左线大里程方向已开挖地段至 YDK25+486，为非煤系地层，按原设计施工，预留排气管。YDK25+486 往大里程方向按照瓦斯隧道设计、施工。瓦斯区段终止里程由参建四方根据现场情况确定。

继象山隧道 1 号、2 号斜井工区检测出瓦斯后，2009 年 6 月 19 日象山隧道 3 号斜井工区正洞右线进口方向 YDK27+404 处，已经进入童子岩组（P_{1t}）煤系地层，炮后掌子面瓦斯浓度为 0.11%，经参建四方研究后确定：自 2009 年 6 月 20 日，3 号斜井工区变更为瓦斯工区。

2009 年 7 月，福建省地质工程勘察院、中国地质大学（武汉）联合出具《象山隧道 3 号斜井瓦斯评估报告》，认为 3 号斜井进口方向为二级瓦斯区段。参建四方根据瓦斯评估和评审意见，确定 3 号斜井工区进口方向应按二级瓦斯工区组织施工。

2009 年 9 月 8 日，龙厦铁路工程建设指挥部形成《关于象山隧道重大复杂 I 类变更设计相关问题研讨会会议纪要》（85）：象山隧道为瓦斯隧道，其中：1 号、2 号、3 号斜井工区为低瓦斯工区；DK24+053～+900、YDK24+098～+324、DK25+486～+492 和 YDK25+570～+691 段二衬混凝土中添加气密剂，DK25+492～DK27+428、YDK25+691～YDK27+404 段按二级瓦斯区段开展变更设计，均纳入瓦斯 I 类变更设计，由龙厦指挥部计财室牵头、工程和安质室配合，组织参建方研究确定瓦斯隧道通风、监测等措施费用。1 号与 2 号斜井、3 号与 4 号斜井贯通后，不考虑各斜井瓦斯工区等级的变化。

4. 瓦斯段施工情况

象山隧道左线 DK25+486～DK27+428、右线 YDK25+570～YDK27+404 段为二级瓦斯地段，环境等级为 H1 级；该段隧道施工中严格按《铁路瓦斯隧道技术规范》（TB 10120—2002）进行，过程中加强了防范，注意施工安全。

施工时放小炮，短进尺，减少了对围岩的扰动，避免了产生裂纹和其他不稳定因素；

隧道内施工时按《煤矿安全规程》《防治煤与瓦斯突出细则》要求设置了瓦斯自动检测装置；

隧道施工时加强了通风、排水，防止瓦斯聚积，并采用喷雾洒水等防尘措施，将洞内各处瓦斯浓度控制在 0.5%以下，且使洞内风速不小于 1 m/s，确保施工人员安全。

瓦斯设防段所有的洞室均做了严格的封闭处理。由于象山隧道为单坡隧道，进口高程高于出口，且瓦斯气体密度小于空气密度，因此 2 号～3 号斜井正洞瓦斯通过纵向瓦斯排放管由 2 号斜井排入大气。各级围岩瓦斯设防地段衬砌主要支护参数见表 45.22。

表 45.22 象山隧道瓦斯设防地段主要支护参数

围岩级别	初期支护								二次衬砌（气密性混凝土）	
	喷射混凝土厚度（cm）		锚杆			钢筋网 $\phi 8$（间距 cm）	格栅钢架			
	拱墙	仰拱	位置	长度/m	间距/m（环×纵）		钢架类型	每榀间距/m	拱墙/cm	仰拱/cm
III	15	15	拱部	2.5	1.5×1.5	拱部 25×25	—		40	40
IV	23	23	拱墙	3.0	1.0×1.0	拱墙 20×20	拱墙：150 格栅	间距 0.8～1 m 一榀	40*	40*
V	23	23	拱墙	3.5	1.0×1.0	拱墙 20×20	全环：150 格栅	间距 0.5～0.8 m 一榀	45*	45*

注：表中带*号表示为钢筋混凝土。

第四节 洞口工程施工

洞口段施工包括洞口防排水、边仰坡开挖和防护、明洞施工、地表加固处理、进洞和洞门施工。洞口开挖时应充分考虑洞内施工需要，合理布置洞口施工现场。

一、洞口防排水

在洞顶边仰坡开挖线外 5 m，按设计要求人工开挖并施作洞顶截水天沟，做好洞口地表防排水。

洞口应加强防排水，洞口场地形成向外 3%的纵坡，以利排水，并做好临时排水系统，防止积水长时间浸泡墙脚和隧底，造成边墙围岩失稳。

二、明洞施工

明洞采用明挖法施工，采用挖掘机分段、分层开挖，必要时辅以微震动控制爆破开挖，人工配合挖掘机刷边（仰）坡，分段长度 3～5 m，分层高度 1～2 m。紧随开挖进行边（仰）坡防护，石质边（仰）坡采用砂浆锚杆挂钢筋网湿喷混凝土防护。土质边（仰）坡采用骨架护坡防护。隧底开挖完毕后进行隧底地质勘探，根据地质勘探结果进行必要的地基处理，然后进行仰拱施工。根据监控量测结果及时施作明洞衬砌，明洞衬砌按洞外混凝土结构要求进行施工。衬砌外缘采用涂多功能防水乳胶及防水板，防水层铺至墙顶开挖或墙脚泄水孔处。待衬砌强度达到设计后进行洞顶回填，最后进行洞顶绿化。

开挖时要少刷边仰坡，尽量减少对原有植被的破坏和对洞口的扰动，对开挖裸露的部分采用喷播植草绿化防护。

三、进洞施工

一般采用套拱法进洞，具体做法：沿明暗洞交界里程，从上到下逐层开挖，开挖至起拱线后，架立三榀钢拱架，最里面的一榀紧贴仰坡放置，钢架间距 60 cm，纵向采用 ϕ22 mm 钢筋连接，经测量检查，同隧道开挖断面一致后，与仰坡锚杆焊接固定。洞口段设计为 ϕ108 管棚超前支护，与钢架组合成预支护体系，浇注挂板套拱混凝土固结，形成洞室轮廓，在套拱混凝土强度达到设计强度后，在套拱保护下按设计法进行开挖。

第五节　洞内设施工程施工

以象山隧道为例，对洞内很通道及附属洞室的施工展开阐述。

一、横通道施工

象山隧道为双洞单线隧道，共有 31 个联络横通道，采用全断面法开挖，人工风钻钻孔，光面爆破，人工配合装载机或挖掘机装渣，出渣方式和所在工区正洞出渣方式相同，开挖后人工利用多功能作业台架施作锚、网、喷支护，湿喷混凝土，衬砌采用简易衬砌台车施工，泵送混凝土灌注。

衬砌时按要求设置预埋件，衬砌完成后人工安设横通道门。临时施工横通道使用完毕后，两端采用浆砌片石封堵。

二、洞室施工

象山隧道主要有综合洞室及附属洞室，综合洞室的间距为 500 m，沿隧道两侧交错布置。为减小附属洞室施工时对隧道的影响，附属洞室在隧道开挖到相应位置时开挖，采用人工风钻钻孔，预留光爆层光面爆破，人工配合装载机装渣，出渣方式和所在区间正洞出渣方式相同，人工施作锚、网支护，湿喷混凝土，衬砌时与正洞衬砌一起施作，组合洞室采用定型钢模板。衬砌时按要求设置预埋件，衬砌完成后人工安设洞室门。

第六节　运营通风及防灾救援工程施工

一、运营通风工程

龙厦铁路象山隧道设置机械运营通风和防灾通风，其余隧道均不考虑。象山隧道属特长隧道，通风方式采用射流风机进行全纵向通风，风机分别布置在隧道进、出口段，每个断面布置 6 台，共计 48 台风机，单台风机功率 45 kW。隧道运营通风在行车间隙的天窗时间内进行，通风控制采用远程控制模式。

二、防灾救援工程

象山隧道采用双洞单线的形式，两条隧道内侧设贯通的救援通道，救援通道之间每 500 m 以横通道连接。隧道火灾时，利用进、出口射流风机，启动防灾通风，防止烟气弥漫，合理组织人员撤离。隧道进、出口两端分别设置高位消防水池，在洞门值守间配置一定数量的消防设备。

第七节 防排水施工

龙厦铁路一般隧道防水标准为一级，防排水遵循"防、排、截、堵结合，因地制宜，综合治理"的原则。

隧道防水应充分利用混凝土衬砌结构自身防水性，其抗渗等级不低于 P8。初期支护与二次衬砌之间拱部及边墙部位铺设 $\phi63$ 单壁打孔波纹管、EVA 防水板加土工布防水。施工缝设缓膨胀橡胶止水条，变形缝设橡胶止水带，变形缝宽约 2 cm，变形缝设中埋式橡胶止水带，拱墙变形缝处内缘设置钢板接水盒，内缘 3 cm 范围内以聚硫密封胶封堵，其余空隙采用填缝料填塞密实。隧道二次衬砌背后设环向盲沟，每 5~10 m 一环；两侧边墙脚设纵向透水盲沟，并每隔 5~10 m 设边墙泄水管将地下水引入洞内侧沟，并要求纵、环向盲管、泄水管采用变径三通连接牢固，泄水管的出口应离开水沟内壁一定距离，不得紧贴沟壁表面。

一、隧道防排水施工工艺流程

隧道防排水施工工艺流程如图 45.67 所示。

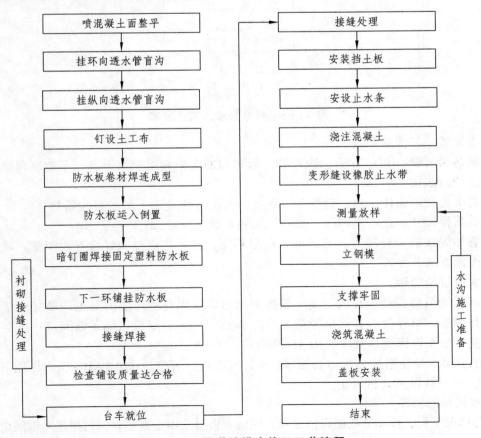

图 45.67 隧道防排水施工工艺流程

二、隧道防排水施工

1. 防水层铺设

监控量测表明支护变形已基本趋于稳定且净空满足二次衬砌厚度、支护表面平整经探地雷达检测初期支护及背后密实，满足质量要求后铺设防水板。防水层铺设作业区不得进行爆破，防止飞石损坏防水层结构。在衬砌台车就位前，对防水层进行全面检查，铺设过程中对接缝进行充气检查。防水层施工与二次衬砌混凝土灌筑之间相距 15 m 左右。防水板施工工艺流程如图 45.68 所示。

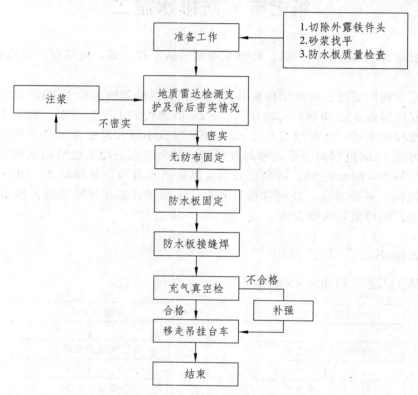

图 45.68　防水板施工工艺流程

（1）施工准备及基面处理。

彻底清除各种异物，如：石子、沙粒等，做到初期支护表面平整干净。不能出现酥松、起砂、无大的明显的凹凸起伏。

铲除各类尖锐突出物体，如：钢筋头、铁丝、凸出在作业面上的各种尖锐物体。

根据图纸高程尺寸，定好基准线，准确无误地按线下料。如：

施工设备如焊接机、检漏器、热风枪、电闸箱等，在工作前要做好检查和调整。确保设备正常运行，达到焊接要求，保证工程质量。

（2）防水板材的焊接。

板材采用双缝热熔自动焊接机焊接。依据板材的厚度和自然环境的温差调整好焊接机的速度和焊接温度进行焊接。单焊缝的有效焊缝宽度不得小于 1.5 cm，焊接后两条缝间留一条空气道。用以检测焊接质量。防水板焊接示意图如图 45.69 所示。

检查方法：用 5 号注射针与压力表相接，用打气筒进行充气，在 0.2 MPa 压力作用下 5 min 不小于 0.16 MPa。否则补焊至合格为止。

（3）防水板材的铺设、固定。

根据实际情况下料，按基准线铺设防水板；用防水板材专用塑料垫和钢钉把缓冲层固定在基面上，应用暗钉圈焊接固定塑料防水板，最终形成无钉孔铺设的防水层。防水板固定示意如图 45.70 所示。

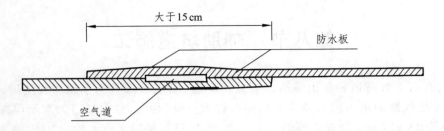

图 45.69　防水板焊接示意

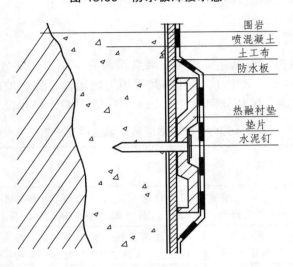

图 45.70　防水板固定示意

在清理好的基面上铺设固定土工布垫层。在喷射混凝土隧道拱顶部标出隧道纵向的中心线，再使裁剪好土工布垫层中心线与喷射混凝土上的标志相重合，从拱顶部开始向两侧下垂铺设，用射钉固定垫片将土工布固定在喷射混凝土面上。水泥钉长度不得小于 50 mm，平均拱顶 3~4 个/m²，边墙 2~3 个/m²。

铺设固定防水板，先在隧道拱顶部的土工布上标出隧道纵向的中心线，再使防水卷材的横向中心线与这一标志相重合，将拱顶部的防水卷材与热融衬垫片焊接，再同土工布垫层一样从拱顶开始向两侧下垂铺设，边铺边与热融衬垫焊接。铺设时要注意与土工布密贴，并不得拉得太紧，一定要留出余量（松铺系数 1.05）。将防水板专用融热器对准热融衬垫所在位置进行热合，两者黏结剥离强度不得小于防水板抗拉强度。

2. 橡胶止水带

整体钢模衬砌台车就位后，按照编号安装钢模挡头板，同时将止水带沿隧道环向夹在挡头板中间，两块挡头板用 U 形卡固定。预留一半止水带灌筑在下一循环混凝土衬砌中，排水管用 PE 条固定。

变形缝施工遵照下列规定：变形缝的位置、宽度、构造型式应符合设计要求；缝内两侧应平整、清洁、无渗水。

3. 盲沟

隧道拱墙防水层与初期支护间环向设 ϕ63 mm 单壁打孔波纹管，墙脚纵向设 ϕ110 mm 双壁打孔波纹管，墙脚纵向、拱墙环向盲沟与墙脚泄水孔采用三通管连接。

施工时，用 5 cm 的锚固钉及 PE 板窄条将波纹管固定在支护面上，纵向、环向每隔 50 cm 固定一处。

对洞口盲沟系统应定期检查其通畅性，当有阻塞时及时疏通。

第八节 辅助坑道施工

龙厦铁路仅有石观音隧道和象山隧道设有辅助坑道。石观音隧道为单洞双线隧道，全长 5 091 m，在 DK45+162.38 处线路前进方向右侧斗米村附近设置一处斜井；象山隧道为双洞单线隧道，左洞长 15 898 m，右洞长 15 917 m，设有 5 座斜井，1 号、5 号斜井采用无轨运输，2 号、3 号、4 号斜井采用有轨运输。本节以象山隧道的斜井施工为例进行阐述。

一、工程概况

象山隧道为双洞单线隧道，根据施工组织需要共设斜井 5 座，长度分别为 907.15 m、507.98 m、905.65 m、894.28 m、327.53 m；其中 1、5 号斜井采用无轨运输，综合坡度分别为 9.13% 和 9.588%，2、3、4 号斜井采用有轨运输，倾角分别为 22°、23.08°、23.04°，斜井设置如表 45.23 所示。

表 45.23　象山隧道辅助坑道设置一览

斜井序号	与线路交点里程	断面形式	主要参数	长度
1 号斜井	YDK22+452.5	无轨运输单车道+错车道断面	位于线路前进方向右侧，与线路小里程方向夹角约 42.5°，斜井综合坡度 9.12%，斜长 907.15 m	907.15 m
2 号斜井	YDK25+347	有轨运输三车道断面	位于线路前进方向右侧，与线路小里程方向夹角约 18°，斜井倾角 14.73°，斜长 791.82 m	507.98 m
3 号斜井	YDK28+230	有轨运输三车道断面	位于线路前进方向右侧，与线路大里程方向夹角约 17°，斜井倾角 23.08°，斜长 905.65 m	905.65 m
4 号斜井	DK29+772	有轨运输三车道断面	位于线路前进方向左侧，与线路小里程方向夹角约 43°，斜井倾角 23.04°，斜长 894.28 m	894.28 m
5 号斜井	YDK35+220	无轨运输单车道+错车道断面	位于线路前进方向右侧，与线路大里程方向夹角约 50°，斜井综合坡度 7.97%，斜长 200.83 m	327.53 m

二、斜井断面优化

长大铁路隧道施工中，斜井作为材料、物资、人员运输以及风、水、电等所有构成施工的要素进入施工面的集中通道，显得异常重要，在长大铁路隧道施工中起着举足轻重的地位，斜井断面更是制约正洞施工的瓶颈，如果斜井断面与正洞施工任务不匹配、不协调，将会对后期施工带来巨大的阻碍。因此在长大铁路隧道施工中，尤其是前期进行策划时，要尽量将斜井断面运输、通风等能力考虑充分。

象山隧道管段在施工前期策划中，项目部考虑到 1 号、3 号、4 号斜井断面较小，很有可能不能满足今后正洞高峰期施工要求，因此，指挥部以及其他参建方沟通，最终实现了 1 号、3 号、4 号斜井的断面优化（1 号无轨斜井将原来的单车道+错车道断面优化为双车道断面，3 号、4 号有轨斜井将原来的三车道变更为了四车道），突破了斜井运输影响正洞施工的制约瓶颈，尤其是 1、2 号斜井之间岩溶段发生地质灾害后，1 号斜井断面内布置了 12 趟 $\phi200$、$\phi250$ 的管路追排水抢险，斜井还要通过大量的物资、人员以及大型移动泵站，如果斜井断面当初没有优化，那么后期施工的难度可以想象。

（一）1 号斜井原设计情况

（1）象山隧道 1 号斜井位于线路前进方向右侧，与右线线路中心交点里程 YDK22+452.5，与线路小里程方向夹角约 42.5°，采用斜交双联方式，无轨运输单道+错车道断面，错车道共 4 个。单车道净空断面尺寸为宽 5.1 m、高 5.8 m；错车道净空断面尺寸为宽 7.6 m、高 5.88 m，斜井综合坡度 9.12%，斜长 907.15 m，井口里程 X1DK0+903，井口采用斜切式洞门。

（2）1 号斜井井身地质黑云母花岗岩为主，灰白色～浅肉红色，中粗粒结构，块状构造，弱风化，岩石较硬完整，裂隙少，井身段 II 级围岩长 698.69 m，II 级围岩错车道长 90.03 m，III 级围岩长 60.12 m。洞口段地质岩层强风化，节理裂隙较发育，地下水发育，以 V 级围岩，长 58.31 m。

（3）各级围岩支护参数：

II 级围岩单车道长 698.69 m：初期支护采用 C20 喷身混凝土厚 8 cm，ϕ22 mm 砂浆锚杆 L－2 m（局部），每延米 4.5 根；II 级围岩错车道长 90.03 m：初期支护采用 C20 网喷混凝土厚 8 cm，ϕ22 mm 砂浆锚杆 L-2.5 m（局部），每延米 8.5 根；C25 拱墙混凝土衬砌厚 25 cm，C20 底板混凝土厚 25 cm；III 围岩单车道长 60.12 m：初期支护采用 C20 素喷混凝土厚 6 cm，ϕ22 mm 砂浆锚杆 L-2.0 m（局部）；拱墙 C25 混凝土厚 25 cm，底板 C20 混凝土厚 20 cm；V 级围岩单车道长 58.31 m：初期支护采用 C20 网喷混凝土厚 15 cm，ϕ22 mm 砂浆锚杆 L-2.5 m，拱墙设 ϕ8 钢筋网片配合格栅钢架支护，格栅钢架间距 1.0 m，拱墙 C25 混凝土厚 35 cm，底板 C20 混凝土厚 35 cm。

（二）1 号斜井断面优化理由

根据施工图设计 1 号斜井承担主洞 4 326 m（前期考虑）施工任务为左线 2 153 m，右线 2 173 m（实际最终 1 号斜井承担正洞施工任务更大，达到左线 3 470 m，右线 3 418 m），考虑到 1 号斜井作为对应正洞开挖与衬砌混凝土的运输及施工通风的通道，要满足正洞四个工作面的出渣、混凝土及其他材料的运输任务，用于 1 号斜井正洞的施工机械设备和通风设备均需要从斜井进入，同时为满足 1 号斜井布置 3 根 ϕ180 cm 通风管，保证隧道在开挖期间的通风要求，对 1 号斜井断面和支护参数进行了优化，以利于象山隧道加快施工进度和安全管理。具体情况如下：

（1）洞内施工人员所需风量：$V_P=U_Pmk$（m³/min）式中 U_P 为洞内每人所需新鲜空气量，一般按（3 m³/min·人）计算，m 为洞内同时工作的最多人数，k：通风备用系数一般取 1.1～1.5（按 1.3 计算）；洞内达到 4 个作业面同时施工条件后最多同时施工人员数量保守的按 500 人估算，按照此公式计算洞内人员所需风量至少为 1 950 m³/min。

（2）洞内爆破散烟所需风量：按纯稀释炮烟的理论计算风量：$V_L=5QB/t$（m³/min）式中 Q：同时爆破的炸药量（kg），B：炸药爆破时所构成的折合的 CO 的体积（L），一般采用 40 L/kg，T：通风时间（min）通常按照 30 min 考虑；进入正洞后 4 个作业面爆破，同时爆破的炸药量按照保守的 380 kg 估算，按照此公式计算洞内爆破散烟所需风量至少为 2 533.3 m³/min。

（3）洞内通风还包括冲淡柴油机械产生的有害气体所需的风量等。

（4）通风机的工作风量 $V=V_m/$（1+P_L/100）（m³/min），式中 V_m：通风机的额定工作风量 m³/min（一台 110 kW×2 的轴流风机额定工作风量为 2 200 m³/min），L：风管的长度 m，P：100 m 风管漏风量，一般≤2%。按此式计算，一台 110 kW×2 的轴流风机的工作风量最多不过 1 833 m³/min。

（5）通风机实际通风过程中还存在每米风管沿程损失、进出口风压损失、转弯段风压损失、渐变段风压损失、突变段风压损失等局部风压损失，一般沿程风压损失可达 20%～30%。也就是说两台 110 kW×2 的轴流风机根本无法满足今后 1 号斜井进入正洞施工的通风要求。

（6）1 号斜井风管的选用主要从风管出口处的风速和风量、风管的耐用性、风管装拆的难易程度、降低风压损耗等方面综合考虑，根据已有的经验，管道通风的压力损失与风管直径的五次方成反比，也就是说：1 号斜井进入正洞实现长距离大风量通风的最有效的技术措施是采用大直径风管，这不仅可以减少通风机损耗、延长送风距离，还可以成倍地降低通风能耗，综合考虑 1 号斜井实际情况，采用 1.8 m 直径风管相对适合。

（7）出渣自卸车车厢最高距离地面 3.4 m，混凝土运输罐车车尾接料口最高距离地面 3.6 m，1.8 m 直径的风管在停止通风后自然下垂的长度达 2.8 m，综合考虑风管自由下垂高度及斜井内安全行车高度等因素，斜井净空断面尺寸应能达到宽 7.6 m×高 6.75 m。

（三）1号斜井断面优化前后通风阻力分析

象山隧道 1 号变更前断面净空较小，最大只能设置直径 $\phi 1\,200$ mm 的通风管。但是按其送风距离和需风量进行理论计算分析可知选用直径 $\phi 1\,200$ mm 的通风管无法满足施工需要，必须对斜井断面进行优化，选用大直径的通风管才能满足施工需要。

象山隧道 1 号斜井全部采用无轨运输，掌子面需风量为 1 500 m³/min 左右。1 号斜井最大送风距离为 3 000 m 左右，需要风机提供的风量为 2 400 m³/min 左右；如果送风距离延伸为 4 000 m 左右，需要风机提供的风量为 2 700 m³/min 左右。经过理论计算比选需要选用直径 $\phi 1\,500$ mm 的通风管方可满足施工需要。

现经过理论计算进行分析比较如下：

选用直径 $\phi 1\,200$ mm 的通风管时，送风距离为 3 000 m 和 4 000 m 时的通风阻力曲线表达式分别为 $R_1=11.74Qf_2$ 和 $R_2=13.70Qf_2$；

选用直径 $\phi 1\,500$ mm 的通风管时，送风距离为 3 000 m 和 4 000 m 时的通风阻力曲线表达式分别为 $R_1=5.13Qf_2$ 和 $R_2=5.98Qf_2$。

与 SDF（C）-NO12.5 型轴流风机性能曲线交点验证图见图 45.71，图中（1）和（2）线为直径 $\phi 1\,200$ mm 通风管 3 000 m 和 4 000 m 时的阻力曲线,（3）和（4）线为直径 $\phi 1\,500$ mm 通风管 3 000 m 和 4 000 m 时的阻力曲线，0.70～0.80 之间各条小曲线表示风机的工作效率，而 0.70～0.80 之间的区域为风机正常工况区域。

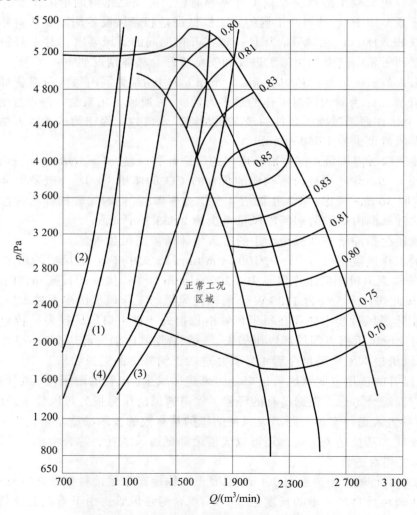

图 45.71　风机性能曲线交点验证

很明显（1）和（2）线已经严重超出了风机的正常工况区域，（3）和（4）线在风机的高效工况区域内。因此选用直径φ1 200 mm 的通风管时，通风阻力过大、风管出口风量过小，难以满足施工需要；而选用直径φ1 500 mm 的通风管时，通风阻力和风量均可满足施工需要，但是必须保证隧道断面净空足够大，所以对 1 号斜井断面优化是很有必要的。

（四）3 号斜井原设计情况

1. 斜井地理位置

原设计象山隧道 3 号斜井位于福建省龙岩市新罗区适中镇象山村内。斜井位于线路前进方向的右侧，与隧道中线平面夹角为 17°，斜井井身中线与右线线路交点里程为 YDK28+230，斜井斜长905.65 m，井身倾角为 23.08°。斜井设计采用有轨运输三车道，最小开挖断面宽×高（664×463 cm）。斜井与隧道采用斜交单联连接方式，端墙式洞门，洞身采用喷锚支护整体式衬砌。斜井施工完成后，隧道竣工之前，斜井口及斜井与正洞交接处需封堵。

2. 地质水文情况

斜井井身穿越的围岩地质情况为：三叠系下统溪口组薄层粉砂岩、灰岩、夹细砂岩，弱风化，节理裂隙较发育，岩石较破碎。灰岩地段存在岩溶水，地下水较发育，易发生突水、突泥现象。三叠系上统文宾山组下部：灰-灰白色，中薄层粉砂岩、石英细砂岩，弱风化，节理裂隙较发育，为软质岩，隧道埋深大，开挖过程中，围岩可能会发生大变形。地下水发育。

斜井出口，位于丘坡，表层第四系粉质黏土，夹碎石，下伏为三叠系下统薄层粉砂岩、灰岩、夹细砂岩，全风化～弱风化，节理裂隙较发育，岩石较破碎。地下水较发育。

3. 支护类型参数

Ⅲ级围岩：初支：C20 喷混凝土 12 cm；锚杆采用 φ22 mm 砂浆锚杆，L=2.0 m，环纵向间距1.5 m×1.0 m；衬砌：铺底采用 C20 混凝土。人行梯步采用 C15 混凝土。

Ⅳ级围岩：初支：C20 喷混凝土 12 cm；φ8 mm 钢筋网片，全幅单层铺设，网格间距 25 cm×25 cm；锚杆采用 φ22 mm 砂浆锚杆，L=2.5 m，环纵向间距 1.2 m×1.0 m；二衬：拱墙部采用 C25 混凝土 30 cm厚；仰拱采用 C25 混凝土 30 cm 厚；填充采用 C20 混凝土；人行梯步采用 C15 混凝土。

Ⅴ级围岩：初支：φ25 mm 超前锚杆，L=3.5 m，2.4/循环，每循环 23 根；格栅钢架（高度 100 mm），间距 1.0 m。C20 喷混凝土 15 cm。φ8 mm 钢筋网片，全幅单层铺设，网格间距 20 cm×20 cm。锚杆采用 φ22 mm 砂浆锚杆，L=3.0 m，环纵向间距 1.0 m×1.0 m。二衬：拱、墙部采用 C25 混凝土 35 cm厚；仰拱采用 C25 混凝土 35 cm 厚；填充采用 C20 混凝土。人行梯步采用 C15 混凝土。

（五）3 号斜井断面优化理由

3 号斜井管段内所承担正洞的施工任务达 4 498 m。在进入正洞后，将要展开 4 个工作面的施工，按施工进度及工期要求，其每天总的进尺完成量为 10 m，但原设计斜井只能满足每天 6 m 的隧道开挖断出渣运输，远远满足不了整体施工进度要求，考虑到有轨斜井的运输能力（轨道的布置）、通风能力、机械设备的下放、风水管路的布置空间和斜井施工、运输期间安全等问题，对 3 号斜井井身开挖断面尺寸和支护参数进行了优化，以便更加有利于提高象山隧道的施工进度及施工过程中的安全管理工作。具体情况如下所述：

（1）原设计 3 号斜井采用有轨三车道，运输方式采用 4 m³ 侧卸式矿车进行出渣、进料施工作业，根据其运输能力进行计算（结合现场实际情况），由于 3 号斜井井身长达 900.65m，且每小时运输车次最多只有 7～8 车，合计 28 m³ 虚渣。而按进度要求，每天的开挖进尺在 10 m 以上，Ⅲ级围岩每延米开挖方量为 75.64 m³，合计每天出渣量为 10×75.64×1.45＝1 096.78 m³，要完成这些运输量，矿车每天要运行 39.2 h，其原设计运输能力完全不可能确保正洞内的运输量所需。为了提高斜井出渣的运输能力，在斜井施工前，采用 3.0 m 双滚筒绞车大型提升系统进行提升作业，运输方式改为采用 10 m³ 侧卸式矿车进行出渣，每天可出渣为 24×7×10=1 680 m³，可满足每天完成 1 680÷（75.64×1.45）= 15.32 m 的施工出渣任务。

至于斜井内模筑混凝土的运输、人员的运输、钢筋、防水板等主材的运输则采用 2.5 m 双滚筒大型绞车提升设备进行作业。避免出渣和进料之间所带来的施工干扰。

根据煤规要求，两矿车间最小安全距离不得小于 20 cm，且与边墙的安全距离不得小于 40 cm，此间距的布置以煤规为依据。

具体轨道铺设及风管挂设后断面图如图 45.72 所示。

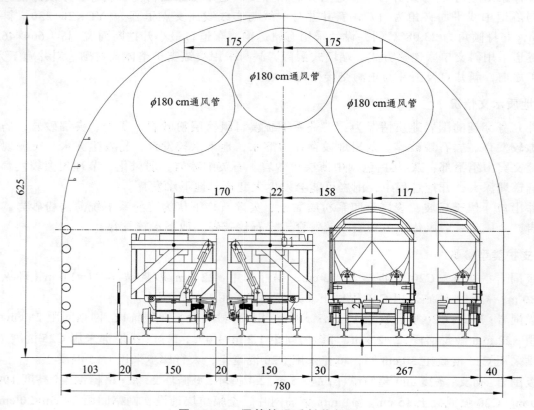

图 45.72　风管挂设后斜井断面

（2）井底车场原设计为斜井和正洞单联，这种方式使井底运输干扰大，且从有轨转无轨的转换效率低，为避免这些弊病，根据设计图纸"施工时，施工单位在保证质量与安全、方便施工的前提下，可根据实际情况对井底车场做适当调整"的建议，所以建议采用两个横通道和正线连接，来提高井底的转载效率，综合提高施工速度。

（3）为了保证斜井施工过程中的通风质量能够达到理想的效果，在每个断面开挖后，即要满足洞内施工人员、爆破后排烟及沿程损失、进出口风压损失、转弯段风压损失、渐变段风压损失等因素，在通风管路上选择 3 台轴流式通风机，其风管直径为 1.8 m。为不影响矿车运输及运送材料时不挂坏通风管及井内通视要求，在风管不通风下垂的状态下，其底部高程最低要高出矿车顶面 60 ~ 100 cm，因此，斜井断面也必须相应地进行加高。

（4）为了确保 2.5 m 绞车在斜井最中心位置有足够错车空间及两矿车间有足够的安全距离的需要，特在斜井中心位置设置了 30 m 的加宽段。（2.5 m 矿车进行并轨，在会车段设置错车位置进行错车）。

（5）斜井与正洞右线出口方向呈 17° 的夹角，在位置上，斜井施工至 X3DK0+059.8 时，斜井与正洞之间的距离也只有 20 ~ 25 m 的净距不等，再加上此处附近下部设有接料通道，为避免以后因接料通道施工及正洞施工过程中的开挖爆破对斜井井底段稳定性的影响，从 X3DK0+059.8 处支护必须进行加强。

（6）由于井底车场段要实行立体转载，再加上此段通风管路、高压水管、排水管、高压风管等均需要在此部位（斜井与出渣通道交叉口）进行拐弯，并转入正洞内，再加上人员、材料及设备等的下放也必须在此部位进行人工或机械调转，为确保各管路有足够的安装空间，及自卸汽车卸渣时不至于挂破通风管或影响通风效果等要求，将井底车场的段面进行相应的加宽和加高。（具体施工里程段为 X3DK0+020.50～X3DK0+007.02 段）。

（7）出渣通道及接料通道的宽度设置是要能够保证一辆自卸汽车与一辆装载机同时停置的空间位置，避免以后因为出渣时，而对人员、半成品材料及设备的下放带来干扰。同时，在井底，横通道、洞室较多，而且相邻横通道及洞室之间的间距过小，为在各通道或洞室在正常施工的前提下会给相邻洞室带来影响，确保各横通道及洞室的整体支护的稳定性，因此，应对横通进行支护加强处理。

（六）3号斜井断面优化后支护类型及参数

1. 优化后斜井情况

斜井优化后，其位置原位于象山隧道线路行车方向右侧，与隧道中线平面夹角为17°，斜井井身中线与右线线路以双联方式进行连接，其出渣通道与右线正洞相交于 YDK28+246.480 处，接料通道与右线正洞相交于 YDK28+281.600 处，斜井斜长 893.25 m，井身倾角为 23.08°。斜井设计采用有轨运输三车道，最小开挖断面宽×高（780 cm×600 cm）。洞门采用端墙式洞门。

2. 优化后支护参数情况

Ⅲ级围岩一般段：初支：C20 喷混凝土 12 cm；锚杆采用 ϕ22 mm 砂浆锚杆，L=2.0 m，环纵向间距 1.5 m×1.0 m；铺底采用 C20 混凝土；人行梯步采用 C15 混凝土。

Ⅲ级围岩加宽段：初支：C20 喷混凝土 12 cm；ϕ8 mm 钢筋网片，全幅单层铺设，网格间距 25 cm×25 cm；锚杆采用 ϕ22 mm 砂浆锚杆，L=2.5 m，环纵向间距 1.2 m×1.0 m。

Ⅲ级围岩加强段：初支：C20 喷混凝土 24 cm；ϕ8 mm 钢筋网片，全幅单层铺设，网格间距 20 cm×20 cm；锚杆采用 ϕ22 mm 砂浆锚杆，L=3.0 m，环纵向间距 1.0 m×1.0 m；I16 钢拱架，间距 1.0 m。衬砌：拱、墙部采用 C25 混凝土 30 cm 厚；仰拱采用 C25 混凝土 30 cm 厚；填充采用 C20 混凝土；人行梯步采用 C15 混凝土。

Ⅲ级围岩渐变段：初支：C25 喷混凝土 24 cm；ϕ8 mm 钢筋网片，全幅单层铺设，网格间距 20 cm×20 cm；锚杆采用 ϕ22 mm 砂浆锚杆，L=3.0 m，环纵向间距 1.0 m×1.0 m；I16 钢拱架，间距 1.0 m。衬砌：拱墙部采用 C25 混凝土 35 cm 厚；铺底采用 C20 混凝土；人行梯步采用 C15 混凝土。

Ⅲ级围岩正常段：初支：C25 喷混凝土 24 cm；ϕ8 mm 钢筋网片，全幅单层铺设，网格间距 20 cm×20 cm；锚杆采用 ϕ22 mm 砂浆锚杆，L=3.0 m，环纵向间距 1.0 m×1.0 m；I16 钢拱架，间距 1.0 m。衬砌：拱墙部采用 C25 混凝土 35 cm 厚；铺底采用 C20 混凝土；人行梯步采用 C15 混凝土。

Ⅳ级围岩：初支：C20 喷混凝土 12 cm；ϕ8 mm 钢筋网片，全幅单层铺设，网格间距 25 cm×25 cm；锚杆采用 ϕ22 mm 砂浆锚杆，L=2.5 m，环纵向间距 1.2 m×1.0 m。衬砌：拱、墙部采用 C25 混凝土 30 cm 厚；仰拱采用 C25 混凝土 30 cm 厚；填充采用 C20 混凝土；人行梯步采用 C15 混凝土。

Ⅴ级围岩：初支：ϕ25 mm 超前锚杆，L=3.5 m，2.4/循环，每循环 23 根；格栅钢架（高度 150 mm），间距 1.0 m；C20 喷混凝土 23 cm；ϕ8 mm 钢筋网片，全幅单层铺设，网格间距 20 cm×20 cm；锚杆采用 ϕ22 mm 砂浆锚杆，L=3.0 m，环纵向间距 1.0 m×1.0 m。衬砌：拱、墙部采用 C25 混凝土 35 cm 厚；仰拱采用 C25 混凝土 35 cm 厚；填充采用 C20 混凝土；人行梯步采用 C15 混凝土。

出渣通道：初支：C25 喷混凝土 24 cm；ϕ8 mm 钢筋网片，全幅单层铺设，网格间距 20 cm×20 cm；锚杆采用 ϕ22 mm 砂浆锚杆，L=3.0 m，环纵向间距 1.0 m×1.0 m；1、I16 钢拱架，间距 1.0 m。衬砌：拱墙部采用 C25 混凝土 35 cm 厚；铺底采用 C20 混凝土；人行梯步采用 C15 混凝土。

接料通道：初支：C25 喷混凝土 24 cm；ϕ8 mm 钢筋网片，全幅单层铺设，网格间距 20 cm×20 cm；

锚杆采用 $\phi22$ mm 砂浆锚杆，$L=3.0$ m，环纵向间距 1.0 m×1.0 m；I16 钢拱架，间距 1.0 m。衬砌：拱墙部采用 C25 混凝土 35 cm 厚；铺底采用 C20 混凝土；人行梯步采用 C15 混凝土。

（七）3 号斜井原设计情况

新建龙岩至厦门铁路施工资料《新建工程龙岩至漳州段施工图——象山隧道 4 号斜井井身设计图》中 4 号斜井采用有轨运输三车道断面，10 m³ 侧卸式矿车提升。一车道为单钩提升，另两道为双钩提升。由 4 号斜井承担的主要施工任务为 ZD-1 标段象山隧道 4 号斜井 894.28 m 和象山隧道正线左线长 2 121 m（ZDK29+063～ZDK31+184）右线长 2 255 m（ZDK29+063～ZDK31+318）段的开挖、衬砌工程以及横通道和相应的附属工程。

隧道不良地质有：岩溶、岩溶突水、突泥、地温、岩爆及围岩大变形。斜井穿越地质主要为变质花岗斑岩，井身穿越一 30 m 长断层破碎带，此破碎带处于水库下方，且正洞左右穿越 F15、F16、F17 断层，断层均处于水库正下方，地质条件十分复杂，地下水量十分丰富，涌水突泥风险高。

（八）3 号斜井断面优化理由

根据 4 号斜井承担的施工任务及 4 号斜井井身地质条件等因素综合分析研究认为：

双滚筒提升机提升 10 m³ 侧卸式矿车只能满足出渣运输施工，下放钢材、混凝土料及人员上下采用单滚筒提升机提升无法满足施工要求，将制约初期支护进度，正洞仰拱及二次衬砌施工将严重滞后，存在很大安全隐患。具体分析如下：

（1）提升能力计算。

根据 4 号斜井承担的施工任务，进入正洞施工段施工主要以Ⅲ级围岩为主（占所承担施工任务的 87%），以下计算数据均以Ⅲ级围岩断面作为计算依据。

① 斜井出渣能力计算。

依据设计图纸要求，两道双钩提升轨道采用 3.0 m 提升机牵引 10 m³ 侧卸式矿车出渣，依据井口及井底布置，斜井出渣长度约为 944.28 m，出渣矿车的启动加速及停靠减速段共计约 120 m，耗时约 90 s，而采用 3 m 提升机牵引正常的行车速度为 4.2 m/s，则出渣提升总运行时间约为：

（944.28-120）/4.2+90≈286s≈4.8 min

即在正常情况下，每小时能运输约 12 车，每矿车实际的运输能力约为 7 m³ 松渣，则每小时能运输松渣约 84 m³，考虑提升机每天有效工作时间为 18 h（考虑每日的提升机、钢丝绳检查、机械日常故障及无渣等情况约 6 h），每天可运输松渣约 1512 m³，而Ⅲ级围岩断面每延米开挖量为 75.64 m³，考虑到每延米的超挖量及围岩的松散系数（松散系数取 1.4），每延米开挖实际出渣量约为 112 m³，则受提升机限制，正洞每天的最大开挖进尺为：

1512/112=13.5 m

即每月的最大开挖施工进度约为 405 m，能满足施工组织要求。

② 混凝土运输能力计算。

依据设计图纸要求，单道提升轨道采用 2.5 m 提升机牵引轨轮式混凝土搅拌车（额定运输量为 4 m³）及人力车，因为考虑到双道用来出渣，以确保施工进度，则此单道还需承担运输施工材料的任务。

依据井口及井底布置，斜井混凝土运输长度约为 894.28 m（考虑到施工人员及材料的下放，运输长度更长），运送混凝土的金刚车启动加速、停靠减速和井底下料时间，耗时约 200 s，金刚车正常运行速度 2 m/s。金刚车实际运输能力约 3 m³，混凝土搅拌时间约为 720 s（包括上料，搅拌，输送至金刚车），则每车混凝土运输共计耗时约：

894.28/2+200+720≈1 367 s≈23 min

因为采用单钩提升，则实际运输每 3 m³ 混凝土所耗总时间应为 46 min，即每小时的混凝土运输量为 3.9 m³，每天的有效混凝土运输时间约为 15 h（考虑到施工人员及材料的运输，金刚车、人力车、矿车的调换，提升机、钢丝绳日常检查，机械日常故障排除合计 9 h），则每月混凝土的运输能力为：

$3.9×15×30=1\,755\ m^3$

而Ⅲ级围岩断面每延米喷射混凝土、仰拱、仰拱填充及衬砌混凝需要量分别为 $1.78\ m^3$、$2.45\ m^3$、$3.92\ m^3$、$9.65\ m^3$（未考虑回弹及超挖量），则每月衬砌完成量约为：

$1755/17.8≈99\ m$

即每月的最大混凝土施工进度约为 99 m，只考虑初支及仰拱紧跟施工，每月需混凝土量为：$13.5×8.15×30≈3\,300\ m^3$（远大于 $1\,755\ m^3$），按此下放混凝土量，只能保证开挖进度一半的初期支护及仰拱混凝土施工用量，与开挖施工进度极不匹配，而二次衬砌施工进度将无法进行施工，造成很大的施工安全隐患。

根据正常出渣及混凝土运输量计算，混凝土运输量远低于出渣运输量（而此混凝土量未考虑穿越断层破碎带及变形段Ⅴ级混凝土的增加量），即仰拱及二次衬砌施工进度严重滞后于开挖施工进度，不能满足施工规范要求及施工工期要求，造成施工安全隐患；若压缩出渣时间，增加混凝土运输时间，将造成开挖施工进度减缓，仍不能满足施工工期要求。

（2）4号斜井井身地质较差，且存在断层破碎带，井身穿越水库下方，正洞断层带处于水库正下方，斜井排水管路配置要求高，需采用大管径排水管，侵占净空尺寸，矿车运行安全距离不能满足规范要求。

（3）4号斜井正洞采用无轨运输，目前斜井三车道断面尺寸不能满足大型机械设备下方及大件材料要求。

（4）4号斜井长 894.28 m，正洞左右线承担施工任务为 4 367 m，独头施工通风长达 2 440 m，且四个工作面通风都通过斜井，斜井排烟量大，加大净空断面可以提高通风效果。

（九）3号斜井断面优化后情况

3号斜井优化后断面净空如图 45.73 所示。

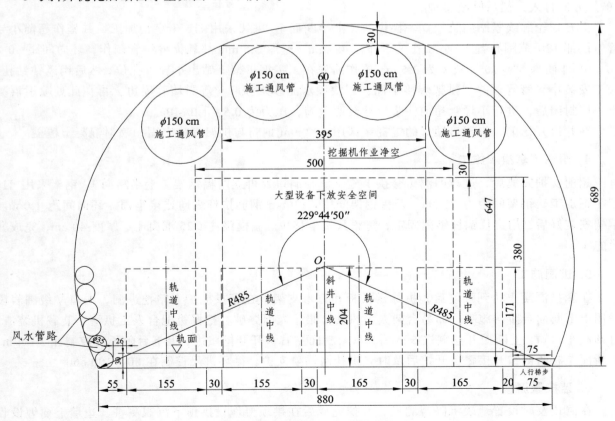

图 45.73　3 号斜井优化后断面净空

断面优化后，4号斜井采用一台 3.0 m 双滚筒提升机和一台 2.5 m 双滚筒提升机进行运输，将 4 号斜井原设计有轨运输三车道优化为有轨运输四车道断面，以加大出渣及材料运输能力，保证正洞仰拱及衬砌施工进度，同时确保施工运输安全及按预定工期保质保量完成施工任务。

三、斜井井口段施工

1. 边仰坡外的截水沟施工

首先对洞口位置进行测量放样并进行复核，根据测量放样结果，确定截水沟的流向，在边仰坡轮廓线 5 m 以外挖洞顶截水沟，截水沟采用 M10 浆砌片石砌筑。沟体总体保持顺畅无淤积，基底有一定的纵坡以利排水。

2. 井口土石方开挖及边、仰坡（洞脸）防护

洞口段土石方采用明挖法施工。施工前，先根据设计尺寸，在地面上标出斜井中线及边仰坡线，土质边仰坡采用挖掘机自上而下分层开挖，边开挖边防护，随时监测、检查山坡稳定情况，石质边仰坡采用反铲辅以人工风镐开挖的方法，局部地段可以采用弱爆破。在边坡、仰坡（洞脸）开挖的过程中测量组及时放线，控制坡度和超欠挖，同时严禁陡坡开挖。为便于支护施工，每层开挖高度一般控制在 2.5 m 左右，在上一层开挖成型并完成支护后，方可进行下一层的开挖。锚杆采用 ϕ22 mm 砂浆锚杆，L=3.0 m，间距 1.0 m×1.0 m，梅花形布置，网片采用 ϕ8 钢筋，间距 20 cm×20 cm，喷射 C20 混凝土，厚度 10～20 cm。

3. 超前支护

在仰坡（洞脸）开挖出洞口拱部后，在洞口开挖轮廓线以外 50 cm 和 100 cm（拱部 120°范围布置），各施作一圈锁口砂浆锚杆（或管式锚杆），L=5.0 m，环向间距 40 cm，沿斜井轴线以外插角 5°～10°的方向打入，然后网喷支护。

沿开挖轮廓线紧贴洞脸架立一榀拱架（上半断面），拱架采用 I16 工字钢加工，并施作超前小导管（拱部 120°范围布置）。小导管采用外径 42 mm，壁厚 3.5 mm 热轧无缝钢管制作，环向间距 30～40 cm，外插脚 5°～10°，长度为 3.5 m。施作前先在工字钢拱架上钻出小导管孔位，然后用风钻钻孔，人工安装小导管管体并与拱架焊接牢固，用快硬水泥砂浆和麻丝等封堵管周边，再在此处喷射混凝土一层封闭后，进行小导管超前注浆，注浆要饱满，压力为 0.5～1.0 MPa。

在井口开挖前，将洞口锁口的锚杆尾部用 ϕ22 mm 钢筋与拱架焊接牢固，喷射混凝土覆盖。

4. 明洞（套拱）施工

超前支护完成后，进行明洞（套拱）施工。在洞口处再立两榀钢架（上半断面），钢架采用 I16 工字钢加工，钢架间距为 75 cm，两榀钢架间用 ϕ22 mm 钢筋拉杆纵向连接牢固，环向间距 1.0 m。钢架安装好后，用定位锚杆锁固固定，防止其发生移位。立模浇注 C25 混凝土，厚度 40 cm，完成套拱施工。

5. 进洞施工

在套拱混凝土达到强度后，拆除钢模板和方木支架，在套拱掩护下暗挖进洞，洞口Ⅴ级围岩段采用上下断面台阶法施工，简易台架人工风钻打眼，光面爆破，挖掘机配合人工扒渣，装载机装渣，自卸汽车运输，上断面开挖掘进 5 m 后，下半断面左右错开开挖跟进，上下台阶长度控制在 3～4 m，下断面左右两侧错开接腿，开挖后及时立拱挂网锚喷支护。循环进尺控制在 80～100 cm。

6. 监控量测

在洞顶及时设置地表沉降观测桩，开挖完成后在拱顶要埋设拱顶下沉观测桩、边墙上要埋设收敛量测桩。通过监控量测了解洞口施工阶段地层与支护结构的动态变化，把握施工过程中结构所处

的安全状态，对工程施工可能产生的影响进行监控。

7. 洞门施工

为保证洞口段安全，应及时施作洞门。洞门基础采用人工配合挖掘机开挖，遇岩层采用弱爆破法开挖，人工清渣；洞门墙身混凝土灌注采用万能杆件支架和特制钢木模板，洞外自动计量拌和混凝土，混凝土罐车运输混凝土，泵送混凝土入模，插入式振动器捣固，按要求做好坼工的养护工作。

洞门墙完成后，人工施作洞口防排水系统和洞门附属工程。

8. 洞门、洞口段施工技术措施和要求

洞门、洞口段的工程尽量避开雨季施工，施工前均需做好排水系统，确保洞口段排水畅通，避免排水不畅引起的洞口段土体发生大的沉降和变形。必要时施作临时排水系统。

洞口段隧道埋深小，围岩差，施工中加强量测监控和超前地质预报，确保施工安全。

为保证洞门美观，测量放线一定要精确，施工前要做好大样板并挂线，棱角要分明，墙体坡度顺直符合设计。

因洞门混凝土量较大，端墙混凝土一次灌注，施工前应严格检查、检修拌和站、混凝土运输车、混凝土输送泵等施工主要设备，避免出现灌注中发生故障。混凝土灌注时应从下向上、左右对称灌注混凝土。洞门附属工程完工后，及时对洞口进行绿化。

四、斜井井身施工

（一）有轨运输斜井开挖和出渣

1. 开挖

2号、3号布置三车道，4号斜井布置四车道，斜井井身施工采用全断面光面爆破技术，省去捡底工序。采用多功能台架风钻钻眼，非电毫秒雷管起爆，光面爆破。Ⅱ、Ⅲ级围岩和部分Ⅳ级围岩段采用全断面开挖，施工进尺为 2.0~2.5 m。部分Ⅳ级和Ⅴ级围岩地段采用台阶法开挖，必要时设临时仰拱，施工进尺为 1.0~2.0 m。井底车场按照设计里程和尺寸开挖。具体施工方法见正洞对应的施工工艺。

2. 出渣

斜井井口段采用挖掘机出渣，提升系统建成前采用 10 t 绞车提升 4 m³ 矿车出渣；提升系统建成后，采用大绞车提升 10 m³ 矿车出渣。斜井采用短臂大挖机出渣。斜井内布置三（或四）车道，井外布置有轨道路。斜井口安装 3.0 m 提升机一台和 2.5 m 提升机一台；出渣采用 10 m³ 矿车由绞车牵引运渣到井外卸渣栈桥，矿车侧卸，自卸汽车倒运至弃渣场。

（二）无轨运输斜井开挖和出渣

1. 开挖

1号、5号斜井采用双车道无轨运输，开挖采用多功能台架钻眼，非电毫秒雷管起爆，光面爆破；Ⅱ、Ⅲ级和部分Ⅳ级围岩采用全断面开挖，部分Ⅳ级围岩和Ⅴ级围岩台阶法开挖，Ⅴ级围岩破碎段采用环行开挖留核心土法开挖，各种施工的工艺流程见正洞的对应施工工艺。

2. 出渣

ZL50C 装载机装渣，大型自卸汽车运输。运输车辆由专人负责调度。

3. 初期支护及超前支护

斜井开挖后立即进行初期支护施工，风钻钻孔安装径向锚杆，铺设钢筋网，湿喷机喷射混凝土，Ⅴ级围岩段设钢架支护，Ⅴ级软弱围岩段设拱部超前小导管注浆作为超前支护。

4．衬砌施工

设计需衬砌段采取加强初期支护的办法代替衬砌施工，以加快施工速度。

五、斜井施工通风及施工排水

通风方式采用压入式通风，各井口均设独立的通风设备。

斜井井身施工过程中，采用抽水机抽水到临时水仓，再由抽水机抽排到井外的污水处理池中；有轨运输斜井在斜井中部设置固定水仓进行抽水的中转，斜井在井底处设立井底水仓。斜井内水沟在两侧设置。

六、斜井井底施工

斜井施工到井底后，先进入正洞施工，正洞向两端施工一定距离之后，施作井底渣仓和水仓，斜井到井底和正洞交汇处，这部分开挖采用短台阶法、弱爆破、短进尺，减少对围岩的扰动，进尺控制在 1 m 以内。支护紧跟，必要时施工超前支护。

第九节　沉降变形控制与评估

龙厦铁路一般隧道沉降变形控制与评估采用监控量测的方式进行。

一、量测目的

现场监控量测是隧道施工管理的重要组成部分，监测围岩变形和压力情况，验证支护衬砌的设计效果，确保围岩稳定和施工安全。而且通过现场监测获得围岩动态的信息（数据），为修正和确定初期支护参数，混凝土衬砌支护时间提供信息依据，为完善隧道工程设计与指导施工提供可靠的足够的数据。

二、量测项目

洞内外观测，水平相对净空变化值的量测、拱顶下沉量测、浅埋隧道地表下沉量测。

三、监控量测作业

（1）洞内观察可分为开挖工作面观察和已施工区段观察两部分。开挖工作面再每次开挖后进行一次，当地质基本无变化时，可每天进行一次。观察后绘制开挖工作面图，（地质素描）填写工作面状况记录表及尾围岩级别判定卡，在地质条件恶劣处做好紧急措施，每天进行一次观察，包括（喷射混凝土、锚杆、钢架等）洞外观察包括洞口地表沉降、地表沉陷、边坡仰坡的稳定、地表水渗漏观察。

（2）净空变形量测断面的间距应根据围岩级别、隧道断面尺寸、埋置深度工程的重要性确定。

（3）量测应选择精度适当、性能可靠、使用及携带方便仪器。如拱顶下沉量测，每断面布置 1～3 点，采用水准仪、水准尺、挂钩钢尺等，锚杆或围岩内部变形量测可采用多点式矛头和传递杆，配以位移计。

（4）水平相对净空变化量测线的布置根据施工方法、地质条件、量测断面所在位置、隧道埋置深度等来确定。采用全断面开挖时，可设一条水平测线。台阶开挖时，可在拱腰和边墙各设一条水平测线。

（5）拱顶下沉量测与水平相对净空量测在同一量测断面内进行，采用水准仪测定下沉量。当地质条件复杂时还在拱腰及基底进行量测。

（6）拱顶下沉量测与水平净空相对变化量测有相同的量测频率，如表 45.24 所示。

表 45.24　量测频率

位移速度/（mm/d）	量测断面距开挖工作面距离/m	量测频率
≥5	（0～1）B	2 次/d
1～5	（1～2）B	1 次/d
0.5～1	（1～2）B	1 次/2 d
0.2～0.5	（2～5）B	1 次/2～3 d
<0.2	>5B	1 次/周

注：B 比表示隧道开挖宽度。

（7）地表下沉量测应根据隧道埋置深度、地质条件、地表有无建筑物、所采用的开挖方式等因素确定。地表下沉量测点应于水平净空相对变化和拱顶下沉量测的测点布置在同一横断面内，沿隧道中线、地表下沉量测断面的间距按表 45.25 采用。

表 45.25　地表下沉量测断面间距

埋置深度 H	地表下沉量测断面间距/m
$H>2B$	20～50
$B<H<2B$	10～20
$H<B$	10

注：① 无地表建筑物时取表中上限值；
　　② B 表示开挖宽度。

横断面方向地表下沉量测的测点间隔取 2～5 m，在一个量测断面内应设 7～11 个测点。地表下沉量测应在开挖工作面前方 $H+h$（隧道埋置深度+隧道高度）处开始，直到衬砌结构封闭、下沉基本停止为止。地表下沉量测频率应和拱顶下沉及水平净空相对变化量测频率相同。

（8）各项量测作业均应持续到变形基本稳定后 1～3 周。

四、监测资料整理、数据分析及反馈

（1）及时根据量测数据绘制水平相对净空变化、拱顶下沉时态曲线及水平相对净空变化、拱顶下沉与开挖工作面的关系图。

（2）对初期的时态曲线进行回归分析，选择与实测数据拟合好的函数进行回归，预测可能出现最大拱顶下沉及水平相对净空变化值。

（3）围岩及支护的稳定性应根据开挖工作面的状态、净空水平收敛值及拱顶下沉量的大小和速率综合判定，并及时反馈到设计和施工中。

（4）根据施工单位所提供的监控量测数据反分析求算初始应力、岩体弹模、塑性区范围、作用在二次衬砌上的荷载及岩体流变参数等，为动态设计提供信息和资料。

（5）根据量测结果及《铁路隧道喷锚构筑法技术规范》（TB 10108—2002）要求，按变形管理等级表指导。

第十节 新工艺、新工法、新装备、新材料的应用及效果

一、溜槽混凝土施工质量优化

1. 原材料的选择

（1）水泥。选用的水泥应具有质量稳定、水化热低、含碱量低、活性好、标准稠度用水量小，有较好的富余强度，泌水性小，收缩较小的水泥。

（2）掺合料。粉煤灰是当代混凝土工程中不可缺少的重要组成材料。混凝土中的掺合料不但起到分散、填充作用，改善混凝土的施工性能，尤为重要的是掺合料还参与水泥的水化作用，对混凝土的强度发展、密实度、抗渗性能都有较大贡献。因此，质量符合要求的掺合料不仅取代部分水泥，减少了水泥用量，更对提高混凝土的施工性能和耐久性都有重要作用。

（3）细骨料。细骨料选用的是颗粒形状较好，质地均匀坚固，吸水率低、空隙率小、级配好洁净的天然河砂。

（4）粗骨料。根据当地的实际情况选择强度高，颗粒级配好、空隙率小、针片状符合规范要求、采用 5 ~ 16 mm 和 16 ~ 31.5 mm 的二级级配，保证混凝土的质量要求。

（5）外加剂。外加剂对混凝土具有良好的改性作用，采用减水率高、坍落度损失小、适量引气的高效减水剂。

（6）水：饮用水。

2. 混凝土配合比的确定及优化

（1）设计混凝土时充分考虑混凝土的流动性和初凝时间。因为混凝土经过溜槽到井底储料仓，从储料仓到罐车，在到施工现场。在顺利的情况下要 1 h 才能到施工现场，在做配合比试验时，坍落度 140 ~ 180 mm，一个小时坍落度损失不大于 10 mm，混凝土初凝时间 4 h 20 min。试配时混凝土和易性良好，强度满足试配要求，配合比如表 45.26 所示。

表 45.26　混凝土配合比

C35 二次衬砌混凝土						
水泥	砂	碎 石		水	粉煤灰	防水剂
		5 mm ~ 16 mm	16 mm ~ 31.5 mm			
322（kg）	701（kg）	274（kg）	823（kg）	172（kg）	108（kg）	21.5（kg）
C20 填充混凝土						
水泥	砂	碎 石		水	粉煤灰	防水剂
		5 mm ~ 16 mm	16 mm ~ 31.5 mm			
260（kg）	740（kg）	289（kg）	868（kg）	156（kg）	87（kg）	17.4（kg）

3. 混凝土的拌制及运输

（1）混凝土是由设置在井口的 P-B1600 强制式搅拌机进行搅拌，上料装置采用一整套自动计量上料装置，上料速度快，称量准确，一盘混凝土平均搅拌时间为 180 s，搅拌好的混凝土经溜槽到井底储料斗，再经井底混凝土灌车转载至施工作业面。

（2）混凝土到溜槽口的坍落度实测值是 170 mm，从溜槽口到井底储料仓 845 m 用时 12 min，到井底混凝土和易性满足要求，接 6 m³ 混凝土用时 45 min，到施工现场用时 56 min，于 65 min 做坍落

度试验，坍落度实测值 160 mm，坍落度损失小，满足施工要求，流动性、保水性和黏聚性良好。

4. 混凝土在下溜时需注意的问题

（1）在混凝土拌和时其坍落度应严格控制在 140～180 mm 之间，如果拌和站生产出来的混凝土达不到要求此坍落度的控制范围时，严禁放料，以免混凝土在下溜过程中产生堵塞现象。

（2）经过长达 845 m 的溜槽下放后，各种标号的混凝土通过井底混凝土灌车运送至施工作业面的过程中，应再次通过灌车进行快速搅拌后方可入模施工，避免因部分混凝土离析而产生堵塞输送泵管路现象。

（3）混凝土在下放后，经溜槽流到井底储料仓时，如果混凝土停放时间过长，坍落度损失严重，现场施工操作人员不得擅自加水，应由试验人员用追加减水剂的方法来解决。

5. 运输过程存在的问题及解决办法

（1）存在问题。

① 由于采用普通钢板加工制作的溜槽自身内部有一定的摩擦阻力，所以，在混凝土的运输过程中水泥浆往往会沿下溜部位粘满溜的底部和部分槽壁，时间一长，十分容易造成堵塞现象。

② 由于 3 号斜井井身较长，坡度较陡，混凝土在下溜过程中，经过长时间长距离的流动，难免会出现较小的离析现象。

③ 混凝土在下溜过程中，粘于溜槽内的水泥浆人工经常进行清理，对溜槽本身有一定的损坏现象。

（2）解决办法。

① 在混凝土施工完成后，放水对溜槽进行清洗。

② 混凝土在斜井溜槽的下溜过程中，每隔 300 m 专门设置一人，负责对其本管段溜槽内下放时的混凝土进行疏导，避免混凝土在下溜的过程因各种原因滞留其中，引起堵塞现象。并对本管段内的所有溜槽内面底部黏附着的水泥浆进行铲除。

③ 经常对于黏液比较厚的溜槽板块进行清理和维护，对于破坏严重、变形严重的板块及时采用加工好的备用板块进行更换，确保每次混凝土均能够顺利下溜。

④ 待混凝土下溜至井底，并通过储料斗和灌车立体转载拉运至混凝土施工作业面后，在混凝土入模浇注之前，必须先在灌车内快速搅拌 180 s 后，确保混凝土的和易性满足要求，方可进行施工。

6. 现场混凝土施工效果

通过溜槽下放运输的 C35 混凝土实测强度如表 45.27 所示。

表 45.27 通过溜槽下放运输的 C35 混凝土实测强度

混凝土抗压强度			混凝土抗渗强度	
养护方法	标准养护	同条件养护	养护方法	标准养护
养护时间	56 d	56 d	养护时间	28 d
抗压强度	42.8 MPa	41.3 MPa	抗渗标号	＞P8

7. 混凝土外观质量

从脱模后二次衬砌、仰拱及仰拱填充的外观质量来看，其混凝土表面密实平整、颜色均匀，且无气泡、蜂窝、麻面、疏松及缺棱掉角等不良现象出现，完全能够满足铁路隧道混凝土施工规范技术要求。

8. 优化效果分析

用溜槽输送混凝土加快了现场混凝土的生产运输能力，比溜槽投入施工使用前采用 4 m³ 矿车拉运及金钢车拉运的运输速度增加了 4 倍，每小时混凝土运输量可达 14 m³，从而提高了混凝土的生产能力。

2 号、3 号斜井混凝土溜槽的成功投入使用，使得混凝土运输能力大大提高，最终彻底改变了有轨斜井混凝土运输困难对衬砌和仰拱的制约，极大地节约了施工成本，降低了安全风险，为象山隧道 2 号、3 号斜井工序平衡提供保证，为缓解工期压力奠定了基础。

二、喷射混凝土配合比优化

龙厦铁路象山隧道工程，以Ⅳ级、Ⅴ级围岩为主、高风险岩溶、瓦斯、突水隧道，施工过程中的超前地质预报；岩溶及突水处理；隧道内排水、通风、瓦斯检测与及时支护衬砌、隧道的围岩变形观测是本工程的重点。喷射混凝土初期支护形式主要采用锚喷支护。喷射混凝土的及时跟进是关键，喷射混凝土强度 C25，设计厚度为 5 ~ 30 cm。在施工过程中，影响喷射混凝土质量的因素很多，而配合比设计在其中尤显重要，对质量的影响更为突出，直接关系到喷射混凝土强度、施工性、耐久性以及经济性。喷射混凝土配合比设计包括常规配合比设计和喷射混凝土现场试喷调整两个部分，前一部分是依据喷射混凝土的要求，按照混凝土常规配合比设计思路提出基准配比，后一部分是以基准配比为前提，在现场试喷调整、验证、确定理论配合比，两个步骤互为补充，缺一不可。因此，为了确保喷射混凝土的施工质量，在配合比设计阶段，必须对原材料特性及主要参数进行分析，了解和掌握其对施工质量的影响，从而采取相应控制措施，使配合比设计更合理，喷射混凝土质量更能满足设计要求。

1. 原材料控制

（1）拌和用水：工程中多以饮用水作为拌和用水，而 pH 值小于 4 的酸性水和含硫酸盐量超过水量 1%的水，含有影响水泥正常凝结与硬化的有害物质的水均不得使用。

（2）水泥：为保证喷射混凝土的凝固时间及与速凝剂的相溶性，所用水泥应具有强度高、抗渗性和耐久性好，应优先选用 42.5 级，以上的普通硅酸盐水泥，其次选用矿渣硅酸盐水泥和火山灰质硅酸盐水泥。在地质条件复杂的隧道中应采用早强水泥，使用前应做强度鉴定实验，水泥存放时严禁受潮和结块，也不得把不同规格、不同厂家的水泥混合使用。

（3）骨料：混凝土的强度除了取决于骨料的强度外，还取决于水泥浆与骨料的黏结强度，同时骨料的表面越粗糙界面黏结强度越高，因此用碎石比用卵石好。实验表明在一定范围内骨料粒径越小，分布越均匀混凝土强度越高，骨料最大粒径地减少不仅增加了骨料与水泥浆的黏结面积，而且骨料周围有害气体减少，水膜减薄，容易拌和均匀，从而提高了混凝土的强度。

（4）外加剂：为了降低用水量、降低回弹率和粉尘率，使喷射混凝土早凝早强，必须使用外加剂。应采用符合质量要求并对人体危害性很小的速凝剂，掺加速凝剂之前，应做速凝剂与水的相溶性实验及水泥净浆速凝效果实验，注意速凝剂效果实验，初凝时间不应大于 5 min，终凝时间不应大于 10 min，保持速凝剂干燥勿受潮变质，在喷射混凝土中添加速凝剂的目的是使喷射混凝土满足设计要求，促进早强。一般速凝剂最佳掺量约为水泥重量的 2% ~ 4%，实际使用时拱部可利用 2% ~ 4%，边墙可用 2%，过多的掺量对喷射混凝土反而不利，这是因为速凝剂虽然加速了喷射混凝土的凝结速度，但也阻止了水在水泥中的均匀扩散，使部分水包裹在凝结的水泥中，硬化后形成气孔，另一部分水泥因而得不到充足的水分进行水化反应而干缩，从而产生裂纹。另外速凝剂掺入应均匀。

2. 喷射混凝土配合比的初步拟定

喷射混凝土由于工艺的特殊性，与普通混凝土不同，其配合比的各参数选定有其自身的特殊要求。喷射混凝土的配合比不同于普通混凝土的配合比，需要根据其施工工艺来选择，主要讲述 C25，喷射混凝土潮喷法的配合比的设计方法。

（1）砂率的确定。喷射混凝土是依赖喷射过程中水泥与骨料的连续撞击，压密而形成的一种混凝土，为了能够最大限度地吸收二次喷射时的冲击力量，所以砂率比普通混凝土砂率要高，隧道边墙和拱顶部位都要采用较大砂率，以经验，初选用 50%砂率。

（2）水泥用量的确定。根据规范，干喷法水泥与砂石重量比宜为 1.0：4.0 ~ 1.0：4.5，水灰比宜为 0.4～0.45；若水泥用量过少，回弹量大，初凝时间延长；若水泥过大，不仅不经济，而且会产生大量粉尘恶化施工环境，使混凝土收缩大，初拟 400 kg、440 kg、480 kg。

（3）水灰比的确定（单位用水量的确定）。通过试喷确定单位用水量，然后计算出水灰比。

（4）砂石用量根据常规方法计算。

3. 配合比调整优化

喷射混凝土配合比设计区别于常规混凝土配合比设计最大的特点是其配合比要经过实际试喷确定：

（1）喷射混凝土试喷调整应满足施工强度。可喷性要求。使现场喷射混凝土，有良好的附着性，较好的密实性，回弹量少，不堵管。现场施工作业面粉尘少。

（2）喷射混凝土配合比参数调整。

我们在施工场地选取一处与洞内地质、水文、施工条件差不多的岩壁，进行了试喷，从而确定了适用的喷射混凝土配合比。

（3）单位用水量的调整、选定。

在试喷时，判定喷射混凝土用水量是否适当，是通过操作手调整水阀实现。当喷射混凝土表面干湿不一、出现干斑、喷射物附着性差、施工粉尘大、回弹量大时，应调整出水阀，增加单位用水量；当喷射混凝土表面出现流淌、滑移、成块拉裂时，应减少单位用水量；混凝土用水量适宜时，混凝土表面平整，湿润均匀、有光泽、无干斑或滑移流动现象。用水量稳定后，在受喷测试区做好标示，用水表计量用水量，结合原材料含水率，折算成混凝土每立方用水量。

（4）砂率的调整。

试喷时，回弹率的大小是一个重要指标，回弹率大，主要是砂率不适宜，应增大砂率，在几种设定的砂率下，通过测定每一种砂率下的回弹率，经比较，边墙最小的回弹率为 12%，拱部最小回弹率为 20%，对应砂率为 50%。回弹率均小于规范要求的规定。

（5）水灰比的确定。

试喷时，按照规范成大板，做强度试验，能满足配制强度的要求水灰比，最小的水泥用量的配合比即是要确定的最佳配合比。

经过以上试配及优化，隧道初期支护喷射混凝土最佳配合比如表 45.28 所示。

表 45.28　隧道初期支护喷射混凝土最佳配合比

配合比每立方材料用量/kg					28 d 强度	
水泥	砂	5～16 mm 碎石	水	速凝剂	34.6	35.7
439	859	859	193	17.56		

4. 总结

喷射混凝土配合比设计是关键的一部分，拌和在搅拌计量要准确。施工人员在施工过程中要合理的利用好，喷射手在施工操作过程中要根据实际情况控制好喷头与围岩的距离，根据经验控制好用水量，合理的添加速凝剂。控制好每个细节，才能保证好喷射混凝土的质量要求和经济要求。

三、隧道施工放样方法对比优化

施工测量是指把图纸上设计好的建（构）筑物位置（包括平面和高程位置）在实地标定出来的工作，即按设计的要求将建（构）筑物各轴线的交点、道路中线、桥墩等点位标定在相应的地面上。

（一）线路平面与线路纵坡

1. 平面

龙厦铁路象山隧道左线进口段位于左偏曲线上，曲线半径 $R=4\,000$ m，隧道曲线长 2 552.93 m；

出口位于右偏曲线上，曲线半径 R=3 500 m；曲线长 1 188.19 m；其余地段均位于直线上。右线进口段位于左偏曲线上，曲线半径 R=3 500 m，隧道曲线长 2 439.01 m；出口位于右偏曲线上，曲线半径 R=4 500 m，曲线长 R=1 238.73 m；其余地段均位于直线上。

2. 竖曲线

左右线隧道均为下坡，左线隧道变坡点里程为 DK19+800，DK22+400，DK34+300 从隧道进口至出口坡度依次为 -3.2‰，-10.8‰，-11‰，-10.8‰。坡长依次为 1 300 m，2 600 m，11 900 m，1 600 m。右线隧道变坡点里程为 YDK19+800，YDK22+420，YDK33+300 从隧道进口至出口坡度依次为 -3.2‰，-10.8‰，-11‰，-10.8‰。坡长依次为 800 m，2 620 m，10 880 m，2 618.86 m。

在变坡点里程 DK19+800 和 YDK19+800 里程处设置圆曲线型竖曲线，竖曲线半径为 15 000 m。

（二）隧道测量方法

象山隧道全隧进出口 2 个，其中斜井 5 个，横通道结合变压洞室 70 个，隧道施工中各种工序衔接紧凑，平行作业、交叉施工的工程很多，且洞内作业面狭小，如排风不畅，空气质量差，红外线测量仪器反射信号太弱，往往无法进行测量工作。测量工作在隧道开挖施工中非常重要，它控制着隧道开挖的平面、高程和断面几何尺寸，关系到隧道的贯通。为满足测量工作需要，需选择关键工序工作面污染小的时间，停止一些次要工序，提前加大排风来满足测量工作条件。若测量工作占用时间过长，将直接影响工程进度和经济效益。如何及时、准确提供测量成果，使用的仪器和方法便成了重要因素。花几十万买一台隧道断面仪，仅能用于隧道断面测量，投资太大，为节省投资可采用全站仪配隧道断面测量软件来完成。用全站仪进行外业数据采集后，再对采集的数据进行分析。数据分析可用台式、便携式电脑，也可用可编程计算器进行，下面介绍几种测量方法。

1. 直角坐标法

图 45.74 中 A、B、C、D 为建筑方格网或建筑基线控制点，1、2、3、4 点为待测设建筑物轴线的交点，建筑方格网或建筑基线分别平行或垂直待测设建筑物的轴线。根据控制点的坐标和待测设点的坐标可以计算出两者之间的坐标增量。下面以测设 1、2 点为例，说明测设方法。

首先计算出 A 点与 1、2 点之间的坐标增量，即 $\Delta xA_1 = x_1 - x_A$，$\Delta yA_1 = y_1 - y_A$

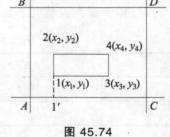

图 45.74

测设 1、2 点平面位置时，在 A 点安置测量仪器，照准 C 点，沿此视线方向从 A 沿 C 方向测设水平距离 ΔyA_1 定出 1′点。再安置全站仪于 1′点，盘左照准 C 点（或 A 点），转 90°给出视线方向，沿此方向分别测设出水平距离 ΔxA_1 和 Δx_{12} 定 1、2 两点。同法以盘右位置再定出 1、2 两点，取 1、2 两点盘左和盘右的中点即为所求点位置。

采用同样的方法可以测设 3、4 点的位置，现一般莱卡全站仪都有此功能。

2. 里程坐标

通过曲线参数，我们可以用坐标进行换算，建立独立的坐标系，把蓝图上的大地坐标 X 值换为里程，Y 坐标换为偏离值，此方法能简单明了地看出测量值是否测设正确，但测设时导线布置一般都在隧道中线上，容易给施工带来不便，在测设断面时比较麻烦。在开挖轮廓线放样的时候，有两种方法，一种是五寸台的方法，一种是找圆心半径的方法。找圆心半径的方法检测开挖之后的超欠挖比较麻烦，且开挖掌子面不平，导致在拉尺子的时候误差会很大，所以导致开挖轮廓线看起来很不圆顺，在检测断面时每测设一个断面要从新设站，现场在记录，测量的时候要费很多的人力物力，在内业处理上太浪费时间，得把每个点投到 CAD 上，然后套上设计断面，通过每个点的垂足标出超欠挖，最后量出超挖面积，现在已经不再采用。

3. 方向交会法放样

（1）在两个平面控制点 A、B 上各安置一台经纬仪，盘左后视其他控制点，并对度盘进行坐标方位角配置。

（2）计算 A、B 点至拟放样点 P 的方位角 α、β。

（3）旋转经纬仪 A 使方位角为 α，观测员指挥画点人员在两视线交点附近画点 P_1P_2。

（4）旋转经纬仪 B 使方位角为 β，观测员指挥画点人员在两视线交点附近画点 P_3P_4。

（5）用拉紧的细线 P_1P_2 与 P_3P_4 定出交点 M 的位置。

（6）两仪器盘右后视控制点并配置度盘，重复（3）~（5）步骤得到交点 N。

（7）当 M、N 点间距离小于放样点限差要求时，以 M、N 连线中点作为放样点 P，并标定下来。

具体如图 45.75 所示。

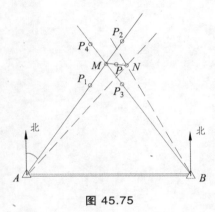

图 45.75

4. 方向线平移法放线

为了放样某方向线 PY，用自由设站法不可能直接将仪器架设在 P 点上，或者 P 点上不便于直接架站，此时在尽可能接近 P 点的 P_1 上架设仪器，用后方交会等自由设站法测量 P_1 点的坐标（如果 P_1 点坐标已知可省此步骤），然后用方向线平移法放样 PY 方向线。

（1）在 P' 点上安置仪器，后视控制点 A，用控制点 B 检核方位角。

（2）转动仪器使视线与拟放轴线平行（方位角相同或相差 180°），指挥作业员在地面标记出平行线上的点 P'_1，P'_2，P'_3，…，P'_N。

（3）分别从 P'_1，P'_2，P'_3，…，P'_N 上用小钢尺向 PY 方向线一侧垂直量取距离 dx，得到 P'_1，P'_2，P'_3，…，P'_N，则 P'_1，P'_2，P'_3，…，P'_N 即为 PY 方向线上的点。标注单方向点，并注记桩号。

（4）检查后视方位角，量取所放方向线与建筑物已有的结构线间尺寸进行检核。

具体如图 45.76 所示。

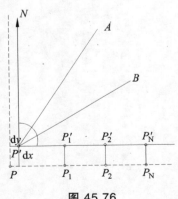

图 45.76

5．极坐标测量法

极坐标系是一个二维坐标系统。该坐标系统中的点由一个夹角和一段相对中心点----极点（相当于我们较为熟知的直角坐标系中的原点）的距离来表示，在两点间的关系用夹角和距离很容易表示时，极坐标系便显得尤为有用；而在平面直角坐标系中，这样的关系就只能使用三角函数来表示。对于很多类型的曲线，极坐标方程是最简单的表达形式，甚至对于某些曲线来说，只有极坐标方程能够表示。

（1）圆曲线的计算。

在圆曲线上选任意点 b，为起算里程，坐标反算分别求得，测站 a，起算点 b，到圆心 O 的距离和方位角，两方位角之差（$Oa-Ob=\alpha$）和半径计算曲线长 l，b 点里程加 l 等于 c 点里程，测站至圆心的距离减半径等于测站至中线距离。计算公式 如下

（1）$\alpha' = \dfrac{90(2l - l_0)}{R\pi}$

（2）$p = \dfrac{l_0^2}{24R} - \dfrac{l_0^4}{2\,688R^3}$

（3）$m = \dfrac{l_0}{2} - \dfrac{l_0^3}{240R^2} + \dfrac{l_0^5}{34\,560R^4}$

（4）$x_0 = [R(1 - \cos\alpha') + p]K$

（5）$y_0 = R\sin\alpha' + m$

（6）$\alpha_0 = \arctan\dfrac{y_0}{x_0} + n \cdot 180$

（7）$S = \sqrt{x_0^2 + y_0^2}$

（8）$\alpha_1 = \alpha_0 + \alpha - 90$

（9）$x_1 = S\cos\alpha_1$

（10）$y_1 = S\sin\alpha_1$

（11）$x = x_1 + x_z$

（12）$y = y_1 + y_z$

（2）缓和曲线上的点坐标计算。

已知：

① 缓和曲线上任一点离 ZH 点的长度：l

② 圆曲线的半径：R

③ 缓和曲线的长度：l_0

④ 转向角系数：K（1 或 -1）

⑤ 过 ZH 点的切线方位角：α

⑥ 点 ZH 的坐标：x_Z，y_Z

计算过程：

（1）$x_0 = \left(\dfrac{l^3}{6Rl_0} - \dfrac{l^7}{336l_0^3R^3}\right)K$

（2）$y_0 = l - \dfrac{l^5}{40R^2l_0^2} + \dfrac{l^9}{3\,456R^4l_0^4}$

（3）$\alpha_0 = \arctan\dfrac{y_0}{x_0} + n \cdot 180$

（4）$S = \sqrt{x_0^2 + y_0^2}$

（5）$\alpha_1 = \alpha_0 + \alpha - 90$

（6）$x_1 = S \cos \alpha_1$

（7）$y_1 = S \sin \alpha_1$

（8）$x = x_1 + x_Z$

（9）$y = y_1 + y_Z$

说明：当曲线为左转向时，$K=1$，为右转向时，$K=-1$，公式中 n 的取值如下：

$$\begin{cases} x_0 > 0 \\ y_0 > 0 \\ n = 0 \end{cases} \quad \begin{cases} x_0 > 0 \\ y_0 < 0 \\ n = 2 \end{cases} \quad \begin{cases} x_0 < 0 \\ y_0 > 0 \\ n = 1 \end{cases} \quad \begin{cases} x_0 < 0 \\ y_0 < 0 \\ n = 1 \end{cases}$$

当计算第二缓和曲线上的点坐标时，则：

l 为到点 HZ 的长度；

α 为过点 HZ 的切线方位角再加上 180°；

K 值与计算第一缓和曲线时相反 x_Z，y_Z 为点 HZ 的坐标。

在缓和曲线上求任意点的法线方向十分简单，但要求测站要对应那个桩号法线上的点，相当复杂。采用近似法，完全能满足测量精度要求。在测站前后的线路上，各选一距离合适的点作为计算点，把两点当作直线看，按直线计算即可。

（3）直线。

在直线段上选任意点 b 作为起算点，已知直线段方位角 bc，用坐标法反算求得 ba 方位角，通过两方位角之差 α，和 ba 的距离解直角三角形可得 bc 距离 l 和 ac 的距离 b。b 点的桩号加 l 等于测站点对应的桩号

$$b = ab \times \sin \alpha$$
$$l = ab \times \cos \alpha$$

根据测点的桩号计算线路的设计高程，通过线路的设计高程和隧道圆心的关系，计算隧道圆心的设计高程和线路中线到隧道圆心的距离。经计算已知隧道圆心的设计高程；线路中线到隧道圆心的距离；经测量已知测点的实测高程；测点至线路中线的距离，无论是哪一种线型，在 casio 系列可编程计算器，再进行小编程。

Lbi0："A"？A："B"？B：0→I：0→J：POL（（A-55555.555），（B-66666.666））：

"X="：cos（ads（J-F）*I+里程→X：IfEnd

"Y="：sin（J-F）×I→Y：IfEnd

"Z="：高程±（X-里程）*坡率

（三）隧道断面的计算

我们测量出来的某一个点，也就是一个三维坐标，根据坐标可以判定出这么点所在断面上的某一个位置，在那个圆心上，因为隧道断面是由多个圆弧组成，不管测量点在那个位置上，他都必须经过这个圆的半径，在根据空间的几何关系，这样就可以计算出此点得超欠挖。在判断位置的时候方法有 2 种：

隧道超欠挖计算方法 1：

通过实测高程与设计高程的高差，来判断此点在设计断面的位置，然后根据高差与偏离值，通过勾股定理计算出斜长，在于半径之比，就可以得出某点得超欠挖。注：此判定方法在判定时下图显示，当判定测点 A 时，判定出的是 O_1 圆心，实际 A 点在 O_2 圆心上，虽然计算出的值错误不大，毕竟是错误的，所以现在不在采用。

隧道超欠挖计算方法 2：

通过高差与偏离值的反切值，可以计算出此点的圆心角，通过圆心角来判定出此点的位置，通过实测高程与设计高程的高差，来判断此点在设计断面的位置，然后根据高差与偏离值，通过勾股定理计算出斜长，在于半径之比，同样得出超欠挖。

（四）机载软件配无棱镜测量的优点

1. 测量速度快

掘进放样、断面测量、围岩净空位移量测等每一断面均可在几分钟内完成。

2. 准确

一是测设定点精度准确。其精度可依工程所需而定，可达几毫米的精度。二是固定性。程序编制时要求仪器自动寻找断面上相同的点（即虽掌子面里程不同，但所放样各点在隧道纵向上相对于隧道中线、轨面的位置固定），且各点在开挖轮廓线上间距一致，这为钻眼爆破带来极大便利——测点即是炮眼，炮眼间距固定。每茬炮钻眼在断面同一位置，为钻眼角度提供很好的参考方向，使整个隧道炮眼顺直，进一步减少超欠挖，减少安全质量隐患。

3. 设站灵活

因为仪器可用距离后方交会设站，这就给测量带来很大灵活性，可以在不同的现场条件下选择最佳位置设站，减少其他工序对测量的干扰，反之也减少了测量对其他工序的干扰。在某些人力设备不能到达的或危险的地方，只要满足测程与通视两个条件就可完成测量任务，减少测量对其他机械设备（如脚手架，升降机等）的依赖。因全站仪采用极坐标的方式进行放样，加上其自动化程度较高，一般二人即可完成作业任务。

4. 与其他工序平行作业

传统开挖轮廓线放样一般在出渣完后进行，往往占用数十分钟的时间，而采用全站仪放样，尤其是通风效果好时，可将仪器安置在边墙附近，装渣的同时便可完成渣堆以上开挖轮廓线放样与坑道断面扫描，装渣完成后抢用其他工序准备工作的几分钟完成剩余测量工作。或装渣快完成时，边装渣边测量，实现零分钟测量。

5. 适应性强

因全站仪是以极坐标方式来测量坑道上的点的坐标，而设计断面上任何点都有自身的解析坐标，从测量的观点与隧道解析观点来看，也就不再存在曲线隧道、曲墙断面放样、工作面不规则等种种不便，使各式各样的线路走向、断面形状问题统一化为极坐标与隧道解析的问题。

四、有轨斜井安全控制技术优化

在长大铁路隧道施工过程中，经常采用辅助坑道和大型机械化配套技术，以实现长隧短打、快速施工。如何保证有轨斜井运输系统运行安全，是保证工程施工正常进行和人身安全的关键，本文结合象山隧道有轨斜井实际运行情况，针对有轨斜井运输系统的安全管理进行探索和研究，为类似工程提供参考意见。

（一）安全技术措施

1. 双筒不摘钩提升

斜井有轨运输安全工作的重点是预防溜车。双滚筒绞车承担正洞的出渣任务，在整个运输过程中，井上、井底均无需摘钩，在施工过车中只是要定期检查钢丝绳和钢丝绳与矿车连接部分，确保不断丝、不脱销、不溜车。

2. 钢丝绳预防断裂

钢丝绳是有轨运输系统防溜车的核心环节。钢丝绳作为重载矿车的牵引工具，在长时间连续工作过程中，不断在地滚上摩擦，其直径从理论上不断减小、甚至断丝，在超负荷的张拉力作用下就会发生断裂导致溜车事故，预防措施主要是：在斜井轨道内每间隔 15 m 设 120 mm 地滚一道，井口边坡点设直径 320 mm 的打的滚，对钢丝绳、地滚定期抹油保护，以减小两者间的运行阻力，并防止钢丝绳拖床、跳颤等现象。同时，在矿车车架上设断绳脱钩保险器，以便意外断绳时，抓钩能自动落下钩住轨枕而阻滞矿车下滑。

3. 全过程摄像监控

在斜井的井口栈桥、井身及井底渣仓安设监控摄像头，并装有直通专线电话，电铃和照明线路，提升司机可以通过闭路电视清晰地监控提升全过程，及时发现问题和及时处理。

4. 防溜车措施

在井口安设防溜阻车器，并设专人管理，阻车器必须经常处于正位关闭状态，房车时方可打开。在曲轨上设限位自动断电装置，当提升容器超过正常终端位置时，控制芯片能自动断电且保险闸发生制动作用，锁住滚筒。井底渣仓设加厚钢筋混凝土防撞墙和缓冲装置。

5. 安全使用措施

① 防过卷、过速、过载防护装置、天轮、卸渣台（栈桥）每周由现场机械、技术人员联合进行一次检查检测。

② 防溜车装置、阻车器、挡车器、刹车爪、制动装置等，每班由现场组织安监、机械、技术、绞车操作人员进行一次检查检修。

③ 地滚承托轮、轨道、行车限界、每班组轨道养护人员进一次巡检维护。

④ 钢丝绳、挂钩及保险栓、绞车刹车泵等，每天由绞车工班组织一次检测检查，并做好检查记录，实施人要签字备查。

⑤ 钢丝绳、地滚轮、天轮等易磨损部位、杆件要经常涂抹润滑油剂，保持这些部件的润滑良好。

6. 易磨损部件安全系数及报废规定

① 钢丝绳：当钢丝绳选定后，应根据不同的安全系数核定允许载重量，并要使用现场挂牌标定。

② 专为运送人员使用的绞车所用钢丝绳，其安全系数不得小于 9。

③ 运输石渣专用斗车使用的钢丝绳安全系数不得小于 8。

④ 制动、缓冲等，按动载荷计算不得小于 3。

⑤ 钢丝绳与斗车的连接销与斗车连接插孔的间隙，不得超过 1 cm。连接销磨损达到设计直径 10% 时，必须更换。

⑥ 绞车制动系统中各闸瓦对自动盘的间隙不得大于 1.5 mm。

（二）优化效果分析

斜井有轨运输系统配套设计，关键是要考虑正洞的产渣量并着重做好井口渣场、井内轨道优化布置，井底立体转载布置。斜井的有轨出渣、进料（含运送人员），采用专线行走方式，有效地减少了相互干扰，提高了运输效率，确保了安全生产有序进行。

第四十六章　轨道工程

龙厦铁路全线共铺轨 230.551 km（单线），其中正线铺轨 217.974 km（单线）（其中无砟道床铺轨 31.776 单线公里），站线铺轨 12.577 km，铺新岔 55 组。全线按重型轨道设计，一次铺设跨区间无缝线路，速度目标值 200 km/h，个别地段按 160 km/h。钢轨质量符合《时速 250 公里客运专线 60 kg/m 钢轨暂行技术条件》要求；路基断面符合《新建时速 200～250 公里客运专线铁路设计暂行规定》的要求，除象山隧道为无砟轨道外，其余都是有砟轨道，技术标准高。轨道工程施工工程量见表 46.1 所示。

表 46.1　轨道工程数量

序号	项目名称	单位	数量
1	正线铺轨	单线 km	217.974
	① 铺设 P60 钢轨、钢筋混凝土枕 1667 根/km	单线 km	139.113
	② 铺设 P60 钢轨、钢筋混凝土桥枕 1667 根/km	单线 km	46.617
	③ 铺设 P60 钢轨、无枕	单线 km	0.209
	④ 铺设 P60 钢轨、有砟与无砟过渡段	单线 km	0.100
	⑤ 换铺长钢轨	单线 km	185.83
	⑥ 铺设双块式整体道床轨道	单线 km	31.935
2	站线铺轨	铺轨 km	12.577
	铺新轨、钢筋混凝土轨枕 50-60 kg 异型轨	km	0.5
	铺旧轨、钢筋混凝土轨枕 60 kg 钢轨	km	9.074
	铺旧轨、钢筋混凝土轨枕 50 kg 钢轨	km	3.036
	铺旧轨无枕	km	0.326
3	铺道岔		
	铺新单开道岔	组	55

第一节　有砟轨道道床施工

一、底层道砟铺设

1. 质量标准及检验方法

（1）龙厦铁路摊铺用道砟应符合《客运专线铁路轨道工程施工技术指南》（TZ 211—2005）中一级碎石道砟的材质要求。

检验方法：查验道砟厂建厂检验证书、生产检验证书和产品合格证。

（2）道砟进厂时的粒径级配、颗粒形状及清洁度应符合铁路碎石道砟技术条件的规定。

检验方法：采用筛分、专用量规或特定检验。每 5 000 m³ 为一批，不足 5 000 m³ 时亦按一批计。每批抽检一次。

（3）底层道砟应采用压强不小于 160 kPa 的机械碾压，道床密度不应低于 1.6 g/cm³。

检验方法：检算碾压机械压强，用道床密度仪或灌水法检测。每 5 km 抽检 5 处。

（4）底层道砟厚度宜为 150 mm，单线宽度一般为 4.5 m。砟面应平整，其平整度为 10 mm/3 m，砟面中间不应凸起。

检验方法：目视观察、钢尺、3 m 靠尺量。每千米各抽检 4 处。

2. 施工准备

（1）上砟前由铺轨单位与路基施工单位共同对路基按设计要求进行检查验收，符合要求后，方可进行铺砟作业。

（2）对路基中线、水平进行复测。

（3）配置摊铺、碾压机械，各种检测设备，对机械进行安装调试，对检测设备进行检定。

3. 施工机械及工艺装备

（1）摊铺设备主要包括自卸汽车、洒水车、摊铺机、装载车、压路机。

（2）配套设备主要包括激光发射器、激光接收器、定位标杆。

（3）检测设备主要包括密度仪、方孔筛、全站仪、水准仪、3 m 靠尺及直尺。

4. 工艺及质量控制流程

底层道砟铺设施工工艺及质量控制流程如图 46.1 所示。

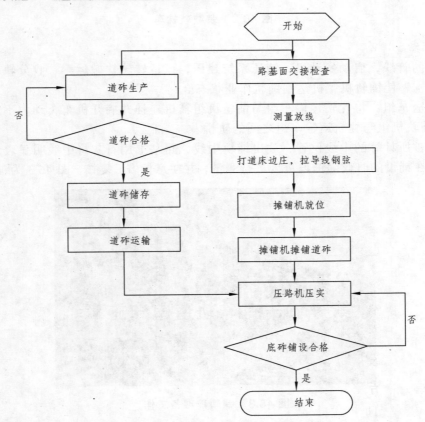

图 46.1　底层道砟铺设施工工艺及质量控制流程

二、CYP500 型铺轨机机组铺轨

1. 装钢轨及轨枕

无缝线路用 500 m 长轨条采用厂焊，由焊轨厂将 60 kg/m、100 m 无孔轨焊接成 500 m 长轨，由

既有线运至铺轨基地，利用群吊卸车储存在长轨存放场。

轨枕由轨枕厂发货，经既有线运至铺轨基地卸车存放，并在基地完成轨枕锚固。

扣配件由厂家通过铁路或公路运至铺轨基地存放。

轨枕运输车组由 37 辆 N17（换长 1.3）路用平板组成，并每个平板上安装运输支架，运输支架分上下两层；在平板两侧用 43 kg/m 钢轨安装搬运车走行线，中心距为 3 000 mm。每次装车时运输支架下层可装载 8 根 500 m 钢轨，并用车上的间隔铁锁紧钢轨，并在两端安装钢轨挡架防止钢轨在运输途中或铺设坡道时窜出；在运输支架上层可装载 4 层共 3 360 根轨枕（2 km 线路所需轨枕量为 3 334 根），装载轨枕时严格按照装车表的顺序装载轨枕。

轨枕运输车组由机车沿工程线顶推至施工现场，距铺轨机 5 m 处停车。图 46.2 为装载轨枕车。

图 46.2　装载轨枕车

2. 铺轨前准备

连接好机组的管线，启动发动机，液压系统建压，试运转轨枕搬运车、收分轨装置、布枕、匀枕装置等作业机构，使铺轨机主机达到铺轨作业状态。

顶进枕轨运输车组，将枕轨运输车组与铺轨机组辅机连挂并摘开机车（动力不足时需要机车辅助制动）；安装铺轨机组与枕轨运输车组之间的轨桥。

根据测量基桩所计算的中线位置，放出铺轨中线，路基上用石灰将中线明显表示在线路上，桥梁和隧道内可以在铺设的时候随铺设进度进行测量，并注意检查、复核。图 46.3 为铺轨前准备工作。

图 46.3　铺轨前准备工作

3. 预铺轨枕

机组首次铺轨时，主机前进至距已铺线路终端 870 mm 处停车，完成主机转向架与走行履带的连接，铺设 16.8 m（28 根）轨枕。

4. 拖拉长轨

卸开枕轨运输车组上的长钢轨锁紧装置（每次只允许松开所要拖拉的一对长钢轨），松开钢轨间隔铁并取掉所要拖拉的一对长钢轨前的挡板。

运转主机前方的卷扬机，将钢丝绳由卷扬机退出，经推送车车体两侧的钢轨收放装置向两侧分出，穿过钢轨推送装置，与钢轨轨头的钢轨钳连接；反向运转卷扬机，将钢轨牵引出运输支架，经过推送装置后，拆除牵引用钢丝绳，使用推送装置推送钢轨前进，人工辅助钢轨导向分别穿过车体两侧的钢轨收放装置的就位机构。钢轨伸出主机 3 m 后停止推送，并解除推送装置。

长钢轨拖拉机对位，连接钢轨与长钢轨拖拉机，将钢轨固定在拖拉架的钢轨夹持器上，拖拉机向前拖拉钢轨。钢轨拖拉过程中，在长钢轨底下的道砟上每 10 m 左右放置一对滚轮。

当长钢轨拖拉至上次铺设钢轨端头剩下约 10 m 时，拖拉机应放慢拖拉速度（≤15 m/min），当长钢轨尾端拖出长钢轨对位器前最后一个就位机构架之后，拖拉机速度再次减慢。此时通过无线对讲与拖拉机司机联络对位，利用钢轨就位装置调整轨缝，直到长钢轨尾端与已铺设钢轨轨端基本对齐，并用专用无孔夹轨器将两根长钢轨连接在一起。

通过以上操作过程，将长钢轨预铺于道床上，钢轨轨距约为 3 100 mm。

钢轨拖拉完成后铺轨机沿线路中线开始运行。图 46.4 为拖拉长轨。

图 46.4　拖拉长轨

5. 搬运轨枕

轨枕运输列车上面布置有两台轨枕搬运车，每台每次可搬运轨枕 28 根，轨枕搬运车沿轨枕运输列车两侧的轨道来回行驶完成轨枕的搬运，2 号轨枕搬运车主要功能是将轨枕向前倒运，1 号轨枕搬运车主要功能是尽可能快速地将轨枕搬运到靠主机后端的轨枕支架上面。

轨枕搬运时宜分层进行，避免各运输平车之间由于载重悬殊产生车体高差。

图 46.5 为搬运轨枕。

图 46.5　搬运轨枕

6. 匀枕

轨枕支架下面设有顶升油缸，油缸能够使支架升高或降低，当支架顶起一组（14 根）轨枕后，链轮驱动十四辆匀枕小车沿主机上面的轨道后退进入轨枕下方，全部匀枕小车到位后，通过顶升油缸使轨枕支架下降，14 根轨枕一对一地落放到十四辆匀枕小车上面，然后，链轮驱动链条带动最前端的匀枕小车向前移动进行按照 600 mm 间距匀枕，14 辆匀枕小车通过链条软连接，当最前端的匀枕小车前进到位后，匀枕机构作业即告完成，此时每辆匀枕小车上面均摆放着一根轨枕，并且轨枕间距均匀。待布枕机吊走第一次所布的 14 根轨枕后，匀枕小车后退至剩余的 14 根轨枕下开始下一循环。图 46.6 为匀枕工作。

图 46.6　匀枕

7. 布枕

主机前端的轨枕布设机后退与匀枕小车对位。通过液压油缸驱动轨枕夹具开合一次性提取 14 根轨枕，轨枕布设机沿轨道前行到位后，夹具下降将 14 根轨枕下落至铺设地段，距地面 50～100 mm时停车。根据测量基桩所计算的中线值检查轨枕是否在中线位置，调整轨枕位置至中线，偏差不大于 30 mm；测量前一次铺设最后一根轨枕与本次铺设的第一根轨枕间距，调整间距至 600±20 mm。当中线和轨枕间距符合设计后同时下落轨枕至道床上面，然后，铺轨机组整机向前行驶，同时轨枕布设机收起轨枕夹具并后退，准备提取第二组轨枕。

8. 收轨、上扣件

每铺设 14 根轨枕，铺轨机组向前进 8.4 m。在铺轨机前进时铺轨机中部的胶垫放置位置安放所有的胶垫。钢轨收放装置向内收轨，将轨距由 3 100 mm 收至 1 435 mm；长钢轨就位后，在辅机下可以进行扣件等的初始安装和紧固工作（初装量约 20%）。

每完成一对 500 m 钢轨的铺设后，要将钢轨的终端相错量控制在 100 mm 内，将长于 100 mm 的钢轨用锯轨机锯切较长钢轨，将两根钢轨端头锯切平齐。

9. 方枕、上扣件

铺轨列车通过后，后方安排人员对个别间距有偏差的轨枕进行细方细拨，确保中线与轨道中线垂直，保证所有轨枕间距离均为 600 mm，间距允许偏差±20 mm，连续 6 根轨枕的距离允许偏差±30 mm。补齐剩余扣件，并完成重点整道保证行车安全。

第二节　无砟轨道施工

一、工程概况

龙厦铁路仅象山隧道采用无砟轨道。施工中结合象山隧道辅助坑道设置（1号斜井及5号斜井位于右线隧道线路前进方向右侧）及现场资源配备情况，象山隧道整体道床采取先施工左线，后施工右线的组织方式。混凝土及材料运输分别从1号斜井及5号斜井到达工作面。左线施工时施工车辆可利用左右线之间的联络通道进入左线作业面。

1号斜井工区承担左线DK19+690～DK29+007长度9 317 m，右线YDK19+690～YDK28+967.5长度9 277.5 m，合计18 594.5 m的无砟轨道施工任务，该工区施工范围内采用"现场组装轨排固定架法"（简称"散铺法"）组织施工。

5号斜井工区承担左线DK29+007～DK35+588长度6 581 m，右线YDK28+967.5～YDK35+607长度6 639.5 m，合计13 220.5 m的无砟轨道施工任务。5号斜井工区施工范围内采用"轨排框架法"组织施工。

二、散铺法施工技术

（一）工艺流程

散铺法施工工艺如图46.7所示。

（二）总体施工顺序

（1）对隧道施工后沉降情况进行评估，满足设计要求后，进行无砟轨道施工。

（2）复测CPⅠ、CPⅡ控制点并布设测量加密桩控制点，布设CPⅢ控制网。

（3）运卸工具轨、双块式轨枕、钢筋等施工材料；工地散布纵向钢筋；散布双块式轨枕；组装12.5 m工具轨轨排；粗调轨排；绑扎纵、横向钢筋；立纵、横向模板；精调轨排；浇注道床板混凝土。

（4）拆模，倒运模板、施工机具、工具轨等，养护混凝土。

（三）材料运输

轨枕、工具轨和钢筋、模板等施工材料采用卡车或自制轨道平板车经过二次倒运后运输到施工现场，在现场可采用跨双线轮胎式可变跨龙门吊（或吊车）将双块式轨枕、工具轨及钢筋沿线路方向纵向散布，双块式轨枕每5根一组，4层一垛纵向沿线路方向分布堆放，每垛轨枕间距约6.5 m，用方木支垫，再紧靠轨枕边散布工具轨、钢筋和模板。所有材料沿线路中心散布，每隔100 m左右预留错车位置，确保施工现场道路畅通。

（四）施工准备

（1）道床板施工前对支承层面进行验收、测量，应满足铺设无砟轨道道床板的要求。基础垫层表面的高程施工误差为+5，-15 mm，宽度允许误差为+15，0 mm。

（2）道床板钢筋的加工应满足设计图纸的要求，根据施工进度加工相应数量的钢筋。

（3）检查模板是否符合施工要求，特别要注意超高地段模板尺寸。

（4）检查施工机具，确保安全、完好，以保证施工过程连续性。

（5）做好混凝土的供应方案，确保道床板的施工顺利进行，并做好其他物资供应的保障。

（6）应注意对到场的钢轨、轨枕等原材料进行合格验收，确保各项性能指标符合要求。

（7）采用机械设备和运输车辆，运输施工材料到施工现场，并按照相关要求进行摆放。

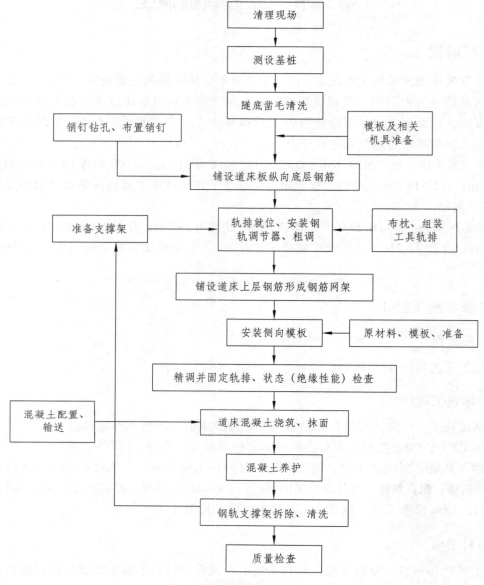

图 46.7　散铺法工艺流程

（五）隧底凿毛、冲洗、放样

道床板施工前，将道床板施工范围内前方 200～300 m 隧底混凝土表面的杂物、废砟清除干净，然后对隧底混凝土底板表面进行拉毛或凿毛，见新面不应小于 50%，凿毛后，采用高压水枪和钢丝刷将混凝土碎片、浮砟、尘土等冲洗干净。浇注混凝土前仰拱回填层或混凝土底板表面应洒水湿润，并至少保湿 2 h 以上且无多余的积水。

测量人员根据设计线路资料，采用全站仪直线地段每 10 m、曲线段每 5 m 放出线路投影中心，中线应用明显颜色标记，并根据几何关系用墨线弹出一侧轨枕边线和模板边线。其次用水准仪每 5 m 对应测出隧道垫层表面实际高程。

质量标准和控制要点：道床板下部无浮渣、尘土及杂物；中线偏差不超过 2 mm；模板内边线偏差±2 mm。

（六）铺设底层钢筋

按设计间距铺设道床板纵向底层钢筋。安装道床下层钢筋，纵向钢筋搭接长度≥700 mm，焊接长度≥200 mm，焊缝厚度≥4 mm。在纵横向钢筋交叉处及纵向钢筋搭接处设置绝缘卡并用塑料带绑扎牢固，绑扎后剪去多余的塑料带。

质量标准和控制要点：纵横向钢筋均匀散布，间距及搭接宽度符合设计要求；吊卸过程中防止钢筋变形；维持物流道路的畅通。图 46.8 为底层钢筋铺设现场图。

图 46.8　底层钢筋铺设现场

（七）铺设轨枕、组装工具轨排、锚固销钉

采用人工、机械配合铺设双块式轨枕，铺设轨枕要点如下；

（1）轨枕铺设时按图纸要求，卡控第一根轨枕的位置，利用跨线龙门吊或挖掘机配散轨枕装置，按照弹出的布枕边线铺设双块式轨枕。

（2）在轨枕布设完成后，按照设计图纸要求测放出路隧过渡段处销钉位置，并用红色油漆标识在混凝土支承层上。

（3）轨枕铺设间距允许偏差为±5 mm。

（4）轨枕线形平顺，与隧道中线基本垂直。

测量人员应根据线路基桩在线路中线位置做出标记，即在混凝土支承层上每 10 m 在轨枕中心位置标出一个点，然后将这些点用墨线连接起来，作为散布轨枕的中线。为方便施工，中线向两侧 1.4 m 弹出立模位置。轨枕铺设位置允许偏差±1 cm。

使用人工安装工具轨，采用双向同步电动扭力扳手紧固扣件，组装工具轨轨排，轨排组装的工序为：散枕→固定铁垫板→铺设钢轨→固定钢轨→轨排检查。在钢轨放到轨枕上之前，承轨槽表面要洁净，轨排组装时铁垫板应居中，扣件扭矩应符合设计要求。

轨排组装前应按要求对轨枕进行复检。轨枕卡槽位置清理干净后再安装扣件系统。

组装工具轨轨排时在每铺设 50 余 m 轨枕后，用跨线龙门吊或人工安装 12.5 m 工具轨，工具轨采用与正线轨型相同的 60 kg/m 钢轨。工具轨进场后应对工具轨进行检验；在使用、拆卸、装载和运输过程中，应采取措施加强对工具轨的保护，防止工具轨变形、污染，并经常对工具轨进行检验，确保工具轨能满足施工要求。

组装工具轨排主要工序为：铺设钢轨→固定钢轨→轨排检查。在钢轨放到轨枕上之前，承轨槽表面要洁净。组装工具轨轨排时，每铺设 50 余 m 轨枕后，人工安装 12.5 m 工具轨。工具轨应为与正线轨型相同的钢轨。

方正轨枕，使轨枕与工具轨垂直，检查轨枕间距是否符合设计要求。检查轨枕是否变形，变形轨枕必须更换。采用双向同步电动扭力扳手紧固扣件组装轨排。按设计安装弹跳扣件，现场检查除抽查扣件扭力外，主要还是检查弹跳中部下颚是否与塑料轨距挡板密贴，轨排组装时垫板应居中，扣件扭矩符合设计要求。轨排组装后要及时检查轨枕间距、方正及轨距等是否满足设计要求。

当铺设调整好轨枕后，在路隧过渡段钻孔并安装钢销钉。钻孔后需要使用空气压缩机清理孔洞。埋设销钉时应绝对保证销钉孔钻在轨枕钢筋网格之间，且中心要垂直于支承层面，并用植筋胶进行封锚。

轨排组装完成后，轨距、轨枕位置和间距应符合设计要求。允许偏差如表46.2所示。

表 46.2 轨排组装允许偏差

序号	检查项目	允许偏差	检查工具
1	轨距	±1 mm，变化率不大于1‰	道尺
2	轨枕间距	±5 mm	尺量
3	水平	1 mm	
4	轨向	2 mm/10 m 弦	塞尺
5	高低	2 mm/10 弦	塞尺

销钉设计为长400 mm的ϕ25 mm螺纹钢筋，钻孔深度为200 mm，钻孔后需要使用空气压缩机清理孔洞。用钻孔机钻孔，确保孔的深度和直径符合要求。

检查螺杆调整器底板应干净、已涂油并活动自如，设在两轨枕中间位置，两螺杆调整器托盘的轨排两侧对称（平行）安装。

（八）安装螺杆调整器底板

轨排组装完成后，在每隔3根（曲线地段2根，工具轨接头处）轨枕之间的钢轨上各放一对螺杆调整器。螺杆调整器安装位置要正确，螺杆必须始终竖直的位于轨道外侧，通过竖向螺杆调整轨排高低，通过水平调整栓对轨排方向进行调整。质量标准和控制要点如下：

（1）轨排组装完成后，轨距、轨枕位置和间距应符合设计要求。允许偏差应符合上表（轨排组转允许偏差）规定。

（2）销钉设计为长400 mm的25的螺纹钢筋，钻孔深度为200 mm，钻孔后需要使用空气压缩机清理孔洞。用钻孔机钻孔，确保孔的深度和直径符合要求。

（3）检查螺杆调整器底板应干净、已涂油并活动自如，设在两轨枕中间位置，两个螺杆调节器托盘在轨排两侧对称（平行）安装。

（九）粗调轨排、安装调节器螺杆

1. 施工要点

粗调轨排使用全站仪和人工配合起道机，利用道尺、方尺、垂球和3 m小钢尺对轨排进行初步调整，实现轨排方向和高程处于正确位置，中线和高程均控制在5 mm之内。

调整原则为先高程后中线。高程误差宁低勿高，中线误差越小越好。

每5 m根据设计轨面高程与初调放样高程点算出该点的差值作为高程控制的依据。

在每5 m的地方将道尺一端放在基本轨的轨面上，另一端紧贴在垂直树立的3 m小钢尺上，并随时保持道尺处于水平状态（水准泡的气泡居中），在12.5 m轨排范围内均匀布置4对起道机，将轨排依次均匀顶起，当3 m小钢尺上读数接近起道量时（一般低3～5 mm为宜）停止起道，然后将道尺放在轨排上，利用水平关系调整另一端轨排到位。

此时安装好调节器螺杆，拧紧螺杆使之受力后拆除起道机。

最后利用轨距（1 435 mm）将方尺分中，并将垂球一端固定在分中处，另一端自由下垂找线路中心点，将起道机安装在轨腰侧面顶推轨道，当垂球中心与线路投影中心重合时重新调整螺杆并使之受力，然后拆除起道机。

为确定轨排位置，必须给出轨支撑螺杆调节器处每一横断面的里程。使用水准仪测量轨面高程，起落竖直调整装置，使轨顶高程满足设计值。

2. 质量标准和控制要点

（1）轨顶高程应满足设计值，允许偏差为 0~5 mm。逐点调整轨道至设计中线位置，允许偏差为±5 mm，并用全站仪精确测量复核。

（2）粗调一遍往往不能到位，只能大致到位，要根据实际情况调整 2~3 遍。起道机在调整高程和中线到位后拆除时，轨道均有不同程度的变化和回弹，要根据经验预留回弹量。非 5 m 测量地段的高程和中线不能严格调整到位，需要根据经验顺接调整。

（十）绑扎上层钢筋、安装模板

1. 绑扎上层钢筋

（1）轨排粗调完成后按设计要求绑扎上层钢筋，对纵向钢筋与横向钢筋及轨枕桁架上层钢筋交叉处以及上层纵向钢筋搭接范围的搭接点按设计要求设置绝缘卡，用尼龙自锁带绑扎。

（2）因特殊的绝缘需要，钢筋按照设计要求布设完成后，需进行绝缘盒综合接地处理。

（3）根据设计图纸，无砟轨道道床板将不大于 100 m 的道床设置为一个接地单元（对于单线而言），布置形式为三纵一横，即三根纵向钢筋（上层两边最外侧一根和一根中间钢筋）分别搭接焊接，并与一根横向钢筋焊接一起。横向钢筋布置于综合接地单元内的随意一处，但必须与三根纵向钢筋进行三处"L"焊接，横向长度不小于 200 mm，双面焊接不小于 100 mm，厚度均不小于 4 mm；三根纵向钢筋在不大于 100 m 时，与下一单元进行绝缘（不焊接）处理一次，形成接地单元。三根纵向钢筋搭接焊接长度单面焊不小于 200 mm，双面焊不小于 100 mm，厚度均不小于 4 mm；其余纵向钢筋只进行搭接绝缘绑扎不焊接，搭接长度要求每根不小于 700 mm，两根相对搭接长度不小于 1 000 mm。

（4）综合接地端子的设置应符合设计要求，布置应结合线下施工的具体情况而定，尽可能的靠近接触网杆基础，端子接头应紧贴于模板内侧面。

综合接地端子的设置应符合设计要求，布置位置应与隧道内水沟电缆槽上接地端子位置一致，端子接头应紧贴于模板内侧面。设置完成后，采用不低于 500 V 的兆欧表测试道床板电阻，道床板绝缘电阻实测值应大于 2 MΩ。通过电阻测定后方可进入下道工序。

2. 模板安装

钢筋网绝缘性能检测合格后，清除钢筋网内的杂物，人工安装侧向模板和伸缩缝分隔板，并加固模板，安装工具为冲击钻、手锤、扳手、短钢筋（200 mm 左右）、木楔、3 m 小钢尺。模板的安装尺寸一定要满足验标要求，同时确保侧向模板与轨道间无任何连接，钢模板应固定牢固，模板应打磨光滑并彻底地使用模板油进行处理。

首先根据一侧的模板边线先立好一侧模板，并用小钢尺大至卡到 2 800 mm 立好另一侧模板；单侧每两块模板之间一定要对齐，不得出现错牙现象，并用扳手拧紧上下连接螺栓。其次每 2 米左右安装 1 根横向拉杆以保证左右纵向模板间的尺寸，在安装纵向模板的横向拉杆时，要垂直于纵向模板，并低于轨底 10 mm 左右。然后待模板安装一定长度后（约 10~20 m），开始固定模板。用冲击钻每隔 1 m 左右在模板底部边沿的垫层上钻孔，钻孔深度 80~100 mm，再植入比孔径大 2 mm 左右的短钢筋，最终加入木楔，调整模板线性，最后对立好的模板做最终的检查和调整，确保模板顺直，接缝连接牢固，加固稳当牢固，并用干硬性砂浆对大的缝隙进行封堵，防止漏浆。

模板的安装尺寸要满足验收标准要求，同时确保侧向模板与轨道间无任何连接，钢模板应固定牢固。模板应彻底地使用模板油进行处理。伸缩缝模板的安装，应先进行测量放样，确定隧道内变形缝的实际里程，使伸缩缝模板位置与变形缝里程保持一致。根据伸缩缝位置，调整前后轨枕轨距，使伸缩缝位置处于轨枕间距内。模板安装时，应在钢筋位置处钻孔，钢筋从钻孔位置穿过，钢筋搭接长度不得小于 700 mm。

以上工作完成后，需要进行轨距调整定位装置的安装，它是控制轨距的关键，一般 2.5 m 左右安装一个轨距撑杆。轨距调整定位装置可以在 1 350 mm ~ 1 500 mm 范围内任意调节，通过它使两股钢轨有一个对外的撑力，很好地保证了支撑后的轨排的轨距，且在浇筑混凝土过程中轨距不会发生任何变化。

3. 质量标准和控制要点

（1）接地单元长度不大于 100 m；

（2）钢筋安装及接地焊接质量检查项目包括钢筋安装符合设计要求，焊接符合规定，接地连接位置符合规定，混凝土保护层两侧和顶部最小厚度符合设计要求（设计钢筋最小保护层厚度 35 mm），允许偏差±5 mm。

（3）非接地钢筋中，任意两根钢筋的电阻值不小于 2 MΩ。

（4）对接地端子加强保护，防止污染。

（5）模板安装不能扰动已粗调完的轨排。模板安装要顺直，避免出现错台，错牙现象，并按照设计尺寸严格控制。

（6）模板安装质量检查项目包括模板干净（无混凝土污染）、脱模剂涂刷均匀，损坏或者弯折的模板不得使用。混凝土保护层最小厚度、目测纵向模板与下部结构顶面保持垂直。

（7）在安装纵向模板的横向拉杆时，要垂直于横向模板，并低于轨底 10 mm。

（8）道床模板安装允许偏差应符合表 46.3 规定。

表 46.3　道床板模板安装允许偏差

序号	检查项目	允许偏差	检查工具	备注
1	顶面高程	±5 mm	水准仪	均为模板内侧面的允许偏差
2	宽度	±5 mm	尺量	
3	中线位置	2 mm	全站仪	

（9）轨距撑杆不能仅对轨腰进行对撑，要同时对轨底进行对撑（对轨底的对撑是更重要的）。要求每间隔 3 个轨腰撑杆设置 1 个轨底撑杆，以防止撑杆拆除后垫板弹性形变恢复后造成小轨距现象。

（10）扣件垫板从组装轨排到道床板最终成型，都必须固定在同一个轨枕的相同位置施工，以避免不同垫板之间的个体差异所产生的误差。

（十一）轨排精调

1. 施工要点

轨排精调是关键工序，对轨道的几何尺寸最终位置能否达到设计及验收标准的要求起着决定性的作用。在具体施工中应结合气温决定最终线性调整时间。一般情况下，最终线性调整应在混凝土浇注之前大约 1.5 ~ 2 h 开始进行。调整长度比当班计划浇筑段长度保持不小于 50 m 的距离。

2. 调整方法

主要使用螺杆调节器及天宝 S6 全站仪配合 CEDO CE 轨道几何状态测量仪进行轨道精确调整，根据手簿显示数据（可显示到 0.1 mm），调整螺杆调节器。通过转动螺杆调节器竖向螺杆垂直调整轨道高程，通过转动螺杆调节器水平螺杆实现水平调整。在曲线段，调整时可能产生水平位置和高度的冲突，因此必须在垂直与水平双方向同时进行调整。水平那个调整通过螺旋调整器进行。水平调整螺杆的旋转使用特殊丝杠同时进行，最终保证各项轨道参数的偏差值在允许范围内，并且越小越好。

3. 其他控制点

（1）轨道精确调整阶段应由质检人员检查，并做详细记录。轨道调整定位合格后，为保证轨道稳定，要对轨道进行加固处理，以防止混凝土浇注时轨排横向位移及上浮。隧道地段在边墙上设置斜拉杆固定轨排，同时用接头夹板将工具轨连接起来，保证接头平顺性。也就是说最终精调一结束，电焊工立即将轨枕与固定钢筋焊接，将其固定。

注：固定钢筋采用的 ϕ 16 mm 钢筋，长度 25 cm，利用冲击钻打孔埋入基础垫层 5～10 cm。曲线段每根轨枕采用 4 根固定钢筋，其中 2 根长 35 cm 钢筋固定曲线外侧，2 根长 25 cm 固定内侧。直线段采用 2 根长 25 cm 钢筋。

（2）精调前对轨排所有螺杆调节器和扣件进行检查，确保螺杆调节器内侧的螺钉拧紧，螺杆与钢筋之间有足够间隙，扣件弹条与轨距挡板密贴。

轨道精调时先将钢轨上浮尘、泥点等擦洗干净。测量时每站测设距离为 60～80 m 最佳。使用至少 8 个 CPⅢ 控制点自由设站，检查 CPⅢ 控制点是否有损坏，确认无误方可使用。

第一遍先将高程调至 2 mm 内（一般均低于内轨面）；

第二遍时调中线和轨距，中线调至 ±2 mm（左线时尽量向左，右线时尽量向右），轨距调至 0.3～0.7 mm；

第三遍则将高程，中线，轨距调至 1 mm 内，然后安装道夹板。在第三遍调节时轨道会在螺杆调节器的调节下发生移动。移动量最大的是螺杆调节器本身所在的位置，螺杆调节器前后某一距离内轨道也会发生微小的移动，所以每根螺杆调节器都要调整两次，以将轨道调整到其设计位置。

过程如下：

① 调整螺杆调节器。

② 后退 3 个螺杆调节器，再次进行调整。

③ 前进 4 个了螺杆调节器，测量并进行调整。

④ 后退 3 个螺杆调节器，再次进行调整。

⑤ 前进 4 个了螺杆调节器，测量并进行调整。

⑥ 以此类推

第四遍再对扰动后轨面进行验收检查并做好记录。

4. 质量标准和控制要点

（1）按验收标准要求，轨道的允许误差，轨距、水平均为 1 mm，高低、轨向为 2 mm，但在实际精调过程中，要求精调人员都按照 0.5 mm 严格控制。

（2）精调后轨道静态几何状态允许偏差应达到表 46.4 的要求。

表 46.4 无砟轨道静态几何状态允许偏差

序号	检查项目	允许偏差	检查工具
1	轨距	±1 mm，变化率不得大于 1‰	道尺
2	水平	1 mm	尺量
3	轨向	2 mm/10 m 弦	塞尺
4	高低	2 mm/10 m 弦	塞尺
5	轨面高程	±2 mm	水准仪
6	轨道中线	2 mm	尺量
7	线间距	+5, 0 mm	尺量

（3）轨道精确调整和混凝土浇注之间的时间控制在 6 h 内，或环境温度变化不大于 15 ℃，以避免温度变化过大造成钢轨伸缩引起轨道几何状态变化。轨排精调测量点应设在轨排支撑架位置，保证钢轨及其接头的平顺。

轨面高程以左股（曲线上为内侧）钢轨为准，与设计高程允许偏差±2 mm，紧靠站台为 0～+2 mm。轨道中线以左股（曲线上为内侧）钢轨为准，与设计中线允许偏差 2 mm，线间距允许偏差为 0～+5 mm。

（4）利用控制基桩或加密基桩作为调整基点，使用轨检小车和全站仪配合逐一检查每根轨枕处的轨面高程、轨道中线位置、线间距、轨道平顺度等几何状态，全站仪测角标称精度不应大于 1"，测距标称精度不应大于 2 mm+2ppm；高程测量按精密水准测量要求施测。精调后轨排允许偏差应符合下列规定：轨道高程以左股（曲线上为内侧）钢轨为准，与设计中线允许偏差 2 mm，线间距允许偏差为 0～+5 mm。

（5）所有精调作业完成后，现场任何人员和设备不得碰撞轨道。调整结果经相关质检和监理人员共同确认，并做好详细记录。

（十二）浇注道床板混凝土

1. 施工要点

（1）混凝土浇注前应再次采用轨道几何状态测量仪进行检查，对不合格的部位进行调整

（2）浇注混凝土前首先用电阻仪及兆欧表测试接地及绝缘性能，然后用塑料薄膜将工具轨顶面及侧面覆盖，用塑料袋将螺杆调节器及轨距撑杆包裹严实，并在轨枕上放置专用防护罩。对轨枕四周及土工布进行洒水湿润，以保证混凝土与轨枕粘贴密实。

（3）混凝土运输至施工现场先做混凝土坍落度及其他性能指标试验，试验数据满足施工要求后方可进行混凝土浇注。浇注混凝土过程中要控制好混凝土的坍落度，一般采用罐车直接浇注时，混凝土坍落度控制在 16 cm 左右；采用泵车时，混凝土坍落度控制在 18 cm 左右。

（4）混凝土道床板浇筑采用无砟轨道道床混凝土浇筑移动式布料装置施工，人工进行抹面修整。

（5）在浇注混凝土时，应将混凝土输送于道床板中心，捣固时从中心往两侧振捣，防止出现因混凝土冲击力大而引起钢轨向低处偏移。轨枕下面应将振动棒斜向深入轨枕底部振捣，以确保道床板混凝土密实。振捣棒应配备不少于 4 台（包括备用一台），左、中、右侧各 1 台进行振捣。振捣时振动棒严禁碰撞工具轨及螺旋调节器。

（6）罐车内的混凝土用完之后，罐车离开工作区域，下一罐车立即上前补充混凝土，依次进行混凝土浇筑施工，当在路基和隧道地段混凝土不能连续浇筑超过 24 h 时，要严格按照施工图要求设置施工缝。混凝土入模温度为 5～30 ℃。

（7）混凝土浇注完成后要及时收面，并按设计预留一定的排水坡，同时要控制好道床板顶面的高程。

（8）及时对钢轨、扣件、轨枕上残留的混凝土进行清理，保证轨道的清洁。

2. 质量标准和控制要点

（1）按要求进行混凝土坍落度、含气量等指标的检查。严格控制混凝土入模温度，须控制在 5～30 ℃ 范围。

（2）浇注混凝土前，如果轨道放置时间过长，或环境温度变化超过 15 ℃（钢轨长度超过 12.5 m 时），或受到外部条件影响，必须重新检查或调整。

（3）及时抹面、清洁轨枕、扣件、钢轨，细致清洗工具轨轨底和两侧轨腰，并避免工具轨发生碰撞、扭曲、变形等。总之要充分保证工具轨外形尺寸准确、标准、无变化。

（4）为防止道床板产生裂纹，首先要保证混凝土的质量，生产中应严格控制配合比中粗、细骨料及水的计量，控制好水灰比，混凝土的搅拌时间应达到要求，施工中不得发生离析现象，防止现场混凝土坍落度于配合比不匹配。二是要选择适宜的混凝土支承层切缝时间实施切缝，防止产生的无规则裂缝引起上部道床板混凝土开裂，同时为了防止支承层施工中的无规则裂缝，一般以支承层混凝土终凝后或抗压强度达到 2～3 MPa 为实施切缝时间。三是一定要确保混凝土浇注后的及时覆盖

养护和二次抹面，使混凝土表面呈湿润状态。四是要尽量避免太阳辐射较高的时间浇注，夏季施工，正午高温时段（一般气温不超过 30 ℃），浇注混凝土宜安排在夜间进行。

（5）道床板混凝土振捣密实后，表面应按照设计设置横向排水坡，人工整平、抹光，禁止撒水泥。用直尺测量完工后的混凝土道床板外形尺寸，偏差应符合表 46.5 要求。

表 46.5　混凝土道床板外形尺寸允许偏差

序号	检查项目	允许偏差	检查工具
1	顶面宽度	±10 mm	尺量
2	道床板顶面与承轨台面相对高差	±5 mm	尺量
3	伸缩缝宽度	±5 mm	尺量
4	中线位置	2 mm	尺量
5	平整度	2 mm/1 m	塞尺

（十三）松螺杆调节器、扣件及混凝土养护

1. 施工要点

方法一：混凝土凝固过程中，当用手指压钢轨底下混凝土表面无明显痕迹时松螺杆调节器和钢轨扣件，释放轨道在施工过程中由温度和徐变引起的钢轨应力。将螺杆调节器降低 1 mm，钢轨扣件必须彻底放松完（用手可以转动螺栓），使钢轨处于不受约束状态。并松开接头夹板的螺栓。

方法二：在轨道混凝土施工完成后，用一质量为 2 kg 直径约 75 mm 的铁球轻轻放在混凝土表面静置片刻，然后将铁球拿起，测量混凝土表面压痕。当直径小于 30 mm 时，即可开始拧松竖向螺杆 1/4 圈（此过程需要多次试验并总结经验，现场条件不同，结果不尽相同）。在拧松前，需测量轨距、轨顶高程。拧松后，再次测量轨距、轨顶高程，看其变化情况，做好施工记录，同时记录松螺杆时间。

2. 松解螺杆调节器

一般在松解螺杆调节器后约 1~2 h 就可以适当松开扣件。正确的时机应通过试验检测后与现场监理共同确认。在螺杆调节器取出之后，立即使用水和毛刷进行清洁工作，以便下次使用。

3. 混凝土养护

每浇注 10~12 m 混凝土之后，要及时进行混凝土的覆盖养护，在混凝土初凝后要及时进行洒水，保湿，以防止混凝土在炎热或大风天气情况下表面水分蒸发过快。一般道床板洒水覆盖养护时间不能小于 7 d。

4. 质量标准和控制要点

（1）通过试验掌握合适的松螺杆旋杆调节器和扣件时机。

（2）在拧松前，需测量轨距、轨顶高程。拧松后，再次测量轨距、轨顶高程，看其变化情况，做好施工记录，同时记录松螺杆的时间。

（3）及时覆盖洒水进行养护。

（4）养护时间一般不少于 7 d。

（十四）拆除模板、螺杆调节器及工具轨

1. 施工要点

（1）混凝土浇注完成 2~3 h 后工具轨拆除之前，重新紧固全部扣件，对轨道几何参数进行复测，通过整理、分析复测数据，找出偏差出现的原因，以便在下一步施工中采取相应的措施，进一步提高施工精度。

（2）在螺杆调节器拆除之后，要及时用无收缩混凝土对留下的孔进行封堵，同时要对螺杆调节器清洁和涂油，以便下次再用。

（3）当混凝土强度达到一定强度时需拆除模板。侧向模板拆除采用简易跨线龙门吊进行，横向模板采用人工配合跨线龙门吊拆除，侧模应在混凝土强度达到 2.5 MPa 以上，其表面及棱角不因拆模而受损时拆除。

（4）道床混凝土强度达到 5 MPa 后即可拆除全部模板、钢轨及螺杆调节器，钢轨利用跨线龙门吊进行拆除。

（5）在螺杆调节器拆除之后，要及时用无收缩混凝土对留下的孔洞进行封堵，同时要对螺杆调节器清洁和涂油，以便下次再用。

（6）所有拆下来的螺杆调节器、模板及工具轨等可利道床板混凝土浇注的间隙及时采用人工向前倒运。道床混凝土未达到设计强度 75% 之前，严禁在道床上行车和碰撞轨道部件。

2. 注意事项

（1）道床混凝土抗压强度不小于 5 MPa，方可拆除全部模板。

（2）所有拆下的模板及附件，应集中存放，迅速搬运。

（3）拆卸出的螺杆和调节器钢轨托盘应逐一清洗、涂油保养。

（4）轻拿轻放，严禁乱扔，及时修复损伤的螺杆。

（十五）主要施工设备和检测设备配置

使用的主要机具设备、主要质量检测设备如表 46.6 所示。

表 46.6　主要施工机具、主要质量检测设备

序号	机具或材料名称	规格或型号	单位	用量	用途	备注
一	施工机械设备\材料					
1	混凝土搅拌站	JS1000	座	2		
2	汽车吊	25 t	辆	2	装卸、堆码轨枕	租用
3	装载机	ZL50C		2		
4	龙门吊	10 t	台	4		
5	工具车	3~5 t	台	2		
6	双头电动扳手		台	4		
7	螺杆调节器	250 型	套	1 200	调整 3 个方向的轨道位置：水平、竖直、倾斜角度	轨道精密调节器具，每两根轨枕 2 套调节器
8	平板运输车	8 t	辆	2	运输钢筋、轨排	设备改装
9	道床板模板	高度 0.25 m	m	1 000	道床板边模、挡头模	
10	钢模回型卡		个	2 000		
11	插入式振捣棒	高频	个	16	捣固混凝土	
12	混凝土输送泵		套	4	泵送混凝土至混凝土浇注区	含配套输送管道 200 m、软管
13	混凝土罐车		台	8		
14	钢轨	60 kg/m	m	600		
15	钢轨支撑架		套	300		
16	钢轨斜撑调节杆		套	300		

序号	机具或材料名称	规格或型号	单位	用量	用　　途	备注
17	轨距撑杆		套	300		
18	调轨小车	自制	台	2		
19	发电机		台	2		
20	电焊机	400 A	台	3		
21	氧气\乙炔		套	2		
22	钢轨压机	5 t	台	16		
23	风镐		套	4		
24	空压机		台	2		
25	冲击钻		套	6		
26	扭力扳手		把	4		
27	重型扳手		把	4		
28	养护棉布		m	1 200		
29	高压水枪		个	2		
30	混凝土抹子		个	40		
31	撬棍		把	10		
32	斜口钳		把	40		
33	电动螺丝扳手		把	8		
34	起道机		顶	20		
35	手推车		台	8		
36	钢筋弯曲机		台	1		
37	钢筋切断机		套	1		
38	混凝土切割机		台	1		
39	钢轨导轮		个	20		
40	方木	5 cm	M3	5		
41	对讲机		部	10		
二	施工测量试验仪器					
1	轨道精测小车	GEDO CE	套	2	轨道测量精确定位	含天宝 S6 精密全站仪两台
2	全站仪	徕卡 TCA2003，0.5"	套	1	轨道测量精确定位，辅助轨道小车测量仪器	全站仪配套设备齐全（与精测小车所含全站仪配套）
3	全站仪	徕卡 TCL402，2"	套	1	粗调使用	全站仪配套设备齐全
4	电子数显精密水准仪	天宝	套	1	高程测量	
5	徕卡工程用便携电脑	RX1210T	台	1	专用设备，含全站仪配套电台（无线电通信设备）	

序号	机具或材料名称	规格或型号	单位	用量	用　途	备注
6	测量平差软件	gl-survey 软件或功能类似的中文软件	套	1	含平面坐标平差软件、高程水准平差软件	
7	反射棱镜及支座	CPⅢ	组	2	专用棱镜反射器，已有国产设备，厂家不明	20 套为 1 组（含备用件）
8	点标识	CPⅢ	个	40	与 CPⅢ反射棱镜及支座配套使用	与反射棱镜及支座配套使用
9	M8 内部螺纹并有头的墙体螺栓		个	250	布设 CPⅢ需要（标准工程配件）	每 60 m 一对（2 个），全隧道共计 250 个
10	测量、检验专用尺具		套	2	各种短铟钢尺、万能道尺、三角板弦线、钢尺、检测尺、木方尺等	
11	试验仪器		套	1	各种压力、万能材料试验机、水泥负压筛析仪、标准养护室控制仪、水泥胶砂搅拌机、砂、石成套筛、混凝土拌和物含气量测试仪等	
12	高性能混凝土检测仪		台	1		
13	混凝土试模		套	60		
14	坍落度筒		个	4		
15	兆欧表		台	2		
16	短铟钢尺	1 m	把	2	配合水准仪复核高程	
17	三角板弦线	30 cm	副	2	配合水准仪精测轨面高程、配合弦线测钢轨正矢	
18	三角板弦线	30 m	根	2	校正底座、道床板模板	
19	靠尺	10 m	把	4	检查道床板混凝土表面平整度	每把配 3 mm 塞尺一套
20	钢尺	10 m	根	2	检测轨道高低、方向	
21	钢尺	5 m	把	20	校正模板、测量轨枕间距	
22	钢尺	50 m	把	2	测量距离	
23	万能道尺		把	2	检测、调整轨排	
24	方尺	误差 2 mm	把	2	方正轨枕	

（十六）运输组织

1. 钢筋

钢筋运送到场外加工场在库篷存放，在洞外加工成成品；将加工好的钢筋利用随车吊运输至隧道内，根据使用数量，分段间隔放置在隧道两侧水沟盖板面上。

2. 轨枕

双块式轨枕采用普通平板车运输，随车吊进行装卸。轨枕运输到洞内排放至隧道无砟轨道基础两侧，每侧两根。

3. 轨排组装和运输

使用 12.5 m 钢轨、支撑架等现场组装轨排，每循环施工完成后利用专用小车倒运钢轨至下一循环。

4. 螺栓调节器和工具轨

待混凝土强度达到强度后，可以松开轨道扣件，拆卸模板、精调工具和工具轨。由专人负责对拆卸下来的模板、精调工具及工具轨进行清洁并运至下一循环。

（1）拆除螺杆调节器。

拆除。先旋转取出螺杆，再将精调固定装置与工具轨分离，逐一清洗、涂油保养后，集中储存在集装筐中，及时运至下一循环施工区域。

（2）拆工具轨、运输工具轨和模板等。

解开全部工具轨扣件，清洗扣件、涂油，集中储存在集装筐中。利用专用小车及时将工具轨、模板移至下一循环施工区域。

5. 混凝土运输

左右线沟槽施工时，每个横通道口上预留 20~30 m 暂不施工，作为整体道床施工过程中混凝土运输错车道，方便洞内会车。左线施工时，利用右线作为运输通道，分别在 1 号、2 号、3 号斜井井底调头，倒向左线混凝土施工地点，再通过混凝土输送泵泵送至作业面浇注，混凝土运输过程中设专人在洞内统一调度。右线施工时混凝土井右线运至距道床施工面最近的井底，然后再井底调头倒至道床施工面。进料通道、施工顺序及施工方向等见表 46.7（表中 I、II 分别代表两个的道床作业队）。

表 46.7 进料通道、施工顺序及施工方向

序号	工序名称		里程段	段长/m	进料通道	施工方向	备注	资源调配情况
1	左线	整体道床	进口~5a号横通	DK19+690~DK22+270	2 580	进口通过横通道进入左线	5a号往进口		I
			5a号横通~9号横通	DK22+270~DK23+757	1 487	1号井右线通过6号通道	9号横通往5a号横通		
			9号横通~15号横通	DK23+757~DK27+000	3 243	1号井右线通过最近的通道	15号横通往9号横通		II 转右线分界点
			15号横通~分界点	DK27+000~DK29+007	2 007	1号斜井通过6号横通	分界点往15号横通道		I、II 转进口和15号横通
		整体道床	进口~5a号横通	YDK19+690~YDK22+411	2 721	1号斜井	进口往5a号横通	左线道床完成后开始	I 退场
			5a号横通~分界点	YDK22+411~YDK28+968	6 557	1号斜井	分界点往5a号横通	CPIII测设完成后开始	II 退场

（十七）各工序工艺性数据及数理分析（以具有代表性的两节轨排为例）

原铁道部工管中心评估组根据《客运专线铁路无砟轨道先导段评估实施细则》及相关规范、标准要求，对无砟轨道先导段进行了严格细致的查验评估，最终象山隧道无砟轨道一次性通过先导段评估验收。对成熟后的各工序施工数据进行了采集并根据数据情况进行了数理总结。

1. 轨道几何尺寸调整精度和时间

（1）轨道粗调。轨道粗调精度和时间如表 46.8 所示。

表 46.8　粗调精度和时间（取偏差极值）　　　　　　　　　　　　　　mm

轨排编号	工序名称	高程	中线	水平	所用时间/min
1	粗调前	-9.6	6.5	1.8	
	第一遍调整	-4.2	3.2	1.6	19
	第二遍调整	-2.3	2.6	1.3	8
	粗调后	-2.4	2.2	1.0	5
合计					32
2	粗调前	-10.4	7.0	2.2	
	第一遍调整	-5.2	3.8	1.9	17
	第二遍调整	-3.1	2.4	1.4	7
	粗调后	-2.6	2.0	1.1	6
合计					30

（2）轨道精调。轨道精调精度和时间如表 46.9 所示。

表 46.9　精调精度和时间（取偏差极值）　　　　　　　　　　　　　　mm

轨排	工序名称	高程	中线	水平	所用时间/min
1	精调前	-2.4	2.2	1.0	
	第一遍调整	-2.1	2.1	0.9	20
	第二遍调整	-1.1	2.0	0.9	15
	精调后	-0.6	1.8	0.8	10
合计					45
2	精调前	-2.6	2.0	1.1	
	第一遍调整	-2.1	1.9	1.0	18
	第二遍调整	-1.2	1.7	0.3	16
	精调后	-0.5	1.4	-0.7	8
合计					42

（3）数理分析及建议。

① 每对轨排调整平均需要 74 min，其中粗调 31 min，精调 43 min。

② 轨排就位时，用道尺卡住轨道中线并悬挂垂球，可以将轨排中心偏差控制在 5 mm 内；轨排就位中心偏差在 5 mm 内时，轨排的粗调比较容易进行。

③ 轨排粗调、精调时应采用从两侧向中间的方法进行。

④ 由于受地势影响，加设的轨排斜向支腿倾角过大，导致通过斜向支腿调整中线时对高程有一定的影响，可将支腿支撑在洞内两侧水沟侧壁上，使之水平。调整较大中线偏离值时可以利用水平

撑杆实现。

⑤通过多次精调检查发现温度过高对轨检小车检测数据有影响，应尽量安排在当天中温度较低的时候采用轨检小车精调检查并及时浇注混凝土。

⑥精调前，必须完成除浇注混凝土以外的所有工序作业，精调一旦通过，不得在轨排上做任何有可能改变轨道参数的作业或行为。轨排采用锚固桩进行锚固，锚固桩一端钻孔埋设在无砟轨道基础内，另一端焊接在每根轨枕四个角的桁架钢筋上，每根轨枕设置四根锚固桩，锚固桩必须锚固、焊接牢固。

2. 钢筋工程

（1）操作方法。

①钢筋布置放样在底板顶面上，用 30 m 钢卷尺量出底层钢筋间距，用粉笔标记；②布置横向钢筋将钢筋按照标记大体布置，先放置横向钢筋；③在横向钢筋上安装绝缘卡；④安装底层纵向钢筋；⑤绝缘处安装绑扎带；⑥按梅花形布置预制好的混凝土垫块，每平方米不少于 4 块（见图 46.9）；⑦待轨排就位后，进行上层钢筋的安装；⑧综合接地钢筋安装及焊接；⑨综合接地端子安装；⑩采用兆欧表对钢筋绝缘进行电阻检测。

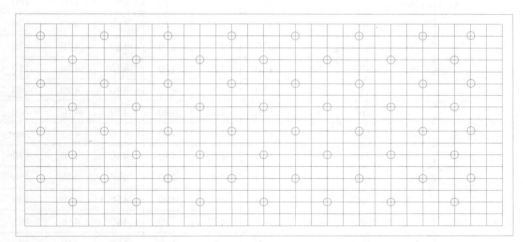

注：○代表混凝土垫块。

图 46.9　混凝土垫块布置

（2）验收标准和实测数值。

钢筋加工允许偏差和检验方法见表 46.10 所示；钢筋的绑扎安装允许偏差如表 46.11 所示。

表 46.10　钢筋加工允许偏差和检验方法

序号	名称	允许偏差/mm	检验方法
1	受力钢筋全长	±10	尺量
2	弯起钢筋的弯折位置	20	

表 46.11　钢筋的绑扎安装允许偏差

序号	项目	允许偏差/mm	检验方法
1	钢筋间距	±20	尺量
2	钢筋保护层厚度	+10，−5	

（3）钢筋网绝缘检测。

首先通过目测检查，钢筋没有直接搭街接触情况，绝缘卡安装良好，没有脱落现象；然后用手摇的兆欧表进一步检查钢筋间的绝缘情况，兆欧表操作步骤如下：

① 使用兆欧表应远离磁场安放水平位置；② 依顺时针方向转动摇手柄，使速度逐渐增至每分钟120 转左右，在调速器发生滑动后，即可得到稳定的电阻读数；③ 绝缘测定：将被测定的两端分别连于"线路"及"接地"两接线柱上；④ 在测定特高电阻时，保护环应接于被测两端之间最内绝缘层上以消除由漏电引起的度数误差。

上下层钢筋每个交接处均采用绝缘卡及塑料绑扎带进行绝缘，满足 CPW2000 轨道电路系统要求，相互绝缘的钢筋之间电阻必须达到 10 MΩ。电阻检测数据如表 46.12 所示。

表 46.12　电阻检测数据　　　　　　　　　　　　MΩ

轨排	位　置		1	2	3	4	5	6	7	8	9	10
1 号	上层	左	500	500	470	480	470	460	450	500	490	450
		中	500	490	480	480	450	470	450	480	495	480
		右	500	500	490	470	470	400	430	440	450	480
	下层	左	500	450	450	460	460	420	450	450	460	485
		中	500	400	450	470	480	440	480	460	470	490
		右	500	470	450	470	470	450	460	470	480	450
	上、下层	左	500	480	500	480	480	470	470	440	450	470
		中	500	450	480	490	470	470	490	480	480	480
		右	500	460	490	500	460	480	450	470	460	480
2 号	上层	左	470	450	470	470	480	490	470	450	500	480
		中	460	440	470	450	470	450	480	450	470	420
		右	450	460	450	470	480	460	490	440	450	460
	下层	左	460	450	470	470	490	490	450	470	480	490
		中	460	500	450	480	475	470	440	450	485	450
		右	470	490	440	490	460	460	460	440	480	460
	上、下层	左	480	450	400	450	450	480	470	470	475	460
		中	470	470	470	440	470	390	480	480	490	500
		右	460	480	480	480	480	410	490	475	480	490

注：① 位置按里程前进方向；② 仪器：ZC25B-3 型兆欧表。

（4）数理分析及建议。

① 底层钢筋安装时速度较慢，建议按钢筋设计间距及位置加工定位架，钢筋安装时直接放入定位架即可，既能满足钢筋间距、又能提高工效。

② 在钢筋布置完成后，作业人员禁止在钢筋上走动，以防踩掉绝缘卡和钢筋；

③ 钢筋绝缘性能必须满足要求，测试时要防止钢筋两端与大地相连。另外，刚冲洗完基底或轨排时需要待水干燥后测取数据。

3. 混凝土工程

（1）施工流程。

混凝土工艺流程如图 46.10 所示。

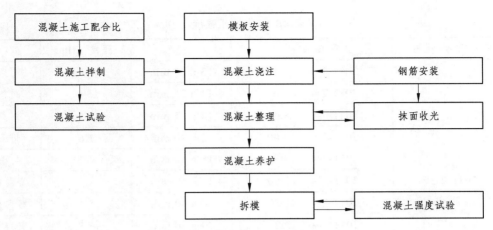

图 46.10　混凝土工艺流程

（2）施工技巧。

混凝土输送泵管道架设在隧道两侧水沟盖板面上，输送管每节长 3 m，在管路端头安装 3 m 长输送软管进行混凝土入模。在一段的混凝土浇注到位后，便拆除一段输送管（硬管），并移动混凝土溜槽，进行下一段的混凝土浇注，直至混凝土浇注完成。现场记录数据如表 46.13 所示。

表 46.13　工艺流水式作业记录

序号	开始时间	工艺流程	所用时间/min	备注
1	16:35	开盘	20	
3	16:55	浇注开始	30	
4	17:00	振捣开始		浇注开始后 5 分钟振捣开始
5	17:10	抹面		抹面 4 人
6	17:25	浇注间歇	15	
7	17:40	浇注继续	30	振捣、浇注同步（浇注 8 人、振捣 4 人）
8	18:10	浇注间歇	15	
9	18:25	浇注继续	40	振捣、浇注同步
10	19:05	浇注结束		
11	19:20	振捣结束		浇注结束后 15 min 二次振捣结束
12	19:25	轨排架表面清理	30	
13	19:40	抹面结束		
14	20:00	清理结束		
15	1:30	第二次表面收光	50	次日
16	5:30	第三次表面收光	50	次日

根据试验室标准试件试压情况得出混凝土初凝时间为：4 h 45 min、终凝时间：5 h 50 min。抗压强度具体如表 46.14 所示。

表 46.14　抗压强度

序号	制件日期/时间	抗压日期/时间		总时间	强度/MPa	备注
1		2011-7-4	7:10	13 h 30 min	2.0	同条件养护
2		2011-7-4	8:05	14 h 25 min	2.6	同条件养护
3		2011-7-4	8.35	14 h 55 min	3.1	同条件养护
4		2011-7-4	9:00	15 h 20 min	3.6	同条件养护
5		2011-7-4	9:35	15 h 55 min	4.2	同条件养护
6	2011-7-3	2011-7-4	10:40	17 h 00 min	4.7	室内标准养护
7	17:40	2011-7-4	11:50	18 h 00 min	5.4	室内标准养护
8		2011-7-4	13:20	19 h 30 min	6.5	室内标准养护
9		2011-7-4	17:40	1 d	9.4	室内标准养护
10		2011-7-6	17:55	3 d	18.2	室内标准养护
11		2011-7-8	17.50	5 d	24.5	室内标准养护
12		2011-7-10	17:57	7 d	29.8	室内标准养护

　　根据试件抗压统计表绘制"强度增长曲线图"如图 46.11 所示，从图中可以分析出：混凝土强度达到 5.4 MPa 时，养护时间为 18 h；混凝土强度达到 17.2 MPa 时，养护时间为 3 d；混凝土强度达到 29.8 MPa 时，养护时间为 7 d；因此，保证混凝土强度达到 5 MPa 以上的时间在 18 h 以上。

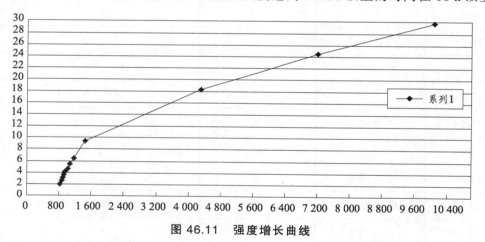

图 46.11　强度增长曲线

　　（3）轨道检测、混凝土养护及拆模。

　　① 混凝土浇注完即进行一次检测，与混凝土浇注前数据进行对比，若存在数据超标现象在混凝土初凝前进行调整。

　　② 混凝土初凝前，采用喷雾器洒水保湿养护；终凝后覆盖养生棉，洒水保湿进行养护。

　　③ 待混凝土强度达到 5 MPa 时，拆除轨道排架，拆除前复测轨道各种数据，与混凝土浇注前精调数据进行对比。

　　（4）数理分析及建议。

　　① 混凝土采用输送泵泵送入模，要控制好入模速度，不能过快，否则易对轨枕、工具轨等造成污染。

　　② 施工过程中混凝土坍落度为 140～150 mm 左右时混凝土的施工品质较好；洞外拌和站向洞内运输时必须综合考虑混凝土运输过程中坍落度的损失，确保坍落度在设计范围之内。

　　③ 混凝土保持从浇注的前进方向起始端一个轨枕的浇注口浇灌，振捣棒紧跟浇注口保持在混凝

土浇注后方振捣，混凝土振捣时不得在道床板范围内拖行，必须均匀梅花形选择入棒插入点，因为道床板钢筋较密，要避免因拖行振捣棒导致的混凝土骨料与浆体分布不均匀。振捣时要特别注意轨枕底部和四周的混凝土振捣，充分确保混凝土从轨枕块底部穿过直至轨枕块另一面冒出混凝土超过其底部为止。混凝土振捣完成后，用铁抹子在模板边缘进行插捣也可消除混凝土边缘气泡。

④ 采用二次振捣的混凝土密实、无气泡；洞内施工时应采用二次振捣工艺以确保道床板混凝土的密实。

⑤ 浇注完混凝土 5.5 h 后收光一次，9.5 h 后再收光一次，13.5 h 后第三次收光，经过三次收光，混凝土表面可达到平整、光滑的要求。

⑥ 浇注混凝土对轨排精度的影响很小，但振捣时要避免振捣棒冲击、碰撞精调好的轨排，施工人员严禁碰撞或调整竖向支撑螺杆、水平支撑杆及轨距撑杆等轨道参数固定装置。

⑦ 混凝土强度达到 5 MPa 后（一般在混凝土浇注 18～20 h 后），可拆除轨道排架和支撑件，拆除时按照浇筑顺序逐段拆除，先浇筑的段落先拆、后浇筑的段落后拆，严禁过早拆除支撑系统造成轨道参数发生变化。

⑧ 细集料选用级配合理、质地均匀坚固、吸水率低、孔隙率小的洁净天然河砂，细度模数为 2.5～3.0 最佳，含泥量＜2.5%、泥块含量＜0.5%。

⑨ 粗集料必须选用级配合理、粒形良好、质地均匀坚固、线胀系数小的洁净碎石，采用二级级配粗骨料。粗骨料分级采购、分级运输、分级堆放、分级计量。

⑩ 搅拌站计量器具必须经过业主指定的计量科学研究单位标定合格后方可进行无砟轨道混凝土浇注施工。

4. 测量数据分析

在使用轨道检测小车测量时，必须认真、多次地对钢轨表面及内侧轨头进行清理、擦拭，避免因细小沙砾导致显示的测量数据不准确。因此，测量人员也要通过显示数据的数值大小、部位、长度范围等综合判定突变的数据是否能如实反映轨道的几何状态，若不能反映，在进行数据处理分析时对该数据不予考虑，必要时重新进行测量数据采集。

（1）相对测量数据分析。

① 精调后轨排相对测量数据统计。

a. 轨间距数据统计：最大轨间距 1 435.7 mm；最小轨间距 1 434.5 mm；平均轨间距 1 435.169 mm。

b. 左右轨水平偏差数据统计（数值相对于外轨-超高轨）：左右轨水平偏差最大值 0.8 mm；左右轨水平偏差最小值 0.1 mm；平均左右轨水平偏差值 0.353 mm。

c. 左右轨高低弦数据统计（数值相对于内轨-低轨）：最大左右轨高低弦偏差值 0.7 mm；最小左右轨高低弦偏差值 0.0 mm；平均左右轨高低弦偏差值 0.352 mm。

d. 左右轨轨向弦数据统计（数值相对于轨道中线）：最大左右轨轨向弦偏差值 1.8 mm；最小左右轨轨向弦偏差值 0.1 mm；平均左右轨轨向弦偏差值 0.814 mm。

② 浇注后初凝前轨排相对测量数据统计。

a. 轨间距数据统计：最大轨间距 1 435.8 mm；最小轨间距 1 434.6 mm；平均轨间距 1 435.247 mm。

b. 左右轨水平偏差数据统计（数值相对于外轨-超高轨）：最大左右轨水平偏差 0.8 mm；最小左右轨水平偏差为 0；平均左右轨水平偏差 0.336 mm。

c. 左右轨高低弦数据统计（数值相对于内轨-低轨）：最大左右轨高低弦偏差值 0.5 mm；最小左右轨高低弦偏差值为 0；平均左右轨高低弦偏差值 0.286 mm。

d. 左右轨轨向弦数据统计（数值相对于轨道中线）：最大左右轨水平偏差为 1.8 mm；最小左右轨轨向弦偏差值为 0；平均左右轨轨向弦偏差值 0.675 mm。

③ 浇注后终凝后检测轨排相对测量数据统计。

a. 轨间距数据统计：最大轨间距 1 435.8 mm；最小轨间距 1 434.5 mm；平均轨间距 1 435.242 mm。

b. 左右轨水平偏差数据统计（数值相对于外轨-超高轨）：最大左右轨水平偏差 0.8 mm，最小左右轨水平偏差为 0；平均左右轨水平偏差 0.331 mm。

c. 左右轨高低弦数据统计（数值相对于内轨-低轨）：最大左右轨高低偏差值 0.4 mm；最小左右轨高低弦偏差值为 0；平均左右轨高低弦偏差值 0.262 mm。

d. 左右轨轨向弦数据统计（数值相对于中线）：最大左右轨轨向弦偏差值 1.8 mm；最小左右轨轨向弦偏差值 0.1 mm；平均左右轨轨向弦偏差值 0.829 mm。

（2）绝对测量成果分析。

① 精调后轨排绝对测量数据统计。

a. 轨道中线数据统计：最大轨道中线偏差值 1.7 mm；最小轨道中线偏差值为 0；平均轨道中线偏差值 0.964 mm。

b. 轨面高程数据统计：最大左右轨面高程偏差值 1.1 mm；最小左右轨面高程偏差值为 0；平均左右轨面高程偏差值 0.239 mm。

② 浇注后初凝前轨排绝对测量数据统计。

a. 轨道中线数据统计：最大轨道中线偏差值 4.5 mm；经分析前后数据发现为突变量，故认为 4.5 mm 为无效测量值，删去 4.5 mm 后最大轨道中线偏差为 1.2 mm；最小轨道中线偏差值为 0；平均轨道中线偏差值 0.437 mm；

b. 轨面高程数据统计：最大左右轨面高程偏差 0.8 mm，最小左右轨面高程偏差为 0；平均左右轨面高程偏差 0.419 mm。

③ 浇注混凝土终凝后轨排绝对测量数据统计。

a. 轨道中线数据统计：最大轨道中线偏差值 1.3 mm；最小轨道中线偏差值 0.1 mm；平均轨道中线偏差值 0.414 mm。

b. 轨面高程数据统计：最大左右轨面高程偏差值 1.1 mm，最小左右轨面高程偏差值为 0；平均左右轨面高程偏差值 0.308 mm。

5. 数理分析及建议

（1）粗调过程中，移动棱镜要始终面向全站仪，在棱镜移动过程中，全站仪与棱镜之间不得有阻挡物；

（2）粗调时，使用水平尺配合轨道尺控制左右轨面的水平与超高，水平尺平绑在长靠尺上放置在工具轨面上，要保证轨面平整度；

（3）精调时，无关人员、车辆不得进入工作区域，减少人员车辆移动对测量仪器的影响；

（4）精调时，任何人员都不得站立在轨排架上；

（5）精调完成后，要将竖、横向调整螺栓固定、拧紧，加设的水平支撑和轨距撑杆对撑牢固，然后再使用轨检小车对轨排稳定情况进行复测，达到要求后方可以灌注混凝土；

（6）在整个测量过程中，必须保证工具轨轨面的清洁；

（7）如轨道已经调整到位，但调整期与混凝土浇注间隔超过 4 h，浇注前最好对轨道进行重新检查；

（8）每天应对轨检小车进行校准，校准项目包括轨检小车超高校准、轨距校准。

6. 轨道精调小车的检验方法

（1）超高校准。

首先利用轨道检测尺人工测量出两轨道的参考超高值并输入到相应的对话框中，然后将小车移动到轨道尺位置上，点击小车自动校准功能，小车会自动测出该处的实测值，这样仪器会自动计算出一个偏差值。当校准超高传感器后，点击确认。

（2）轨距校准。

首先轨道检测尺人工测量出两个轨道面的参考轨距值并输入到相应的对话框中，然后将小车移动到轨道尺位置上，点击小车自动校准功能，小车会自动测量出该处的实测值，这样仪器会自动计算出一个偏差值，当校准完轨距传感器后，点击确认。

（十八）施工组织及进度指标

象山隧道由于受 1 号～2 号斜井间岩溶地段开挖、衬砌影响，左线先贯通并具备无砟轨道施工条件，左线无砟轨道施工完成后右线才具备施工条件，由于受左右线不能平行施工的限制，象山隧道无砟轨道施工组织按照"先左线后右线，左线施工时充分利用右线、横通道进行物流运输组织展开 4 个作业面；右线充分利用无轨斜井及隧道进出口投入 3 个作业面，施工过程中右线既作为作业线又作为运输线，利用横通与正洞交叉口设置错车道进行物流运输组织"原则施工。其中（Y）DK19+690 ～（Y）DK27+000 无砟轨道采用排架法（散铺法）施工，各作业面实际完成进度指标详见表 46.15。

表 46.15 （1 号斜井工区）无砟轨道排架法施工进度完成情况统计

序号	项目		工作量（m）	实际完成进度
1	左线	进口作业面	4 290	75 m/天
2		出口作业面	5 027	75 m/天
3	右线	进口作业面	2 762.5	65 m/天
4		出口作业面	6 516	80 m/天

（十九）施工小结

象山隧道采用排架法（散铺法）成功完成了（Y）DK19+690 ～（Y）DK27+000 无砟轨道施工，解决了长大单线铁路隧道多作业面施工无砟轨道一次性投入大、作业空间受局限等问题，确保了单线铁路隧道无砟轨道快速施工，同时又降低了工程成本，为类似工程施工提供了经验。

三、轨排框架法施工

（一）施工准备

施工准备工作主要包括对隧道结构的适应性进行检查以及其他技术准备工作（垫层混凝土表面拉毛不彻底的补充凿毛清理、控制点测设、基标布设）等。

1. 混凝土底板凿毛清理和检查确认

道床垫层检查是成功施工无砟轨道的第一步。在进行道床板施工前，按照铁路客运专线质量检查及验收标准规定的项目，全面对道床垫层进行检查验收，确保底板满足铺设无砟轨道的施工要求。

检查确认项目是：测量检查道床垫层表面高程、表面平整度及坡度。

底板拉毛不符合设计及规范要求的，在原设计拉毛的基础上补充凿毛，确保无砟轨道与底板基础接触面密贴，补充凿毛如图 46.12 所示。

图 46.12 底板拉毛、凿毛

2. 控制基标和加密基标

控制基标和加密基标是帮助铺设和调整轨道的依据，控制基标待已经施工完毕的混凝土底板达到一定强度后即可进行。但需要以全线重新测量设定的 CPⅢ 控制网为基准，在此基础上进行测量设定。

控制基标精度的高低直接影响无砟轨道的施工质量。控制基标直线、曲线 60 m 设一个，加密基标直线 10 m 一个，曲线每 5 m 设一个。变坡点、竖曲线起终点设置控制基标。

控制基标：

① 方向允许误差为 4″；

② 相邻点高差中误差 8×L1/2；

③ 距离允许偏差 1/20 000。

加密基标：

① 偏离线路中线方向允许偏差为 ±1 mm；

② 每相邻加密基标间距离允许偏差为 ±2 mm；

③ 每相邻加密基标高程差允许偏差 ±1 mm。

3. 混凝土配合比设计

施工之前由试验室完成 C40 钢筋混凝土配合比设计工作，选择合格的原材料，混凝土的坍落度应符合设计及规范要求。在选择完原材料后，中心实验室将设计的配合比送监理中心试验室审批后执行，并以书面形式下发至无砟轨道施工作业现场，交付工区实验人员严格按照配合比对混凝土进行质量控制。

4. 轨道施工人员的技术培训

根据设计院移交 CPⅢ控制网测量，轨排拼装、架立、初调、钢筋绑扎、综合接地安装和电阻测试、模板安装、轨道精调、混凝土作业，准备工作和检查整理等工序的作业指导书，并向管理层、作业层的施工人员进行各项工序施工程序、技术规定与标准、控制措施的交底，以及明确质量记录的建立与要求、关键施工设备及新型检测设备使用等，经过培训的人员考核合格后才允许参与施工。

5. 无砟轨道铺设条件检查、评估

（1）观测点布置及观测频率：隧道主体工程完工后，即对隧道基底设施进行沉降观测，观测期不少于三个月，观测数据不足或工后沉降评估不能满足设计要求时，适当延长观测期。按照《客运专线铁路无砟轨道铺设条件评估技术指南》（铁建设〔2006〕158 号）要求：Ⅲ级围岩每 400 m、Ⅳ级围岩每 300 m、Ⅴ级围岩每 200 m 布设一个观测断面，隧道洞口至分界里程范围内应至少布设一个观测断面。沉降观测点设在与观测断面相对应的两侧边墙上。观测频率为隧底工程完成后，观测期限 3 个月，观测周期每周 1 次；无砟轨道铺设后，观测期限 3 个月，观测周期 0～1 月每周 1 次，1～3 月每周 1 次，沉降稳定后不再进行观测。

（2）无砟轨道施工前，由建设单位组织勘察设计、施工、监理和咨询等单位，按照《客运专线铁路无砟轨道铺设条件评估技术指南》（铁建设〔2006〕158 号）的规定，对隧道进行全面检查评估，预测结构物的基础沉降变形，绘制沉降预测变形曲线，对工后沉降情况进行综合评估，确认满足设计沉降标准后，按《客运专线铁路无砟轨道铺设条件评估技术指南》（铁建设〔2006〕158 号）规定的内容编制并提交《无砟轨道铺设条件评估报告》，作为无砟轨道施工的依据。

（3）评估方法及判定标准：隧道基础沉降预测采用曲线回归法，设计预测总沉降量与通过实测资料预测的总沉降量之差值不宜大于 10 mm，预测的工后沉降值不应大于 15 mm。

（4）无砟轨道施工前复测基桩控制网、中线桩和路面高程、平整度及几何尺寸等，核实中线和高程贯通情况，复核时发现同设计不符时应及时联系有关单位予以解决。

（5）进场施工设备及机具检查验收。

无砟轨道施工使用专用设备，机具有：钢轨倒运小车、轨检小车、龙门吊、丝杆调节器、电动扳手、装载机、电焊机、空压机、风镐、钢筋切断机、钢筋弯曲机、混凝土运输车、混凝土吊斗、混凝土振捣器等。施工前应对机具的精度及各项机械性能指标进行详细检查并纪录。

（6）临时工程。

施工场地、施工营地、便道、通讯、供电、供水、混凝土拌和站及部分机械设备等施工利用具有条件，合理利用，确保资源最大化利用。

（二）施工工艺及施工流程

双块式无砟轨道施工工艺流程如图46.13所示。

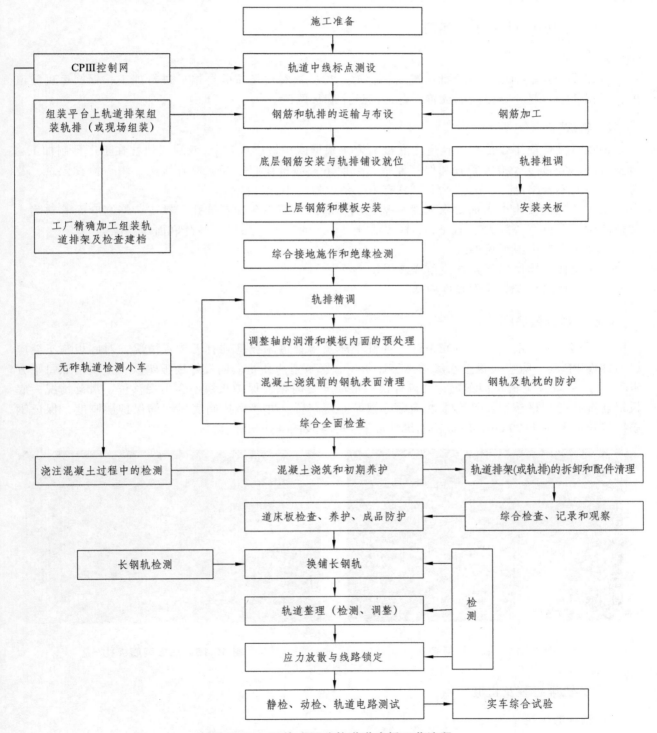

图 46.13　双块式无砟轨道道床板工艺流程

（三）施工测量

在无砟轨道施工前，首先对该隧道全线测量，并对设计院提供的测点及精密控制测量三等水准点成果表、CPI级GPS控制网坐标成果表、CPⅡ级GPS控制网坐标成果表进行复测，完成CPⅢ控制网点布设、成果表和复核校对。主要包括平面控制测量及高程控制测量。

根据设计院提交CPⅢ资料，利用轨检小车进行三维控制，确保道床板施工完毕后测量数据在允许范围内，最大误差不得大于设计及规范要求。

（四）钢筋和轨枕存放及运输

1. 钢筋

按照设计要求钢筋型号分批次进场，存放、检验，经现场试验合格后进行加工；钢筋运进隧道内，根据使用数量，分段间隔放置在隧道的道床底板两侧。

2. 轨枕

根据每循环使用数量存放在道床底板两侧（根据施工进度确定）。双块式轨枕在工厂预制加工，运至现场后安排专人检查验收和保管发货，参照下列质量控制指标，检查轨枕，填写检查记录，及时清理更换不合格品。一般情况下，具有下列情况轨枕不允许使用。

（1）轨枕混凝土上表面要求光滑平整，承轨部位表面不允许有气孔、黏皮、蜂窝麻面等缺陷，其他部位不允许有长度大于10 mm、深度大于2 mm的气孔、黏皮、蜂窝麻面等缺陷。

（2）不得有肉眼可见裂纹。

（3）轨枕四周棱角不允许掉角或破损。

（4）轨枕道钉安装孔不允许堵塞。

（五）底板钢筋绑扎

底板钢筋绑扎前，应先对底板进行冲洗干净及检查道床板基础有无渗水情况，对底板施工缝应提前铺设PE膜，防止底板渗水渗透至道床板上，影响道床质量。铺设好底板垫块，垫块按照每平方米不小于4块，呈梅花形布置，并确保浇注混凝土之时钢筋保护垫块不会出现移位、滑落情况，底板钢筋绑扎应严格按照设计要求准确做好钢筋间距布置，并严格控制底层钢筋保护层厚度，保证钢筋搭接长度不小于70 cm，底板钢筋绑扎如图46.14及图46.15所示。

图46.14　底板钢筋绑扎　　　　　　　　　　图46.15　底板钢筋绑扎

（六）轨排组装及粗调

1. 轨排的组装

安装轨排是在底板钢筋绑扎完毕后进行，轨排在组装平台上完成组装，人工配合机械通过台架定位座、轨排架对位钢板来控制精确调整、固定轨排几何结构尺寸。将双块式轨枕顺序摆放到组装平台上，按铺设的要求轨枕间距分开，龙门吊吊起排架移动至组装平台上方，正确对位，用扣件的锚固螺栓将轨枕块固定在轨排框架上。具体方法为：

（1）吊装，将堆放在隧道内的待用轨枕用专用龙门吊吊放在轨排组装平台上的轨枕槽上（每次起吊4根轨枕），吊装时需采用低速起吊、运行。

（2）匀枕，按照组装平台上轨枕块的定位线匀枕，并对轨枕表面进行清理。

（3）为节省轨排组装时间，要再次检查调整轨枕块位置。

（4）上轨排架，人工配合龙门吊，将轨排架扣件螺栓孔位置与轨枕上螺栓孔位置对齐，平稳、缓慢地将轨排架放置于轨枕上。

（5）复查轨枕位置并上扣件。

2. 安装扣件注意事项

（1）安装前检查螺栓孔内是否有杂物，螺栓螺纹上是否有砂粒等，螺纹涂抹专用油脂；

（2）将螺栓放入螺栓孔内，用手试拧螺栓，看是否能顺利旋进，若出现卡住现象，则调整后重新对准、放入；

（3）按照扭矩要求用专用扳手上紧螺栓，扣件与轨枕顶、钢轨底必须密贴，而后复查此轨排的螺栓安装质量及轨枕间距。

轨排组装如图46.16及图46.17所示。

图46.16　轨枕在分枕车上组装

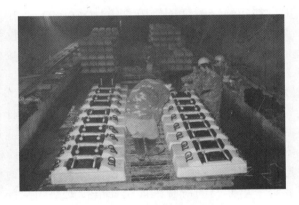

图46.17　轨排组装完成

3. 粗调

使用排架横向撑杆、竖向丝杆调整完成轨排的粗调工作，利用螺柱支腿调整高程和水平，轨向锁定器调整轨道中心；粗调完成后，轨排架间使用钢轨夹板联结，每接头按1—3—4—2顺序拧紧螺栓。粗调后的轨道位置误差控制在高程-2～0 mm、中线±2 mm。

4. 确认粗调结果

重复测量，确认轨排定位。必要时再次进行调整，一般需重复调整2～3次。

（七）安装上层钢筋

轨排粗调完成后，绑扎道床板上层钢筋。安装上层钢筋的同时，对底层钢筋间距进行调整，按设计要求做好钢筋交叉点绝缘处理，同时加入混凝土保护层垫块，确保道床底部混凝土保护层厚度。为保证轨道电路传输长度，钢筋骨架纵向钢筋与横向钢筋交叉点应采用塑料绝缘卡或塑料绝缘线绑扎处理，相互间电阻应符合相关规范要求。

钢筋连接注意事项：

（1）钢筋的位置、长度、数量以及钢筋型号、规格必须符合设计要求。

（2）混凝土底座伸缩缝的位置、钢筋的断开、连接应符合设计要求。

筋骨架的绑扎应稳固、缺扣、松扣的数量不得超过应绑扎扣数的 5%。

钢筋绑扎见图 46.18。

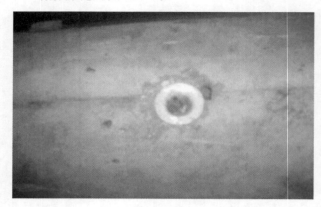

图 46.18　上层钢筋绑扎

图 46.19　综合接地施工

（八）综合接地及绝缘

按设计要求绑扎、纵横向结构钢筋交叉点处（使用绝缘卡进行绑扎），在浇注道床板混凝土前必须进行筋间绝缘测试（使用 250 V/250 MΩ 表），符合设计标准后由接口监理工程师检查确认，签认检验批，检验批作为接口的内业资料及竣工验收移交资料。

利用三根纵向结构钢筋，按设计要求长度安装接地端子可靠焊接并进行贯通性检查（目测、尺量）；控制接地系统，将纵向钢筋焊接到接地端子尾部。纵向钢筋搭接不少于 70 cm，焊接长度不少于 20 cm，焊缝厚度大于 4 mm。接地单元断开处，须用绝缘卡半绑扎断开，隔离绝缘。接地端子的设置要与道床板侧面混凝土表面平齐，符合设计标准，满足使用功能，接地端子位置要与接触网支柱基础的端子相对应。接地端子的位置应根据隧道接触网预留接地位置具体确定，应尽量使分支接地不锈钢钢缆最短。接地端子焊接工艺符合设计标准，拆模后被混凝土覆盖 1.5 cm，凿出后造成接地连接线的线鼻不能可靠接触，需修整端子表面凹坑。端子布设时要重点控制好位置，不能脱离钢模。每个单元间的所有纵向钢筋搭接处必须全部进行绝缘，单元内的非接地纵向钢筋应在搭接处进行绝缘，接地纵向钢筋在搭接处进行焊接。纵向接地钢筋利用上层纵向钢筋中中间一根及最外侧两根纵向结构钢筋作为道床板纵向接地钢筋。横向接地钢筋利用道床板内的横向结构钢筋，一般应尽量采用接地单元中部的横向钢筋。纵横向接地钢筋间交叉点处采用焊接方式连接，其他纵横向钢筋间交叉点处均采用绝缘卡进行绝缘。

综合接地施工完毕应与混凝土表面齐平，并及时清理露出，见图 46.19。

（九）模板及固定体系的安装

测量人员根据纵断面设计高程，每隔 5 m 或 10 m 放出模板固定点位置。放样点必须用红油漆标识，便于工人施工时察看。安装前必须彻底清洁、除锈，并涂抹清洁机油。模板之间的拼缝可用双面胶填塞，必要时再贴上透明胶带。模板和周围钢筋之间的距离符合设计要求，确保混凝土保护层厚度。模板安装见图 46.20。

（十）精调

使用轨检小车（精调机），其上配备有 S6+高精度全站仪，可以精确测量轨道各部位的三维位置。精调班人员根据测量人员要求，利用扳手调整轨道水平撑杆和竖向丝杆，水平撑杆控制轨道平面位置，竖向丝杆控制轨道高程，通过多次转动水平支撑杆与竖向丝杆，使轨道调整在设计及规范要求误差允许范围内，精调调整次数为 3 次：第一次初次调整，第二次为校核，第三次为数据采集。精调最终确认轨道铺设正确与否，以保证所有参数满足要求，方可灌注混凝土，如果精调后 6 h 内未浇注混凝土，应重新检查轨道位置，合格后方可进行混凝土浇注。一般情况下，轨道精调见图 46.21，最终精调完成见图 46.22。

图 46.20　模板安装及定位

图 46.21　轨道精调

图 46.22　精调完成数据采集

（十一）浇注道床混凝土

轨检小车最后确认轨排施工误差满足要求后，质检人员应复测轨排几何形位、钢筋保护层厚度。每一块混凝土道床单元的钢筋网架绝缘指标，均需有检测、确认、签字记录，符合要求后方可进行混凝土浇注，在浇注混凝土前所有设备必须彻底检查，确保干净并处于良好的工作状态。混凝土全部采用现场浇注和振捣，振捣采用三个捣固棒同时分左中右三个部位捣固。并配置至少三个备用捣固棒，以便人工对振捣不充分的地方进行补充振捣。混凝土振捣必须快插慢拔，且直到轨枕底部没有气泡为止。也不得过振，防止混凝土发生离析。浇注完的混凝土，必须经过三次找平收光。第一次在浇注完成后，第二次在混凝土刚初凝的时候，第三次在初凝后快产生强度的时候（时间需要掌握恰到好处），第三收光可由有经验的工人完成。第三收光之后，立即用水清洗轨枕和钢轨，防止其受到污染，影响其轨道的整体外观。然后立即用土工布覆盖，并尽可能密封，既可以防止水分散失，也可以防止高温的影响，冬季防止混凝土受冻。

在道床混凝土浇注的同时，应尽量避免振捣棒碰触钢筋和绝缘卡，在混凝土浇注完后，要对道床及时进行检查、复核，对施工中造成的模板跑位等进行及时处理，道床板外形满足允许偏差，混凝土抹面见图 46.23 及图 46.24。

图 46.23　道床板混凝土施工二次抹面　　　　图 46.24　道床板混凝土施工三次抹面

（十二）放松扣件轨枕螺栓

道床板混凝土初凝后解开夹板螺栓，逐步松开扣件等固定装置，释放钢轨温度应力，具体操作时间应根据现场试验情况确定。当新浇筑的混凝土强度未达到 5 MPa 时，不得在其表面来往行人或进行其他施工作业。

（十三）拆卸模板与支撑架

侧模应在混凝土强度达到 5 MPa 以上，其表面及棱角不因拆模而受损时，方可拆模。拆模时混凝土表层与环境之间的温度不应大于 20 ℃。待道床混凝土强度达到 5 MPa 后，开始拆卸模板和轨排架。道床混凝土未达到设计强度 75% 之前，严禁在道床上行车和碰撞轨道部件。对已建成的道床板表面应进行表面处理，使其清洁、美观、无污染，无磕碰，拆模见图 46.25。

（十四）道床养护

在混凝土终凝后，立即用土工布覆盖其上，并洒水养护至少 14 d 以上。土工布宽度应大于道床宽度，保持湿润，覆盖到位，混凝土无裸露。局部不合格，及时修补，确保外观质量，道床养护见图 46.26。

图 46.25　拆模施工　　　　　　　图 46.26　无砟轨道道床板养护

（十五）无砟轨道正常段轨枕扣件安装步骤及工艺

WJ-8A 型扣件由螺旋道钉、平垫圈、W1 型弹条、WJ8A 绝缘轨距块、WJ8A 轨距挡板、WJ8A 轨下垫板、WJ8A 铁垫板、WJ8A 铁垫板下弹性垫板和预埋套管组成。此外为了钢轨高低位置调整的需要，还包括 WJ8A 轨下微调垫板和 WJ8A 铁垫板下调高垫板。

WJ-7 型扣件安装方法与 WJ-8A 相同。唯一区别为扣件垫板与配件型号不一致。

（十六）结构缝及施工缝施工

在隧道结构缝处道床板设伸缩缝并断开，用硬质泡沫板填充，顶部用聚氨酯密封膏做防水处理。两侧各设 4 排锚固钢筋，共 8 排，每排 4 个，钢筋规格为 HRB335，钢筋直径 25 mm，长度 $L=400$ mm，锚固深度 200 mm。

（十七）资源配置

1. 劳动力配置

单个作业面人员配置见表 46.16。

表 46.16　施工人员配备表（单工作面）

序号	工班	人员数	工 作 内 容
1	钢筋班	20	洞外钢筋下料、半成品加工、装卸 绑扎、焊接、边摸安放、轨排架组装。
2	精调班	10	支模、精调、综合接地焊接
3	混凝土班	14	混凝土施工、抹面
4	修补班	12	道床缺陷修补、杂物清理，文明施工
5	扣件安装班	4	扣件二次安装
6	混凝土养护	3	混凝土养护
7	拌和站	4	拌制混凝土
8	测量组	5	负责道床施工的测量
9	管理技术人员	5	负责道床施工的质检、技术指导及验收
10	后勤人员	6	负责后勤保障
11	领工员	2	
12	司机	6	轨枕运输、钢筋运输、混凝土运输
13	轨枕装卸搬	4	轨枕装卸
14	小计	95	

注：该人员配置在保证材料、机械正常施工情况下，每月进度在 1 950～2 150 m。

2. 机具配置

单工作面设备、机具配置见表 46.17～46.19。

表 46.17　道床施工主要机具配备表见表（单工作面）

序号	设备名称	规格	单位	数量	进场时间	备注
1	自行式龙门吊机	（8 t）	台	2	2011.4	新购
2	组合式轨道排架	6.5 m	榀	23	2011.4	新购
3	移动式组装平台	定型制式	台	1	2011.4	新购
4	轨排架吊具	250 型	套	2	2011.4	新购
5	吊机行走轨	24 kg/m	m	640	2011.3	
6	垫轨枕木	70 cm×40 cm×15 cm	根	640	2011.3	
7	道床板模	250 型槽钢	m	324	2011.3	
8	道床板模板	角钢	m	324	2011.3	曲线及底板超高使用
9	混凝土拌和站		座	1	自有	

序号	设备名称	规格	单位	数量	进场时间	备注
10	平板车	8 t	台	2		租赁
11	自卸车		台	2	2011.3	租赁
12	混凝土罐车	8 m³	台	3		自有
13	装载机	ZL50	台	1	2011.4	
14	插入式振捣器	高频	台	6	2011.4	新购
15	电焊机	500 型	台	2	2011.4	新购
16	钢筋弯曲机		台	1	2011.4	新购
17	钢筋切割机		台	1	2011.4	新购
18	木工台式电锯		台	1	2011.4	新购

表 46.18　道床施工测量仪器配备表（单工作面）

序号	名称	规格	单位	数量	备注
1	轨道精检小车（配全站仪、掌上电脑）	GEDO 轨检仪	台	1	自有
2	全站仪	1″	台	1	
3	水准仪	0.1 mm	台	1	DSZ2 型
4	万能道尺		把	2	自购
5	棱镜组	徕卡	个	8	CPⅢ

表 46.19　道床施工常用工具配备表（单工作面）

序号	名称	规格	单位	数量	备注
1	小撬棍	$\phi 25 \times 500$ mm	根	12	自制
2	套筒扳手		把	24	
3	单头扳手		把	12	
4	水泵	3.3 千瓦	台	2	
5	风水管	$\phi 50$	m	100	
6	铁抹子		个	20	
7	胶抹子		个	20	
8	小铁抹子		个	20	
9	电锤	mopH7850	台	2	
10	六角铝头		个	20	
11	角磨机		台	2	
12	快速套筒扳手	55 mm	把	8	
13	活动扳手	450 mm	把	12	
14	双头扭力扳手		把	8	
15	钢丝刷		把	10	
16	油刷	75 mm	把	20	
17	抹子	100×250 mm	把	12	
18	轨枕块保护盒		个	60	

（十八）施工小结

左线管段内整体道床工程于 2011 年 5 月 14 日开始施工，在施工中针对工期紧张、洞内施工干扰大、材料紧张等诸多困难，项目部不断完善施工方案，合理调配资源、科学管理，充分利用右线可利用的行车路线，对左线部分段落开展两个工作面施工以压缩工期，最终于 2011 年 8 月 11 日优质高效完成，历时 89 天，确保了业主制定的工期节点目标。

右线管段内道床工程于 2011 年 9 月 30 日开始施工，于 2011 年 12 月 30 日完成，共计 91 天，其中因材料未到场、其他单位平行施工等原因停工 20 余天。在右线施工中，总结左线道床施工经验，不断优化洞内排水、长距离倒车、混凝土浇筑等方案，根据现场实际情况适时调整资源配置，最大限度压缩受外部作业干扰较大的施工工序和关键工序的施工用时，实现工序交接误时零耽搁，创造了单洞单线铁路隧道单工作面月施工 2800 m 的记录。

第三节　跨区间无缝线路施工

铺轨后，为确保轨道稳定，需及时对线路进行补砟整道，轨道达一定稳定状态后，进行单元轨节焊（即将已铺设的 500 m 长轨焊接成 1～2 km 单元轨节），继续对线路补砟，大型机械化养路机组整道，待线路达到初稳定状态，即可进行钢轨应力放散、线路锁定作业。对锁定完的线路还要进行少量补砟、精细整道，以最终使轨道线路达到稳定状态，轨面设计高程、道床密度、道床刚度、道床横纵向阻力、轨道几何形态能够符合规定要求。

一、大型机械设备养护线路

大型机械化养整道作业由补砟、整形、起拨捣、动力稳定四部分组成，补砟整道均在长轨铺设后进行。道床补砟采用卸砟车，大机养护组 3 捣 2 稳整道作业后线路即可达到初期稳定状态要求，然后进行线路锁定和线路精调使线路达到设计速度标准。

1. 起拨道量基桩测设

在需要进行大机捣固的地段，每 10 m 设置控制基桩（桥梁段可设置在挡砟墙上），并测量出坐标及高程然后计算出起拨道量。

2. 上砟整道

（1）在现场作业，采取每 10 m 测量、分析设计、数据放桩指导大机作业的方法。

（2）大机在直线区间线路上作业时，选取合适的位置放置激光发射器，利用激光对准，进行直线段的拨道量控制，每 10 m 一个点标写起道量（如起道量 50 mm，标写格式为：50）。

（3）曲线上采用人工画量，每 10 m 一个点在轨枕上清晰的标写拨道量和起道量（如起道量 30 mm，左拨 25 mm 标写格式为：$\xleftarrow{\quad 25\quad}$ 30），捣固车按照每 10 m 一个点的数据进行起拨道作业。

（4）第一、二遍起道量不宜大于 30 mm，第三遍起道量不宜大于 20 mm，一次拨道量不宜大于 50 mm，起道量 50 mm 以上宜采用双捣作业，起道量 50 mm 以下的采用单捣作业。每次整道作业后轨枕头外侧应有一定数量的道砟，以保证轨道的稳定性。

（5）大机作业过程中，一名技术人员紧跟大机作业，使用道尺对捣固后的超高进行复查，以便大机对参数进行调整，并对捣固后线路钢轨；大机作业过程中，机械操作人员应准确输入起道量，并随时注意观察左右起道显示表及横向水平表的指针摆动状态，前后操作人员应保证对起道抄平数值的一致性。

（6）捣固作业结束前，在作业终点划上标记，并以此开始按不大于 2‰ 的坡度递减顺坡，不得在曲线段结束作业。

（7）大机每完成一遍作业，需及时进行测量、补砟、匀砟，为下一次大机作业做好准备。

（8）施工方法及作业流程。

① 补砟列车补砟后，大养机组运行至作业地点，配砟整形车将道砟收拢，通过其肩犁向道心补砟，填满轨枕盒，使道砟配置高度低于钢轨头，高于轨枕不大于 10 cm（也可通过人工进行补砟后的配砟、整形工作），随后捣固车对线路进行起道、拨道、捣固、夯拍作业。捣固车作业时，应有两人在机前沿线路前进方向清除障碍，并在 400～600 m 范围内安装激光发射仪，DCL-32 型捣固车根据输入的资料进行光电转换，自动控制对线路进行起拨捣作业。两人在机后用万能道尺对整道后的线路进行检查。

② 线路每次捣固作业完成后，用 WD-320 型动力稳定车对道床进行动力稳定，以稳定、密实道床，从而全面提高线路质量。动力稳定是通过油缸滚轮夹住钢轨，红外线控制水平方向，机械振动传给钢轨附加荷载使道床达到密实。稳定车走行速度 0.6～0.9 km/h，由道床下层至道床上层，稳定作业速度逐渐降低。

③ 线路经 08-32 型捣固车捣固、WD320 动力稳定车稳定后，再用 SPZ200 型配砟整形车对道床按设计道床断面形状进行整形（或采用人工进行道床断面整形），第一、二次作业主要清除轨枕面上道砟，并拢道砟于轨枕盒内，夯实砟肩，第三次作业时清扫拢砟，夯实砟肩同，做标准断面。

④ 线路检测。第三遍整道作业完成后，若线路达到初期稳定状态要求，即可进行应力放散、线路锁定。利用轨检仪对轨向、高低、水平、轨距、扭曲进行检测；道床刚度仪对枕下道床刚度、道床横向阻力进行检测。检测合格即可进行放散锁定；不合格地段，要追加大机养作业次数，直到合格为止。

二、跨区间无缝线路施工

正线跨区间无缝线路由若干单元轨节、无缝道岔焊接而成，其长度除车站范围内，一般按 1 000～2 000 m 进行锁定，单元轨节位置可适当调整，尽量避免现场长钢轨切割。岔区无缝道岔单组或相邻多组一次锁定的道岔（含其间线路）及其前后各一定范围内的钢轨组成一个单元轨节。

1. 长轨应力放散施工工艺流程

长轨应力放散施工工艺流程如图 46.27 所示。

2. 长轨应力放散施工方法

（1）自然放散法：即实际轨温在设计锁定轨温范围内，放散时在钢轨下加垫滚筒，利用锤击敲打钢轨，使钢轨自由伸缩，等钢轨充分回弹后，即钢轨内应力达到零应力然后迅速锁定线路。

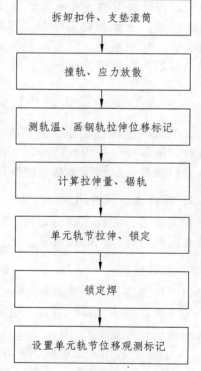

图 46.27 长轨应力放散施工工艺流程

（2）综合放散法：即实际轨温低于锁定轨温下限值时，钢轨下垫上滚筒，将要放散的单元轨节一端与已放散锁定的线路焊接，靠无缝线路提供反力，一端安装钢轨拉伸器，根据当时轨温计算出单元轨节的拉伸量，等单元轨节在当时的施工温度下处于自由伸缩状态时，进行位移零点标记，再用拉轨器将单元轨节拉伸至计算出的拉伸量，各测点位移均达到计算位移量后进行锁定。

对于区间线路将根据现场轨温灵活采用放散方法，对于道岔由于不易进行拉升，所以只能选择自然放散法，即道岔铺设必须在设计锁定轨温范围内进行。应力放散、锁定焊接施工工艺流程如下所示：

滚筒放散法工艺流程：

施工准备—拆扣件—垫滚筒—敲轨—测轨温—钢轨反弹—拆滚筒—上扣件（隔二上一）—上完所有扣件—作位移观测标记

拉伸器滚筒放散法工艺流程：

施工准备—拆扣件—垫滚筒—安装撞轨器—安装拉伸器预拉伸反向撞击、人工敲击使钢轨处于自由伸缩状态—每隔 100 m 设 1 个临时观测点标记—测轨温计算各点拉伸量—拉伸并用撞轨器正向撞击、人工敲击钢轨、观测各点位移量—各点位移达到放散要求后拆滚筒—上扣件（隔二上一）—上完所有扣件—作位移观测标记

3. 长轨应力放散施工步骤

施工准备：施工前配置齐全工、料、机具并逐一核实，施工人员要进行详细的分工，对协议工按照班组管理细化每一个人的任务，交代清楚所要完成的工作。

（1）按施工计划，将滚筒用轨道车运至现场，并按每 10 m 放置一个滚筒按双股进行布置。

（2）拆下扣件垫上滚筒，检查用拉轨器拉长钢轨使得待放散长钢轨与后一长钢轨间轨缝在范围内（25 mm±2 mm 要考虑焊前端部打磨量）。

（3）将长钢轨先进行应力放散，初步拉伸钢轨并同时敲打钢轨，松开拉伸继续用撞轨器反向撞击并敲打钢轨，观察钢轨各点位移，待各点位移稳定后停止敲击，做好位移零点标记。

（4）位移观测桩在整体道床施工时按设计要求布设，无缝线路锁定后，立即做好位移观测标记，观测纵向位移。在钢轨腹部上，用红油漆注明锁定日期及锁定轨温，位移观测标记为永久性标记，不得任意改动。

（5）在长钢轨上测量 15 点轨温（每 100 m 一点），取平均温度计算出各点拉伸量，各点固定人员进行位移观测。

（6）拉伸钢轨至要求拉伸量，同时撞击敲击钢轨，敲击点间距可按每隔一滚筒密度进行布置。敲击人员来回移动进行敲击钢轨。

（7）位移观测人员观测各点达到要求放散位移后即停止敲击，拉伸器保压，取出滚筒，先按隔二上一安装扣件锁定线路。

（8）补齐扣件，在焊接轨头温度降至 500 ℃ 以下后安装拉轨器，标记位移观测"零"点。

（9）单股放散结束后立即测定轨温，在左右股温差不超过 3 ℃ 时，可进行另一股放散锁定作业。

4. 质量要求

（1）应力放散时滚筒间隔宜在 12～15 m，保证钢轨目视平顺。

（2）左右股单元轨节温差应不大于 3 ℃，相邻单元轨节温差应不大于 5 ℃，同一区间内单元轨节温差应不大于 10 ℃，曲线上内股钢轨锁定轨温不高于外股的锁定轨温，使用的轨温表必须经过校验，在有效期内使用。

（3）放散后胶垫应放正无缺损其上应无石屑，扣件安装齐全，扣压力 250 N·M 符合设计要求。

（4）应力放散前道床应达到初期稳定并已按要求埋设位移观测桩。

（5）考虑到单元轨节范围内的温度变化、坡度及滚筒摩擦的影响，各观测点的实际位移量与计算位移量偏差不得不大于±3 mm。

（6）在将单元轨节应力放散到零应力时，当长钢轨位移出现反弹时即应力放散到零点。

（7）作业轨温不得高于设计锁定轨温。

（8）敲击时应尽量保持一致，使振动达到最大。

（9）放散时各观测点必须达到要求的放散量，且放散均匀后方能上扣件。紧扣件时由两端向中

间紧。

（10）临时观测点要标记在稳固的地方。

（11）各观测点拉伸量计算时按以下公式进行：

$$\Delta L = \alpha \cdot L \cdot \Delta t$$

式中　ΔL——拉伸量（mm）；

　　　α——钢轨线膨胀系数 0.011 8 mm/°C；

　　　L——拉伸点至固定端长度（m）；

　　　Δt——设计锁定轨温 23±3 °C 与施工锁定轨温之差（°C）。

（12）在单元轨节扣件未完全上齐时，拉伸器必须保压不得撤除。

（13）放散前单元轨节一端要与放散过的单元轨节焊接，焊接后需探伤合格才能进行放散作业。

（14）上扣件人员必须协调一致、紧张有序，在短时间内迅速均匀上完扣件，上扣件前必须保证清除大胶垫上的杂物。

（15）锁定完的线路的位移观测桩处换算 200 m 范围内相对位移不得大于 10 mm，任何一个位移测桩处位移量不得超过 20 mm。

（16）放散时禁止用锤敲击钢轨轨头，以防砸伤轨头。

（17）安装弹条时应注意扳手不得压坏轨距挡块。

（18）应力放散焊轨前要保证钢轨内部锁定焊接头相错量不宜大于 100 mm。

第四节　道岔施工

一、施工方案

龙厦铁路设计有四个车站，道岔采取就地组装。正线上道岔散料用汽车运输到施工现场，人工配合汽车吊车一次组装就位，其他道岔用工程列车运输，采用汽车吊车或轨道吊车卸料，人工配合吊车一次铺设就位。

正线上道岔提前铺设，在铺架两机到达前完成，为铺架两机通过道岔连续进行铺架作业创造条件。施工指标 1 组/3 d，安排专业施工队伍施工；其余道岔与车站轨道铺设时同时铺设。

二、道岔施工方法及工艺

正线道岔铺设工艺流程如图 46.28 所示。

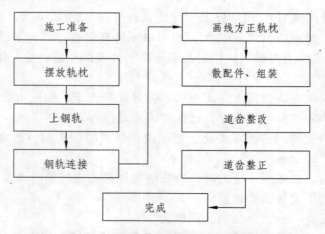

图 46.28　正线道岔铺设工艺流程

三、施工工艺流程

1. 施工准备

整平铺设现场，测量放线；道岔散料从铺轨基地运输到施工现场，卸放在铺设位置两侧，施工设备就位。

2. 摆放轨枕

人工配合吊车逐根摆放轨枕，根据测量的线路中线和道岔中心位置，初步调整轨枕位置。

3. 上钢轨

人工配合吊车从岔前往岔后逐根将钢轨摆放到轨枕承轨槽内，先上直股，然后摆放曲股；根据测设的岔前点，用方尺确定岔前位置并固定。

4. 钢轨连接

根据铺设图，将钢轨逐根连接起来，先连接直股，然后连接曲股；在连接时随时检查岔前位置，确认岔前位置没有发生移动，否则重新调整岔前位置，确保岔前位置与测量点重合。

5. 画线方正轨枕

根据铺设图，用白色油漆在直股内侧轨腰上画线确定轨枕位置，一般从岔前往岔后进行；然后用方尺对应到另一直股上，人工对线方正轨枕；方枕时随时检查岔前位置，确保岔前位置与测量点重合。

6. 散配件、组装

根据铺设图从岔前往岔后将钢轨与轨枕联结起来，先组装直股，然后组装曲股。

7. 检查整改

道岔组装完成后，按照支距法检查道岔曲股位置，并根据铺设图进行调整；最后检查道岔配件以及配件是否齐全。

8. 整正道岔

根据测量的线路中线和道岔中心位置，拨正道岔，使线路中线与道岔中心重合，误差不超过±20 mm，道岔前后位置与设计位置一致，并对道岔进行重点整道，道岔铺设完成。

第五节 轨道及道岔精调

一、线路精调

1. 基本要求

无缝线路锁定焊联完毕，零配件补充齐全，线路道砟饱满。

2. 准备工作

（1）全线检查整正歪斜胶垫，补充缺少弹条、胶垫，做好轨道结构零缺陷整治。

（2）锁定完成后，最好进行一遍全线稳定车稳定，确保线路扣件各部密贴，紧靠。

（3）现场标记里程、曲线要素、曲线四大桩点。

3. 精调步骤

刷新标志标记→第 1 次人工线路精调→第 1.2 遍大机精测精调→第 2 次人工线路精调→第 3 遍线

路大机精测精调，综合整理线路外观。

（1）方枕：检查轨枕方正情况，对间距超过 600 mm±20 mm 的人工使用方枕器方正轨枕。

（2）矫直硬弯和焊缝打磨：有砟轨道因轨枕、道砟运输工作量巨大，新钢轨铺设后在轨道线形、线位都没有进行细致时即开行大量的运料列车，导致钢轨内部残余应力大，易形成钢轨硬弯，调整几何尺寸、测量前一定要先矫直钢轨硬弯，人工打磨焊缝。

（3）提前 1 天使用轨道检查仪全面检查一遍线路轨距，门限值：轨距±1 mm（锁定后未进行大机稳定的，按-1.5~0.5 mm），轨距变化率 0.5‰。对轨距偏差大于±1 mm（未提前稳定的标准同上）以上的，检测人员现场用滑石或粉笔标注在对应轨枕的左股轨底部位。连续超限的，现场标记"-1.6→←-1.5"，并在记录本上记录超限里程。返回驻地后，检测人员导出检查数据，并分析轨距超限部位的左、右股轨向偏差，根据轨向偏差确定改道股，在形成的检查成果上注明。若轨向偏差不超过 2 mm，由现场带班人员确定改道股别。

（4）第 1 次人工精调：

① 现场工作量复核：现场作业前，带班人员携带检查成果，并用电子道尺核对检查数据。超限处所逐根测量，未超限处所隔 1 根测量，均对应轨枕站螺栓处测量。按轨距控制±1 mm（未提前稳定的标准同上），变化率不大于 1/1 800 全面调整轨距、轨向。确认超限地点后，在靠近改道端钢轨的轨枕表面上用划石或粉笔标划改道范围。原则上按标准配置扣件，即钢轨外侧 4 号尼龙挡肩、6 号轨距挡板，钢轨内侧 10 号轨距挡板，2 号尼龙挡肩。标准配置时轨距超标的，要检查轨枕承轨槽是否有碎石屑或泥污导致挡肩不落槽、轨枕整根窜出的问题，分析原因后再进行改正，不能单一靠调整尼龙挡肩或轨距挡板来改道。

② 松卸扣件、清理承轨槽、扣件调整、扣件紧固。根据现场带班人员标划的改道范围，松卸扣件人员（1~2 人）松开扣件，连续松动不得超过 6 根轨枕，轨距调整人员卸下扣件，利用小铲子、钢丝刷（扁毛刷）清理承轨槽，调整尼龙挡肩或轨距挡块，并安设弹条、平垫圈、螺母。后续螺栓紧固人员（1~2 人）使用定扭单头螺栓扳手紧固站螺栓。向道心内侧改道时，紧固顺序先外后内，反之亦反。改道后，要确保尼龙挡肩与承轨槽贴靠，轨距挡块与轨底贴靠，站螺栓扭矩设定在 100~120 N·m。

（5）第 2 次人工精调：在大机第 2 遍精确作业后，跟随大机后进行一遍细致的轨道几何尺寸检查，门限设定：轨距-1~0 mm，轨向±2 mm，轨距变化率 0.5‰。现场标划、检查成果出具同第 3 条。重点是结合线路轨向进行轨距精调，保持轨距顺超率达标，轨距控制在必要时拉弦线改道消除轨向、碎弯。改道方法步骤同第 4 条。

二、线路精捣

1. 基本要求

线路大机精调在工程单位将线路基本整正到位的基础上，利用 CPⅢ精确测量资料再对线路进行 3 遍大机精细调整。每遍均采用单机单捣精确作业+稳定+单机单捣近似作业的方式。

2. 大机作业前准备工作

（1）前期调查。

① 组织对沿线妨碍施工的障碍物安排车间进行清理，对影响施工的有关管线、标志进行调查，并提请有关部门或单位先行处理。

② 全面调查大机作业地段轨道结构：轨距挡板、弹条、螺栓的缺少、松动、失效情况，基本胶垫的缺少、失效、串动、歪斜情况，并在大机精调前补充、整正到位。

③ 提前调查道床缺砟情况，对缺砟严重、大拨量、大起道量地段要提前申报、预卸石砟，石砟卸到位后方能组织大机作业。

（2）精确确定线路里程。利用 CPⅢ点测出线路里程，并每 5 m 在钢轨左股外侧使用油画笔、红油漆标注（宽度不大于 5 mm，长度覆盖轨腰），曲线地段在钢轨下股标注。

（3）线路精确测量、成果运用及数据导入。

① 按设计的平纵断面提供起、拨道量，按直线每 10 m，曲线（含竖曲线）、道岔每 5 m 的要求测量线路的平纵断面，并出具每 5 m 的线路测量成果。对预留抬道量不足 50 mm 的地段协调工程单位进行落道或优化坡度。

② 成果运用：起道按 3 次分层的要求，根据测量成果，计算出每次大机作业的起拨道量。如起道量为 X，原则上第 1 遍线路起道量按"X-50"mm，第 2 遍起道量"X-25"mm，第 3 遍起道量按 15～25 mm。若第 1 遍起道量超过 35 mm 时，进行 3 捣（第 1 台大机双捣）作业。拨道量小于 50 mm 时，第 1 遍大机的拨道按总量到位设置。超过 50 mm 时分 2 遍拨道。因按 2 捣 1 稳的作业模式，第 1 台大机实际起道数据按"X-50-10"mm 执行，第 2 台大机按普抬 10 mm 近似法作业。

③ 数据导入：将计算的起、拨道量及线路设计平纵断面资料按规定格式要求，导入大机控制系统。

（4）现场标注。

① 曲线要素点及正矢标注：将曲线要素点及曲线正矢、超高、竖曲线桩点及要素用红油漆标注于轨枕面中间，方便大机作业后线路状态检查。

② 作业复核数据标注：路基地段每 50 m（利用电化立柱）、桥梁地段每 20 m（利用挡砟墙）用红油漆标记"▲"，并在对应外股钢轨外侧轨头上用红油漆标记"▲"，测量作业前的原始横距，并对照该点的实际起拨道量和拨道方向，将拨道方向及起拨道量用白油漆标于枕木中间，以备作业后复核。轨枕上标注样式如 $\frac{25}{18}$→3522。其中"25"表示起道量，18 表示拨道量，→表示拨道方向，3522 表示拨道到位后外股钢轨与电化立柱或挡砟墙的距离。每次大机精调复核后，只修改起道量（用黑油漆覆盖后重新按标准印写）

③ 关键部位标注。一是线路道岔结合部，分别在车站最外方道岔以远 100 m、200 m 处轨枕表面上，用红油漆标注"道岔 100 m""道岔 200 m"；二是对桥头、"电容、电磁"轨枕等需重点注意及加强捣地段进行标注。

（5）大机精度调试。选择在没有坡度直线上调试，同一台车调整产生起道量时起道表显示 0+5 mm，左右两股产生起道量误差不大于 3 mm。同组型号相同车辆须在同一点调试抄平，即 D 点重合（09-32 捣固车、DWL-48 捣稳联使 F、M 点重合），同组车超平产生起道量时起道表显示误差不大于 5 mm。按标准对伺服阀的零点及伺服电流进行调整。起拨道系统精度误差不大于 2 mm。

3. 大机作业流程

按单机单捣精确作业+稳定+单机单捣近似法作业模式进行 3 遍大机精调作业。

（1）确认作业地段石砟是否饱满，严禁缺砟地段进行捣固作业。

（2）第 1 台大机严格按照测量资料，采用单机单捣模式作业。一般起道量按不超过 25 mm，拨道到位导入数据。

（3）第 2 台大机以 10 mm 基本起道量，采用单机单捣稳定近似法模式作业。

（4）严格按照大机作业捣稳频率、夹持时间、压力进行作业。

4. 质量控制标准

（1）原则上大机作业后线路高程距离设计高程控制在：第 1 遍后不超过 50 mm、第 2 遍后不超过 30 mm、第 3 遍后 5～10 mm。如道床密实度较差，稳定后变化较大时，后续大机作业高程控制可根据第一遍大机作业实际起道量及精测资料进行适当调整。

（2）几何尺寸达到表 46.20 的标准。

表 46.20　线路几何尺寸标准

项　目	作业验收	备注
水　平	2 mm	
高　低	2 mm	利用轨检仪
轨向（直线）	2 mm	利用轨检仪
扭　曲	2 mm/3 m	
水平递减率	1/1 800	

三、道岔精调

1. 基本要求

道岔大机精调在工程单位将道岔基本整正到位，人工对道岔进行粗调，改正道岔内的轨距、轨距变化率超标处所，紧固道岔各部螺栓，对道岔各部间隔、密贴调整到位的基础上，利用 CPⅢ 精确测量资料再对道岔进行 3～4 次大机精细调整。每遍均采用单机单捣精确作业＋单机单捣近似法作业＋道岔稳定的方式。

2. 道岔大机作业前准备工作

（1）前期调查。

① 组织对沿线妨碍施工的障碍物安排车间进行清理，对影响施工的有关管线、标志进行调查，并提请有关部门或单位先行处理。

② 全面调查道岔大机作业地段轨道结构：弹条、螺栓的缺少、松动、失效情况，基本胶垫的缺少、失效、串动、歪斜情况，岔枕方正情况，各部螺栓扭矩情况，并在大机精调前补充、整治到位。

③ 提前调查道床缺砟情况，对缺砟严重、大拨量、大起道量地段要提前申报、预卸石砟，石砟卸到位后方能组织大机作业。

（2）精确确定道岔里程。利用 CPⅢ 点（或贯通里程）测出道岔准确里程，并每 5 m 在钢轨左股外侧使用油画笔、红油漆标注（宽度不大于 5 mm，长度覆盖轨腰），曲线地段在钢轨下股标注。

（3）道岔精确测量、成果运用及数据导入。

① 按设计的平纵断面提供起、拨道量，按每 5 m 的要求测量线路的平纵断面，并出具每 2.5 m（利用内差法计算）的测量成果。对预留抬道量不足 50 mm 的地段协调工程单位进行落道或优化坡度。

② 成果运用：起道按 3 次分层的要求，根据测量成果，计算出每次大机作业的起拨道量。如起道量为 X，原则上第 1 遍起道量按"X-40" mm，第 2 遍起道量"X-20" mm，第 3 遍起道量按 15～20 mm。若第 1 遍起道量超过 30 mm 时，进行 3 捣（第 1 台大机双捣）作业。拨道量小于 50 mm 时，第 1 遍大机的拨道按总量到位设置。超过 50 mm 时分 2 遍拨道（第 1 遍按 50 mm）。因按 2 捣 1 稳的作业模式，第 1 台大机实际起道数据按"X-40-15" mm 执行。

③ 数据导入：将计算的起、拨道量及线路设计平纵断面资料按规定格式要求，导入大机控制系统。

（4）现场标注。

① 道岔区前后关键点标注：在岔区最外方道岔外距离道岔前接头 100 m、200 m 处标记"道岔 100 m""道岔 100 m"，用红油漆标注在轨枕中部表面上。

② 作业复核数据标注：将拨道方向、起拨道量每 10 m 在岔枕表面偏直股方向标记在轨枕面上，并在对应里股钢轨外侧轨头上、邻线里股钢轨外侧轨头上标注"▲"，测量作业前的原始横距，并对照该点的实际起拨道量和拨道方向，将相关数据用白油漆标于枕木中间，以备作业后复核。轨枕上标注样式如 $\frac{25}{18}$→3522。其中"25"表示起道量，18 表示拨道量，→表示拨道方向，3522 表示拨道到位后里股钢轨与邻线里股钢轨的距离。每次大机作业后用黑油漆覆盖上次数据，重新标记计划抬

道量。

③关键部位标注。一是道岔区前后 200 m 范围内有曲线时，在曲线要素点处对应轨枕中部表面用红油漆标注"ZH、HZ"。

（5）大机精度调试。选择在没有坡度直线上调试，同一台车调整产生起道量时起道表显示 0+5 mm，左右两股产生起道量误差不大于 3 mm。同组型号相同车辆须在同一点调试抄平，即 D 点重合，同组车超平产生起道量时起道表显示误差不大于 5 mm。按标准对伺服阀的零点及伺服电流进行调整。起拨道系统精度误差不大于 2 mm。

3. 大机作业流程

按单机单捣精确作业+单机单捣近似法作业+稳定模式进行 3 遍大机精调作业。道岔稳定车根据现场状态适量增加稳定遍数。

（1）确认作业地段石砟是否饱满，严禁缺砟地段进行捣固作业。

（2）第 1 台大机严格按照测量资料，采用单机单捣模式作业。一般起道量按不超过 20 mm，拨道到位导入数据。起道量超过 20 mm 时，第 1 台大机采用单机双捣模式。

（3）第 2 台大机以 5～10 mm（根据岔区预留高程量）基本起道量，采用单机单捣稳定近似法模式作业。

（4）严格按照大机作业捣稳频率、夹持时间、压力进行作业。

（5）道岔区前后 100 m 范围必须由道岔大机统一作业，距离道岔 100～200 m 范围，如线路大机先作业时，由线路大机作业，如道岔大机先精调时，由道岔大机作业。但必须按 10 mm 标准预留抬道量，便于最后一遍作业的大机顺接。

4. 质量控制标准

（1）原则上大机作业后线路高程距离设计高程控制在：第 1 遍后不超过 40 mm、第 2 遍后不超过 25 mm、第 3 遍后 5～10 mm。如道床密实度较差，稳定后变化较大时，后续大机作业高程控制可根据第一遍大机作业实际起道量及精测资料进行适当调整。

（2）道岔几何尺寸达到表 46.21 的标准。

表 46.21　道岔几何尺寸

项目	作业验收	备注
水平	2 mm	
高低	2 mm	10 m 弦
轨向（直线）	2 mm	30 m 弦
扭曲	2 mm/3 m	
水平递减率	1/1 800	

第四十七章　站场及运营设备工程

　　龙厦铁路共新建三个中间站，分别为龙山中间站、南靖中间站和草坂中间站，其中龙山、南靖站办理客运作业，草坂站办理货运作业。站场路基填料标准及压实标准与区间路基标准相同；场坪及机动车辆通行道路等工程填料采用土方，压实标准采用现行规范相应标准。站场土石方施工过程中保证排水通畅，不积水，在站场土石方完成后，及时按设计要求施工站台墙、排水系统等工程。

一、站场路基填筑

　　站场路基填筑及路堑开挖施工方法、工艺与区间路基施工方法相同，站场土石方施工根据各个站场实际情况独立作业。完成征地拆迁后，测算站场土石方调配，首先进行分段、分片地基加固处理施工，再进行土石方的填筑，在站场范围内形成基底加固，土石方开挖、填筑作业区。填方地段以两结构物或 500 m 为标准纵向划段。每段路基横向交接处也进行台阶处理。

二、站场场坪填筑

1. 工艺要点与技术措施

　　同区间路基。

2. 质量控制与要求

　　（1）填料质量控制：路堤填料种类、质量应符合《铁路路基设计规范》（TB 10001—2005）要求。填筑前应对挖方段可用填料进行取样检验；填筑时应对运至现场的填料进行抽样检验。当填料土质发生变化或来自不同路堑段时应重新进行检验。填料的检验项目、检验数量应符合《铁路路基工程施工质量验收标准》（TB 10414—2003）的规定。

　　（2）填筑过程控制：在每一层的填筑过程中，确认填料颗粒级配、含水率的均匀性、铺土厚度、填料表面平整符合设计及施工工艺参数后，再按工艺试验确定的碾压速率和遍数进行碾压。

　　（3）填筑压实质量控制：路堤填筑按《铁路路基工程施工质量验收标准》（TB 10414—2003）规定的检测频次和压实标准对压实质量进行检测和控制。

三、其他运营附属工程

（一）站台墙

　　站台施工在路基主体工程基本完工后适时展开，站台墙在预铺砟前完成。站台墙采用现浇混凝土施工，机械夯实石灰土垫层，站台帽和站台面铺面块在预制厂集中预制，现场铺砌。

（二）钢结构雨棚

　　雨棚施工在站台主体工程基本完工后展开。

1. 下料

　　气割前将钢材切割区域表面的铁锈、污物等清除干净，气割后应清除熔渣和飞溅物。不应有明显的损伤划痕，钢板不平时应预先校平后再进行切割。翼缘板、腹板需拼接时，应按长度方向进行拼接，然后下料构件下料按放样尺寸号料。

2. 焊接

严格按照焊接工艺进行焊接。焊接后由专职质检员对焊缝进行超声波探伤，不得有未焊透、夹渣、裂纹等缺陷。焊缝外观不得有气孔、咬边、偏焊等超差缺陷。如有上述缺陷，必须用碳弧气刨或角向磨光机将缺陷彻底清除后再补焊。焊后工件须有序堆放，以减小变形。

3. 变形矫正

焊接变形矫正在翼缘矫正机和压力机上进行：根据构件的形状和厚度、选择矫正压力和压辊的直径。挠度矫正在压力机上进行。局部弯曲、扭曲用火焰校正，缓冷、加热温度根据钢材性能选定但不得超过 900 ℃。工人必须持证上岗。

矫正后，由专职质检员检测有关参数，检测工具：卷尺、平台、游标卡尺。若遇构件变形较大难以矫正的构件，及时反馈给技术人员，由技术人员对焊接工艺卡进行评定，重新编制工艺卡，以减少焊接变形。

4. 构件涂装

（1）除锈：钢材表面应进行除锈处理，除锈采用喷砂处理，达到 Sa2 级标准。

（2）涂漆：构件经除锈处理后及时涂一道红丹底漆，待总体安装完成后再进行防锈底漆补涂，干燥后再涂二道面漆。每道涂漆应在前一道漆膜表干后（约 8 h）再涂装。

（3）注意事项：涂刷时应注意凡高强螺栓连接范围内，不允许涂刷油漆或有油污。

5. 构件安装

钢构件安装采用汽车吊，配合人工组装。构件在运输、吊装时，应采取加固措施防止变形和损坏。主体吊装的质量基础是构件的制作精度，而安装的重点是保证施工安全，所以要加强构件制作的精度控制，保证安装质量和安全。柱脚锚栓采用双螺母，待柱子安装、校正、定位后，将柱脚螺栓盖板与柱底板及螺母焊牢，防止松动，在柱底板下灌 C40 膨胀细石混凝土（保护层厚度不小于 50 mm）并使包裹混凝土高出地面 150 mm。钢结构安装完成受力后，不得在主要受力构件上施焊。

6. 雨篷屋面板安装

该材料必须由具有施工资质的专业生产厂家进行施工，所以施工中要及时与厂家取得联系，做好施工预留和安装配合，以保证屋面质量。

7. 雨篷施工要点

（1）所有钢构材料，螺栓、焊条必须有出厂检测合格证和试验报告。并满足钢结构精度要求。钢板和螺栓要进行必要的取样进行物理边学检测，焊条应进行焊接试验，保证结构质量。

（2）焊工要经考试合格，持证上岗，并应对每个焊工的焊缝进行标识。

（3）板料的拼接应仔细处理，施焊时应加引弧板，焊后用火焰切割掉引弧板，并将焊缝端口磨平。

（三）站场道路及路面施工

在铺筑前将路基压实，并将基面上的杂物全部清除干净。路面侧模采用刚度较大的钢模，钢模的高度应与混凝土厚度一致。混凝土运至现场后，采用人工或机械摊铺均匀，松散混凝土表面应略高于模板顶面 10%左右，混凝土振捣密实后整平。路面采用薄膜覆盖养护，养护期间应始终保持薄膜完整，养护期不少于 14 d。路面在养护期间和填缝前，严禁人、畜、车辆通行。

第四十八章　房屋建筑及给排水工程

第一节　一般站房施工

房建及其他运营设备及构筑物施工，在站场土石方基本结束后进行。站场建筑设备及其他配套工程根据主体工程施工进度配套施工。

基坑开挖采用挖掘机配合人工进行。结构采用定型组合钢模板，散支散拆。外脚手架采用双排落地式外脚手架，内墙砌筑及内装修采用单排脚手架。屋顶及顶梁混凝土采用满堂脚手架。混凝土采用现场搅拌，直径 16 mm 以上竖向钢筋采用电渣压力焊连接，其他采用闪光对焊或搭接焊连接。主体封顶后，随即进入室内外装修阶段，合理安排工序交叉作业，先作样板及样板间，以保证装修质量。

一、施工测量及沉降观测

1. 平面轴线控制及垂直度控制

根据站场控制基线和业主提供的坐标，按照站场平面布置情况，现场建立总的测量控制网，采取分区分段和按照单位工程独立控制的方法，将建筑轴线利用经纬仪投测到各建筑物。

基坑开挖前，在基坑四周不影响施工且能通视的位置，布置平行于建筑物主要轴线的控制点。

对测量控制点要加强保护，采取防范措施，防止人为破坏和车辆碾压。

2. 高程控制

开工前，把站场水准点用"往返水准测量法"引入施工现场，在现场做临时水准控制点，并形成水准控制网。为保证水准点在施工期间的精确，水准点需设置在建筑影响区以外。站场水准点的交接必须履行交接手续。

高程传递用钢尺沿楼梯间或外墙垂直向上测量至施工层。测量前，应用水准仪根据现场水准控制点在各传递点处准确测出相同的起始高程线，做好水平标记。高程传递点不少于三处，传递误差控制在 3 mm 以内。

3. 沉降观测

在距离建筑物超过 50 m 处设置三个水准基点（间距大于 20 m）。为确保水准基点的准确，沉降水准基点要经常与现场的永久水准点进行闭合。

沉降观测点沿建筑物四周每隔 10～15 m 设一个观测点，并在建筑物拐角、沉降缝两侧、纵横墙交接处和柱子等关键部位设观测点。观测点采用角钢制作，并埋设在便于观测的墙体或柱子上，做好沉降观测记录。

沉降观测要做到三固定：观测和整理成果人员固定，水准仪和水准尺固定，水准点固定。

二、基坑开挖

基坑土方采用反铲挖掘机机械开挖，根据实际土质情况考虑放坡系数和基坑支护形式。基底挖土预留 200～300 mm，剩余由人工配合机械清底，不得欠挖或超挖。

土方开挖一般要求：基坑开挖顺序：测量放线→机械开挖→修坡→整平→留足预留土层→人工配

合机械清底。在基坑边缘堆土或挖土机械行走时，应与基坑上口边缘保持 1 m 以上距离，以保证基坑边坡的稳定。基坑挖到设计高程后，要进行钎探，并做好记录。钎探结果如有异常或不均匀地层时，应立即向勘探设计和有关人员反应，以便及时采取处理措施，以免耽误工期。

三、墙体砌筑

结构工程以瓦工为主，木工及混凝土工按工作量配备力量。结构砌砖采用满丁满条法。在首层要做好排砖摆底。外墙大角要同时砌筑，内外墙接槎每步留斜槎到顶，砌筑时控制灰缝厚度，不得超越皮数杆灰缝高度。水平灰缝的砂浆饱满度不得小于 80%，竖缝不得出现透明缝。砖墙与构造柱交接处留五进五出马牙槎，进出要标准整齐。门窗洞口使用标准顶杆，控制墙面平整及洞口尺寸。每层承重墙的最上一皮砖，应是整砖丁砌，在梁或梁垫下面及挑檐腰线等处，也应整砖丁砌。砖墙每天砌筑高度以不超过 1.8 m 为宜，脚手眼留置位置正确，砖柱上不得留脚手眼。

四、模板工程

采用定型组合钢模板，散支散拆，不足模数的加工成非标准模数拼接。

五、钢筋工程

钢筋加工采取现场制作，依照规范和设计图纸要求严格选配下料，同时，钢筋接头位置和接头数量符合设计要求，除特殊要求外均采用绑扎接头。同时为保证钢筋位置的准确性，应采用垫块、拉钩等措施，有效地加以固定；现场钢筋加工场地堆放钢筋要按 ISO9001 系列标准要求插牌标识。

六、混凝土工程

混凝土的质量要求：混凝土所用的水泥及粗骨料的质量要求及混凝土施工工作中的要点按照质量保证措施中的条件满足。

混凝土的浇捣：浇注中要加强振捣，浇注后的混凝土面层必须进行两次抹面，以防止产生干缩裂缝。

混凝土的养护：混凝土浇注完毕后的 12 h 内应进行养护，养护时间不少于七昼夜，养护方法视气候而定。

混凝土的试验：除按要求制作足够的 R28 标养试件外，还要制作 R7 试件，以确定早期强度，掌握拆模时间。

七、楼（屋）面板安装

所购的预应力空心楼板要附有出厂合格证；吊装楼板前按要求将两头圆孔用砖堵 12 cm 以上，并抹砂浆；必须要座浆安装楼板，严禁无浆安装楼板；吊装前严格检查圆孔板的质量，确信没有质量隐患的楼板方可吊装；楼板的吊装要轻起轻落，严禁猛起快放，防止冲击造成楼板损伤。

八、门窗工程

塑钢窗要附有出厂合格证。门窗框与墙体间缝隙填嵌饱满密实，表面平整、光滑、无裂缝，填塞材料、方法符合设计要求。门窗表面洁净，无划痕、碰伤、无锈蚀。涂胶表面光滑、平整，厚度均匀，无气孔。门窗附件齐全，安装位置正确、牢固、灵活，达到各自的功能，端正美观。制作木门的木材要求含水率在规范要求以内。

九、楼地面工程

必须将素土或换填灰土按设计要求夯实后方可施作水泥地面，根据弹出 50 cm 线控制弹出地面高程。混凝土地面严格控制水泥砂浆的配合比，保证砂浆的强度，使做出的地面不起砂。

水磨石地面施作时，石子要过筛洗净，过斗准确，拌和均匀，为了增加水磨石地面石粒密实显露均匀的观感效果，要在找平后的砂浆表面均匀撒一层石子，随即用石滚横、竖碾压至出浆。"二浆三磨"后，用草酸清洗表面，上腊抛光后封门。

地砖地面应根据房间长宽尺寸和地砖规格、缝宽进行排列，基层表面清理干净后，应洒水湿润，并应刷一层水灰比为 0.5 左右的素水泥浆，找平层应用 1：3 干硬性水泥砂浆，随铺随拌，铺设厚度以 2.5~3 cm 为宜，拍实磨平。铺地砖时，四角同时落下，用橡皮锤轻敲，随时用水平尺找平，铺好的地砖表面平整度、缝格平直、接缝高低差、板块间隙宽度要满足规范要求。

十、内、外墙抹灰工程

内墙喷涂要求表面颜色一致，无透底和流坠，不显接槎，无露涂。将不须喷涂的门窗、墙面、管道、灯具、电气开关，插座等包裹好，暖气片要作覆盖，防止污染。内、外墙在抹灰前必须清扫干净并用水湿润，抹灰时要做出灰饼并冲筋而后抹灰，同时要注意找好突出檐口、腰线、窗台、雨篷等饰面的流水坡度。

十一、屋面防水层

首先按规范要求认真做好屋面保温层；在做找坡层时，要测量好高、低点的高程，确保坡度正确，排水流畅；严格按照新型高分子防水卷材的施工要求，在找平层验收合格后，选择晴天施工，当屋面坡度在 3%以内时，卷材宜平行于屋脊铺贴，坡度在 3%~15%时，卷材可垂直或平行于屋脊铺贴。每层卷材必须自坡度下方开始向上铺贴，即由天沟或檐口开始平行向屋脊铺贴。两幅卷材的长边搭接为压边，要顺流水方向，短边搭接为接头，要顺主导风向。上下层及相邻卷材的接头互相错开 300~350 mm，平行于屋脊铺设时，在屋脊中增铺宽度不小于 500 mm 的卷材条，每边各铺 250 mm。

第二节　给排水工程施工

一、室内给排水

水、电安装坚持先主干线后分支线的原则。给排水系统的主管道、配电干线自下而上逐层进行。给水管道分区、分系统进行试压，设备及卫生器具由上而下逐层进行。装饰工程承前接后，起到"桥梁"作用。水、电综合安装顺序排布。消火栓管道、金属线槽同步进行。水电安装空间排布：金属线槽、配电干线在最上层，消防、水管道在电气线路下方。当有交叉矛盾时，下水不动，其他绕行，遵循有压让无压，电让水的基本原则。在建筑物内部，结构施工未封顶时，先进行预埋；结构封顶后，施工管道井和电缆井。最后与土建装修装饰配合交叉施工安装工程。安装工程按子系统进行系统调试，按子系统进行竣工验收。

二、室外给排水

室外给排水施工遵循先深后浅，先污后清，先大管后小管，先干管后支管的顺序进行。蓄水池、检查井、化粪池、水池等各种构筑物采用定型钢模板。混凝土采用现场搅拌。钢筋采用焊接或搭接。给水系统采用分段打压施工和系统综合打压。各种井类施工要求连续浇筑完成，不留施工缝。在构筑物施工过程中，设备安装需要预埋、预留的洞口、防水套管，要求位置准确。

1. 管道安装流程

根据工程特点，围绕关键线路，以给排水管道和相关构筑物施工为重点，平行施工，管线安装就位考虑避开雨季施工。给排水管道安装工艺如图 48.1 及图 48.2 所示。

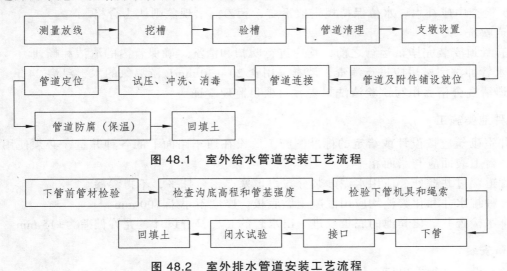

图 48.1　室外给水管道安装工艺流程

图 48.2　室外排水管道安装工艺流程

2. 管沟测量放线及开挖

（1）放线。

根据管道设计平面图中的管线走向、坡度、管线高程、坐标利用钢卷尺、水准仪、经纬仪测定管线中心位置，在地面上撒灰线标明开挖边线，同时利用管线附近的水准点确定管沟开挖深度。

（2）管沟开挖。

采用挖掘机开挖管沟人工配合清底，如遇障碍物时，全部采用人工开挖。沟槽开挖采用梯形槽，机械挖槽时，一次挖到距槽底高程 200 mm 处，配合人工清槽，槽底土禁止扰动，尽量保证原状土，不允许超挖，如发生扰动或超挖时需进行基础处理。管沟槽挖好后报请监理、业主验收，合格后方可进行下道工序。管沟要直，沟底要平，边坡一致，变坡点要明显正确。

3. 室外给排水系统安装

（1）给水系统安装。

管道由下游向上游依次安装，承插口连接管道的承口朝向水流方向，插口顺水流方向安装。管道穿越公路等有荷载处应设套管，在套管内不得有接口，套管宜比管道外径大两号。管道安装和铺设工程中断时，应用木塞或其他盖堵将管口封闭，防止杂物进入。给水管道上所采用阀门、管件等压力等级不应低于管道设计工作压力，且满足管道的水压试验压力要求。塑料管和异种管之间连接，应采用带金属嵌件的管件之间作为过渡。

（2）排水系统安装。

铸铁管承压管道采用橡胶圈柔性接口，非承压排水管采用水泥砂浆抹带接口，石棉水泥接口（人工打口），其石棉水泥填料采用的重量比为水：石棉：水泥=1：3：7。

（3）给水系统试压及排水系统闭水试验。

① 给水系统试压。

a. 管道安装完毕，应对系统按设计要求进行强度、严密性试验，以检查管道系统及各连接部位的施工质量。

b. 进水泵出水管、消防给水管等压力管道在管基检验合格后，进行强度及严密性试验。采用水压试验。试验时，用电动加压泵先将管道压力逐步升到设计工作压力，检查接口，如无渗漏再加压至工作压力的 1.5 倍，观察 10 min，压力下降值不超过 0.05 MPa 为合格。

c. 管道试压合格后，填写试验试压报告，由项目监理签证。

② 排水系统闭水试验。

室外管道应于充满水 24 h 后进行严密性检查，水位应高于检查管段上游端部的管顶。一般采用外观检查，检查中应补水，水位保持规定值不变，无渗漏水现象则认为合格。

③ 管道吹洗。

a. 所有管道安装完毕试运行之前，均应进行吹扫和清洗，确保管内的清洁和畅通。

b. 给水管冲洗完毕后应进行消毒，消毒采用含 20～30 mg/L 游离氯的水，浸泡 24 h。

c. 管道清洗合格后填写试验清洗报告，由项目监理签证。

4. 各种池类施工

（1）井室砌筑应按设计或给定的标准图施工。设在通车路面下的各种井室，必须使用重型井圈和井盖，井盖上表面应与路面相平。

（2）管道穿过井壁处，应用水泥砂浆分二次填塞严密、抹平，不得渗漏。

（3）各种排水井和化粪池均应用混凝土做底板，厚度不小于 100 mm。

（4）排水检查井、化粪池的底板及进、出水管的高程符合设计，允许偏差为 ±15 mm。

5. 设备安装

（1）各种设备必须有出厂合格证及检验报告。

（2）按设计要求对各种设备进行安装。

（3）设备安装完毕后要进行试运行，并做最终调整、记录。

（4）消防设施的安装与验收符合当地消防部门的要求和规范要求。

第四十九章　通信工程

一、工程概况

1. 工程简介

龙厦铁路通信系统工程为龙岩站（含）至漳州站（不含），主要由 14 大系统组成，分别为：通路线路系统、传输系统、接入网系统、数据网系统、GSM-R 移动通信系统、调度通信系统、应急通信系统、同步及时钟分配系统、综合视频监控系统、综合布线系统、动力环境监控系统、电源系统、会议电视系统。

2. 主要技术标准要求

（1）通信传输系统按骨干层和接入层两层组网，骨干层采用 SDH2.5 Gb/s 系统，接入层采用 MSTP622 Mb/s 系统。

（2）GSM-R 专用移动通信系统采用 GSM-R 单层网覆盖的建设方案，利用中兴 GSM-R 交换中心设备，对于沿线弱场区段覆盖针对具体的地形条件采用光纤直放站空间波直接覆盖和光纤直放站加漏泄电缆/天线等方案加以处理。

（3）弱场区通信采用设置光纤直放站、中继器及漏泄同轴电缆的方式解决场强覆盖。

（4）全线设置综合视频监控系统。

3. 工程特点

（1）本段通信系统工程重点为，有部分既有运营站，车流密度大，运输繁忙，所以安全行车更是显得尤为重要。在保证行车安全、人身安全和设备安全的前提下，科学组织施工，最大程度减少施工对运输的干扰。

（2）施工制约因素多，工程干扰较大，配合协调工作量大，本段工程受路基、桥梁等站前专业影响较大，交通不便，工程前期施工任务量小，主要施工任务集中在施工中、后期。本工程基本处于零工期的施工状态，站前工程完工，同时要求站后工程随即完工，工程施工将与站前单位展开平行作业，和交叉作业，施工干扰较大，在施工生产安排中利用前期道砟还没有整体铺设的间隙，把施工生产物资及时运放在所需位置，条件成熟后及时施工，缩减施工中的二次搬运距离；工程接口多，与桥梁、路基、房建、综合接地等单位的接口，所以工程全过程与各站前单位进行很好的配合，减少了二次返工，顺利完成施工生产任务。

（3）新技术、新工艺、施工技术要求高

本段工程为新建速度 200 km/h 客货共线铁路工程，标准也远远高于普速铁路，电缆槽沟中光缆的敷设、预留、接续；隧道口的铁塔安装；隧道壁同轴漏泄电缆的挂设等；各个系统的调试及联调等等是本段工程技术管理的重点。

二、总体施工组织及规划实施

1. 工程实施指导原则

统筹规划、确保工期、突出重点、安全快速、优质高效。

根据现场的工程实际，精心组织实施，严格执行设计方案，准确掌握技术标准，选定合理的操作规程、施工方法；优化资源配置，合理组织施工，做好施工协调配合，减少施工干扰，确保施工运输的相互兼顾。

2. 项目管理机构及队伍安排

按照本通信系统工程贯穿全线的特点，为了保证施工质量与施工工期，分设通信项目部并在全线设置了 4 个施工作业队，按照每个作业队管辖范围的工程数量，配备了相应管理技术及工班技术人员，并给每个作业队配备了一定数量的劳务工。

3. 机械仪器设备配置

按照需要分别给项目部及各个施工作业队配备了一定数量的施工车辆，机械、工具，仪器仪表，并按照施工需要，由项目部进行统一调配管理，保证工期与施工质量。

4. 基础设施

在保证场内交通运输畅通和满足施工对原材料、半成品堆放要求的前提下，尽量减少场内运输，特别是二次倒运。

作业队驻地在满足正常生产、生活要求前提下，尽量避开闹市区。

施工场地平面布置满足现场卫生、环保、防洪、消防等安全技术要求。

各作业队根据工程施工进展情况，在各区段的合适地点，设置临时工点，方便施工。在项目部驻地设立中心材料库，便于集中管理；在各作业队驻地设置工点小料库，便于日常施工。

根据施工任务内容及现场施工调查情况，并充分考虑施工期间的货物装卸、人员及物资运输，施工期间部分汽车配备给各作业队随队施工，停放于作业队驻地或工点，其余车辆集中停放于项目部驻地。

三、工期保证措施

工期保证措施具体如下：

（1）组建强有力的指挥机构。

（2）编制科学，严密的实施性施工组织设计，制定科学的施工方案，采用先进施工方法和合理工艺流程，按网络计划组织阶段性工期目标，施工计划合理安排并留有调整余地。

（3）配备性能先进，状况良好的机械设备。

（4）供应物资及时，确保工程施工持续正常进行。

（5）合理运筹资金，加强调控能力，确保工程施工正常运转。

（6）充分利用施工黄金季节，实行倒班作业。

（7）制定切实可行的安全措施。

（8）实行目标管理，奖罚分明。

（9）协调搞好与各个接口工程单位、当地政府及人民的关系，排除施工干扰。

四、主要施工工艺及方法

通信系统工程包括多，施工覆盖面广，涉及施工工艺繁多，有些工艺施工技术难度大，开工之前，项目部组织资深技术人员编写施工工艺及方法，在施工过程中严格按照设计、相关技术标准及施工工艺工法给各个作业队下达作业指导书，并在施工过程中根据实际情况对新工艺工法不断完善。

（一）线路施工

因为光电缆槽是站前预留，所以线路施工相对比较简单：施工准备→径路测量→单盘测试→配盘→电缆槽开盖及清扫→敷设线缆→线缆检查及恢复盖板。在盖盖板的时候要小心轻放，避免盖板掉入沟槽砸伤光电缆。

（二）设备安装及配线

设备安装严格安装设计要求及相关技术标准下达作业指导书，施工流程为：施工准备→机房环境检查→施工定位与测量→设备安装与固定→布线及配线→安装试验。设备安装一定要牢固，配线要准确。

（三）漏泄电缆施工

漏泄电缆施工在隧道壁及隧道口，是本工程的重点及难点，在施工过程中总结了一套自己施工工艺工法：

1. 施工工艺流程

施工工艺流程如图 49.1 所示。

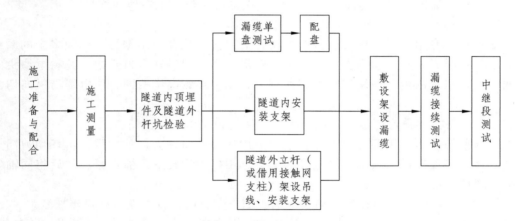

图 49.1　施工工艺流程

2. 施工工艺方法说明

（1）施工测量与配合。

根据施工设计图和铁路千米标，隧道内漏缆架挂位置、长度等，测量完毕建立测量台账。

（2）单盘测试。

用数字万用表、兆欧表、直流电桥、耐压测试仪测试漏缆的各项性能指标，测试结果满足规范和设计要求。

（3）配盘。

根据测量台账和单盘漏缆长度，进行配盘。

（4）安装漏缆支架。

隧道内，按定测的卡具位置，采用打眼作业车，利用冲击钻钻孔，然后装入安卡锚栓并固定好漏缆卡具，支架的设置高度为：距轨面 4.5 ~ 4.8 m 范围处，原则上选择安装在距轨面 4.6 m 处，支架的安装间距为：型号为 1-5/8 漏缆每间隔 1 m 设置 1 处，隧道内无衬砌面时，采用锚段关节吊挂方式。

（5）漏缆运输。

电缆装车时，应使用叉车或吊车，吊装上车；或者找到有斜坡的地方、人工滚动推上汽车；还可以人工搭放斜坡（使用槽钢），将电缆滚动推上汽车，人工滚动时一定要注意安全，电缆盘下方严禁站人，汽车上方应使用大绳将电缆盘兜住进行保护，防止电缆盘下滑。

卸车时亦使用吊车或者找到斜坡处缓慢将电缆盘卸下汽车，严禁将电缆从车上直接推落到地。

电缆盘装上汽车后应使用三角形木块进行打眼，并将电缆盘与汽车使用 4.0 铁线进行捆绑，汽车运输过程中严禁车上站人手扶电缆盘；滚动缆盘时，必须顺盘绕（箭头）方向，并应做短距离滚动。

（6）敷设漏缆。

漏泄电缆安装于隧道内已装好的漏泄电缆卡子上面，敷设前施工人员必须对隧道内已安装好的漏泄电缆卡子、需引入的设备洞室位置进行详细的检查与掌握。

电缆盘用钢管从盘孔中穿过固定于放线架上，放线架固定位置应平坦、无障碍利于出线，电缆应从上方出线，电缆敷设时应先把整盘电缆先全部放出去，然后再用作业车安装到支架上面。

电缆敷设采用人工抬放方式，每5～7m放一人，以免电缆拖地，使用肩膀扛，在抬放过程中不得摇晃电缆，严禁压、折、摔、拖、扭曲电缆；现场工班应对径路情况、起始点位置详细掌握、由班长安排1人打头、中间间隔100m左右应有现场人员进行防护；往支架上安装时，同一盘电缆应从起始端开始安装，一直安装到电缆末端，不得从中间安装，或分几段进行安装，安装好后的电缆应平直，严禁急剧弯曲。槽口朝向线路侧。

现场工班在敷设过程中，应全程防护，统一指挥、使用对讲机进行通话保持联系，前进和停止应保持步伐一致，由于现场环境的不同，对讲机的通话距离受限时，应由中间防护人员将通话情况进行转达，对讲机通话语言尽量简短。保证漏缆一次敷设到位，不在地面拖拉。

（7）接续、成端。

准备工作：携带专用工具、仪表、接续材料，对照接续位置，用锯弓切割掉多余的漏缆，用毛刷清理断面。切割时断面与电缆垂直，不出现马蹄形。用刮刀修整锯口毛边，并将电缆头向下用毛刷清除断面的金属屑及灰尘。使用进口专用切割刀在端头环锯电缆一圈，用电缆刀纵向切割清除掉电缆外护层。

漏缆接续：严格按照设计图纸及厂家接续操作手册说明书程序进行。

同轴电缆与漏缆接续：用环切刀沿同轴电缆一周环切电缆、去掉外护层；将环切刀插入电缆端头，撑开外导体；将连接器安装到同轴电缆端头上，用扳手旋转适配器拧紧；然后将同轴电缆的连接器与漏缆的连接器对应连接拧紧。

成端制作：漏缆成端制作与接头相同，在端头制作完成后，将终端负载连接拧紧。

漏缆接续、成端测试：用数字万用表、兆欧表分别测试的接头和成端的通断及绝缘特性。

漏缆接续、成端防护：所有接头和成端在制作完成并测试合格后，均用黏胶带或热缩管套进行密封防护。

（8）漏缆中继段测试。

用数字万用表、兆欧表、直流电桥、耐压测试仪分别测试中继段漏缆的绝缘、环阻及耐压性能指标。

五、质量目标、质量保证体系及措施

1. 质量目标

严格按施工设计文件组织施工，质量符合国家、原铁道部颁发的施工规范、规程、质量标准和工程建设标准强制性条文。工程竣工按部颁验收标准，工程一次验收合格率100%，并满足全线创优规划要求。

2. 质量保证体系

按照ISO9001—2000质量管理体系和程序文件的要求建立质量保证体系，制定质量计划，规范施工全过程的质量活动；所有参加本工程施工的人员都必须认真执行质量计划中规定的职责和工作程序，精心组织，科学管理，以工作质量保证工序质量，以工序质量保证施工质量，信守质量承诺。建立、保持决策层、管理层、作业层三级职责，权限明确的质量保证体系，实施项目质量体系工作。

3. 质量保证措施

（1）持续保持质量保证体系的有效运行，对参加施工的全体人员进行教育培训和技术考核，坚持持证上岗制度。做到各级领导、业务部门现场指挥，作业班组质量责任明确、考核奖罚明确，充分调动全体职工的创优积极性。

（2）坚持质量工作一票否决制，强化质量意识，深入贯彻落实"百年大计，质量第一"的方针，把创优工作贯穿到施工生产的全过程。

（3）加强与建设、监理、设计单位的密切配合，主动听取监理工程师的意见，实现"六位一体"联合创优的质量工作格局。

（4）健全内部检查制度，实行施工技术部门管理，质量检查部门监控的监管分立机制。

（5）完善激励机制的约束手段，定期评比，奖优罚劣，运用经济杠杆，确保工程质量。

六、安全目标、安全保证体系及措施

1. 安全目标

杜绝行车一般及以上责任事故、人身伤亡、火灾、爆炸责任事故及交通重大责任事故，确保施工安全。

2. 安全保证体系

建立健全安全保证体系，认真贯彻执行《中华人民共和国安全生产法》《建设工程安全管理条例》，严格遵守铁路总公司《铁路营业线施工及安全管理办法》（铁办〔2005〕133 号）和南昌铁路局有关安全管理规定，认真执行《铁路技术管理规程》《铁路工程施工安全技术规程》的有关条款，把业务精湛、事业心强、考试合格的专业人员，充实到各级安全岗位，保证这些人员有职有权，充分发挥其监督检查作用，实施超前控制，把事故消灭在萌芽状态。

3. 安全保证措施

（1）严格执行国家、铁路总公司、南昌铁路局关于安全生产的规定健全制度，完善措施，确保施工区域内人员和设施的安全。

（2）实行安全风险抵押金制度，将各级领导及个人收入与安全生产挂钩，激发职工生产积极性，保证工程施工安全有序进行。

（3）开展安全教育，上岗前，由单位领导负责组织全体人员认真学习有关施工安全规则和安全技术操作规程，提高全员安全生产意识。特殊工种进行岗前培训，持证上岗。

（4）实行各项安全生产岗位责任制，明确责任，把安全工作落实到每个人。

（5）在完善实施性施工组织设计的同时，编制详细的安全操作规程、细则，制订切实可行的安全技术措施，经有关部门审核后遵照执行。

（6）施工现场做到布局合理，场地平整，道路畅通，机械设备安置稳固，材料堆放整齐，用电设施安装触电保护器，为安全生产创造良好的环境。施工现场设醒目的安全标语和安全警示标志，提示工人注意安全，施工便道边坡稳定，并做好必要防护。

（7）所有机具设备的操作人员均经过严格培训，持证上岗，并严格遵守操作规程，严禁违章作业。

（8）高空作业按规定佩戴安全帽，拴系安全带，挂安全网，脚手架搭设牢固稳定，提升设备严禁乘人。

（9）施工所用机械设备、材料存放避免侵入公路路面。占用公路路面，事先与交通管理部门取得联系，征得同意，办好有关手续后占用，占用路面地点前后按规定设置警告牌及夜间警示灯。

（10）施工中，进度与安全发生矛盾时，坚决服从安全，施行安全检查一票否决制，杜绝安全事故的发生。

七、技术小结

为了能顺利开通，技术人员加班加点进行联调试验，经过认真摸索、研究形成了一套属于自己的试验方法和步骤：

试验的范围及内容：通信各子系统主要设备的性能功能试验、通道试验、系统性能测试、系统功能试验。

分为两个阶段进行：各站点单体测试、区段子系统联网测试。主要内容包括对系统和设备进行单体设备通电测试、单体设备功能测试、子系统功能测试、子系统运行测试等项目的测试。

1. 电源系统部分试验

电源系统安装试验合格后，依次检查其输出电压和监测功能，试验其管理和控制功能、试验其告警和保护功能。传输通道连通后再试验其远程监控功能。

试验内容：输出电压及监测功能试验、管理和控制功能、告警和保护功能、远程监控功能试验。

试验步骤：

检查输出电压和监测功能：电源设备加电并工作稳定后，用数字万用表检测其输出电压，通过显示屏检查系统运行状态。

管理和控制功能试验：通过操作面板，输入系统各种控制参量对系统实施人工管理、自动管理以及调整系统输出试验。通过设定充电数据（电压保护值、电池容量等参数）调整其进行调整整流模块充电方式、充电电流，实施对其保护和自动完成电池精确充电管理功能进行试验。

告警和保护功能试验：通过模拟电网掉电，电压过高、过低进行声光告警试验；通过模拟电网掉电，使电池向负载供电，进行电池电压降至低压告警值的声光告警和保护电池功能试验；以及电网供电恢复后电源对电池自动均充功能试验。

向负载正常供电：在进行上述试验并合格后，并向电池充电后，电源设备即可向负载正常供电。

远程控监控功能试验：待传输通道连通后，进行系统远程控制功能功能试验。

以上具体测试和试验的具体方法、项目和测试记录均按铁路总公司相关标准及设备技术手册的有关要求操作。

2. 传输系统部分试验

在光缆线路和传输系统设备安装试验完成同时光缆引入成端后，进行传输系统的系统调试和试验。

试验内容：光通道指标测试、系统设置、传输性能、系统功能、网管系统功能试验。

试验步骤：

光通道测试：检查核对系统光接口所接光纤序号。用光功率计、回波损耗测试仪等仪表进行 R 点接收光功率、S 点回波损耗测试。

系统设置：通过网管设备检查，所有网元均能接入网管系统，并通过网管设备，按设计文件要求，设置各网元的高阶和低阶通道、各种业务道路、各种保护方式等参数。用 SDH/PDH 分析仪对已设置的高阶和低阶通道进行端对端连通性测试。

传输性能测试：用 SDH/PDH 分析仪对系统传输性能进行测试，包括 2 Mb/s 通道误码性能、2 Mb/s 通道输出抖动、2 Mb/s 通道漂移特性、SDH 网络接口、PDH 网络接口最大允许输出抖动指标测试。

系统功能试验：用 SDH/PDH 分析仪等仪表对复用段保护功能、通道等保护功能，告警功能，误码性能和开销字节，交叉连接功能，定时基准源倒换功能，业务电话功能进行试验。

网管系统功能试验：将网管系统接入，对其性能管理、故障管理、配置管理、安全管理功能和保护功能进行试验。

以上具体测试和试验的具体方法、项目和测试记录均按原铁道部相关标准及设备技术手册的有关要求操作。

3. 接入网系统部分试验

在光缆线路和接入系统安装试验完成同时传输系统开通后后，进行接入系统调试和试验。

试验内容：光通道指标测试、业务节点接口性能与功能、用户网络接口性能与功能、系统性能和功能及网管系统功能试验。

试验步骤：

光通道测试：检查核对系统光接口所接光纤序号。用光功率计、回波损耗测试仪等仪表进行 R 点接收光功率、S 点回波损耗测试。

业务节点接口检测：采用通用规程测试仪进行 V5 接口协议检测。检测内容包括：物理层测试、系统启动程序测试、公共交换网呼叫协议测试、控制协议测试、承载通道连接（BCC）协议测试、保护协议测试、链路控制协议测试。V5 接口协议的测试，必须在本地交换机检测合格已开通，并与接入网设备连接后方可进行。通常采用不中断业务的"监视方式"测试，即通用规程测试仪跨接在接入网设备光线路单元 OLT 与本地交换机之间的 V5 接口上，实时监视两设备间的信令流量，记录、显示各层协议的信息内容。

用户网络接口检测：用 PCM 话路特性分析仪、数据电路分析仪、ISDN 性能分析仪测试音频二线/四线接口的六项指标、数据接口误码特性，对普通电话业务接口进行功能试验。

系统性能与功能试验：用光功率计、光衰耗器、SDH/PDH 分析仪测试光线路终端（OLT）、光网络单元（NU）的光发送器的平均发送光功率和光接收器的接收灵敏度。用数据电路分析仪进行 N×64kbit 数字链路的误码特性测试。用 SDH/PDH 分析仪进行高比特率通道误码性能指标测试。用 SDH/PDH 分析仪进行光接口输入抖动和漂移容限测试以及 PDH 通道输出抖动、PDH 输入口抖动和漂移容限、PDH 网络接口容许的最大输出抖动测试。对系统的保护功能、业务电话功能、测量台测量功能进行试验。

网管功能试验：对其基本管理功能、配置管理功能、故障管理功能、性能管理功能、安全管理功能、日志管理功能、环境监控功能进行试验。

以上具体测试和试验的具体方法、项目和测试记录均按原铁道部相关标准及设备技术手册的有关要求操作。

4. 数据网部分试验

在数据网设备安装试验完成，同时传输及接入系统调通，数据网设备安装试验完成同时传输及接入系统开通后，进行数据网的调试和试验。

试验内容：中继通道测试、接口连接、系统调试、网络指标测试、网管功能试验。

试验步骤：

中继通道测试：用误码测试仪等仪表对中继通道进行误码特性测试。

接口连接：数据通信设备的接口类型包括：E1 接口、V.35 接口、V.24 接口、FE 接口、GE 等接口等。连接前应根据设备情况，按设计要求分清接口类型，然后进行正确连接。不同接口间的转换连接要配以正确的转换电缆或 DCE 设备。有转接时还要特别注意时钟问题。

系统调试：在数据网设备正常工作并做好参数配置的基础上，若传输通道调通且接口正确，即可自动寻找和识别路由与网管系统连通。此时利用本地终端便可登录到网管，调用网管提供的管理和诊断功能检查本机状态及与相邻节点连接的状态，同时检查有无硬性故障，若有故障，可以迅速定位是线路的问题还是设备的问题。如果是设备问题，即可判断是本端设备问题还是对端设备问题，以便及时排除，保证网络正常工作。

网络指标测试：利用网管系统提供的测试试验功能或专用数据网络分析仪对数据设备和网络的各项性能与功能指标进行逐项检验测试。

网管功能试验：对其配置管理功能、故障管理功能、性能管理功能、安全管理功能、日志管理功能等进行逐项试验。

以上具体测试和试验的具体方法、项目和测试记录均按原铁道部相关标准及设备技术手册的有关要求操作。

5. GSM-R 移动通信系统部分试验

在 GSM-R 移动通信系统设备安装试验完成，同时传输及接入系统开通调通后，进行 GSM-R 移动通信系统调试和试验。

试验内容：天馈线系统测试、设备性能和功能试验、系统试验。

试验步骤：

（1）天馈线系统测试：用天馈线测试仪对天馈线系统衰减及端口驻波比进行测试，系统衰减包括发信馈线衰减及收信馈线衰减。

（2）设备性能和功能试验。

固定终端设备检测：主要进行调度终端、车站终端及各类电话分机设备功能试验。

移动终端设备检测：用无线综合测试仪检测其发射功率、接收参考灵敏度、频率配置、频偏、音频输出功率、信纳比、失真，移动数据终端设备的传输误码率等技术指标。

光纤直放站检测：用光功率计、可调光衰耗器、传输分析仪检测设备的光路参数，包括入纤光功率、光接收灵敏度；用无线综合测试仪、射频信号源检查测试光纤直放站的射频参数，包括下行输入电平、上行输入电平；用无线综合测试仪、射频信号源、天馈线测试仪检查测试光纤直放站的传输参数，包括传输载噪比、接收端 AGC（自动增益控制）范围、接收端 AGC（自动增益控制）范围。

基站信道机检测：用无线综合测试仪检测发射设备的发射功率、发射频偏、相位误差、杂散辐射功率电平等指标；检测接收设备接收灵敏度、同频干扰保护比、邻频干扰保护比、杂散辐射功率电平等指标。

基站控制器检测：主要试验对信道机初始化，分配与再分配，软件下载，监控与观测功能，自我保护功能，基站系统配置数据存储及无线资源管理功能，移动台越区切换管理功能，信道机及移动台发射功率控制功能，短消息业务管理功能。

基站系统检测：主要试验自动检测及故障诊断功能，查阅、设置、更改各设备基本参数功能，查阅、控制各设备运行状态功能，查阅各设备告警状态，并输出告警的功能；用场强测试仪测试无线覆盖区内覆盖率。

（3）系统试验。

系统场强测试和优化：

参照设计的覆盖场强指标，测试系统范围内接收信号电平的分布情况，以便正确地确定基站的无线覆盖范围；测试环境噪声的大小和同频干扰的范围，以便为确定覆盖区边缘的最小保护场强和最小的频率复用距离提供依据。

调整各基站信道机的发射功率，对设计中各基站覆盖边缘及系统覆盖区域内各地点的上网情况进行优化。

系统性能检验：

用计时仪、自动拨打测试仪、电子地图和路测工具等测试仪表进行 GSM-R 网络服务质量测试，包括端到端连接建立时间、呼损率、透明 TCH/F2.4 的比特错误率、传输干扰率、掉话率、连接重建时间、越区切换处理时间、越区切换中断时间。

用自动拨打测试仪进行电路呼损测试，包括无线信道呼损、MSC 至 BSC 中继呼损、MSC 至 MSC 中继呼损、MSC 至固网关口局中继呼损指标。

用计时仪、自动拨打测试仪、电子地图和路测工具等测试仪表进行 GPRS 数据业务系统性能测试，包括 GPRS 附着（Attach）成功率、平均附着时间，PDP 激活成功率、平均激活时间、GPRS 时延指标，平均误码率、上行/下行平均吞吐量等技术指标。

系统功能试验：

试验 GSM-R 无线通信系统所有铁路应用业务功能，包括调度通信功能、车次号校核及列车停稳信息传送功能、调度命令的功能、列尾装置信息传送功能、调车信号和监控系统传输功能、机车同步控制传输功能。

以上具体测试和试验的具体方法、项目和测试记录均按原铁道部相关标准及设备技术手册的有关要求操作。

6. 调度系统部分试验

在调度系统设备安装试验完成，同时传输及接入系统调通后，进行调度系统调试和试验。

试验内容：系统软件安装、通道检测、系统数据配置、系统功能试验、集中管理维护功能试验。

试验步骤：

系统软件安装：在主系统设备与集中维护管理终端单机检测，并连接正常工作后。按设备技术说明书要求，进行集中维护管理终端的操作系统、数据库管理系统软件的安装和数据导入；然后进行集中维护管理系统、通信服务器和数据库服务器的安装；建立操作系统与主系统之间的命令、数据通信功能。

通道性能及设备接口特性检测：用误码分析仪对传输及接入网系统提供的传输通道进行检测，用振荡器、电平表、直流电桥、阻抗测试仪、数字示波器对系统设备提供的各种接口特性进行检测。

系统数据配置：按设计文件和设备技术说明书的要求，用集中维护管理终端对主系统的环数据和车站数据进行配置，加载系统批量数据。然后对主、分系统的各类板卡，主系统侧调度台、分系统侧操作台；连接分系统的各类行车指挥电话等进行具体设置。

系统功能试验：将主系统侧的调度台、分系统侧的车站值班员操作台及各种行车电话接入系统，按调度业务分类在集中维护管理终端的配合下分别对各种调度业务功能试验，包括调度台功能、值班台功能、设备接入功能、调度系统的系统功能以及接入 GSM-R 系统的各种调度业务功能。

集中管理维护功能试验：通过对集中管理维护系统的操作，试验其对调度系统数据设置和修改功能，自动检测通路及设备故障、故障定位、故障统计报表功能。并对其一般管理功能、配置管理功能、故障管理功能、安全管理功能等进行全面的检查试验，确保维护台实现各种集中管理维护功能。

以上具体测试和试验的具体方法、项目和测试记录均按原铁道部相关标准及设备技术手册的有关要求操作。

7. 综合视频监控系统部分试验

在综合视频监控系统安装试验完成，同时传输及接入系统调通后，进行综合视频监控系统调试和试验。

试验内容：通道特性检测、摄像机功能、系统功能试验、系统图像质量检验。

试验步骤：

通道性能检测：用光源、光功率计和 OTDR 进行光通路检测，测试线路衰减指标。

摄像机功能试验：用现场操作的方法，对摄像机云台转动及镜头控制范围进行试验。

系统功能试验。按设计提供的功能表，在监控中心维护终端，逐一对视频切换和图像存储等系统功能和管理功能进行试验。

系统图像质量检验：在摄像机标准照度下，用综合测试卡进行系统图像水平清晰度及系统图像画面灰度检验；按规定要求对系统图像进行评价。

以上具体测试和试验的具体方法、项目和测试记录均按原铁道部相关标准及设备技术手册的有关要求操作。

第五十章 信号工程

一、工程概况

（一）工程简介

施工包括龙岩站—漳州站共 111.336 km（双线正线）的信号工程，包括龙岩站站改、新增东南线路所、马坑站、中继站 1、中继站 2、龙山镇站、南靖站、草板站。

龙漳线信号系统主要由列车运行控制系统、车站联锁系统、行车指挥调度系统及信号集中监测系统构成。其中，列车运行控制系统采用 CTCS-2 级制式，系统满足 200 km/h 的高速运营设计要求；车站采用 TYJL-ADX（二乘二取二）计算机联锁系统，联锁功能满足原铁道部有关运营的要求；全线设 CTC 系统，实现对正线各车站的调度集中控制。

（二）主要工程数量表

主要工程数量表如表 50.1 所示。

表 50.1 主要工程数量

序号	项目名称	单位	数量（累计）
1	调度系统车站设备安装	套	6
2	计算机联锁设备安装	套	6
3	微机监测设备（车站/区间中继站）	套	8
4	安装三相电源引入防雷	组	8
5	安装智能电源屏	套	8
6	各型电缆	hm	879.079
7	区间轨道电路	区段	359
8	安装点式应答器	台	368
9	安装站内一体化轨道电路	区段	81
10	25 Hz 轨道电路	区段	43
11	安装道岔转辙装置	台	272
12	安装高柱进站信号机	架	9
13	安装矮型进站信号机	架	11
14	安装矮柱出发及调车信号机	架	102
15	安装高柱通过信号机	架	46
16	安装矮型通过信号机	架	87

（三）主要技术标准

CTC 系统具有按运行图对车站接发车进路自动排列、取消和人工解锁以及调车功能，对全段信号设备遥测和功能显示，对列车进行无条件停车的指挥功能和车次号自动传递功能，并能完成临时限速功能。

联锁系统（1）龙岩站、东南线路所、马坑站、龙山站、南靖站、草板站采用二乘二取二型计算机联锁设备。（2）站内轨道电路：东南线路所、马坑、龙山、南靖站轨道电路采用 ZPW2000 制式。为节省投资，草板站正线及到发线轨道电路采用 ZPW2000 制式，货物线、牵出线、侧线出站道岔区段等按 25 周敏轨道电路设计。龙岩站采用 25 周相敏轨道电路，按预叠加电码化设计，站内电码化全部由列控中心编码。

1. 列控系统

龙厦铁路正线列控系统按照速度 200 km/h 客货共线铁路标准设置 CTCS2 级列车运行控制系统，其中龙岩站从下行出站开始按照 CTCS2 完全监控模式控车进入龙厦正线区间，龙岩站向其他半自动口发车按 CTCS0 级列车运行控制模式。

2. 列控系统构成

本线列控系统为基于 ZPW2000 系列轨道电路+点式应答器及相应车载设备的控制系统。地面主要设备组成为列控中心、轨道电路、点式设备。

3. 列控中心设备配置

本线设计龙岩、东南线路所、马坑、中继站 1、中继站 2、龙山镇、南靖、草坂等 8 个列控中心，漳州站在厦深线中考虑设置列控中心；列控中心设备之间数据传输通过 8 芯专用数字通道环行连接。

4. 应答器布置

根据初步设计文件及铁建设〔2007〕123 号文《铁路 CTCS-2 级列车运行控制系统应答器工程技术暂行规定》有关规定执行。

（1）车站应答器设置原则。

龙厦正线各站（龙岩、东南线路所、马坑、龙山、南靖、草坂）进站及反向进站处均设置一个有源和一个无源应答器构成的应答器组，侧线出发信号机内放均设置一个有源和一个无源应答器，龙岩站赣州咽喉出发信号机内放均设置两个无源应答器。

（2）区间应答器设置原则。

最大间隔 3 个闭塞分区（总长 4 000 m）设置 2 个无源应答器构成的应答器组。

考虑到龙岩站为动车组的始发和终到车站，龙厦铁路不设 CTCS 级间转换点式设备。

5. 区间轨道电路

制式：采用 ZPW2000 系列轨道电路。

极限长度选择：无砟轨道区段（长大隧道）轨道电路 700 m；有砟路基地段 1 400 m；有砟桥梁地段 1 300 m，有砟隧道地段 900 m。

电缆控制长度要求：10 km。在马坑—龙山站之间由于站间距达 46 km，需设置两个中继站。

各站采用高可靠性的智能电源屏，向车站 CTC 系统、联锁设备（包括提速道岔）、区间设备、列控设备和监测设备供电。智能电源屏应具备自诊断及监测报警功能，并能与信号设备微机监测系统交换信息。

本线各站龙岩、东南线路所、马坑站、中继站 1、中继站 2、龙山站、南靖站、草板站设计 2006 型监测设备（含环境监测），在龙山综合工区设微机监测维修终端，对龙岩电务车间微机监测系统升级改造，通过集中维护专用网，对列控设备、联锁设备等进行实时监控，实现远程集中监测和故障诊断，确保设备安全稳定运行。

（四）工程过程

1. 施工队伍部署

新建信号分部设管理层各管理职能部门，驻地龙岩。下设四个作业班组，每个作业班组定员 16 人，电缆工程展开后补充 150 人的农民工分三组补充到作业班组中。施工班组拟计划分龙岩、龙山、南靖和草坂，根据工程进展分时驻点。

2. 主要工程节点

因站前单位负责施工的房建工程和象山隧道施工影响，还有部分电缆槽未贯通，造成电缆敷设不能一次性到位，严重制约了后期工序的展开，介于这种形式，我们采取电缆统一配盘、分段敷设作业，见缝插针式施工，同时弹性安排作业机械及施工人员。龙岩站由于房屋和电缆槽严重滞后，制约了龙岩站过渡改造施工，我们想尽一切办法开挖部分电缆沟，信号楼设备提前进入现场，加班加点，为龙厦铁路开通奠定了基础。主要工程节点如表 50.2 所示。

表 50.2　主要工程节点

序号	工程项目	开工日期	完工日期
1	电缆敷设	2010.11.3	2012.3.10
2	箱盒安装配线	2011.4.8	2012.4.20
3	轨旁设备安装	2011.3.10	2012.4.20
4	信号机安装	2011.5.25	2012.3.30
5	电容安装	2011.3.30	2012.4.15
6	室内设备安装配线	2011.4.4	2012.4.1
7	应答器安装	2011.4.1	2011.4.20
8	室内施工	2010.4.9	2012.4.1
9	车站信号设备模拟试验	2011-3-1	2012-4-20
10	开通联调联试	2012.5.1	

3. 投入的人力资源

本段信号工程共投入 331 人，其中项目部管理人员 7 人，四个作业工班一线施工人员 96 人，后勤及料库等辅助人员共 7 人，电缆敷设及设备安装投入劳务队伍 216 人，防盗及巡守人员 35 人。

4. 投入的主要机械及仪器

投入的主要机械及仪器如表 50.3 所示。

表 50.3　投入的主要机械及仪器

序号	设备名称	规格型号	单位	数量	用途
1	越野车	猎豹	台	1	指挥车
2	越野车	现代 CRV	台	2	施工管理，现场调查
3	随车吊	8 t 豫 A73753	台	3	光电缆盘吊运
4	金杯面包车	11 座	台	2	送工，及小材料工具运输
5	小型面包车	7 座	台	16	送工，及小材料工具运输
6	发电机	YAMAHA　EF2600	个	10	
7	电锤	BOSCH	个	6	
8	电钻	带架水钻	个	6	
9	电钻	钢轨钻孔专用	个	4	
10	电镐		台	6	路基、隧道用
12	压接钳	95 mm^2	把	6	
12	ZPW-2000 专用测试仪表	CD96-3	台	4	
13	数字万用表	E2378A 型	台	4	

二、物资管理

本工程的设备材料按采购方式分为：甲方供应设备材料，甲方控制设备材料，施工单位自己购置材料。

甲供信号设备材料主要由系统设备，转辙机，信号机构；甲控设备材料为：综合防雷，组合柜，设备箱盒及基础；其他材料为自购材料。

信号机柜让厂家直接运输到车站，移频设备和继电器直发电务段检测机构进行检测，完后发信号楼，其他材料储存在中心料库，到料后立即安排材料、设备的开箱检查及外观检验，对电气设备全部进行电气检验。

库房通风良好，能够遮雨防盗，具备足够的照明设施。所有材料都做出了明显标志，注明了名称、规格、厂家、数量等。

实行了限额领料制度，作业工班根据工程技术部开出的领料计划到库房领料并签认，因现场情况变化有材料剩余时，如数返还料库。

中心料库根据各作业段的施工进展情况合理调配材料、设备，并随时向工程技术部通报材料剩余情况，以便及时调整材料申请计划，确保现场施工正常进行。

应答器，LEU 防雷组合等设备供应滞后，其余材料到库基本满足了施工需要。

三、施工技术

（一）电缆敷设

结合区间干线电缆定盘、定长生产的特点，针对长大隧道（特别是象山隧道、黄坑 2 号隧道）电缆运输困难、设备无法到位等因素，我们制定了专门的针对措施：在线路未普通，象山隧道斜井未封堵前敷设电缆和防护地线。大大节约了长大隧道电缆运输和倒装所需的工期和劳力。

（二）轨旁设备安装

根据电务段《信号工程施工技术标准（修订版）》的通知的要求，结合试验段相关设备照片，在争取接管单位意见的基础上，我们针对路基、桥梁、隧道的分别制定了专门的轨旁设备安装标准。

1. 路基段

箱、盒的基础顶面与钢轨顶面高度一致。当方向盒和其他信号设备距离远时，基础面高出水泥围装平台面 150～200 mm，区间内方向盒设立在距离调谐区送端 1～4 m 的地方，单独打平台。

2. 桥梁段

（1）信号机安装。

桥上信号机用支架固定方式安装在挡砟墙外侧，机构采用铝合金机构。基础支架由高 220 mm 热镀锌角钢和长 450 mm 高 220 mm 三角形热镀锌角钢组成，两根支架靠挡砟墙面各用两个 ϕ16 mm 螺栓固定在挡砟墙上，事先用水钻在挡砟墙上钻孔。支架上部距挡砟墙面 120 mm。（上边那个眼中心距挡砟墙顶面高度为 170 mm）三角形支架上各预留两个长形孔，用 ϕ12 mm 螺栓将支架与筒状基础连接，筒状基础高 300 mm，下底面采用 300 mm×300 mm×5 mm 钢板，上顶面采用 250 mm×180 mm×5 mm 钢板，筒状基础上顶面预留 2 个长形孔固定矮型信号机。图 50.1 为桥上信号机安装示意；图 50.2 为桥梁上矮型进站信号机安装示意。

（2）终端盒安装。

桥上终端盒用支架固定方式安装在挡砟墙外侧，距离信号机支架 300 mm。基础支架由高 220 mm 热镀锌角钢和长 250 mm 高 220 mm 三角形热镀锌角钢组成，两根支架靠挡砟墙面各用两个 ϕ16 mm 螺栓固定在挡砟墙上，事先用水钻在挡砟墙上钻孔。支架上部距挡砟墙面 50 mm。（上边那个眼中心距挡砟墙顶面高度为 100 mm）三角形支架上各预留两个长形孔，用 ϕ12 mm 螺栓将支架与终端盒连接。

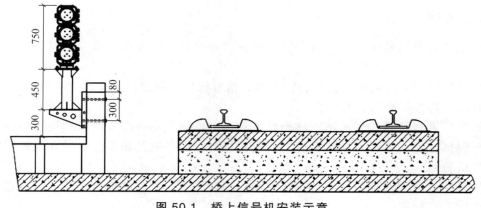

图 50.1　桥上信号机安装示意

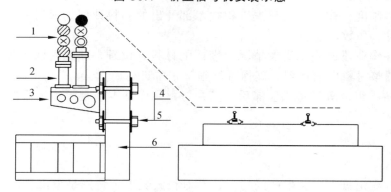

1—机构；2—镀锌连接管；3—镀锌基础；4—防松螺栓；5—补强板；6—防护墙

图 50.2　桥梁上矮型进站信号机安装示意

（3）双体防护盒安装

桥上发送双体防护盒安装在距信号机 1～1.2 m 范围内，基础支架由高 220 mm 热镀锌角钢和长 300 mm 高 200 mm 三角形角钢组成，两根支架靠挡砟墙面各用两个 ϕ16 mm 螺栓固定在上部，距挡砟墙面 50 mm，（上边那个眼中心距挡砟墙顶面高度为 100 mm）三角形角钢上部各预留 2 个 ϕ12 mm 孔，用 ϕ10 mm 螺栓与双体防护盒底板固定。空芯线圈与接收双体防护盒安装方式与此相同。示意图如图 50.3 所示。

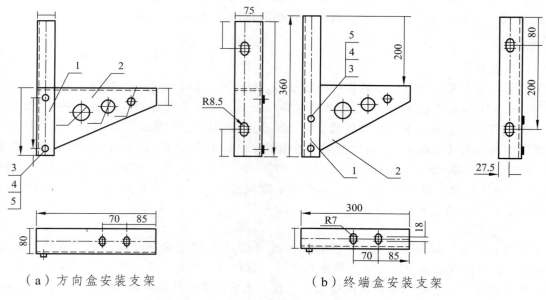

（a）方向盒安装支架　　　　　　（b）终端盒安装支架

图 50.3

（4）方向盒安装。

区间桥上方向盒（发送用）平行安装在距发送调谐单元 3~4 m 处，基础支架由高 220 mm 热镀锌角钢和长 300 mm 高 220 mm 三角形角钢组成，由高 220 mm 热镀锌角钢和长 300 mm 高 220 mm 三角形热镀锌角钢组成，两根支架靠挡砟墙面各用两个 φ16 mm 螺栓固定在上部距挡砟墙面，三角形角钢上部各预留 1 个 φ17 mm 孔和方向盒固定。HF7 两个基础之间距离 460 mm，HF4 两个基础距离是 320 mm。

（5）禁停牌安装。

桥上禁停牌安装在距调谐单位防护盒 1~1.2 m 处，安装在桥上挡砟墙内侧。

3. 隧道内

（1）信号机。

龙厦铁路区间隧道信号机为矮型信号机，机构采用铝合金机构，设于电缆槽里。基础支架采用高 450 mm 热镀锌角钢，两根支架底部各用两个 φ14 mm 膨胀螺栓固定在电缆槽底部，支架上部分别打 2 个 φ17 mm 孔，用 φ14 mm 螺栓将支架与筒状基础连接，筒状基础高 200 mm，下底面采用 300 mm×300 mm×5 mm 钢板，上顶面采用 250 mm×180 mm×5 mm 钢板，筒状基础上顶面预留 2 个长形孔固定矮型信号机。

（2）双体防护盒安装。

隧道发送双体防护盒安装在距信号机 1~1.2 m 范围内，基础支架采用高 550 mm 热镀锌角钢，高于电缆槽盖板面 100 mm，两根支架底部各用两个 φ14 mm 膨胀螺栓固定在电缆槽底部，支架上部分别预留 2 个 φ14 mm 孔，用 φ10 mm 螺栓与双体防护盒底板固定。空芯线圈与接收双体防护盒安装方式与此相同。

（3）方向盒安装。

区间隧道方向盒（发送用）平行安装在距发送调谐单元 1~4 m 处，基础支架采用高 650 mm 热镀锌角钢，使基础支架高于电缆槽盖板 200 mm，两根支架底部各用两个 φ14 mm 膨胀螺栓固定在电缆槽底部，支架上部分别预留 1 个 φ20 mm 孔，用 φ14 mm 螺栓与方向盒固定。接收用方向盒距发送用方向盒 400 mm，安装同发送用方向盒。发送方向盒靠近发送调谐单元，接收方向盒靠近空心线圈。

（4）禁停牌安装。

隧道内禁停牌安装在距调谐单位防护盒 1~1.2 m 处，安装在隧道壁上，用化学锚栓固定。

（5）终端盒安装。

隧道内终端盒安装在信号机支架 300 mm 后，基础支架采用 550 mm 热镀锌角钢. 使基础支架高于电缆槽盖板 100 mm，两根支架底部各用两个 φ14 mm 膨胀螺栓固定在电缆槽底部，支架上部分别预留 2 个 φ12 mm 孔，用 φ12 mm 螺栓与终端盒固定。

4. 各种设备引接线、电容安装

象山隧道将电容和连接线用化学锚栓固定在整体到床上。桥梁地段在挡砟墙上打眼将连接线穿出，有砟隧道和路基采用专用的电容枕和调谐枕，外面加防护罩。

5. 应答器的安装

应答器设置原则：

① 出发信号机应答器组，有源应答器设置在距离信号机绝缘节内放 65 m 处，无源应答器设置在 70 m 处。

② 进站信号机应答器组，有源应答器设置在距离进站信号机绝缘节外放 30 m 处，无源应答器设置在 35 m 和 40 m 处。

③ 距离进站信号机绝缘节 250 m 处设置一定位应答器。

④ 区间原则每隔一个比赛分区设置一应答器组，距离区间通过信号机 200 m 和 205 m 处设置一无源应答器组。

⑤ 应答器设置位置允许加减 0.5 m，应答器组之间距离应为 5+0.5 m，不允许小于 5 m。

⑥ 应答器和电容之间的距离不小于 1 m。当发生冲突时候移动应答器位置。应答器安装方法：

（1）应答器安装程序。

应答器安装施工单位应经过安全和安装培训，考试合格后方可安装。在领取安装的应答器时，要根据设计图纸逐一核对应答器标签上的安装位置。检查安装部件是否齐全。现场安装应答器时，首先要确认千米标位置及上下行位置是否与设计图纸中安装应答器的位置相符合。确认应答器标签上标明的安装位置与工程图纸一致。按照要求、步骤安装应答器。检查、测量安装误差，误差过大时要进行调整。填写《应答器设备数据单》中的安装部分所需内容，并由安装人员、负责人签字将《应答器设备数据单》《应答器检测报告》、内七角紧固应答器螺栓，应答器尾缆钥匙等专用工具汇总交到铁路局专门管理部门。

（2）安装工具。

内七角紧固螺栓专用工具；

内六角小扳手标准工具（适用于 GB/T 70.1—2000 M4 螺钉）；

20 ~ 30 cm 活动扳手；

20 cm "一"字形螺丝刀手锤（锤头方型）水平尺；

应答器安装具钢轨表面与中心测量（可使用绝缘电线，长度＞1 435 mm）；

钢板尺钳子；

应答器尾缆钥匙（仅用于有源应答器尾缆使用）；

应答器尾缆与轨枕固定时使用不锈钢带紧固器，如图 50.4 所示。

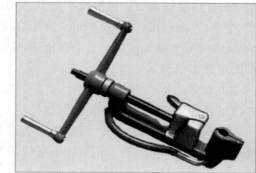

图 50.4

（3）应答器安装注意事项。

一般情况下应满足除经核准的安装材料的特殊要求外，在应答器周围如表所描述的空间内应避免金属。如图 50.5 所示。

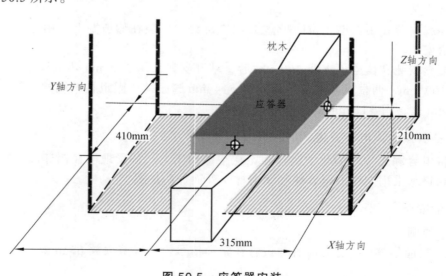

图 50.5　应答器安装

一般情况下应答器安装无金属距离要求如表 50.4 所示。

表 50.4 应答器安装无金属距离要求

序号	名称	参数
1	从应答器中心至钢轨的横向无金属距离（Y 方向）	410 mm
2	从应答器中心沿着轨道中心的无金属距离（X 方向）	315 mm
3	应答器下面的无金属距离，从应答器的 X 基准标记测量	210 mm

应答器应安装在轨枕的中间（图 50.6），在应答器安装点满足无金属空间的要求下角度、横向偏移和高度应满足表 50.5 的要求。

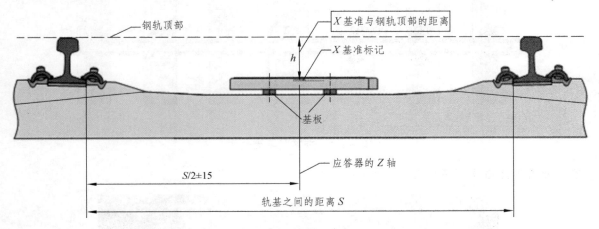

图 50.6 应答器位置

表 50.5 应答器安装允许的误差

序号	名称		参数
1	安装角度	以 X 轴旋转（倾斜）	±2°
2		以 Y 轴旋转（俯仰）	±5°
3		以 Z 轴旋转（偏转）	±10°
4	Y 轴方向允许的横向安装误差		±15 mm
5	应答器 X 基准标记和钢轨顶部的距离 h		93～150 mm

由于环境条件，应答器安装空间不能满足无金属空间要求时，在线路速度不大于 180 km/h，线路曲线半径不小于 1 000 m 的条件下，Y 轴方向允许的横向安装误差可以增加到 40 mm，如果常规安装高度的下限增加 40 mm 时，横向安装误差可以增加到 80 mm。

（4）护轮轨处应答器安装。

当应答器安装在护轮轨处时，应答器中心至护轮轨轨基之间的横向无金属距离为 320 mm。

沿应答器 X 轴方向，在基准点 ±300 mm 的范围内，应在每根护轮轨中断开至少 20 mm 的间距，并安装绝缘节，减少护轮轨对应答器传输的影响，如图 50.7 所示。

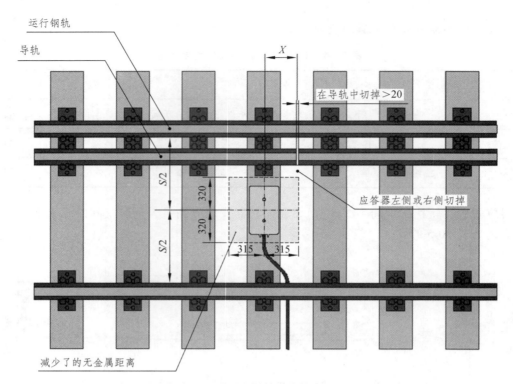

图 50.7　应答器平面位置

象山隧道整体道床安装情况如图 50.8 所示。

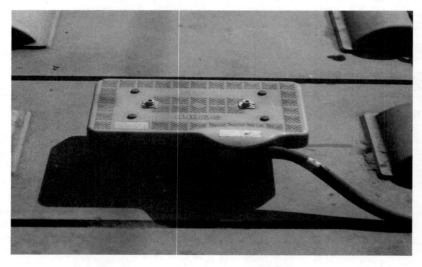

图 50.8　象山隧道整体道床安装

四、质量与安全

进入施工现场时，应加强与相关部门的联系和协商，明确每次施工作业的范围和内容，求得相关单位的协助和配合。

在开工前对全体参加施工人员进行一次全面系统的安全教育，增强全员安全意识。各施工人员必须熟知相关作业项目的安全技术操作规程，熟悉施工要求和作业环境，认真执行安全交底，对没有安全交底的生产任务，有权拒绝接受，有权抵制违章指令。

合同工、劳务工要有正式职工带领，且不得担任安全防护员、带班人员，不得单独使用和操作作业车辆。

施工人员进入施工现场后，必须穿着防护服，高处作业应挂好安全带，使用手持和移动电动工具要穿绝缘鞋，戴绝缘手套。

在站场施工时，严格按《安全技术规则》规定，提前制定安全措施，加强防护人员，使措施落实到人。施工人员要事先明确避车地点。

进行杆上作业时，作业人员应系安全带，地面作业人员应站在规定范围。传递工具、材料应使用绳索，严禁抛递。

严格执行安全奖惩制度，贯彻与经济挂钩的安全责任制，做到纵向到底，横向到边，安全生产人人有责。广泛开展安全月活动，定期评比，树立安全生产好班组和安全个人标兵，开创安全生产新局面，确保实现建设安全线目标。

做好安全生产宣传工作，在工地、驻地及职工宿舍张贴醒目的安全生产图片和标语，使安全生产深入人心。

1. 交通安全措施

汽车司机必须严格按照《中华人民共和国道路交通管理条例》进行操作驾驶。严禁无证驾驶或驾驶与准驾车辆不相符合的车辆，严禁酒后驾车。

车辆、行人必须各行其道，车辆遇有机关、军营、企业、学校、村镇等要减速慢行。

严禁安全设备不全、机件失灵、不符合装载规定的车辆上路行驶。车门、车厢没有关好时，不准行车。

人员不准穿越、倚坐人行道、车行道和铁路道口的护栏。不准在道路上扒车、追车、强行拦车和抛物击车。

车辆停稳后才能上下车，车辆行驶中身体任何部位不得伸出车外，不准跳车。不准坐在车厢栏板上。

2. 特殊工种保证安全措施

加强特殊工种岗前安全教育；特殊工种由公司安质部门组织安全培训，经考试合格后持证上岗，建立特殊工种培训台账。

五、文明施工

1. 环境保护措施

为切实做好环境保护工作，树立良好的企业形象，保证"干一项工程，树一块牌子，创一方信誉，留一方净土"，施工中将针对本项目的工程特点，采取以下措施，避免和减少由于施工方法不当引起的对环境的污染和破坏。

2. 固体污染物污染因素及采取的措施

在施工中产生固体污染物污染的因素主要有以下几点：车辆行驶带起的灰尘、地材（如砂石料、白灰、水泥）运输时掉落、建筑垃圾、余土、废弃的包装物等。

针对以上产生固体污染物污染的因素，采取以下几点措施，控制和减少固体污染物污染：

在施工中取土、弃土等须按设计文件和甲方与当地环保部门签订的有关协议和要求进行处理。如有变更，必须首先通知甲方，经同意后方可进行施工。

运输水泥、白灰等细颗粒粉状材料时，要采取遮盖措施，防止沿途遗洒、扬尘。卸运时，应采取措施，以减少扬尘，并应库内存放。室外临时露天存放时，必须下垫上盖，严密遮盖防止扬尘。

垃圾渣土和余土要及时清理出现场，并运至当地环保部门和建设单位要求的地点，防止污染道床、排水沟、路基、大坝和阻碍道路。

废弃的包装物要及时回收，并交于指定部门进行处理。

3. 噪声污染因素及采取的措施

严格控制人为噪声，进入施工现场不得高声喊叫、无故甩打模板、乱吹哨，限制高音喇叭的使用，最大限度地减少噪声扰民。

4. 废气污染因素及采取的措施

在施工中产生废气污染的因素主要有以下几点：机动车尾气的排放、施工用的机械排放、生火取暖、做饭用的燃料。

针对以上废气污染的因素，采取以下几点措施，控制和减少废气污染：

（1）保护和改善施工现场的环境，进行综合治理，严格执行国家的法律、法规，采取有效措施防止废气污染。

（2）对机动车尾气的排放标准要严格执行国家有关法律法规关于对机动车尾气排放标准的要求，并且机动车都安装净化消声器，确保不冒黑烟，减少废气污染。

（3）对施工中必须使用的施工机具，要经常检查和清洗，使其保持最佳运转状态。

（4）对生火取暖尽量采用电取暖方式，控制使用煤等燃料取暖。

（5）对做饭使用的燃料要使用清洁燃料，减少废气污染。除设有符合规定的装置外，禁止在施工现场焚烧油毡、橡胶、塑料、皮革、树叶、枯草、各种外包装物等以及其他会产生有毒、有害烟尘和恶臭气体的物质。

5. 水污染因素及采取的措施

在施工中产生水污染的因素主要生活用水和废弃物对水的污染。

针对以上产生水污染物污染的因素，采取以下几点措施，控制和减少水污染：

本着合理用水，节约水资源的原则对生活用水要妥善解决，合理使用，因生活使用而产生的废水决不乱倒，更不能向河流、湖泊等地方排放，要经有关部门进行专门处理后再排放。

对废弃物，尤其是有毒物质，不能采取掩埋和焚烧的方式，也不能随便丢弃，更不能向河流等居民生活用水区排放，对于这类废弃物要定期回收，交给有关部门进行专门处理。

第五十一章　电力工程

一、工程概述

1. 工程特点及主要技术标准

新建铁路龙岩至厦门铁路电力供电工系统主要由从国家电网接引的高压电源线路、铁路站场及区间 10 kV 变配电所、沿线两路 10 kV 电力贯通线路、站场及区间高、低压电力供电线路、10/0.4 kV 变电所、隧道内箱式变、室外动力照明、电气设备防雷接地等构成。全线设电力远动系统，改造龙岩公司电力调度中心，调度中心对辖区内的 10 kV 电力贯通线远动开关房分段开关、低压信号电源及各 10 kV 配电所进行监控，远动调度中心主站计算机连接 SCADA 数据库服务器。

龙厦铁路正线新建一条 10 kV 一级负荷贯通线路、一条综合负荷贯通线路（部分利用铁路施工用电的永临线路）为沿线车站信号、通信及区间用电负荷供电。从地方电网接引电源线路 6 条，分别是龙山配电所两路电源线，象山隧道进出口通风变电所各一路电源线，南靖车站变电所一路电源线，草坂车站变电所一路电源线。

新建龙山 10 kV 配电所对龙山车站及东西方向各两路 10 kV 贯通线供电。

新建象山隧道进出口 10 kV 变配电所各一座对隧道通风负荷供电。

改造铁山洋 10 kV 配电所一座为龙岩东站负荷及两条贯通线路供电。

全线新建 10 座 10/0.4 kV 变电所对新增用电负荷供电，分别是龙岩车站变电所、龙岩东货场变电所、象山隧道进口通风变电所、象山隧道出口通风变电所、马坑车站变电所、龙山车站变电所、龙山综合维修变电所、南靖车站变电所、草坂车站变电所、草坂货场变电所。

长大隧道内每隔 3km 设隧道照明箱式变电站对隧道照明及检修插座供电，其他区间一般采用杆式变电台供电，10 kV 电源由两路贯通线路提供。

2. 主要工程数量

（1）龙岩地区：高压电缆线路 4.404 km；低压电缆线路 20.31 km；10/0.4 kV 变电所 1 座；灯桥 2 座；投光灯塔 14 座；柱灯 76 座；改造铁山洋 10 kV 配电所 1 座；调度中心改造 1 处；远动开关站 1 处。

（2）区间正线：10 kV 架空线路 343.601 条·km；高压电缆线路 138.467 km；低压电缆线路 114.08 km；10/0.4 kV 变电所 8 座；杆架式变电台 121 座；箱式变电台 14 座；灯桥 10 座；柱灯 81 座；新建 10 kV 配电所 3 座。远动开关站 7 处。

（3）隧道照明：隧道照明监控 46.9 km；隧道照明电力电缆 250.897 km；隧道照明控制电缆 104.24 km；隧道照明电缆挂钩 252 074 个。

（4）全线变电工程包含 3 座牵引变电所；3 座分区所。其中 3 座牵引变电所为：龙岩牵引变电所（DK4+553）、和溪牵引变电所（DK36+950）、南靖牵引变电所（DK75+200）；3 座分区所为：马坑分区所（DK19+500）、吴坑分区所（DK54+300）、草坂分区所（DK97+000）。

3. 工程特点

（1）环境地形。

新建龙厦铁路工程西起福建省龙岩市，经过和溪、龙山、靖城至新漳州与厦深线接轨，全线地处福建省西南部中低山区、丘陵区及东南部沿海堆积平原区。龙岩至龙山段主要为中低山区，地势起伏较大，山峰高程多在 500～1 250 m。龙山至靖城段主要为丘陵区及河流阶地，丘陵高程 30～400 m，相对高差多在 10～300 m；靖城段主要为堆积平原区，平坦开阔，高程一般在 10 m 以下。沿途中低山及丘陵区出露基岩主要为志留—奥陶系、泥盆系上统、石炭系、二叠系、三叠系、燕山期入侵岩等地层；阶地和堆积平原区主要由第四系地层覆盖。

（2）既有线过渡工程施工难度大、安全压力大。

本项目工程施工中有多处紧邻既有线，在既有线上施工工程内容多、过渡工程复杂，且工期紧、施工难度大、安全压力大等特点，电力配电所改造工程施工大都需在天窗时间内进行，施工效率受天窗影响大；另外施工使用自轮运转设备较多，行车责任重大。

二、物资管理

（一）物资供应管理

物资设备的采购范围：本工程所需的主要材料、设备由甲方引入市场竞争机制，组织招标采购，其他材料设备由我单位自行采购。

自行采购物资设备供应严格按照物资招标采购供应及物资管理办法执行。

（二）物资设备供应的总体要求

1. 总体要求

物资设备的管理按照《铁路建设项目物资设备管理办法》（铁建设〔2012〕216 号）相关规定执行。

确保供应的产品能在规定的环境条件下连续运行。

统一"四电"子系统各设备之间的接口，并考虑设备与其他相关设备间的接口问题。

相同的设备和材料必须是可互换的，而设备零部件也是可互换的。

所有设备的设计、制造、文件、资料及图纸标注都采用公制单位。

设备和仪器、材料的设计和制造应符合 ISO 或 IEC 或中国 GB、TB 标准。

设备的金属构件表面除了机加工面和电镀表面以外，都进行热镀锌、喷涂等户外安装的防锈处理，质量均达到 GB 8923 或等同标准的要求。

2. 技术文件和清单

提供一套完整的供货设备系统技术文件，包括但不限于主要的性能、技术参数、施工特点、相关的外观图纸、图片、原理图和安装图。

提供保证设备、系统及各部分正常运行所需要的完整的技术文件，其中包括设备的型号、商标和目录号。

3. 检验检查

（1）概述。

对物资设备的检测报告、合格证书、质量保证承诺（包括产品质量保证期和产品缺陷召回、经济损失责任赔偿的承诺等）、外观质量进行检查，并按规定进行检验检测；未经检验检测或检验检测不合格的物资设备不得进入施工现场。

（2）到货检查。

所有设备、材料及技术文件运抵规定的交货地点后，业主和项目分部人员共同对其进行检查，并认真做好检验记录，双方签字。业主和项目分部人员共同对其进行开箱前检查，以证实满足：合同对包装的要求；外观良好，运输途中未受损；编号、数量和名称与合同要求的货物清单核实无误。

（3）开箱检验。

到货检查后，业主和项目分部将按时间表开箱进行检验。除商检局规定外，货物的密封包装仍不得拆开。

若开箱检验中发现有诸如数量、型号和外观尺寸与合同不符，或密封包装物本身的短少和损坏，双方须记录并于1周内确认。

开箱检验结束后，双方检验人员签署开箱检验报告。

（4）包装、运输。

设备制造完成并通过试验后应及时进行包装，否则应得到切实的保护，其包装符合铁路、公路和海运部门的有关规定。

设备的包装、运输需按照相关规程、规范的要求进行，保证不受损伤、进水或受潮。

对所有的设备、货物和材料进行正确的检查，以保证发货运输前没有缺陷，所有经过检查合格的项目都附一个检查标牌，牌上标有"通过检查"字样。

按照最高的国际标准来执行发货运输。

所有设备、货物和材料的包装适合长距离的运输，而且应能较好地防水、防潮、防湿、防震、防锈和防粗鲁搬运。

每个包装箱附有两份装箱单和质量证书，一份放在箱内，一份在外，每个包装箱的相邻的四个面标有以下内容的永久性的涂料。

在包装箱以及板条箱和纸箱的外面清楚地显示出诸如"易碎""小心轻放""保持干燥"以及"请勿倒置"等适当的警告标记。

以安全、经济、合理的运输方式组织工程物资的运输，满足施工的需要。

包装条款的要点：

包装按标准保护措施进行包装，适应于远距离运输、装卸、防潮、防震、防锈，确保物资安全无损运抵指定现场。

每个包装箱内附一份详细产品装箱清单、出厂合格证、质量检验合格证书、说明书等，符合《产品质量法》规定的内容。

每一包装箱上标明发货人、发站、收货人、目的地、物资名称、毛重/净重、外形尺寸及该批发货总件数。并根据物资的特点和运输的不同要求，标注"小心轻放""请勿倒置""防潮"等字样和其他适当的标志。在产品包装的适当位置上使用产品质量认证标识。

对于重量为2t或超过2t的合同设备，还将在包装箱上标明重量、重心和挂钩位置。

物资的包装、标记和证件，严格遵守国家有关规定和买方的任何要求。

进口物资的每个包装箱的邻接四个侧面上用不褪色的油漆以明显易见的中（英）文字样标明以下内容：合同号、唛头标记、目的地、收货人、合同设备和进口零部件名称及项号、箱号/捆号、毛重/净重、尺寸。根据进口合同设备和进口零部件在装卸、运输上的不同要求，在包装箱上用英文和（或）中文显著地标明"轻放""勿倒置""保持干燥"等字样以及其他国际运输中通用的标记。对于含有易燃易爆物品、腐蚀物品或放射性物质等危险品的设备，在包装箱上标明危险品标志。

进口物资使用的木质包装由输出国家或地区政府植物检疫机构认可的企业按照国际植物保护公约（以下简称IPPC）的要求进行除害处理，并在木质包装显著位置（至少应在相对的两面）加施清晰易辨、永久且不能移动的IPPC专用标识（标识避免使用红色或橙色）。除害处理方法和专用标识符合中国国家质检总局关于检疫除害处理方法和专用标识的规定。

（5）现场交货。

设备、材料运至施工现场后进行初步验收，主要核对制造商、到货的数量、件数、外观质量、包装状况，并予签收，妥善保管，承担保管责任。对包装破损、数量不符等情况，在签收时注明。

3. 物资供应计划

认真审核图纸，详细、准确掌握材料、设备要求和规格、型号，根据施工进度计划编制材料供应计划，确保物资供应满足工程实际需要。

三、队伍组建及管理

1. 劳动力组织

承接施工任务后项目部开始开工准备工作，组织有关人员熟悉施工图，进行相关培训，并到现场实地测量调查，安排工程自购料采购，随之施工队伍、设备、机具仪表按时进点，随即组织劳力，组织施工人员进行质量、安全教育，同时向有关部门申办与施工有关的手续和证明，技术部门认真审核施工图，并做好前期基础预制工作。

根据工程的环境条件、工程特点和工期要求，编制实施性施工组织方案。总的思路是结合项目各种前期条件和工程数量以及业主对工程的质量、工期要求，合理组织施工；将组织一流的技术和施工力量以及先进的设备投入施工，以确保工程形象进度要求，在施工过程中合理地进行各项目的施工安排，做到井然有序，张弛组合。

根据工程具体特点，制定出各阶段人员分配方案。该方案的基本原则：参与项目的主要人员在项目实施全部过程中保持不变，根据项目实施阶段不同，只是进行分工细节调整。在项目实施过程中，根据工程实际需要，充分发挥人力资源优势，及时增配相关人员，以便保证本工程按计划顺利交付使用。

2. 劳动力配置

在项目实施过程中，根据工程实际需要，充分发挥人力资源优势，及时增配相关人员，以便保证本工程按计划顺利交付使用。具体劳动力配置如表 51.1 所示。

3. 劳动力组织保证措施

施工人员进场后进行上岗前的安全质量教育，合格后上岗；在开工前进行经审批后的施工组织设计交底，并传达设计交底的内容；在每个分项工程开工前，制定相应施工技术标准，并对施工人员进行技术交底；

根据工程的技术特点，采用成熟的施工工法和先进的施工工艺，采取流水、平行作业，提高劳动生产效率；

做好与其他专业施工的协调和配合，减少交叉干扰施工；

加强施工进度和质量的检查工作，避免出现偏差而引起的赶工或返工；

在施工过程中，通过开展劳动竞赛，发挥施工人员的积极性和创造性。

4. 劳动力平衡措施

项目部在满足工程建设要求下，根据施工进展，对架子队下设专业工班或综合工班进行调整或增减，但调整或增减须经业主同意并备案。

在施工高峰期，发挥专业化施工队伍的优势，调集其他施工线的队伍，进行支援；

严把施工质量关，杜绝一切由于施工质量问题出现的返工现象；

采取小工班、大循环和根据工序特点，组织流水线作业的施工方法，提高工作效率；

贯彻实施自主开发的一系列工艺、工法，提高劳动效率；

与站前专业搞好施工配合，做好技术交底工作，组织好专业的交叉施工；

雇佣经过培训的短期合同工，由责任心强、技术过硬的职工带领，从事一些简单的技术工作。

四、质量保证体系与措施

1. 质量保证体系

为了对影响施工质量的人员素质、管理水平、机械设备、仪器仪表及施工过程等因素予以有效的控制以保证工程质量，我们已建立 ISO9000 质量管理体系并获得了认证证书，并于 2009 年进行了

ISO9001：2000 标准换版，同时形成质量体系文件并在施工中得到贯彻实施，以保证质量管理体系的有效运行。

表 51.1　劳动力配置计划　　　　　　　　　　　　　　　　　单位：人

工种	按工程施工阶段投入劳动力情况									
	2008 年上半年	2008 年下半年	2009 年上半年	2009 年下半年	2010 年上半年	2010 年下半年	2011 年上半年	2011 年下半年	2012 年上半年	2012 年下半年
一、项目部										
管理人员	8	8	0	0	0	0	10	10	5	5
工程技术人员	8	8	0	0	0	0	8	8	4	4
普通工人	0	0	0	0	0	0	10	10	5	5
小计	16	16	0	0	0	0	28	28	14	14
二、中心料库										
管理人员	0	0	0	0	0	0	3	3	2	2
工程技术人员	0	0	0	0	0	0	2	2	1	1
技术工人	0	0	0	0	0	0	3	3	2	2
普通工人	0	2	2	2	2	2	20	20	5	5
小计	0	2	2	2	2	2	28	28	11	11
三、电力专业										
管理人员	0	0	0	0	0	0	8	8	4	4
工程技术人员	0	0	0	0	0	0	12	12	6	6
技术工人	0	0	0	0	0	0	40	40	20	20
普通工人	0	0	0	0	0	0	150	150	70	70
小计	0	0	0	0	0	0	210	210	100	100

2. 质量管理组织机构

为了加强领导，实现创优目标，本工程成立以项目经理为组长的质量管理领导小组，成员由副经理、总工程师、专职质量工程师和专业工程师组成，日常活动由项目副经理主持。质量管理组织机构图如下：

（1）质量管理组织机构。为实现质量目标，项目部成立质量管理组织机构，质量管理组织机构如图 51.1 所示。

（2）主要职责。推行全面质量管理的方法，建立岗位责任制。工程项目部领导班子成员、各有关职能部门或人员各尽其职，各负其责，以工作质量来保证工程质量。

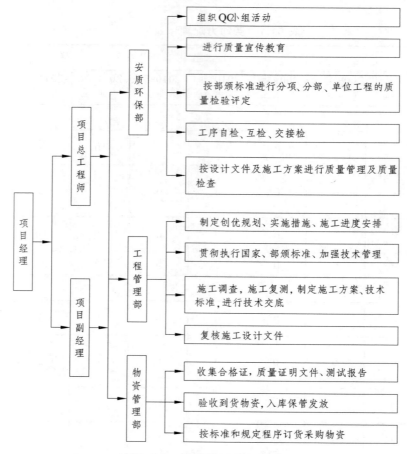

图 51.1　质量管理组织机构

3. 施工过程质量保证措施

项目经理部将抽调精干的施工技术队伍，并在施工全过程中进行各项业务技术培训，不断提高施工技术队伍的整体素质和业务能力。

根据本工程的特点，为保证施工质量统一标准，项目经理部将根据工序特点，在各专业施工项目部的管段内成立专业化作业小组，实行"大循环，小流水"专业化作业管理模式，做到测量精确化，计算微机化，施工机械化，作业专业化，工艺标准化。对设计文件进行三级会审制，认真进行现场调查，真正领会设计意图，随时和业主及设计人员进行沟通联系，解决发现的问题。

施工前由项目经理部总工程师、专业工程师、施工项目部技术主管、作业队技术人员逐级进行技术交底，确保施工作业人员掌握各项工艺操作中的质量控制要点和质量标准。

对施工中容易出现的质量通病，开工前应制定防止出现质量通病的专项技术措施进行预防，并在进行技术交底时重点强调，在实施过程中严格控制，确保不在本工程出现。加强对新材料、新工艺的施工技术研究和科技攻关，大力开展 QC 小组活动，及时解决施工中出现的问题。采用先进的施工机械及高精度的检测仪器，由专人进行保管和使用，确保不因机械和仪器的原因出现质量问题。

五、安全文明施工

1. 文明施工目标

严格按照文明施工管理原则和业主的要求，努力实现以下文明施工管理目标：
现场人员持证、挂牌；现场道路整洁、畅通；

现场环境干净、卫生；现场布置整齐、合理；

现场着装整齐、统一；现场标牌明显、明确；

现场言行文明、得体；现场施工安全、规范。

2．文明施工组织机构

建立以项目经理为首的文明施工领导小组，落实文明施工目标责任制，制定文明施工保证措施，从宣传、教育、监督、检查、管理几个方面入手，全面开展"安全、标准、文明"工地建设。文明施工组织机构如下：

组　　长：项目经理

副组长：副经理、总工程师

成　　员：各管理部门负责人，各作业队负责人

3．环境保护

（1）按规定制定防治扬尘、噪声、固体废物和废水等污染环境的有效措施。

（2）施工道路将配备相应的洒水设备，及时洒水清扫，减少扬尘污染。搅拌场地，必须配备降尘防尘装置。

（3）搅拌机前台及运输车辆清洗处应设置沉淀池，施工现场的泥浆和运输车辆冲洗的污水，未经处理不得直接排入城市排水设施和河流、湖泊、池塘。

（4）除符合规定的装置外，不在施工现场熔化沥青或者焚烧油毡、油漆以及其他会产生有毒有害烟尘和恶臭气体的物质，禁止将有毒有害废弃物作土方回填。

（5）施工垃圾、渣土将在指定地点堆放、及时清理。高空施工的垃圾及废弃物将采取密闭式专用垃圾道或者采用容器吊运，严禁随意抛撒。施工现场将设置密闭式垃圾站用于存放施工垃圾。施工垃圾将按照规定及时清运。

夜间施工将办理夜间施工许可证，并做好周边居民的解释和安抚工作。

4．安全防护

（1）加强施工安全用电管理。所有电器设备将是正规厂家的达标产品，并规范安装和操作，避免用电安全事故的发生。

（2）空压机、锅炉等压力机具应经过检测标定后方可投入使用。严禁未经标定的压力容器或机具进场。

（3）施工现场易发事故的危险作业区，沟、井、坎、穴等危险地形旁，按规定加设网、架、栏、罩等安全防护设施，并设置醒目的"禁止""警示"或"提示"的安全标志牌。

（4）施工中禁止违章指挥和违章作业。作业人员对可能影响人体健康和人身安全的作业程序、作业条件，有权提出改进意见，有权对违章指挥进行检举和控告。

六、施工组织

1．项目管理目标

为提高建设管理水平，全面落实"六位一体"的管理要求，努力打造精品工程，全面推进建设项目标准化管理工作。公司依据《铁路建设项目标准化管理指导意见》制订了《管理制度标准化手册》。

（1）在人员配置方面，按照合同要求以及工程实际情况，配齐、配强有铁路建设经验和专业知识的技术人员和管理人员并组建完整的管理机构，完善岗位职责，明确相应部门、岗位的工作内容、方法及程序，保证了工程建设管理工作的有序展开。

（2）在制度建设方面，针对客运铁路工程项目，细化量化了施工管理规定及施工技术标准，按照铁路总公司规定和建设项目要求，建立起了全过程、全方位、全覆盖的施工现场管理、技术管理、质量管理、安全管理、物资设备管理等管理制度，制订相关考核标准，保证了工程管理的标准依据。

（3）在现场管理方面，项目部能够以现场管理标准化为核心，按照因地制宜、节约用地的原则，合理布置施工现场。同时完善现场安全防护设施、警示标志的设置，安全防护用品的配备，确保现场安全。

（4）在过程控制方面，能够将公司确定并纳入施工合同的质量目标、安全目标等过程控制目标进行细化、量化，贯彻到每项工作、工序和整个施工过程。从工程开工以来的各项管理工作均能够按照公司的要求进行规范管理。

2. 施工组织机构

本项目点多、线长，施工接口多及各专业工程量差异较大，且"四电"工程不同程度受站前工程制约，故在施工安排上要始终坚持"突出重点，兼顾一般"的指导思想。

3. 项目管理人员配置

本着"适合适应、精干高效、责权明确"的原则，中铁电气化局集团组建了改建铁路赣州至龙岩铁路扩能改造工程"四电"系统集成电力变电项目部，负责管理该范围内设备采购、施工安装、系统集成、技术服务、配合联调联试、试运行等所有环节，对本项目的成本、工期、质量、安全及环保等全面负责。对该范围内的工程施工进行"统一决策、统一指挥、统一部署、统一计划和统一管理"，确保本项目工程满足业主项目运营和发展的需求。

4. 施工进度安排

（1）总工期时间。

总工期时间开工于 2008 年 7 月 30 日，2012 年 3 月 1 日达到静态验收条件，2011 年 4 月 1 日龙厦铁路全线进入联调联试。

（2）节点工期施工进度安排。

电力工程：

站前单位隧道、路基，桥涵等工程施工进度对我单位电力施工进度的影响，我们分成四个模块操作，即：隧道照明、区间电力、站场电力，外电源施工。各单位工程施工安排如下：

① 隧道照明。

我们前期对全线的站前单位隧道施工进度进行一次普查，采用见缝插针式施工，对隧道施工主体已完成，具备隧道照明施工条件的隧道进行优先施工，2012 年 3 月 1 日前完成全线的隧道照明施工。

② 区间电力。

根据站前单位施工进度，我们前期对全线区间路基及桥涵施工进度及箱变具体进行普查和定测，我们先把区间箱变的基础做好，箱变安装好，待这一区间站前单位施工提供的电缆槽及过轨管施工完成，然后完成这一区间的高压贯通电缆敷设。2012 年 3 月 1 日前完成全线贯通线路的施工。

③ 站场电力。

站场电力分六个阶段实施：

第一阶段：2011 年 03 月 01 日至 2011 年 06 月 30 日施工准备及施工配合；

第二阶段：2011 年 07 月 01 日至 2011 年 07 月 31 日施工定测；

第三阶段：2011 年 08 月 01 日至 2011 年 10 月 31 日完成 0.4 kV 盘柜安装、母线连接及电力变压器安装；

第四阶段：2011 年 11 月 01 日至 2012 年 1 月 31 完成电缆敷设及接线；

第五阶段：2012 年 2 月 01 日至 2012 年 3 月 1 日完成低压变电所试验；

第六阶段：2012 年 3 月 2 日至 2012 年 4 月 1 日送电开通，进入全线四电集成联调联试阶段。

④ 外电源施工。

外电源电力工程分六个阶段实施：

第一阶段：2011 年 03 月 01 日至 2011 年 06 月 30 日施工准备及施工配合；

第二阶段：2011 年 07 月 01 日至 2011 年 07 月 31 日完成架空线路及电缆路径的测量、定位；

第三阶段：2011 年 08 月 01 日至 2011 年 10 月 15 日完成基坑开挖、基础浇筑及电缆沟开挖及电缆沟砌制；

第四阶段：2011 年 10 月 16 日至 2012 年 1 月 31 完成杆塔组立、横担安装、拉线制安、导线架设接线及电缆敷设、电缆头制作；

第五阶段：2012 年 2 月 01 日至 2012 年 3 月 1 日完成架空线路及电缆的试验；

第六阶段：2012 年 3 月 2 日至 2011 年 4 月 1 日送电开通，进入全线四电集成联调联试阶段

七、工程接口

1. 与站前单位接口施工

由于站后部分建筑工程纳入站前土建工程并由其同步施工，所以，电力工程与站前单位施工的线路路基、站场、桥梁、隧道、轨道等专业存在着复杂的接口工程。

站前接口工程主要涉及以下内容：综合接地系统、电缆沟槽、过轨管线、站房接口等。因此，站前接口预留工程的施工质量、工程进度直接影响并制约着电力的施工进程和质量，让电力专业有时候需要进行重复施工，严重影响进度加强组织和协调，为此未做好站前站后接口预留工程，保证接口工程节点工期合理布置、接口施工有序、质量可控，确保工程总体工期的实现。

2. 专业间的接口施工

由于四电各专业同步施工，所以电力与其他专业都需要进行配合：

电力专业与通信专业的接口施工：电力专业需要提前与通信施工人员取得联系，在施工过程中保证电力电缆路径不进行交叉，确保相序正确无误。在进行电力 SCADA 调试过程中，积极与通信专业配合，确保主用、备用通道正常畅通。

电力专业与信号专业的接口施工：电力专业提前与提前与通信施工人员取得联系，在施工过程中保证电力电缆路径不进行交叉，确保相序正确无误。

3. 工程接口的质量控制

（1）由于电力专业对站前单位提供的综合接地系统、电缆沟槽、过轨管线、站房接口等，需要见缝插针的施工，所以需要质量控制措施：电力专业需要与站前专业积极沟通，对于提供施工场地交接时，需要严格地把关，确保龙厦线电力工程不因接口问题造成质量问题和安全问题。

（2）电力专业与其他专业要进行相互沟通，涉及接口问题积极对接配合，并签订双方成品保护协议，接口问题施工确保其他专业在场监督配合。

八、竣工验收

验收按一个完整工程或一个相当规模的施工范围为单位进行验收，按单位工程进行平推式验收，为了积极配合接管单位进行验收，电力验收总共分为 4 大项（区间、站场、电源线路、隧道照明），6 个小组同时进行验收，并结合龙厦铁路电力施工实际情况进行时间安排。

第五十二章　电气化工程

一、工程概况

新建龙厦铁路工程起点龙岩（K0+000），终点漳州（K111+336.11），相关工程龙岩铁路枢纽配套工程、以及马坑、龙山、南靖、草坂所有新建车站的到发线、机走线、安全线、草坂站货物线、铁山洋到发线考虑挂网工程。新建龙厦铁路工程设计正线长 111.336 km。

龙岩（含）至漳州南（不含）新建接触网工程包括区间正线全补偿链形悬挂 292.75 条·km、龙岩地区相关工程全补偿链形悬挂 30.857 条·km，合计 334.744 条·km。

1. 主要工程特点

（1）接触网悬挂类型：采用全补偿简单链形悬挂。

（2）接触网线材及附加导线选择。

接触网线材及附加导线选择如表 52.1 所示。

表 52.1　接触网线材及附加导线选择

线材用途		线材规格	额定张力/kN
接触线	正线	CTS120	20
	站线	CTAH85	10
承力索	正线	JTMH95	15
	站线	JTMH70	15
附加导线	供电线	LBGLJ-240/30	10
	回流线	LBGLJ-185	10
	架空地线	LBGLJ-70/10	5

（3）接触线悬挂高度和结构高度

隧道外导线悬挂点高度为 6 000 mm，站场区间结构高度为 1 400 mm；隧道及跨线桥下最小结构高度应保证最短吊弦长度不小于 500 mm。

（4）跨距

正线路基区段标准跨距取 50～60 m，允许施工误差±1 m；隧道内跨距一般为 45 m，最大跨距为 50 m；桥上跨距需根据桥梁孔跨的形式进行配合确定，T 梁桥上跨距一般为 32.7 m，连续梁桥上接触网跨距一般为 45 m；跨距变化时，一般情况下不大于 1.15：1，困难情况下不大于 1.25：1。

（5）锚段长度。

正线接触网锚段长度一般不超过 2×700 m，个别困难情况下不超过 2×750 m，单边补偿的锚段长度不超过 750 m；站线接触网最大锚段长度不宜大于 2×800 m，个别困难时不宜大于 2×900 m，单边补偿的锚段长度不超过 850 m；附加导线锚段长度一般不超过 2 000 m，困难时不应超过 3 000 m。

（6）锚段关节。

正线区段非绝缘锚段关节、绝缘锚段关节一般采用四跨关节；T 梁桥上受跨距的限制，一般采用五跨关节，困难地段采用四跨关节。

（7）电分相。

全线采用带中性段、空气间隙绝缘的双断口 6 跨锚段关节式电分相。中性段的长度不大于 190 m。

（8）中心锚结。

正线应采用防断中心锚结；站线优先采用防断中心锚结，在车站内下锚困难或位于站台区等受条件限制时可采用防窜中心锚结。

（9）侧面限界。

新建区段接触网支柱侧面限界按 3.1 m 设计，接触网下锚柱侧面限界按 3.2 m 设计；其余桥梁、站台雨棚支柱侧面限界由站前单位预留。

（10）接地装置。

全线回流线做不绝缘悬挂，兼做架空地线，回流线每隔 300 m，引下接地，接入贯通地线。回流线每隔 1 200~1 500 m 通过 150 mm² 电缆连接至扼流变中性点，并经中性点接入综合接地。腕臂采用双重绝缘棒式绝缘子。

全线在车站外、隧道间距大于 200 m 的区段增设防雷线，防雷线的接地采用双引下绝缘电缆，接至综合贯通地线预留的接地端子上（接入点与通号其他设备的接入点不小于 15 m）。

路基上混凝土支柱上的金属底座，一律连通接至回流线上，通过回流线 300 m 引下实现安全接地。

路基段避雷器的工作接地一处接综合地线，一处引出路基 15 m 以外连接至独立不大于 10 欧姆的接地极。桥梁段避雷器的工作接地为双引下连接至桥墩上预留的接地端子。

（11）绝缘子的选用。

绝缘子一般采用瓷质绝缘子，泄漏距离≥1 400 mm。软横跨节点 8a、8b、9a、9b、13a、13b 采用合成绝缘子，泄漏距离≥1 600 mm。

2. 主要工程数量

接触网工程：基础浇制 489 个、混凝土支柱安装 955 根、钢柱安装 1777 根（含桥钢柱）、隧道打灌 2 124 处、下锚安装 448 处、支柱装配 2 584 处、隧道内装配 2 124 处、硬横梁安装 164 组、承力索架设 323.607 条·km、接触线架设 323.607 条·km 悬挂调整 323.607 条·km、回流线架设 224.9 条·km、架空地线架设 151.595 条·km、隔离开关安装 42 处、分段绝缘器安装 20 处、自动过分相装置安装 10 处、接地极安装 392 处、避雷器安装 131 处、拉线安装 587 处。

二、物资管理

（一）物资的采购供应

本工程物资设备、材料采购方式，分为甲供、甲控及自购三种采购方式。

甲供物资设备、材料由原铁道部或招标人按相关规定招标采购。

除规定甲供、承包人自购的其他通用物资设备、材料，按甲控方式采购供应。

除甲供、甲控，本工程范围内所需的其他物资设备、材料等按承包人自购物资方式采购供应。

（二）物资的质量控制

1. 物资供应原则

（1）"六统一"的原则。本项目物资按照"统一计划，统一招标，统一采购，统一供应，统一调度，统一核算"的原则进行管理。

（2）配送制的原则。依据管理程序文件、物资管理规则及我方的经验，本项目将在施工现场设置中心料库，实行配送制的物资供应模式。

2. 材料、设备运输管理

合同货物在合同签订日后 56 天内，根据合同的总体进度计划供货商向买方提交初步交货计划，并在首批合同设备或零部件发运前 12 周递交最终交货计划。交货计划包括合同设备和零部件的名称和类型、大约总重量、规格、数量、单价/总价、总体积、交货时间。

在我方负责运输的物件中，若遇有超大件或超重件时，由我方负责向交通管理部门办理申请手续。运输超大件或超重件所需进行的道路和桥梁临时加固改造费用和其他有关费用，由我方承担。

在我方负责的运输的物件中，我方将保障并保持业主免受因货物运输引起的所有损害赔偿费、损失和开支（包括法律费用和开支）的损害，并协商解决和支付由于货物运输引起的所有索赔。

以安全、经济、合理的运输方式组织工程物资的运输，满足施工的需要。

（三）主要材料、设备供应计划

为保证施工进度，将制定主要材料进场计划。我们将根据工程数量和工期安排，落实设备材料的供货日期、运输方式、交接地点。按照检验和试验控制程序对到货的产品进行检验，妥善保管、贮存。物资供应的具体实施办法，应符合建设单位的有关物资管理办法。为确保本工程顺利进行，材料设备的供应根据工程进度按期供应。材料供应计划如表 52.2 所示。

表 52.2　材料供应计划（接触网专业）

序号	设备、材料名称	第一批设备、材料		最后一批
		到货时间	到货数量	到货时间
1	混凝土柱	2009 年 7 月	30%	2009 年 9 月
2	电气化专用化学锚栓	2009 年 7 月	30%	2009 年 9 月
3	钢柱及硬横梁	2009 年 9 月	30%	2009 年 11 月

1. 包装与标记

（1）以适合包装方案对产品进行包装，确保产品在运输过程中的安全，满足运输的要求。

（2）我方将要求供货方对准备发运的化学锚栓等产品采用坚固包装并采取防潮、防雨、防锈、防腐蚀、防震动及防止其他损坏的必要保护措施，从而保证货物能够经受多次搬运、装卸以及空运、远洋和内陆的长途运输。

（3）合同设备货物的每个包装箱的邻接四个侧面上用不褪色的油漆以明显易见的中文字样标明以下内容：

① 合同号、唛头标记、目的地、收货人、合同设备和零部件名称及项号、箱号/捆号、毛重/净重、尺寸。

② 根据合同设备和零部件在装卸、运输上的不同要求，在包装箱上用中文显著地标明"轻放""勿倒置""保持干燥"等字样以及其他国际运输中通用的标记。对于含有易燃易爆物品、腐蚀物品或放射性物质等危险品的设备，在包装箱上标明危险品标志。对于重量为 2 t 或超过 2 t 的合同设备，还将在包装箱上标明重量、重心和挂钩位置。

③ 在合同设备和零部件的每件包装中都将附有装箱单副本一式两份。

（4）供货方使用的木质包装由地区政府植物检疫机构认可的企业按照国际植物保护公约（以下简称 IPPC）的要求进行除害处理，并在木质包装显著位置（至少将在相对的两面）加施清晰易辨、永久且不能移动的 IPPC 专用标识（标识避免使用红色或橙色）。除害处理方法和专用标识符合中国国家质检总局关于检疫除害处理方法和专用标识的规定。

2. 交货与拒收

（1）合同设备运抵现场后，我方、供货方将和业主人员一起进行开箱检验和清点。开箱检验和清点完成后，各方签署合同设备到场证明。自合同设备到场证明签署日直至业主根据合同规定接收子系统集成工程为止，我方按合同规定承担合同设备的照管责任。

（2）合同设备在现场移交我方照管后，我方建立合同设备及备品备件清单。

（3）如果检查、检验、测量或试验结果发现任何合同设备、零部件、设计或工艺有缺陷，或不符合合同要求，业主可通过向我方发出通知，并说明理由，拒收该合同设备、进口零部件、设计或工艺。我方负责立即修复缺陷，并保证上述被拒收的项目符合合同规定。

（四）物资的仓储管理

1. 料库的设置

（1）将根据储存物资的性能、储存要求、周转量大小、工程情况和当地的气候条件，设置必要的仓储设施。料库将选择交通和水电便利，物资收发方便，地势干燥，合乎防火、防洪、防盗要求的地点设置。

（2）料库将设置必要的库房和料场，满足所保管物资的技术要求，符合有关技术安全规范，保证收发、保管、搬运的正常作业，具备相应的装卸能力，配备必要的作业器具。危险物品将设专库保管。仓库区域要严格管理火种及火源，在明显的地方设立醒目的"严禁烟火"标志。库区内禁止吸烟。仓库作业必须使用电焊、气焊时，将采取隔离措施。库区内将按储存物资的性质配足相应的消防器材。考虑到零部件的现场预配，在料库设置预配车间，满足进口零部件的预配制作。

2. 物资的进库检验

所有进库物资必须经过进货检验，防止未经检验和不合格的物资入库。物资的进货检验，按照对产品验证的要求进行。

3. 物资的储存

按各类物资的保管要求合理布置材料堆放场地，设置贮存仓库，物资保管环境必须保持整洁美观。做到库内物资及设施无积尘，料区无杂草，临时料场的货垛周围无杂草。确保物资在储存过程中的安全。

物资的存放将分类编号有序排列在相应的库房、料棚和料场。笨重、难移动的物资，可存放在收发作业方便的货位，配套物资可集中存放。仓储物资、待发物资、代保管物资、待处理物资均将划区分开，不得混存。

物资存放要做到正确、整齐、安全稳固、合理苫垫、过目知数、查点方便、料签齐全、标志明显。存放的物资实行"四号定位""五五堆码"，并留有作业通道。

管库人员对保管的物资必须按照"六查"的内容，即查数量、查质量、查保管方法、查计量工具、查安全、查技术，认真自查，自查中发现的问题要及时处理。

物资仓库对贮存物资的保管要认真执行《铁路物资技术保管规程》，做到无变质、锈蚀、损坏、霉烂、虫蛀、鼠咬。

危险品或有毒害的物资须使用相应的防护用品工具，并严格遵守有关安全操作规程。

4. 物资的搬运

物资在搬运过程中要确保货物和人身的安全，保护标识的完整。

物资搬运、堆码作业必须保持物资完好、人员安全，严禁野蛮装卸、乱堆乱码，不得以大压小、以重压轻，严格遵守有关安全操作规程。采用机械搬运时，将根据货物的大小和轻重，选择合适的吊装、搬运机械，由专职人员操作。作业现场将有统一指挥。吊装时，货物将捆扎牢固、稳挂、稳吊，吊挂部位将保证货物重心平稳，有吊挂点标识的，按标识吊装。放置货物处要铺垫平稳。

人工搬运将选择适合人工搬运的场所和物资。单人搬运时，根据物资的属性的不同，注意轻拿、轻放、不抛掷。二人或二人以上搬运时，要制定呼唤应答措施，步调一致。

5. 物资的标识与可追溯

物资的标识。对物资进行标识，防止混淆、误用，需要时能够实现可追溯。此项工作贯穿物资的收、存、发全过程，在不同的环节，对物资进行适当的标识。

（1）标识的方式。

① 物资的标识通常以铭牌、印号、产品合格证、材质证明单、使用说明书等方式实现。

② 经验收合格的物资入库贮存保管。其标识通过点验单、存放处的料签、标牌、保管卡片、存放的区域、材质证明单、产品说明书等实现。

③ 出库物资的标识，整体发放使用的，以出库单标识并随产品铭牌、印号、材质证明单、产品说明书、合格证等实现。分割（批）发放的物资，发放人要把标识转移到分割（批）的每一个单体上，用发料单、记号笔等实现。

（2）标识的唯一性。

① 同品种、同规格型号、同材质、同批次的物资，要同存放、同标识。

② 不同类、不同批次的物资，要有不同的标志，并隔离放置。

③ 同品种、同规格型号、同材质的物资当有两个或两个以上的分承包方供货时有不同标识，隔离放置。

（3）标识的控制与管理。

① 物资标识分为可分离和不可分离两类。

② 不可分离标识：物资本身的铭牌、印号。在进货、验收、储存、发放和使用过程的每一个环节，交接时要对照记录与物资本身确认后，方可交接。

③ 分离标识：以记录表示物资原始状态的标识。由相关人员保管好分离标识，辅助以料签、标牌、记号笔记号等做好对照。

④ 原始记录要妥善保管。物资在出库时，本身携带的标识如铭牌、印记、使用说明书要随物资发出，发出后其使用单位对标识负责保护，其他标志如产品合格证、材质证明单由物资部门或技术部门保管。工程竣工后由技术部门负责一并移交顾客。

⑤ 通过各种记录进行标识的，要认真进行登记，便于查找。

（4）物资的可追溯性。

以物资的标识和质量记录实现追溯。记录内容将关联（如验收记录中将注明检测报告的编号，点验单将注明验收记录的编号，进料登记中将注明验收记录的单号，发料单将注明合格证编号及生产厂家等）便于实现追溯。

在出库前的各阶段，需追溯时由物资部门负责。物资出库或投入安装使用后，需追溯时由施工的有关人员负责，物资部门将依据施工人员提供的出库记录实现出库前各阶段的追溯。

三、队伍组建及管理

1. 组建机构

为加强对龙厦铁路新建工程四电系统集成及相关工程项目管理，中铁电气化局龙厦铁路 LX-Ⅵ标工程指挥部成立龙厦接触网项目分部，下设两个接触网作业队。

（1）第一作业队设在龙岩地区，负责龙岩及地区相关工程至龙山（不含）区段的接触网工程。

（2）第二作业队设在漳州地区，负责龙山（含）至漳州南（不含）的接触网工程。

2. 岗前培训

为切实增强施工生产一线全体人员的安全生产意识、安全生产知识、安全操作技能，构建全方位、全覆盖、常态化、系统化的安全生产，龙厦铁路 LX-Ⅵ标接触网项目部根据山区地质复杂，条件艰苦等外部因素，结合南昌铁路局各项施工管理制度及接触网施工、安全防护、高空作业、道路运输、吊装作业、轨行车辆作业等施工特点，组织全体参建人员进行上岗前安全技术培训，培训内容包括安全操作规程、事故案例剖析、劳动纪律、重要文件学习、危险源辨识及应对措施等。

截止工程竣工，接触网专业累计培训职工、合同工、劳务队成员共 40 批，1 300 人次。安全培训增强了员工的安全意识和安全防护能力，使得他们从思想上重视安全生产，并在接触网专业内部逐步形成大事小事讲安全，时时刻刻想安全，工作处处保安全的良好局面。

四、质量与安全

为了加强领导，实现创优目标，接触网专业成立质量管理领导小组，主要职责是合理调配资源，搞好内外协调，组织制定质量管理具体实施细则，充分发挥各组织机构的作用，落实安全质量生产责任制。同时，推行全面质量管理方法，建立岗位责任制，工区领导小组、各有关职能部门各司其职，各尽其责，以工作质量来保证工程质量。

接触网专业严格执行干部盯岗制度，盯岗干部进入施工现场协助施工负责人做好施工组织安排，对主要施工工序安全进行把关，确保施工组织和安全措施的落实，在与其他工程进行交叉施工时积极沟通，确保施工顺利进行。同时，协助施工负责人抓好文明施工，树立工区良好形象。盯岗过程中发现问题，及时指出，并给出整改建议。

为加强对突发性事件处理的综合指挥、调度能力，提高紧急救援反应速度和协调水平，确保迅速有效地处理各类重大安全事故，保障员工生命和财产安全，接触网专业成立应急领导小组，以确保紧急事件发生时能够第一时间做出反应，确保安全生产能够顺利进行。接触网专业先后建立触电、蛇伤、高空坠落、火灾、食物中毒、交通安全、防洪防汛防台风、铁路行车事故等各项应急预案，从应急领导小组职责、事故处理流程、事故救援顺序到具体处理程序各个方面详细介绍了事故发生时各个环节应该做出的反应，分工明确，责任到人，通过制定控制目标和应急预案，确保工程重大危险源保持可控状态，保证安全生产顺利进行。

五、文明施工

1. 优化工作环境

为了保护生态环境，我们在施工生产中要综合治理，全面规划，化害为利，减少污染，为当地居民创造一个清洁的生存和生活环境。

（1）坚决执行环保法规，制定管理办法，在施工中严格执行。要干一项工程，树一块牌子，交一批朋友，留一方净土，为人民造福。

（2）各作业队每到一地的生活垃圾要专门规划地点，并进行必要的处理。厕所要规划位置，严禁随意焚烧垃圾，减少环境污染。

（3）加强职工的施工环保意识，保护施工环境，及时回收施工中发生的包装废弃物，不随意丢弃。

（4）保护山区植被，禁止狩猎，保护珍稀动植物。

（5）施工取暖严格控制火势，禁止放火烧山破坏环境。

（6）杜绝砍伐保护林。

（7）广泛开展环保宣传教育，保护水资源免受污染。

2. 安全防护

电气化工程在新建线和运营线上施工，与运营关系密切，相互干扰影响大，而线路技改和站前施工干扰更大。因此，确保运输和施工安全是我们的头等大事，必须贯彻执行各级、各部门的安全生产管理规定和要求，以"安全标准工地建设"为载体，牢固树立"安全第一，预防为主"的安全生产方针，坚持"从严治本、基础取胜"的指导思想，加大管理力度，强化安全意识和自我保护能力，确保电化施工中的行车设备和人身安全，实现安全线。具体措施如下：

（1）建立以项目经理为首的安全管理网络，实行安全生产责任制。

（2）制定安全生产方针、目标，实行方针、目标管理。

安全方针："安全第一、预防为主"。

安全生产目标：

① 杜绝职工因工死亡事故；

② 杜绝职工重伤事故，轻伤率控制在 6‰以下；

③ 杜绝行车、交通一般以上事故；

④ 杜绝机械、火灾、压力容器爆炸事故；

（3）各专业要严格按"安全标准工地建设"系列文件，建设好"安全标准工地"，营造良好的安全工作环境，保证各项安全生产目标的实现。

安全生产管理网络如图 52.1 所示。

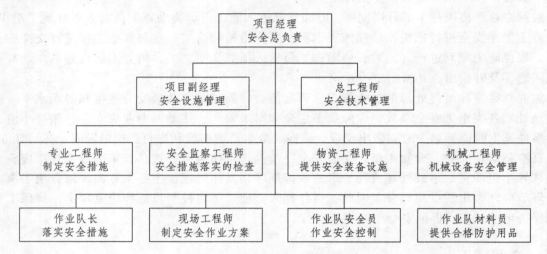

图 52.1　安全生产管理网络

（4）严格执行《铁路技术管理规程》《铁路电力牵引供电施工技术安全规则》《铁路行车线上施工技术安全规则》《安全监察暂行办法》及公司颁《安全生产管理标准》等有关规定，坚持预防为主，防管结合，专关和群管相结合，传统管理和系统管理相结合的方针。强化预控、预测，确保无重大行车和职工责任死亡事故的发生，实现安全线。

（5）坚持管生产必须管安全的原则，认真贯彻"五同时"，在计划、布置、检查、总结和评比生产任务的同时，要计划、布置、检查、总结和评比安全工作。

（6）各专业在单位工程开工前，必须对全体参建人员进行一次全面系统的安全教育，使全体职工牢固树立"安全为天、质量为本"的思想，强化全员安全意识，提高自我防护能力。并做到"四有"（即有计划、有布置、有检查、有考核）和"三不"（即不例行公事、不流于形式、不留有死角）。未经安全教育及考试不及格者，不准上岗作业。

（7）各专业应针对施工特点，事先制定有针对性、行之有效的、确保安全生产的预防措施。施工前做好施工安全技术交底，使每个施工人员熟悉施工技术标准、施工环境和既有设施状态等，做到心中有数，确保人身、设备和行车安全。

（8）加强对"三车"司助人员的安全教育工作，使其熟悉"行车细则"，认真执行"行规""管规"和"交通安全规程"。防止各类行车事故发生。

（9）积极开展以"预防为主"的安全预想活动，严格执行"安全讲话制度"和"安全值班制度"，做到事事想安全，人人管安全。

（10）严字当头，对事故苗子实行三个"百分之百"（即百分之百的登记、百分之百的通报、百分之百的加以消除）的实施规定，形成人人遵守规章制度的气氛，开创良好的安全施工环境。

（11）占用线路施工作业时，必须封闭线路要点方可施工，临时利用行车间隙占用线路施工，必须按《技规》规定设专人防护，严禁作业人员及机具、材料侵入临线限界，安列作业时严禁吊臂向临线方向旋转，接近线路施工必须设专人防护。

（12）既有接触网改造和牵引变电所改造施工要把保证铁路运输安全正点作为头等大事来抓，施工前做好一切准备工作，并做好安全技术交底，竭力做到"点外充分准备，点内全力以赴"，使用好宝贵的施工封闭点，保证不延点，确保铁路运输安全正点。

（13）新铺线路未达标前，轨行车辆不得进入，以防脱轨掉道。如必须进入时，应事先与铺轨施工单位联系，了解线路状态，在征得允许的情况下，以不大于 5 km/h 速度进入施工。轨行车辆应按安全规则要求，备齐复轨器、千斤顶等备品，以防万一。

（14）开挖石质地带基坑爆破作业时，应严格执行有关爆破作业的规定，与当地公安部门取得联系，办理有关审批手续。严禁雷管、炸药同车运输，存放要安全，设专人看管，发放手续应齐全，账目清楚，严禁丢失。

（15）施工前应及时同有关单位联系，调查了解地下设施情况，施工时应采取有效的防护措施。如发生损伤，应立即通知产权单位，及时配合修复，以确保既有设施和行车安全。

（16）参加高空作业人员必须进行体检，体检不合格者严禁从事高空作业。进入施工工地，必须戴安全帽，登高作业必须系好安全带，禁止穿硬底鞋高空作业。

（17）主变等大型设备吊装运输，必须事先制定具体的吊装运输方案，方案批准后严格按方案施工。

（18）施工前对施工用的工具、安全带，进行一次检查和拉力试验，不合格的严禁使用。

（19）吊装设备、线材及立杆前应对吊装机具进行检查，特别是转动部件和制动闸等是否可靠，吊装索是否完好。吊装应设专人统一指挥，指挥者应站在所有施工人员都能看到的位置，同时也应清楚看到设备、线材、电杆吊装的全过程。吊装时，吊装施工人员不得站在吊装物下面、吊装索具内则。

（20）土质地带雨季施工时，要严格控制开挖基坑数量，开挖后应及时浇制基础，安装支柱，并分层夯实回填，疏通水沟。原则上不允许敞口过夜，敞口期间必须采取措施，并加强巡回检查，发现问题立即回填，以确保路基稳定和行车安全。

（21）强化雇佣工的管理，施工前雇佣工与职工同样进行安全教育，考试不及格和未参加考试前不准上岗。施工中必须有职工带领，在施工现场直接负责雇佣工的安全。严禁雇佣工单独作业和以包代管。

（22）认真做好安全生产的宣传工作，在工地、驻地及职工宿舍张贴设置醒目的图片和标语，使安全生产深入人心。

（23）加强气象资料的搜集工作，积极做好汛期防洪准备，一旦发生危及工程和人身财产安全的灾情时，立即采取有效措施进行处理。

（24）严格奖惩制度，贯彻与经济挂钩的安全工作责任制，做到纵向到底，横向到边，安全生产人人有责。

（25）加强施工机械的维修保养，使其随时处于良好的运行状态，消灭机械事故发生。

（26）加强油料、驻地用电管理和冬季取暖管理，备齐防火设施，防止煤气中毒、触电和火灾事故的发生。

3. 文明施工措施

（1）坚持两个文明一起抓，积极与当地政府、群众建立良好的联系，广泛开展共建活动。

（2）按建设部《建设工程施工现场管理规定》进行施工现场管理工作，做到工完场清，恢复原貌。

（3）驻地做到清洁卫生，职工食堂、宿舍、办公室、库房要整洁干净，摆放合理，以反映企业的良好形象及风貌。

（4）施工中发现古文物、文化遗址等，要保护现场并立即与业主及文物管理部门联系，妥善处理。

（5）开展文明竞赛活动，提倡文明用语，做文明职工。

（6）密切与监理、建设单位的联系，发现问题协商解决，做到互谅互让，以礼相待，举止文明。

（7）各类资料记录齐全，装订整齐，文整良好。

4．工程保护措施

为确保施工过程中及施工完的产品质量，特制定如下工程保护措施：

（1）基础浇制时，应用特制铁帽盖住基础螺栓头，以防碰撞损坏螺纹和水泥砂浆侵蚀螺纹部分。浇制完毕后，应将基础螺栓外露部分涂油包扎，以防螺栓锈蚀。

（2）支柱在装卸及安装时应设专人负责按设定的承吊点吊装，应轻装轻卸、轻放，支柱底层及各层间应在支点位置加设垫木，以防损坏支柱。支柱整正时安装框架要加装胶垫，以防损坏支柱翼缘。

（3）基础浇制完毕后和支柱安装后，对位于行车较多和货物装卸区的支柱要及时做好支柱防护，以防损坏基础及支柱。

（4）所有瓷件在运输、安装过程中均应包扎保护，在开通送电前接到通知后方可拆除。

（5）上部作业时，严禁作业人员踩在导线上作业，以防损坏导线造成硬点。

（6）本区段载流承力索等线材直径均比较大，放线时应采用大直径放线滑轮，以免损伤承力索等线材。

（7）对施工区段要定期巡回，特别大风、暴雨天要加强巡视，发现问题及时处理，以免影响行车和已安材料设备的损坏。

（8）架线前，按要求安装好限界门，如确因材料供应不到位来不及安装时，也必须安装简易限界门，并悬挂"限高4.5米"的提示牌，以免超高车辆挂坏接触网。

（9）为防止设备被盗情况的发生，公安人员应对铁路与公路交叉地段及各车站外来人口流动较多的地方进行重点巡防，并与地方公安部门联系采取联防措施，以确保接触网设备的安全。

六、施工组织

1．开工、竣工时间

龙厦铁路接触网工程于2009年6月8日开始施工，于2012年5月20日竣工。

2．施工工期控制与节点工期

由于接触网专业进场较晚，前期大部分隧道未贯通，桥梁未架设，不能形成较大的工作面，但是我专业进场后积极与站前专业联系，主动沟通，见缝插针，一点多面，平行作业，隧道一形成工作面就立即进行打灌作业，吊柱、物料运输；在工期紧张时，加大人员、机械投入，作业班组分成3个小组，人停车不停，24 h不间断施工，为按期开通提供了强有力的保证。

七、工程接口

1．专业间接口施工

（1）接触网专业与站前专业隧道之间的接口主要表现在隧道二衬成型后，接触网开始进行打灌作业、吊柱安装、附加线架设、接触网架设；

（2）接触网专业与站前专业桥梁之间的接口主要表现在预留桥基础螺栓，桥专业的基础螺栓预留的准确与否直接关系到接触网专业的桥支柱安装工作，接触网专业进场后主动与站前专业进行对接，对桥支柱基础预留的型号、螺栓间距进行排查，出现问题的及时与桥梁专业联系整改。

（3）接触网专业与站前路基之间的接口主要表现在路基成型后，接触网及时进行测量、基坑开挖、浇筑，利用站前的施工道路进行支柱安装。

（4）接触网专业与电力专业之间的接口主要表现在接触网的电动开关安装好后，电力专业进行电源敷设、安装，然后接触网进行开关调试。

2．工程接口的质量控制

（1）接触网专业与站前专业隧道之间接口的质量控制：接触网在隧道内进行打灌作业后，对每个化学锚栓进行拉拔力实验，确保化学锚栓的承载力达到设计标准；

（2）接触网专业与站前专业桥梁之间接口的质量控制：接触网专业进场后主动与站前专业进行对接，对桥支柱基础预留的型号、螺栓间距进行排查，出现问题的及时与桥梁专业联系整改。

（3）接触网专业与站前路基之间接口的质量控制：路基成型后，接触网及时进行测量、基坑开挖、浇筑，利用站前的施工道路进行支柱安装。

（4）接触网专业与电力专业之间接口的质量控制：接触网的电动开关安装好后，电力专业进行电源敷设、安装，然后接触网进行开关调试，达到开关各项指标满足设计要求。

八、竣工验收

1. 验收方式

接触网专业静态验收时间：2012年4月1日～5月15日，采用平推式验收方式，根据施工进展对接触网已调整到位的站区先行按验标进行初步验收工作，分三个大组进行验收（上部组、参数测量组、下部综合组）。

2. 静态验收

龙厦正线工程于2012年5月中旬铁路总公司专家组评审通过静态验收，2012年6月顺利完成龙厦线联调联试。

3. 动态验收

2012年6月20日铁路总公司专家组评审通过动态验收，进入试运行阶段；2012年6月30日正式开通运营。

第五十三章　综合接地系统

综合接地系统由贯通地线、接地装置及引接线等构成，建筑物、构筑物及设备在贯通地线接入处的接地电阻值不大于 1 Ω。

一、综合接地概述

1. 路基综合接地概述

（1）路基电缆槽。路堤及路堑地段基床两侧设置复合型水泥基通信、信号电缆槽，并设盖板；路堑段侧沟外侧设钢筋混凝土电缆槽及盖板，路堤段不设电力电缆槽，电力线沿路肩架空敷设或沿坡脚水沟外直埋敷设。

（2）过轨钢管。一般在桥台尾、隧道口及路基上设有通信、信号及电力过轨，并在两端设手孔井。

（3）路基地段贯通地线。路基地段沿线路两侧各设一根贯通地线位于通信信号电缆槽外侧内壁正下方的基床底层中，接地极充分利用接触网立柱基础。

（4）分支引接线。分支引接线一端与贯通地线 C 型压接，另一端与预埋在电缆槽内壁上的接地端子压接。

（5）路基与桥梁、路基与隧道过渡段贯通地线连接。在邻近过渡段的路基通信信号电缆槽侧壁处预留接地端子，并预埋分支引接线将接地端子与贯通地线连接；桥梁、隧道地段的贯通地线沿通信信号电缆槽敷设至路基段，采用 L 形连接器将贯通地线与路基段通信信号电缆槽预留的接地端子连接。

（6）两侧贯通地线间的横向连接。当路基连续长度超过 500 m 时，每隔 500 将左右两侧的贯通线横向连通一次。

（7）路基地段接地基、接地端子设置。接地端子按接触网立柱基础里程+2 m 设置，采用路基型接地端子，接地端子采用不锈钢制造。

2. 桥梁综合接地概述

（1）桥梁电缆槽。通信、信号及电力电缆槽分别沿线路两侧设置，分别挂在人行道栏杆上，分上中下三层设置。电缆槽及抱箍材质为玻璃钢，电缆槽栓接在人行道支架上。

（2）桥梁地段贯通地线。桥梁地段贯通地线沿线路两侧各设一根贯通地线，贯通地线敷设在信号电缆槽内，利用梁体横向结构钢筋实现横向连接，接地极充分利用墩台桩基础。

（3）桥墩桩基接地装置。在每根桩基中设 1 根通长接地钢筋，接地钢筋在承台中环接，桥墩中有两根接地钢筋，一端与承台中的环接钢筋相连，另一端与墩帽处的接地端子相连。墩帽设一个横向连接钢筋，该钢筋一端与桥墩中的竖向接地钢筋可靠焊接，另一端与接触网立柱基础预埋钢板可靠焊接。桥墩单个接地电阻值不大于 10 Ω。

（4）梁体接地装置。

梁体上表面适当位置设纵向接地钢筋。

利用梁端的横向结构钢筋作为贯通线的横向连接，该横向钢筋与挡砟墙顶面和处侧的两个接地端子可靠焊接，且该横向钢筋与角钢支架预埋件可靠焊接，使该角钢支架成一电气通路。利用梁端的竖向结构钢筋作连接钢筋（该钢筋一端与梁端横向钢筋可靠焊接，一端连接梁底接地端子）。

（5）接地端子及不锈钢连接线。

接地端子为桥隧型，采用不锈钢制造，每个桥墩在承台侧面（顶面以下 30 cm）埋设一个接地端子；梁上接地端子仅在每跨梁的侧点端设置（距梁端 75 cm），每跨梁共设端子 8 个（含支架上的那一个）。

不锈钢连接线一端与墩帽上接地端子栓接，另一端与梁底接地端子栓接。支架上的接地端子通过 L 形连接器与信号槽内的贯通地线连接。

3. 隧道综合接地概述

（1）隧道地段贯通地线铺设在两侧的通信信号槽内，并采用砂防护，线路两侧的贯通地线通过隧道内环向接地钢筋实现横向连接。

（2）在两侧通信信号电缆槽的线路侧外缘各设一根纵向接地钢筋，每 100 m 断开一次。用于隧道内接地极、接触网断线保护接地及接地钢筋间的等电位连接。

（3）隧道接地极设置。拱墙设防水板的衬砌隧道充分利用隧道内的初期支护锚杆、钢架、钢筋网或底板钢筋。

（4）接地端子设置。隧道内接地装置均采用桥隧型接地端子，端子从隧道进口 2 m 处开始，在两侧电缆槽底部，每间隔 100 m 各设置 1 个接地端子；在两侧电缆槽侧壁上，每间隔 100 m 各设置 1 个接地端子。

二、综合接地施工

1. 路基过轨钢管

路基过轨钢管在填土前先预埋，路基手孔井、电缆槽、接触网立柱基础等待路基主体工程完成后再施工。

2. 路基通信、信号及电力电缆槽

通信、信号电缆槽采用复合型水泥基电缆槽，该槽经施工招标，委托一家专业队伍预制，龙岩段统一在马坑预制场预制，汽车运至现场进行安装。预制构件采用塑钢作模型，混凝土内掺加钢纤维，并布设钢筋，在专门振动台上捣固。预制时，少部分槽身在侧壁上预留两个孔（接触网立柱接地引接线穿过槽壁及安装接地端子用），槽身预留泄水孔。

待基床底层填筑完成后，人工开挖通信、信号槽至路肩高程以下 40 cm 处，再向下开挖小槽，向基槽内回填中粗砂，敷设贯通地线后，再次回填中粗砂，人工夯实后，安装电缆槽，并采用小型打夯机将槽两侧基坑夯实。在需要横向连接的位置，同样铺设横向连接线，基槽内回填细粒土并人工夯实。路堤、土质及软质岩路堑地段，贯通地线埋设距电缆槽底 30～40 cm；硬质岩路堑地段，贯通地线埋设距电缆槽底 20 cm。在敷设贯通地线时，同时在接触网基础位置附近的贯通地线上压接分支引接线，T 形分支引接线一端与贯通地线 C 型压接，另一端与电缆槽内埋设的接地端子压接。接地端子设在靠线路侧的侧壁上距电缆槽底部 20 mm 处，面朝电缆槽内，凸出槽面 3～5 mm，固定良好。

电力电缆槽沿侧沟外侧设置，钢筋砼矩形沟加盖板，靠侧沟侧墙设泄水孔，水流入侧沟内。

所有通信、信号及电力电缆槽槽内铺中粗砂，盖板待电化局敷设电缆后再安装固定盖板。

3. 桥梁通信、信号、电力电缆槽

桥梁通信、信号、电力电缆槽待梁上人行道支架及步板安装完成后再安装。

4. 隧道电缆槽

隧道二衬施工完毕后，电缆槽与水沟一起施工，施工时预埋接地端子，端子与接地钢筋可靠焊接，电缆槽施工完成后，先铺少量砂，然后由中铁电化局放入贯通地线，并采用 L 形连接器将贯通线与预埋在电缆槽底部的接地端子连接，最后砌砖保护。

三、综合接地系统测试

2011 年 10 月 10 日～11 日局指挥部组织南昌局电务段预介入、龙厦建设指挥部、铁一院监理、电化局、各土建项目对龙厦铁路的综合接地整改情况逐一进行复查和现场电阻测试，电阻测试结果全部合格，参加单位确认达到验收要求。

第五十四章　防灾安全监控工程

一、工程概况

根据龙厦铁路的气候特点，龙厦铁路受大风、暴雨影响大，为了保障行车安全，提高运输效率，龙厦铁路应具备在大风、暴雨气象条件下抵御灾害的能力，有必要建设风、雨监测系统。

既往列车以低速运行时，以人为驾驶为主，当线路上有障碍物时，从目视发现到列车制动停止，时间和距离上尚可保证安全，意外较少。当铁路列车以 200 km/h 的速度运行时，目视瞭望已不能保证行车安全，危险增加。因此，本线应考虑异物侵限对行车的影响。

龙厦铁路斗米至草坂段（K44+862 ~ K89+713）地震动峰值加速度为 0.10g（地震基本烈度为七度），草坂至厦门段（K89+713 之后）地震动峰值加速度为 0.15g（地震基本烈度为七度以上）。参照《高速铁路设计规范（暂行）》（铁建设〔2009〕209 号），沿线地震动峰值加速度达到 0.1g 应设置地震监控子系统，因此龙厦铁路设置地震监控子系统。

二、监控系统的总体构架

防灾安全监控系统是构架于通信传输系统基础上的集信息采集、存储、分析处理一体，通过专家系统给出报警和决策的智能监测系统，是运营调度系统的组成部分。

防灾安全监控系统采用统一的处理平台，由监控数据处理设备、监控终端设备（工务及调度所）、防灾监控单元、现场各监测设备及通信网络设备构成。

结合龙厦铁路的调度指挥权限的划分及维修机构的设置情况，本设计拟在南昌调度所设防灾监控终端；在南昌铁路局工务处、龙岩工务段、厦门工务段设防灾工务监视终端；在龙山站设防灾监控数据处理设备；在沿线区间 GSM-R 基站及牵引变电所或分区所，根据信息采集点的设置需要相应设置防灾安全监控单元。

三、调度所防灾监视报警设备

由于龙厦铁路纳入南昌调度所厦深行车调度台管辖，因此在南昌调度所厦深行车调度台新设防灾调度所设备。

防灾调度所设备包括交换机、UPS 电源、监控终端等。

监控终端通过网络交换机接收从防灾监控数据处理设备传来的数据和报警信息。监视终端以图形、文本、音响等方式显示风、雨、异物侵限、地震等灾害的报警、预警信息及相应的行车管制预案。

当发生异物侵限报警时，监视终端上自动弹出报警对话框，调度员可以通过操作对话框上的按钮，控制列车临时通车和正常运行。

四、监控数据处理设备

1. 设备组成

防灾监控数据处理设备主要负责实时接收各监控单元传送来信息，对实时数据进行存储、分析处理、显示、打印等，并根据信息内容提供相应级别的防灾报警、预警等信息，根据列车运行管制规则提供限速、停运等信息，同时将报警信息传至调度所及工务监视终端。

监控数据处理设备设置于福州信息科信息机房，由数据库服务器、应用服务器、磁盘阵列、维护终端、网络交换机、对外通信接口、黑白激光打印机、防雷单元、网络安全设备、UPS 电源及维护终端桌等组成，详见图 54.1 所示。

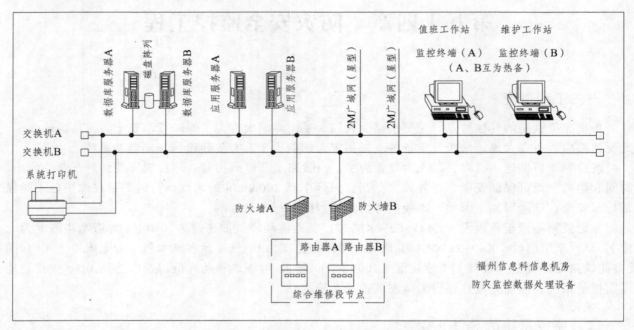

图 54.1　防灾监控数据处理设备构造

数据库服务器为双机热备方式，配一套磁盘阵列作为扩展存储设备，内设防灾安全监控各功能子系统相关监控数据表，存储防灾安全监控各种信息，如风向风速信息、雨量信息、各种异物侵限监测报警信息等历史记录，以备查询。数据库服务器具备故障自动转移功能，保证防灾中心系统稳定运行。

应用服务器负责采集监控单元主机传入监测点状态信息及设备状态信息，将防灾安全监控各种信息、报警信息等历史记录存入数据服务器。应用服务器为双机热备方式，任一台发生故障、任意网络发生故障不影响系统正常运行，提高整个系统的安全性和可靠性。

2. 设备功能

监控数据处理设备功能如下：

（1）能够接收管辖区内的各监控单元上传的风、雨、异物侵限监测信息及监控单元的工作状态信息。

（2）按设定的报警门限值和信息处理规程，对风、雨、异物侵限监测信息进行综合分析处理，根据灾害强度，生成各类报警、预警信息以及相应的行车管制预案并传送至工务终端和调度所防灾终端。接收地震报警信息，对地震动数据进行分析，为救援、抢险救灾提供报警信息。

（3）存储风、雨、异物侵限监测信息和报警、预警及设备故障信息，存储时间不少于 3 年。各类报警、预警信息的内容包括灾害种类、发生时间、地段、灾害级别、行车管制预案等。

（4）具备对各类信息按指定时段的统计分析功能，并为维护管理人员提供监测报警、预警及设备故障等信息的查询显示和报表输出功能。

（5）提供监测信息维护、系统运行参数配置、用户权限管理及访问日志等在内的系统管理功能。

（6）具有自检和对监测设备、监控单元的故障进行监测以及将故障报警信息传送至工务终端的功能。

五、基站防灾监控单元

1. 设备组成

监控单元由系统模块、各种监测功能模块、继电器组合模块、防雷单元、UPS 电源、机柜等组成，设置于沿线各通信基站和车站。

防灾监控单元的供电由基站内电源配电盘分路引入。监控单元采用模块化结构，各功能子系统均可通过各自子板与监控单元连接，满足风向风速监测、雨量监测、异物侵限监测等子系统的接入和监控，同时预留其他灾害监测子系统扩展接口。各监测子项之间相对独立，新增监测子项的接入不影响现有系统的结构。

2. 主要功能

通信基站防灾监控单元接收由各个监测点现场控制箱传来的数据和信息，过滤掉其中无效的数据和信息，将其中的有效数据和信息转发给防灾监控数据处理设备。同时，通信基站防灾监控单元还对接收到的数据和信息做短期的存储。

防灾监控单元对现场监测设备进行监测管理，同时进行自检，实现故障报警、故障诊断和故障定位，将故障记录等信息上传，并接受监控数据处理设备集中监测管理。

防灾监控单元整体设计采用模块化结构，预留系统扩展接口。

在异物侵限监测双电网同时损毁时，通信基站防灾监控单元还通过专用电缆通知车站联锁和列控中心，以控制相应车站或区间的列车实施紧急制动并停止运行。

3. 基站防灾监控单元的分布

基站防灾监控单元为宽 600 mm、厚 600 mm、高 2 200 mm 的机柜，安装于现场探测设备附近的 GSM-R 基站或车站内，与其他通信机柜并行放置。现场的风、雨、异物侵限、地震监测点信息接入离监测点最近的车站或通信基站。

防灾监控单元分布表如表 54.1 所示。

4. 接口与信息传输

防灾监控单元主机与风、雨、地震监控点之间采用串口通信，远程传输时需要增加光隔离长线收发器。防灾监控单元与异物侵限报警监测点轨旁控制器之间通信采用音频信息。防灾监控单元主机与监控数据处理设备之间采用 2×2 M 通道、FE 接口进行通信。

5. 与信号、牵引供电设备接口

在发生异物侵限、地震报警时，采用继电接口与信号、牵引供电设备连接，通过信号电缆传输报警条件。

接口电路设计有以下特点：

（1）当地震动加速度 $a \geqslant 0.04g$ 时，触发信号系统使列车紧急制动，触发牵引变电所牵引供电控制装置使接触网停电。

（2）当两监测电网同时被破坏（切断）时，输出继电信号，触发信号系统使列车制动停车；

（3）当监测电网中的网 A 或网 B 单独被破坏（切断）预警或地震动加速度 a 在 $0<a<0.04$ 时范围内时不会触发励磁继电器，现场控制器会将此预警信号上传给监控数据处理设备。

六、通信网络备至监控单元之间的信息传输

1. 现场监测设备至监控单元之间的信息传输

现场监测设备与监控单元间、监控单元至列控中心间及监控单元至牵引变电所间的传输线路由本专业设计。

表 54.1　防灾监控单元分布表

序号	监控单位设置地点	里程	接入监测点类型
1	基站 1	K3+202	1 风+1 雨
2	基站 2	K7+737	1 异物
3	基站 3	K11+802	1 风
4	马坑站	K17+542	1 风+1 雨+2 异物+1 地震输出
5	基站 7	K34+792	1 雨+3 异物+2 地震输出
6	基站 9	K38+722	1 风+1 异物
7	基站 11	K48+352	1 风+1 雨+1 地震输出
8	吴坑分区所	K53+382	1 风+1 异物+1 地震采集
9	基站 13	K57+316	1 异物
10	基站 14	K61+012	1 风
11	龙山站	K63+787	1 风+1 雨+1 地震输出
12	基站 15	K67+177	2 异物
13	南靖牵引变电所	K74+512	1 地震采集+1 地震输出
14	南靖站	K79+196	1 风+1 雨+1 地震输出
15	基站 17	K82+801	1 风
16	基站 18	K86+403	1 雨+2 异物
17	草坂站	K92+813	1 风+1 地震输出
18	草坂分区所	K96+163	1 地震采集
19	基站 20	K99+813	1 风+2 异物
20	基站 21	K103+873	1 雨+1 异物
21	基站 22	YK106+563	1 风+1 异物
22	漳州南站	K111+866	3 异物+2 地震输出

风向风速计、雨量计等探测传感器至监控单元之间采用 SPTYWPL23B 型铝护套内屏蔽型数字信号电缆。异物侵限现场监测设备至监控单元间、监控单元至列控中心间及监控单元至牵引变电所间采用 PTYL23 型信号电缆，传递 0，1 开关信息。

2．监控单元至监控数据处理设备间的信息传输

各防灾监控单元通过主备用各 1×2M 通道、主备用各 1×FE 口汇聚至邻近车站（主备用通道汇聚至不同的车站），各车站通信传输系统通过主备用各 1×2M 通道、主备用各 1×FE 口接至福州信息科防灾监控数据处理设备核心网络交换机，主备用 FE 接口应配置于不同的两块 FE 板上。

3．监控数据处理设备与调度所、路局工务终端间信息的传输

福州信息科防灾监控数据处理设备与南昌调度所防灾系统网络之间通过主备用各 2×2M 带宽，主备用各 1×FE 口互联，主备用 FE 口应配置于不同的两块 FE 板上。

福州信息科防灾监控数据处理设备至南昌铁路局工务处、龙岩工务段、厦门工务段防灾工务终端之间点对点配置路由器，通过 2×2M 通道、G.703 接口互联。

七、气象监测子系统

气象监测子系统主要包含对风速风向、雨量的监测。

1. 现场设备组成

气象监测子系统现场设备由风速风向仪、雨量计、现场控制箱、传输电缆等组成。

2. 传输电缆

风速风向仪至现场控制箱间采用风速风向仪专用电缆传输；雨量计至现场控制箱采用 PTYA23 型普通信号电缆。现场控制箱至基站间采用铝护套内屏蔽数字信号电缆，用以提供电源和传递数据。基站至列控中心采用 PTYL23 型铝护套信号电缆，传递 0、1 开关信息。

3. 通信方式

现场监测点设备输出接口为 RS-485 串口，远程传输时增加光隔离长线收发器数据发送模块，使通信距离延长至 5 km，满足从监测点至最近的通信基站的传输距离。

八、气象监测布点

（一）风监测布点

1. 布点原则

本线风监测布点依据以下原则确定：

（1）地形原则。

对于具有垭口、长大桥梁、隧道口、高路基等典型地形地貌的路段，根据气象站的历史风速资料分析两年一遇的瞬时最大风速，再通过风速原则确定布点。

（2）风速原则。

危险地段：两年一遇的最大瞬时风速大于 30 m/s

控制地段：两年一遇的最大瞬时风速大于 20 m/s 小于 30 m/s

一般地段：两年一遇的最大瞬时风速小于 20 m/s

在系统设计布点时，危险地段、控制地段需要实时观测风速风向。

（3）监测点数量和位置原则。

在危险地段和控制地段设置监测点时，根据地形确定布点的具体位置和数量，设置依据如下：

垭口：中心必须设置监测点，长度大于 800 m 的垭口根据地形情况适当增设。

桥梁：长度小于 3 km 的桥梁，布设 1 个监测点；长度大于 3 km，且小于 5 km 的桥梁，则根据现场地形情况布设 1~2 个监测点；长度大于 5 km，且小于 15 km 的桥梁，布设 3 个监测点。桥中必须设置监测点。

高路堤：高路堤的布点原则参照桥梁的布点原则。

一般地段：除危险地段和控制地段之外，当一般地段连续长度超过 15 km 时，应布置监测点。

2. 布点过程

本线风监测布点是按照以下过程进行的：

① 首先收集整理铁路沿线气象站的风速气象资料，通过对气象站风速资料的计算，得出沿线各地区两年一遇的最大瞬时风速。

② 根据线路平面图和纵断面图，初步分析线路上各个典型地段的地形特征、地形参数、高度参数，计算并选取沿线所有可能的控制地段和危险地段。

③ 现场勘察所有可能的控制地段和危险地段，确定每个地段的地形订正和高度订正参数。

④ 对每个可能的控制地段和危险地段，根据地形订正和高度订正参数，结合该地区的两年一遇

的最大瞬时风速，计算出线路上两年一遇的最大瞬时风速。根据风速原则及监测点数量和位置原则，确定沿线的布点方案。

图 54.2 为风监测布点流程。

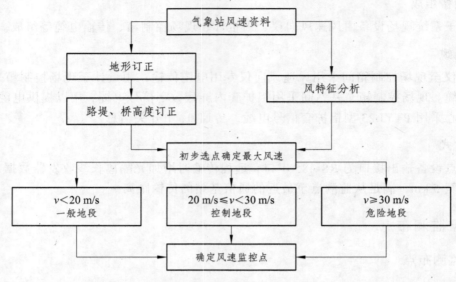

图 54.2 风监测布点流程

3. 布点方案

通过计算并结合布点原则现场勘察得出来的线路上风监测点的布点方案为 37 处，见表 54.2。

表 54.2 风监测布点

序号	桥名	风速风向仪安装里程	桥梁全长（m）
1	龙岩特大桥	K3+912	1775
2	下东山特大桥	K10+192	2215
3	马坑 3 号大桥	K17+782	328
4	后门坑特大桥	K38+112	747
5	黄潭特大桥	K49+772	579
6	肖厝特大桥	K54+162	2440
7	金山特大桥	K59+712	951
8	龙山特大桥	K65+112	732
9	龙山溪特大桥	K77+496	1184
10	荆江特大桥	K84+346	1322
11	路基	K90+263	
12	莲花特大桥	K100+113	1540
13	程溪左线特大桥	YK106+713	1643

（二）雨量监测布点

1. 雨量计布设原则

（1）雨量计的布设位置临近路堤、路堑及隧道口等易产生塌方、水冲线路的处所。

（2）根据沿线地形、地貌以及地质、植被情况，合理调整雨量计的布设方案，特殊地段宜适当加密。

（3）雨量计宜与风速风向仪同址设置。

2. 雨量计布点

根据以上雨量的布点原则，全线共布点 12 处，其中 11 处和风监测点合设，1 处雨量监测点单独设置。见表 54.3。

表 54.3　雨量监测布点

序号	雨量监测点里程	序号	雨量监测点里程
1	K1+512	5	K62+562
2	K18+012	6	K77+996
3	K34+962	7	K88+413
4	K48+862	8	K104+113

九、异物侵限监测报警子系统

1. 监测点现场设备

双电网监测报警现场设备由现场控制箱、双电网传感器、连接电缆等组成。

异物侵限监测报警点需设置防护网和视频监视设备。其中，视频监视设备由通信专业负责设计施工；防灾专业负责防护网及监测电网的设计施工。

2. 异物侵限监测报警工作流程

（1）当异物侵限监测点发生异物侵限时，调度所调度员显示器上弹出报警对话框，同时，由监测点接入的基站防灾监控单元通过电缆通知监测点所属车站的列控和联锁系统或中继站列控系统，控制列车停车。

（2）当调度员通过视频监控系统发现监测点现场未发生异物侵限或监测点现场异物物已经被清理，不影响列车运行时，则可点击防灾终端对话框上临时通车按钮，线路可临时通车。临时通车按钮分为上行临时通车按钮和下行临时通车按钮，分别控制上行线和下行线临时通车。同时，临时通车命令还通过防灾系统发送到列控和联锁系统。

（3）临时通车后，经现场人员抢修，现场异物清除且双电网修复，现场维修人员转动轨旁控制器内的现场恢复按钮，调度员收到现场恢复请求后，点击对话框上的恢复正常行车按钮，恢复至发生异物侵限之前的状态。

（4）如果在监测点现场发生异物侵限时，调度员未确认现场（未点临时通车按钮）或未确认现场确有异物，由现场人员抢修，现场异物清除且双电网修复，可直接执行第（3）条操作，恢复至发生异物侵限之前的状态。

3. 传输通道

监测点双电网至现场控制箱采用 PTYA23 普通信号电缆，现场控制箱至基站间采用 PTYL23 型铝护套电缆；基站至列控中心采用 PTYL23 型铝护套电缆。

4. 异物侵限监测点

龙厦铁路共有公跨铁桥 6 座，异物侵限监测点如表 54.4 所示。

十、现场监测设备安装

1. 风速风向仪及雨量计的安装

风速风向仪托架架设在接触网支柱上，托架为 T 字形。托架安装于接触网支柱 4 m 高，垂直于

表 54.4 异物侵限监测点

序号	桥名	中心里程	轨面至桥面高度/m	公路和铁路夹角/（°）	路面宽/m	监测电网长度/m
1	公跨铁桥 1	K7+705	9.39	80	8.0	58
2	公跨铁桥 2	K88+699	9.50	90	8.0	54
3	公跨铁桥 3	K101+505	9.30	90	8.0	54
4	公跨铁桥 4	K108+140	9.19	78	8.0	58
5	公跨铁桥 5	K110+044	13.60	121	9.3	16
		YK110+408	12.57	133	9.3	44
6	公跨铁桥 6	YK109+928	8.97	80	8.0	50
7	合计					334

线路方向向外延伸 1 m，然后平行于线路方向向上下行方向分别延伸 0.4 m。由于有本线的雨量计采用的为带雨量监测功能的风速风向仪，因此不必另外对雨量监测设备进行安装。

现场控制箱采用防水、防尘箱，安装在距离电缆槽盖板 400±50 mm 高的位置。具体安装图如图 54.4 所示。

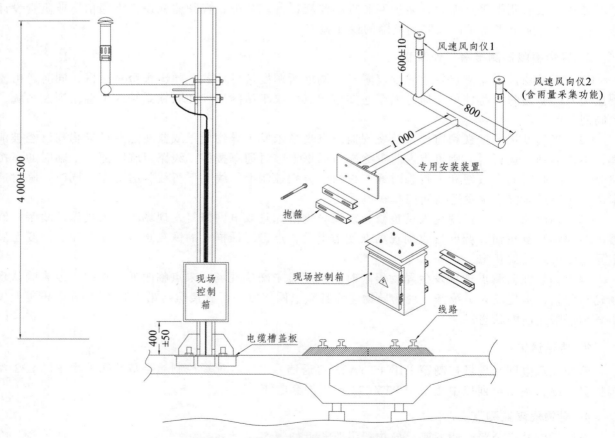

图 54.4 风（雨）监测点现场设备安装

2. 异物侵限监测点现场设备的安装

公跨铁桥现场监测点水平网的安装如图 54.5 所示。

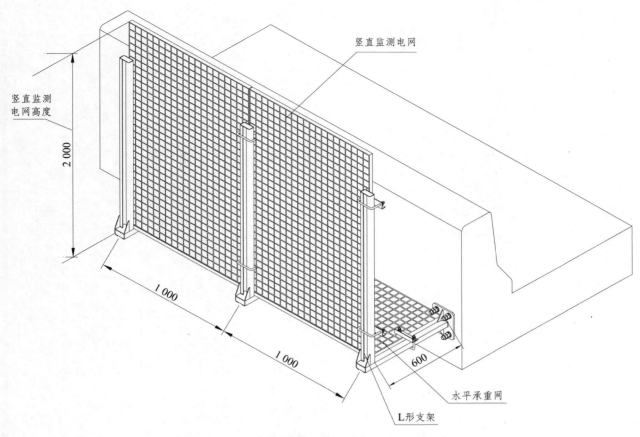

图 54.5　公跨铁桥现场监测点水平网的安装

3. 地震监测点现场设备安装

强震仪根据现场情况在牵引变电所和分区所院内安装，2 套强震仪安装间距不小于 40 m。

强震仪安装于仪器墩（摆墩）上，应尽量排除人为干扰。仪器墩需挖一个基坑，浇注一整块混凝土，周围用 5～10 mm 软材料（如沥青）形成一层保护隔层，再在外围回填土夯实。强震仪安装示意图如图 54.6 所示。

十一、防灾系统功能及其评价

（一）气象监测子系统

1. 风监测

（1）大风监测报警。

一般情况下，报警时限为风速达到报警门限不大于 10 s 报警；解除报警时限为大风降级后不大于 10 min。但是，在实际运用中运营部门结合本线的大风特征，及时调整报警时限和解除报警时限。

（2）大风监测预警。

在积累一个完整风季的气象数据基础上，系统应具备大风预警功能并满足以下要求：

① 强对流短时大风，预警时间不少于 2 min；

② 季节性大风，预警时间不少于 5 min。

（3）列车调度员借助调度电话及 CTC 系统的调度命令无线传输功能，将大风临时限速命令及时传送至相应列车；风监测子系统具备大风监测预警功能时，列车调度员借助 CTC 终端、临时限速操作终端，以设置和取消临时限速为手段，使列车自动限速运行。

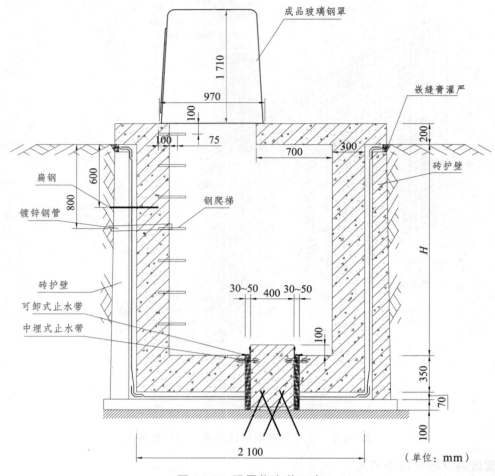

成品玻璃钢罩

嵌缝膏灌严

砖护壁

扁钢

镀锌钢管

钢爬梯

砖护壁

可卸式止水带

中埋式止水带

（单位：mm）

图 54.6 强震仪安装示意

（4）大风临时限速规定按照《京津城际铁路技术管理暂行办法》（铁科技〔2008〕99号）第170条执行，即：列车在环境风风速不大于 20 m/s 时，可以正常速度运行；风速不大于 25 m/s 时，限速200 km/h；风速不大于 30 m/s 时，限速 120 km/h；风速大于 30 m/s 时，严禁列车进入风区或停车。由于本线动车组开通运营时最高速度为 250 km/h，因此，当风速不大于 20 m/s 时，可不对本线动车组进行限速；当风速大于 20 m/s 时，按上述要求对动车组进行限速。

通过对大风进行报警和预警，可以避免因大风造成的列车倾覆事件。当发生的大风减弱后，防灾系统解除报警，调度员可以及时恢复正常行车。

2. 雨量监测

（1）在积累一个完整雨季雨量数据基础上，工务部门正确判断可能发生的水害类型，科学分析降雨量与水害发生的关系，合理确定雨量监测报警方式和门限。

（2）列车调度员借助 CTC 终端、临时限速操作终端，以设置和取消临时限速为手段，使列车自动限速运行；同时，也可以借助调度电话、CTC 系统的调度命令无线传输功能，将强降雨临时限速命令及时传送至相应列车。

（3）对于存在水冲线路及路堤、路堑坍塌等类型水害的线路，采取小时降雨量、日降雨量+（小时降雨量）及连续降雨量+（小时降雨量）监测报警。

① 降雨量警戒值。

龙厦铁路在大雨天气下，根据南昌铁路局下发的南铁防洪字《南昌铁路局龙厦铁路防汛措施》（〔2009〕639号）中的要求，设定降雨警戒值与动车组限速雨量警戒值，见表54.5。根据上表中确定的注意参数值，当降雨量达到注意警戒值或应急警戒值时，在工务终端上面显示报警，工务人员到现场危险地点进行临时看守并巡查。

表 54.5　降雨量警戒值

线别	区段	注意警戒值/mm			应急警戒值/mm		
		时	日	连续	时	日	连续
龙厦铁路	龙漳段	16	50	120	30	100	160

② 临时限速条件降雨量警戒值。

临时限速条件降雨量警戒值见表 54.6。根据南昌铁路局的要求，按照上表中的数值设定达到临时限速条件的降雨量警戒值。

表 54.6　临时限速条件降雨量警戒值

线别	区段	限速 160 km/h 警戒值/mm			限速 80 km/h 警戒值/mm	
		时降	日降雨量	连续	时降雨量	连续
龙厦铁路	龙漳段	45	135	160	55	182

2. 异物侵限监测子系统

异物侵限监测子系统监测侵入铁路限界的异物，触发列控、联锁系统使列车停车。当现场异物不影响行车时，可以通过调度员点击临时通车按钮使列车临时通车。当现场异物被清理且双电网被修复后，通过现场人员和调度员的双确认，可以恢复正常行车。

3. 防灾系统评价

防灾系统可以准确、实时地监测铁路沿线的风、雨、异物侵限，并且提供灾害的预警和报警信息。风、异物侵限均采用双套传感器，可以减少误报警的概率，提高系统的可靠性。

风监测子系统对大风数据采用较为先进的分析处理方法，具有预警和报警两种功能，可以更好地保证列车的运行安全。雨量监测子系统采用精密的雨量计，可以准确地测量雨量值，满足行车安全报警的需要。

异物侵限监测报警子系统报警信息直接发送至列控及联锁系统，在发生异物侵限时使列车及时停车。同时，调度员通过视频监控系统发现现场异物不影响列车运行安全时，可临时通车。当现场异物清除并经工作人员确认后，列车才能正常行车。通过这些程序，最大限度地兼顾了效率和安全。

第五十五章　客运服务系统

一、工程概况

1. 工程简介

龙厦铁路客服系统主要由票务系统和旅客服务系统、其他系统构成；含龙山镇和南靖站 2 个客运站，其中龙山镇站站房面积约 1 884.2 m²，南靖站站房面积约 5 495 m²。

票务系统是以席位管理和交易处理为核心，建立广泛的销售渠道，适应多种售检票方式、多种支付形式和灵活的营销策略，售票和检票以人工方式，预留自动检票系统的接入能力以及市内售票接入条件。

售票终端通过专用票务网络与南昌地区票务中心连接，完成常规纸质软票的售票管理、退票管理、客票预定管理、提交统计报表和售票存根、旅客查询受理、数据维护及系统监控、票额通告等票务系统核心功能，通过强有力的安全保障措施，确保其安全稳定不间断运行。

在车站及相关机构设置业务管理监控终端，完成日常业务管理，出站口设置补票机，预留有自动检票系统接入条件。

旅客服务系统以信息的自动采集为基础，以为旅客提供全方位信息服务为目标，实现客运车站信息自动广播、导向、揭示、监控等功能，运用多样化的服务手段为旅客提供优质的服务，实现旅客服务的信息化。

旅客服务系统的设置旨在体现以人为本的理念，在旅客出行前、进站、候车、乘车、换乘、出站等各环节上提供全方位的信息服务。通过对引导、揭示、广播、监控等服务资源进行有机的整合，形成统一的旅客服务平台。

车站旅客服务系统以集成管理平台为核心，集成导向揭示、广播、监控、时钟子系统，连接火灾报警等外部系统，实现对本站旅客服务系统的集中监视和控制，完成系统间信息共享和功能联动，紧急情况下接受区域中心代管。

车站办公自动化系统、公安管理信息系统为车站和公安工作人员提供先进的网上无纸化办公条件，满足高效运营的需要。由前端办公微机、打印机、后台服务器及交换机等设备构成，办公自动化系统、公安管理信息系统通过通信数据网，与铁路局、公安处既有办公系统互联，实现办公文件的上传下达等功能。

现在车管理服务器及软件、交换机、路由器、磁盘阵列、CPS 服务器及软件、多路通信控制器、网络管理和微机等构成。

货运管理服务器及软件、交换机、路由器、磁盘阵列、网络管理和微机等构成。

车站综合布线系统由工作区子系统、水平子系统、主干子系统、管理区子系统、设备间子系统等 5 个子系统。

2. 主要技术标准要求

（1）信息系统满足铁路车站内旅服平台各子系统需要，提供包括售检票、广播、办公、图像等各种信息业务。

（2）信息系统所有子系统满足验标要求，均采用主、备同时开启状态，以应对车站内各种应急的需要。

3. 工程特点

（1）客运服务系统工程重点为，有部分既有运营站，车流密度大，运输繁忙，所以安全行车更是显得尤为重要。在保证行车安全、人身安全和设备安全的前提下，科学组织施工，最大限度地减少施工对运输的干扰。

（2）施工制约因素多，工程干扰较大，配合协调工作量大，

工程受站房、站台等站前专业影响较大，交通不便，工程前期施工任务量小，主要施工任务集中在施工中、后期。本工程基本处于零工期的施工状态，站前工程完工，同时要求站后工程随即完工，工程施工将与站前单位展开平行作业，和交叉作业，施工干扰较大；工程接口多，所以工程全过程与各站前单位进行很好的配合，减少了二次返工，顺利完成施工生产任务。

（3）新技术、新工艺、施工技术要求高

本段工程为新建速度 200 km/h 客货共线铁路工程，标准也远远高于普速铁路，电缆槽沟中光缆的敷设、预留、接续；票务，旅服、广播子系统设备安装；各个系统的调试及联调等等是本段工程技术管理的重点。

4. 主要工程数量

工程范围为龙山站和南靖站 2 各车站客运服务信息系统的缆线槽道敷设、设备及安装工程。客运服务信息系统以集成管理平台为核心，主要由客票发售与预订系统，旅客服务信息系统，综合显示系统，客运广播系统，视频监控系统，报警系统，综合布线系统，电源系统，CATV 系统，办公自动化系统组成的旅客服务子系统在统一操作界面下进行集中控制和管理。其他系统主要由动力与环境监控系统、客运站办公自动化系统、公安管理信息系统、货运管理信息系统、工区办公自动化等系统组成。

客服信息系统主要工作量有敷设 DN50 钢管 630m，DN32 钢管 8 020m，D32 塑料管 1 640 m，缆线 12 587 m，安装桥架 1 099 m，广播 202 套，无线呼叫站 14 套，噪声探测器 14 套，摄像机 67 套，显示屏 54 套，售票机 9 套，车站母钟 2 套，安检仪 3 台等系统工作量。

二、总体施工组织及规划实施

1. 工程实施指导原则

统筹规划、确保工期、突出重点、安全快速、优质高效。

根据现场的工程实际，精心组织实施，严格执行设计方案，准确掌握技术标准，选定合理的操作规程、施工方法；优化资源配置，合理组织施工，做好施工协调配合，减少施工干扰，确保施工运输双丰收。

2. 项目管理机构及队伍安排

按照本通信系统工程贯穿全线的特点，为了保证施工质量与施工工期，分设客服项目部并设置了 2 个施工作业队，按照每个作业队管辖范围的工程数量，配备了相应管理技术及工班技术人员，并给每个作业队配备了一定数量的劳务工。

3. 机械仪器设备配置

按照需要分别给项目部、分项目部及各个施工作业队配备了一定数量的施工车辆，机械、工具，仪器仪表，并按照施工需要，由项目部进行统一调配管理，保证工期与施工质量。

4. 基础设施

在保证场内交通运输畅通和满足施工对原材料、半成品堆放要求的前提下，尽量减少场内运输，特别是二次倒运。

作业队驻地在满足正常生产、生活要求前提下，尽量躲开闹市区。

施工场地平面布置满足现场卫生、环保、防洪、消防等安全技术要求。

各作业队根据工程施工进展情况，在各区段的合适地点，设置临时工点，方便施工。在项目部驻地设立中心材料库，便于集中管理；在各作业队驻地设置工点小料库，便于日常施工。

根据施工任务内容及现场施工调查情况，并充分考虑施工期间的货物装卸、人员及物资运输，施工期间部分汽车配备给各作业队随队施工，停放于作业队驻地或工点，其余车辆集中停放于项目部驻地。

三、主要施工工艺及方法

首先进行设计联络，待第一次设计联络完成后进行施工勘查、施工准备和施工测量。待具备施工条件后，首先进行综合布线系统施工、同时进行设备安装，然后是系统的调试及联调联试，最后进行试运行。

1. 线缆施工

因为光电缆槽是站前预留，所以线路施工相对比较简单：施工准备→径路测量→单盘测试→配盘→电缆槽开盖及清扫→敷设线缆→线缆检查及恢复盖板。在盖盖板的时候要小心轻放，打钉时避免燕尾钉长伤到光电缆。

2. 设备安装及配线

设备安装严格安装设计要求及相关技术标准下达作业指导书，施工流程为：施工准备→机房环境检查→施工定位与测量→设备安装与固定→布线及配线→安装试验。设备安装一定要牢固，配线要准确。

（1）施工工艺流程。施工工艺流程如图55.1所示。

（2）施工工艺方法说明。

① 施工测量与配合。

根据施工设计图和站内布局，站内桥架、线缆等，测量完毕建立测量台账。

② 单盘测试。

用数字万用表、直流电桥、测试仪测试电缆的各项性能指标，测试结果满足规范和设计要求。用光时域反射仪（OTDR）进行光缆的单盘性能测试，测试结果满足规范和设计要求。

③ 配盘。

根据测量台账和单盘光缆缆长度，进行配盘。

④ 安装桥架托架。

吊顶内，按定测的托架位置，采用打眼作业车，利用冲击钻钻孔，然后装入膨胀螺丝并固定好吊杆，一般范围根据站内吊顶高度而定，按要求1 m处。

⑤ 光电缆运输。

光电缆装车时，应使用叉车或吊车，吊装上车；或者找到有斜坡的地方、人工滚动推上汽车；还可以人工搭放斜坡（使用槽钢），将光电缆滚动推上汽车，人工滚动时一定要注意安全，光电缆盘下方严禁站人，汽车上方应使用大绳将光电缆盘兜住进行保护，防止光电缆盘下滑。

卸车时亦使用吊车或者找到斜坡处缓慢将光电缆盘卸下汽车，严禁将光电缆从车上直接推落到地。

光电缆盘装上汽车后应使用三角形木块进行打眼，并将光电电缆盘与汽车使用4.0铁线进行捆绑，汽车运输过程中严禁车上站人手扶光电缆盘；滚动缆盘时，必须顺盘绕（箭头）方向，并应做短距离滚动。

⑥ 敷设光电缆。

本工程光电缆安装于站内及站台，属于短距离线缆布放，提前在每隔桥架及管道拐角处和引上、下处留人看守接力穿放。以保证在任何情况下施工时光电缆不受损伤。及时做好线缆双头标识。

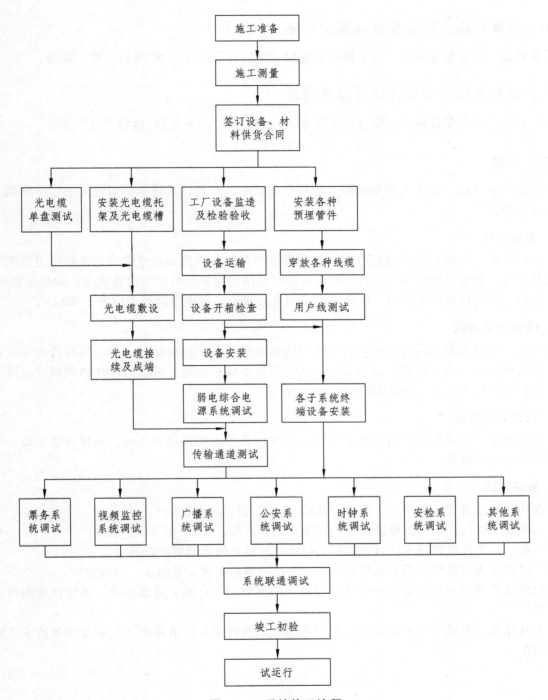

图 55.1 系统施工流程

⑦ 接续、成端。

准备工作：携带专用工具、仪表、接续材料，对照接续位置，先留够足够的光缆预留，一般光缆接续点两侧长度均为 12～15 m 为好。开拨光缆 1.5 m，除去竖管外层纤维包裹绳，根据接头盒规格减掉多余强芯，进行光纤在接头盒内安装及固定。将竖管在接头盘绕半圈，以便于以后处理和接续操作，接下来进行竖管开拨，一般光纤纤预留不应超过 80 cm，准备好接续工具准备接续。穿好热缩管，开拨涂覆层，用 95%的酒精棉球对裸纤进行擦拭，用切割刀将裸纤至涂覆层切至 12～15 cm，放入熔接机进行接续，接续完成检查热缩套管是否热缩透彻。将接续好的光纤收至收容盘内，安装接头盒。做好两端光缆标识。

四、质量目标、质量保证体系及措施

质量目标、质量保证体系、质量保证措施同"第四篇第四十九章 通信工程"部分。

五、安全目标、安全保证体系及措施

安全目标、安全保证体系、安全保证措施同"第四篇第四十九章 通信工程"部分。

六、小结

为了能顺利开通，技术人员加班加点进行联调试验，经过认真摸索、研究形成了一套属于自己的试验方法和步骤：

1．设备加电

加电试验前，重新对设备线路电气特性进行检查测试，特别是对电源线绝缘特性进行测试，区分火线和零线，确保供电安全。进行通电时，随时监测供电电压情况和设备状态，做好应急处理。

加电前，设备接地检查测试，接地电阻采用联合接地，接地电阻值不应大于 1Ω。

2．设备接线调试

接线前，将已布放的线缆再次进行对地与线间绝缘摇测；机房设备采用专用导线将各设备进行连接，各支路导线线头压接好，设备及屏蔽线应压接好保护地线。接线时应严格按照设备接线图接线，接完再进行校对，直至确认无误。

3．调试前的检查

检查各电子元件及配线是否牢固；检查系统电压和电池的正负极方向，确保安装正确；检查接地和通风是否符合要求。

4．检测试验

对各功能单元进行试验测试，全部合格后方可进行试验和检测；

（1）电缆测试仪、网络故障诊断仪采用知名品牌产品。

（2）仪器仪表性能满足本项目招标范围内所有信息系统运营维护需要。

（3）仪器仪表包括但不限于电缆测试仪、网络故障诊断仪、万用表、打线钳等。

试验的范围及内容：信息各子系统主要设备的性能功能试验、通道试验、系统性能测试、系统功能试验。

以上具体测试和试验的具体方法、项目和测试记录均按原铁道部相关标准及设备技术手册的有关要求操作。

第五十六章 工程接口

第一节 专业间工程接口的施工

专业间的接口从大的方面主要有以下两类：

（1）站前各工程接口过渡段（路基与隧道、路堤与路堑、路基与涵洞），轨道与路基、隧道、涵洞的接口。

（2）站后与站前工程接口，路涵隧与通信、信号、电力、接触网、环保等专业的接口，站场与通信、信号、电力、接触网、环保、房建等专业的接口。

工程接口主要分为内部接口和外部接口，内部接口主要是子系统合同范围内的通信、信号、牵引供电和电力子系统及其配套房间之间的接口，外部接口是指系统合同范围外各专业和单位间的接口，主要包括路基、桥梁、隧道、轨道、车站、房建、综合接地等，并协调与外部电网运营商的接口问题。

一、路基接口

1. 电缆槽

路基地段电缆槽设于左右侧路肩上，按强、弱电分档电缆槽和盖板均设计为预制钢筋混凝土结构并符合抗老化、抗腐蚀及耐久性相应指标、电缆槽采用侧向排水，于电缆槽底部每隔 2 m 设置直径为 5 cm 泄水孔一处，将电缆槽内水引出。

电缆槽安装，路肩电缆槽安装采用人工配合起重机具，挂线施工，安装过程做到轻吊轻放，防止电缆槽损坏，安装时内边外侧离左线中心距离保持一致。电缆槽安装完成后，对电缆槽与路基基床之间的空隙采用混凝土回填密实。路堑处的电缆槽设置于路基两侧侧沟内侧。

盖板安装，安装盖板时，应确定安装顺序，挂线作业，控制缝宽，确保均匀一致，并尽可能把公差范围一致的预制件安装在同一部位或地段，确保线型顺直、平滑、美观。盖板在桥头或隧道洞口加盖异形盖板，保证盖板无缺口。

2. 手孔

手孔是过轨管转接的出口，凡有过轨管的位置，在路基位置按照设计要求设置手孔，手孔与盖板设计为钢筋混凝土。

手孔开挖安排在基床表层完成后开挖。手孔现浇安排在手孔开挖成型后进行，并保证与相邻电缆槽线形平顺。混凝土采用集中拌和站生产，在混凝土灌筑至设计高程后，应将其顶面用抹刀抹平。

3. 过轨管道

通信信号电缆过轨钢管在路基基床表层第一层级配碎石施工完后埋设。按照设计图纸，事先确定好过轨管现场埋设的具体位置，路基填筑达到过轨管的埋设高程后，准测出平面和水平位置。开槽宽度和长度满足安放管道的要求。

管道安放前，采用夯实机具对槽底土进行夯实，平整水平，检测满足压实标准后安放管道。管道内预留两根铁丝。管道连接为焊接，要保证内壁光滑无毛刺。

二、隧道接口

隧道与通信信号、电力的接口主要为通信信号电缆槽、电力电缆槽施工，主要施工过程包括测量定位、绑扎安装钢筋、固定模板、浇注混凝土、铺设盖板，模板采用大块整体式钢模，混凝土集中拌和，插入式振幅器振幅，浇注混凝土后加强养护，养护时间不少于 7 天。

第二节　工程接口的质量控制

为了确保工程接口的功能，防止工作不协调和不必要的返工所引起的成本和时间的浪费，并完全达到设计要求，确保工程质量标准，标段专门成立接口管理组，制定和完善施工接口的管理方案，并切实按管理方案操作，以达到质量控制的目的。

（1）加强对影响质量五大要素的控制。

人的控制，配备技术熟练、经验丰富的施工生产人员。对生产人员进行岗前专业培训及劳动纪律教育、职业道德教育，特别是新工艺、新材料的应用操作培训，合格后方可上岗作业，并明确各级人员的质量责任。

原材料的控制，主要器材必须具有铁路总公司批复的生产许可证，所有设备和材料应具有产品证明书，出厂合格证书，使用说明书，三包证书和产品试验报告。对原材料、设备等的检验，应有书面记录或按技术标准规定的必要抽检试验报告和专人签字。未经检验或检验不合格的，不得投入生产中使用。

机械的控制，根据不同工艺特点和技术要求，选用合适的机械设备正确使用、管理和保养，确保机械设备处于最佳使用状态。

方法的控制，施工方案、施工工艺、施工组织设计、施工技术措施等，应切合工程实际、能解决施工难题、技术可行、经济合理，有利于保证质量、加快进度、降低成本。

环境的控制，根据工程特点和具体条件，对影响施工质量的环境因素，采取有效的措施严加控制。在施工现场，建立文明施工和文明生产的环境，保证材料堆放整齐有序，工作场所清洁整齐，施工程序井井有条，为确保施工质量、安全创造良好条件。

（2）严把设计文件核对关，制定实施细则。

施工前，项目工程师认真复核设计文件，图纸施工图审核必须仔细认真，一丝不苟，发现问题及时与设计专业工程师联系，要把设计技术问题解决在施工之前，制定统一施工技术标准、操作工艺。

（3）推行首段定标的施工方法，组织现场示范培训，做到全标段标准一致、施工工艺高度统一。

（4）坚持技术交底的方法，在每道工序施工前，按设计要求、技术标准、施工工艺，对施工班组进行详细的技术交底工作，在交数量的同时交施工方法、质量要求、安全措施。施工中严格按设计图纸和规程、规范进行施工。

（5）强化施工过程中的质量控制，做好施工准备工作的质量控制。主要是做好技术准备、物资准备、组织准备、施工机具、施工现场的准备。具体措施是工序自检、互检、交接检做到施工项目有方案、技术措施有交底、图纸有审核记录、材料有检验验收记录、隐蔽工程有签证、计量器具有校核、设计变更有手续、质量记录文件有归档等，实行质量一票否决权。

对施工过程形成产品的质量控制。具体措施是组织调试试验，准备竣工验收资料，组织自检和初步验收按规定的质量评定标准和办法，对完成的检验批、分项、分部工程及单位工程进行质量检验评定，技术档案资料齐全。

（6）建立、健全工程质量终身责任制，认真贯彻实行与子系统相协调的技术、功能以及工程质量检验评定制度，实行建设项目挂牌公开制格后，按规定格式填写隐蔽工程检查证。对不合格的项目及时进行分析解决，不留隐患。

（7）贯彻标准，对关键及技术复杂的工序，设专人负责，重点在工程建设的过程中，严格按照《质量手册》控制。实现过程控制，使工程质量的控制纳入程序化。建立以项目部为核心的质量保证体系，工程完毕后，项目部质量检验工程师首先进行自检，进行全过程控制，保证质量目标的实现。

第五十七章　高性能混凝土及耐久性施工

龙厦铁路施工图设计完成于 2007 年 5 月，根据 2005 年 10 月颁发的《铁路混凝土结构耐久性设计暂行规定》（铁建设〔2005〕157 号），龙厦铁路桥涵在施工设计时桥涵混凝土已按结构耐久性进行了设计。在龙厦铁路施工设计完成后，原铁道部于 2007 年 11 月颁布了"关于印发《铁路工程高性能混凝土暂行配合比用料》等补充定额标准的通知"（铁建设函〔2007〕1212 号文），该文对耐久性混凝土的配合比结合不同的环境类型进行指导性细分。在龙厦铁路桥梁、隧道中，用的最高标号混凝土为 C40，本章以 C40 混凝土为例，对高性能混凝土的配置以及施工技术控制措施进行阐述。

一、高性能耐久性混凝土配制原则

高性能耐久性混凝土的配制主要包括原材料性能和混凝土材料性能两方面。为满足高性能耐久性混凝土的性能和配制上的基本要求，必须从以下六个方面进行混凝土的配合比设计和混凝土配制：

（1）选用优质、适用和经济合理的原材料，并控制原材料的质量波动，以保证混凝土的性能和经济性。

（2）使用粉煤灰、硅灰和磨细矿渣（矿粉）等活性矿物材料作为掺合料，并保证一定的掺量，大幅度提高混凝土的内部结构致密性，降低混凝土渗透性，增加耐久性能。

（3）选择合理的粗骨料最大粒径和粒径范围。

（4）使用高性能混凝土减水剂，并与水泥等胶凝材料之间具有较好的相容性，能保证混凝土拌和物有良好的工作性，降低用水量。

（5）降低混凝土水胶比。低水胶比是保证混凝土高耐久性与较高强度的前提条件之一。研究表明，HPC 的水胶比高于 0.45 时，则不可能在严酷环境中具有耐久性。HPC 的水胶比通常介于 0.26～0.40 之间。

（6）保证一定的胶凝材料用量。

高性能耐久性混凝土的原材料要求及技术指标：

1. 水泥

水泥采用强度等级不低于 42.5 级的低碱硅酸盐或低碱普通硅酸盐水泥（掺合料仅为粉煤灰或矿渣），C3A 含量应不大于 8%；其余性能应符合《通用硅酸盐水泥》（GB175）的规定。

2. 砂石

砂：采用硬质洁净的天然中粗砂，细度模数为 2.6～3.0，含泥量应不大于 1.5%，其余技术要求应符合《铁路混凝土与砌体工程施工规范》（TB 10210—2001）的规定。

石子：坚硬耐久的碎石，压碎指标应不大于 8%，母岩抗压强度与梁体混凝土设计强度之比大于 2；粒径宜为 5～20 mm，最大粒径应不超过 25 mm，并分为 5～10 mm 和 10～20（25）mm 两级，使用时的粒径 5～10 mm 碎石与粒径 10～20（25）mm 质量之比为（40±5）：（60±5）%；含泥量应不大于 0.5%，其余技术要求符合《铁路混凝土与砌体工程施工规范》（TB 10210—2001）规定。

选用的骨料在试生产前应进行碱活性试验。不使用碱-碳酸盐反应的活性骨料和膨胀率大于 0.20% 的碱-硅酸盐反应的活性骨料。当所采用骨料的碱-硅酸盐反应膨胀率在 0.10～0.20% 时，混凝土中的总碱含量不超过 3 kg/m³，并符合《铁路混凝土工程预防碱-骨料反应技术条件》（TB/T 3054—

2002）的要求。

3. 水

经化验符合混凝土拌和及养护用水。

4. 外加剂

混凝土外加剂采用符合《混凝土外加剂》（GB 8076）的规定的产品，并经检验合格后方可使用。外加剂掺量由试验确定，采用丙烯酸、聚羧酸、氨苯磺酸盐类高效减水剂，不得使用早强剂。所掺外加剂性能与所用水泥具有良好的适应性，减水率不应低于20%，碱含量不得超过10%。

5. 混凝土的技术指标

混凝土强度：$f_{c28} \geqslant 40$ MPa；

水泥用量：控制在 4 360 ~ 460 kg/m^3，水胶比≤0.40；

混凝土坍落度：控制在 16 ~ 20 cm；

凝结时间：初凝不小于 10 h，终凝不大于 14 h。

单方混凝土的胶凝材料总量不宜超过 500 kg/m^3。

二、高性能耐久性混凝土施工中的技术措施

1. 宏观缺陷控制

（1）由于混凝土构件的宏观缺陷（如裂缝、蜂窝等）等的存在将大大削弱混凝土对钢筋的保护能力，从而缩短整个混凝土结构的使用寿命，并且也会对结构工作时间内的维护带来困难。因此，须严格控制混凝土构件的宏观缺陷。

（2）控制 Cl$^-$ 的早期侵蚀，由于混凝土中的初始 Cl$^-$ 浓度对混凝土耐氯离子性能影响较大，因此，预制构件需满足设计及规范要求的存放期后方可出运。

（3）提高砂、石材料含泥量的控制指标。

（4）混凝土全部采用泵送，严格控制碎石级配。

（5）严格控制混凝土配合比。

（6）严把振捣关，确保混凝土密实。

（7）加强养护，确保混凝土养护质量。

（8）严格施工质量检查制度，保证钢筋保护层厚度，杜绝裂缝产生等关键技术措施落实到位。

2. 混凝土裂缝控制措施

针对施工中的各个环节，采取有效的预防措施，把引起裂缝的因素事先排除，确保梁体的完整性与可靠性，根据施工现场的实际情况推出了以下预防措施：

（1）严格监控原材料，对选用的硅酸盐水泥进行严格的试验检测。选择收缩小、水化热小的水泥品种，控制水泥的安定性。

（2）严格按施工配合比控制水胶比和水泥用量，精确减水剂和掺合料的掺量，控制混凝土的收缩和放热量，避免过多的温度应力和收缩应力引发开裂。

（3）精心组织施工，避免高温天气施工，浇注混凝土时，注意梁体阴阳面的温差不宜过大，防止产生过大的温度应力引发开裂，注意加强养护，特别是早期养护，要及时，要充分，养护时间不能少于 14 d。

（4）非承重模板拆模时间以混凝土强度达到 2.5 MPa 为宜。在施工现场拆模时间为混凝土浇注 24 h 后（经试验一般能达到 5 MPa 以上）。承重模板必须达到 100% 后才能拆除。

（5）加强地基碾压，支架基础施工严格按设计图纸进行，使其具有足够的承载力，也具有抵抗变形的能力，防止不均匀沉降。

（6）梁体周围排水要畅通，防止因水分渗透到基座底而降低承载力，致使出现不均匀沉降发生。

（7）拆模时要用千斤顶及倒链逐渐加力，不要用大锤敲，以防敲碎混凝土，或防止振动波传递引起共振，导致梁体开裂。

（8）混凝土强度达到设计要求时应及时进行预应力张拉，使梁体有一个约束应力并具有一定的预拱度，使其有足够的抵抗变形的能力。

3. 混凝土夏期施工措施

当昼夜平均气温高于 30 ℃ 时，混凝土施工应采取夏（热）期施工措施。

（1）对水泥、砂、石料等材料进行遮阳防晒处理，或在砂石料堆上喷水降温，以降低原材料进入搅拌机温度。水泥入机温度不宜大于 40 ℃。

（2）经常测定混凝土的坍落度，及时调整混凝土配合比，混凝土配合比应考虑坍落度损失，以满足施工所必需的坍落度要求。

（3）尽可能在气温比较低的夜间进行混凝土施工，混凝土入模温度不得高于 30 ℃。

（4）混凝土运输车应设防晒设施，尽量缩短运输时间。在运输过程中宜慢速搅拌混凝土，但不得加水搅拌。

（5）浇注场地应遮荫，以降低模板、钢筋的温度，在浇注前在模板、钢筋上喷水以降温，但浇注时不得有积水。

（6）混凝土浇注完后，表面立即覆盖清洁的塑料膜，防止水分散失过快。在初凝后撤去塑料膜，用浸湿粗麻布覆盖，并经常洒水，保持潮湿状态最少 7 d。

4. 压浆采用高性能无收缩防腐蚀灌浆液

压浆采用真空辅助压浆工艺。

技术指标：

抗压强度大于 55 MPa，抗折强度大于 10 MPa；

凝结时间：初凝大于 4 h，终凝小于 24 h；

静置条件泌水率：3 h 小于 0.1%，24 h 为 0；毛细泌水率：3 h 小于 0.1%；

压力泌水指标：0.14 MPa 下，最大泌水率不大于 6%；

流动性：出机流动度 21±s，30 min 后流动度 30 s；

28 d 限制膨胀率 0 ~ 0.1%；

充盈度：无肉眼可见水囊，无直径大于 3 mm 的气囊；

水泥采用强度等级不低于 42.5 级的低碱硅酸盐或低碱普通硅酸盐水泥，C_3A 含量应不大于 8%；其余性能应符合《通用硅酸盐水泥》（GB 175）的规定。

水：经化验符合混凝土拌和及养护用水。

第五篇　科研与技术创新

第五十八章　科研项目的立项与组织实施

第一节　隧道工程

一、限量排水条件下高压富水岩溶区隧道注浆技术

项目名称：限量排水条件下高压富水岩溶区隧道注浆技术

起止时间：2010 年 3 月 1 日~2012 年 6 月 30 日

项目级别：局级

完成单位：龙岩铁路有限责任公司龙厦铁路工程建设指挥部、中铁隧道集团龙厦铁路 ZD-1 标项目经理部、中铁隧道集团技术中心

研究内容：

（1）象山隧道的注浆模式/参数及其选择标准研究：本项研究主要针对象山隧道地下水的赋存环境、工程地质、水文地质条件，在注浆工程实践的基础上通过技术研究，提出了适宜于不同的地下水赋存环境、工程地质、水文地质条件的注浆模式、注浆参数、注浆材料、注浆工艺、注浆质量检查标准、注浆后的隧道开挖方法以及注浆模式的选择依据和选择标准。

（2）限制排水条件下高压富水岩溶区隧道注浆技术研究：本项研究主要针对象山隧道岩溶发育区高压、富水、地表建筑密集的特点，对注浆开孔断面、注浆钻孔孔位布置、注浆工艺、注浆材料及其配合比、注浆效果检查及评定方法进行优化研究；对提高隧道开挖稳定的超前支护体系及掌子面稳定技术进行研究。通过上述研究及技术的综合运用，确保高压富水岩溶区隧道施工安全和地表建筑安全。

二、超浅埋大断面铁路隧道下穿建筑密集区施工技术

项目名称：超浅埋大断面铁路隧道下穿建筑密集区施工技术

起止时间：2008 年 10 月 1 日~2012 年 6 月 30 日

项目级别：局级

完成单位：龙岩铁路有限责任公司龙厦铁路工程建设指挥部、中铁二局龙厦铁路 LX-Ⅲ标工程指挥部

研究内容：

（1）城市建筑密集地区浅埋暗挖隧道地表变形控制分区研究。本项研究在围岩级别、隧道埋深对地表变形影响规律研究的基础上，结合石桥头（仙龙）隧道地表建筑的特点，提出隧道变形分级控制的标准，以此为基础对石桥头隧道进行变形控制分区。

（2）不同地表变形控制区段的施工技术研究。本项研究在上述地表变形控制分区研究成果的基础上，采用数值分析与施工实践相结合的方法，对不同变形控制区段的施工方法、施工参数进行优化，提出不同变形控制分区的施工方法、施工参数及辅助施工措施。

（3）城市建筑密集浅埋区段控制爆破及爆破减震技术研究。本项研究在现场爆破振动测试的基础上，确定爆破振动的场地、围岩影响系数、爆破震动频率及持续时间。在此基础上，对爆破设计参数（单段爆破用药量、掏槽眼位置、掏槽形式、导爆管段差、孔眼布置等）进行优化研究，提出

适宜于不同区段的爆破设计参数及爆破减振辅助措施。

三、龙厦铁路象山隧道复杂地质条件下关键施工技术

项目名称：龙厦铁路象山隧道复杂地质条件下关键施工技术

起止时间：2007.3—2011.5

项目级别：局级（中铁隧道集团有限公司立项）

完成单位：中铁隧道集团有限公司　　福州大学

研究内容：

（1）开展以地表沉降资料为基础并结合其他地质资料对岩溶发育区的地质构造、纵向边界、发育特点及隧道涌水与河流的补给关系的研究，得出象山隧道岩溶发育的特点，为动态设计和施工方案制定提供依据。

（2）利用物探、钻探、注浆钻孔、注浆参数的统计分析，提出四者结合的复杂地质预报技术。

（3）研发半断面开孔全断面注浆的新方法和全断面加筋注浆技术，研制硫铝酸盐水泥浆外加剂，提高注浆加固堵水效果。

（4）通过大量现场实测数据和理论研究，分析构造残余应力对围岩和支护结构的影响，提出适宜于构造残余应力影响下的破碎围岩支护参数及施工技术。

（5）针对含孤石、软弱、浅埋的特点，分析孤石对初期支护的影响，提出处理孤石、防止塌方的工程措施和施工技术，保证施工安全。

第二节　　轨道工程

项目名称：群枕法一次铺设有砟轨道无缝线路施工技术

起止时间：2008 年 10 月 1 日～2012 年 6 月 30 日

项目级别：局级

完成单位：龙岩铁路有限责任公司龙厦铁路工程建设指挥部、中铁二局集团新运工程有限公司

研究内容：研究采用群枕式长轨铺轨机组一次铺设有砟轨道无缝线路的技术，解决工期与换铺法工序繁杂且综合施工效率低的矛盾。

第五十九章　科研项目对工程的指导作用和成果的工程化应用

一、"限量排水条件下高压富水岩溶区隧道注浆技术"项目

象山隧道地处闽西南拗陷带之龙岩向斜的东翼并穿过政和—大埔深大断裂带。复杂的区域地质条件使象山特长隧道处于非常复杂的工程地质环境中，隧道穿越的 9 组沉积地层中 8 组呈不整合或假整合接触，斜井、正洞 33 次穿越 14 种不同地层，4 次穿越岩溶地层，11 次穿越较大的断层破碎带，27 次穿越岩性接触带。受复杂地质构造的影响，隧址区围岩破碎，具有良好的地下水渗透通道，加之隧址区雨量充沛、地下水水位高、集水体多（隧道 3 次下穿水库，多次下穿河流、小溪），地下水很发育，施工期间隧道涌水量很大。此外，象山隧道还穿越 355 m（DK24+083 ~ +232、YDK24+098 ~ +304）岩溶发育区。岩溶发育区具有地表建筑密集，地质构造复杂、岩性变化大，地下水与地表水连通性好，水压高的特点。

注浆堵水、加固围岩是预防和控制突泥涌水及其诱发的塌方和地表塌陷的有效措施。为保证象山特长隧道的安全、顺利建成，龙岩铁路有限责任公司龙厦铁路工程建设指挥部联合中铁隧道集团公司针对象山隧道施工中涉及的注浆技术，特别是岩溶发育区限制排水条件下的注浆技术进行研究。通过研究取得以下研究成果：

（1）将传统的全断面开孔帷幕注浆改为半断面开孔全断面注浆，在此基础上结合注浆孔位布置优化，注浆工艺优化，在保证注浆效果的前提下大大缩减了注浆作业时间、减少了注浆量。

（2）将管棚施工由传统的有工作间施工优化为无工作间施工，提高了软弱围岩段隧道施工的安全性，降低了施工风险，提高了工效，既方便施工又节约成本。

（3）在注浆孔中下入玻璃纤维锚杆、塑竹组合锚管并注浆的工作面稳定技术，为软弱围岩开挖提供了安全保障，是高压富水岩溶段安全施工的有效技术措施。

（4）对注浆材料进行了优化，开发了与前进式分段注浆工艺相匹配的硫铝酸盐水泥浆液。该浆液在超前预注浆施工中具有早期强度高、凝胶时间可控、浆液扩散控域、操作方便、经济、环保等优点。

（5）系统地提出了适宜于不同的地下水赋存环境、工程地质、水文地质条件的注浆模式、注浆参数、注浆材料、注浆工艺、注浆质量检查标准、注浆后的隧道开挖方法以及注浆模式的选择依据和标准，使注浆这一行之有效的堵水技术在实施中更具操作性。

二、"超浅埋大断面铁路隧道下穿建筑密集区施工技术"项目

龙厦铁路石桥头（仙龙）隧道为双线铁路隧道，全长 1 586 m，地处龙岩闹市区。该隧道除具有埋深浅（暗挖段最小埋深 5 m，大部分地段 10 ~ 30 m）、围岩差（全隧均为 V 级围岩）、工期紧的施工难点外，还具有地表建筑密集的特点。据施工前期调查，受隧道施工影响的地表建筑达 122 幢之多，且多为修建于上世纪 80 年代的居民自建房，房屋整体性差（结构多为砖混结构、砖木结构、土坯房），基础浅（大多为砌石条形基础、条形基础或筏板基础）。隧道施工诱发的地表沉降极易引起建筑变形、开裂、失稳。控制地表变形，减弱隧道施工对地表建筑物的不利影响是决定本隧道施工成败的关键。为解决石桥头（仙龙）隧道施工中面临的关键技术难题，保证施工安全和地表建筑安

全，龙岩铁路有限责任公司龙厦铁路工程建设指挥部联合中铁二局龙厦铁路建设指挥部针对石桥头（仙龙）隧道工程的特点和难点，开展"超浅埋大断面铁路隧道下穿建筑密集区施工技术"研究。通过研究取得以下研究成果：

（1）课题提出的在城市建筑密集地区浅埋暗挖隧道施工中应根据地表建筑物的特点、隧道埋深及围岩类别，以地表变形控制为目的，在地表变形规律研究的基础上进行地表变形控制分区，以此为基础，通过施工优化和信息化施工以加快施工进度、减弱隧道施工对地表建筑的危害、保证施工安全的技术思想和方法，对类似工程的设计和施工具有重要的指导意义。

（2）课题针对石桥头（仙龙）隧道的特点，系统提出了适宜于隧道特点的控制分区研究方法和不同地表变形控制分区采用的施工方法、施工参数以及辅助施工措施，成功解决了在密集建筑群下浅埋暗挖法隧道施工的关键技术，保证了石桥头隧道的施工安全和地表建筑安全。

三、"龙厦铁路象山隧道复杂地质条件下关键施工技术"项目

龙厦铁路象山特长隧道左线隧道长 15 898 m，右线隧道长 15 917 m，最大埋深 830 m，具有地质条件复杂，地下水发育，涌水量大的特点，是龙厦铁路最长的隧道和最重要的控制工程。复杂的地质条件及工程环境决定了象山特长隧道具有施工难度大、风险高、工期紧迫等诸多难点。隧道施工期间发生突泥涌水、塌方、地表塌陷的风险极高，被原铁道部评为Ⅰ级高风险隧道。

由于象山隧道的岩溶发育区地表建筑密集，岩溶突水除严重威胁着洞内施工安全外，还会诱发地表沉降、房屋开裂等一系列环境事件，基于以上背景，开展龙厦铁路象山隧道复杂地质条件下关键施工技术的研究。通过研究取得以下成果：

（1）在隧址区区域地质条件、地表环境、施工特点等工程背景深入分析的基础上，得出了象山特长隧道的主要施工风险、风险形成机制及风险重点控制地段，为象山隧道Ⅰ级高风险隧道的评定奠定了基础。在上述研究的基础上针对象山隧道的极高施工风险（突泥涌水、塌方、地表塌陷）从超前地质预报、超前预加固、开挖、监测等方面提出了针对性技术措施，为象山隧道极高施工风险的控制提供了技术指导。

（2）得出了针对高压富水断层破碎带、节理密集带、地层不整合接触带的超前地质预报方法及上述地质条件在 TSP、地质雷达、高分辨率电法探测成果上的表现特征和判释方法；通过目前常用超前地质钻探钻机性能的对比分析，结合施工实践，提出了常用超前地质钻探钻机适宜的工程条件（地质条件、施工工作面数量及运输条件、钻孔工作量等）；针对高压富水区超前地质探孔施钻过程中易发生钻孔突水的问题，研制了两套钻孔孔口防突水装置，该装置可有效防止孔口高压突涌水。上述技术和研究成果为富含高压地下水的断层破碎带、节理密集带、地层不整合接触带的安全、准确、快速超前地质预报提供了保障，在象山隧道超前地质预报中取得了很好的实施效果。

（3）通过地表沉降资料、钻探资料等的综合分析，较准确地确定了象山隧道1号—2号斜井间岩溶发育区的纵向边界、岩溶发育特点、岩溶发育区的地质构造、隧顶地层特点及隧道涌水与河流的补给关系。以地表沉降资料为基础对岩溶发育规律进行研究的方法为类似地段岩溶发育规律的研究提供了可行的新途径。

（4）针对岩溶隧道超前帷幕注浆施工的特点，提出了"通过注浆钻孔钻进、注浆过程中各孔资料的统计分析对岩溶纵、横向发育特点、分布规律进行超前预报"的方法、实施要点及资料分析处理方法，大大提高了岩溶预报精度，较好地解决了目前岩溶隧道超前地质预报精度无法满足施工要求的不足。

（5）在象山隧道岩溶发育段研究、运用了半断面开孔全断面注浆的动态注浆方法、孔口止浆钻杆分段后退式注浆方法（实用新型专利，专利号：ZL2008 1 0049526.3）、全断面加筋注浆技术和无工作间管棚施工技术，研制了适宜于高水压注浆的孔口管（实用新型专利，专利号：ZL2008 2 00221416.6）和硫铝酸盐水泥浆液外加剂，上述技术的综合运用保证了高压富水岩溶区隧道顶水带压

施工的安全性,大大缩减了注浆作业时间,与传统的全断面帷幕注浆方法相比每循环作业时间减少 63%。

(6)利用有轨斜井四车道提升机运输的特点,采用并轨技术减少斜井断面尺寸;在井口运输设备布置中采用台阶式曲轨,缩短了运输场地;上述技术结合井底立体转载系统布置和提升设备配置的系统优化,提高了斜井的运输效率。

(7)针对象山隧道出口浅埋段花岗岩残积土具有吸水软化、随水流失且含大孤石的工程实际,通过研究得出了不同大小、位置孤石对初期支护影响的基本规律,提出了适宜于含孤石富水花岗岩残积土浅埋隧道的施工方法、施工原则、关键工序及工序控制要点。较好地解决了象山隧道出口含孤石富水花岗岩残积土段初期支护严重变形、地表大量下沉、塌方频发、施工缓慢的技术难题,保证了施工安全。

(8)针对象山隧道 2 号~3 号斜井间地质构造复杂、围岩破碎区段初期支护频繁破坏的工程实际,通过研究得出了构造残余应力影响地段围岩压力与洞室变形的关系和深埋隧道构造残余应力的现场识别方法;得出了构造残余应力影响、不同侧压系数、构造形迹(褶皱、断层)下围岩压力分布、初期支护变形的特点以及初期支护的内力分布特点,变形、破坏关键部位及提高初期支护稳定性的辅助措施;在上述研究的基础上提出了适宜于构造残余应力影响下的破碎围岩隧道施工技术。较好地解决了象山隧道地质构造复杂、围岩破碎段的主要施工技术难题,保证了施工安全并加快了施工进度。

(9)揭示了锚注联合提高破碎围岩支护效果的机理及适宜条件,对该支护方法的施工要点、质量检验方法进行了总结。为这一方法的合理、正确使用提供了理论依据和实践指导。

上述研究成果的实施和应用很好地解决了象山特长隧道复杂地质条件下的施工技术难题,为这一Ⅰ级高风险隧道的安全、顺利建成提供了重要技术保障。鉴定委员会认为,研究成果具有创新性,技术先进,在工程应用中取得了显著的经济效益和社会效益。研究成果总体上达到国内领先水平,在复杂岩溶地质注浆技术、岩溶发育规律及短距离预报技术、构造残余应力影响下破碎围岩施工技术方面达到国际先进水平。

四、"群枕法一次铺设有砟轨道无缝线路施工技术"项目

龙厦铁路全线轨道工程正线 222.672 km(铺轨)、站线 31.794 km(铺轨)、道床 53.7 万 m³,全线铺轨按一次铺设跨区间无缝线路设计,包括铺砟、轨节焊接、运输、铺轨、应力放散和锁定、轨道稳定等工序过程。采用传统的换铺法,即先用轨排铺轨机铺设 25 m 标准工具轨排,然后拆掉工具轨,再采用推送式铺轨机组进行长轨条铺设,或者采用人工进行长轨条铺设。不仅工作量巨大,而且作业工序繁杂,需备用线路里程长度一半以上的工具轨,建轨排拼装场、拼装轨排、拆工具轨、换铺铺长轨、收工具轨,其施工效率较低。据测算,换铺法的综合施工效率最高也仅能达到每天 1 km 左右。而且采用"单枕法"作业模式的长轨铺轨机组的轨枕传送机构设计较为复杂,实际应用中轨枕传送机构的故障率较高,易出现"卡枕"和"翻枕"现象,直接影响作业效率。因此,如何解决工期紧与换铺法工序繁杂且综合施工效率低的矛盾成为一项重大技术难题。通过本项目的研究得到:

采用 CYP500 群枕法铺轨机铺设无砟轨道实际作业效率与单枕连续铺设工法相当,成功地完成了采用群枕式长轨铺轨机组一次铺设有砟轨道无缝线路的技术的研究和应用,,解决了长轨铺轨机组购置费用和施工效率之间的主要矛盾,取得了良好的经济效益和社会效果。

第六十章 （拟）申报科研成果奖

龙厦铁路项目申报并获得的科研成果奖如表 60.1 所示。

表 60.1 龙厦铁路项目申报并获得的科研成果奖

序号	项目名称	获奖年度	完成单位	获奖等级
1	限量排水条件下高压富水岩溶区隧道注浆技术	2013	龙岩铁路有限责任公司龙厦铁路工程建设指挥部、中铁隧道集团龙厦铁路 ZD-1 标项目经理部、中铁隧道集团技术中心	南昌铁路局科技进步奖一等奖
2	超浅埋大断面铁路隧道下穿建筑密集区施工技术	2013	龙岩铁路有限责任公司龙厦铁路工程建设指挥部、中铁二局龙厦铁路 LX-Ⅲ标工程指挥部	南昌铁路局科技进步奖一等奖
3	群枕法一次铺设有砟轨道无缝线路施工技术	2013	龙岩铁路有限责任公司龙厦铁路工程建设指挥部、中铁二局集团新运工程有限公司	南昌铁路局科技进步奖三等奖
4	龙厦铁路象山隧道复杂地质条件下关键施工技术	2011	中铁隧道集团有限公司、中铁隧道集团有限公司技术中心、中铁隧道集团勘察设计院有限公司、福州大学	中国铁路工程总公司科学技术一等奖、中国施工企业协会科学技术创新成果特等奖

第六十一章 技术创新

通过龙厦铁路的修建，并进行科研项目的研究，形成以下科技论文：

[1] 陈利杰，张晓平，刘华斌，等. 城市浅埋软岩隧道施工沉降分析及对策[J]. 工程地质学报，2010，18（2）：281-288.

[2] 陈利杰. 地震波波速与围岩等级的统计分析[J]. 铁道勘察，2013（3）：47-50.

[3] 林瑚旺，刘成禹，杨建成. 复杂地质条件下长大隧道超前地质预报技术[J]. 铁道勘察，2009，（5）：88-93.

[4] 赵喜斌，刘成禹，张继奎. 管式锚杆提高破碎软弱围岩支护效果的理论与实践[J]. 隧道建设，2009，29（1）：1-6.

[5] 陈利杰. 含孤石软弱围岩前面隧道施工方法[J]. 隧道建设，2009，29（4）：455-458.

[6] 沈玉泉. 龙厦铁路轨道工程精密控制测量技术的应用[J]. 铁道勘察，2008，（4）：7-9.

[7] 刘天培. 龙厦铁路龙岩特大桥主桥设计[J]. 桥梁设计，2012（7）：33-35，74.

[8] 谢学斌. 龙厦铁路双洞单线隧道的 GSM_R 设计方案优化[J]. 铁道通信信号，2010，46（1）：59-61.

[9] 卢焕革. 龙厦铁路象山隧道 4 号斜井施工方案比选[J]. 隧道建设，2009，29（1）：97-100.

[10] 张健儒. 龙厦铁路象山隧道辅助坑道优化设计[J]. 隧道建设，2010，30（1）：33-36.

[11] 陈志华. 龙厦铁路象山隧道环境监控措施及效果分析[J]. 铁路节能环保与安全卫生，2014，4（6）：264-266.

[12] 张梅，张民庆，黄鸿健，等. 龙厦铁路象山隧道岩溶区段施工技术研究[J]. 铁道工程学报，2011（9）：75-82.

[13] 韩美清，李耀增，陈智慧. 龙厦铁路象山隧道岩溶突水生态环境影响分析及环保措施[J]. 中国铁路，2011（6）：50-53.

[14] 郭海满，刘成禹，林瑚旺，等. 龙厦铁路象山特长隧道主要工程地质问题研究[J]. 铁道勘察，2009（3）：25-32.

[15] 金强国. 龙厦铁路象山特长隧道注浆标准的制定[J]. 隧道建设，2010，30（3）：281-284.

[16] 谭红. 龙厦铁路 DK35 封闭式路堑 U 型槽设计研究[J]. 土工基础，2010，24（3）：36-38.

[17] 谭红. 龙厦铁路封闭式路堑 U 型槽设计研究[J]. 铁道建筑技术，2010（4）：19-22.

[18] 林炳龙. 龙厦铁路龙岩站载频设计方案[J]. 铁道通信信号工程技术，2012，9（5）：76-79.

[19] 李红军，刘成禹，李云. 锚注联合支护效果的数值模拟研究[J]. 铁道工程学报，2010（7）：1-5.

[20] 张健儒. 山岭隧道高压富水断层破碎带注浆施工技术[J]. 铁道工程学报，2010（5）：58-62.

[21] 赵喜斌. 象山隧道 4 号斜井涌水淹井处理技术[J]. 隧道建设，2008，28（6）：707-715.

[22] 高广义，陈利杰. 象山隧道岩溶段注浆技术优化研究[J]. 隧道建设，2011，31（1）：98-103.

[23] 孙国庆. 象山隧道岩溶涌水突泥治理技术[J]. 隧道建设，2011，31（增1）：375-380.

[24] 金强国，刘成禹. 岩溶隧道递进式综合地质预报技术[J]. 铁道勘察，2010（3）：36-40.

附　录

1. 大事记

一、前期工作审批阶段

（一）项目立项

（1）2003年1月6日，福建省发展计划委员会《关于请求将龙厦、漳潮铁路列入国家铁路建设规划并安排前期工作计划的请示》（闽计基础〔2003〕1号）上报原铁道部。

（2）2004年8月21日，国家发展和改革委员会《国家发展改革委关于印发<中长期铁路网规划>的通知》（发改交运〔2004〕159号）至原铁道部，龙厦铁路列入国家中长期铁路网规划。

（3）2005年10月13日，原铁道部、福建省人民政府《关于报送新建龙岩至厦门铁路项目建设书的函》（铁计函〔2005〕794号）上报国家发展和改革委员会。

（4）2005年10月31日，中国国际咨询公司组成专家组对龙厦铁路项目建议书进行评估。

（5）2005年12月31日，国家发展和改革委员会《国家发展和改革委员关于新建龙岩至厦门铁路项目建设书的批复》（发改交运〔2005〕2819号）至原铁道部、福建省发展改革委，项目正式立项。

（二）勘察设计

（1）2005年3月8日，原铁道部发展计划司《关于委托开展大包铁路电气化改造等6个项目方案竞选的函》（计长函〔2005〕84号）至中铁建设开发中心，邀请铁道第二、第四勘察设计院对龙厦铁路进行竞选。

（2）2005年3月14日，铁道第二、第四勘察设计院分别组成项目专家组，深入沿线开展外业勘察，搜集相关资料，征求地方意见。通过竞标、评标，第四勘察设计院中标。

（3）2005年7月14日~16日，原铁道部发展计划司在龙岩闽西宾馆主持召开龙厦铁路预可研审查会议。

（4）2005年9月15日，福建省省长与原铁道部部长达成一致意见，同意龙厦铁路按速度200 km/h、一次复线、电气化标准设计建成。

（5）2005年9月24日~11月5日，铁四院派出专业队伍开展龙厦铁路初步设计外业勘察。

（6）2006年9月，铁四院完成初步设计，同月原铁道部工程设计鉴定中心在北京对初步设计进行审查。

（7）2006年12月27日，原铁道部、福建省政府以《关于新建龙岩至厦门铁路初步设计的批复》（铁鉴函〔2006〕1051号）批复初步设计。

（三）可行性研究批复

（1）2006年1月20日，铁四院完成龙厦铁路项目可行性研究文件编制并报原铁道部。

（2）2006年2月8日~11日，原铁道部工程设计鉴定中心组成专家组，在龙岩召开龙厦铁路可行性研究及环境保护审查会。

（3）2006年5月18日，原铁道部、福建省政府以"铁计函〔2006〕315号"《关于报送新建龙岩至厦门铁路可行性研究报告的函》报至国家发改委。

（4）2006年6月7日至9日，中国国际咨询公司在北京召开《新建龙岩至厦门铁路可行性研究报告》评估会。

（5）2006 年 12 月 17 日，国家发展和改革委员会以《关于新建龙岩至厦门铁路可行性研究报告的批复》（发改交运〔2006〕2569 号）批复项目可研报告。

（四）各类评估工作

（1）地质灾害和压覆矿评估。2006 年 3 月底，公司委托铁四院编制地质灾害和压覆矿评估报告，地质灾害评估报告于 4 月 28 日通过省国土资源厅评审。压覆矿评估于 5 月 10 日完成报告编制，申报工作在 5 月 9 日分别办理龙岩、漳州两市国土资源局、矿管委盖章后，上报省国土资源厅。9 月 6 日省国土资源评估中心出具龙厦铁路象山公祠矿区、王坑矿区、麟麟岩矿区矿产资源评审意见。

（2）土地预审查。2006 年 7 月 31 日，国土资源部以《关于龙厦铁路建设用地预审意见的复函》（国土资预审字〔2006〕186 号）通过了龙厦铁路土地预审。

（3）环境评价与水土保持审查。2006 年 10 月 11 日，环保总局《关于新建铁路龙岩至厦门环境影响报告书的批复》（环审〔2006〕504 号）正式批复；2006 年 9 月 18 日，水利部《关于新建铁路龙岩至厦门线工程水土保持方案的复函》（水保函〔2006〕429 号）正式批复。

二、工程建设阶段

（一）2006 年度

25 日上午 10 时 18 分，龙厦铁路开工动员大会分别在龙岩、漳州、厦门三个会场隆重举行。福建省委书记卢展工在龙岩主会场宣布龙厦铁路正式开工。省长黄小晶，省政协主席梁绮萍，原铁道部副部长卢春房，省委副书记王三运，省人大常委会党组书记、副主任张家坤，副省长苏增添等出席位于龙厦铁路象山隧道进口处的主会场会议。南昌铁路局局长黄桂章在大会上介绍工程建设情况。

12 月 30 日，龙厦铁路工程建设指挥部发出中标通知书，ZD-Ⅰ标段（象山隧道区段标）中标单位为中铁隧道集团有限公司，ZD-Ⅱ标段（黄坑二号隧道区段标）中标单位为中铁十二局集团有限公司，监理标中标单位为华路监理有限公司。

（二）2007 年度

1 月 11 日，龙岩至厦门铁路合同签订暨廉政协议签字仪式在龙岩举行，南昌铁路局副局长、龙厦指挥部指挥长王秋荣与中铁隧道集团公司董事长周世祥、中铁十二局集团公司总经理宋津喜、南昌华路建设咨询监理公司总经理高楠分别签订了龙厦铁路 ZD-Ⅰ标、ZD-Ⅱ标施工合同、重点标监理合同和廉政协议书。南昌铁路运输检察分院、福州铁路运输检察院领导出席了签字仪式。

1 月 21 日，龙厦铁路重点控制工程象山隧道在 5 号斜井率先正式进洞作业，比计划提前了 5 天时间。1 月 31 日，象山隧道 1、2、4 号斜井举行进洞仪式，正式进洞作业。3 月 20 日，象山隧道 5 号斜井顺利到达正洞位置，提前 11 天实现了进度控制的第二个重要节点目标。

3 月 21 日，龙岩市郑如占副市长检查了龙厦铁路象山隧道施工进展情况，并召开了现场办公会议，现场解决了有关问题.

5 月 15 日，受部审计中心委托，路局审计处对龙厦铁路进行过程审计。

5 月 17 日，工商银行总行专家到龙岩对龙厦铁路项目贷款进行评估。

5 月 18 日，指挥部邀请中铁大桥局集团公司的桥梁专家对龙厦铁路龙岩境内 2 座特大桥施工组织设计进行咨询。

5 月 22～23 日，王秋荣副局长检查龙厦铁路建设情况，并会见漳州市政协主席林奕斌、市政府秘书长朱岱峰，龙岩市政府副秘书长邓振春，分别就龙厦铁路上半年全线开工的准备工作进行了交谈。

6 月 26 日，龙厦铁路工程施工总承包、监理招标在原铁道部工程交易中心开标。7 月 4 日，指挥部召集中铁二局、十二局，铁一院、铁二院监理公司，召开施工准备工作会议。

7 月 7 日，漳州市委书记刘可卿视察黄坑 2 号隧道施工情况，慰问了现场一线生产人员。

7 月 10 日，龙岩市委常委、总工会主席黄海英前往象山隧道进口，向在高温酷暑施工的现场第一线工人慰问，送上清凉饮料。

2007 年 7 月 7 日～9 日，路局王秋荣副局长到龙厦铁路推进全线工程开工工作。

8 月 1 日，南昌铁路局王秋荣副局长在指挥部会议室宣布人事任免：郭海满为龙厦铁路工程建设指挥部常务副指挥长，陈聪为龙厦铁路工程建设指挥部副指挥长、总工程师，洪军为龙厦铁路工程建设指挥部工程室主任。

8月3日，召开龙厦铁路开工动员大会暨举行设计施工监理合同、廉政协议、资金监管协议、安全生产协议、工程保修书签字仪式。路局黄桂章局长、朱惠刚副局长、王秋荣副局长、总会计师熊辉敏，福建省重点项目建设领导小组办公室常务副主任龚友群，福建省铁路办公室主任俞开洋，漳州市政协主席林奕斌，龙岩市委市副书记陈建寿、副市长郑如占出席动员大会和签字仪式。

8月7日上午，龙岩市市长雷春美、副市长郑如占调研龙厦铁路建设情况。

8月6日至9日，路局纪委执法监察室主任周亚平带队，计统、财务、审计、企法、建管、物资处及检察院对龙厦铁路进行阳光工程开展情况检查。

8月21日，路局钟生贵总工程师检查龙厦铁路重点控制工程象山隧道1号斜井、2号斜井施工现场，在龙厦铁路指挥部听取建设情况汇报。

8月29日，受第九号超强台风"圣帕"于8月18日在福建登陆的影响，龙厦铁路沿线持续降雨，山体积水充沛。凌晨1时21分，象山隧道4号斜井掌子面突然出现大股涌水。

9月5日~7日，南昌铁路局副局长、龙厦铁路工程建设指挥部指挥长王秋荣深入龙厦铁路施工现场。

9月18日，原铁道部鉴定中心专家赵勇、李光伟及铁四院、中铁隧道集团专家在建设四方有关人员陪同下，对象山隧道施工难题进行专家会诊。

9月12日~14日，福建省十届人大代表（龙岩组）调研龙厦铁路建设情况。省人大代表、省人大常委会原副主任童万亨，省人大代表、市人大常委会主任黎梓元，省人大代表、市政协副主席郭丽珍，及龙岩组的其他部分省人大代表参加调研活动，市人大常委会副主任李相生陪同调研。

10月17~21日，原铁道部质量监督总站对龙厦铁路进行安全质量检查。

10月20日，国土资源部《关于龙岩至厦门铁路工程建设用地的批复》（国地资函〔2007〕835号）发至福建省人民政府。

11月7日~9日，路局王秋荣副局长在龙厦铁路进行现场平推检查，并召集施工单位集团公司领导及指挥长、设计、监理单位召开年度目标工作推进会。

12月11日，湖北华中恒丰工程造价事务有限责任公司、福建宏审工程造价咨询有限公司对龙厦铁路参建单位进行过程审计。

12月21日~22日，省铁办于对龙岩铁路建设、设计、施工、监理单位进行年度业绩考核检查。

12月25~26日，省重点办常务副主任龚友群、主任助理周旋，省铁办主任俞开洋、运营协调处处长周水松于对龙厦铁路征地拆迁进度进行检查督导。

12月25~26日，省水利厅于对龙厦铁路水土保持工作进行检查。

（三）2008年度

1月2~4日，组织铁四院副总工带领相关专业处专家进行现场设计办公，解决石桥头隧道进口上部房屋安全、象山隧道4号斜井、出口、马坑尾矿库、龙山站涵洞积水的施工问题。

1月3~4日，指挥部借鉴龙厦线软土路基施工的经验教训，邀请专家对龙厦铁路软土路基处理进行现场检查与咨询。

1月8日，福建省开展2007年安全生产目标责任制暨隐患排查治理情况督查活动，省交通厅王兆辉副厅长为组长，省安监局张春华处长为副组长的检查组对黄坑2号隧道进行了安全检查。漳州市副市长刘文标、南靖县领导、龙厦指挥部陈聪副指挥长陪同检查。

1月16日，水利部太湖局、福建省、龙岩市水土保持监督站领导和专家对龙厦铁路水土保持工作进行检查。检查组听取了指挥部工作汇报，现场检查了龙岩城区隧道往森宝工业园区的弃渣场、象山隧道进口和弃渣场，对龙厦铁路水土保持工作表示满意。

5月22~24日，原铁道部工程质量安全监督总站副站长张智、高级工程师王富国、杜立新、韩福钟检查龙厦铁路，现场检查了虎坑隧道、北山隧道、和溪特大桥、象山隧道进口、出口、5号斜井、石桥头隧道、龙岩特大桥。南昌质量监督站副站长黎明细参与检查。

5月27～29日，路局召开象山隧道地表坍陷现场会，路局副局长徐利锋、副总工杨麟瑞，中铁四院集团公司副总工徐向东、城建院副总焦齐柱、地路处副总曹柏树、中铁隧道集团公司副总经理、总工周振国、工程部副部长齐传生，与参建四方共同察看象山隧道新祠村地表坍陷和1号斜井施工现场。路局领导还检查了石桥头隧道、龙岩特大桥、DK98路基段。

6月7日，指挥部召开龙厦铁路全线安全质量反思会，建设、设计、施工、监理单位在会上进行了反思发言，查找当前安全质量存在问题，明确了整改措施，出台提高安全质量管理的相关制度。

6月7日，指挥部召开桥梁墩台身外观质量控制经验交流现场会，现场参观了下东山特大桥、和溪特大桥、龙山溪特大桥、跨山旧线特大桥。

7月4～5日，会议邀请铁三院设计大师史玉新、原铁道部鉴定中心、工管中心、西南交大、中铁建筑总公司、铁二院、铁四院、福建省地质勘探院、福州大学、中铁隧道集团等单位专家进行评估。名专家召开了"象山隧道、石桥头风险评估"专家审查会，确定按高风险隧道进行管理，为制订科学的施工方案，完善的应急预案，翔实的监控措施，从而确保施工安全起到了决定性作用。

7月25日，原铁道部副总工杨建兴、建设司吴军在路局王秋荣副局长、杨麟瑞副总工陪同下，视察了龙厦铁路象山、石桥头两座高风险隧道施工情况，召开了参建四方座谈会。杨总在主管俞万线期间，积累了丰富的高风险隧道施工方面的建设管理经验，针对象山隧道涌水突泥、地表沉降等极高风险因素，软岩大变形、塌方、瓦斯等高度风险因素，岩爆、有轨运输溜车等中度风险因素；石桥头隧道地表沉降、塌方等极高风险因素，涌水突泥、软岩大变形、溶洞塌陷等高度风险因素，杨总要求坚决树立安全第一的思想观念，无论如何要确保人民财产生命安全，要求施工单位从类似条件的隧道作业队中调遣具有丰富经验的领工员强化对工序管理，加强对掘进作业炮后掌子面的观察和监控量测，运用多种地质超前预测预报手段，加强对前方岩性的判断的准确率，有效规避涌水突泥事件的发生。

7月27日，路局党委书记索河在路局副局长王秋荣、徐利锋陪同下，视察了龙厦铁路象山隧道建设情况，听取了龙厦铁路工程建设指挥部汇报，观看了反映象山隧道涌水突泥、地表沉降等极高风险因素，软岩大变形、塌方、瓦斯等高度风险因素所产生施工难题攻坚情况动漫片。索河书记对参建四方在艰苦的施工环境中参与龙厦铁路建设表示感谢，要求建设各方发扬"挑战极限、勇创一流"新时间铁路建设精神，按照"标准高、讲科学、不懈怠"的要求，确保施工安全，为路局二次创业做出新的贡献。杨总在主管俞万线期间，积累了丰富的高风险隧道施工方面的建设管理经验，针对象山隧道岩爆、有轨运输溜车等中度风险因素。

8月28日10点16分，象山隧道右线进口与1号斜井正洞在YDK20+736处实现贯通。象山隧道为龙厦铁路战略性重点控制性工程，隧道左洞全长15 898 m，右洞全长15 917 m，最大埋深830 m，是我国铁路少有的长大隧道之一，隧道地质条件特别复杂，穿越煤层瓦斯、煤矿采空区、岩溶段、断层破碎带、软弱大变形、岩爆段、岩石放射性异常段等到极为复杂不良地质，施工难度极大，潜在的施工安全风险巨大，尤其是在施工过程中多次发生的地下突泥涌水是极高风险因素。

10月21日，指挥部组织铁四院分管宜万线副总工程师及院副总工陈泽健、徐向东、技术中心主任刘文斌，福建省地质勘察设计院总工赖树钦等专家对象山隧道、石桥头两座高风险隧道施工情况进行咨询。

10月25日，象山隧道4号斜井全部开挖支护，进入井底车场建设阶段。指挥部发出嘉奖令，要求施工单位再接再厉，进一步优化施工组织，加强施工安全管理，上足机械和劳力，12月15日前必须完成井底车场建设，早日实现四个工作面的均衡快速施工。

10月30日，象山隧道5号斜井与出口之间正洞地质条件复杂，洞口全风化花岗岩地层沉降难以控制，施工困难，为推进象山隧道施工进度，施工单位优化施工组织，采用小导洞先行贯通，克服了洞口段软弱围岩大变形的困难，在全体参建人员的共同努力下实现了左线出口与5号斜井的顺利贯通。

（四）2009年度

2月10日，龙厦铁路举行科技攻关成果发布会，路局建设管理处总工万建华、总师室（科委办）副主任黄垠瑜到会现场指导。发布了复杂地质条件下快速地质超前预测预报技术、长大斜井快速建井技术、象山隧道1号斜井复杂溶岩区段注浆堵水技术、含孤石全风化小间距软岩施工技术、安全风险评估、石桥头隧道城市建筑密集浅埋地区暗挖隧道快速施工方法研究、大体积砼施工技术、岩溶地区钻孔桩施工技术、铁路耐久性砼施工技术控制、软基地段路基施工控制技术等10项科技攻关成果。

4月21日，原铁道部工程管理中心主任张梅、高工韩贺庚调研象山隧道施工情况，中铁四院田要成副院长、徐向东副总工，中铁隧道集团唐忠副总经理、高级技术顾问方维鹏等领导和专家陪同调研。张梅主任现场察看了象山隧道出口塌方段、5号斜井右线进口掌子面、左线进口（DK32+960）、3号斜井右线进口、出口掌子面、新祠村地表下沉情况、1号斜井左右线出口两个掌子面，听取了建设、设计、施工单位和福州大学地质专项情况汇报，认为参建四方针对象山隧道复杂的地质结构所采取的安全措施、工期措施、解决办法都比较到位，需要对象山隧道注浆堵水技术进行全面的攻关，在5月份由工程管理中心牵头组织专家进行总结，形成部级科技攻关成果，在全路推广。

4月29日，龙厦铁路重点控制工程——黄坑2号隧道全长5510m经过28个月的艰苦奋战，比合同工期提前2个月，全线贯通。在施工过程中，参建四方战胜了地质复杂、岩层破碎、节理发育和涌水量大的困难，优化施工组织，严格目标管理，大力开展劳动竞赛活动，施工进度不断加快，创造了隧道施工单月Ⅲ级围岩掘进210m、Ⅳ级围岩掘进110m的好成绩。

6月16日，由中铁电气化局施工的龙厦铁路电气化工程在龙岩至马坑区间顺利立起接触网第一杆。龙厦铁路接触网第一杆的顺利立起杆标志着龙厦铁路电气化工程的正式开工。

12月23日，龙厦铁路象山隧道1号斜井发生岩溶突水地质灾害。

（五）2010年度

5月20日，张志南副省长主持召开省政府专题会议，吸取省铁办关于龙厦铁路象山隧道岩溶突水地质灾害处置、群众安置和福建春驰集团新丰水泥公司受损情况的汇报，形成专题会议纪要。

5月22日，南昌铁路局钟生贵常务副局长、福建省铁办俞开洋主任、龙岩市政府郑如占副市长召开龙厦铁路象山隧道岩溶突水地质灾害处置工作领导小组专题会议第二次会议。

5月27日，福建省铁办向福建省人民政府上报《关于龙厦铁路象山隧道岩溶突水地质灾害处置工作有关情况的报告》。

6月7日，福建省林业厅发文表彰全省绿色通道工程建设先进单位，龙厦铁路工程建设指挥部为铁路唯一单位受表彰。

6月10日，龙厦铁路象山隧道4号、5号斜井右线顺利贯通，标志着象山隧道的建成已经取得了决定性的胜利。

9月25日，南昌铁路局钟生贵常务副局长、福建省铁办俞开洋主任、龙岩市政府郑如占副市长召开龙厦铁路象山隧道岩溶突水地质灾害处置工作领导小组专题会议第三次会议。

11月9日，南昌铁路局钟生贵常务副局长、福建省铁办俞开洋主任、龙岩市政府郑如占副市长召开龙厦铁路象山隧道岩溶突水地质灾害处置工作领导小组专题会议第四次会议。

（六）2011年度

1月14日，南昌铁路局钟生贵常务副局长、福建省铁办俞开洋主任、龙岩市政府郑如占副市长召开龙厦铁路象山隧道岩溶突水地质灾害处置工作领导小组专题会议2011年第一次会议。

5月13日，象山隧道全隧贯通。

三、验收阶段及开通运营

（一）静态验收

2012年1月5日，南昌铁路局以《关于申请新建龙岩至厦门铁路工程竣工验收的函》（南铁建设函〔2012〕6号）向原铁道部建设司递交了验收申请报告。

2012年2月24日，南昌铁路局成立了新建龙岩至厦门铁路静态验收领导小组及工作组，下设基础工程、通信信号、电力电气化、客货运车辆信息系统、房建给排水5个专业小组。

2012年4月28日，分专业完成现场验收及静态综合调试验收，4月29日召开了静态验收工作总结会，明确了静态验收结论，形成了静态验收报告，通过了静态验收。

（二）动态验收

2012年3月2日，受东南沿海铁路福建有限责任公司和龙厦指挥部委托，铁科院编制了《龙漳线暨杭深线厦漳段联调联试及动态检测大纲（初稿）》、《龙漳线暨杭深线厦漳段运行试验大纲（初稿）》。南昌铁路局会同铁科院、东南沿海铁路福建有限责任公司、龙厦指挥部在南昌组织召开大纲初步审查会。铁科院修改完善大纲，形成了《龙漳线暨杭深线厦漳段联调联试及动态检测大纲（送审稿）》和《龙漳线暨杭深线厦漳段运行试验大纲（送审稿）》并报送原铁道部。

2012年3月30日，南昌铁路局发文成立了新建龙岩至厦门铁路动态验收工作组。

2012年4月21日，南昌铁路局以《关于印发<龙漳线暨杭深线厦漳段联调联试及动态检测试验实施方案>的通知》（南铁师发〔2012〕249号）公布了实施方案。联调联试及动态检测试验工作于5月3日开始，6月18日结束。

2012年6月19日，南昌铁路局召开了动态验收工作总结会，明确了动态验收结论，形成了动态验收报告，通过了动态验收。

（三）初步验收

2012年6月18日，南昌铁路局成立了龙岩至厦门铁路工程初步验收委员会，初步验收委员会于6月19日组织召开了初步验收会议，对静态验收、动态验收结果进行了检查确认，形成了初步验收报告。

（四）开通运营

2012年6月28日，新建龙岩至厦门铁路自18时起设备开通，6月29日在龙岩站举行开通典礼，福建省和原铁道部有关领导出席仪式。

2. 项目批复等重要文件目录

1. 国家发改委《关于新建福建龙岩至厦门铁路项目建议书的批复》（发改交运〔2005〕2819号）
2. 国家环境保护总局《关于新建铁路龙岩至厦门线环境影响报告书的批复》（环审〔2006〕504号）
3. 国家水利部《关于新建铁路龙岩至厦门线工程水土保持方案的复函》（水保函〔2006〕429号）
4. 国土资源部《关于龙厦铁路控制工期的单体工程先行用地的复函》（国土资厅函〔2006〕686号）
5. 国土资源部《关于龙岩至厦门铁路工程建设用地的批复》（国土资函〔2007〕835号）
6. 国家发改委《关于新建龙岩至厦门铁路可行性研究报告的批复》（发改交运〔2006〕2569号）
7. 原铁道部《关于龙岩至厦门铁路象山和黄坑二号隧道站前工程初步设计的批复》（铁鉴函〔2006〕980号）
8. 原铁道部《关于新建龙岩至厦门铁路初步设计的批复》（铁鉴函〔2006〕1051号）
9. 原铁道部《关于开工建设龙厦铁路重点工程的批复》（铁计函〔2006〕1088号）